한국 행정학의 역할과 미래의 설계

회고와 발전 방향의 모색

한국행정학회 미래특별위원회 편저

한국행정학회 회장 유평준

한국행정학회 미래특별위원회 위원장 박흥식

편집위원 6명 고길곤(서울대), 명성준(경상대), 박시진(광운대),
우윤석(숭실대), 이광훈(강원대), 최유진(강남대)

필 자 24명 김기환(서울과기대), 김상묵(서울과기대), 김영재(국제대),
김진욱(혜전대), 김태영(서울시립대), 명승환(인하대),
박수경(충남대), 박우순(동아대), 박종관(백석대),
송병주(경남대), 송석휘(서울시립대), 송재복(호원대),
심광호(고려대), 엄태호(연세대), 윤견수(고려대),
이정호(고려대), 전영평(대구대), 제갈욱(순천향대),
최상옥(고려대), 하연섭(연세대), 한상일(연세대),
홍성만(안양대), 황성원(군산대), 황영호(군산대)

간 행 사

금년은 한국행정학회 창립 60년이 되는 매우 뜻깊은 해이다. 60주년을 맞이하여 한국 행정학의 현재를 살펴보고 미래의 나아가야 할 방향을 모색하는 귀한 책을 간행하게 되어 기쁘게 생각한다.

학회에서는 60주년을 기념하고자 연초에 '60주년기념사업위원회'와 '미래특별위원회'를 구성하였다. 전자는 지난 60년간 축적된 한국 행정학의 학문적 업적을 종합하고 평가하는 일에, 후자는 현재를 진단하고 미래를 대비하는 일에 초점을 두기로 하였다. 이 책은 바로 후자인 미래특별위원회가 각고의 노력 끝에 완성한 작품이다.

다가오는 미래의 한국 사회를 예측하고 미래 정부와 행정의 역할을 전망하며 이에 정합하는 행정학 연구와 교육은 무엇이 되어야 하는가를 고찰하는 것은 행정학도들에게 도전적 과제임에 틀림없다. 한국 행정학의 위기론이 꽤 오래 전부터 제기되어 왔고 지금도 위기의 원인과 극복 방안에 대한 논의가 계속되고 있는 시점에서 미래지향적 자기성찰은 더욱 중요하며 필요하다.

응용사회과학으로서 행정학의 현실 적합성과 유용성, 그리고 과학화 수준에 대한 문제 제기가 계속되고 있지만, 한국행정학계는 이러한 문제의 개선을 위한 자기반성에 인색하지 않았다는 점에서, 한국 행정학의 역할과 미래는 희망적이다.

이 책은 한국 행정학의 연구와 교육의 발전을 위해 중차대한 주제들을 다수 포함하고 있다. 먼저 한국 행정학의 환경 변화에 대한 진단, 공공성과 공공봉사동기의 증진 방안, 정부의 공무원 역량 수요 및 공공가치, 행정학 지식의 유용성, 행정학 교과과정의 발전방향, 행정학 전공자의 취업, 공무원 및 공공기관에서의 채용, 공무원 시험, 행정학 교육의 재설계, 지방대학 행정학과의 문제, 행정학회 운영의 과제 등과 같이 지난 60년 동안 고민하여 왔고 지금도 고민하고 있고, 앞으로도 고민해야 하는 주제들을 담고 있어서 한국 행정학의 역할과 미래에 관심이 있는 누구에게나 유용한 내용이 될 것으로 믿어 의심치 않는다.

이 책이 간행되기까지 학회 여러 회원들의 헌신적 수고와 노력이 있었다. 타의 추종을 붇허하는 성실함과 추진력으로 책의 구성을 기획하고 집필진의 수고와 헌신을 한 권의 책으로 엮어낸 박홍식 미래특별위원회 위원장님께 먼저 심심한 감사의 마음을 전하고 싶다. 또한 바쁜 일정 가운데에도 학회를 위해 기꺼이 집필에 참여해주신 24명의 집필자들과 기획과 편집 업무에 지원을 아끼지 않은 미래특별위원회 6명의 위원님들께 축하와 동시에 감사의 뜻을 전한다. 이 분들의 학회 사랑과 헌신, 그리고 협조가 없었다면 이 책은 결코 세상에 나오지 못하였을 것이다. 끝으로 이 책을 포함해서 한국행정학 60주년 기념 저술들을 기꺼이 출간해주신 법문사 배효선 사장님과 편집을 꼼꼼히 챙겨준 장지훈 부장님과 배은영님에게도 진심으로 감사를 드린다.

환갑(還甲)은 한자의 뜻으로 볼 때 태어난 간지(干支)의 해가 다시 돌아왔다는 의미인데, 이는 60갑자(甲子)가 다시 시작한다는 의미도 있다고 본다. 아무쪼록 이 책이 새로운 60년의 시작점에서, 한국 행정학의 연구와 교육, 행정학과와 한국행정학회의 발전, 그리고 한국 행정학의 정체성 확립과 보다 성숙한 학문으로 자리매김하는 데 기여할 수 있기를 기대해본다.

2016년 11월

한국행정학회 회장 유 평 준

차 례

제 1 편 한국 행정학의 교육과 연구: 새로운 10년의 설계

제 3 편 학회 운영과 개선

제 4 편 미래의 설계

제 1 편

한국 행정학의 교육과 연구: 새로운 10년의 설계

제 1 장 연구와 교육 환경의 변화

1 대학구조 개혁과 행정학의 과제

하 연 섭(연세대학교)

Ⅰ. 서 론

지난 몇 년간 우리 대학 사회를 뜨겁게 달구고 있는 이슈는 다름 아니라 인구절벽의 문제와 그에 따른 대학구조개혁이다. 학령인구가 줄어들고 있기 때문에 대학 입학 지원이 줄어들 수밖에 없고, 그 결과 상당수의 대학이 문을 닫아야 하는 현실이 다가오고 있는 중이다. 인구절벽뿐만 아니라 직업세계의 변화 또한 한국 대학이 피해 갈 수 없는 환경의 변화이자 도전이다. 단순히 학생 수가 줄어들 뿐만 아니라 대학 졸업생들이 일할 직업세계가 변화하고 있기 때문에, 전체적인 대학규모의 축소뿐만 아니라 대학 내에서 전공분야의 구조조정까지도 이루어져야 하는 상황이 발생하고 있는 것이다. 이는 한국 대학 전체의 생태계 변화를 수반하는 변화이며, 개별 대학, 개별 학과, 개별 교수들 모두를 매우 힘들게 하는 상황의 전개이다. 이 과정에서 행정학도 예외는 아니다. 예외가 아니라기보다는 대학구조개혁의 소용돌이 한복판에 위치하고 있는 전공이라고 해도 큰 과장은 아닐 듯하다.

이런 측면에서 이 글은 현재 진행되고 있는 대학구조개혁의 과정 속에서 한국 행정학의 미래 방향을 탐색해보는 시론적인 글이다. 학령인구의 감소는 연구영역으로서의 행정학보다는 교육영역으로서의 행정학에 대해 보다 직접적인 영향을 미치는 변화이기 때문에, 이 글은 행정학의 교육 측면에 초점을 맞추어 논의를 전개하고자 한다. 물론, 연구와 교육이 완전 분리될 수 없는 성격을 가지고 있기 때문에 필요한 부분에서는 행정학 연구에 대해서도 간략히 언급하고자 한다.

이 글은 다음과 같이 구성되어 있다. 먼저, 제Ⅱ절에서는 인구절벽의 문제와 직업세계의 변화에 초점을 맞추어 고등교육의 환경 변화를 논의한다. 제Ⅲ절에서는 이러한 환경 변화에 대응하기 위해서는 한국의 고등교육 전체가 어떻게 변화해야 하는지를 논의한다. 이러한 논의에 기초하여, 제Ⅳ절에서는 한국 행정학의 미래 과제를 탐색하고 있다. 끝으로, 제Ⅴ절에서는 논의를 요약하고 결론을 맺고 있다.

Ⅱ. 고등교육의 환경 변화

1. 인구절벽의 문제

저출산 문제가 우리 사회 곳곳에 그림자를 드리우고 있지만, 그 직접적인 영향은 학령인구 감소로 나타나고 있다. 우리나라 교육의 전환점이라 할 수 있는 5.31 교육개혁이 시작된 1995년과 2015년을 비교할 때, 지난 20년 동안 초등학생은 약 120만 명, 중학생은 약 90만 명, 그리고 고등학생은 약 40만 명이 감소하였음을 <표 1>에서 볼 수 있다. 각 학교 단계별 학생 수의 감소를 학년별로 살펴보면, 1995년과 비교할 때, 고등학교 단계에서는 한 학년에 약 13만 명, 중학교에서는 약 30만 명, 초등학교 에서는 약 20만 명이 줄어든 것으로서, 앞으로 학령인구의 감소 현상은 지속될 것임을 쉽게 알 수 있다.[1)]

그런데 고등교육의 팽창은 눈부시다. 1995년과 비교할 때, 대학과정은 학생 수가 약 100만 명이 늘어났으며, 전문대는 약 16만 명이 늘어났음을 볼 수 있다. 특히, 대학원생 수는 1995년과 비교할 때 약 3배 정도 늘어나서 20년 동안 약 22만 명이 증가했음을 볼 수 있다. 우리나라에서 초·중·고등학교의 진학률이 거의 100%에 달하고 있는 점을 고려한다면, 초·중·고등학생 수의 감소는 학령인구의 감소를 정확히 반영하는 반면, 대학 및 대학원 학생 수의 증가는 폭발적인 진학률 상승을 반영하는 것이다.

1) 유치원 원아 수는 15만 명 이상이 늘어난 것을 볼 수 있는데, 이는 출생아의 증가 때문이 아니라 영유아 보육강화, 누리과정 도입 등으로 유치원 취원율이 높아진 것에 따른 결과이다.

그만큼 학령인구가 감소하는 가운데에서도 우리 대학들이 과대 팽창되어 있다는 것을 보여주는 것이며, 학령인구 감소－대학의 과대 팽창이라는 엇박자가 앞으로 우리 대학에 심각한 문제를 던져줄 것임을 어렵지 않게 예상할 수 있다.

〈표 1〉 교육과정별 학생 수 변동

(단위: 명)

	1995	2000	2005	2010	2015	2015~1995
	학생 수	학생 수	학생 수	학생 수	학생 수	증감
유치원	529,265	545,263	541,603	538,587	682,553	153,288
초등학교 과정	3,905,313	4,020,141	4,022,895	3,299,113	2,714,620	－11,906,693
중학교과정	2,482,217	1,860,836	2,100,878	1,974,998	1,585,951	－896,266
고등학교 과정	2,184,683	2,092,067	1,779,355	1,978,769	1,788,266	－396,417
특수학교	21,607	23,605	23,566	23,858	25,317	3,710
대학과정	1,643,032	2,217,078	2,408,845	2,553,803	2,641,467	998,435
전문대학 과정	569,820	913,273	856,510	772,454	728,758	158,938
대학원	113,836	229,437	282,225	316,633	333,478	219,642

주: 중학교, 고등학교, 전문대학, 대학 과정의 학생 수에서 각종학교 수치는 제외함.
자료: 한국교육개발원. 교육통계연보.

<표 2>는 2014년에 교육부에서 예측한 2040년까지의 학령인구, 고교졸업자 수, 대학 입학정원 대비, 초과 졸업자 수를 보여주고 있다. 2020년에서 2040년까지 매년 12만 명에서 15만 명 정도 대학입학정원이 고교졸업자 수보다 많은 것으로 나타나고 있지만, 이 표에서 초과 졸업자 수는 대학진학률을 100%로 가정한 것이기 때문에 문제의 심각성을 훨씬 완화해서 보여주고 있다. 대학진학률을 현실적으로 70% 정도로 가정한다면, 초과 입학정원의 수는 약 30만 명 징도에 도달할 수도 있다.[2)]

2) 2014년 이후의 교육부 재정지원 사업에서 재원감축과 재정지원을 연계하고 있어, 대학 입학정원이 이 표보다는 줄어든 상태이다.

〈표 2〉 학령인구 감소에 따른 고졸 대비 대학 입학자 수 변화 추이

(단위: 명)

연도	학령인구(18세)	고교 졸업자 수 (A)(추정)	대학 입학정원(B)	초과 졸업자 수 (A-B)
2013	687,455	627,437	545,892	81,545
2014	673,079	614,316	545,892	68,424
2015	652,702	595,718	545,892	49,826
2016	630,184	575,166	545,892	29,274
2017	611,709	558,304	545,892	12,412
2018	598,296	546,062	545,892	170
2019	580,129	529,481	545,892	−16,411
2020	500,126	546,463	545,892	−89,429
2021	465,937	425,259	545,892	−120,633
2022	466,807	426,053	545,892	−119,839
2023	433,032	395,227	545,892	−150,665
2024	424,617	424,617	545,892	−121,275
2025	445,765	445,765	545,892	−100,127
2030	440,837	440,837	545,892	−105,055
2035	439,421	439,421	545,892	−106,471
2040	432,391	432,391	545,892	−113,501

자료: 한국고용정보원(2015).「중장기 인력수급 수정전망, 2014−2024」.

[그림 1]과 [그림 2]는 U. S. Census Bureau에서 마련한 주요국의 2012년 대비 2050년의 인구 규모와 구성의 변화를 보여주고 있다.3) [그림 1]의 가운데에 나와 있는 미국과 인도의 경우에는 저출산, 고령화 영향을 거의 받지 않는 국가라고 할 수 있다. 미국은 출산율이 낮아진다 하더라도 이민자의 나라이기 때문에 인구규모가 모든 연령대에서 늘어날 것으로 예측되고 있으며, 인도의 경우에는 높은 출산율 덕분에 거의 모든 연령대에서 인구가 증가할 것으로 전망되고 있다. 왼쪽에 나와 있는 러시아와 유럽의 경우는 저출산보다는 고령화의 영향이 심하게 나타나는 사례이다. 그런데 오른쪽의 중국과 일본의 경우는 훨씬 심각한 상태를 보여준다. 중국의 경우, 고령화와 저출산이 빠르게 진행되어 노인층에서는 인구가 빠르게 증가한 반면, 50세 이하의 연령대에서는 인구가 빠르게 줄어들고 있음을 볼 수 있다.4) 최근 중국 정부가 왜 산아제한 정책을

3) 이 부분에 대한 논의는 하연섭(2016)에 거의 그대로 의존하고 있음을 밝힌다.

포기할 수밖에 없었는지를 그 이유를 극명하게 보여준다고 할 것이다. 일본의 경우에도 고령화와 저출산의 위협이 상당한 수준임을 볼 수 있다.

[그림 1] 주요국의 인구전망

US Census projections, in thousands of males/females

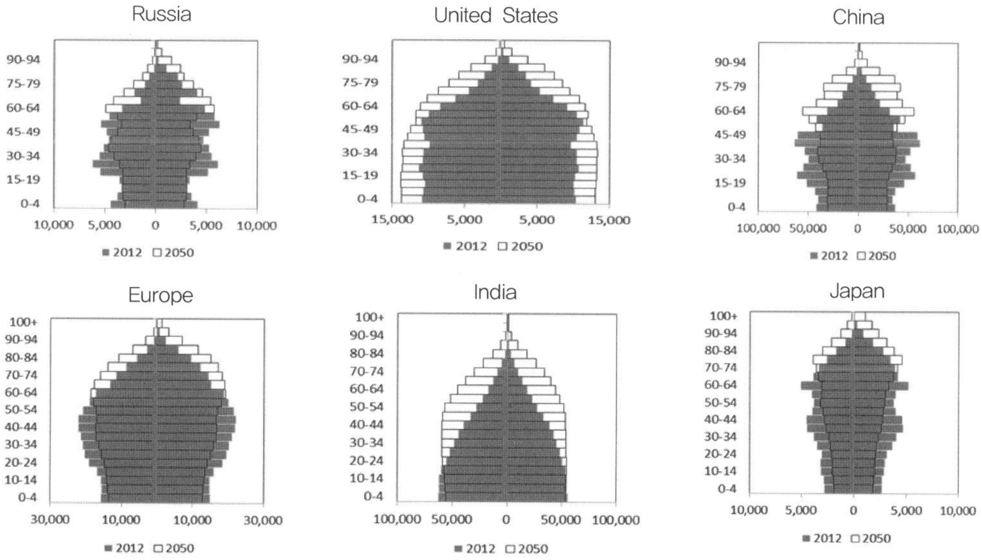

자료: Barry Anderson(2013).

그러나 [그림 2]를 보면, 우리나라의 인구전망과 비교할 때 중국과 일본의 인구전망은 그나마 양호한 편이라고 할 것이다. 2012년과 비교할 때 2050년에는 54세 이하의 인구는 전 연령대에서 줄어들며, 55세 이상에서는 전 연령대에서 인구가 증가함을 볼 수 있다. 그 결과 2050년이 되면 90세 이상의 노인 인구수가 5세 미만의 아동 수보다 많아지는 나라가 될 것으로 예상되고 있다. 특히, 문제가 심각한 연령대가 윗세대를 힘겹게 떠받치면서도 아래 세대의 숫자는 점점 줄어드는 것을 목도할 수밖에 없는 50-54세의 연령대인데, 바로 이 연령대가 2016년 현재 대학을 다니고 있는 연령대이다.

4) 예를 들면, 중국의 경우 18-22세의 대학 학령인구가 2013년에서 2020년 사이 약 2천만 명이 줄어들 것으로 예상되고 있다(British Council, 2012).

[그림 2] 한국의 인구전망

US Census projections, in thousands of males/females

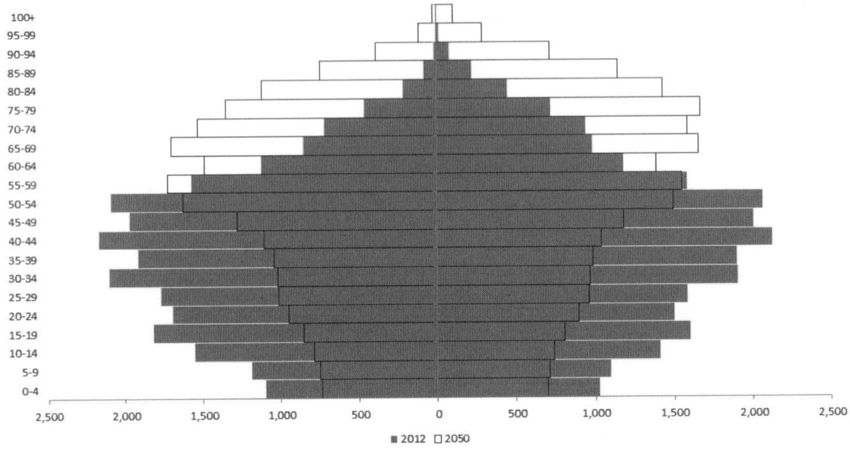

자료: Barry Anderson(2013).

2. 중장기 인력수급 전망

한국고용정보원(2015)의 「중장기 인력수급 수정전망」에 따르면 공공행정·국방 및 사회보장행정 분야에서는 취업자 수가 2014~2019년 사이에 약 48,000명 그리고 2014~2024년 사이에는 약 97,000명 증가할 것으로 예상되고 있다(<표 3> 참조). 향후 공공행정 분야에서 취업자의 수가 감소해서가 아니라 구직자의 수가 지나치게 많기 때문에 문제가 발생하고 있다고 보아야 할 것이다.

이 문제는 아래의 <표 4>, <표 5>, <표 6>을 보면 더 뚜렷해진다. <표 4>는 2014년에서 2024년간 4년제 대학교의 전공계열별 노동시장 격차 전망을 보여주고 있는데, 향후 10년간 사회분야에서는 217,000명의 초과공급이 나타날 것으로 예상되고 있다. <표 5>를 보면 상황은 훨씬 더 심각한데, 전문대의 경우 사회계열 졸업생의 초과공급이 10년간 무려 227,000명에 달할 것으로 예상되고 있다. 대학원 졸업생의 초과공급도 매우 심각한 문제인데, <표 6>에 의하면 향후 10년간 185,000명의 초과공급이 나타날 것으로 예상되고 있다.

〈표 3〉 공공행정 · 국방 및 사회보장행정 소분류별 취업자 수 전망

(단위: 천 명, %)

산업	취업자 수				취업자 수 증감				취업자 수 증감률(연평균)			
	2009년	2014년	2019년	2024년	2009~2014년	2014~2019년	2019~2024년	2014~2024년	2009~2014년	2014~2019년	2019~2024년	2014~2024년
공공행정 · 국방 및 사회보장행정	1,032	957	1,006	1,055	−74	49	48	97	−1.5	1.0	0.9	1.0
입법 및 일반 정부 행정	700	604	630	663	−97	26	33	59	−2.9	0.9	1.0	0.9
사회 및 산업 정책 행정	105	89	96	97	−16	6	1	7	−3.2	1.4	0.1	0.8
외무 및 국방 행정	25	40	43	45	15	3	2	5	10.0	1.6	1.0	1.3
사법 및 공공 질서행정	198	220	233	245	22	12	12	25	2.1	1.1	1.0	1.1
사회보장행정	3	4	5	5	1	0	1	1	5.1	2.0	2.4	2.2

자료: 한국고용정보원(2015). 「중장기 인력수급 수정전망, 2014−2024」.

〈표 4〉 대학교 전공계열별 노동시장 격차 전망: 2014~2024

(단위: 천 명)

	인력공급(A)	구인 인력수요(B)	격차(A−B)
인문	356	255	101
사회	840	623	217
예체능	352	305	47
사범	182	62	120
자연	368	312	56
공학	754	969	−215
의약	170	173	−3
전체	3,021	2,699	321

자료: 한국고용정보원(2015). 「중장기 인력수급 수정전망, 2014−2024」.

〈표 5〉 전문대학 전공 계열별 노동시장 격차 전망: 2014~2024

(단위: 천 명)

	인력공급(A)	구인 인력수요(B)	격차(A–B)
인문	59	77	−18
사회	487	260	227
예체능	288	207	81
사범	92	69	23
자연	130	−9	139
공학	395	438	−43
의약	276	214	62
전체	1,726	1,255	471

자료: 한국고용정보원(2015). 「중장기 인력수급 수정전망, 2014−2024」.

〈표 6〉 대학원 전공 계열별 노동시장 격차 전망: 2014~2024

(단위: 천 명)

	인력공급(A)	구인 인력수요(B)	격차(A–B)
인문	127	63	64
사회	297	112	185
예체능	60	72	−12
사범	154	79	75
자연	93	66	27
공학	173	134	39
의약	108	90	18
전체	1,012	615	397

자료: 한국고용정보원(2015). 「중장기 인력수급 수정전망, 2014−2024」.

Ⅲ. 한국 고등교육의 변화 방향

1. 교육의 작동 원리 변화 필요

대학을 둘러싼 이러한 변화에 효과적으로 대응하기 위해서는 무엇보다도 교육의 작동 원리가 근본적으로 변할 필요가 있다. 우리 사회는 해방 이후 팽창하는 인구와 성장하는 경제에 익숙해져 있었고, 교육시스템 또한 인구와 경제의 성장을 당연한 것처럼 받아들이는 가운데 설계되어 있었다. 그러나 인구구조의 변화는 우리 교육의 작동 원리(modus operandi)가 완전히 바뀌어야 함을 시사하는 변화이다. 무엇보다도 팽창 지향의 교육체제로부터 감축 관리체제로의 전환이 필요하다(하연섭, 2016).

그런데 학령인구감소에 대응하는 대학의 구조개혁을 둘러싸고 이른바 '공유지의 비극(the tragedy of the commons)'이 나타날 가능성이 대단히 높다. 즉, 개별 대학 입장에서는 지속적으로 대학의 정원과 시설 등을 유지하는 것이 최선이지만, 개별 대학들이 이러한 입장을 견지하는 한 대부분의 대학이 부실화될 가능성이 매우 높다는 것이다. 이 문제를 해결할 수 있는 방법은 자율적 협약에 의한 방법과 정부의 개입에 의한 방법 두 가지로 압축된다. 적어도 한국 대학사회의 거버넌스 구조로 볼 때, 대학 간 협약에 의해 대학구조개혁을 실현할 가능성은 거의 없어 보인다. 그렇다면 정부의 개입에 의한 대학구조개혁이 유일한 대안일 수밖에 없는데, 이 유일한 대안 내에서도 활용할 수 있는 정책수단은 대단히 많은 편이다. 이렇게 볼 때, 대학구조개혁을 둘러싼 쟁점은 자율인가 정부인가 보다는 대학구조개혁을 위한 게임의 규칙(the rules of the game)을 어떤 모습으로 어떻게 만들어 나가야 할 것인가에 있다고 해야 할 것이다.

2. 대학교육의 사회적 부응도 향상 필요

학령인구 감소에 따라 고등교육 개혁 관련 기존의 논의는 하드웨어적인 측면에서의 구조개혁에만 집중되어 있지만, 대학의 위기를 타개하기 위해서는 대학교육의 내용에 대한 구조개혁이 반드시 함께 진행되어야 한다. 앞의 [그림 2]에서 보았듯이 저출산 문제가 심각하게 나타날 미래 사회에서는 중견 숙련(middle skill)을 가진 숙련 노동자의 공급이 부족해질 가능성이 매우 높다. 또한 노동력 부족 사태가 현실화될 가능성이 매우 높은 바, 이러한 상황에서는 대학교육 이수자들의 직업 능력을 극대화시킬 수 있는 교육체제로의 전환이 요구된다.

따라서 앞으로 우리 고등교육의 기본 틀을 공급자 위주에서 수요자 위주로 과감하게 전환시킬 필요가 있다. 현재도 산업 현장에 직접 응용 가능한 지식의 창출과 인재육성에 대한 요구가 증대되고 있음에도 불구하고, 대학교육은 여전히 공급자 위주로 진행되고 있는 문제점을 드러내고 있다. 이렇게 볼 때, 향후 한국 대학의 과제는 직업세계의 변화에 대학이 능동적으로 대처하면서 학생 시각에서 교육과정을 어떻게 개편할지에 모아진다고 할 것이다.

3. 대학원 개혁

학령인구 감소의 여파가 이른바 하위대학에만 집중될 것으로 생각하고 있지만, 하위대학들이 타격을 받을 경우 이들의 교수요원을 배출하던 상위권 대학의 대학원이 직격탄을 맞게 될 것임은 자명하다. 대학구조개혁에서 살아남을 수 있는 대학의 교수진은 대부분 외국 박사학위 소지자로 채워져 있기 때문에 우리나라 대학원이 받을 충격은 매우 클 수밖에 없음을 미리 인식할 필요가 있다. 학문후속세대를 양성하는 대학원 시스템의 붕괴는 우리 대학 전체의 경쟁력 약화로 이어질 위험성이 매우 높다. 21세기 지식기반경제를 끌고 갈 창의력을 갖춘 고급인재를 우리 대학들이 스스로 양성하기 위해서는 대학원 교육의 혁신과 함께 소수 연구중심대학에 대한 집중 지원이 반드시 필요하다.

<표 7>은 서울 주요대학에서 2002~2011년 10년간 이공계 분야와 사회과학 분야에서 신규 채용한 교원들이 국내 대학과 국외 대학 중 어디에서 박사학위를 취득했는지를 보여주고 있다. 대학 간 편차가 있긴 하지만, 전체적으로 보았을 때 외국 박사학위 소지자가 약 65%, 국내 박사학위 소지자가 약 35%의 비중을 차지하고 있음을 볼 수 있다.

<표 8>은 지방거점국립대학 등 지방 주요 10개 대학에서 2002~2011년 10년간 이공계 분야와 사회과학 분야에서 신규 채용한 교원들이 국내 대학과 국외 대학 중 어디에서 박사학위를 취득했는지를 보여주고 있다. 대학 간 편차가 있긴 하지만, 전체적으로 보았을 때 외국 박사학위 소지자가 35%, 국내 박사학위 소지자가 약 65%의 비중을 차지하고 있음을 볼 수 있다. 국외 박사학위 소지자와 국내 박사학위 소지자의 비중이 서울 주요대학과 비교할 때 정확히 역전되고 있음을 알 수 있다.

<표 9>는 2015년 교육부에서 발표한 대학구조개혁평가 결과 'D' 등급을 받은 대학에서 2006~2015년 10년간 신규 채용한 이공계 분야와 사회과학 분야 교수들이 국외 대학과 국내 대학 중 어디에서 학위를 받았는지를 보여주고 있다. 대학 간 편차가 존재하지만 전체적으로 볼 때, 국내 대학 박사학위 소지자가 전체의 약 85% 정도를 차지하고 있음을 볼 수 있다. <표 7>, <표 8>, <표 9>가 의미하는 바는 대학구조개혁의 대상이 될 가능성이 높은 대학일수록 교수요원 중 국내 대학 박사학위 소지자의 비중이 높다는 사실이다. 이는 곧 대학구조개혁이 현실화될 경우, 그 영향이 하위대학에만 집중되는 것이 아니라 소위 명문대학의 대학원에까지도 큰 영향을 미칠 가능성이 매우 높다는 것을 시사한다.

이러한 상황을 타개하지 못하면 우리나라 대학들은 학문후속세대를 양성할 교수요원을 거의 전적으로 외국대학에 의존하는 매우 우스꽝스러운 OECD 회원국으로 전락할 가능성이 매우 높다. 연구중심대학에 대한 집중적인 지원이 반드시 필요한 이유라

고 할 것이다.

〈표 7〉 서울 주요대학 교수임용자 박사학위의 국내외 출신현황(2002~2011)

박사학위		서울대	연세대	고려대	건국대	경희대	서강대	성균관대	이화여대	중앙대	한양대
전체	해외	230 (71.4)	196 (71.3)	211 (65.3)	192 (66.7)	155 (65.1)	59 (72.0)	94 (63.5)	118 (68.6)	124 (62.6)	193 (65.6)
	국내	92 (28.6)	79 (28.7)	112 (34.7)	96 (33.3)	83 (34.9)	23 (28.0)	54 (36.5)	54 (31.4)	74 (37.4)	101 (34.4)
이공계	해외	131 (65.5)	116 (66.3)	111 (60.3)	109 (62.6)	86 (58.9)	34 (64.2)	55 (57.9)	45 (63.4)	50 (52.1)	115 (58.7)
	국내	69 (34.5)	59 (33.7)	73 (39.7)	65 (37.4)	60 (41.1)	19 (35.8)	40 (42.1)	26 (36.6)	46 (47.9)	81 (41.3)
사회과학	해외	99 (81.1)	80 (80.0)	100 (71.9)	83 (72.8)	69 (75.0)	25 (86.2)	39 (73.6)	73 (72.3)	74 (72.5)	78 (79.6)
	국내	23 (18.9)	20 (20.0)	39 (28.1)	31 (27.2)	23 (25.0)	4 (13.8)	14 (26.4)	28 (27.7)	28 (27.5)	20 (20.4)

자료: 최중길 · 권동일 외(2012). WCU-BK21 후속사업 세부 계획 수립 연구. 한국연구재단.

〈표 8〉 지방 주요대학 교수임용자 박사학위의 국내외 출신현황(2002~2011)

학교명		강원대	경북대	부산대	전남대	전북대	충남대	충북대	영남대
전체	해외	63 (36.0)	80 (35.9)	66 (35.1)	83 (40.5)	83 (42.6)	72 (46.5)	47 (37.6)	103 (58.2)
	국내	112 (64.0)	143 (64.1)	122 (64.9)	122 (59.5)	112 (57.4)	83 (53.5)	78 (62.4)	74 (41.8)
이공계	해외	42 (36.5)	53 (37.3)	42 (34.7)	46 (35.1)	57 (42.9)	51 (49.0)	30 (41.7)	58 (58.6)
	국내	73 (63.5)	89 (62.7)	79 (65.3)	85 (64.9)	76 (57.1)	53 (51.0)	42 (58.3)	41 (41.4)
사회과학	해외	21 (35.0)	27 (33.3)	24 (35.8)	37 (50.0)	26 (41.9)	21 (41.2)	17 (32.1)	45 (57.7)
	국내	39 (65.0)	54 (66.7)	43 (64.2)	37 (50.0)	36 (58.1)	30 (58.8)	36 (67.9)	33 (42.3)

자료: 최중길 · 권동일 외(2012). WCU-BK21 후속사업 세부 계획 수립 연구. 한국연구재단.

〈표 9〉 D 등급 이하 대학 교수 임용자 박사학위의 국내외 출신현황(2006~2015)

		A	B	C	D	E	F	G	H	I	J
사회과학	국내	21	19	8	32	31	18	2	13	20	10
		77.8%	82.6%	61.5%	88.9%	64.6%	90.0%	100.0%	76.5%	71.4%	52.6%
	해외	6	4	5	4	17	2	0	4	8	9
		22.2%	17.4%	38.5%	11.1%	35.4%	10.0%	0.0%	23.5%	28.6%	47.4%
	전체	27	23	13	36	48	20	2	17	28	19
이공계	국내	21	3	1	6	11	19	5	18	10	7
		87.5%	75.0%	33.3%	85.7%	50.0%	95.0%	83.3%	81.8%	55.6%	63.6%
	해외	3	1	2	1	11	1	1	4	8	4
		12.5%	25.0%	66.7%	14.3%	50.0%	5.0%	16.7%	18.2%	44.4%	36.4%
	전체	24	4	3	7	22	20	6	22	18	11

4. 대학 간 역할분담

대학교육의 질을 향상시키기 위해서는 대학들 간의 명확한 역할 분담이 필요하다. 우리나라 대학들은 교수요원의 상당수를 외국 대학으로부터 수입에 의존하면서도, 동시에 대부분의 대학들이 연구중심대학을 표방하는 아이러니한 상황이 전개되고 있다. 이러한 현상이 생겨나게 된 원인으로는 몇 가지를 들 수 있다. 첫째, 문화적 요인이다. 대학 교수들은 학자(scholar)로서 인정받기를 원하기 때문에, 교육자이긴 하지만 연구자로서의 면모를 유지하고자 하는 것이다. 둘째, 연구중심대학으로 인정받는 것이 개별 대학의 명성(reputation)을 올리는 데 유리하기 때문이다. 대학교육은 본질적으로 경험재(experience good)의 성격을 지니고 있기 때문에, 학부모와 학생들로부터 높은 명성을 얻는가가 대학의 생존과 발전에 직접적인 영향을 미친다. 연구중심대학으로 자리매김하는 것이 대학의 명성을 높이는 데 기여하기 때문에, 대부분의 대학이 '연구' 기능을 강조하는 것이다. 셋째, 우리나라에 고유한 현상이긴 하지만, 5.31 교육개혁 이후 대학에 대한 재정지원과 평가를 연계시키기로 하면서 첫 번째로 시행한 사업이 연구중심대학 지원사업인 BK21 사업이었음을 지적할 수 있다. 즉, 대학에 대한 평가가 연구역량 위주로 이루어지면서, 전국의 대부분 대학들이 '연구중심'에 대한 과잉동조화(over-conformity) 현상을 보이게 되었다는 것이다. 이에 따라 많은 대학에서 교수들에 대한 평가가 연구 성과 위주로 이루어지게 되면서 교육에 대한 관심이 낮아졌고, 그 결과 대학교육의 질이 떨어지게 되었다고 해도 큰 과장은 아니다.

그러나 앞으로 산업수요에 대응해서 학생들의 취업역량을 강화시키기 위해서는 교육중심대학들을 더욱 과감하게 육성할 필요가 있으며, 이를 위해서는 연구중심대학과 교육중심대학 간 역할이 분명하게 구분되어야 한다. 특히, 정부의 재정지원이 대학 간 역할 분담을 촉진하는 방향으로 재편되어 교육중심대학, 직업훈련중심대학으로 역할을 정의하더라도 정부의 재정지원에서는 전혀 불이익을 받지 않는다는 확신을 주어야만 대학의 기능 재편과 역할 분담을 기대할 수 있을 것이다.

Ⅳ. 한국 행정학의 과제

한국 행정학의 위기는 한국 고등교육 전체의 위기의 일부분이며, 지방대 위기와 상당 부분 맞닿아 있는 위기 양상이다. 교육과 관련하여 행정학의 위기 양상은 행정학의 고도성장을 견인해 온 세 가지 환경적 조건의 변화에 기인한다. 이 중 두 가지는 한국 고등교육 전체에 닥친 위기의 원인과 같다. 즉, 고도경제성장으로부터 저성장 국면으로 진입, 출산율 저하에 따른 인구절벽의 문제는 어느 전공도 피할 수 없는 환경적 변화이다. 이에 더해서 사회계열 전반에 걸쳐 나타나는 현상이지만, 일자리에 비해 대졸자의 수가 많은 초과공급 현상이 행정학의 위기를 심화시키고 있는 것이다.

이 외에 행정학의 위기 양상으로 거론되는 것으로서는 다음을 들 수 있다(강문희 · 이선우, 2009).

첫째, 행정학이 세분화되어 가고 있는 사회적 수요에 대해 탄력적으로 대응하는 데 실패했다는 것이다.

둘째, 공무원 공채시험에서 행정학 과목 고유의 독점적 지위가 약화되었다는 점이다.

셋째, 중앙정부, 지방자치단체, 공기업 등의 신규채용에 있어 행정학 전공자들에 대한 인센티브가 별로 없다는 것이다.

이렇게 볼 때, 행정학의 위기 양상은 다른 학문분야의 위기 양상과 크게 다르지 않다. 다시 말해서, 지금까지 우리나라 고등교육을 견인해 왔던 인구증가와 지속적인 경제성장이 어느 정도 한계에 도달한 상태이고, 직업세계의 수요가 변화하고 있다는 것이다. 바로 위에서 적시한 세 가지 위기 양상도 사실은 '위기의 행정학적 표현'일 뿐이지, 행정학에만 독특하게 나타나는 위기 양상은 아닐 것이다.

그렇다면, 행정학의 위기 양상에 대한 대응도 다른 학문분야나 한국 대학 일반의 대응과 전혀 다른 차원으로 진행될 이유는 없을 것이다. 이렇게 볼 때, 행정학의 첫 번째 과제 또한 교육의 작동원리를 변화시키는 것이다. 고도 성장기에 대학교육에 대한 수요가 폭발적으로 늘어난 것에 더하여, 정부주도형 고도성장 덕에 우리나라의 행정학은 대학교육에 대한 수요 중에서도 가장 수요가 빠르게 증가한 분야 중 하나라고 해도 과언이 아니다. 이러한 상황이 종언을 고하고 있는 상황에서, 인구증가와 고도 성장기에 혜택을 많이 입은 학문분야일수록 그 충격은 클 수밖에 없다. 이것이 현재 행정학이 경험하고 있는 위기의 본질적인 측면이다. 다른 학문분야보다 충격이 상대적으로 크기에, 행정학의 작동 원리 또한 큰 폭으로 변화하지 않으면 안 된다. 아래에서는 행정학의 과제를 1. 수요자 중심 교육으로의 전환, 2. 열린 교육으로의 전환, 3. 핵심역량 중심 교육으로의 전환, 4. 행정학 교육의 특성화, 그리고 5. 대학원 개혁으로 나누어 제안하고자 한다.

1. 수요자 중심 교육으로의 전환

대학 교육 전체로 보았을 때에 작금의 위기를 해소할 수 있는 길은 대학교육의 사회적 부응도를 향상시키는 일이다. 이는 대학교육을 기존의 공급자 중심에서 수요자 중심으로 과감하게 전환하는 것이다. 행정학에서 공급자 중심 교육은 여러 가지 형태로 나타나고 있다. 무엇보다도 학생이나 사회의 수요가 아니라 교원들의 여건에 따라 커리큘럼이나 교육내용이 정해져 왔다고 할 수 있다. 또한 사회의 변화에 적절히 대응할 수 있는 새로운 교육내용, 새로운 교육방법 등을 적용하는데 미흡했음을 지적하지 않을 수 없다. 사실, 이러한 문제는 행정학만의 고유한 문제가 아니다. 그러나 다른 학문 분야에서 사회적 부응도를 높이기 위해 발 빠르게 수요자 중심교육으로 전환할 경우 행정학은 상대적으로 학생들의 선택에서 멀어질 수밖에 없다.

행정학의 위기가 거론된 이후, 이 위기를 타개하기 위해 약방의 감초처럼 등장하는 처방이 공무원 시험에서의 행정학 과목의 확대와 다양한 자격증제도의 개발이다. 그런데 정부의 공무원 임용 방식이 개방화 · 다양화를 추구하는 방향으로 가고 있기 때문에, 공무원 시험에서 행정학 과목의 확대를 주장하기는 쉽지 않아 보인다(이병량, 2011, 2012). 더욱 문제가 되는 것은 각종 자격증제도의 개발이다. 자격증이 도움이 될 수는 있겠지만, 행정학 학부 수준에서 취득한 자격증이 실제로 직업세계에 도움이 될 수 있을지에 대해서는 회의적인 시각이 많다. 그런데 공무원 시험에서의 행정학 과목의 확대와 다양한 자격증제도의 개발은 현실적인 어려움 외에도 오히려 이것이 행정학의 어려움을 더욱 가중시킬 수 있다는 데 주목할 필요가 있다.

한국 행정학이 지금처럼 어려움을 겪고 있는 이유 중 하나는 현실적합성이 떨어지기 때문이다. 초기에 행정학이 한국에 수입되었을 때, 행정학을 배우면 행정능력이 자동으로 올라갈 것이라는 기대를 가지고 있었고, 이러한 기대 하에 행정학이 고도성장을 거듭할 수 있었다고 할 것이다. 그리고 이러한 기대 하에 각종 공무원 시험에서 행정학이 주요 과목으로 선정되었던 것이다. 이러한 상황은 한국의 행정학자들에게 더없이 좋은 환경이었다. 교실에서 강의하는 내용이 어떠하건, 강의하는 방식이 어떠하건, 학생들의 흥미를 끌건 말건, 공무원 시험에 행정학이 포함되어 있는 이상 행정학 교수들은 그야말로 공급자 중심의 교육을 아무런 거리낌 없이, 아무런 자기성찰 없이 해올 수 있었던 것이다. 그러는 사이, 행정학의 현실 적합성은 물론이고 학문으로서의 행정학의 흥미조차도 떨어지는 상황이 나타난 것이다.

그렇다면 해법은 무엇인가? 예전의 영화를 되찾기 위해 공무원 시험에 행정학 과목을 늘리자고 지속적인 로비를 하고, 무리하게 자격증제도를 만들 것인가? 자칫 공무원 시험에 행정학 과목의 유지 혹은 증가와 자격증제도의 개발은 기존의 공급자 중심 교육을 영속화시킬 위험성을 다분히 안고 있다. 이를 갈망하는 것은 교육의 내용과 방법은 그대로 유지한 채 행정학의 수명을 연장시키고 싶은 행정학 교수들의 기대를 반영하는 것은 아닌지 자문할 일이다. 현실적으로 시험 과목의 확대와 자격증의 확대가 어렵다면, 해결책은 행정학의 현실적합성과 교육의 내실을 향상시키는 수밖에 없다. 해결책은 공급자 중심의 행정학 교육에서 수요자 중심의 행정학 교육으로 과감히 전환하는 것이다.

2. 열린 교육으로의 전환

행정학은 본질적으로 학제적(interdisciplinary) 성격을 갖는다. 행정현상을 설명하기 위해 다양한 학문분야의 이론이나 분석틀을 차용하기 때문에, 자조적으로 표현해서 행정학을 잡학(雜學)이라고 부르기도 한다. 이러한 '잡학'을 둘러싸고 크게 두 가지 쟁점을 제기할 수 있다. 하나는 연구에서의 쟁점이며, 다른 하나는 교육에서의 쟁점이다.

행정학은 애당초 정부를 둘러싼 사회현상을 설명하기 위해 출발한 학문이기 때문에, 본질적으로 학제적일 수밖에 없다. 행정현상을 설명하기 위해 정치학, 경제학, 사회학, 심리학 등의 이론 체계를 차용하는 것은 매우 자연스러운 일이다. 사회현상은 19세기에 선을 그어 놓은 학문분과대로 움직이는 것이 아니라 본질적으로 융·복합적인 현상일 뿐이다. 특히, 정부를 둘러싼 사회현상은 본질적으로 융·복합적인 현상이다. 따라서 행정학이 '잡학'인 것은 당연한 것이다. 이를 두고 다른 순수 사회과학 학문분야처럼 고유의 이론이 없다는 등의 이유로 행정학을 폄훼하는 것은 행정현상과 학문의 관계를 이해하지 못하고 있음을 드러낼 뿐이다.

다만, 문제가 되는 것은 행정학을 학제적으로 이해하고 연구하는 것이 아니라 단순히 다학문적(multidisciplinary)으로 이해하고 학문분야를 병렬적으로 나열하고 있는 현상이다. 행정현상을 설명하기 위해 다양한 학문분야의 결합은 지극히 당연한 것이지만, 행정학이 학문으로서의 위상을 정립하기 위해서는 다학문 분야를 관통하는, 그리하여 행정학 전체를 유기적으로 연결시켜 줄 수 있는 시각이나 틀이 필요한데 이런 공통의 시각 없이 행정현상에 접근하기 때문에 행정학의 분절화(fragmentation) 현상이 나타나는 것이다(하연섭, 2015). 따라서 행정학의 발전을 위해서는 행정학의 잡학으로서의 성격을 탓할 것이 아니라, 행정을 구성하는 다양한 요소를 어떻게 꿸 수 있을까를 고민할 필요가 있다.

보다 심각한 문제는 행정학을 '잡학'이라고 표현하면서도, 행정학 교육에 있어서는 행정학의 폐쇄성을 심각하게 강화시키고 있다는 점이다. 행정현상을 이해하기 위해서는 인접 사회과학에 대한 이해뿐만 아니라 행정이 갖는 인문적 혹은 예술적 성격(art) 때문에 역사, 철학 등에 대한 이해가 필수적이다. 그런데 우리나라 행정학과 중 이러한 인접학문에 대한 기초학습 위에서 행정학을 교육하는 곳이 과연 몇 군데나 있을까? 다른 나라에서는 대학원 수준에서나 적합한 행정학의 온갖 각론을 학부에서 가르치고, 또 그러한 행정학의 방대한 지식이 직업세계에서 도움이 될 것이라는 근거 없는 강변 위에서 '순수 학문'으로서의 행정학, 실용 학문에 어울리지 않는 '독자적' 행정학만을 학생들에게 강요하지는 않았는지 묻지 않을 수 없다.

이점에서 다음과 같은 조경호 교수의 지적은 적절하다고 할 것이다.

> "아직까지 우리 사회과학계에서 행정학과 타 학문과의 융합을 통한 행정학의 지속가능한 교육과 연구 방향을 제시한 노력은 거의 없는 실정에 있다. … 이제 행정학 교육은 정치, 사회, 문화 변화의 방향을 인식하면서 타 학문 영역과의 실질적 융합을 통해 문제해결형 실천학습과 현장학습을 강화해 나가야 한다." (조경호, 2010: 357)

행정학의 가장 오래된 논의 중 하나는 과연 행정학이 과학(science)인가 예술(art)인가라는 논의이다. 사실, 이 때 사용하는 'art'라는 용어를 한국말로 번역하기는 무척 어렵다. 음악과 미술 같은 경우 타고나는 소질이 후천적인 노력보다 더 중요하다는 것을 의미할 때 사용되기도 하고, 리더십과 같이 이에 대해 가르칠 수는 있어도 가르친다고 해서 그러한 자질을 길러주는 데는 한계가 있는 것을 의미할 때도 사용하는 용어이다. 행정학이 과학인 동시에 예술이라고 할 때에는 지식의 습득을 통해서만 행정을 제대로 할 수 없고, 타고난 자질, 스스로 체득한 통찰력이나 이해력 등을 통해 행정을 할 수 있다는 것을 의미한다. 행정이 갖는 예술적인 면을 위해서는 자신의 둘러싼 세계에 대한 깊은 이해와 세상에 대한 통찰력이 무척 중요하다.

이런 측면에서 볼 때, 기존의 한국의 행정학 교육은 과학 일변도, 지식 일변도의 교육을 지향했다고 해도 지나치지 않다. 교과서에 나열된 무수히 많은 이론들을 습득하면 곧 그것이 행정 역량을 향상시킨다는 그릇된 믿음에 의존하고 있었던 것이다. 행정학교육이 핵심역량강화 교육으로 탈바꿈하기 위해서는 행정이 갖는 'art'적인 측면을 강화시켜주는 교육과정이 개발될 필요가 있다. "이는 곧 행정학교육에 있어서 이른바 교양교육의 요소가 강화되어야 함을 의미하는 것이기도 하다."[5](하연섭, 2015: 518)

행정학 전공교육과 다른 전공교육과의 결합, 행정학 전공교육과 교양교육과의 연계 강화 등 행정학 고유의 영역을 고집하기 보다는 타 분야와의 적절한 연계를 통해 행정학의 현실 적합성이 훨씬 높아질 수 있으리라 본다.

3. 핵심역량 중심 교육으로의 전환

일찍이 한국행정학회 2011년 동계학술대회에서 이영철 교수는 "행정학과생의 핵심역량강화를 위한 교육방안"이라는 글에서 한국의 행정학 교육이 "공무원 중심 교육에서 핵심역량 중심의 교육으로" 바뀌어야 한다고 주장한 바 있다. 즉, 이제까지의 행정학 교육은 미국에서 전개된 행정학의 주요 내용을 백화점식으로 담은 교과서를 일방적으로 강의해왔고, 이것이 정작 행정학과 졸업생들의 역량을 향상시키는 것과는 거리가 멀었다는 것이다.

무엇보다도 현행 행정학 교육의 문제는 다음과 같다.

첫째, 대학에서 가르치는 학문분야 중 행정학이 가장 흥미 없는 학문 분야 중 하나라는 점이다. 사실, 학생들이 행정학과를 택하고 행정학을 공부하는 이유는 행정학이 재미있어서가 아니라 참고 공부하면 좋은 앞날이 올 것이라는 기대 하에서 공부하고 있을 뿐이다. 미국의 문제를 우리의 문제로 인식하게 만드는 교과 내용, 한국의 현실과 동떨어진 이론들, 그리고 무엇보다도 현재의 생활세계와 동떨어져 있는 내용으로는 학생들의 지적 호기심을 자극하지 못한다.

둘째, 거의 대부분의 대학에서 행정학 교육을 학부 단계에서 하면서 정작 학부생의 지적능력과 관심을 고려한 행정학 교육이 제대로 이루어지지 않고 있다는 점이다. 지난 수십 년간 행정학 교육을 논할 때 가장 많이 들린 이야기가 "미국에서는 행정학을

5) 이런 측면에서 볼 때, 우리나라 대학의 교양교육 체계와 인문학 교육체계 또한 학생중심으로 대폭 개편되어야 할 필요가 있다.

대학원에서 가르치고 있는데, 우리는 학부에서 가르치니 문제"라는 것이다. 세상에 문제가 애당초 문제로서 존재하는 것은 없다. 현상만이 있을 뿐이며, 이 현상을 인식하는 틀과 가치체계를 통해서 현상이 비로소 문제로서 인식되는 것이다. 한국에서는 행정학을 학부에서 가르치고 있으니 문제라는 지적은 그 인식의 틀을 미국에서 빌려왔기 때문에 그렇게 인식한다는 점을 지적하지 않을 수 없다.

미국에서 행정학의 발전과 대학교육의 진화과정이 결합된 현상이 행정학이 주로(모두 그런 것은 결코 아니지만) 대학원에서 교육되고 있는 현상이다. 한국의 국가형성과정, 행정학의 발전, 그리고 대학교육의 진화과정이 결합되어서 나타난 현상이 행정학이 학부에서 교육되고 있는 현상이다. 이는 그야 말로 현상일 뿐이다. 왜 이 현상을 꼭 문제로서 인식해야 하는가? 그렇다면 모든 행정학 교육을 대학원 수준으로 옮길 현실적 가능성은 존재하는가? 지난 4~50년간 그렇게 이야기해도 되지 않은 일을 새삼 더 거론할 필요조차 있는 것인가? 대학원 교육이 더 적절하다는 이야기를 한 지난 수십 년의 세월 동안 학부생에게 흥미를 유발할 수 있는 행정학 교육과정에 대해 고민하고 이를 만들기 위한 노력이 제대로 진행된 적이 있는지 반문하고 싶다. 이렇게 볼 때 행정학 교육의 과제는 학부생의 지적 수준에 맞는 교육과정을 개발하는 동시에 학과 이기주의에서 벗어나 행정학 전공 학생들에게 통합적으로 사회를 이해할 수 있는 기초능력을 배양하는 작업을 진행하는 데에 있다고 할 것이다.

그야말로 대학원 수준에나 적합한 세분화된 전공과목으로부터 탈피하고, 자신을 둘러싼 세계를 이해할 수 있는 인문학과 인접 사회과학에 대한 튼튼한 기초를 쌓으면서 행정학에 접할 수 있는 교과목 트리를 만들 필요가 있는 것이다. 기초소양교육에 더해서 문제 중심적 학습을 할 수 있는 교과목 체계 또한 만들 필요가 있다.

4. 행정학 교육의 특성화

수요자 중심의 교육이 필요함을 인정한다 할지라도, 학생 수준과 학생 진로에 맞는 맞춤형 교육을 위해서는 행정학 교육이 대학별로 특성화될 필요가 있다. 서울의 상위권 대학, 연구중심대학을 표방하는 대학과 지방의 교육중심대학, 직업훈련중심대학의 행정학 교육이 같을 필요도 없고 같아서도 곤란하다. 각 대학이 처한 입장과 특징에 따라 행정학 전공 졸업자들의 진로는 다양할 수밖에 없으며, 이에 대해 효과적으로 대처하기 위해서는 전국의 모든 대학의 행정학 교육이 천편일률적인 이유는 없다.

특히, 행정학의 현실적합성을 높이면서 학생들의 흥미를 끌기 위해서는 강의 방식이 토론식, 사례탐구 위주로 바뀔 필요가 있다. 학부생들을 위한 교재개발, 수업방식

개발 등의 헌신을 위해서는 상당한 교수의 노력을 요할 뿐 아니라 대학 차원에서도 상당한 자원의 투입이 필요하다(김준한, 2011).[6] 그리고 이를 위한 변화는 대학의 전체 방향이 교육중심으로 변화했을 때에나 가능하기 때문에, 대학이 교육중심으로 변화하도록 정부는 유인 구조를 바꿔줄 필요가 있다.

아래의 <표 10>은 대학특성화 사업의 대학자율 분야 평가지표로서, 행정학에 해당하는 분야의 평가지표이다. 이 평가지표에서 특징적인 것은 교수의 연구역량을 전혀 묻지 않고 있다는 점이다. 교육중심대학의 육성을 위해서는 현 단계에서는 이런 유인 구조의 설계가 필요하다고 판단했기 때문이다. 각 사업단의 평가지표는 특성화 여건과 특성화 계획으로 나뉘는데, 이 중 중요한 것이 특성화 분야 학부교육의 특성화 및 내실화 실적, 교육과정 구성 및 운영 계획, 학부생 양성 및 지원 계획, 학부교육 내실화 지원 및 지원 인프라 확충 계획 등이다. 그리고 대학 전체를 평가하는 제도혁신 및 사업단 지원 계획에서는 학부교육 내실화를 위한 대학의 계획과 대학 전체의 시스템 개혁 방안이 포함되어 있다.

사실상, 교육중심대학 위주로 학문분야의 특성화를 유도하는 동시에, 수요자 중심 교육으로의 전환, 핵심역량 중심 교육으로의 전환, 교양과 전공 교육의 적절한 결합 등을 대학에 요구하는 지표라고 해도 과언이 아니다. 재정지원사업의 평가지표가 이렇게 구성되어 있다는 것은 행정학을 포함해서 어떤 학문분야도 고등교육 환경의 변화에 능동적으로 대처하지 않는 한, 생존과 발전을 기약하기 어려운 상황이 전개되고 있다는 것을 보여준다.

한편, 김준한 교수(2011: 15)가 적절히 지적했듯이, 우리나라 대학에서는 "성과의 측정이 가시적인 결과에 초점을 맞추어 교육보다는 연구를 중시하는 풍조를 조장하고 있다." 바로 이러한 경향이 행정학뿐만 아니라 우리나라 대학의 거의 모든 전공분야가 교육중심으로 기능 전환을 하는 데 걸림돌이 되고 있는 것이다. 그런데 이러한 경향은 1995년 5.31 교육개혁 이후 평가와 재정지원 연계의 첫 번째 사업으로서 BK21 사업이 대규모로 시행된 데에도 기인한다. 연구중심대학 육성사업이었던 BK21 사업이 시행되자 이에 참여하기 위해 거의 모든 대학들이 SCI, SSCI를 강조하는 풍조가 생겼으며, 그 결과 대학의 교육기능이 소홀히 취급되는 현상이 심화된 것이다.

이렇게 볼 때 향후 과제는 대학별 특성화를 통해 교육에 집중하는 교육중심대학을 어떻게 육성할 것인가에 달려 있다고 할 것이다. 이 경우 개별 교수들의 성과를 측정

6) 사실, 이런 변화를 위한 자원 투입을 위해 시도된 사업이 이른바 대학특성화 사업(CK사업)이다.

〈표 10〉 CK-1 대학 자율 분야 평가지표

대학 기본여건 및 향후계획 평가지표(안) (30점)		
하위 영역	세부 심사항목	배점
1. 기본 여건 (15점)	1.1. 재학생 충원율	3
	1.2. 전임교원확보율	2
	1.3. 교육비 환원율	2
	1.4. 장학금 지급률	1
	1.5. 등록금 부담 완화 지수	3
	1.6. 학사관리 및 교육과정 운영	3
	1.7. 교수학습 지원 및 학생 지원 실적	1
소 계		15
2. 제도 혁신 및 사업단 지원 계획 (15점)	2.1. 대학의 목표와 비전	
	① 대학의 비전과 전략 및 특성화 계획	1
	② 사업단 선정 및 지원·육성 계획과 대학전체 특성화 계획과의 정합성	3
	2.2. 학부교육 내실화를 위한 대학의 계획	
	① 학부교육 내실화 및 체계적 학사관리	1
	② 교수학습 지원 및 학생 지원 계획	1
	③ 학부교육 여건 개선을 위한 실적 및 계획	1
	2.3. 대학 전체의 시스템 개혁 방안	
	① 학부교육 특성화를 위한 학사구조 개편 및 구조개혁 등 실적(최근 3년)	3
	② 대학 전체 구조개혁의 정합성 (학과통폐합 포함)	2
	③ 대학의 거버넌스 및 인사·행정제도 혁신	3
소 계		15
기본여건 및 향후계획 합계		30

특성화 역량 평가지표(안) (70점)		
하위 영역	세부 심사항목	배점
3. 특성화 여건 (35점)	3.1. 특성화 분야 전임교원 확보의 적정성	
	①특성화 분야 전임교원 확보율	5
	②전임교원 확보의 질 담보	1
	3.2. 특성화 분야 전임교원 강의비율	6
	3.3. 특성화 분야 재학생 충원율	8
	3.4. 특성화 분야 취업의 적정성	
	① 특성화 분야 취업률	7
	② 지난 3년간 학부생 진로 현황	1
	3.5. 특성화 분야 학부교육 특성화 및 내실화 실적	
	① 특성화된 교육과정 구성 및 운영 실적	2
	②교수·학습 지원 및 학생 지원 실적	2
	③ 특성화 분야에 대한 대학의 투자 실적	1
	3.6. 참여 인력의 구성과 역량	2
소 계		35
4. 특성화 계획 (35점)	4.1. 사업단의 비전과 특성화 계획	
	① 사업단의 교육비전과 특성화 논거 및 계획	4
	② 사업단에 대한 재정지원 이력과(정부 재정 지원 사업 포함) 특성화 계획의 정합성	2
	③ 사업단 재정집행 계획의 적절성(타사업과 연계 포함)	3
	4.2. 교육과정 구성 및 운영 계획	
	① 특성화 방향에 부응하는 교육과정 구성·운영 계획	3
	② 전공 교과의 질 제고를 위한 행·재정 지원 계획	3
	4.3. 학부생 양성 및 지원 계획	
	① 학생 선발·양성 및 진로·취업의 질 제고 등 계획	4
	② 학부생에 대한 각종 행·재정 지원 등	3
	4.4. 학부교육 내실화 및 지원 인프라 확충 계획	
	① 교수·학습 지원 및 교육의 질 관리 체계 내실화	4
	② 특성화 분야 여건 등 개선 계획	4
	4.5. 지역사회 및 산업에 대한 기여도	5
소 계		35
특성화 역량 합계		70

하는 기준도 연구업적이 아니라 교육성과가 되어야 할 것이다. 그러나 BK21에 비해 CK 사업 등에 대해 비판이 많은 이유 중 하나가 계량화할 성과지표가 부족하다는 점인데, 교육에 대한 헌신, 교육의 성과 등을 어떻게 측정할 것인가는 앞으로 해결해야 할 과제로 남아 있다.

5. 대학원 개혁

앞에서 사회과학분야에서 서울 주요대학의 10년간 신규임용 교수 중 해외박사와 국내박사의 비율이 약 65 : 35, 지방 주요대학에서 그 비율이 35 : 65 정도로 나타난다고 하였지만, 행정학에서의 해외대학 출신자에 대한 의존은 훨씬 더 큰 것으로 보인다. 권해수(2009)의 연구에 따르면 2009년 현재 서울시내 소재대학 25개 대학교의 총 행정학과 재직 교수의 수는 224명이지만, 이 중 국내박사학위 소지자는 37인으로서 16.5%에 불과하다. 특히, 2000년 이후 서울시내 소재 대학교에서 국내박사를 채용한 경우는 아주 드물다고 지적하고 있다.

한국의 사회과학이 이공계에 비해 외국박사학위 소지자의 비중이 더 높게 나타나는 매우 흥미 있는 현상이 나타나고 있는 동시에, 사회과학분야 일반에 비해 행정학의 외국박사학위 소지자의 비중이 훨씬 높게 나타나는 현상이 나타나고 있는 것이다. 맥락 구속적(context-bound) 성격을 갖는 학문일수록 외국박사에 의존하는 현상이야말로 한국 사회과학뿐만 아니라 한국 사회가 처한 모습을 보여주는 기괴한 현상에 다름 아니다.

OECD 국가 중 교수 요원을 거의 전적으로 수입하는 나라는 한국을 제외하고는 찾기 힘들며, 전 세계적으로 볼 때도 행정학이 가장 활발하게 연구・교육된다는 한국에서 학문후속세대의 양성을 거의 외국에 의존하는 기현상이 지속되고 있는 것이다. 교수요원을 수입에 의존하고 있다는 사실 자체도 문제지만, 더 큰 문제는 그러는 가운데 우리의 문제를 우리의 시각으로 보지 못하고 외국의 시각으로 보고 있다는 것이다. 이런 현상은 소위 연구중심대학을 표방한 대학들의 평가체제에서 외국학술지에 실린 논문을 우대하면서 더 심화되고 있다.

외국학술지에 논문을 실으라는 것은 세계적 수준의 시야(perspective)로 우리의 문제를 바라보아야 하고, 또한 우리의 문제를 해결하기 위한 역량도 세계적 수준에 가 있어야 한다는 바람을 반영한 것이었다. 그런데 그러는 과정에서 우리와 상관없는 문제에 대한 표면적으로 정교한 분석만이 행해지고 있지는 않은지 살펴볼 필요가 있다. 특히, 문제가 되는 것은 가장 역량 있는 학자들의 연구 결과물이 외국의 좋은 학술지에는 실릴지 모르지만, 한국의 독자들이 이를 읽고 우리의 문제에 적용하는 선순환의 과정은 우리 학계와 실무계에서 송두리째 실종되어 있다는 사실이다.

우리나라 대학원에서 박사학위를 취득한 사람들이 대학교수로 자리를 잡도록 하는 데 있어서 가장 중요한 전제조건은 우리나라의 대학원 교육이 변해야 한다는 것이다. 무엇보다도 행정학 대학원 프로그램의 질 관리를 철저히 할 필요가 있다. 외국대학의 박사학위 소지자들이 우대받는 이유 중의 하나는 외국대학의 행정학 프로그램이 질 관리를 제대로 하고 있다는 믿음이 있기 때문이다. 질 관리란 대학원 졸업자들의 능력의 평균을 향상시키는 것과 더불어 능력의 편차를 줄이는 것을 포함한다. 즉, 어느 대학에서 박사학위를 받았다고 하면, 어느 정도의 수준이겠거니 하는 기대가 형성될 수 있어야 그 대학 졸업생들의 상품가치(brand power)가 형성·유지될 수 있다. 질 관리가 되지 않아 졸업생들의 편차가 클 경우에는 상품가치를 유지하기 대단히 어려워진다.

앞에서 우리나라의 대학원생이 1995년에 비해 약 22만 명 증가했음을 본 적이 있는데, 행정학도 이러한 대학원의 팽창 현상에 예외는 아니다. 윤재풍 교수(2011: 253)에 따르면 2011년 "현재 한국의 4년제 대학 177개 중 행정학과의 학사과정이 설치된 대학이 105개, 일반대학원 석사과정이 63개, 박사과정이 56개"라고 한다. 반면, 미국의 경우는 "약 2,000개의 대학 중 행정학 석사과정프로그램을 가진 대학이 160여 개이고 박사과정은 50여 개이며 학사과정의 행정학프로그램은 최근에 매우 소수의 대학에 소규모로 설치·운영하고 있는 상태"라고 한다. 대학원의 난립은 한국 대학원 교육의 질 관리를 어렵게 하는 동시에 한국의 석사학위와 박사학위의 질에 대한 사회적 평판을 떨어뜨리는 가장 중요한 요인이다. 학부수준의 구조개혁이 학령인구 감소에 따른 불가피한 변화라고 한다면, 대학원 수준의 구조개혁은 한국의 대학원 교육의 질 관리를 위한 필수적인 정책과제라고 하지 않을 수 없다. 그러나 대학원 개혁도 학부 개혁과 마찬가지로 이른바 '공유지의 비극' 문제를 안고 있다. 개별 대학으로서는 재정수입을 올리기 위해 그리고 연구지원 인력을 확보하기 위해 대학원을 유지하는 것이 최선이지만, 개별 대학의 이러한 노력이 전국적 차원에서 합해지면 한국 대학원 전체의 질이 떨어지고 경쟁력이 약화되는 현상을 피할 수 없다는 것이다. 대학원 개혁의 경우에도 대학 간 자율적 협약에 의한 구조개혁의 가능성은 요원해 보인다. 그러나 이 경우에도 교육중심으로 특화하는 대학이 많아질수록 대학원 구조개혁을 추진할 수 있는 가능성은 높아질 것이다. 우리나라에서 학부 수준의 구조개혁과 대학원 수준의 구조개혁이 동떨어진 정책과제가 아니라는 점을 명심할 필요가 있다.[7]

우수한 학생들이 국내 대학원을 진학하도록 만드는 조건은 크게 세 가지이다. 첫째, 질 높은 대학원 교육, 둘째, 상당한 재정적 지원, 셋째, 졸업 후 높은 취업 가능성이다. 상당한 재정적 지원은 현재 BK21-PLUS 사업에서 지원하고 있는 수준 이상의 재정적 지원이 필요하다는 것이다. 현재는 석박사 과정생들에게 등록금을 약간 상회하는 수준밖에는 지원되지 않는다. 앞으로는 재정적 지원이 등록금뿐만 아니라 생활비(stipend)까지도 포함하는 수준으로 대폭 확대될 필요가 있다. 이를 위해서는 두 가지 변화가 필요하다. 첫째, BK21-PLUS 수혜대학의 범위를 대폭 축소해야 한다는 것이다. 현재는 전체 대학의 약 35%가 수혜를 받고 있는데, 이 수준을 최대 10% 이내로 대폭 축소할 필요가 있다. 둘째, 각 프로그램에서 지원하는 대상 학생 수를 엄격히 제한할 필요가 있다. 일정 수준 이상의 학생들에게만 지원이 될 수 있도록 학생 선정 및 관리를 강화할 필요가 있다. 이러한 조건이 만족되고 우리나라 대학원 출신자들의 경쟁력이 강화되었을 때, 우리 대학원 졸업생들의 취업 가능성을 높일 수 있을 것이다. 어쨌건 이러한 변화는 과감하고 신속하게 그리고 강력하게 이루어질 필요가 있다.

Ⅴ. 결 론

우리나라에서 대학교육의 팽창은 실로 눈부신 것이었다. 인구의 지속적인 증가, 경제의 지속적인 성장, 높은 교육열, 일반 숙련(general skill) 중심의 숙련형성과정, 교육을 둘러싼 지위경쟁(positional competition)[8] 등이 우리나라 대학교육의 팽창을 견인해온 중요한 요인이었다. 거기에 더해 국가주도적인 경제성장과정과 관료제의 역할 강화 등은 한국 행정학이 성장할 수 있었던 비옥한 토양이었다. 이제 이러한 조건들이 서서히 사라지고 있다. 무엇보다도 학령인구가 감소하고 있으며, 공공부문에 진출하기 위한 주도적인 수단으로서의 행정학의 위치 또한 약해지고 있다. 이것이 우리나라 대학위기의 원인이며, 행정학 위기의 원인이다. 그런데 주위를 둘러보면, 행정학이라는 학문분야에 나타나고 있는 위기상황은 사실상 다른 학문분야에도 거의 동일하게 나타나고 있는 위기상황과 다르지 않다. 물론, 각 학문 분야별로 나름대로의 위기의 원인과 위기의 양상이 있기는 하겠지만, 각 학문분야별로 완전히 다른 처방이 필요할 만큼 위기의 양상이 달라 보이지는 않는다.

작금의 위기에 대응하기 위해서는 이제 인구팽창과 고도성장에 익숙해 있었던 한

7) 그러나 학부와 대학원을 모두 포함하는 거시적·체계적 구조개혁 및 질 관리 방안은 한국 사회 어디에서도 제시되고 있지 않다.
8) 이에 대해서는 안병영·하연섭(2015)을 참고하기 바란다.

국 대학의 작동 원리부터 완전히 바꾸지 않으면 안 된다. 그리고 무엇보다도 행정학을 포함해서 거의 모든 학문분야의 사회적 부응도를 높일 필요가 있다. 다시 말해서, 대학교육이 기존의 공급자 위주에서 수요자 위주로 근본적으로 바뀌어야 한다는 것이다. 이와 동시에 제대로 된 학문후속세대는 배출하지도 못하면서 거의 모든 대학이 유사 연구중심대학인 현재의 체제를 근본적으로 바꿀 필요가 있다. 교육중심 혹은 직업훈련 중심이면서도 경쟁력을 갖춘 대학이 다수 나와야 한다. 향후 고등교육정책의 중심은 여기에 초점을 맞추어야 한다. 동시에, 세계적인 경쟁력을 가질 수 있는 연구중심대학에 대한 집중 지원도 반드시 필요하다. 단순히 지원뿐만 아니라 경쟁력을 제고할 수 있는 체질개선도 동시에 이루어져야 할 것이다. 고등교육체제의 개편은 대학 간 역할 분담에 대한 장기적·거시적 시각에서 체계적으로 이루어져야 한다. 단기적·임시방편적인 교육정책으로는 오히려 한국 대학의 위기를 심화시킬 위험성이 있다.

행정학도 기존의 자족적·폐쇄적 행정학에서 벗어나야 한다. 공무원이라는 직업에 대한 높은 수요, 그 직업에 도달할 수 있는 수단으로서의 행정학이라는 손쉬운 상황을 즐기면서 한국의 행정학은 다른 어느 분야 못지않은 공급자 중심의 자족적 학문 분야였다고 해도 틀린 말이 아니다. 이제는 과감하게 수요자 중심의 교육, 핵심역량 중심의 교육으로 탈바꿈하지 않으면 안 된다. 수요자 중심, 핵심역량 중심 교육으로 행정학이 탈바꿈할 수 있기 위해서는 응용학문, 간학문이라는 고유의 특성을 가진 행정학에 걸맞은 교육을 할 필요가 있다. 지금까지의 폐쇄적인 행정학 교육에서 벗어나 교양과 연계되고, 타학문 분야와 결합될 수 있는 열린 행정학으로 나아가야 할 것이다. 행정학 위기의 원인은 경제사회 환경의 변화에 있지만, 위기를 타개할 수 있는 주체는 정부도, 대학도, 학생도 아니고 오직 행정학 전공 교수일 수밖에 없다.

2

공공성 및 공공봉사동기 증진을 위한 교육방안* **

김 상 묵(서울과학기술대학교)

Ⅰ. 서 론

일제 식민지와 권위주의 정권을 겪으면서 우리 사회에는 공공성을 국가와 관료기구의 지배와 시혜적 제공만으로 이해하는 경향이 강하다고 한다(배수호·김도영, 2014). 시민들이 단지 수동적 입장에서 공공재나 공적 서비스의 제공을 시혜적으로만 받아들이는 것은 공공성을 제대로 이해하지 못하는 것이다. 오늘날 민주주의를 표방하는 어떤 사회도 공공성의 문제를 도외시하지 않는다(이유선, 2012). 공공성에 대한 논의는 민주주의를 실현하는 데 필수적이기 때문이다.

최근 우리 사회에 큰 슬픔을 안겨주었던 세월호 참사도 궁극적인 원인은 우리 사회의 공공성 위기 때문이라고 볼 수 있다(배수호·김도영, 2014). 국가와 관료기구에 의한 공공성의 독점, 시민과 시민사회의 공공성 활동 제한, 시민과 시민사회의 비판적 공개성 부재, 소통의 부재, 공적 영역과 사적 영역 간의 담합, 안전성보다 효율성의 중시, 인명경시 풍토 등 오늘날 공공성 위기의 원인들이 집약적으로 나타난 참사라고 할 수 있다.

국어사전에서는 공공성(公共性)을 "한 개인이나 단체가 아닌 일반 사회구성원 전체에 두루 관련되는 성질"이라고 설명한다.[1] 하지만 공공성(publicness)을 하나의 통일된 개념으로 제시하는 것은 쉽지 않다. 조한상(2006: 271)은 공공성을 "다수인에 의한 자유롭고 평등한 의사소통과 그를 통한 공공복리의 실현"으로 이해하며, 소영진(2008: 62)

* 이 글은 2016년 한국행정학회 하계공동학술대회 및 국제학술대회(6. 23~25)에서 발표하고, 『한국공공관리학보』 30권 3호(181~204면, 2016. 9)에 게재한 원고를 수정·보완한 것이다.
** 학술대회에서 유익한 토론을 해준 서울대 행정대학원 고길곤 교수와 서울여자대학교의 봉사학습(service-learning) 자료를 제공해준 서울여대 행정학과 노승용 교수께 깊이 감사드린다. 그리고 그림을 그려준 서울과학기술대 행정학과 이광욱 학생에게도 고마움을 전한다.
1) 네이버사전(http://krdic.naver.com/detail.nhn?docid=3195900, 2016. 5. 17. 검색)

은 "공동체가 민주적 절차에 따라 구현하고자 하는 평등주의적 가치"라고 정의한다. 또한 임의영(2010: 1)은 공공성을 "민주주의적 과정을 통해서 추구하는 정의 및 평등 가치"로 정의한다. 공조직을 비교할 때는 "공공성이란 적법절차, 책무성, 복지 제공 등 공공부문의 가치와 결부된" 것으로(Antonsen & Jørgensen, 1997: 337) 보며, 공공서비스의 공공성은 "민간부문과 구별되는 범위, 서비스 수혜자의 범위와 구성, 사회경제적 역할의 중요성과 강도, 공적 책무성의 정도 및 공공 신뢰 수준"에 의해 결정된다고 한다(Haque, 2001).

공공성의 구성요소에 대하여, 백완기(2007)는 ① 정부에 관계되는 것들, ② 정치성, ③ 공개성, ④ 공익성, ⑤ 공유성, ⑥ 공정성, ⑦ 인권 등 일곱 가지를, 임의영(2003)은 ① 행위의 주체, ② 공중, ③ 공식성, ④ 공익, ⑤ 접근 가능성과 공유성, ⑥ 개방성, 공지성(publicity), 정보에 대한 접근 가능성 등 여섯 가지 요소를, 소영진(2003)은 ① 전체 또는 다수에 관한 일, ② 권위, ③ 정부, ④ 전유불가능성(non-exclusiveness), ⑤ 이타성 등 다섯 가지 요소를 제시하고 있다. 신진욱(2007)은 공공성의 규범적 가치로 ① 책무성과 민주적 통제, ② 연대와 정의, ③ 공동체의식과 참여, ④ 개방과 공개성, ⑤ 세대 간 연대와 책임을 제시하고 있다. 이러한 논의들을 바탕으로 할 때, 공공성 증진은 바로 깨끗한 정부와 성숙한 민주사회를 실현하는 길이라고 볼 수 있다(백완기, 2007). 시민 개인 차원에서 보면, 공공성의 실현이란 "사적 이익 및 합리성의 추구가 공공성을 기반으로" 한다는 것을 의미한다(배수호 · 김도영, 2014: 92). 이 글에서는 공공성이란 민주시민사회의 구성원으로서 민주적 절차를 통하여 정의, 공공복리, 평등, 공익 등 보편적인 공공가치를 추구하는 것으로 이해하고자 한다(임의영, 2015).

공공성을 인식할수록 개인의 사적 행위는 공공성의 실현에 기여하는 방향으로 이루어질 것이다(배수호 · 김도영, 2014). 이러한 공공성을 실현하려는 욕구는 공공봉사동기(public service motivation)와 긴밀하게 관련되어 있다. 공공봉사동기 또한 공익과 공공가치의 실현에 기여하려는 성향과 행동을 내포하기 때문이다(김상묵, 2013). 공공봉사동기는 사회에 유익한 기여를 하려는 욕구이다(Perry & Hondeghem, 2008). 공공봉사동기는 공공부문에 초점을 두고 있으나, 어느 누구나 가질 수 있는 개인적 성향이다(Bozeman & Su, 2015; Perry, Hondeghem & Wise, 2010).

공공봉사동기의 개념은 다양하게 정의되고 있지만(Bozeman & Su, 2015), 기본적인 맥락은 유사하다. Perry & Wise(1990: 368)는 공공봉사동기를 "정부기관과 공공조직에 고유한 또는 이에 우선적인 기반을 둔 동기에 대응하려는 개인의 경향"이라고 하며, Brewer & Selden(1998: 417)은 공공봉사동기를 "개인으로 하여금 의미 있는 공공봉사를 하도록 조장하는 동기부여적 영향력"이라고 묘사한다. 또는 "사적인 이익이나 조직의 이익이 아니라 보다 큰 정치적 실체의 이익에 관심을 기울이고 적절한 행동을 하도록 동기를 부여하는 신념, 가치 및 태도"(Vandenabeele, 2007: 547), 혹은 "사회와 이웃을 위하여 선행(善行)을 하려는 목적으로 국민에게 봉사하려는 개인적 성향"(Perry & Hondeghem, 2008: vii)이라고 정의하기도 한다. 이처럼 개념 정의는 학자마다 차이가 있으나, 공익에 대한 헌신, 타인에 대한 봉사, 그리고 자기희생과 같은 특징들이 공공봉사동기의 기초라고 보는 데에는 이의가 없다(Houston, 2006). 따라서 공공봉사동기란 "단순한 사리사욕이 아닌 공익과 공공가치를 추구하면서, 국가와 국민을 위해 유익한 봉사를 하려는 개인적 성향"이라고 정의할 수 있다(Kim, 2016).

공공봉사동기는 다차원적인 개념이다. Perry & Wise(1990)는 공공봉사동기 개념을 합리적, 규범적, 정서적 동기라는 3가지 범주로 구분한다. 합리적 차원은 정책과정에 참여하여 사회적으로 의미 있는 일을 수행하고자 하는 동기를 의미하며, 규범적 차원은 공공선(公共善)을 증진하고 공동체 구성원으로서의 의무를 성실히 수행하려는 동기이고, 정서적 차원은 국민에 대한 애정과 국민에게 부여된 모든 권리를 보호하려는 동기이다. Brewer, Selden & Facer(2000)는 공공봉사동기에는 사마리아인, 공동체주의자, 애국자, 인본주의자라는 네 가지 상이한 개념 유형이 공존한다고 주장한다. 사마리아인(Samaritans)들은 사회 내 도움이 필요한 불우한 이웃과 약자를 돕는 일에, 공동체주의자(communitarians)들은 민주시민으로서의 책임감과 공공봉사 의식에 의해, 애국자(patriots)들은 공익이나 국익과 같은 보다 높은 차원의 선을 위한 행동에, 그리고 인본주의자(humanitarians)들은 사회정의를 실현하기 위한 열망에 의해 동기부여가 된다고 한다. Kim & Vandenabeele(2010)는 공공봉사동기가 수단적 동기, 가치기반적 동기, 동일시 동기 및 자기희생의 4개 차원으로 구성된다는 수정개념을 제시한다. 즉, 공공봉사동기란 물질적 · 비물질적인 손해를 감수하면서도(자기희생), 국가와 국민을 위하여(동일시 동기), 궁극적인 공공가치를 실현하고자(가치기반적 동기), 유익한 봉사를 하려는(수단적 동기) 의지라고 볼 수 있다. 개인의 공공봉사동기 수준은 공공봉사에의 호감도(attraction to public service), 공공가치에의 몰입(commitment to public values), 동정심(compassion), 자기희생(self-sacrifice)의 4개 차원을 중심으로 측정할 수 있다(Kim et al., 2013).

이처럼 공공성과 공공봉사동기는 '공공가치'를 기반으로 긴밀히 연계되어 있음을 알 수 있다. 공공성의 내면화는 공공가치와 공익을 실현하려는 행동지향성을 유발할 것이다. 공공성을 인식할수록 이를 실현하려는 공공봉사동기가 증진될 것으로 가정할 수 있다. 또한 공공봉사동기 수준이 높으면 공공성에 대한 인식도 높을 것이다. 공공성과 공공봉사동기에 대한 관심과 연구는 오랜 인류 역사를 통하여 보편적으로 추구해온 "더불어 잘 사는 사회를 만들려는" 인간의 노력과 맥을 같이 한다(김상묵, 2013: 290). 따라서 공공성을 내면화하고 공공봉사동기를 증진하는데 기여하는 교육프로그램의 개발·운영에 보다 적극적일 필요가 있다(임의영, 2015). 그럼 어떻게 사회구성원의 공공성에 대한 인식과 공공봉사동기를 증진할 수 있는가? 보다 구체적으로, 어떻게 미래세대를 교육해야 할 것인가? 이 연구의 목적은 학교교육에서 학생들의 공공성과 공공봉사동기를 증진할 수 있는 방안을 모색하려는 것이다. 먼저 외국의 최근 교육동향과 선행연구 검토를 통하여 교육의 기본모형을 설정하고, 이를 토대로 초·중등교육 및 대학에서의 교육방안을 제시하고자 한다.

Ⅱ. 봉사학습과 교육의 기본모형

먼저 최근 미국 등에서 활발하게 활용되고 국내에서도 여러 분야에서 도입하고 있는 봉사학습(service-learning)에 주목할 필요가 있다. 봉사학습은 교과목에 지역사회 봉사를 통합시킨 교수학습방법으로, 정규 교과목과 연계해 체계적인 지역사회 봉사를 하도록 하는 프로그램이다.[2] 미국에서는 1990년 관련 법률(National and Community Service Act)의 통과 이후, 봉사학습에 대한 강조를 통하여 봉사활동이 미국사회의 문제를 해결하는 수단이 되도록 만들었고(Imperial, Perry & Katula, 2007), 사회봉사활동과 학습을 연계함으로써 교육적 효과와 사회봉사의 의미를 살리려는 봉사학습에 관한 연구와 실천이 활발하게 이루어지고 있다(김성봉, 2004). "봉사학습이란 학문적 성취, 개인적 성장, 시민참여(civic engagement)를 증진하고자 고안된 협력적 교육-학습 전략이다. 학생들은 지역사회에 필요한 봉사를 하고, 이를 통해 전공과 연관된 경험을 습득한다"(Ash, Clayton & Atkinson, 2005: 51). "봉사학습은 학생의 학습과 자기개발을 증진하고

---

2) 아래는 2014년 3월 '제1회 대학의 사회책무성 강화를 위한 국제포럼'에 참가한 마호카 링난대 교수의 인터뷰 내용 중 일부이다. 링난대학교(Lingnan University)는 홍콩의 작은 대학으로 1888년 설립되었다. (한겨레신문, "봉사학습 열심히 한 학생이 취업도 잘 됩니다", 2014. 4. 7. 등록, http://www.hani.co.kr/arti/society/schooling/631634.html, 2016. 5. 17. 검색).
(질문) 링난대는 '봉사를 위한 교육'을 모토로 하고 있다. 봉사학습이란 정확히 뭔가?
(응답) "교수들이 가르치는 전공과목에 봉사와 관련된 학습을 접목시키는 것이다. 가령, 역사학과 학생들은 2003년에 사스 전염병을 겪었던 의사·간호사·환자들을 10년이 지난 뒤 인터뷰했다(사스는 급성호흡기증후군으로, 2003년 발생해 홍콩에서만 1,800명이 감염돼 299명 사망). 예전에는 학생들이 책으로만 역사를 배웠는데, 이젠 현장을 직접 겪어본 것이다. 이 자료를 모아 학생들이 사스와 관련한 역사책을 직접 냈다. 역사 공부와 동시에 사회적으로 필요한 자료를 모았다는 데 의미가 있다. 공부하면서 지역사회에 기여하는 것이 봉사학습의 핵심이다."

자 의도적으로 설계된 구조화된 기회와 주민 · 지역사회의 요구(수요)가 결부된 활동에 참여하도록 하는 체험교육의 한 형태이다"(Jacoby & Asscoates, 1996: 5). 봉사학습은 단지 교과서의 일반적 · 추상적 지식에 의존하는 것이 아니라 지역사회 현안과 봉사학습 활동의 구체적인 상황에서 지식을 얻도록 함으로써 학생들에게 직접 문제해결에 참여하는 기회를 제공한다. 봉사학습은 학생들에게 교과목을 통하여 배운 지식을 실제 현장에 적용하는 기회를 제공함으로써 학생과 지역사회 모두가 혜택을 받을 수 있도록 한다(Simons & Cleary, 2006).

기존의 자원봉사 및 사회봉사 활동은 교과목과는 직접적인 연결고리가 없었다. 봉사학습은 직접적이고 의도적으로 교과 수업과 지역사회 봉사활동을 통합한 교육방법이다(김경선 · 정유지, 2009). 봉사학습은 학습목표와 봉사경험 간에 균형을 이룰 때 성립된다. Furco(1996)에 따르면, 자원봉사와 지역사회봉사는 봉사자인 학생들이 수혜자에게 봉사를 제공하고 수혜자는 그로부터 어떤 혜택을 받는 데 비하여, 인턴십과 현장학습은 봉사자인 학생들의 학습에 초점을 둔다. 이에 비하여 봉사학습은 수혜자의 혜택과 학생들의 학습이 동시에 강조되면서 균형을 이룬다고 한다. 봉사학습을 다른 활동과 비교하면 [그림 1]과 같이 나타낼 수 있다.

[그림 1] 봉사프로그램의 구분

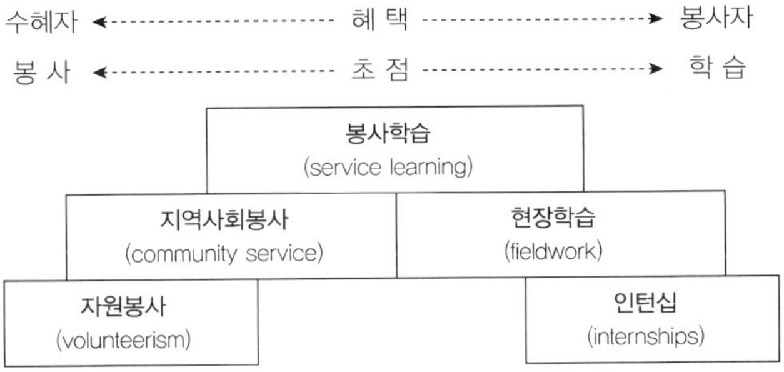

자료: Furco(1996: 3).

봉사학습은 "교과목에 지역사회봉사를 통합시킨 교수-학습방법으로서, 사전에 계획되고 조직된 체계적인 지역사회봉사활동과 그에 대한 반성적 고찰 등을 통해 학습성과를 향상시키고 시민적 책임감을 증진시키며 지역사회에 헌신하는 시민으로" 준비시키고자 하며, 주요 목적은 다음과 같다.3)

3) 서울여자대학교 홈페이지(https://www.swu.ac.kr/life/05_spe_04.html, 2016. 5. 18. 검색). 서울여

- 봉사를 통해 학생들에게 교과목과 관련된 다양한 지식과 기술을 습득시킨다.
- 봉사활동에 대한 반성적 고찰을 통해 교과내용에 대한 이해도를 높여 학생들의 학업성취를 향상시킨다.
- 학생들에게 시민의식, 공동체의식, 사회적 책임감을 함양시킨다.
- 지역사회의 도움이 필요한 곳에 봉사함으로써 지역사회 발전에 기여한다.

봉사학습의 핵심은 학습경험이 수반되는 봉사(learning experience), 성찰(reflection), 호혜성(reciprocity)이라는 3가지 요소이다(Watkins & Braun, 2005). 첫째, 봉사학습은 지역사회와 연관된 의미 있는 봉사를 제공해야 한다. 이러한 봉사는 관련 교과목의 학습을 향상시켜야 하며, 이와 동시에 민주사회에 학생들이 적극적인 시민으로 참여하도록 직접적·의도적으로 준비시킨다. 둘째, 성찰은 봉사활동과 교실에서의 학습을 연계한다. 이는 교실에서의 토론, 발표, 기록뿐만 아니라 봉사학습의 참여자들인 학생, 교육자, 프로그램 지도자, 봉사활동 수혜자 등이 봉사학습 경험에 대한 환류를 제공하는 것을 포함한다. 학교에서 이루어지는 구조화된 성찰은 학생들로 하여금 자신의 감정을 돌아보고 생각을 표현하며, 봉사의 의미, 자신들이 경험한 사회적 문제, 시민으로서 지역사회에 참여한 활동 등에 대해 숙고하도록 한다. 셋째, 호혜성은 봉사학습을 통해 교육자, 학생, 봉사활동 수혜자가 가르치고 배우는 과정에서 서로 파트너가 되는 것을 뜻한다. 이러한 상호작용은 관습적인 온정주의를 탈피하여 서로에 대하여 책임성과 존경심을 갖도록 한다.

미국의 초·중등 교육기관뿐만 아니라 대학들도 교육과정에 공공봉사 참여를 포함시키고 있다.[4] 이제 봉사학습 과정은 미국 대학교육의 공통적인 요소로 자리매김하고 있다. 교과과정에서 학생들에게 지역사회에 봉사할 수 있는 기회를 제공함으로써, 대학은 학생들의 학습을 증진하고 공공문제에 대한 인식을 제고하며 이러한 문제들을 해결하고자 노력하고 궁극적으로 교육 목표를 달성하고자 한다(Fitzgerald et al., 2012; Steinberg et al., 2010).

우리나라에서는 아직 널리 보급되지는 않았으나, 초·중·고등학교에서는 도덕, 사회, 가정 교과목을 중심으로, 그리고 대학에서는 어문학, 교육학, 사회복지, 공학, 법학, 음악학, 간호학 등 다양한 학문분야에서 봉사학습 관련 교수학습모형이 개발·제

자대학교는 국내 대학 최초로 2005년에 봉사학습을 도입하였으며, 이제는 연간 110명의 교수와 1,000여 명의 학생들, 166개 기관이 참여하는 교육프로그램으로 발전하였다.

4) 미국의 Generator School Network 홈페이지 참조(https://gsn.nylc.org, 2016. 9. 9. 검색).

시되고 있다(유숙영 · 서윤경, 2011, 2016). 국내에서 발행된 봉사학습 관련 학술연구와 학위논문 80여 편을 분석한 결과(박가나, 2012), 대학생 대상 봉사학습은 개인적 성장(자기효능감, 자기존중감 등), 지적 발달과 학습(정치적 지식, 기능 및 태도, 학습동기, 학업적응, 문제해결력 등), 사회적 성장(지역사회 참여의식, 이타성, 장애인에 대한 태도, 다문화적 역량, 교직관, 교사 효능감, 진로계획 등) 등 여러 측면에서 효과가 나타났다. 중 · 고등학생 대상 봉사학습의 경우에도 개인적 성장(자아정체감, 존중감 등), 지적 발달과 학습(탐구능력, 문제해결력, 학업적 자기효능감, 학업성취도), 사회적 성장(대인관계기술, 장애인 · 노인에 대한 태도, 이타성, 사회적 책임성, 공동체의식, 관용, 참여의식 등) 측면에서 긍정적 효과가 나타나고 있다(박가나, 2012). 미국에서도 봉사학습은 학생들의 사회문제에 대한 이해, 인지적 발달, 개인적 통찰력, 가치관과 태도에 긍정적인 영향을 미친다고 한다(Eyler, Giles & Braxton, 1997; Yorio & Ye, 2012). 그 동안의 경험적 연구성과를 종합한 봉사학습의 기대효과는 [그림 2]와 같다.

[그림 2] 봉사학습의 효과

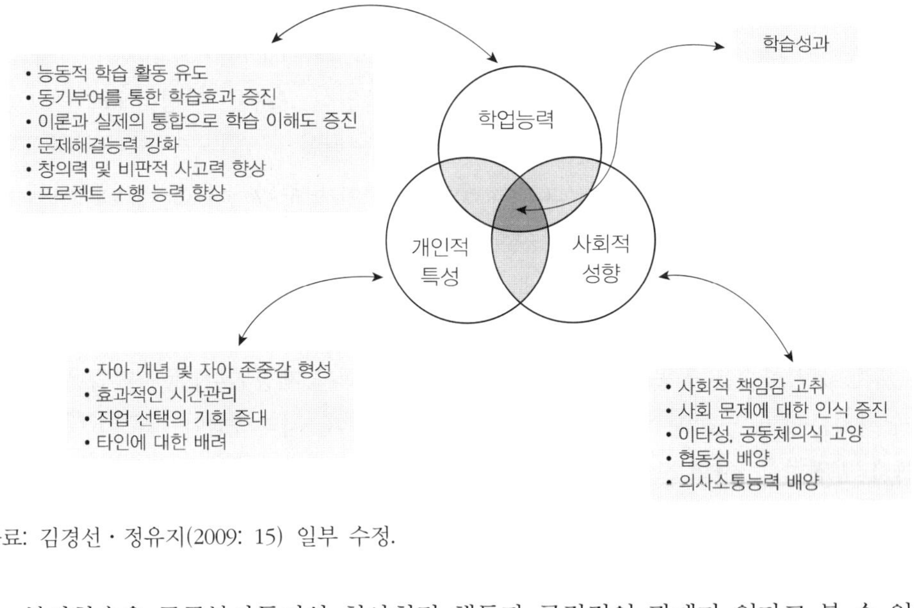

자료: 김경선 · 정유지(2009: 15) 일부 수정.

봉사학습은 공공봉사동기와 친사회적 행동과 긍정적인 관계가 있다고 볼 수 있다. 지역사회에 초점을 두는 봉사학습은 공공봉사동기의 가치기반적 동기, 즉 공공가치와 공익에 대한 헌신과 개념적으로 연계되어 있다. 또한, 봉사학습 프로그램의 자발적 특성은 공공봉사동기의 자기희생 및 동정심 차원과도 연계되어 있다(Christensen et al.,

2015). 예를 들면, 미국의 가톨릭대학교인 Ignatius University는 1970년부터 선택과목으로 1년 과정의 "개인과 사회적 책임성"이란 봉사학습 프로그램을 운영하고 있는데, 매년 12명의 교수진과 400여 명의 학생이 참여한다. 학생들은 매주 2번의 강의와 1번의 토론 수업에 참석하는 한편, 50여 가지 사회봉사활동 가운데 자신에게 적합한 활동형태를 선택하여 매주 10시간씩 봉사해야 한다. 이 프로그램에 참여하고 난 다음, 학생들은 이전에 비하여 공공봉사동기가 보다 증대되었으며, 참여하지 않은 학생들과 비교해서도 공공봉사동기 수준이 더 높아졌다고 한다(Seider, Rabinowicz & Gillmor, 2011).

봉사학습은 공공성에 대한 인식과 공공봉사동기 수준이 높은 민주시민을 양성하는 유용한 교육방법일 수 있다(박선향, 2010; Frumkin & Jastrzab, 2009; Ward, 2014). 첫째, 봉사학습은 인간사회의 상호의존성(interdependence)을 인식하도록 만든다. 우리는 알게 모르게 많은 사람들의 도움을 받으며 살아간다. 인간은 타인의 도움 없이 개인의 능력과 노력만으로 살아갈 수 없으며, 국가와 사회라는 틀 안에서 서로 관계를 형성하며 도움을 주고받으며 살아가는 상호의존적 존재이다. 상호의존성을 자각하게 되면, 아울러 사회와 다른 모든 사람들에게 자신이 빚을 지고 있다는 채무의식을 갖게 된다. 이러한 인식은 사회구성원으로서의 책임의식을 갖게 하는 단초가 된다.

둘째, 봉사학습은 체험학습(experimental learning, learning by doing)이다.[5] 체득(體得)되지 않은 학습, 점수를 따기 위한 공부, 지식 주입식 교육은 '이성적으로는 그렇지만 실제 상황에서는 그렇지 않게 행동하는' 결과를 초래할 수 있다. "~하여야 한다" 또는 "~가 바람직하다"를 강조하는 교과서 중심의, 지식 위주의 교육은 머리로 이해하도록 만들 수는 있으나 실제 손해를 감수하면서까지 바람직한 행동을 하도록 마음이 움직이게 만들기는 용이하지 않다. 직접 보고 만나고 교감하며, 실제 지역사회에 기여하는 봉사활동을 수행하면서 인간과 사회에 대하여 스스로 느끼고 깨닫는 체험이 필요하다.

셋째, 봉사학습은 공공문제를 인식할 수 있는 기회를 제공한다. 봉사학습은 학생들에게 사회문제 해결에 관여할 수 있는 기회를 제공한다. 지역사회와 이웃이 당면한 문제들을 발견하고, 사회를 위하여 스스로 무엇을 어떻게 할 수 있는지 모색하고 직접 개입하여 실제적인 기여를 하는 경험을 하게 된다. 이러한 과정을 통하여 여러 가지

---

5) 1940년대부터 인문교육(liberal education)의 본질이 무엇인지에 대한 대표적인 논쟁은 Robert M. Hutchins의 '위대한 책(great book)' 중심의 인문교과주의 접근방법과 실용주의 교육으로 대변되는 John Dewey의 '행함의 교육(learning by doing)' 간의 논쟁이었다. Hutchins는 대표적인 서구 지성들의 저술을 교육하면 인간성 개발과 삶의 지혜 등 교양과 전문성 개발이 가능하다는 입장인 데 비하여, Dewey의 경험주의 교육관은 이러한 지성들의 지식을 현실적 문제를 해결하는 데 적용해야 한다는 입장이다(이은송, 2008).

사회적 문제와 현안에 대하여 관심을 갖게 되고 올바른 사회를 만들기 위한 개인의 역할을 인식하게 될 것이다.[6] 봉사학습은 공공문제에 대한 관심과 이에 대한 책임의식을 갖도록 한다.

이기적인 욕구가 아닌, 공공성의 추구나 국가와 국민에 대한 봉사 등 이타적 행동은 대상(상대방)에 대한 감정적·정서적 유대를 선행조건으로 한다. 이웃, 사회, 국가 등 본인이 기여하고자 하는 대상과의 정서적 연대감이 바탕이 되어야 이를 위한 태도와 행동이 유발된다고 할 수 있다(Kim & Vandenabeele, 2010; Perry & Wise, 1990). [그림 3]과 같이, 봉사학습을 통한 다양한 경험은 공공성에 대한 인식과 공공봉사동기의 증진에 기여한다고 예상할 수 있다(Seider, Rabinowicz & Gillmor, 2011). 따라서 봉사학습의 특징을 초·중등 및 대학의 교육과정에 보다 적극적으로 반영할 필요가 있다. 아래에서는 우리나라 교육과정의 틀 안에서 공공성 및 공공봉사동기 증진을 위한 방안들을 논의하고자 한다.

[그림 3] 교육방안의 기본모형

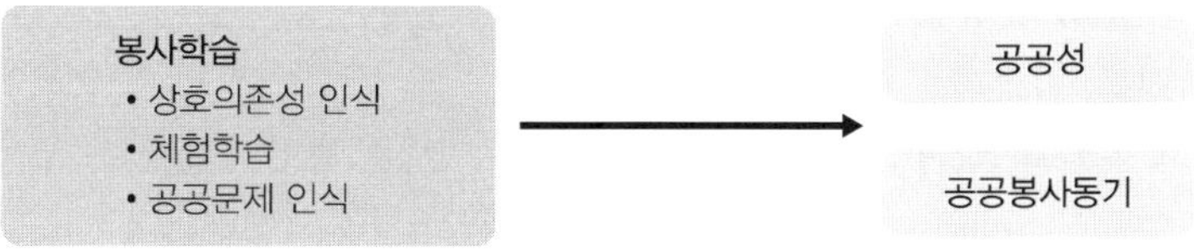

Ⅲ. 초등교육 방안

우리나라의 교육은 홍익인간의 이념 아래 모든 국민으로 하여금 인격을 도야하고, 자주적 생활 능력과 민주 시민으로서 필요한 자질을 갖추게 함으로써 인간다운 삶을 영위하게 하고, 민주 국가의 발전과 인류 공영의 이상을 실현하는 데에 이바지하게 함을 목적으로 하고 있다.[7] 하지만 오랫동안 우리나라의 초·중등교육은 획일적 교육과정의 운영으로 개성 없는 규격화된 인간을 양산해 왔으며, 과도한 입시 위주의 주입식

6) 케나다 온타리오 주에서는 1999년부터 모든 고등학생들에게 40시간의 의무적인 지역사회봉사를 요구하고 있는데, 이러한 고등학교에서의 봉사활동은 학생들의 향후 시민참여의 정치적 측면(정치적 참여, 정치적 행동성, 정치적 이익, 정치적 효능감)에 긍정적인 영향을 미치는 것으로 나타났다(Henderson, Brown & Pancer, 2012).

7) 교육부. 2015. 「초·중등학교 교육과정 총론」, 교육부 고시 제2015-80호(2015. 12. 1.), [별책 1].

지식교육 일변도로 이루어졌다.[8] 그만큼 학교 교육은 학생들에게 무거운 부담을 주는 닫힌 체제의 교육이었다. 2009년 교육과정 개편을 통하여 기존의 재량활동과 특별활동을 통합한 '배려와 나눔의 실천을 위한' 창의적 체험활동이 신설되고, 또한 2016년부터 모든 중학교에 자유학기제가 도입된다. 이는 우리나라 교육이 추구하는 인간상인 공동체 의식을 가지고 세계와 소통하는 민주시민으로서 배려와 나눔을 실천하는 더불어 사는 사람을 육성하는 데 실질적인 기여를 할 것으로 기대한다.[9] 무엇보다도 이러한 열린 교육을 내실 있게 운영하여야 할 것이다.

정부가 고시한 「2015 초등학교 교육과정」을 보면, 초등학교 교육은 학생의 일상생활과 학습에 필요한 기본 습관 및 기초 능력을 기르고 바른 인성을 함양하는 데에 중점을 둔다.[10] 우리나라 초등학교 교육의 목표는 다음과 같다.

1) 자신의 소중함을 알고 건강한 생활 습관을 기르며, 풍부한 학습 경험을 통해 자신의 꿈을 키운다.
2) 학습과 생활에서 문제를 발견하고 해결하는 기초 능력을 기르고, 이를 새롭게 경험할 수 있는 상상력을 키운다.
3) 다양한 문화 활동을 즐기고 자연과 생활 속에서 아름다움과 행복을 느낄 수 있는 심성을 기른다.
4) 규칙과 질서를 지키고 협동정신을 바탕으로 서로 돕고 배려하는 태도를 기른다.

초등학교 교육과정은 교과(군)와 창의적 체험활동으로 구분된다. 교과(군)는 국어, 사회/도덕, 수학, 과학/실과, 체육, 예술(음악/미술), 영어로 하되, 1, 2학년의 교과는 국어, 수학, 바른 생활, 슬기로운 생활, 즐거운 생활로 한다. 창의적 체험활동은 자율 활동, 동아리 활동, 봉사 활동, 진로 활동으로 하되, 1, 2학년은 체험 활동 중심의 '안전한 생활'을 포함하여 편성·운영한다.

초등학교 과정은 민주시민으로서의 올바른 가치와 태도를 형성하는데 가장 중요한

8) 네이버 지식백과, "교육과정", 한국민족문화대백과(한국학중앙연구원) (http://terms.naver.com/entry.nhn?docId=524550&cid=46615&categoryId=46615, 2016. 6. 29 검색).
9) 우리나라 교육과정이 추구하는 인간상은 다음과 같다.
   1. 전인적 성장을 바탕으로 자아정체성을 확립하고 자신의 진로와 삶을 개척하는 자주적인 사람
   2. 기초 능력의 바탕 위에 다양한 발상과 도전으로 새로운 것을 창출하는 창의적인 사람
   3. 문화적 소양과 다원적 가치에 대한 이해를 바탕으로 인류 문화를 향유하고 발전시키는 교양 있는 사람
   4. 공동체 의식을 가지고 세계와 소통하는 민주 시민으로서 배려와 나눔을 실천하는 더불어 사는 사람
10) 교육부. 2015. 「초등학교 교육과정」, 교육부 고시 제2015-80호(2015. 12. 1.), [별책 2].

시기이다. 특히 1, 2학년의 경우, 바른생활 교과를 중심으로 모든 교육·학습은 더불어 사는 데 필요한 공동체의식을 함양하고, 공감 및 배려, 규범과 규칙 준수, 자기생활 관리 능력 배양에 보다 역점을 두어야 한다. 바른생활, 슬기로운 생활, 즐거운 생활 교과는 영역(대주제)을 중심으로 통합하여 운영하거나, 국어·수학과도 통합하여 주제 중심 학습이 가능하도록 허용하고 있다.[11] 따라서 통합적인 주제 중심 학습을 위주로, 가족, 집단, 학교, 지역사회, 국가의 구성원으로서 요구되는 가치와 태도를 내면화하고 공동체의 일원으로서 주변 사람들과 원만한 관계를 형성·유지하면서 긍정적인 상호작용을 할 수 있는 능력을 배양하도록 하여야 한다. 학생들이 토의, 발표, 협력학습, 역할놀이, 체험활동 등에 자발적·적극적으로 참여하도록 흥미를 유발하고, 체험과 참여를 통하여 스스로 느끼고 깨닫게 하여 교육의 실효성을 증진하여야 한다. 특히, 평가는 학생들의 능력이 아닌 실제 행동(실천)과 인격적 성장에 초점을 두어야 하며, 학생들 상호간의 비교(서열화 등)는 피해야 한다.

둘째, 창의적 체험활동을 통하여 공동체의식을 신장하는 데 중점을 두어야 한다. 창의적 체험활동은 교과와 상호보완적 관계 속에서 앎을 적극적으로 실천하고 심신을 조화롭게 발달시키기 위하여 실시하는 교과 이외의 활동이다. 창의적 체험활동은 학생들이 다양한 집단 활동에 자발적으로 참여하여 나눔과 배려를 실천함으로써 공동체 의식을 함양하고 개인의 소질과 잠재력을 계발·신장하여 창의적인 삶의 태도를 기르는 것을 목표로 한다. 창의적 체험활동은 봉사학습의 개념을 적용하여 학생들로 하여금 지역사회에 실질적인 도움을 줄 수 있는 방안을 모색하기에 매우 적절하다. 창의적 체험활동의 일환으로, 견학과 체험을 함께하면서 집단과제를 수행하도록 하고 이를 통해 보람과 만족, 성취감, 행복을 느낄 수 있도록 한다. 혼자서는 어렵지만 여럿이 함께하면 해결할 수 있는 집단과제를 수행하면서 자연스럽게 함께하는 공동체의식을 배양하고, 자신만이 아닌 이웃과 지역사회에 도움을 주는 경험을 공유할 수 있도록 한다. 학교 주변의 공공시설·사회복지시설이나 이웃을 방문하면서 어려운 사정이나 지역사회가 당면한 문제를 교실에서 배운 지식을 활용하여 해결방안을 함께 생각해보고 실행해

---

11) 바른생활 교과는 일상생활에 필요한 기본 생활 습관과 학습 습관을 길러 공동체의 구성원으로서 기본 소양과 인성을 갖춘 바른 사람으로 성장하는 데 목표를 주며, 세부적으로는 (1) 가정, 학교, 사회에서 생활하는 데 필요한 기본 생활 습관과 학습에 필요한 기본 학습 습관을 기르며, (2) 바른 생활을 실천하는 과정에서 가치와 태도를 내면화하고, 다양한 실천 기능을 익히며, (3) 더불어 사는 데 필요한 공동체 의식을 함양하고, 자기 관리 능력과 의사소통 능력을 기른다.
슬기로운 생활 교과는 주변의 생활 세계에 관해 지속적으로 관심을 가지고 탐구하여 사회 현상과 자연 현상에 대한 이해를 넓힌다. 즐거운 생활 교과는 건강한 몸과 창의적 표현 능력을 길러 일상생활을 즐겁게 영위하고 문화적 소양을 함양한다.

보는 체험학습도 가능하다.[12] 이를 통해 스스로 자신이 다른 사람에게 쓸모 있는 존재이며, 또한 다른 사람의 행복에도 관심을 가지는 것이 자신도 행복하게 한다는 것을 체득하도록 한다.[13] 또한 주변의 다른 사람들이 살아가는 다양한 삶의 양태를 직접 경험하고, 우리와 이웃이 함께 행복할 수 있는 방법을 토론하는 기회를 부여하는 것도 필요하다. 교육(지원)청은 학교가 자율적으로 창의적 체험활동을 편성·운영할 수 있도록 하며, 지역 내 유관 기관은 관련 부처 및 기관과 협력하여 학교를 행·재정적으로 지원하도록 하고 있다. 따라서 지역사회와의 활발한 연계활동을 통하여 창의적 체험활동을 보다 적극적으로 운용할 필요가 있다. 평가 또한 서열화의 폐해가 나타나지 않도록 학생들의 체험과 변화에 초점을 두어 이루어져야 할 것이다. 창의적 체험활동에 봉사학습을 적용한 단계별 활동은 다음 <표 1>과 같이 예시할 수 있다.

〈표 1〉 초등학교 봉사학습의 단계

단계	주요 내용
지역사회 조사	• 견학, 방문, 대화, 체험, 강연 등을 통한 지역사회 조사 • 교과목과 관련하여 학생들이 공감할 수 있는 문제 상황 탐색 • 문제 설정: 무엇이 문제인가?
소집단별 계획 수립	• 소집단별로 문제해결방안 토론: 우리가 할 수 있는 일은? • 계획 수립: 무엇을, 언제, 어디서, 어떻게
실천	• '계획의 실행－평가/반성－계획 수정－실행' 과정 반복
결과 정리	• 소집단별 실천 결과 평가 및 정리
발표	• 소집단별 봉사활동 결과 발표 및 토론
평가	• 봉사활동 경험과 지식의 통합 • 활동 결과에 대한 인정, 공감, 칭찬과 격려

셋째, 체육 및 예술(음악/미술) 교과를 통하여 관계성과 상호의존성 체득을 증진하도록 하여야 한다. 예체능 수업에서도 합창, 집단창작, 단체경기 등 집단과제 수행을 통하여 공동체의식을 증진하고 상호협력을 통한 공동목표 달성을 경험하도록 할 수 있을 것이다. 개별화된 학습(능력개발)이 아니라, 여럿이 한 팀을 이루어 서로 상의하고 돕고 역할을 분담하면서 재미와 보람을 느끼도록 하는 데 중점을 둔다. 이를 위해서는 학습목표에 부합하는 함께할 수 있는 다양한 과제를 개발해야 한다. 목표(과제)가 부여

12) 조강모·최종호(2001)는 초등학교 도덕 과목의 봉사학습 모형을 개발·제시하였다.
13) 하승수. [경향논단] "국민의 행복을 바란다면" (경향신문, 2013년 1월 23일자, 31면).

되면, 서로 상의하여 역할을 나누고 협력하여 성취하는 경험이 쌓이도록 한다. 서로 역할을 바꾸어 가면서 다양한 역할을 수행해 볼 수도 있다. 이 과정에서, '어떻게 하면 우리가 잘 할 수 있을까?', '나는 무엇을 할까?', '내가 이렇게 하면 내 친구는 어떨까?', '우리가 어떻게 하면 더 잘할 수 있을까?' 등 무수히 많은 질문을 스스로 하고 또 답할 수 있도록 하며, 또한 함께 생각하고 토론하도록 한다. 이처럼 상호작용을 통하여 서로에 대한 관심, 배려, 공동작업, 도움, 규칙, 협력을 통한 목표 달성에 몸과 마음이 모두 익숙해지도록 한다. 체험을 통하여 서로의 역할과 입장에 대하여 이해할 수 있도록 하며, 친구들과의 협력적 상호관계를 형성하고 함께 목표를 이루어가는 연습을 하면서 그리고 과정에 대한 반성과 평가를 통하여 자연스럽게 더불어 생활하는 데 익숙해지도록 한다.

넷째, 교육연극을 적극 활용하여야 한다. 2015 개정 교육과정에 따르면, 초등학교 5~6학년 및 중학교 국어 교과에 연극 단원이 개설된다. 교육연극은 학생들의 사교성, 협동성, 학습동기 유발, 비판적 사고력 증진 등 다양한 긍정적 효과가 있다(김지영, 2005; 현귀선 · 윤경미 · 김정섭, 2009). 연극 연습과정에서 얻을 수 있는 상호 이해와 협력 증진뿐만 아니라 사회의 다양한 모습에 공감하는 데에도 초점을 둔다. 사회에서 나타나는 다양한 역할과 상황을 직접 연기해봄으로써 상대방(타인)에 대한 이해를 증진할 수 있도록 한다. 각각의 역할이 무엇인지, 왜 필요한지, 이 역할을 하는 사람은 어떤 걱정을 하는지, 이 역할은 자신과 어떤 관계가 있는지 등을 서로 탐구하고 토론하도록 한다. 이를 통해 나 이외의 다른 사람들은 어떻게 우리 사회에 기여하는지, 어떤 생각을 하며 어떻게 느끼는지를 간접적으로 경험할 수 있도록 한다. 예를 들어, 어머니의 역할을 연기해보도록 함으로써 자식의 입장과 부모의 입장을 모두 생각할 수 있는 이해력을 배양하거나, 선생님의 역할 연기를 통해 배우는 입장과 가르치는 입장을 두루 경험하게 할 수 있다. 학교폭력 예방을 위한 연극이나 공감훈련도 이와 유사한 맥락이다.[14] 여성과 남성, 상사와 부하, 가해자와 피해자, 물건을 파는 사람과 사는 사람 등 대비되는 역할 또는 공동체의 구성원, 납세자, 유권자, 노동자, 기업가, 정치인 등 다양한 역할의 연기를 직접 해보고 서로 느낀 생각을 토론하면서 역할 간의 긴장이나 갈등에 대해서도 이해할 수 있도록 한다.[15] 이러한 역할 연기를 통하여 사회 내에서의 다

14) 울산시는 "지난해 19개 학교 학생 2,980명을 대상으로 청소년 교육연극 성과에 대한 설문조사를 했더니, 학교폭력에 대한 민감성 향상과 대처 방법 모색 등 청소년들의 인식 변화에 크게 기여한 것으로 나타났다"고 밝혔다("연극, 학교폭력예방효과 만점", 한겨레신문 인터넷 기사, 2016. 3. 9. 입력, http://www.hani.co.kr/arti/society/area/734210.html, 2016. 5. 29. 검색).

15) 영국 교육 · 고용부 장관실 향상교육진흥위원회의 자문그룹 보고서에는 영국의 필수과목인 '시

양한 역할과, 여러 역할을 동시에 수행해야 하는 개개인의 입장에 대한 이해뿐만 아니라 상대방의 입장에서도 생각해보는 역지사지(易地思之)의 습관을 기르도록 한다.

2015년 개정 초등학교 교육과정은 통합교육을 강조하고 있다. 창의적 체험교육 또한 교과 간 지식을 통합한 활동이 중심이다. 교과와 창의적 체험활동이 학생들의 흥미와 참여를 진작하여 보다 실효성 있게 운영되면 학생들의 사회성과 공동체 역량 증진에 긍정적인 효과가 있을 것을 기대한다. 참여와 체험을 바탕으로 함께 하는 협력이 주는 만족과 보람을 체득하고, 우리 사회에는 서로 상이한 많은 양태의 사람들이 공존한다는 것을 체감하는 다양한 경험을 통하여 친사회적 가치와 태도가 형성될 수 있을 것이다.

Ⅳ. 중등교육 방안

우리나라에서는 중학교까지 의무교육을 실시하며, 대부분의 중학교 졸업생은 고등학교에 진학하고 고등학교 졸업생 5명 중 4명은 대학에 진학한다(한국교육개발원, 2011). 따라서 우리나라의 중등교육은 대학입시에 초점을 맞추고 있다는 데에 이론(異論)의 여지가 없을 것이다. 학생과 학부모 모두 점수를 따기 위한 교육에 민감할 수밖에 없다. 중학교에 입학하는 순간부터 이미 대학입시 경쟁이 치열해지고, 학생과 학부모 모두 점수와 서열에 매우 민감하게 되는 한국적 상황을 고려하지 않을 수 없다.

우리나라 중학교 교육은 학생의 일상생활과 학습에 필요한 기본 능력을 기르고 바른 인성 및 민주시민의 자질을 함양하는 데에 중점을 둔다.[16] 우리나라 중학교 교육의 목표는 다음과 같다.

1) 심신의 조화로운 발달을 바탕으로 자아존중감을 기르고, 다양한 지식과 경험을 통해 적극적으로 삶의 방향과 진로를 탐색한다.
2) 학습과 생활에 필요한 기본 능력 및 문제 해결력을 바탕으로, 도전정신과 창의적 사고력을 기른다.
3) 자신을 둘러싼 세계에서 경험한 내용을 토대로 우리나라와 세계의 다양한 문화

민교육'의 모토가 잘 나타나 있다. 보고서는 시민을 "공동체 구성원이고 소비자이며 가족구성원이고 평생학습자이면서 납세자이고 유권자이고 노동자"라고 규정하며, 이 중 어느 한 역할도 빠져서는 안 된다고 강조한다("앉아서 일하는 것 어떤가요?…", 경향신문 인터넷 기사, 2016. 4. 28. 입력, http://news.khan.co.kr/kh_news/khan_art_view.html?artid=201604282235005&code=940702&nv=stand, 2016. 5. 23. 검색).

16) 교육부. 2015.「중학교 교육과정」, 교육부 고시 제2015-80호(2015. 12. 1.), [별책 3].

를 이해하고 공감하는 태도를 기른다.

4) 공동체의식을 바탕으로 타인을 존중하고 서로 소통하는 민주시민의 자질과 태도를 기른다.

고등학교 교육은 학생의 적성과 소질에 맞게 진로를 개척하며 세계와 소통하는 민주시민으로서의 자질을 함양하는 데에 중점을 둔다.[17] 고등학교 교육의 목표는 다음과 같다.

1) 성숙한 자아의식과 바른 품성을 갖추고, 자신의 진로에 맞는 지식과 기능을 익히며 평생학습의 기본 능력을 기른다.
2) 다양한 분야의 지식과 경험을 융합하여 창의적으로 문제를 해결하고, 새로운 상황에 능동적으로 대처하는 능력을 기른다.
3) 인문・사회・과학기술 소양과 다양한 문화에 대한 이해를 바탕으로 새로운 문화 창출에 기여할 수 있는 자질과 태도를 기른다.
4) 국가 공동체에 대한 책임감을 바탕으로 배려와 나눔을 실천하며 세계와 소통하는 민주시민으로서의 자질과 태도를 기른다.

2015년 개정 교육과정에 따르면, 중학교 및 고등학교의 교육과정은 모두 교과(군)와 창의적 체험활동으로 편성한다. 중학교에서는 또한 학생들이 자신의 적성과 미래에 대해 탐색하고 학습의 즐거움을 경험하여 스스로 공부하는 자기주도적 학습 능력과 태도를 기를 수 있도록, 한 학기는 자유학기로 운영한다. 자유학기에는 지역사회와 연계하여 진로 탐색 활동, 주제 선택 활동, 동아리 활동, 예술・체육 활동 등 다양한 체험 중심의 활동을 운영하며, 협동 학습, 토의・토론 학습, 프로젝트 학습 등 학생 참여형 수업을 강화한다. 자유학기에는 중간・기말고사 등 일제식 지필평가는 실시하지 않으며, 학생의 학습과 성장을 지원하는 과정 중심의 평가를 실시한다.

중・고등학교 교과에 봉사학습의 형태를 적용할 수는 있으나(황미영, 2009), 입시 부담을 감안할 때 그 실효성을 장담하기는 어렵다. 이보다는 중학교의 자유학기 및 중・고등학교의 창의적 체험활동에 봉사학습 방식을 적용하는 것이 보다 적절하다. 이들 활동에서는 기존의 점수 따기 위주의 형식적 봉사활동은 탈피하고, 이웃과 사회를 위해 자기주도적으로 봉사하는 경험을 쌓도록 하여야 한다.[18] 우리 사회의 다양한 삶

17) 교육부. 2015. 「고등학교 교육과정」, 교육부 고시 제2015-80호(2015. 12. 1.), [별책 4].
18) 우리나라는 초・중・고등학생의 자원봉사활동을 권장하고 있다. 초등학교는 학년에 따라 연간 5~10시간 이상, 중학교는 연간 18시간 이상, 고등학교는 연간 20시간 이상이다. 중・고등학교에서는 교육과정에 따른 봉사활동을 연간 10시간 이상 편성하여 운영해야 한다. 중학교에서는 일 년에 15시간 봉사활동을 해야 고입 내신 성적 만점이 가능하다. 고등학생의 대입 내신 성적

을 체험하고 우리가 서로 의존적인 존재임을 체감하는데 초점을 둔다. 또한 급우들과 함께 곤란한 이웃을 직접 도와주고 우리 사회가 당면한 문제들을 직접 관찰하고 해결하는 과정에 동참하는 다양한 봉사활동을 통하여 민주시민으로서 요구되는 가치와 태도를 형성하도록 한다. 봉사하고 함께 노력하는 과정에서 얻는 공감(共感), 보람과 만족, 자부심과 긍지, 사회적 책임감, 공동체의식 등을 급우들과 함께 실제로 느끼고 공유하도록 한다. 중등교육에 적용할 봉사학습의 단계별 구성요소를 예시하면 <표 2>와 같다.

자유학기 또는 창의적 체험활동과 같이, 공부나 입시에 대한 부담 없는 학교교육을 통한 성장기의 봉사활동 경험은 학생들에게 친사회적 동기를 내재화하는 기회를 부여하며, 사회적 약자들과의 공감대를 형성하는 기회를 제공한다. 그러므로 학교와 지역의 다양한 기관·시설·단체와의 협력관계를 확립하여 학생들에게 사회와 이웃을 이해하고 봉사하는 경험을 할 수 있는 다양한 기회를 제공하여야 할 것이다.[19] 성장기의 봉사 경험은 사적인 이익을 초월하여 공공선(公共善)에 대한 의식을 함양하며 국가와 사회를 위한 역할을 부여함으로써 공공성, 공익, 공공가치에 대한 관심을 제고하고 지속적으로 봉사활동에 참여하도록 유도한다. 어릴 때부터 봉사활동을 통하여 도움을 받는 사람들과의 상호작용은 성인이 된 후에도 더 포괄적인 정책문제에 대해 관심을 갖도록 하고 국가와 사회에 대한 책임의식을 심화시킬 것이다(Henderson, Brown & Pancer, 2012). 2015년 개정 교육과정에서 제시한 중학교의 자유학기와 중·고등학교의 창의적 체험활동을 일선 학교에서 보다 적극적이고 유용하게 활용한다면 미래세대의 공공성 및 공공봉사동기 증진에 기여할 수 있을 것으로 기대한다.

반영 점수는 대학별 대입 전형에 따라 다르다(「찾기 쉬운 생활법령정보」, '학생 자원봉사활동', 2016. 5. 19. 검색). 그러나 봉사활동 실적이 '스펙'처럼 여겨지기 때문에, 거짓 봉사활동, 황당 봉사활동, 대리 봉사활동, 시간을 부풀려주는 봉사활동 등 부작용도 만만치 않다(안정선, 시사IN, 2014. 3. 26. 입력, http://m.sisainlive.com/news/articleView.html?idxno=19682, 2016. 5. 19. 검색).

19) 세계은행은 신규 채용한 젊은 전문가들에게 가장 먼저 가난한 사람들의 일상생활을 관찰하도록 하는 프로그램을 운영하고 있다(Paarlberg, Perry & Hondeghem, 2008).

〈표 2〉 중 · 고등학교 봉사학습의 단계별 구성요소

단계	요소	내용
활동 계획 · 준비	지역사회 요구 탐색	• 지역사회에서 필요한 봉사 요구(수요)에 대한 체계적인 조사 • 지역사회 기관 · 단체와 협력하여 조사 진행
	교육과정과의 연계	•『창의적 체험활동』 또는 타 교육과정과 결합하여 운영
	학습	• 구체적인 활동을 수행하기 위해 학생들에게 필요한 기술, 지식, 태도와 관련된 학습 시행 • 구체적인 학습 내용
활동 실행	지속적 · 정기적 실행	• 지역사회의 요구(수요) 및 참가자들의 학습 성취가 가능하도록 충분한 시간을 가지고 시행되는지 여부
	다양한 협력자들의 참여	• 교사, 학생, 지역사회 기관 · 단체 등 봉사학습 관련 협력자들 상호간 협력 관계
활동 평가와 인정	반성적 성찰	• 활동 전반에 대한 검토 • 참가자의 활동에 대한 점검 • 활동에 대한 비판적 검토와 성찰
	활동 후 평가	• 활동이 개인에게 미친 영향 • 활동이 지역사회에 미친 영향 • 활동이 학교에 미친 영향 • 활동에 대한 전반적 평가
	성취에 대한 자축과 인정	• 활동과 성과에 대한 축하 • 참가자 자신의 성취에 대한 감사 • 지역사회의 협력에 대한 감사 • 모든 참가자 상호간의 감사와 격려

자료: 박가나(2014: 39)의 사례 분석틀을 바탕으로 수정.

Ⅴ. 대학교육 방안

1. 전공별 봉사학습 교과목의 확대

의미 있는 교육이란 학생들이 자기 자신에 대해서도 배우면서 또한 자신을 둘러싼 세계에 대해서도 배울 수 있는 기회를 제공하는 것이다(Sabia, 2003). 봉사학습은 학업에 대한 애정과 사회정의에 대한 열정을 함께 진작하는 유용한 기회이다.[20] 많은 대학

20) 미국 Loyola University에서는 "봉사학습"이라는 용어보다는 체험학습 또는 "참여학습"(engaged learning)이라는 용어를 더 많이 사용한다고 한다. 이 대학에서는 한 과목 이상 참여학습 이수를 졸업자격요건으로 요구하는데, 참여학습은 수업에서의 학습목표와 함께 학생들의 지역사회

들이 교수들에게 학생들이 학교울타리 밖의 실제 세상에서도 체득할 수 있도록 강의계획을 설계하도록 장려하고 있다(Fiebig, 2014).

대학에서는 봉사학습을 보다 적극적으로 교육과정에 반영하여야 한다. 우리나라 일부 대학에서는 정규 교육과정의 일환으로 "사회봉사" 교과목을 개설하여 학점을 부여하고 있다.[21] 하지만, 우리나라 봉사활동 교육은 외국 교육과정을 무비판적으로 수용하고 의무화함으로써 교육과정으로서의 중요성을 충분히 인정받지 못하여 봉사활동을 학습으로 인식하지 못한 채 단지 성적이나 졸업 조건 때문에 타율적·강제적으로 참여하는 학생들이 많고 부실하게 운영되는 경우가 많다고 한다(유숙영·서윤경, 2016). 이제는 전공 학습을 실제 현장에 적용해보고 도전적이며 역동적인 봉사활동을 경험하는, 학습과 봉사를 연계한 봉사학습을 모든 전공 분야에서 도입할 필요가 있다(김통원·김혜란, 2001). 이를 위해서는 먼저 전공별, 과목별로 다양한 교육프로그램을 개발하여야 할 것이다.

개별 교과목에서 봉사학습을 적용할 경우 다음과 같은 점을 고려하여야 한다. 첫째, 봉사학습은 교과목의 수업 목표 및 학습 성과와 일치할 때 효과적이다.[22] 교과목에 봉사 요소를 통합시키는 방법을 고민하여야 한다. 예를 들면, 기계공학과 역학 수업에서 학생들은 지역 어린이놀이터 놀이기구의 안전성을 검사하고 분석결과를 지역사회에 전달하는 프로젝트를 수행할 수 있다(김경선·정유지, 2009). 이 수업은 교과 목표 달성뿐만 아니라 시민의식 함양, 창의성 개발에 도움이 될 것이다. 둘째, 봉사에 대하여 학점을 부여하는 것이 아니라 학습에 대하여 학점을 부여한다. 봉사학습을 통한 학문적 성숙과 개인적 성장에 대하여 평가여야 한다(유숙영·서윤경, 2011). 셋째, 봉사학습이 가능한 현장을 발굴하여야 한다. 지역사회 기관·단체들과의 협력을 통해 학생들이 봉사 경험을 통하여 의미 있는 지식을 구성할 수 있는 실제적인 학습 환경을 찾아야 한다(Eyler & Giles, 1999). 넷째, 강의계획을 보다 구체화·체계화하여야 한다. 즉, (1) 교과목의 목표와 사명을 구체화하고, (2) 봉사활동 이전에 먼저 한국사회의 특성과 지역문제에 대하여 논의하고, 지역사회와 도움이 필요한 이웃을 위해 대학생들이 무엇을

프로젝트 참여를 강조하며, 동시에 학생들을 사회정의(social justice) 문제에 노출시킴으로써 일생동안 사회적 취약계층을 돕고자 하는 열망을 갖도록 만든다고 한다(Fiebig, 2014).

21) 우리나라 대학의 봉사활동 실태에 대해서는 조성희(2009) 참고.

22) 서울여자대학교의 봉사학습가이드라인(교수용)에서는 다음과 같은 학습목표를 제시한다. 즉, ① 수업에 대한 이해 증가, ② 학습동기 향상, ③ 자기효능감 증가, ④ 진로계획에 대한 정체성 향상, ⑤ 다양한 문화에 대한 이해 및 존중 / 다양성에 대한 포용력 증가, ⑥ 인간관계/의사소통 기술 향상, ⑦ 지역사회에 대한 인식/시민의식 향상, ⑧ 변화능력/리더십 증진, ⑨ 사회적 책임감 증가 등이다.

할 수 있는지 스스로 고민할 수 있는 기회를 부여하고, (3) 학생들에게 다양한 봉사활동을 소개하고, 관련 기관·단체와 연결시켜 주며, (4) 학생들은 교과목에서 배우는 지식을 활용하여 매주 정기적으로 봉사활동을 한 후, (5) 봉사활동 결과를 정리하고 '보다 나은 사회를 만들기 위하여 어떻게 기여할 수 있을 것인지'에 대한 평가보고서를 작성하도록 하여야 한다(김상묵, 2013). 다섯째, 봉사학습에 대한 성찰은 학업 능력, 사회적 성향, 개인적 특성 모두를 포괄하여 이루어져야 한다. 구체적으로, (a) 나는 무엇을 배웠는가? (b) 어떻게 배웠는가? (c) 내가 배운 것은 왜 중요한가? (d) 배운 것을 앞으로 어떻게 활용할 것인가? 등의 질문에 응답할 수 있도록 한다(Ash, Clayton & Atkinson, 2005). <표 3>은 봉사학습을 반영한 교과목 강의계획의 개요에 대한 예시이다.

〈표 3〉 봉사학습의 진행과정

수행단계	수행내용	수행방법	시기
준비 단계	• 봉사학습 관련 문헌연구 • 교과목과 봉사 연결 방법 모색 • 지역사회 기관·단체와의 관계 형성 • 수업 진행에 대한 구상 및 계획 • 강의계획서에 "봉사학습" 설명	• 문헌연구 • 기관·단체 섭외 • 면담, 토론 • 세부사항 기획 • 교육조교 훈련	수업 이전 2~3주
교육 단계	• 봉사학습에 대한 오리엔테이션 • 교과목에 대한 지식·기술 교육 • 봉사와 지역사회에 대한 사전교육 • 기관·단체와 학생 연결	• 교과내용 강의 • 오리엔테이션 • 간담회 • 면담	수업 1~4주
교육-봉사-성찰 단계	• 교과목에 대한 지식·기술 교육 • 봉사활동 수행 • 사이버강의실(e-class)을 통한 봉사와 학습 관리 • 봉사활동에 대한 반성적 고찰 • 월 1회 봉사활동일지 작성·제출	• 교과내용 강의 • 중간고사 • 집단토의 • 환류(feedback)	수업 5~14주
평가 단계	• 봉사학습 수행 평가 (기관·단체의 담당자 참여) • 지역사회 기여도 평가 • 전체 수업에 대한 평가	• 간담회 • 설문조사, 집단토의 • 학기말시험 • 강의평가	수업 15주

자료: 한인영 외(2005: 259), 원미순·박혜숙(2008: 66)을 바탕으로 수정.

학교 차원에서 봉사학습을 도입하는 경우 교수와 학생에게 다양한 인센티브를 제공할 수 있다.[23] 서울여대의 사례를 보면, 전공 또는 교양 수업에 추가 1학점 수업으로 봉사학습을 정규교과과정으로 제도화하였다(유숙영·서윤경, 2016). 봉사학습 수료 기준은 총 32시간(16주간 매주 2시간 분량) 이상의 참여 시간과 성실한 성찰활동과 발표, 기관의 평가 등으로 정하였다. 총 32시간 이상의 참여시간 중, 1~2주는 배치와 사전교육, 8주 중간시험과 16주 기말시험 기간에는 중간평가회와 기말평가회, 종합평가회 등으로 실제 봉사활동을 하지 않는 대신, 4주간 8시간에 해당하는 성찰시간으로 대체하였다. 학생들에게는 봉사학습을 통해 이수하는 1학점은 봉사시간으로 채워지는 것이 아니라 오히려 8시간의 성찰시간에 대해서 수여하는 것이라는 점을 주지시켰다. 봉사활동은 자발성, 무급성, 지속성, 공공성의 순수성을 지켜야 한다는 점을 강조한다. 매 학기마다 교양을 포함한 다양한 전공에서 다양한 봉사학습 교과목을 운영하고 있다.[24] 매 학기 봉사학습 설명회를 개최하며, 수강학생을 위해서는 전체 사전교육, 수업별 사전교육, 기관별 사전교육을 실시한다. 봉사학습은 재학 중 총 3회까지 수강할 수 있고, 학업성취도는 Pass/Fail로만 평가되며 전체 평점에는 영향을 주지 않는다. 교수에게는 1학점 시수 인정과 봉사학습 조교(1~4명), 프로그램 운영비 등을 지원한다. 매 학기 기관 초청 간담회를 개최하여 참여기관의 반응과 지역사회의 요구(수요)를 조사하여 다음 학기 봉사학습 개설에 반영한다.

2. 행정학과 교육

그동안 우리나라의 행정학 교육과정은 기술적인 측면이나 효율성에 초점을 맞추고 공공성을 내면화하는 교육프로그램 개발에는 충분한 관심을 기울이지 않았다(임의영, 2015). 이제는 모든 교과목에서 학생들로 하여금 어떻게 하면 헌법의 기본원리, 공공가치, 공익을 증진할 수 있을 것인지 고민하도록 하여야 할 것이다. 그리고 지역과 사회에 대한 "공공봉사"(公共奉仕)를 행정학 교육의 핵심적 요소로 포함시켜야 한다(Carrizalez & Bennett, 2013). 사회와 지역에 대한 봉사를 통하여 학생들은 관리 기술과 정책과정뿐만 아니라 공공가치에 대해서도 체득하게 된다. 봉사학습은 학생, 국민과 지역사회 기관과의 상호작용을 장려하기 때문에(Dicke, Dowden & Torres, 2004). 시민참여, 정책분

---

23) 미국 대학에서는 봉사학습 담당 교수에게는 초과강의시수 인정(3학점 수업의 경우 4~5시간으로 인정), 교육보조금 지급, 교육조교 추가 배정 등을, 그리고 학생에게는 봉사학습 인정서 발급, 장학금 지급, 초과학점 인정(3학점 수업 시 봉사 1학점 추가 인정) 등의 인센티브를 제공한다(김경선 · 정유지, 2009).

24) 2015년 1학기의 경우 모두 57개 교과목을 봉사학습 교과목으로 개설되었는데, 이 가운데 교양 교과목이 12개이고, 22개 학과(전공)에서 개설한 전공 교과목이 45개이다. 봉사학습 교과목을 개설한 학과는 국어국문학과, 영어영문학과, 불어불문학과, 중어중문학과, 일어일문학과, 기독교학과, 경영학과, 문헌정보학과, 사회복지학과, 아동학과, 방송영상학전공, 수학과, 의류학과, 원예생명조경학과, 생명환경공학과, 식품영양학과, 체육학과, 정보보호학과, 콘텐츠디자인학과, 시각디자인학과, 산업디자인학과, 박물관학전공 등이다.

석, 지역사회개발, 리더십, 공공관리, 프로그램평가, 행정서비스 제공 등에 초점을 두는 행정학과 교과목들은 학습목표 달성을 위하여 봉사학습 교육을 활용하기에 적합하다(Imperial, Perry & Katula, 2007). 행정학과 교육과정에서 봉사학습 교육을 활용하는 일반적인 관점은 4가지로 정리할 수 있다(Dicke et al., 2004).

지역사회 봉사 관점: 봉사학습은 학문적 역량을 개발하면서 민주시민으로서의 책임의식을 증진하고자 의미 있는 지역사회 봉사활동을 교과목과 연결하는 방법을 제공한다.

윤리적 함양 관점: 봉사학습은 교수들에게 학생들의 윤리적·도덕적 의식 함양을 위한 사회화 경험을 증진하는 수단을 제공한다.

정치적 행동주의 관점: 봉사학습은 사회정의를 증진하고 정부에 대한 국민의 무관심, 불신, 무시 등의 문제를 해결하는 수단을 제공한다.

수단적 관점: 봉사학습은 교육적 수단으로서의 효과성에 초점을 두어 평가되어야 한다.

행정학과에서 효과적인 봉사학습 교과과정을 설계할 때 고려해야 할 원칙과 주의사항들은 다음과 같이 정리할 수 있다(Imperial, Perry & Katula, 2007).

- 강의실에서 다룬 지식과 봉사활동의 연결이 명확해야 한다.
- 봉사를 통하여 무엇을, 왜 수행했고, 봉사활동이 시민의식, 도덕성, 공공 책임성과 어떻게 관계가 있는지 등에 대한 학생들의 이해 증진을 위하여 성찰이 이루어져야 한다.
- 활동의 의미가 충분히 반영되고 달성해야 할 과제에 대하여 학생들이 책임의식을 갖기에 충분한 만큼의 시간을 투입하여야 한다.
- 수행해야 할 봉사의 성격, 봉사활동의 방법과 목적에 대하여 학생들이 충분히 숙지하여야 한다.
- 교수들은 봉사학습 교육에서 요구되는 역할을 충실히 수행하여야 한다.
- 학생, 교수, 지역사회 관계자 모두 봉사를 위한 투입이 봉사의 결과인 산출에 미치는 분명한 영향을 알 수 있어야 한다.
- 전체 과정을 통하여 다양한 관련 집단들이 봉사학습 프로젝트에 관여할 수 있도록 환류시스템을 구축하여야 한다.

개별 교과목을 통하여 행정학 교육과정에 봉사학습 활동을 결합시키는 방법 이외에도 캡스톤 수업에서 봉사학습 교육방식을 사용할 수 있다. 캡스톤(capstone)이란 갓돌, 관석(冠石), 정점 등을 뜻하며, 교과학습에서 배웠던 모든 지식을 종합하여 결과물을 제시함으로써 교육과정을 마무리하는 최종 교육단계를 의미한다.[25] 졸업자격요건으로 졸업시험 통과 또는 졸업논문 제출을 요구하는 대학들이 많은데, 그 대신에 봉사학습 개념을 적용한 캡스톤 프로젝트를 수행하도록 한다.[26] 4학년 학생들을 대상으로, 학부과정에서 배운 행정학 지식을 활용하여 정책이슈 또는 지역사회 문제 해결에 도전하는 과제를 부과한다. 이 때 지방자치단체·공공기관으로부터 해결해야 할 현안문제들을 미리 공모하거나 지역 기관·단체·주민들과 협력하여 과제를 수행하도록 할 수 있다. 봉사학습의 적용은 학생들의 고용가능성과 시민으로서의 책임성을 증진할 수 있는 전문적 능력과 학문적 경험을 보다 풍부하게 함으로써 행정학 교육에 기여할 것으로 여겨진다(Imperial, Perry & Katula, 2007).

Ⅵ. 결 론

공공성이란 민주시민사회의 구성원으로서 민주적 절차를 통하여 정의, 공공복리, 평등, 공익 등 보편적인 공공가치를 추구하는 것이며(임의영, 2015), 공공봉사동기란 공익과 공공가치를 추구하면서 사회를 위하여 유익한 봉사를 하려는 성향을 말한다(Kim, 2016). 이를 위한 학교교육에서 가장 중요한 핵심은 우리 모두가 서로 의존해서 살아갈 수밖에 없다는 사실과, 함께 노력하면 더 좋은 사회를 만들 수 있다는 것을 경험적으로 깨닫게 하는 데 있다(김상묵, 2013). 우리나라 교육과정이 추구하는 인간상 역시 공동체 의식을 가지고 세계와 소통하는 민주시민으로서 배려와 나눔을 실천하는 더불어 사는 사람이다. 책임 있는 민주시민으로서 갖추어야 할 자질에는 공공성과 공공봉사동

25) 주로 캡스톤 프로젝트, 캡스톤 코스, 캡스톤 디자인 등으로 불리며, 우리나라에서는 공대 중심의 캡스톤 디자인(capstone design)으로 널리 알려졌다. 1994년 서울산업대학교에서 처음으로 캡스톤 디자인을 정규과목으로 개설하였으며, 한국공학교육인증원(ABEEK)에서 캡스톤 디자인 과목을 도입하도록 유도하였다. 그리고 2002년 지식경제부가 한국산업기술재단의 핵심사업으로 '창의적 공학교육 프로그램 개발 및 확산 지원사업'을 지정하면서, 캡스톤 디자인 교과목이 급격하게 확산되었다(노영희, 2015; 이태식 외, 2009). 캡스톤 디자인 교과목을 통해 학습자는 공과대학 교육과정에서 배운 전문지식을 종합적으로 활용하여 산업현장에서 발생 가능한 문제들을 분석하고 해결책을 설계하는 방법을 학습한다.

26) 미국의 여러 행정학석사(MPA) 교육프로그램에서는 지역사회 기관·단체와의 협력을 통하여 정책적·관리적 과제를 수행하도록 하여 학생과 지역사회 모두에게 도움이 되도록 하는 캡스톤 프로젝트를 시행하고 있다(Campbell & Lambright, 2011; Schachter & Schwartz, 2009).

기도 포함된다고 볼 수 있다. 하지만 그 동안 학교교육이 이런 인간상을 구현하기 위한 교육을 제대로 시행해 왔는지는 상당히 의문스럽다. 이 연구에서는 미래세대의 공공성 인식 및 공공봉사동기 증진을 위해서는 초·중등교육에서는 봉사학습의 특징을 반영하여 창의적 체험활동 등을 보다 실효성 있게 운영하고, 대학교육에서는 봉사학습을 보다 적극적으로 교육과정에 반영하여야 한다는 제안을 하였다.

한국행정학회 등 학술단체들도 학교교육에 보다 관심을 기울여야 할 것이다. 먼저 우리나라 행정학 교육이 지향하는 인재상과 핵심역량을 정의하여야 한다. 또한 행정학 교육에 대한 연구를 장려하고, 교육프로그램의 개발·보급과 인증에도 관심을 기울여야 한다. 봉사학습을 활용한 공공성 및 공공봉사동기 증진을 위한 교육방안도 행정학 교육이 지향해야 할 바람직한 방향 가운데 하나라고 볼 수 있다. 올바른 사회를 만들기 위해서는 올바른 교육이 이루어질 수 있도록 행정학계가 보다 많은 관심과 노력을 기울여야 할 것이다.

학교교육을 통하여 우리 사회에는 여러 가지 삶의 모습들이 공존하며 도움과 관심이 필요한 많은 이웃이 있다는 사실과, 시급히 해결하거나 개선해야 하는 많은 사회문제가 있으며 우리 모두를 위하여 함께 추구해야 하는 소중한 가치와 규범들이 존재한다는 것을 머리와 가슴으로 익히도록 하여야 한다. 그리고 참여와 체험을 통하여, 배려·협동·봉사와 같은 다른 사람들과의 상호작용이 우리 모두를 위하여 필수적일 뿐만 아니라 자신에게도 큰 만족을 가져다준다는 점을 스스로 체득할 수 있는 기회를 다양하게 제공하여야 할 것이다.

하지만, 이러한 제안이 설득력을 가지려면 보다 심도 있는 연구와 논의가 필요하다. 먼저 우리나라 정규교육이 실제 공공성 및 공공봉사동기 형성에 얼마나 기여하고 있는지에 대한 포괄적이고 심층적인 진단이 이루어져야 할 것이다. 둘째, 학교교육 개선을 위한 다각적인 연구가 폭넓게 이루어져야 한다. 아울러 초·중·고등교육에서 봉사학습을 어떻게 적용할 수 있는지 여부에 대한 검토가 필요하다. 셋째, 각급 교육과정마다 다양한 형태의 봉사학습 교육프로그램을 개발·운영·평가·보급하는 노력이 필요하다. 이를 위해서는 활발한 정보의 제공과 공유가 요구된다. 넷째, 한국적 맥락에서 봉사학습과 공공성 및 공공봉사동기와의 관계에 대한 경험적 연구가 많이 이루어져야 할 것이다. 이 연구는 단지 첫걸음일 뿐이다.

제 2 장 정부의 행정학에 대한 수요

1 역량 수요: 균형적 정부역량 구축을 위하여

최상옥(고려대학교) · 이정호(고려대학교)

Ⅰ. 서 론

본 연구는 오늘날 그 중요성이 부각되고 있음에도 불구하고 아직까지 큰 관심을 불러일으키지 못하고 있는 정부역량(government capacity)에 대한 실제적 내용을 우선적으로 살펴보고 현재 개별적 · 미시적 접근 수준에 머물고 있는 정부역량평가를 종합적 · 거시적으로 발전시킬 수 있는 대안을 모색함으로써 장기적으로 국가경쟁력과 국민의 삶의 질(Quality of Life)을 향상시킬 수 있는 포괄적(comprehensive) 정부역량평가 개념을 구축하는 것을 목표로 한다. 정부역량은 급변하는 세계정세 속에서 국가경쟁력을 제고하는 데 있어서 주요한 요소가 된다(김태은, 2008; 송재환 · 송운석, 2016). Fukuyama (2005)는 정부가 외부로부터 공급받은 자원을 사용하여 정책 산출물인 공공서비스를 통해서 주민들에게 제공하기까지의 모든 결과의 성패는 정부역량에 의해서 결정이 된다고 주장하였다. 정부활동을 체제이론(system theory)에서 언급하고 있는 흐름도(투입−전환−산출−결과−환류) 틀에서 설명할 경우 정부역량의 평가는 외부환경으로부터 투입되는 자원을 국가경쟁력과 국민의 삶의 질을 향상시키는 데 있어서 얼마나 잘 전환시켜 사용하는가에 따라서 좌우될 수 있을 것이다.[1] 즉, 같은 자원이나 유사한 자원을 투입하고도 정부가 그 자원을 어떻게 운영하는가에 따라서 공공서비스 산출물의 결과가 달라지기 때문에 전환과정은 한정된 자원을 가지고 가장 효과적이고 능률적인 공공서비스 결과를 창출하기 위해서는 높은 정부역량이 필수적 요소가 된다고 할 수 있을 것이다(호알프레드 · 임도빈, 2012; 한병훈, 2015).

한편 우리나라에서는 국가경쟁력을 향상시키는 데 있어서 결정적 역할을 하는 정부역량을 평가하는 도구를 개인수준과 조직수준으로 나누어서 설명할 수 있다. 개인수준에 해당하는 정부역량평가는 고위공무원단 역량평가와 근무성적평정이 있으며 조직수준에서는 중앙부처와 지방자치단체의 역량을 평가는 정부업무평가가 있다. 본 연구는 현재 우리나라의 정부역량을 측정하는 데 사용되어지고 있는 고위공무원단 역량평가, 근무성적평정, 정부업무평가(자체평가, 특정평가, 지자체합동평가)에서 사용하고 있는 평가세부항목을 네 가지 평가지표(개인역량, 조직역량, 네트워크역량, 정부기관역량)에 대비 · 구분하여 분석한 뒤 포괄적 · 거시적 정부역량평가를 구축하는 데 있어서 필요한 평가지표는 무엇이 되는지를 살펴보고 해당 평가지표를 발전시킬 수 있는 대안을 제시하고자 한다. 그리고 연구분석단위(개인수준과 조직수준)를 기준으로 분석한 내용을 토대로 현재 우리나라의 분절적 · 개별적으로 시행되고 있는 정부역량평가를 균형적인 (balanced) 정부역량평가로 발전시킬 수 있는 사항들이 무엇이 있는지를 고찰해 보고자 한다.

이러한 연구목표를 달성하기 위해서 본 논문은 다음과 같이 구성되어 있다. 첫째, 역량의 일반적 개념을 개인역량, 조직역량, 네트워크역량, 정부기관역량으로 구분하여 정의하고 각 역량을 구성하고 있는 요소들을 살펴본다. 둘째, 현재 우리나라에서 사용되고 있는 정부역량평가인 고위공무원단 역량평가, 근무성적평정, 그리고 정부업무평가의 내용에 대해서 조사한다. 셋째, 현재 정부역량을 평가하는데 사용되어지고 있는 모든 항목들을 네 가지 평가지표의 구성요소에 대입 · 비교한다. 마지막으로, 이러한 분석결과를 토대로 나온 현행 정부역량평가의 실제적 문제점을 개선할 수 있는 대안이 무엇이 되는지를 살펴보고자 한다.

---

1) 체제이론에서의 체제(system)는 외부환경으로부터 물적 자원을 수용하여 전환 과정을 거친 뒤 산출(output)과 결과(outcome)를 도출하게 되는데 본 논문에서의 정부역량은 외부환경으로부터 제공 되어진 다양한 요소들을 정부가 얼마나 잘 전환시킬 수 있는지를 설명하는 단어인 "능력"과 유사한 개념으로 쓰이고 있다(호알프레드 · 임도빈, 2012).

Ⅱ. 역량의 다차원성과 정부역량 평가지표[2)]

1970년대 초 사회심리학자인 David C. McClelland가 처음으로 역량이란 개념을 사용하였다(강성철 외, 2014). 역량이란 단어는 영어로 capability, capacity, competency 등으로 표기될 수 있다(최미옥 · 임석준, 2004). 또한 그 개념도 여러 학자들에 의해서 개인수준과 조직수준에 따라서 다양하게 정의되고 있다. 역량은 "효과적이고 탁월한 직무 수행의 원인이 되는 개인의 내적 특성"(Boyatzis, 1982), "개인이 과제 수행을 위해 보유한 기술, 지식, 능력, 자신감"(Lassey, 1998; Prahalad & Hamel, 1990), "조직이 정책이나 프로그램의 수행을 위해 가용할 수 있는 능력과 의지(노력)"(Deci, 1980), "개인 또는 조직의 현재 및 장래 활동을 가능하게 하고 조직의 성과를 만들어 내는 제반 보유 능력"(김병국 · 권오철, 1999) 등으로 설명할 수 있다.

역량의 개념은 행위자(개인과 조직)의 현재 및 미래의 활동을 가능하게 하고 행위자(개인과 조직)의 성과를 이끌어내는 모든 행위자의 보유 능력을 포함한다는 점에서 능력(capability)의 개념과 맥락을 같이하고 있다(최상옥, 2012; 호알프레드 · 임도빈, 2012). 개인이나 조직이 가지고 있는 모든 능력으로 역량의 개념을 정의할 수 있지만, 여기서 개념적 해석에 있어서 유념하여할 것은 업무수행을 가능케 하는 "능력"과 함께 업무를 수행 · 완성하고자 하는 행위자의 "의지나 노력"도 행위자의 최종성과에 영향을 끼치는 주요한 요인이라는 것이다(Deci, 1980). 따라서 역량의 개념을 단순히 업무수행능력이라는 한정적 · 정태적 의미로만 생각하지 말고 업무를 수행하고 완성하려는 행위자의 의지와 노력이 포함된 역동적 개념으로 해석하는 것이 중요하다고 본다. 그러므로 정부역량은 체제이론의 투입－전환－산출의 과정에서 정부가 외부 투입요소를 산출하려는 강력한 의지를 담은 전환 능력을 의미한다. 최상옥(2012)은 역량의 개념을 다차원적으로 정의하고 있는데 크게 네 가지(개인역량, 조직역량, 네트워크역량, 그리고 정부기관역량)로 구분하여 설명하고 있다.

1. 개인역량

개인역량은 역량분석의 기본 단위가 조직을 구성하고 있는 개인에 맞추어지는 개념이다(이창길, 2013). 급변하는 현대사회에 있어서 국가경쟁력은 공공조직에 속해 있는

2) 역량의 다차원적인 개념과 평가지표 내용은 최상옥의 2012년 논문을 인용 · 보완하였다.

개인의 역량에 의존한다(송재환 · 송운석, 2016). 1970년대 이후부터 개인역량의 개념의 주로 산업심리학자나 조직학자들에 의해서 관심을 받기 시작하였다. 그들은 개인역량의 개념을 소개하면서 개인이 수행하는 직무에서 실제적으로 나타나는 최종적 성과가 전통적인 의미의 지능보다 더 의미가 있음을 역설하였다. 오헌석(2007)은 개인역량을 "인간의 삶에 유의미한 능력을 지능이라는 단일 요소로 대변할 수 없다는 문제의식이 역량 개념을 창안"하게 만들었다고 설명하고 있다. 그러므로 개인역량은 개인의 인지적(cognitive), 기능적(functional) 역량의 개념에서 한 단계 더 발전된 개인의 성과를 측정할 수 있는 행동적 역량을 포함하는 개념으로 발전되었다. 이와 같이 개인역량이라는 개념은 "업무성과와 관련된 광범위한 개인의 심리적 또는 행동적 특성"으로 정의를 할 수 있으며 이를 기반으로 행하여진 개인역량의 연구는 특정한 상황이나 직무에 효과적인 성과를 발휘하는 개인의 내적 특성이나 행동을 예측하는데 초점을 맞추어 왔다고 볼 수 있다(Spencer & Spencer, 1993; 이창길, 2013; 이홍민 · 김종인, 2003). 즉 개인역량의 연구는 개별 행위자의 인적 역량과 내적 요소에 초점을 맞추어서 연구가 이루어진다고 말 할 수 있다(개인역량에 대한 다양한 개념은 <표 1>을 참조하기 바람). 개인역량을 측정하는 평가지표는 다음과 같다.

- 업무추진성과: 담당업무자가 주어진 기간 내에 담당업무를 얼마나 추진하였는지를 측정하는 것이다.
- 업무수행능력: 담당업무자가 담당업무를 수행하는 데 있어서 필요한 지식과 기술을 얼마나 습득하고 있는지를 측정하는 것이다.
- 성격 · 태도: 성격은 조직 내의 동료나 상하 간의 인간관계를 중심으로 한 인품과 성격이 어떤지를 측정하는 반면 태도는 담당업무자가 담당업무에 대한 책임감과 의지를 얼마나 갖고 있는지를 측정하는 것이다.

이상의 내용을 토대로 정부역량의 첫 번째 구성요소인 개인역량은 개인이 과제 수행을 위해 보유한 기술, 지식, 능력, 자신감(Lassey, 1998; Prahalad & Hamel, 1990), 효과적이고 탁월한 직무 수행의 원인이 되는 개인의 내적 특성(Boyatzis, 1982)을 의미한다고 할 수 있을 것이다.

〈표 1〉 학자별 개인역량 개념에 대한 정의

학자	개인역량의 개념
McClelland(1973)	현장에서의 우수한 직무성과를 예측하게 하는 개인의 내재적 특성
Klemp(1980)	어떤 개인이 어떤 역할을 수행함에 있어 성공적인 결과를 가져오게 하는 내재적 특성
Boyatzis(1982)	외적 성과 준거에 비추어 평가하였을 때 효과적인 행동과 인과적으로 관련되어 있는 개인의 일반적인 지식(knowledge), 기술(skill), 특질(trait), 동기(motive), 자기이미지(self-image) 혹은 사회적 역할(social role)
McLagan(1982)	직무나 역할 수행에서 뛰어난 수행자와 관련된 개인의 능력 특성
Fletcher(1991)	규정된 기준에 따라 직무 활동을 수행하는 능력
Corbin(1993)	바람직한 목표나 성과를 달성하기 위하여 개인이 알아야 할 것과 할 수 있어야 할 것을 포함하는 능력
Dubious(1993)	역량은 삶에서의 역할을 성공적으로 수행하는 데 사용되는 개인이 보유하고 있는 특성
Spencer & Spencer(1993)	특정한 상황이나 직무에서 구체적인 준거나 기준과 인과적으로 관련되어 우수한 성과를 가능하게 하는 동기(motive), 특질(traits), 자기개념(self-concept), 지식(knowledge) 기술(skill) 등 개인의 내적 특성
Strebler & Bevans(1996)	업무영역에서 새로운 상황에 지식과 기술을 전이하는 능력을 포함하는 광범위한 개념
Parry(1996)	개인이 수행하는 업무의 주요한 부분들에 영향을 주고 업무성과와 관련성이 높고, 조직에서 널리 받아들여지는 성과기준에 대비하여 측정될 수 있으며, 교육훈련과 개발을 통하여 개선될 수 있는 지식과 기술, 태도의 집합체
Rothwell & Lindholm(1999)	우수 수행자와 평균 수행자의 차이를 설명해주는 행동
Schippmann(1999)	역량은 측정가능하고, 업무와 관련되고, 개인의 행동적 특징에 기초한 특성 또는 능력
Green(1999)	직무목표 달성에 사용되는 측정 가능한 업무 습관 및 개인적 기술에 대한 증거 자료

자료: 오헌석(2007).

2. 조직역량

조직역량의 개념은 Selznick에 의해서 1952년에 도입된 이후 조직성과 제고에 필수적인 조직의 능력이나 특성을 나타나는 중요한 개념으로 소개되어졌다(박석희, 2006). 전통적인 조직성과의 개념은 조직 활동의 결과물인 생산성만을 강조하여 조직역량이나 조직능력에 대한 개념은 등한시하는 경향이 있었다. 하지만 개방체제(open system)

에 대한 개념이 조직성과에 반영된 이후에는 외부환경에서 전달되어지는 자원을 전환하고 산출하는 데 있어서 조직역량이 중요한 요인이라는 것을 인식하기 시작하였다(이장호, 1999; 조남신, 1999; Reimann, 1982; Snow & Lawrence, 1980). 박석희(2006)는 조직역량을 조직생산성을 제고시키는 조직의 모든 능력으로 정의하고 있으며, 조직운영을 효율적으로 이끌기 위해서는 조직역량을 등한시할 수 없다고 설명하고 있다. Prahalad와 Hamel(1990)은 조직이 다른 조직에 대하여 경쟁력을 가질 수 있게 하는 근원으로서 조직역량을 강화하는 것은 조직성과를 제고하는 데 있어서 중요한 역할을 한다고 주장하면서, 조직내부에 축척되고 공유되고 있는 다른 조직과 차별화된 조직 특유의 총체적인 능력, 기술, 지식을 조직역량이라고 보았다. 그러므로 조직역량이 역동적으로 잘 발휘되는 조직은 조직이 보유하고 있는 자원이나 외부로부터 들어온 자원을 효과적으로 사용함으로써 조직의 변화를 선도하고 외부환경에 조직의 적응력을 향상시킬 수 있다고 보았다. 한편, 김병국 · 권오철(1999)은 조직역량을 조직구성원의 개인수준의 업무수행능력과 함께 조직차원에서의 업무수행 의지와 노력으로 개념화하였다(여러 가지 조직역량에 대한 개념 정리는 <표 2>를 참조하기 바람). 이와 같이, 연구자들이 조직역량을 조금씩 다르게 개념화하고 있지만 대체적으로 조직역량의 공통적인 구성요소를 다음과 같이 설명하고 있다.

- 조직목표역량: 조직목표역량과 관련하여 조직문화나 가치 등이 조직이 나아가야 할 방향이나 조직구성원의 직무행태에 영향을 주기 때문에, 조직목표를 조직구성원의 내면에 존재하는 가치체계와 양립하게 하거나 조화를 이루게 하는 조직문화 및 가치체계를 구축한다면 조직의 역량을 강화할 수 있다(김병국 · 권오철, 1999). 다시 말하면, 조직목표 역량은 조직목표나 이념체계를 조직구성원의 업무수행과정에서 실제로 나타나는 구성원들 내면의 가치체계나 행동양식을 적극적으로 반영하는 것이다.
- 조직구성원역량: 조직구성원 역량에는 직무능력과 직무노력이 포함된다. 직무능력이란 직무수행의 내적 전문능력과 환경대응능력을 의미하고, 직무노력은 직무수행 몰입도를 의미한다. 조직구성원의 인적 역량은 단지 개인수준의 역량에서 논의되고 있는 광범위한 개인의 심리적 또는 행동적 특성에 그치는 것이 아니라, 조직의 목표나 환경과 연관된 "조직인(organization)"으로서 지녀야 할 태도와 속성을 의미한다.
- 조직관리역량: 조직관리역량은 기본적으로 조직에서 요구되는 조직관리 및 환경

대응능력으로서 권한의 위임이나 조직 내 의사소통을 가능하게 하는 조직구조, 인적자원의 개발 · 활용 · 교육훈련 · 재무관리 등이 주요한 구성요소가 된다. 박석희(2006)는 조직역량을 조직생산성 향상에 필요한 조직의 제반능력으로 정의하고, 조직관리(조직구조 및 조직관리 측면), 인사(인사자원 개발 · 배치 · 활용 · 교육훈련 등), 재무관리(재정규모와 함께 재무적 역량)의 효율성으로 구분하여 조직역량을 설명하였다.

- 조직환경역량: 조직환경역량은 조직외부와 관련된 역량 요인으로, 위에서 언급된 조직 내부의 역량으로서 조직목표역량, 조직구성원역량, 조직관리역량 요인과는 구별된다. 조직환경역량 요인으로는 경제 · 사회 · 문화적 제반여건이나 이해관계인의 참여와 요구 등이 예시될 수 있다.

〈표 2〉 학자별 조직역량 개념에 대한 정의

학자	조직역량의 개념
김재진 & 최이규(1999)	기업이 목표달성을 하기 위해 지원할 수 있는 자원과 능력
박석희(2006)	조직성과를 제고하는 데 있어서 필요로 하는 조직의 전반적 특성이나 능력
최미옥 & 임석준(2004)	조직 전체를 하나의 유기체로 간주하고 조직이 전체적으로 성과를 내도록 돕는 전략적 능력
Donahue, Selden & Ingraham(2000)	정부의 조직성과에 영향을 미치는 사업을 지원하기 위한 정부의 자원을 개발, 조정, 통제하는 능력
Sparrow(1996)	전반적인 조직의 자원과 능력

위의 내용을 정리하면, 조직역량이란 조직이 조직목표를 시행하는 데 있어서의 의지나 노력, 그리고 그 조직목표를 이룰 수 있는 능력(박석희, 2006; Deci, 1980)이라고 정의할 수 있으며 한편으로는 조직이 직면하고 있는 현재와 앞으로 직면해야 할 미래의 실제적 활동을 가능하게 하고 조직의 성과를 창출하는 데 있어서 필요한 제반 조건들을 보유하고 있는 능력을 지칭한다고 할 수 있을 것이다(김병국 · 권오철, 1999; 최미옥 · 임석준, 2004).

3. 네트워크역량

오늘날 복잡화, 다원화되어 가는 현대 사회에서 개인, 조직, 정부 등의 단일한 행위자의 행동으로 설명될 수 없는 다양한 사회 현상들이 존재하고 있다. 네트워크는 단일한 조직에 의하여, 달성될 수 없거나 혹은 쉽게 달성되기 어려운 문제해결을 위한 나름대로 구조화된 비계층적인 권위구조와 의사소통 체계를 가진 여러 조직 간의 협의체로 보았다(Agranoff & McGuire, 2003; 이명석 외, 2009).

초기에 개인의 내적인 특성에 한정하여 연구되었던 역량개념은, 이후 연구의 진전에 따라 조직의 역량까지 연구 영역이 확장되면서 초기의 인적역량으로부터 조직의 전반적인 자원과 능력을 의미하는 물적 역량을 포괄하는 개념으로 정의가 이루어졌다(이승종 · 윤두섭, 2005). 즉 개인의 역량이 단순한 개별행위자의 인적 역량에 대한 연구에 머무른 반면, 이후의 조직의 역량에 대한 연구에서는 보다 복잡화되고 있다. 네트워크역량은 복잡 · 다양해지고 있는 개인과 조직의 상호의존과 협업(collaboration) 현상을 설명하는 행위자(개인이나 조직)의 능력을 다룬다고 볼 수 있다. 이러한 네트워크역량은 행위자들 간의 신뢰나 호혜성 등을 토대로 발전하여 궁극적으로 정부의 목표를 달성하게 된다(이명석, 2010).

네트워크역량은 크게 네트워크 구성원의 역량과 네트워크 전체의 역량으로 구분해서 살펴볼 수 있다. 첫째, 네트워크의 내부에서 구성원이 가지는 역량은 전체 네트워크의 목적을 달성하기 위하여 필요로 하는 지식과 자원 등을 갖는 것을 의미하는 단순한 네트워크 구성원 수준의 역량 외에도 네트워크를 형성하고 활성화하는 역량을 들 수 있다. 이와 같은 네트워크 형성 및 활성화를 위한 역량은, 다른 행위자들이 보유하는 다양한 자원들에 접근하기 위하여 조직 간 관계들을 발전시키고 활용하는 능력으로 구성되며, 단순 조화와 관계를 다루는 기술, 내부 커뮤니케이션 등과는 구별된다(Walter et al., 2003). 둘째, 네트워크 전체로서 가지는 역량은 연계의 배열로서의 구조적 특성과 상호작용을 위한 목적으로서의 상호작용적 내용, 아이디어가 교환되며 네트워크의 규범 및 규칙 등의 적응이 이루어지는 인지적 과정으로서의 특성, 갈등이나 문제를 해결하기 위한 전략으로서의 전략적 혹은 관리적 특성으로 나누어질 수 있다. 네트워크 역량은 구조나 규모자체가 계층적 조직의 고정된 형태에 비하여 쉽게 변할 수 있다. 같이 협력하는 참여자의 수가 증가할 때, 이들 간의 관계의 수가 증가할 수 있고 이렇게 증가한 관계들로부터 네트워크의 참여자들은 더욱 효율적으로 다양하고 시의적절한 정보들을 획득할 수 있다(박치성, 2010). 또한 사안이나 외부적 환경 등의 요인에 대응하여, 조직이나 정부의 구성 및 참여는 정형화된 절차를 통하여 이루어진다. 원활한 상호작용은 또한 아이디어가 교환되며 네트워크의 규범 및 규칙 등의 적응의 인지적 과정으로서의 특성에 영향을 미치게 되는데, 네트워크 참여자들 간의 신뢰에 기반을 둔 독특한 협력 양식은 호혜적인 규범 공유를 가능하게 한다. 인지적 과정으로서의 네트워크가 기능하여 자원과 아이디어의 균형이 이루어지고 결과적으로 신뢰와 호혜성이 담보되면 네트워크 참여자 간 협력이 활성화되어 역량이 강화된다. 이상에서 살펴본 바와 같이 네트워크 역량들은 네트워크 전체로서의 목표달성 및 문제해결을 위한 관리적, 전략적 특성에 도움을 준다. 그리고 각각의 역량들 모두가 유기적으로 연계되어 서로 영향을 주고받으며, 네트워크 전체의 역량으로서 네트워크 성과를 위한 효율성을 증가시킨다. 이러한 네트워크역량을 구성하는 요소는 다음과 같이 네 가지로 설명할 수 있다.

- 네트워크의 안전성: 네트워크상의 정부, 민간, NGO 등의 참여조직(자)의 참여 규모와 활성화 정도를 의미한다.
- 네트워크상의 정보 공유: 네트워크상의 참여조직(자)들 간의 관련 자료와 정보 공유 정도를 의미한다.
- 네트워크상의 신뢰: 네트워크를 구성하고 있는 참여조직(자)들 간의 상호 믿음과 신뢰 정도를 의미한다.
- 네트워크를 통한 과제 발굴 및 성과: 네트워크를 구성하고 있는 참여조직(자)들 간의 상호교류를 통해 정부서비스가 어디에 필요한지를 찾아내고 그 정부서비스가 집행된 후 그 성과의 정도가 어떤 하였는지를 평가한다.

네트워크 수준의 역량은 연계의 배열로서의 구조적 특성과 상호작용을 위한 목적으로서의 상호작용적 내용, 아이디어가 교환되며 네트워크의 규범 및 규칙 등의 적응이 이루어지는 인지적 과정으로서의 특성, 갈등이나 문제를 해결하기 위한 전략을 의미한다.

4. 정부기관역량

정부기관역량은 조직역량과 네트워크역량의 융합으로 보아야 하며, 정부조직은 단지 개별 조직의 역량뿐만 아니라 다양한 정부조직들 간의 네크워크역량을 융합한 개념이 된다. 유능하고 효과적인 정부를 위한 논의에서 정부조직은 단지 개별 조직의 역량에 그치는 것이 아니라 여러 정부조직들의 총합적인 역량을 의미한다고 볼 수 있다(최상옥, 2012).

- 기획조정관리역량: 정부조직 기획조정관리역량은 정부의 조직설치, 인적자원배

치, 자본경비 등 인적 자원이나 물적 자원에 대하여 체계적인 배치, 통일적인 기획, 조정관리 등을 수행하는 능력이다. 뿐만 아니라, 정부조직의 기획·조정·관리(management) 능력은 조직수준의 조직관리 역량의 구성요소와 기준을 포함할 수 있는데, 여기에는 정부조직 수요 대응에 필요한 기본적인 제도적, 물리적 토대를 확보하는 능력, 조직구조 및 규모, 인사, 재정관리 효율화 능력, 행정 권한 위임과 의사소통 및 행정 통제 능력 등이 있다.

- 유지역량: 정부조직 유지역량은 정부가 국정운영을 위한 조직을 유지하고 적절한 업무를 확보하는 능력으로서, 행정공무원의 전문성, 리더십, 사명감을 고취시켜 정부조직 목표에 부응하는 행정인(public administrator)으로서의 자질과 속성을 유지시키는 능력의 조직수준의 조직구성원역량이 포함될 수 있다.
- 혁신역량: 정부조직 혁신역량은 정부조직의 기본적인 미션을 달성하기 위한 적실성 있는 비전을 제시하고, 이에 적합한 전략을 수립하여 궁극적으로 국민에 대한 행정서비스의 질을 향상시키는 능력이다. 이러한 정부조직의 혁신능력은 또한 정부조직 목표와 공무원의 내면 가치체계와 행동양식을 연계시키는 능력 등의 조직수준의 조직목표역량이 포함될 수 있다.

이상에서 살펴본 바와 같이 본 논문에서 구축하고자 하는 포괄적 정부역량평가모형은 다차원적인 역량 개념을 포함하고 있기 때문에 단순한 개인역량이나 조직역량의 결합이나 배열이 아닌 총합적인 개인, 조직, 네트워크, 정부기관의 결집체로서의 역량을 의미한다. 이러한 의미에서 최근 활발히 논의되고 있는 범정부적 접근방법(as-a-whole government approach)의 개념적 단초와 근거를 제공한다고 볼 수 있다. 다시 말하면, 본 논문은 정부가 사회 제 부문의 자원(민간부문의 자원과 인력을 포함하는)을 총동원하여 공공서비스를 효과적으로 제공하기 위하여 정부의 역량을 조직구성원 개인의 역량, 담당부서의 조직역량, 그리고 조직 간 네트워크역량은 물론 정부기관으로서의 역량을 균형(balanced) 있게 그리고 전략적으로 제고할 수 있는 방안에 대해서 고찰하는 것이 목표가 된다.

Ⅲ. 현행 정부역량 수요와 역량평가 내용

현재 정부의 조직원과 정부기관의 역량을 평가하는 데 사용되는 방법은 고위공무원단 역량평가, 근무성적평정, 정부업무평가가 대표적이다. 이 세 가지 역량평가에 대한 내용은 다음과 같다.

1. 고위공무원단 역량평가[3)]

고위공무원단 역량평가의 대상자는 ① 지방자치단체 및 지방교육행정기관의 고위공무원단 직위에 신규 채용되는 지방공무원 또는 민간인, ② 고위공무원단 직위인 비서관에 별정직공무원으로 임용되는 자, ③ 장관정책보좌관에 별정직공무원으로 임용되는 자, ④ 비상안전기획관에 임기제공무원으로 임용되는 자, ⑤ 대통령실의 경호업무 관련 직위에 별정직 또는 임기제 공무원으로 임용되는 자, ⑥ 기타 비서관, 장관정책보조관 등에 상당하는 고위공무원단 직위에 별정직 공무원으로 임용되는 자, ⑦ 고위공무원단 직위 또는 이에 상당하는 직위에 국가공무원으로 재직한 경력이 있는 자가 해당된다.

이들에 대한 평가대상 역량은 6가지이며, 그 구체적인 종류와 내용은 다음과 같다. ① 문제인식: 정보의 평가 및 분석을 통해 문제를 적시에 감지・확인하고 문제와 관련된 다양한 사안을 분석하여 문제의 핵심을 규명할 수 있는가? ② 전략적 사고: 장기적인 비전과 목표를 설정하고 이를 실행하기 위한 대안의 우선순위를 명확히 하여 추진방안을 확정하였는가? ③ 성과지향: 주어진 업무의 성과를 극대화하기 위한 다양한 방안을 강구하고, 목표달성 과정에서도 효과성과 효율성을 추구하였는가? ④ 변화관리: 환경 변화의 방향과 흐름을 이해하고, 개인 및 조직이 변화상황에 적절하게 적응 및 대응하도록 조치하였는가? ⑤ 고객만족: 업무와 관련된 상대방을 고객으로 인식하고 고객이 원하는 바를 이해하고 그들의 요구를 충족시키려 노력하였는가? ⑥ 조정통합: 이해당사자들의 이해관계 및 갈등상황을 파악하고 균형적 시각에서 판단하여 합리적인 해결책을 제시하는가가 그 내용이 된다.

역량평가는 실제 직무상황과 유사한 실행과제를 평가대상자에게 제시하고, 이 때 나타나는 평가대상자와 행동특성을 다수의 평가위원이 참여하여 평가하게 된다. 역량평가는 1 : 1 역할수행, 1 : 2 역할수행, 서류함기법 및 집단토론 등 다양한 평가기법을 활용하여 평가한다. 역량평가는 6가지 역량에 대해 각각 1점 내지 5점의 척도로 평가하며, 평가자회의에서 평가점수를 최종적으로 조정・확정한다(이창길, 2013).

---

3) 인사혁신처(2016)의 '고위공무원단 인사규칙'을 인용・참조하였다.

2. 근무성적평정[4)]

근무성적평정이란 근무와 관련한 성적을 평가하여 결정하는 것을 말한다. 여기서 근무와 관련한 성적은 능력, 태도, 실적, 성과 등을 포괄하여, 이를 체계적이고 종합적으로 평가하여 결정하는 것이 근무성적평정이다(김렬, 2014: 271). 이러한 근무성적평정은 공무원 성과평가 등에 관한 규정, 공무원 성과평가 등에 관한 지침, 공무원 교육훈련 업무처리지침, 그리고 국민권익위원회 및 그 소속기관 인사관리규정에서 그 근거를 찾고 있다. 평가대상자는 5급 이하 일반직 공무원 및 별정직 공무원이 해당된다. 평가시기는 매년 6월 30일, 12월 31일이 기준일이 되며 연 2회 실시한다. 평가항목은 근무실적과 직무수행능력 두 가지가 있다. 근무실적에 대한 평가는 연초에 수립한 성과계획서, 해당기간 업무실적 등을 참고하여 평가요소별로 평가하는 반면 직무수행능력에 대한 평가는 평가요소별 배점에 따라 평가한다.

3. 정부업무평가[5)]

정부업무평가는 국정운영의 능률성, 효과성 및 책임성을 확보하기 위해 중앙행정기관 등이 행하는 정책 등을 평가하는 것으로 평가대상기관은 중앙행정기관, 지방자치단체 등이 있으며 평가결과를 종합하여 익년도 초에 정부업무평가보고회를 개최하거나 국무회의에 보고하는 것을 목적으로 한다. 평가 추진방향은 국정과제, 핵심개혁과제 평가를 통해 가시적 성과창출을 유도하고 국민과의 소통, 국민이 체감하는 성과창출을 지원하는 평가를 강화하기 위하여 실시되고 있다.

정부업무평가는 중앙행정기관 평가와 지방자치단체 평가로 구성된다. 우선 중앙행정기관의 평가는 자체평가와 특정평가로 구분된다. 자체평가는 중앙행정기관이 주요정책, 재정사업, R&D사업, 행정관리역량(조직 · 인사 등)에 대하여 자체적으로 평가하는 것이며 특정평가는 국무총리가 국정을 통합적으로 관리하기 위하여 주요정책 및 기관역량 등을 평가하는 것이다. 중앙행정기관의 자체평가 방법은 주요정책에 있어서 부처별 업무 특성에 부합하도록 자율적 평가지표를 설정하여 평가하며 재정사업이나 R&D 사업의 경우 성과목표달성도, 사업추진의 효율성 등을 중심으로 공통평가지표를 적용하여 평가한다. 자체평가 중 행정관리역량평가는 조직 · 인사 · 정보화 관리 관련 역점정책을 중심으로 관련기관이 공통평가지표를 개발 · 제시하여 평가한다. 특정평가는 국

---

4) 국민권익위원회(2014)의 '근무성적평가 및 경력 · 가점평정 등 운영지침'을 인용 · 참조하였다.
5) 국무조정실(2015)의 '2015년도 정부업무평가 시행계획'과 정부업무평가위원회 홈페이지(http://www.evaluation.go.kr)에서 관련 자료 내용을 인용 · 참조하였다.

정과제, 규제개혁, 비정상의 정상화 과제, 정책홍보, 기관 공통사항, 기관종합부분으로 나누어서 평가한다. 지방자치단체 평가는 중앙행정기관 위임사무에 대한 부처평가 및 지자체 자체평가로 구분된다. 부처평가는 다시 합동평가와 개별평가로 구분된다. 합동평가는 국가위임사무, 국고보조사업, 국가 주요시책 등에 대하여 행정자치부장관이 관계 중앙행정기관의 장과 합동으로 평가하는 것이며 개별평가는 업무의 특성, 평가시기 등으로 인하여 위의 합동평가가 어려운 경우 정부업무평가위원회와 협의하여 관계 중앙행정기관이 개별적으로 평가를 하는 것을 말한다. 지방자치단체의 자체평가는 지방자치단체의 고유사무에 대하여 해당 지방자치단체의 장이 자체적으로 평가를 하게 된다.

Ⅳ. 현행 정부역량 평가지표 분석

본 연구에서는 국가의 역량을 측정하는 데 있어서 우리나라 정부가 주요하게 사용하고 있는 고위공무원단 역량평가, 근무성적평정, 정부업무평가를 구성하고 있는 평가지표들을 최상옥(2012)이 정의・소개한 개인역량, 조직역량, 네트워크역량, 정부기관역량을 구성하고 있는 요소를 분류기준으로 하여 분석하였다. 우선적으로 <표 3>에서 나타나는 바와 같이 개인역량에 포함되는 평가지표들은 약 40.7%를 차지하고 있고 조직역량에 포함되는 평가지표들은 약 28.7%, 네트워크역량에 포함되는 평가지표들은 약 6%, 그리고 정부기관역량에 포함되는 평가지표들은 약 24.6%를 차지하고 있다(이와 관련된 자세한 분석결과는 부록을 참조하기 바람).

본 연구의 분석결과는 우리나라 정부역량을 측정하는 고위공무원단 역량평가, 근무성적평정, 정부업무평가(자체평가, 특정평가, 지방자치단체합동평가)의 평가지표 중에서 개인역량을 평가하는 세부항목들이 가장 많은 비중을 차지하고 있는 반면 네트워크역량을 측정하는 평가지표의 세부항목들이 가장 적은 비중을 차지하고 있음을 나타내고 있다. 이러한 분석결과는 우리나라 정부역량을 측정하는 데 있어서 개인(공무원)과 조직(부처)의 업무추진성과와 업무수행능력에 대한 평가내역이 정부역량을 평가하는 데 있어서 가장 커다란 영향을 끼치고 있음을 나타내고 있다. 하지만 상대적으로 현대행정에서 사회적 자본을 구성하는 중요한 요소이며 조직의 능률성과 효과성을 극대화시키는 데 가장 유용한 요소로써 인식되고 있는 네트워크역량은 현재 우리나라 정부역량을 평가하는 지표로써 그 비중이 크지 않음을 보여주고 있다. 이것은 국가수준의 정부역량을 구축하고 제고시키는 데 있어서 네트워크역량에 대한 평가지표의 개발이 현시점에서 매우 중요한 과제임을 시사하고 있다.

〈표 3〉 정부역량 평가분석

구분	평가지표(%)	합계
개인역량	업무추진성과 역량(23.9%)	40.7%
	업무수행능력 역량(11.4%)	
	성격 · 태도 역량(5.4%)	
조직역량	조직목표 역량(6.5%)	28.7%
	조직구성원 역량(3%)	
	조직관리 역량(8.4%)	
	조직환경 역량(11%)	
네트워크역량	네트워크의 안전성 역량(3%)	6%
	네트워크상의 정보 공유 역량(1.2%)	
	네트워크상의 신뢰 역량(1.2%)	
	네트워크를 통한 과제 발굴 및 성과 역량(0.6%)	
정부기관역량	기획조정관리 역량(4.7%)	24.6%
	유지역량(8.3%)	
	혁신역량(11.4%)	
합계		100%

한편 본 연구는 우리나라에서 사용되어지고 있는 세 개의 정부역량평가(고위공무원단 역량평가, 근무성적평정, 정부업무평가)를 다시 개인수준과 조직수준으로 구분하여 아래와 같이 표로 작성하였다. 이는 각 정부역량평가방법을 연구 분석단위로 구분하는 경우 고위공무원단 역량평가와 근무성적평정은 공무원 개개인의 업무능력 평가를 측정하는 개인수준을 다루는 반면 정부업무역량평가는 중앙부처와 지방자치단체의 역량을 평가하는 조직수준에서 이루어지고 있으므로 각각의 정부역량평가유형을 개인수준과 조직수준으로 구분할 수 있다. 앞에서 분석한 전체 정부역량평가지표 내용을 개인수준(고위공무원단 역량평가, 근무성적평정)과 조직수준(정부업무평가)으로 구분하여 분석한 결과는 <표 4>와 같다.

〈표 4〉 개인수준과 조직수준을 기준으로 한 정부역량평가 분석[6)]

	개인역량의 비율(문항수)	개인외역량의 비율(문항수)	합계
개인수준	78.6%(22)	21.4%(6)	100%(28)
조직수준	33.1%(46)	66.9%(93)	100%(139)

이와 같은 개인수준과 조직수준을 기준으로 만들어진 역량평가분석 매트릭스는 현재 우리나라의 정부역량평가가 개인수준과 조직수준을 평가하는 역량평가 항목들이 한쪽으로 편중됨으로써 불균형적(unbalanced)임을 보여주고 있다. <표 4>에서 그려지고 있는 개인수준과 조직수준의 역량평가 항목의 비교·분석 결과를 살펴보면 고위공무원단 역량평가와 근무성적평정을 포함하는 개인수준은 공무원의 역량을 평가하는 전체 28개의 평가 항목 중에서 22개의 평가항목이 개인역량을 측정하고 있는 반면 개인외역량(조직역량, 네트워크역량, 정부기관역량)을 측정하는 평가항목들은 단지 6개로서 전체 평가항목에서 21%밖에 되지를 않고 있다. 이와는 대조적으로 조직(기관)수준을 평가하고 있는 정부업무평가의 평가항목들 중에서 개인역량을 측정하는 평가항목들은 단지 33.1%에 그치고 있는 반면 개인외역량을 평가하는 항목들은 약 67%를 차지하고 있다. 이 같은 분석결과는 현재 우리나라의 공무원의 역량을 평가하는 고위공무원단역량평가와 근무성적평정은 공무원들의 개인역량을 측정하는 데 지나치게 치중하고 있는 반면 정부조직의 역량을 평가하는 정부업무평가는 조직적 속성을 평가하는 항목에 편중됨으로써 개인역량을 측정하는 데 있어서 한계가 있음을 보여주고 있다.

Ⅴ. 네트워크역량 제고와 균형적(balanced) 정부역량 평가지표 개발을 위하여

본 연구의 분석결과는 포괄적이며 균형적인 국가역량 틀을 구축하기 위해서는 네트워크역량의 체계적 발전이 필요하다는 것을 지적하고 있는 한편 정부를 구성하고 있는 개인(공무원)과 조직(기관)을 평가하는 데 있어서 개인역량과 개인외역량을 균형적으로 발전시켜야 하는 이유를 보여주고 있다. 이러한 분석결과는 미시적이며 분절적인 현행의 정부역량 측정은 장기적으로 국가경쟁력을 발전시키고 국민의 삶의 질(Quality of Life)을 제고시키는 데 있어서 주요한 역할을 하는 국가역량의 틀(framework)을 구축하는 데 있어서 그 한계가 있음을 보여주고 있다. 그러므로 이러한 현재의 미시적이며 개별적인 정부역량 평가의 문제점을 개선하기 위해서 본 논문은 협력적 거버넌스(collaborative governance)개념을 적용하여 네트워크역량의 발전 방안을 모색하는 한편

6) 최상옥(2012)은 역량의 개념을 새롭게 정의·구분하면서 네트워크역량과 정부기관역량의 내용은 일반적으로 조직역량의 범주에 해당될 수 있다고 지적하고 있다. 그러므로 본 논문에서는 새로운 정부역량평가지표를 구축하는 데 있어서 개인수준(고위공무원단역량평가 & 근무성적평정)과 조직수준(정부업무평가)에 해당되는 평가항목들을 개인역량과 개인외역량이라는 용어를 사용하여 구분하였다.

균형적인 국가역량 틀 형성의 필요성을 본 장을 통해서 설명하고자 한다.

1. 협력적 거버넌스의 중요성과 네트워크역량의 의의

<표 3>과 부록에서 기술하고 있는 분석결과를 보면 우리나라의 정부역량을 평가하는 도구로써 사용되는 고위공무원단 역량평가, 근무성적평정, 정부업무평가(자체평가, 특정평가, 지자체합동평가)의 평가지표 중 네트워크역량을 평가하는 세부항목 비중이 단지 6%에 그치고 있음을 알 수 있다. 이와 같은 결과는 국가 전체의 정부역량을 평가하는 데 있어서 개인역량, 조직역량, 정부기관역량을 평가하는 항목에 비해서 네트워크역량을 측정하는 항목이 상대적으로 그 비중이 미미하다는 것을 나타낸다. 다시 말해서 국가적 정부역량을 올바르게 구축하기 위해서는 네트워크역량을 측정하는 항목들을 개선·발전시켜야 됨을 함의하고 있다고 할 수 있다.

현대행정에 있어서 네트워크화된 거버넌스는 협력적 거버넌스(collaborative governance)의 이름으로 행정의 능률성과 효과성을 극대화하는 데 있어서 매우 중요한 역할을 하고 있다(이명석 외, 2009; Isett et al., 2011; Lecy et al., 2014). 즉 국가적 정부역량을 극대화시키는 데 있어서 다양한 이해집단의 상호협력은 간과해서는 안 되는 주요 요소인 것이다. 협력적 거버넌스는 기존의 행정시스템에서 나타난 정부 위주의 독점패턴을 혁신하기 위해서 민간부분의 다양한 조직의 참여와 협력을 강조하는 것이 특징이라 할 수 있다(Ansell & Gash, 2007; Meier & O'Toole, 2001, 2003). 이러한 협력적 거버넌스 안에서는 기존의 정부와 시장이라는 이분법적인 접근법에서 벗어나 행위자들(개인이나 조직) 간의 상호의존적, 협력적, 그리고 수평적인 관계 속에서 사회문제를 해결하고 공공서비스를 효율적으로 국민들에게 전달하는 것을 목표로 한다(이명석, 2010; Goldsmith & Eggers, 2004).

최상옥(2012)에 의하면 네트워크역량은 전체 네트워크를 통해서 다른 행위자들이 소유하고 있는 다양한 정보와 자원들에 접근하기 위하여 행위자(개인이나 조직)간의 관계들을 활용, 개선, 발전시키는 능력을 말하는 것으로써 단순 관계와 행위자들 간의 도움을 이끄는 의도적 기술, 내부적 대화, 의미 없는 만남 등과는 구별된다고 보고 있다. 무엇보다도 계층적·수직적 구조를 벗어난 수평적 관계의 참여자 일원들이 협상과 정보공유를 통해서 효율적인 네트워크가 형성되어 기능하기 때문에 이러한 수평적 관계를 형성하고 있는 행위자들 간의 연결과 협력은 관련 행위자들에게 있어서 상하관계라는 계층제적 구조의 속성에 얽매이지 않고 여러 행위자들의 능동적이고 동시적인 상호작용과 협업이 가능하다고 보고 있다(김흥회, 2011; 이명석 외, 2009). 자율적이며 능동적인 행위자들 간의 원활한 상호협력 작용은 네트워크 자체의 정보, 자원 및 지식의 공유의 흐름을 보다 풍요롭게 함으로써 네트워크 자체의 순기능을 높여주기도 하며 조직의 목표를 달성하는 데 긍정적 역할을 하게 된다. 또한 네트워크를 구성하고 있는 요소들은 모두가 유기적으로 연계되어 있어서 상호간에 영향을 주고받으면서 전체 조직의 성과를 높이고 목표를 달성하는 데 그 역할을 하게 된다(배귀휘 · 임승후, 2010; 조철주 · 장명준, 2011). 그러므로 네트워크역량은 조직의 목표나 조직이 안고 있는 문제들을 해결할 수 있도록 관리적 · 전략적 특성을 제고시켜 준다고 할 수 있다.

최상옥(2012)은 기존 연구들이 개인이나 조직 차원의 인적 · 물적 역량에는 주목하고 있지만, 오늘날 중요성이 부각되고 있는 네트워크역량에 대한 연구는 좀처럼 고려하지 않고 있다고 주장하고 있다. 현대의 다차원적 의사결정구조와 다양한 이해당사자들 간의 지속적인 경쟁과 갈등으로 인하여 집합적 행동 딜레마(collective action dilemma)가 나타나고 있으며 그에 따른 거래비용(transaction costs) 규모도 매우 커지고 있는 것이 현대행정의 특징이 될 것이다(Heckathorn, 1996; Ostrom, 1999, 2011). 이와 같은 집합적 행동 딜레마와 높은 거래비용의 발생은 복잡한 현대사회에 있어서 네트워크역량의 중요성을 더욱 부각시키고 있다.

현대행정의 다양한 이슈를 보면, 개인이나 조직의 역할이 매우 다원화 · 복잡화됨으로써 집합적 행동 딜레마에 빈번히 빠지게 되어 어떤 행위자(개인이나 기관)가 독자적으로 해결할 수 없는 문제들이 수없이 나타나고 있다(Heckathorn, 1996). 그러므로 현대행정의 이슈를 해결하기 위한 정책과 의사결정은 이해관계를 둘러싼 갈등해결과 협력의 연속에서 나오는 협상과 타협의 산물인 경우가 많아지고 있다. 이러한 타협의 산물을 도출하기 위해서 필요한 것은 각 행위자를 연결하고 신뢰를 쌓게 하는 네트워크역량이 될 것이다. 그러므로 행정이슈를 해결하는 데 있어서 네트워크역량은 개인역량, 조직역량과 함께 오늘날 핵심적 역량으로 간주되어 질 수 있을 것이다.

최상옥(2012)은 네트워크역량이 개인역량과 조직역량과 비교해서 확연히 구분되는 점은 다른 개인이나 조직이 보유하고 있는 다양한 정보와 자원들의 접근과 활용, 그리고 공유(sharing)를 위해서 개인 및 조직 간의 관계를 발전시키고 그것을 통해 양질의 공공서비스를 시민들이 받을 수 있도록 정부역량을 제고하는 데 초점을 둔다는 점을 들고 있다. 즉 네트워크역량은 네트워크의 행위자(actors)인 개인이나 조직 간의 연결과 교류를 형성(formulation)하고 정부공유를 활성화하여 공공서비스의 질적 성장을 제고하는 역량이라고 할 수 있다. 그러므로 네트워크역량은 개인이나 조직이 가지고 있는 내부적 특성(internal characteristics)에 국한된 것이 아니라, 타인과 타 조직들 간의 상호 연계적 관계에 초점을 두는 것이 주요한 특징이라고 할 수 있다(Ritter & Gemunden, 2006).

2. 네트워크역량의 구체화 및 제고 방안

앞에서 살펴 본 네트워크역량의 속성을 토대로, 본 연구에서는 행정이슈를 해결하기를 기대하는 정부기관들이 정부내외의 개인이나 조직이 소유하고 있는 자원이나 정보에 접근하고 활용하기 위해서 개인이나 조직들의 관계를 원활히 발전시키는 능력을 네트워크역량이라고 정의한다. 현재 네트워크역량을 평가하기 위해 사용되고 있는 평가지표는 1) 네트워크의 안전성, 2) 네트워크상의 정보 공유, 3) 네트워크상의 신뢰, 4) 네트워크를 통한 성과로 구성되어 있다. 본 연구에서 사용한 고위공무원단 역량평가, 근무성적평정, 정부업무평가(자체평가, 특정평가, 지자체합동평가)에서 네트워크역량을 묻는 세부항목은 전체적으로 여덟 문항밖에 되지를 않는다. 이것은 현대행정에서 협력적 거버넌스를 강조하고 그것의 실효성을 높이 평가하고 있는 현대행정의 모습에 부합되지 않는 것이라 할 수 있다. 그러므로 본 연구는 네트워크역량을 평가하는 세부항목으로써 사용될 수 있는 요소를 소개하고자 한다. 본 연구는 정부기관 내의 조직 구성원 간의 내적 네트워크역량과 외부조직 및 개인과의 관계에 초점을 둔 외적 네트워크역량을 구분하여 네트워크역량 평가지표를 발전시키는 데 적용하고자 한다.

네트워크는 크게 내적 네트워크(internal networks)와 외적 네트워크(external networks) 차원으로 구분할 수 있다(Chung & Jackson, 2013; Lee & Choi, 2015; Mintrom, 2000; Mintrom & Vergari, 1998). 이와 같은 네트워크역량의 구분은 네트워크상에서 상호작용하는 구성원(개인이나 조직)의 특성, 구성원들이 공유하는 정보의 목적이나 내용, 구성원 간의 상호작용의 빈도(network density)에 있어서 다른 내용과 특징들을 보이기 때문에 네트워크역량을 조사·분석하는 데 있어서 유용한 구분이라고 할 수 있다. 내적 네트워크(internal network)는 구성원인 개인이나 조직의 관계가 비교적 비공식적이고 친밀한 성격을 나타냄으로써 구성원 간의 상호작용이 빈번한 반면 외적 네트워크(external network)는 내적 네트워크보다 좀 더 공식적이고 목적 지향적(purpose-oriented) 성격을 나타냄으로써 구성원 간의 상호작용 빈도는 내적 네트워크보다는 적은 경향이 있다(Cascioaro & Lobo, 2008). 따라서 내적 네트워크역량은 정부조직이 행정서비스의 효율성을 제고시키기 위해서 내부 직원들 간에 의사소통이 원활한 정도와 업무분담이 얼마나 잘 조직화되어 있는지를 연계시켜서 측정할 수 있다. 이에 비해서 외적 네트워크는 행정이슈를 해결하기 위해 다양한 정책 및 재정적 지원과 협력에 대한 타 정부부처, 주민조직, 민간기업, 이익단체의 지지정도와 교류 빈도를 연계시켜서 측정할 수 있을 것이다.

3. 균형적(balanced) 정부역량 지표개발의 필요성과 새로운 접근

한편 <표 4>에서 기술된 내용과 같이 기존의 정부역량을 평가하는 데 사용되어지고 있는 고위공무원단 역량평가, 근무성적평정, 정부업무평가의 항목들을 개인수준과 조직수준으로 구분하는 경우 개인수준에 해당되는 고위공무원단 역량평가, 근무성적평정 평가항목들이 개인역량 측정에만 치중하는 반면 조직수준을 평가하는 정부업무평가는 개인외역량(조직역량, 네트워크역량, 정부기관역량)평가에 치중함으로써 개인역량을 평가하는데 소홀히 하고 있음을 보여주고 있다. 우리는 흔히 좋은 정부를 정의할 경우 국민들의 삶의 질(Qulaity of Life)[7]을 제고시키기 위해서 노력하는 목적지향적(purpose-oriented)이고 개발지향적인(development-oriented) 정부를 지칭하고 있다(최상옥, 2012; 한승헌 외, 2013; Ko & Choi, 2015). 즉 정부 활동의 궁극적 목적은 국민들의 삶의 질을 높이는 것이다. 현대사회에 있어서 좋은 정부는 공공서비스의 집행 결과를 분석·평가하고 국민에게 더 나은 공적 서비스를 제공하는 정부이다. 이러한 좋은 정부의 의미를 실질적으로 구현하기 위해서는 현재 정부역량을 평가하고 있는 고위공무원단평가, 근무성적평정, 그리고 정부업무평가는 개인역량과 조직역량(네트워크역량과 정부기관역량도 포함)을 평가하는 항목에 대한 실제적 보완과 적극적인 개발을 추진함으로써 국가차원의 정부역량평가를 균형적(balanced)이며 포괄적(comprehensive)으로 발전시키는 것이 필요하다. [그림 1]은 현재 개별적으로 이루어지고 있는 정부역량 평가방법들을 도식화하여 현행 개인수준과 조직수준에서 나타나고 있는 정부역량 평가항목들의 불균형성을 지적하는 한편 미래에 건전한 국가역량평가 틀을 구축하기 위해서 개인역량과 개인외역량의 평가항목을 균형적(balanced)으로 발전시키는 것에 대한 로드맵을 제시하고 있다.

---

7) 1940년대 이후 국민의 삶의 질(Quality of Life)은 경제학적 관점, 사회학적 관점, 그리고 심리학적 관점에 의해서 상호보완 발전되어진 개념이다. 이러한 삶의 질에 대한 연구접근은 국민들의 삶에 대한 만족도는 사회적 가치, 비경제적 요소, 그리고 시민들의 심리적 욕구에 대한 이해의 중요성을 강조하고 있다(고명철·최상옥, 2012).

[그림 1] 현행 정부역량 평가지표와 향후의 정부역량평가 개선

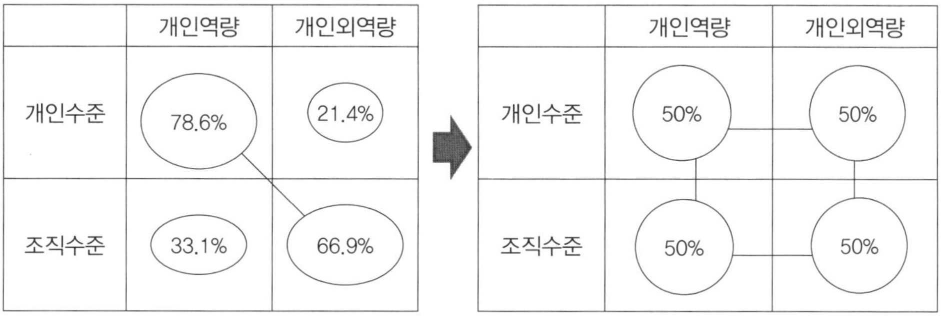

(현행: 불균형적) (향후: 균형적)

Ⅵ. 끝맺는 말

현재 행정학계에서 사용되고 있는 역량의 개념은 정부에 소속되어 있는 개인과 조직을 평가하는 데 있어서 중요한 지표로써 사용되어지고 있다. 급변하는 환경과 그에 상응하는 행정이슈를 해결하기 위해 정부들은 주어진 인적·물적 행정자원을 동원하여 국정운영을 수행한다. 하지만 동일한 인적·물적 행정자원을 보유하더라도 어떤 국가는 효율적인 국정운영을 통해 공공서비스 제공에 있어서 두드러진 성과를 이루어 높은 국가경쟁력 순위를 차지하는 반면에 어떠한 국가는 비효율적인 국정운영으로 인해 하위권에 머무는 경우가 많다. 이러한 차이가 발생하는 주요 원인 중에 하나는 각국이 보유하고 있는 정부역량의 크기가 다르기 때문일 것이다. 다시 말해서 글로벌 경쟁 시대에 국가경쟁력을 높이기 위해서는 정부역량을 발전시키는 것이 무엇보다 중요한 일인 것이다. 그러므로 정부역량을 발전시키는 다양한 방법들 중 정부역량을 평가하는 지표, 즉 정부역량 평가지표를 보완·발전시키는 것은 좋은 대안이 될 수 있을 것이다. 이와 같이 현대사회에 있어서 정부역량의 중요성이 부각되는 이유는 각국이 가지고 있는 정부역량의 크기에 따라서 국가경쟁력, 국가존립, 국민들의 삶의 질(Quality of Life)에 커다란 영향을 끼치기 때문일 것이다.

현재까지 국가의 역량평가를 분석한 선행 연구들을 살펴보면 기존의 역량평가인 고위공무원단역량평가, 근무성적평정, 그리고 정부업무평가에 대한 각각의 평가방법의 문제점과 개선방안을 제안하는 미시적 수준에 초점을 두고 있었을 뿐 우리나라의 정부역량을 종합적으로 평가할 수 있는 거시적 정부역량 평가지표 구축에 대한 연구는 심층적으로 다루어지지 못하는 경향이 있었다. 이처럼 포괄적인 정부역량평가에 대한 이

론적 논의의 부재는 국민의 삶의 질을 개선하고 국가경쟁력을 제고하는 데 있어서 필요한 지적 토대를 제공하지 못하는 상황을 초래하였다고 볼 수 있다.

본 연구는 국가의 정부역량을 거시적 · 종합적으로 구축하기 위하여 정부가 실제적으로 사용하고 있는 개인수준역량평가(고위공무원단 역량평가와 근무성적평정)와 조직수준역량평가(정부업무평가)의 세부평가항목을 네 가지 평가지표(개인역량, 조직역량, 네트워크역량, 정부기관역량)에 대비 · 구분 · 분석하여 균형적 · 포괄적 정부역량을 구축하는 데 있어서 부족한 부분이 무엇이 되는지를 알아보았다. 분석결과는 현재 정부가 사용하고 있는 역량평가제도는 개인역량, 조직역량, 네트워크역량, 정부기관역량 중 개인역량과 관련된 평가항목들이 40.7%를 차지하는 것으로 보임으로써 개인역량평가지표에 심하게 편중되어 있는 반면 네트워크역량과 관련된 평가항목들은 단지 약 6%밖에 되지 않음으로써 현저히 적다는 것을 보여주고 있다. 이를 보완하기 위해서 본 연구자들은 현재 네트워크역량의 평가지표인 네트워크의 안전성, 네트워크상의 정보교류, 네트워크상의 신뢰, 네트워크를 통한 성과 외에 새로운 네트워크의 평가지표인 내적 네트워크와 외적 네트워크를 제안하고 각 네트워크를 측정하는 방법에 대해서 소개하였다. 또한 본 연구의 다른 분석 결과는 현재까지 우리나라의 정부역량의 평가 항목들은 개인수준과 조직수준을 평가하는 데 있어서 개인역량과 개인외역량(조직역량, 네트워크역량, 정부기관역량)이 균형적(balanced)으로 반영될 수 있도록 실제적 보완이 시급함을 지적하고 있다. 마지막으로 본 연구가 국가의 정부역량을 평가하는 지표를 균형적이며 포괄적으로 구축하는 것을 제안하는 첫 번째 연구인 것을 감안하였을 때 앞으로 네트워크역량을 발전시키고 개인수준과 조직수준을 평가하는 데 있어서 개인역량과 개인외역량을 균형적으로 평가할 수 있는 항목을 체계적으로 발전시키는 데 도움이 되는 여러 가지 평가지표를 제안하는 후속연구들이 지속적으로 소개되어지기를 기대한다.

부 록

정부역량(개인역량 평가지표: 40.7%=68/167)

평가지표	고공단 역량평가	근무성적평정	정부업무평가: 자체평가 (행정관리역량평가)	정부업무평가: 특정평가	정부업무평가: 지자체합동평가	비율(%)
업무추진성과: 주어진 기간 내의 담당업무 추진 결과의 정도(실적, 목표 활성화 정도		1. 나는 이 직원에게 최상위등급의 성과를 주고 싶다 (성과)	실적 & 성과: 1. 정부위원회 운영 실적 2. 상시학습 및 국정과제 이수실적 3. 외부와의 임용·교류 실적	실적 & 성과: 1. 집행이행도 – 당초 계획한 내용대로 집행하였는지 여부(성과) 2. 성과지표 달성도 – 사전에 제시된 성과지표 목표치를 달성하였는지의 여부 3. 규제심사 – 자체 규개위 운영 성과 4. 규제시스템 – 규제 홍보노력 등 홍보 성과 6. 정상화과제 – 법령 제도개선 등 당초 계획 대비 이행도 (성과) 8. 정상화과제 – 정상화 성과 9. 국가과제 홍보활동 및 부처 협업홍보 – 국정홍보과제 홍보기획 실적 11. 국정과제 홍보성과 – 국정홍보과제 홍보 결과 (실적) 12. 추진역량 – 정부 3.0변화관리 및 우수사례 벤치마킹 실적 13. 만족도 – 규제개혁 만족도(성과) 14. 정상화과제 – 국민 만족도(성과)	실적 & 성과: 1. 감염병 관리실적 2. 건강증진사업 운영실적 3. 예방접종 실적률 4. 극한기온 건강피해 감시체계 운영 실적 5. 지적재조사 추진 실적 6. 도로명 주소 활용 활성화 추진실적 7. 농정업무추진 실적 8. 문화재보수정비사업 추진실적 9. 양성평등 추진실적 10. 환경개선부담금 부과·징수 실적 11. 친환경 시책 추진 실적 12. 대기질 개선 추진 성과 13. 사업장 대기·수질관리 실적 14. 산림자원 육성·이용실적 15. 산림휴양복지 및 도시녹화 추진 실적 16. 안전신고 처리 추진실적 17. 공공시설물 내진보강대책 추진 실적 18. 암·결핵관리 실적 19. 농식품 수출확대 실적 활성화: 1. 자활사업 활성화 정도 2. 국어사용 활성화 정도 3. 지역 체육 활성화 정도	23.9% (40/167)
업무수행능력: 담당업무 수행에 필요한 지식과 기술의 습득 정도(전문성 & 리더십)	전문성: 1. 전문가적 능력 – 관련분야에 대한 전문지식 2. 전문가적 능력 – 새로운 지식 및 정보의 수집·분석 능력	전문성: 1. 기획력 – 창의적인 시각을 가지고 있는가? 2. 신속성 – 일정에 지연됨이 없는가?			전문성: 1. 사이버위기관리·인원 보안수준 2. 기술적 정보보안 수준	11.4% (19/167)

	3. 전문가적 능력–종합적 판단력 및 정책결정 능력 4. 변화관리능력–문제해결방안을 도출하는 능력 5. 정보화 능력/외국어/자격증/타부처 근무 경력 **리더십:** 1. 전략적 리더십–전략적 사고 및 전략수립 능력 2. 변화관리능력–문제에 대한 사전예측과 예방조치 능력 3. 변화관리능력–고객지향성 및 새로운 사고방식 전파 능력 4. 의사전달 및 협상 능력–대국민 공감대 형성 능력 4. 의사전달 및 협상 능력–효과적인 케뮤니케이션 능력 5. 의사전달 및 협상 능력–효과적인 협상 및 설득 능력	**리더십:** 1. 의사전달력–표현이 논리적인가? 2. 협상력–자신의 입장을 설득력 있게 전달하는가? 3. 추진력–맡은 업무에 책임감을 갖는가? 4. 고객·수혜자 지향–업무와 관련하여 국민에 대한 배려심이 강한가?				
태도·성격: 담당업무자의 책임감, 의지, 인품과 성격은 어떠한가?	1. 유연하고 전향적 자세를 견지하는 능력	1. 성실성–조직의 목표에 헌신하는가? 2. 나는 우리부서의 모든 직원들이 이 직원처럼 일해야 한다고 생각한다. 3. 나는 이 직원에게 앞으로 난이도·책임도가 더 높은 업무를 맡길 것이다.	1. 생산적 근무여건 조성 노력 2. 세부 평가지표별 평가의견 충실성 3. 자체 평가결과 신뢰성	1. 규제심사–규제영향분석 충실성	1. 관광객 유치 노력	5.4% (9/167)

정부역량(조직역량 평가지표: 28.7%=48/167)

평가지표	고공단 역량평가	근무성적평정	정부업무평가: 자체평가 (행정관리역량평가)	정부업무평가: 특정평가	정부업무평가: 지자체합동평가	비율(%)
조직목표: 핵심전략을 이해하고 실천하는 역량	1. 전략적 리더십–비전 제시 능력		1. 평가 결과 분석 및 개선방안 적절성 2. 우수사례의 적절성	1. 정상화과제–과제선정 및 계획 충실도	1. 저출산·고령화 정책 추진 2. 폐기물 적정관리 3. 산림보호·재해방지 4. 공공부문 산업재해 예방 5. 학교폭력 예방 및 어린이 안전 6. 풍수해 및 농업재해 예방 7. 감염병 대응	6.5% (11/167)

조직구성원: 조직원으로서 갖추어야 할 태도와 속성	1. 조직관리능력－팀워크 형성 및 목표공유 능력			1. 정상화과제－정상화 참여 및 실천 2. 국정과제 홍보성과－기관장 홍보활동	1. 대민서비스 개선 및 법질서 확립－자원봉사 활성화 실적 2. 일과 가정의 양립	3% (5/167)
조직관리: 조직의 제도적 능력－인사관리, 재정관리, 권한 위임 등	1. 조직관리능력－업무개선능력		1. 유동정원제, 통합정원제 등 인력운영 효율화 2. 정책실명제 운영의 충실성 3. 여성 대표성 제고 및 일·가정 양립 지원	1. 장애인고용－법정의무고용률(3%) 중심 가감점	1. 비정상의 정상화－균형인사실적 2. 비정상의 정상화－지방자치단체 재정운영 효율화 3. 비정상의 정상화－공공부문 비정규직 고용개선 4. 의료급여 관리의 적절성 5. 기초생활보장 업무의 적절성 6. 외국인투자유치활동 실적 7. 복지재정 효율화 기반조성 8. 복지급여 부적정 환수 노력 9. 여성취업 지원	8.4% (14/167)
조직환경: 경제·사회·문화적 제반 여건			1. 개인정보보호 수준	1. 국정과제 홍보활동 및 부처 협업홍보－오보대응 실적 2. 국정과제 홍보성과－방송 & 신문 보도 성과 3. 국정과제 홍보성과－온라인 홍보활동 4. 중점과제성과－사전정보공표, 공공데이터 개방 등 정보 공개 & 활용실적	1. 비정상의 정상화－공무원 노사관계 2. 비정상의 정상화－비정상의 정상화 추진실적 3. 대민서비스 개선 및 법질서 확립－자유학기제 지원 4. 대민서비스 개선 및 법질서 확립－법질서 확립 활동 5. 행정역량제고－일하는방식 변화관리 6. 행정역량제고－기록관리 운영실적 7. 지역사회서비스 기반 확충도 8. 식·의약품 적정관리 9. 중소기업 판로 지원 10. 공공거래질서 확립 11. 위험도로구조개선 및 자전거사업 추진실적 12. 노서관 및 박물관 운영 활성화 13. 재난안전관리 기반 구축	11% (18/167)

정부역량(네트워크역량 평가지표: 6%=10/167)

평가지표	고공단 역량평가	근무성적평정	정부업무평가: 자체평가 (행정관리역량평가)	정부업무평가: 특정평가	정부업무평가: 지자체합동평가	비율(%)
네트워크의 안정성: 네트워크상의 정부, 민간, NGO의 참여조직(자)의 참여 규모 및 활성화 정도)			1. 온·오프라인 국민소통 협업 정도	1. 국정과제 홍보활동 및 부처 협업홍보－부처간 홍보 협업 실적 2. 재난대응 협력역량 강화	1. 행정역량제고－자치단체 행정 협력 2. 노사협력 확대	3% (5/167)
네트워크상의 정보교류: 참여조직(자) 간의 관련 자료와 정보 공유 정도			1. 기관별 행정지식 공유·소통 수준	1. 정상화 노력－국민 소통·확산		1.2% (2/167)
네트워크상의 신뢰: 참여조직(자) 간의 신뢰도		1. 팀워크－팀원과의 협조적인 분위기를 중시하는가? 2. 나는 이 직원과 언제든지, 계속 일하고 싶다.				1.2% (2/167)
네트워크를 통한 과제 발굴 및 성과				1. 국정과제이행성과－협업부처로 참여한 국정과제의 이행성과		0.6% (1/167)

정부역량(정부기관역량 평가지표: 24.6%=41/167)

평가지표	고공단 역량평가	근무성적평정	정부업무평가: 자체평가 (행정관리역량평가)	정부업무평가: 특정평가	정부업무평가: 지자체합동평가	비율(%)
기획조정관리: 조직수요 대응에 필요한 제도적·물리적 토대 확보					1. 응급의료 적정 관리 2. 중소기업 지원 활성화 3. 과학기술 진흥 4. 비상대비 기반 구축 5. 민방위 운영 효율화 6. 비상대비 자원관리 7. 지역일자리 창출 8. 사회적 기업 육성	4.7% (8/167)
유지(maintenance): 국정운영을 위한 조직 유지관리 및 업무 확보	1. 조직관리능력－자원활용능력		1. 자체 조직진단 추진 및 정부기능분류시스템 관리 충실성	1. 규제시스템－규제비용총량제 시범사업 실적, 추진기반 구축 2. 중증장애인 생산품 구매－법정 의무 구매비율(1%) 중심 가감점 3. 중소기업제품 구매－법정 의무 구매비율(50%) 중심 가감점 4. 기술개발제품 구매－기술개발제품 법정 권장 구매비율(10%) 중심 가감점	1. 대민서비스 개선 및 법 질서 확립－민원서비스 개선 2. 정신보건 관리 3. 심뇌혈관질환 예방관리 4. 물가안정 및 전통시장 활성화 5. 농촌지도사업 6. 가축방역 및 축산물 관리 7. 지역문화·예술 육성 8. 관리적 정보보완 수준	8.3% (14/167)

혁신(innovation): 행정서비스 질 제고 능력			1. 민원제도 개선 2. 맞춤형 전자정부 서비스 기반 마련 3. 영상회의 활용 활성화 4. 전자정부 사이버 침해 대응 수준	1. 정책효과－국민만족도 조사결과 및 만족도 개선정도 2. 규제개선－핵심규제 정비 성과 3. 규제개선－기존규제 정비 성과 4. 규제시스템－규제신무고 수용 및 이행성과 5. 규제시스템－손톱 및 가시 수용 및 이행성과 6. 중점과제성과－맞춤형서비스, 공공서비스목록 현행화 실적 7. 중점과제성과－정부통합의사소통시스템 활용 및 일하는 방식 혁신 실적	1. 행정역량 제고－기록관리 운영실적 2. 노인장애인복지 서비스 3. 요보호아동 보호 4. 다문화가족 및 북한이탈주민 지원 5. 지역통계 활성화 6. 청소년 지원 7. 여성 권익증진 8. 기후변화 대응	11.4% (19/167)

2 공무원들의 공직관과 행정학 교육의 미래*

윤 견 수(고려대학교)

"행정학이 죽어야 행정학이 산다" (유재원, 2011: 55)

Ⅰ. 들어가는 글

행정학의 위기는 행정학을 전공한 학자들의 주된 관심 중 하나이며 질적으로나 양적으로 많은 논의들이 있어 왔다. 학자들마다 견해는 다르지만 위기에 대한 담론은 크게 3가지로 구분된다(윤견수, 2009). 첫째는 행정학의 학문적 성격과 정체성에 대한 위기, 둘째는 행정학이 그동안 누리고 있었던 실용적 장점을 살리지 못하고 평판과 지배력을 상실해 가는 과정에서 오는 권력의 위기, 셋째는 그동안 위기에 대한 논의가 부풀려졌지 사실은 위기가 아니라는 담론이다. 이 가운데 첫째와 둘째의 위기를 연결하는 접점에 행정학의 교육에 대한 위기가 놓여있다. 학문적 정체성에 관심을 가진 학자들은 학생들에게 행정학의 본질이나 한국의 행정현상에 대한 교육을 체계적으로 시키지 못하고 있기 때문에 위기라고 한다. 실용성에 관심을 가진 학자들은 행정학 교육이 실무와 취업에 도움이 못되고 있다는 데에서 위기의 본질을 찾는다.

이 글은 행정학 교육의 위기에 대한 논의를 '한국에서 행정학이 나타난 시대적 이유'를 중심으로 시작하고자 한다. 한국에서 행정학이 중요한 학문으로 등장했던 이유는 5.16 군부정권이 행정학을 근대화에 기여할 수 있는 관리기술학이라고 정의하고,

* 이 글을 쓰는 과정에서 많은 분들의 도움이 있었다. 우선 한국행정학회 60주년 기념사업을 위해 만들어진 미래특별위원회의 위원장인 박홍식 교수님께 진심으로 감사드린다. 집필자로 선정될 때부터 글을 쓰는 과정에 이르기까지 많은 격려와 함께 논문의 기초자료에 대한 통계조사와 분석의 편의를 제공해 주셨다. 또 다른 자료인 2015년의 승진공무원과 신임공무원의 가치관과 의식을 조사한 두 권의 보고서를 소개해 주신 국가인재개발원의 신용일 교수와, 하계 행정학회에서 발표한 글의 초고에 대해 다양한 관점에서 많은 토론점들을 환기시켜 주신 이명석 교수님께도 감사드린다. 자료 분석 및 해석의 과정에서 도움을 준 박사수료생인 박규성에게도 고마움을 전한다.

행정학계와 행정학자들을 정부의 근대화 과정에 참여할 수 있도록 적극적으로 지원했기 때문이다(안병영, 2000; 2006: 415-419). 즉, 행정학은 정부의 요청에 의해 나타난 학문이다. 고등고시과목 변천 과정을 봐도 경제학과 정치학 그리고 행정법 등의 과목은 제1공화국 때부터 들어가 있었지만, 행정학은 경제발전 계획이 시작되는 제2공화국 때인 1961년에 들어서 비로소 고시과목에 포함된다. 이어 국가발전의 목표를 세운 정부와 행정학자 간의 협력관계를 통해 행정학은 빠른 속도로 영향력을 키워 나갔다. 고시과목으로 행정학이 들어가면서 선택과목에서 행정학 유관과목들의 비중이 점차 커졌고, 하위직 공무원 선발과정에서도 행정학이 필수과목으로 포함되었다. 이와 동시에 1956년에 결성된 한국행정연구회가 1961년에 공식 조직화하여 만들어진 한국행정학회, 1959년에 설립된 서울대학교 행정대학원, 1961년에 능률을 표방하면서 만들어진 총무처 행정관리국, 역시 같은 해인 1961년에 공무원 교육을 위해 만들어진 중앙공무원교육원 등의 조직은 행정학의 수요를 급속도로 확산하는 역할을 하였다. 1970년대와 80년대를 거치면서 대학의 행정학과, 행정학과 학생, 행정학 담당 교원의 수가 큰 폭으로 증가하는데, 이는 1960년대부터 형성되기 시작한 제도의 유산일 것이다.

이러한 상황에서 행정학 교육의 위기가 발생했다면 그 이유는 다음의 두 가지 가운데 하나일 것이다. 하나는 정부가 더 이상 행정학을 필요한 학문이라고 보지 않는데 행정학계에서 그것을 이해하지 못하고 과거의 향수에 매달려 있거나, 다른 하나는 정부는 행정학을 계속 필요로 하고 있는데 행정학계에서 정부가 원하는 것을 제대로 제공해주지 못하기 때문일 것이다. 그렇다면 정부는 행정을 어떻게 바라보고 있으며 또 행정학을 얼마나 필요로 하고 있는가? Ⅱ절에서는 행정학의 위기와 연관된 담론들이 대부분 이 질문과 연관되어 있다고 가정하고 그 내용들을 소개할 것이다. Ⅲ절에서는 공무원을 대상으로 실시한 간단한 설문조사 결과를 예시적으로 소개하며, 이러한 위기들 못지않은 좀 더 본질적인 요소가 행정학 교육 안에 자리 잡고 있다는 것을 보여줄 것이다. 행정이란 '공적 권한과 자원을 사용하는 행위'이며, 그것은 다른 말로 공직의 수행을 뜻한다(윤견수, 2011: 16).[1] 따라서 공직(수행)에 대한 관념, 즉 공직관이 공무원들이 생각하는 행정이라고 할 수 있다. 설문조사는 그것의 내용과 형성시기를 간단하게 확인하기 위한 것이다. Ⅳ절과 Ⅴ절에서는 앞의 두 논의를 기초로 과연 '행정학 교

1) 공과 사를 아우르는 상황을 염두에 두고 행정에 대한 정의를 내릴 수도 있지만(예컨대 Simon이 행정을 의사결정이라고 한 것처럼), 이 글에서 말하는 행정은 '공행정(public administration)'을 의미한다. 구체적으로는 국민의 세금 및 행정법 등의 공법적 권한이 수반되는 행위와 연관된 행위를 말한다.

육의 위기'와 연관된 담론의 본질이 무엇이며, 과연 그 위기를 대학의 행정학 교육을 통해 해소할 수 있는지, 만약 있다면 어떤 대안이 가능한지를 살펴볼 것이다.

이 글은 행정학이라는 학문과 행정학 교육이 일차적으로 행정학을 출범시켰던 정부의 기대, 즉 공무원들이 생각하는 행정의 정체성이라도 최소한 반영하고 있는가라는 소박한 질문에서 시작되었다. 2015년 5월 중앙공무원교육원(현 국가인재개발원)에서 펴낸 5급 신임공무원 의식조사와 5급 승진공무원 의식조사 결과, 그리고 2016년 4월 한국행정학회의 미래특별위원회에 의뢰해서 실시한 공무원 의식조사 결과 가운데 일부를 해답을 얻기 위한 자료로 활용하였다. 현직에 있거나 퇴직한 공직자들에게 행정학의 유용성에 대해 질문을 하면 상당수가 행정학은 불필요하다고 말한다. 과연 그러한 비판이 어느 정도로 유효한가? 행정학이 유효하지 않다면 공무원들에게 행정학 교육을 시켜야 하는가, 대학에서 행정학 교육을 어떻게 해야 하는가? 이러한 질문들이 글의 행간에 들어 있는 고민들이다.

Ⅱ. 행정학의 위기에 대한 담론

행정학의 위기라는 주제가 하나의 담론인 이유는 위기의 내용과 원인 및 그 처방에 대한 논의들이 지속적으로 재생산되어 왔기 때문이다. 그것은 행정학의 주요 연구영역 중 하나라고 해도 무방할 정도로 많이 다루어진 주제다(이병량, 2011). 행정학의 위기는 학문의 고유한 성격을 정하지 못하는 데서 나타나는 정체성의 위기, 졸업생들의 취업과 사회진출이 과거에 비해 상대적으로 줄어들고 수요자들이 점차 행정학을 외면하는 데서 오는 실용성의 위기, 교과목과 교수방법이 학문적 기대와 사회적 요구를 만족시키지 못하는 데서 오는 교육의 위기 등등 다차원적이다.[2] 다른 학문분야보다 유독 행정학에서 위기와 정체성에 대한 논의가 많은[3] 이유는 그만큼 행정학의 과거에 대한 반성 및 미래에 대한 기대가 크기 때문일 것이다. 2000년대에 들어와 행정학의 정체성과 위기에 대한 행정학자들의 논의가 공개적이고 집단적으로 표시된 적이 3번 있었다. 첫째가 2000년 1년여에 걸쳐 'kapa@포럼' 89호−92호에 소개된 22편의 글, 둘째

2) 학자들마다 어느 측면을 강조하느냐에 따라 분석의 초점과 방향이 달라질 수 있지만 이것들을 따로 떼어 놓고 분석하는 것은 바람직하지 않다고 본다. 이 글에서는 정체성의 위기와 실용성의 위기가 교육의 위기를 통해 반영되는 것이라고 보았다.

3) 2016년 6월 10일에 Google Scholar를 이용해 학문분야의 위기와 연관된 것을 검색해 보았다. "행정학의 위기"가 215개로, 사회학의 위기(113개), 경제학의 위기(70개), 정치학의 위기(30개), 교육학의 위기(12개), 심리학의 위기(9개) 등 다른 학문분야를 압도하고 있었다.

가 2006년 한국행정학회 50주년을 기념하기 위한 좌담회에서 안병영교수의 발제에 대한 행정학자 12인의 좌담회, 셋째가 2010년 고려대학교 정부학연구소에서 개최한 "한국행정학의 방향" 학술회의에 초대된 행정학자 21인의 기록이다.[4)]

10여 년에 걸쳐 이루어졌던 행정학의 위기에 대한 담론은, 신자유주의 및 신공공관리와 함께 찾아온 시장의 영향력이 공공부문보다 커지고 있고, 상대적으로 행정이 누리고 있었던 지배력이 줄어든다는 사실과 함께 주로 제기되었다. 시장주의적 가치를 도입하고 경영학에서 사용하는 언어와 기준들을 사용하기 때문에, 공공부문이 위축되고 행정학의 영향력도 줄어든다는 것이다(김정렬 · 한인섭, 2003). 민간분야의 운영 원리가 공공부문으로 확장되면서 공사부문의 경계가 희석이 되며, 이 과정에서 행정학의 고유한 영역이라고 하는 것들은 축소되었다(소영진, 2003; 임의영, 2003). 이와 밀접한 관련이 있는 것은 사회발전을 주도했던 정부의 역할에 대한 반성과 함께 이를 비판하는 견제세력의 등장이다. 더 이상 정부 혼자 국가 발전을 끌고 나갈 수 없다는 인식은 자연스럽게 국가발전과 함께 등장했던 행정학의 효능성에 대해서도 의심을 하게 만들었을 것이다.

유홍림과 윤견수(1997)는 1987년부터 1997년까지의 분석을 통해 사회계열 내에서 행정학과가 차지하는 위상과 호감도가 상대적으로 하락하고 있다고 밝히고 있다. 즉, 행정학과의 경쟁력이 약화되는 현상은 이미 개발연대의 퇴조와 함께 20년 전부터 진행되고 있었다. 더구나 그동안 행정학의 가장 큰 고객이었던 정부조차 행정학을 점차 외면하기 시작했다. 그에 대한 단적인 예는 공직시험 과목에서 행정학 과목이 차지하는 비중이 줄어들고 있는 사실에서 찾아볼 수 있다. 고시의 경우 2005년부터 1차 시험을 공직적성평가(PSAT)로 바꾸면서 1981년부터 1차 시험 과목이었던 행정학이 없어졌다. 9급 공채의 경우에도 2013년부터 필수과목이었던 행정학개론을 없애고 '사회'과목으로 바꾸었다. 행정학에 대한 정부의 수요 감소가 곧바로 행정학의 수요 감소를 가져오는지에 대해서는 분석이 필요하지만[5)], 그동안 가장 큰 고객이었던 정부와 공공기관으로부터 외면당하고 있다는 점은 분명하다. 이상과 같은 위기는 행정학의 시대적 효용과 연관된 것이며, 구조적인 위기에 속하기 때문에 행정학의 위기와 연관은 되지만 행정

4) 이 기록은 이듬해인 2011년 '한국 행정학의 방향－교육 및 연구제도'라는 제목의 책으로 묶여 박영사에서 출간되었다.

5) 행정학의 주 고객이 정부에서 시민사회로 바뀌고 국내에서 국외로 바뀌면서 오히려 행정학의 외연이 확대되었다고 볼 수도 있다. 하지만 이 글에서는 행정학을 가능하게 했던 정부와 공공기관으로부터의 외면이, 행정학에 대한 수요 감소의 크기와는 무관하게 적어도 그 강도에 있어서는 행정학의 위기를 가중시키는 요인이라고 본다.

학자들 스스로 해결하기는 쉽지 않다.

학문으로서의 행정학과 연관된 위기는 주로 행정학의 학문적 정체성을 중심으로 논의가 진행되어 왔었다. 박통희(2011)는 미국행정학을 답습하면서 효율성 위주의 미시적 처방연구에 매달리고 이 과정에서 과학적 방법론에 지나치게 노출되었기 때문에, 행정학의 고유한 연구주제인 민주성과 공공성을 밖으로 밀어내고 있다는 점을 위기로 지적한다. 영향력 있는 행정학자의 주된 배출 통로가 미국인데, 미국에서 학위를 취득한 학자들이 우리 현실에 맞지 않는 미국의 행정이론을 수입하는 과정에서 학문적 종속은 더 심화되고 고유의 연구주제에 천착하려는 노력을 게을리한다는 주장도 있다(박종민, 2006; 권해수, 2009). 연구주제를 발굴하는 과정에서 주도권을 쥔 것이 학자가 아니라 용역과제를 제공하는 정부였기 때문에 다른 학문분야와 구분되면서 동시에 한국의 행정현상을 설명할 수 있는 좋은 개념과 이론이 나오지 않는다는 비판도 있다(임도빈, 2009). 박종민(2009b: 6−7)은 이에 대한 근본적인 원인이 행정을 행정부의 활동이나 기관의 기능이라고 보고 연구를 해왔기 때문이라고 본다. 그는 행정을 둘러싼 환경이 바뀌면 행정부의 기능도 바뀌고 이어 행정학도 바뀌는데, 바로 이러한 점 때문에 보편이론을 찾으려는 노력을 게을리하고, 결과적으로 행정학의 학문적 정체성을 심하게 훼손시켰다는 것이다. 한 가지 주제에 매달리며 좋은 이론을 만드는 것보다 상황이 바뀔 때마다 주제를 바꾸어 다루는 것이 행정학의 장점이라고 합리화하면서 학문에서 점차 멀어지는 것에 대해 걱정하는 것이다.

만약 미국에서 제기되었던 고민들이 한국에 있는 행정학자들의 연구대상이며, 행정부의 활동과 기능이 곧 행정학의 대상이라면, 이것은 행정학의 성격을 외부에서 규정하는 것이다. 그래서 정부의 요청에 의해 만들어진 행정학이 더 이상 정부가 요구를 하지 않으니 이제는 필요 없어졌다는 주장도 가능할 것이다. 행정학의 정체성 위기는 이와 같이 행정학에 대한 담론들이 행정학자들 스스로의 반성과 고민에 의해 만들어진 것이 아니라 외부에서 던져진 것들이라면 그것이 학문일리 없다는 자괴감의 한 표현이다(윤견수, 2001). 정성호(2001, 2006)는 대미의존적인 학문의 교육과 훈련체계, 발전이나 안보 등과 같이 정부가 원하는 사회적 기호의 지배력, 그리고 정부와 대학 그리고 학회 3자 간의 밀월관계를 통해 만들어지는 지적 규율체계가 맞물려 행정학의 위기가 확대 재생산된다고 하였다. 사회과학 내의 다른 학문분야로부터 행정학을 방어하거나 빨리 독립시키려는 지적 열등감이 이러한 위기를 가속화하기도 하였다(조성한, 2011).

지금까지 설명한 행정학의 두 가지 위기, 즉 실용적 위기와 학문적 위기의 공통분모가 바로 정부의 기대와 요구다. 정부의 권한 행사에 대한 사회적 기대가 줄어드는 상황에서 정부와 공공기관이 더 이상 행정학을 원하지 않기 때문에 실용적 위기이며, 행정학의 담론들이 정부의 요구와 기대만을 주로 반영해 왔기 때문에 학문적 위기인 것이다. 역설적으로 보이는 두 가지 위기가 결합되어 겉으로 드러난 것이 행정학 교육의 위기다. 그렇다면 정부가 실제로 행정학자와 그들에 의해 이루어지고 있는 교육에 대해 어떤 기대를 하고 있는가? 이러한 기대는 공무원들이 행정을 어떻게 생각하고 있는가라는 질문과 직결된다.[6)]

Ⅲ. 공무원들의 공직관

1. 공직수행의 기준

과연 공무원들이 행정을 어떻게 이해하고 있는가? 행정이란 '공적 권한과 자원을 사용하는 행위'이며, 그런 권한을 사용하는 자리가 공직이기 때문에(윤견수, 2011a), 그 질문은 공무원들의 공직관을 물어보는 것과 같다. 공직은 관료제의 이념형을 구성하는 최소단위이기도 하며, 어떤 사람이 어떤 일을 해야 하는가를 규정하고 있는 상황, 즉 일과 사람이 결합된 상황이다(윤견수, 2011b). 또 공직은 개념적으로 직업문화라는 관점에서도 분석이 가능하기 때문에, 행정이라는 개념을 사용할 때보다 분석의 외연이 넓다(윤견수, 2015).

<표 1>은 공직을 무엇이라고 보는가에 대한 개방형 질문에 대한 500명 응답자들의 답변을 크게 4개의 범주로 분류한 것이다. 범주 1은 원자료들을 '빈도가 가장 많은 표현들'을 중심으로 단순 분류한 것이다. 공직을 하나의 직업이라고 받아들이는 응답(사무직, 일꾼, 공무수행 등)보다는, 청렴성, 책임성, 정직, 사명감 등의 가치를 중심으로 바라본 답변들이 훨씬 많았나. 즉, 상낭히 규범적인 것이다. 하지만 행정에서 가장 중요한 개념으로 받아들이는 '국민에 대한 봉사'라는 개념을 어떤 공무원은 가치로 인식하고(예, 봉사성), 어떤 공무원은 일로 받아들이며(예, 공공봉사), 또 어떤 사람은 사람의 관점으로(예, 봉사자) 이해하고 있다. 그래서 범주 1의 응답결과에 대한 해석을 놓고 단순히 규범적이라거나 가치지향적이라고 말하기는 쉽지 않다. 범주 2는 이러한 난점을 극복하기 위하여 자료를 다른 기준으로 다시 분류한 것이다. 분류 기준은 공직과 사회

---

6) 일반적으로 공무원들이 기대하는 행정학 교육을 알기 위해서는 사전에 행정학 교육 내용을 정하고 우선순위를 매긴다든지, 공무원들에게 원하는 교육내용을 열거한 후 그것들을 요인별로 묶는 방식이 있을 수 있다. 이 글에서는 공무원들이 생각하는 행정에 대한 관념이 행정학 교육에 대한 기대를 결정한다고 보았기 때문에 그러한 전통적인 방식을 취하지 않았다.

의 관계에서 하나의 직업으로 볼 것인가 아니면 공직 내부의 영역으로 볼 것인가, 그리고 공직 내부의 영역으로 볼 경우 사람, 일, 가치 가운데 어느 것을 중심으로 볼 것인가를 알기 위한 것이다. 사람, 일, 가치라는 세 가지 차원을 끌어들인 이유는 공직이 하나의 직책으로 사람과 일이 결합된 개념이며, 공직이라는 개념이 본래 가치지향적인 의미를 갖고 있기 때문이다(윤견수, 2011b). 범주 2를 보면 적어도 절반 정도의 공무원들이 공직을 가치지향적으로 바라보고 있다는 것을 알 수 있다.

〈표 1〉 공직에 대한 정의

(개방형 설문, N=500)

범주 1	백분율(%)	범주 2	백분율(%)
직업으로서 공직	5.6	직업으로 개념화	5.2
공직가치(의 실천)	26.8	담당업무(과업)로 개념화	30.0
국민에 대한 봉사(자)	57.0	담당자(사람)로 개념화	10.2
국가의 대표자(관리자)	6.2	가치(규범)로 개념화	48.4
기타(모름/무응답 포함)	4.4	기타(모름/무응답 포함)	6.2

〈표 2〉 공무원에게 중요한 자질

(개방형 설문, N=500)

범주	빈도(백분율%)
전문성	29(5.8)
청렴성/도덕성	219(43.8)
성실성	47(9.4)
책임감	71(14.2)
봉사성	44(8.8)
공정성	31(6.2)
애국심/공동체의식	25(5.0)
기타(무응답 포함)	34(6.8)
합계	500(100)

<표 1>대로라면 공무원들이 공직수행의 중요한 기준으로 삼는 것이 전문성이나 업무지식이 아닐 것이라는 추측이 가능하다. <표 2>는 그러한 추측을 확인시켜 주는 응답결과다. 공무원에게 중요한 자질이 무엇인가라는 개방형 질문에 대해 전문성이라

고 응답한 비율은 5.5%밖에 안 된다. 청렴성과 도덕성, 책임감, 성실성, 공정성 등의 요소를 중요하다고 보았다. 전문성을 역량으로, 청렴성과 성실성 등은 태도, 봉사와 공정성, 애국심 등을 가치라고 보았을 때, 태도와 가치 등의 행태적 요소나 문화적 요소를 역량보다 훨씬 중요하게 본 것이다. 흥미로운 것은 공직을 정의한 <표 1>에서는 국민을 위한 봉사가 상당히 중요한 개념이었지만, 공무원의 자질을 물어볼 때에는 봉사성이 8.8%에 불과했다는 점이다.[7] 가장 중요한 자질을 청렴과 도덕성으로 보았다는 것은 그러한 가치의 실천에 대한 사회화가 잘 안되었다는 반증이다.

가치와 규범이 중요한 요소라면 실제로 공무원을 선발할 때에도 전문지식이나 기술보다는 업무수행 과정의 가치와 태도를 더 중요하게 생각할 것이다. <표 3>의 응답결과는 그것을 보여주고 있다. 업무수행을 위한 전문지식과 기술을 1점, 업무수행의 가치와 태도를 9점, 가운데를 5점으로 측정하는 9점 척도를 구성한 후 응답을 받아본 결과, 업무수행의 가치와 태도를 중요하게 생각하는 응답이 훨씬 많았다(48.4%, 평균=5.88). 임용주체별로는 국가직보다는 지방직, 업무분야별로는 교육에 비해 복지(57%, 평균=6.18)와 일반행정직렬(53%, 평균=6.11)이 가치와 태도의 중요성에 더 공감하고 있었다.[8]

〈표 3〉 신규공무원 임용 과정에서 고려할 조건

(단위: %)

시기	전체 (n=500)	임용주체		업무분야		
		국가직 (n=316)	지방직 (n=184)	복지 (n=49)	일반행정 (n=174)	교육 (n=59)
업무수행의 전문지식과 기술	12.4	15.1	7.6	8.2	9.1	17.0
양쪽이 엇비슷 함	39.2	40.5	37.0	34.7	37.9	33.9
업무수행의 가치와 태도	48.4	44.3	55.5	57.0	53.0	49.1

7) 이것은 상당히 흥미로운 분석결과다. 공공봉사(public service)의 개념이 상당히 추상적이고 모호하기 때문일 수도 있고, 한국적 상황을 이해하거나 처방책을 내리는 데 적합하지 않은 개념이라서 그럴 수도 있다. 공공봉사라는 개념을 때로는 가치로, 때로는 담당업무로, 때로는 사람으로 범주화하여 수용하는 데서 오는 혼란일 수도 있다. 공공봉사의 개념에 대해 깊이 있는 연구가 필요하다고 본다.

8) 임용주체와 업무분야를 살펴본 이유는 국가직보다는 지방직 공무원의 수가 많고, 다른 직렬보다는 일반행정직렬의 공무원 숫자가 많기 때문이다. 총 공무원 숫자 못지않게 이들의 응답을 별도로 확인하는 것이 의미가 있다고 보았다.

업무수행의 가치와 태도가 신규임용의 고려 조건이라면, 입직 후의 업무처리과정에서도 이러한 조건이 여전히 중요한가라는 것은 중요한 질문이다. 업무의 전문성과 지식을 평가하기 위해서는 그것이 토대를 두고 있는 업무 자체가 명확하게 규정이 되어 있어야 한다. <표 4>의 응답결과는 공직수행이 원활하게 이루어지기 위한 조건에 대한 응답결과다. 업무의 규정과 내용을 명확하게 규정하는 상황을 1점, 담당자의 능력 또는 자질이 발휘되는 상황을 9점으로 하고 가운데 상황을 5점으로 했을 때, 응답자의 답변은 담당자의 능력과 자질을 더 중요하게 생각하는 방향으로 기울어 있다. 그리고 이러한 경향은 국가직보다는 지방직, 복지나 교육직보다는 일반행정직이 더 심했다. 지방의 일반행정직렬 공무원들일수록 전문성에 대한 요구보다는 담당자의 능력과 자질을 중요하게 생각하는 것이다.

〈표 4〉 공직수행이 원활하게 이루어지기 위한 조건

(단위: %)

시기	전체 (n=500)	임용주체		업무분야		
		국가직 (n=316)	지방직 (n=184)	복지 (n=49)	일반 행정 (n=174)	교육 (n=59)
명확하게 규정된 업무	25.0	28.5	19.0	26.4	19.6	28.9
양쪽이 엇비슷함	42.4	41.5	44.0	44.9	40.2	37.3
담당자의 능력과 자질	32.6	30.0	37.0	28.5	40.2	34.0

<표 1>부터 <표 4>까지의 결과는 공무원들이 생각하는 공직수행의 기준이나 공직자의 자질이 전문성과 지식보다는 가치와 규범이라는 것을 말해 준다. 일반적으로 공직체계는 공직과 사회의 관계가 폐쇄적인가 아니면 개방적인가, 공직과 공직의 관계가 개인적인가 아니면 비개인적인가에 따라 네 가지로 분류할 수 있다(윤견수, 2015). 폐쇄적이며 개인적인 유형은 공직을 세습재산처럼 상속할 수 있다고 본다. 개방적이며 개인적인 유형은 공직을 권력과의 친분에 의해 얻는 전리품이나 선물로 본다. 폐쇄적이며 비개인적인 유형은 막스 베버가 말한 관료제의 특징을 가지며 법규 중심의 엄격한 상하관계 속에서 나타나는 권력과 서열을 공직으로 본다. 마지막으로 개방적이며 비개인적인 유형은 전문가들이 자유롭게 공직을 드나들 수 있는 전문직업주의 유형이다.

〈표 5〉 공직문화를 대변하는 이미지

(단위: %)

이미지	전체 (n=500)	임용주체		업무분야		
		국가직 (n=316)	지방직 (n=184)	복지 (n=49)	일반 행정 (n=174)	교육 (n=59)
특정 파벌이나 연고집단에 의해 관리되는 재산	8.6	7.6	10.3	12.2	6.9	13.6
충성을 주는 대가로 받는 선물이나 전리품	18.8	19.6	17.4	12.2	19.5	28.8
권력과 서열을 특징으로 하는 지배와 복종의 관계	21.8	24.4	17.4	12.2	16.7	32.2
다른 직업과 큰 차이가 없는 하나의 직업 유형	50.8	48.4	54.9	63.3	56.9	25.4

공직이 가치와 규범에 많이 의존해 있다는 것은 공직문화가 아직까지는 전문직업주의에 이르지 못했기 때문이다. 그것을 확인해 주는 것이 <표 5>이다. 공직을 대변하는 이미지를 물어본 결과인 <표 5>를 보면 공직을 다른 직업과 큰 차이가 없는 하나의 직업유형으로 보는 응답이 약 절반 정도밖에 안되었다. 여전히 나머지 절반은 공직을 특정 파벌이나 연고집단에 의해 관리되는 재산, 충성을 주는 대가로 받는 선물이나 전리품, 권력과 서열을 특징으로 하는 지배와 복종의 관계 등으로 보고 있었다.[9] 공직을 정의하고 공직자의 자질을 따질 때, 전문성이나 지식보다는 가치를 강조하는 규범적 성향은 이와 같은 공직문화와 관련이 있다.

2. 공직수행 가치의 형성

공직수행의 조건이나 공직자의 자질을 논하는 과정에서 전문성이나 기술보다는 가치와 규범을 강조한다는 것은 이미 행정학자들도 논의한 바 있다. 행정학자들을 대상으로 한 연구에 의하면 공무원이라는 개념과 공직자라는 개념은 서로 다른 패러다임이라고 할 정도로 차이를 보이고 있다(윤견수, 2011b). 공직자라는 개념을 선호하는 학자들은 공직의 가치와 의미를 강조하고, 공동체와 역사의 개념을 의미 있는 것으로 간주하며, 공직자의 리더십과 책임 및 도덕성 등을 강조한다. 하지만 공무원이라는 패러다

9) 설문응답 결과를 분석하는 과정에서 일관성 있게 나타나는 것 중의 하나는 국가직과 지방직에 차이가 있다는 점, 그리고 교육직렬이 다른 직렬과 다른 응답을 보인다는 점이다. 공무원교육과 공직체계 관리를 맞춤식으로 해야 한다는 시사점을 여기서 찾아볼 수 있다.

임에 익숙한 학자들은 공직 수행의 몰가치적이고 형식적인 입장을 선호하고, 공무원을 중하위직 고용관계 속에서 바라보며, 도구적이며 효율적인 관리자로서의 공직 수행을 강조한다. 양자가 서로 다른 세계관으로 행정에 접근하고 있는 것이다.

〈표 6〉 공직선택동기

조사대상(연도)	표본 수 (명)	공직선택동기 (%)						
		① 공직의 역할과 사명이 매력적	② 신분보장이 잘되는 직업	③ 경제적으로 안정된 생활	④ 근무의 조건이 좋은 직장	⑤ 권한과 영향력이 있는 직업	⑥ 부모 또는 친지의 권유	⑦ 기타
5급신임공무원(2015)*	515	66.0	12.0	3.5	4.5	12.8	1.0	0.2
5급승진공무원(2015)*	260	17.3	47.3	13.5	3.5	1.2	10.0	0.7
7급신임공무원(2014)*	59	23.7	44.1	8.5	8.5	6.8	3.4	5.0
행정공무원(2004)**	1,018	14.8	31.6	10.1	10.1	2.0	13.0	18.4
행정공무원(1995)**	1,836	13.7	34.0	7.8	10.7	0.9	15.8	17.1

자료: * 공무원 가치관/의식조사 보고서(중앙공무원교육원).
** 행정에 관한 공무원과 국민의 의식조사(한국행정연구원).

지금까지 행정학자들은 주로 공무원이라는 개념을 통해 행정 현상을 이해하려고 했기 때문에 가치와 철학, 도덕, 역사 등의 문제에 대해서는 상대적으로 소홀했었다. 그런데 <표 1>에서 <표 5>까지의 응답결과를 보고 이야기할 수 있는 것은 현업에 있는 공무원들은 오히려 공직자의 관점에서 공직 요소를 평가하고 있다는 점이다.[10] 특히 고위직으로 입직하는 경우에는 공직자 패러다임의 특성이 훨씬 크게 나타났다. <표 6>은 공무원이 되기 위한 동기, 즉 입직 동기에 대한 응답을 정리한 것이다. 20년 전이나 지금이나 많은 공무원들은 신분보장이 잘 되기 때문에, 즉 정년이 보장되기 때문에 공직을 선택한다. 외재적 보상이 좋기 때문에 정부에 들어오는 것이다. 경제적으로 안정된 생활을 하거나 근무조건이 좋다는 것도 역시 외재적 동기의 일면을 반영한다. 그런데 여기서 흥미로운 것은 5급신임공무원의 응답이다. 이들은 다른 공무원군과는 달리 공직의 역할과 사명이 매력적이라는 응답이 압도적으로 많았다.[11] 입직의

10) 이러한 주장이 완벽하게 들어맞는 것은 아니라고 볼 수도 있다. 설문 문항이 '공직자'라는 프레임으로 짜여져 있었기 때문이라는 반박이 가능하다. 여러 설문에서 일관성 있게 가치적 요소가 강조되었기 때문에 공직자 패러다임이다라는 말을 하기 위해서는 공무원이라는 개념을 중심으로 만든 설문의 응답결과와 대조해 볼 필요가 있다.

계기가 내재적 동기에 의해 주어진 것이다. 그리고 권한과 영향력이 있다는 점도 다른 외재적 보상들에 비해 상대적으로 큰 보상으로 생각하고 있다.12) 이렇게 볼 때 공직자의 패러다임을 분명하게 갖고 있는 집단은 소위 고시를 통해 입직하는 사람들이고, 다른 직급은 상대적으로 공직자라는 관념이 약하다고 볼 수 있다. <표 7>은 이러한 점들을 좀 더 구체적으로 보여준다.

<표 7>은 2015년 중앙공무원교육원에서 실시한 설문응답자료 가운데 공직과 연관된 것들을 찾아서 비교한 것이다13). 자료를 크게 직업으로서의 공직에 대한 인식, 공직자로서의 자부심에 대한 인식, 공직수행의 판단기준에 대한 인식이라는 범주를 중심으로 재분류하였다.14) <표 6>에서 논의된 것과 같이 고시를 통해 등용된 공직자들은, 이미 행정 경험을 통해 승진한 공직자들과 근본적으로 다른 패러다임을 갖고 있었다. 공직이 갖는 의미를 사회적 평판이나 지위, 혹은 자기발전 가능성이라는 내재적 동기의 관점에서 찾으려고 하였다. 그리고 이러한 내재적 동기를 업무환경이나 경제적 보상 혹은 근로조건 등의 외재적 동기보다 상대적으로 훨씬 더 중요하다고 판단하였다.

---

11) 5급신임사무관들이 사회화를 거치면서 고위직이 된 후에도 다른 공무원들에 비해 공직의 역할과 사명에 대해 매력적이라고 보고 있는가에 대해서는 추가 연구가 필요하다. 일반적으로 공공봉사동기(PSM: public service motivation) 연구를 보면 PSM과 공직선택이 밀접한 관련이 있다고 한다(Perry & Wise, 1990). 하지만 이 연구에 따르면 5급신임공무원의 경우만 그렇고, 하위직의 경우, 혹은 조직사회화가 많이 진행된 경우에는 반드시 그렇지 않다는 것을 알 수 있다. 박천오・박시진(2015)은 공공분야의 PSM에 대한 기존의 연구들을 통해 하위직 공무원들의 경우에는 PSM에 의한 설명이 제한적이라고 정리하고 실증연구를 통해 이를 증명하였다. 하위직 공무원들의 공직선택동기는 직업의 안정성이(69%)로 대부분을 차지하고 있었고, 국가에 대한 봉사(12.9%)나 바람직한 정책을 위해 일 할 수 있는 기회(4.6%) 등과 같은 PSM적 요소는 극히 제한적이었던 것이다. 직급과 보상이 낮은 직급이라 외재적 보상에 의해 동기가 부여되기 때문이라고 해석할 수도 있고, 사회화 과정에서 자신의 동기를 실현할 기회를 갖지 못해 그럴 수도 있다(이의 자세한 논의는 김상묵(2013)을 참고하라).

12) 앞에서 말한 것처럼 5급승진공무원은 이미 공직생활을 오랫동안 경험했고, 공직사회화를 통해 내재적 동기를 성취하는 것이 어렵다는 것을 알았기 때문에 입직의 동기를 외재적 보상에서 찾으려 했을 것으로 추정된다. 그리고 7급신임공무원은 권한과 영향력이 상대적으로 작은 직급이며, 내재적 동기를 발휘할 기회가 별로 없기 때문에, 상대적으로 5급신임공무원에 비해 내재적 동기가 작다고 판단할 수도 있다. 입직의 동기가 직급에 따라 서로 다를 수 있다는 것은 앞으로 더 연구해 볼 가치가 있다.

13) 이 표는 2015년 중앙공무원교육원(현재 국가인재개발원)에서 5급신임공무원과 5급승진공무원을 대상으로 한 인식조사보고서 가운데 공직가치와 연관된 부분을 찾고, 그 가운데 이 연구의 목적에 맞는 문항들을 선정하여 다시 정리한 것이다. 표 안에 있는 숫자는 10점 척도(1=전혀 그렇지 않다, 10=매우 그렇다)의 평균점수를 뜻한다.

14) 세 가지로 분류한 이유는 앞에서 언급한 바와 같이 공직이라는 것은 기본적으로 직업이며, 또한 그것은 사람의 속성과 일(과제)의 속성이 결합된 일종의 지위라고 봤기 때문이다. <표 7>은 설문응답자료들 가운데 직업, 사람, 일(과제)의 범주와 관련된 것들을 중심으로 다시 정리한 것이다.

그만큼 공직자로서의 자부심도 5급승진공무원들보다 컸다. 물론 업무수행의 판단기준이 되는 다른 공직가치들, 예를 들어 정치적 중립, 전문성, 합법성 등은 두 집단 모두 상관의 지시나 연고주의보다 높게 평가하고 있었다. 하지만 승진공무원들은 신임공무원들에 비해 상관의 지시가 국민을 위하는 것보다 더 중요하다고 응답하였다.

〈표 7〉 공무원들의 공직관

	5급신임공무원 (2015년)	5급승진공무원 (2015년)
1. 직업으로서의 공직에 대한 인식		
① 사회적 평판이나 지위	8.0	6.2
② 자기발전 가능성	7.4	5.3
③ 업무환경	4.8	4.7
④ 경제적 보상	4.4	4.6
⑤ 근로시간이나 업무강도	4.1	4.7
2. 공직자로서의 자부심에 대한 인식		
공직자라는 것에 대한 자부심이 있다.	8.1	6.8
3. 공직수행의 판단 기준에 대한 인식		
① 불이익을 받더라도 정치적 중립을 지킨다.	8.1	7.9
② 전문적 지식에 근거하여 업무를 처리해야 한다.	8.7	8.4
③ 개인적 판단 보다는 법규를 우선시 한다.	8.0	8.4
④ 나에게 손해라도 사회에 도움이 되면 그 정책을 지지한다.	7.4	7.4
⑤ 국민을 위한다지만 실제로는 상관의 지시가 우선이다.	5.5	7.3
⑥ 지연이나 학연등이 업무에 도움이 된다.	6.7	7.2

<표 6>과 <표 7>을 통해 알 수 있는 것은 입직 당시의 직급이 중요하기도 하지만 입직 이후의 사회화도 공직수행에 영향을 미칠 수 있다는 사실이다. 특히 입직동기를 비교한 <표 6>을 보면 7급신임공무원 응답결과 중, 공직의 역할과 사명이 매력적이고 권한과 영향력을 행사할 수 있다는 것에 대한 응답 경향이 5급승진공무원보다는 5급신임공무원의 응답을 따라가는 경향이 보인다. 통계적 검증이 필요한 부분이기는 하지만 재직연한은 공무원의 사회화와 관련되기 때문에 공직자의 역량이나 자질 형성 과정에 중요한 영향을 준다고 추측할 수 있다.

사회화가 중요하다면 입직 후의 교육훈련은 공직자의 자질 형성에 많은 영향을 끼

칠 것이다. <표 8>은 이러한 점들을 확인시켜 주는 설문결과들이다. 질문의 내용은 공무원들에게 가장 중요한 자질이 형성되는 시기가 언제인가를 묻는 것이었다. 응답결과를 보면 알 수 있지만 초·중·고등학교와 입직 후 5년이 가장 많았다. 국가직에 비해 지방직 공무원들, 그리고 교육직에 비해 일반행정과 복지직렬 공무원들은 입직 후 5년을 상대적으로 더 중요하게 생각하고 있었다. 이러한 경향은 그 아래의 질문에 대한 응답결과에서도 확인할 수 있다. 우리나라의 공직 발전을 위해서 선발 당시부터 우수 인재를 선발하는 것과 선발 후의 교육훈련 중 어느 것이 더 중요한가라는 것이 질문이었다. 선발 후의 교육훈련에 대한 비중이 더 높았는데 국가직보다는 지방직, 교육직보다는 일반행정과 복지직렬 공무원들이 상대적으로 교육훈련을 더 강조하고 있었다.

〈표 8〉 공무원의 자질 형성과 교육훈련

(단위: %)

시기	전체 (n=500)	임용주체		업무분야		
		국가직 (n=316)	지방직 (n=184)	복지 (n=49)	일반행정 (n=174)	교육 (n=59)
1. 공무원의 자질 형성 시기						
초중고등학교	52.2	57.6	42.9	40.8	46.0	57.6
대학교	6.0	5.1	7.6	6.1	5.7	11.9
입직 후 5년	35.2	31.0	42.4	46.9	40.8	25.4
입직 후 10년 이상	6.0	6.0	6.0	6.1	6.9	5.1
2. 우수한 공무원의 확보 방안						
선발시부터 우수 인재 선발	27.6	29.1	25.0	22.4	20.7	35.7
양쪽이 엇비슷함	38.6	40.2	35.9	44.9	35.1	35.6
선발 후의 교육훈련 강조	33.8	30.7	39.2	32.6	44.3	28.8

Ⅳ. 행정학 교육의 위기?-잘못 설정된 위기론

1. 실용적이지 않아서 위기인가?

행정학 교육프로그램을 바꾸어야 한다는 주장은 "공무원들이 행정학 교육을 비판하고 있고, 그 이유는 실무에 별로 도움이 되지 않기 때문이며, 따라서 공직의 전문성을 반영해 문제해결의 창의성과 분석력을 높이는 행정학 교육이 이루어져야 한다"는 논리를 갖고 있다. 예컨대 고위공무원들은 외부전문가들을 활용하여 실제의 현장경험을 교육에 반영해 줄 것을 요구하고(변종립, 2011), 실무에 필요한 법률과목을 늘리고 이와 동시에 대화와 협상 및 합의도출 능력을 습득할 수 있도록 교수법을 바꾸기를 기대한다(정남준, 2009).[15]

이러한 기대는 실무지식과 실무능력을 가르치는 것에 대한 기대이며, 또 공직수행에서 이러한 것들이 중요하다고 생각하기 때문에 나타나는 기대일 것이다. 그리고 이러한 기대는 다른 말로 공무원들이 바라는 전문성에 대한 기대일 것이다. 그렇다면 이러한 가치들을 제대로 반영하지 못했기 때문에 행정학 교육이 위기라고 할 수 있는가? Ⅲ절의 내용을 요약하면 세 가지였다. 첫째, 공무원들이 공직수행의 우선순위를 판단하는 기준으로 삼는 것은 주로 청렴이나 도덕성, 성실 혹은 책임감 등의 태도와 연관된 것이었다. 다음으로 중요한 것이 봉사성과 공정성, 애국심 등의 가치적 요소였고, 전문성과 같은 역량은 상대적으로 비중이 크지 않았다. 둘째, 이와 같은 태도와 가치적 요소를 유난히 중요하게 생각한 공직계층은 고시를 통해 갓 입직한 신임공무원들이었다. 이들은 기존 공무원들보다 공직에 대한 사명과 보람을 더 크게 느꼈고, 자기 발전의 가능성에 대해서도 큰 점수를 주었다. 셋째, 초중고 시절을 제외하고 우수한 공직자로서의 자질이 형성되는 시기는 입직 후 5년 이내이며, 이와 관련하여 많은 공무원들이 처음부터 우수한 공무원을 선발하는 것 못지않게 선발 후의 교육훈련이 상당히 중요하다고 평가하고 있었다. <표 8>을 보면 공무원의 자질이 대학 시절에 형성된다고 보는 사람은 6%에 불과하다. 공무원의 자질을 키우는 것은 대학이 아니라 입직 후 5년의 사회화 과정이나 공무원 교육훈련기관이라는 것을 알 수 있다. 대학의 행정학 교육이 공무원들에게 해줄 수 있는 것이 별로 없다는 뜻이다. 그리고 <표 2>와 <표 3>에 따르면 공무원의 자질 중 실무능력과 연관되는 전문성에 대해 가치를 부여하는 비율이 5.8%에 불과하다. 공무원들은 보다 근원적인 질문들, 예컨대 왜 도덕적이고 청렴해야 하는가, 왜 성실하고 책임감을 가져야 하는가 등을 더 중요한 질문으로 생각하고 있다. 이상의 논의가 말해주는 것은 대학의 행정학 교육이 실무진의 기대를 제대로 충

15) 실무에 종사하는 공무원들 상당수는 행정학이 현재 상당한 위기에 처해 있다는 데 공감한다. 예컨대 정남준(2009)은 법학전문대학원 설립 후 약 10년 후에는 중앙의 개방형직위를 비롯하여 국회나 선관위 등의 다양한 공직에 행정학과 출신이 아니라 법학전문대학원 출신들이 등용될 것이 예상되기 때문에 행정학 교과목과 교수법을 바꿀 필요가 있다고 하였다. 그는 공무원 시험 준비를 노량진 사교육시장에 맡기는 것은 위험하고 행정학 교육기관이 더 이상 학문의 전당이 아니라 공직시험 준비를 위한 공교육기관이 되는 것을 고민할 필요가 있다고까지 하였다. 사회로부터의 외면을 줄이는 동시에 행정학 교육의 위기를 극복하기 위해서는 사회가 원하는 방식으로 교육을 해야 한다는 것이 실무에 관심을 가진 전문가들의 주장이다.

족시키지 못한다는 주장이 모두 옳다고 해도, 그 주장의 가치가 행정학 교육에서 차지하는 비중이 절대적이지 않다는 것이다. 즉, 이러한 주장을 내세우며 행정학 교육이 위기라고 말할 근거는 약하다.

정부와 공공기관의 기대를 충족시키지 못하기 때문에 행정학 교육이 위기라는 주장이 과장되어 있다고 보는 또 다른 이유는 우리나라의 공직자 선발구조에서 찾을 수 있다. 우리나라 행정학 프로그램의 학문적 원산지였던 미국의 경우, 전문대학원(professional school)을 졸업하면 유관분야의 직업에 종사할 수 있는 길이 어느 정도는 보장되어 있다. 법학전문대학원을 졸업하면 변호사나 판검사가 되고, 행정대학원이나 정책대학원을 졸업하면 공직에 들어갈 수가 있다. 따라서 전문대학원의 행정학 관련 프로그램이 실무에 곧바로 활용할 수 있는 지식과 기법을 제공해야 한다. 그래야 행정학 전공의 설립 목적에 맞는다. 그렇지만 우리나라는 대학원에서 행정학을 전공했다고 해도 제도적으로 공직에 들어가는 것이 보장된 것이 아니다. 하물며 학부의 경우는 더 말할 것도 없다. 외국에는 없는 행정학 전공이 학부 수준에서 전국의 많은 대학에 설치되어 있지만, 졸업을 해도 바로 공직에 들어갈 수가 없다. 그 이유는 대학의 행정학 교육과 공직의 수행 사이에 공개경쟁시험이라는 제도가 놓여있기 때문이다. 우리나라는 시험을 보고 합격해야 취업을 하는 공채 문화를 갖고 있다. 공채 문화는 취업을 위해 공개경쟁시험을 치르고, 취업을 한 후에는 그 기관의 교육원이나 훈련원에서 직무와 연관된 교육을 받는 문화다. 공직의 채용 과정은 공채 문화를 대변한다. 대한민국 국민이라면 누구나 학력, 전공, 지역 등과는 무관하게 고도의 경쟁시험을 통과하며 공무원이 되고, 공직에 들어온 후에는 중앙과 지방의 공무원교육원이나 해당 부서의 교육원과 연수원에서 전문가로서의 소양에 필요한 교육을 받는다. 그러므로 공무원으로 입직한 후 현장에 투입되었을 때 실무에 필요한 지식을 갖추지 못했다면 그것은 공무원 교육훈련기관이 제 기능을 하지 못한 것이다. 즉, 대학(원)의 행정학 교육에 대한 기대가 근본적으로 미국과는 다르다.

2. 학문적 정체성이 없어서 위기인가?

행정학이 그나마 여타의 사회과학에 비해 인기가 있었던 이유는 시험 과목 가운데 행정학과 연관된 교과목이 많이 있었고, 관련 과목의 출제를 행정학 전공 교수들이 했었기 때문이다. 행정학과 졸업생들의 공직 입문이 보장되어서 그런 것은 아니다. 그리고 이와 같은 구조적 조건이 앞으로 바뀔 것 같지는 않다. 공직 시험 과목 가운데 행정학과 연관된 과목의 비중이 줄어들고 있는 시대적 흐름을 바꾸어 다시 행정학 과목들을 늘리는 것이 쉽지 않기 때문이다. 더구나 입직의 기회가 연령, 지역, 성별, 전공과는 무관하게 개방되어야 한다는 헌법적 가치가 점차 중요해지기 때문이다.

그렇다면 행정학 교육이 위기라는 것을 어떻게 해석해야 하는가? Ⅱ절에서 교육의 위기가 학문의 위기와 실용적 위기가 반영된 것이라고 봤는데, 실용적 위기가 과장된 것이라면 그 위기는 학문적 위기에서 파생된 것이라고 봐야 한다. 그런데 학문적 위기에 대해서는 약간 조심스러운 해석이 필요하다. 크게 보면 사회과학은 정체성의 혼란을 겪고 있고 행정학 역시 예외는 아니다. 본래 포괄하는 대상이 넓을 수밖에 없는 행정학의 학문적 성격상 해결하지 못하는 문제도 많을 수밖에 없는데, 이것을 위기라고 보기는 힘들다고 볼 수도 있다(김준한, 2000). 또한 급변하는 현실에 대응하지 못하는 것이 행정학만의 문제가 아닐 것이다(송희준, 2011). 정체성이라는 것은 맥락의 변화에 따라 달라지는 것이고, 행정학의 맥락은 계속 변하는 태생적 속성을 갖고 있어서, 비록 정체성 문제가 거론되더라도 그것이 반드시 위기로 연결되는 것은 아니다(정정길, 2000). 오히려 정용덕(2011)의 지적대로라면 시대에 맞는 연구주제들이 연구자들의 주관과 공유하며 제대로 조응해 왔다는 긍정적인 해석도 가능하다. 그는 1960년대 이전에는 관리론과 비교행정, 70년대에는 방법론을 위시한 사회과학으로서의 행정학, 80년대는 국가 주도 경제성장의 문제점을 해결하는 노력과 함께 정책학이 등장 했고, 90년대부터 2000년대에는 민주화와 탈관료화를 행정학이 수용해 왔으며, 앞으로는 환경, 노동, 인구 등의 주제를 다룰 것이라고 전망하였다. 이런 식으로 보면 행정학은 시대에 맞는 주제들을 발 빠르게 교육 현장에 받아들이면서 오히려 사회과학 내 어떤 학문 분야보다 열심히 위기를 극복하려고 했다는 해석도 가능하다. 적어도 한국의 경우에는 정책학, 도시와 지방의 관계, 규제와 관련된 주제, 각종 평가와 관련된 이슈까지 행정학자들이 적극적으로 다루고 있다. 80년대 이후의 행정학 교과목에 이러한 주제들이 이미 충분히 반영되어 있다. 다른 나라였다면 경제학자와 정치학자, 경영학자, 혹은 법학자들이 다루는 주제들이다. 신무섭(2006)은 이러한 점을 감안하여 그동안의 행정학이 소비자는 만족스럽지 않았지만 학자는 만족스러워 했던 절반의 성공이라고 평가했다.

안병영(2006)은 행정학이 권위주의 시대에도 발전행정에 기대어 지대추구를 해오다가 이제는 행정환경의 변화와 함께 그 가능성이 줄어들었다는 것을 위기라고 한다는 것은 떳떳하지 못하다고 비판하였다. 또한 그는 한국의 행정학계는 최초로 행정학 책을 쓴 정인홍 교수의 걱정, 그리고 그의 제자인 박동서 교수가 했던 고민을 우리 학계가 여전히 극복하지 못하고 있다고 평가하고 있다. 행정학이 능률을 지향하는 관리기술학에 지나치게 매달려 그것의 배경이 되는 국가권력과 법치 및 부패감축의 문제 등에 대해 등한시하고 있다는 것이다. 본질적인 것도 아직 제대로 다루지 못하면서 위기를 자초한 상황인데 기득권을 잃어버리고 있다는 이유 때문에 위기라고 말하기에는 부끄럽다는 뜻이다(안병영, 2000).

학문의 위기가 본질적인 질문에 대한 천착이 부족해서 나온다는 것은, 학문의 위기를 결정짓는 것은 학문의 성격이 아니라 학문하는 학자의 태도라는 의미다. 강명구(2008)는 행정학의 위기는 학회활동을 중심으로 '만들어진' 위기이며, 그 본질은 막스 베버가 말한 것처럼 학문이라는 직업을 가진 학자의 도덕적 소명이 부족해서 생긴 것이라고 진단하였다. 이병량(2010)은 행정학의 위기와 행정학 교육의 위기를 구분하고 양자는 그 구조가 원천적으로 다르다고 하였다.[16] 그는 행정학의 위기는 엄밀히 말하면 학문의 위기가 아니라 학문을 수행하는 학자들의 행태, 예컨대 미국의 행정이론을 무비판적으로 수용하고, 실증주의에 매달려 가치나 윤리 등에 배타적인 태도를 보이며, 정부용역에 휩쓸려 다니는 행태와 관련된다고 하였다. 그리고 행정학 교육의 위기는 행정학에 대한 수요가 감소하는 현상을 지칭하는데, 이는 사회구조적인 것이기 때문에 행정학계가 어떻게 극복할 수 있는 것은 아니라고 하였다. 이것은 이 논문 Ⅲ절의 분석과 어느 정도 유사하다. 그는 위기의 성격이 본질적으로 다르기 때문에 행정학의 위기가 극복된다고 해서 행정학 교육의 위기가 극복되는 것은 아니며, 지금 겪고 있는 교육의 위기는 다른 나라와 달리 학부를 중심으로 비정상으로 발전해 왔던 한국의 행정학교육이 오히려 정상화를 향해 나아가는 과정이라고 보고 있다.

행정학 교육의 위기를 학문의 위기와 실용성의 위기로 구분할 때, 후자의 위기는 구조적 위기이기 때문에 행정학계 스스로 그것을 극복하는 것이 쉽지 않다. 학문의 위기를 학문적 정체성의 위기와 학문하는 태도의 위기로 구분할 때, 전자의 위기는 후자에 의해 결정되는 경향이 있다. 행정학의 위기를 학문의 정체성에서 오는 위기, 행정학 전공 학생의 취업에서 오는 위기, 행정학자의 태도에서 나오는 위기로 나눌 수 있다면, 앞의 두 가지 위기는 쉽게 극복될 성질의 것이 아니며 실제 중요한 위기는 제일 마지막 위기다(전상경, 2006).

16) 이병량 교수가 말하는 교육의 위기를 이 논문에서는 실용적 위기라고 규정했음을 일러둔다.

Ⅴ. 행정학 교육의 미래-기본으로 돌아가기

1. 처방적 관점에 대한 비판과 보완

실무에 당장 활용하기 힘들면 유익하지 않다는 패러다임에 암묵적으로 동조해 오면서 지금까지 행정학자들은 처방적 관점을 지나치게 강조해 왔다. 정부의 용역 과제는 기본적으로 해결책을 제시해야 하기 때문에, 용역과제가 많아질수록 처방적 패러다임은 공고해진다.[17] 행정학의 정체성을 문제해결에서 찾고 행정학의 응용학문적 성격을 강조하는 것이 처방적 패러다임의 전형이다. 하지만 정권이 바뀔 때마다 새로운 국정지표가 등장하고 그때마다 정부가 원하는 것은 바뀐다. 학자가 수요자의 관점에 지나치게 매달린다면 학문의 정체성은 흔들릴 수밖에 없다.

Ⅲ절의 분석에서 봤듯이 공무원들조차 실제의 공직 수행에서 중요한 판단 요소가 되는 것은 전문성보다는 가치나 태도라고 하였다. 한국행정학회 50년의 시대별 국가과제와 행정학의 대응을 분석하는 과정에서 이종범(2006)은 처방 못지않게 중요한 것이 그것의 기반이 되는 철학과 과학이라고 하였다. 행정학이 선진국의 이론을 모방하거나 적용하는 단계에서 벗어나 성숙단계에 이르기 위해서는 철학과 과학이 처방과 균형을 이뤄야 한다는 것이다. 유사한 논의로 박종민(2006)은 한국행정이론 50년을 논하는 과정에서 처방이 강조되면서 경험과 규범이 경시되었다고 비판하였다. 학자들이 경험을 기반으로 한 인과적 설명과, 맥락을 고려한 가치기준의 합의 등에 대해 소홀했다는 것이다.

이와 같은 비판들을 감안하여 행정학의 처방적 성격을 버리고 과학이나 규범으로 나가자는 것은 아니다. 행정학은 사회적 비용이 많이 드는 공공문제의 해결과 디자인을 위한 학문이며(염재호, 2011), 사회적으로 합의가 되지 않고 과학적 해결책도 없는 사악한 문제들(wicked problem)을 다루기 위해 타 학문들과의 협업이 필요한 학문으로서의 성격이 분명히 있다(송희준, 2011). 더구나 행정학이 거버넌스의 개념을 적극적으로 끌어들이며 시민사회와의 관계를 강조한다면(이명석, 2002), 그 이면에는 사회의 문제해결이라는 처방적 관점이 함께 따라다녔기 때문이다. 하지만 그와 같은 문제들을

17) 물론 처방적 관점이 불필요하다는 것은 아니다. 많은 학자들이 행정학의 정체성을 문제해결에서 찾고 이것은 이미 행정학의 지배적 패러다임이 되었다. 하지만 처방은 상식적이며 종합적이고 중도적인 접근을 필요로 하기 때문에 일관된 입장과 시각을 견지하는 게 쉽지 않다(백완기, 2006a). 즉, 학문의 임격성과는 충돌히는 속성을 가진다.

정의하고 분석하는 과정에서 중요한 토대로 작용하는 것은 과학, 그리고 규범적 요소다. 일찍이 재미 행정학자인 전종섭은 사회적 구상(social design)이라는 관점을 끌어들이면서 행정현상이 갖고 있는 다양한 측면들, 예컨대 분석적이고 과학적이지만 한편으로는 민주적이며 윤리적인 측면도 중요하다는 것을 강조했다(Jun, 1986). 특히 전공과 관심이 다른 공무원들에게 행정의 종합적 성격을 이해시키는 교육자 입장에서는 비판과 해석이 꼭 필요하다(Jun, 2006). 그래야만 상황에 맞는 처방이 가능한 것이다.

실증적이건 해석적이건 과학은 다양한 방법론을 통해 현상을 이해하는 것이 처방에 선행되어야 한다는 것을 강조한다. 그리고 규범과 가치는 처방의 구조나 과정에 대한 근거가 과연 정당한 것인가에 대한 의문을 제기한다. 미국행정학을 단순히 모방하지 말고 한국의 행정현실에 바탕을 두되 그것이 추구하는 것은 보편 이론이어야 한다는 견해는 과학을 강조한 것이다(박종민, 2009a; 2009b; 2012). 또한 한국의 행정학자에게 꼭 필요한 것은 행정학의 고유 개념이나 이론이 아니라 인과지식을 제공하기 위한 진지한 노력이라는 주장 역시 과학을 강조한 것이다(최병선, 2000, 2006, 2011). 과학을 강조하는 학자들은 엄밀한 자료 수집과 분석을 거치면서 개념과 이론을 일반화하려고 노력한다.

한편 강명구(2001)는 행정학의 정체성이 의심을 받는 이유를 관리들이 원하는 지식을 제대로 제공하지 못했다는 실용적 차원이 아니라, 관료들이 제시한 정책이 잘못 되었을 때 그에 대한 비판을 하지 못한 실천적 차원에서 찾았다. 이것은 행정학이 규범과 가치의 문제를 도외시할 수 없다는 뜻이며, 그런 점에서 전통적으로 인문학이 강조했던 영역이기도 하다. 인문정신은 도구적 지식이 아니라 가치와 실천을 염두에 둔 지식이며 가치와 규범을 적극적으로 받아들인다(윤견수, 2009). 그것은 다양한 관점들 간의 교류와 비판의 토양 위에서 구축된다. 민주주의와 평등 등의 공공적 가치(임의영, 2003, 2009; 신희영, 2003), 참여의 욕구를 가진 집단적 시민의 관점이 갖는 중요성(이영철, 2003), 법과 대의제적 틀 안에서 공공성 회복을 위한 거버넌스의 구축(소영진, 2003) 등은 모두 행정현상을 다른 관점이나 가치로 바라보자는 것들이다. 능률성과 공공성 못지않게 정부의 질을 좌우하는 것이 불편부당성이라든가(김희강, 2009), 복지국가의 새로운 대안으로 돌봄국가와 보장국가를 제시하는 것도(김희강, 2016; 임현, 2016) 모두 규범적 차원들이다.

주어진 문제를 어떻게 해결할 것인가라는 처방적인 질문은 중요하다. 그러나 그 문제가 왜 문제가 되어야 하며, 그 문제가 왜 중요한 문제인가 등에 대한 규범적이고 실천적인 질문들은 더 중요하다. 행정학자들의 태도가 교육현장에서의 위기를 가중시켰다면 그 이유는 처방의 토대가 되는 비판과 해석을 제대로 제공하지 않았기 때문일 것이다. 즉, 경험 자료와 인과관계를 강조하는 과학의 영역과, 질문들이 근거하고 있는 본질적인 규범이나 가치의 영역이, 처방의 세계와 어떻게 연결되는지에 대한 노력이 상대적으로 부족했기 때문일 것이다. 그렇다면 이러한 노력을 교육프로그램에 어떻게 반영할 것인가? 학부 교육과 대학원 교육으로 나누어 살펴보기로 하자.

2. 교육프로그램의 특성화와 교육기관들 간의 역할 분담

첫째, 학부교육만큼은 적어도 과학과 인문학적 요소가 기반이 되어야 한다. 응용학문으로서의 문제해결과 처방적 지식 보다는, 분석적 지식과 규범적인 질문들에 대한 성찰이 중요하다. 주어진 문제를 해결하는 것이 아니라 왜 그것이 문제가 되고, 그럴 경우 그것을 어떤 방식으로 설명하고 이해할 것인가에 대한 비판적 관점이 학부 교육과정에서 충분히 소화될 필요가 있다. 대학의 행정학 교육 프로그램은 원리를 가르치는 것이지 맞춤형 실무를 숙달시키는 것이 아니기 때문이다(김성기, 2011: 232). 대학교육은 행정 현상에 대한 통찰의 계기를 제공해야 한다.

이러한 교육을 한국의 경험을 적절하게 설명할 수 있는 이론과 개념을 통해 할 수도 있고(문태현, 2005; 박종민, 2006, 2009a, 2009b, 2012; 김현구, 2010, 2011), 민주성과 공익, 윤리 등과 같은 행정의 고유 가치와 문제의식에 초점을 맞추어 시도할 수도 있다(박천오, 2011). 폐쇄적으로 자신의 정체성을 지나치게 내세울 것이 아니라 다른 학문과의 활발한 교류를 염두에 두고 하는 것도 가능하다(정무권, 2005). 행정학 고유의 지식을 찾으려는 노력보다는 오히려 인접 학문 분야의 지식을 깊이 있게 가르치는 것도 생각해 볼 만한 대안이다(유재원, 2011). 예컨대 경영학처럼 다른 학문분야의 지식을 가져오되 그것을 제대로 가져와서, 행정학화하는 노력도 필요하다(윤성식, 2011). 그 질문이 규범적으로 왜 가치가 있고 어떤 의미를 띠고 있는지, 그리고 그것을 어떻게 하면 분석적으로 접근하는지가 학부 교육에서는 중요하다는 뜻이다. 행정학의 범위(locus)를 정부로 할 것인지 혹은 비영리조직이나 국제기구까지 확대할 것인지, 행정학의 초점(focus)을 개념과 이론으로 할 것인지, 경험적 현상에 둘 것인지 등의 고민은 부차적이라고 본다.

둘째, 대학원 교육은 수요자의 관점을 고려하여 차별적으로 실시하는 것이 바람직하다. 특히 학문과 연구에 종사하는 후속세대를 위한 교육인지, 현업에 종사하는 실무자의 재교육을 위한 것인지를 구별할 필요가 있다. 지금까지의 대학원 교육은 일반대학원, 전문대학원, 특수대학원 등이 담당해 왔다. 하지만 이들 기관이 양적으로는 팽창해 왔지만 그에 비례하여 질적 수준을 확보한 것은 아니었다(이승종, 2011). 각 대학원의 교육 목표는 모호하기도 하고 서로 중복되는 경우가 많았다. 예컨대 특수대학원의 경우에는 직장인들을 위한 체계적인 재교육이 아니라 사회적 네트워크를 형성하는 기회로 활용되었다(문명재, 2011). 전문대학원 교육은 본래 전문분야의 취업을 전제로 하는 것이지만, 우리나라는 앞에서 논의한 것처럼 공채문화가 존재하기 때문에 전문대학원 졸업장이 곧바로 취업으로 이어지지 않는다. 전문대학원 재학생들은 한편으로는 일반대학원처럼 학문과 연구를 위한 후속세대로서의 특성을 갖는 학생들이며, 다른 한편으로는 특수대학원처럼 재교육을 위한 직장인으로서의 특성을 갖는 학생들로 구성되어 있다. 따라서 우리나라의 전문대학원 교육은 순수 학문을 추구하는 학생들의 연구역량을 위축시키며, 한편으로는 교수들의 역량을 분산하는 부정적인 결과를 초래하기도 하였다(유민봉, 2011). 교육부의 일관성 없는 대학원 정책, 대학의 재정 확충 동기, 학생들의 자격증 취득 욕구, 미국 중심의 해외 인재 선호 분위기 등의 요인들도 대학원의 내실 있는 성장을 가로막는 요인들이었다(송희준, 2011).

이와 같은 상황에서 적실성 있는 대안은 학문과 연구 후속 세대를 위한 교육 프로그램과, 현업에 종사하는 실무진을 위한 재교육 프로그램을 엄격히 구분하는 것이다. 일반대학원은 연구 역량이 있는 인력을 선발하고 그들에게 집중적인 혜택을 제공하는 프로그램을 운영하는 것이 바람직하다. 특수대학원과 전문대학원은 교육수요자를 대상으로 맞춤형 프로그램을 운영할 필요가 있다. 예컨대 정부기관의 중간관리자급 이상을 대상으로 관리역량을 높이는 프로그램을 개발하든지(유민봉, 2011), 비정부조직이나 지방의회 등과 같은 대상 집단의 특성을 반영한 프로그램을 발굴하여 교육을 실시할 수도 있다. KDI 국제대학원에서 외국인 학생들을 대상으로 운영하는 공공정책과 관리 프로그램은 특화된 교육의 좋은 사례다.

셋째, 학부와 대학원 교육 프로그램을 운영하는 과정에서 교육기관들 간의 역할 분담을 통한 특성화가 필요하다. 우선 학부를 중심으로 운영할 것인지, 대학원 중심으로 운영할 것인지, 아니면 둘 다 유지할지에 대한 고민이 중요하다. 학부를 유지할 경우에는 지나치게 많은 교과목으로 전공을 세분화하지 말고, 학부는 전공기초, 대학원은 전공심화라는 큰 틀로 운영하는 것이 바람직하다(윤재풍, 2011). 이것은 학부는 과학주의와 인문정신에 충실한 교육을 해야 한다는 앞의 주장과도 부합한다. 대학원의 경우 학문 및 연구자를 양성하기 위한 교육과, 현업에 종사하는 실무자 교육을 동시에 실시하는 모자이크 식의 교육은 오히려 교육의 위기를 가속화시킬 우려가 있다. 어느 하나에 치중하며 행정학 교육프로그램의 내실화를 기할 필요가 있다.

이렇게 특성화가 갖추어지면 대학이나 교육기관들 간의 협업을 통한 공동프로그램을 운영하며 전반적으로 행정학 교육의 질을 높일 필요가 있다. 한 대학이 행정학과 연관된 모든 전공을 설치하여 가르치려는 것은 바람직하지 않고, 경쟁력도 없다. 공공영역에 필요한 모든 전문 영역을 행정학과에서 다루는 것도 불가능하다. 설치 전공별 특성화를 거치며 대학들 간의 장점을 찾아나가는 전략이 필요하다. 이러한 논리는 대학과 공공 교육기관 간의 관계에도 적용된다. 대학의 행정학 교육과 공무원 교육기관의 행정학 교육은 교육의 목적, 대상, 프로그램, 방법 등이 달라질 수밖에 없다. 만약 같다면 사회적으로 역할 분담이 안 된 것이며, 같은데 경쟁조차 하지 않는다면 그것은 사회적 낭비다.

특성화를 통한 교육기관들 간의 역할 분담이 제대로 이루어지면 그때 비로소 기관들 간의 협업이 가능할 것이다. 예컨대 분석에서 본 것처럼 공무원들에게는 입직 후 5년 내의 사회화 과정에서 이루어는 교육이 중요하다. 이들에 대한 교육을 공무원교육훈련기관이 담당할 수 있는지, 여력이 부족하면 행정학 관련 대학원이 참여할 수 있는지, 참여한다면 어떤 형태의 거버넌스가 가능한지에 대해 학계와 실무진들 간의 심층적인 논의가 가능할 것이다. 공무원 이외의 공공기관 종사자나 비영리조직 활동가, 지방의회 의원 등의 교육프로그램의 운영에 다수 대학이 공동으로 참여하는 방안에 대한 논의도 가능할 것이다.

Ⅵ. 결론: 공공재로서의 행정학 교육프로그램

이 글은 행정학의 위기가 겉으로 드러난 것을 행정학 교육의 위기라고 보았다. 그리고 행정학 교육의 위기는 행정학에 대한 사회적 효용과 학문적 정체성, 두 가지에 의해 결정 된다는 것이 그동안의 지배적인 담론이라고 보았다. 사회적 효용이 있다는 것은 실용적인 차원에서 사회의 문제 해결에 도움이 된다는 것이며, 수요자들이 행정학 교육 프로그램을 원하고 있다는 뜻이다. 행정학에 대한 사회적 효용이 있는지 알아보기 위해 행정학의 일차 고객이라고 할 수 있는 공무원들의 행정에 대한 인식, 즉 '공직관'을 조사하였다. 조사 결과 공무원들은 문제 해결의 전문성과 연관된 실용적 차원보다는, 태도나 가치 등의 차원을 훨씬 더 중요한 공직의 차원이라고 생각한다는 것을 알 수 있었다. 그리고 대학이 아니라 입직 후 5년 이내가 공직관이 형성되는 중요한 기간이라는 것을 알 수 있었다. 즉, 교육이 실용적이지 않기 때문에 수요자들이 행정학을 외면하고 있다는 주장은 별로 근거가 없었다. 애초부터 대학 프로그램의 실용성에 대해 기대를 하지 않기 때문이다.

사회적 효용을 논할 때 늘 거론되는 것 중 하나가 행정학과는 더 이상 예비공직자를 위한 교육기관으로서의 기능을 하지 못하고 있다는 점이다. 즉, 공무원 시험에 더 이상 유리한 교육기관이 아니라는 것이다. 공무원 시험에서 행정학 과목의 비중이 낮아졌기 때문에 행정학이 위기라고 한다면 이러한 위기를 극복하는 방안은 두 가지 밖에 없다. 하나는 바뀐 시험과목을 행정학 교수들이 공부해서 가르치는 것이고, 다른 하나는 호황을 누렸던 80년대처럼 행정학 과목들을 공무원 시험의 핵심 과목으로 다시 포함시키는 것이다. 앞의 방안은 행정학계가 입시학원이 되어야 가능하고, 뒤의 방안은 행정학계가 강력한 로비를 할 수 있는 이익단체가 되어야 가능하다. 어느 경우나 대학교육이 할 수 있는 것은 아니다. 그러므로 공직으로 진출하는 학생들을 대상으로 행정학 교육이 이루어져야 한다는 패러다임은 현실적으로도 유용하지 않다. 그리고 이것은 대학의 전공과는 무관하게 공개경쟁시험 제도를 통해 공직자를 선발하는 우리나라의 제도적 상황과도 부합하지 않는다. 즉, 공직 진출에 도움이 되는 교육프로그램으로서의 행정학에 대한 사회적 수요를 행정학과에서 관리하는 것이 구조적으로 불가능한 상황이다.

행정학에 대한 공직자들의 사회적 수요가 별로 크지 않고, 예비공직자들의 행정학에 대한 수요를 관리하는 것이 구조적으로 불가능한 것이라면, 행정학 교육의 위기는 사회적 효용의 위기가 아니라 학문적 정체성의 위기에서 비롯된 것이라고 봐야 한다. 이 글에서는 학문적 정체성을 결정하는 것이 학자를 비롯한 연구공동체의 학문적 태도라고 봤다. 행정학자들은 현실 문제를 해결하는 데 유용성을 제시하지 못하기 때문에 행정학이 위기라고 하면서, 행정학이 문제해결을 위한 학문이라는 관점을 지나치게 강조하는 경향이 있다. 특히 수요자의 관점에서 바라보고, 수요자가 원하는 처방책을 제시하는 것을 행정학의 학문적 성격이라고 규정해 왔었다.

수요자의 관점을 강조하면 다양한 가치와 규범의 공존을 받아들인다. 다양한 상황에서 다양한 수요자가 늘 존재하기 때문이다. 그러나 수요자의 관점만 강조한다면 자료의 체계적인 분석이 제대로 이루어지지 않고, 중요한 연구 질문들에 대한 규범적 고민들이 생략되기 쉽다. 수요자가 생각하는 문제의 정의, 원인, 해결책은 상황에 따라 늘 바뀌기 때문이다. 그래서 현상에 대한 이해 없이 처방만 제시하는 오류를 범한다. 10여 년 전에 백완기(2006b)는 한국 행정학 50년사를 정리하면서, 다양한 논의와 상당히 많은 이론들이 존재했었지만 창의적인 연구는 드물었다고 아쉬움을 표시했다. 강신택(2005) 역시 지난 50년의 행정학 연구를 정리하면서 다양한 관점의 많은 연구가 있었지만 심층적인 연구는 부족했다고 했다. 이미 행정학은 다양한 주제와 가치, 그리고 방법론들을 반아들였지만 그것에 접근하는 학자들의 태도가 피상적이었던 것이다. 하연섭(2011)은 용역과제를 통한 응용연구들을 지식의 축적으로 연결시키지 못하고, 계량적 평가 분위기 때문인지 몰라도 기초연구라고 할 수 있는 것들은 너무 사소한 문제에 집착해 왔던 것이 위기의 본질이라고 했다. 과학적 분석이나 철학적 담론 없이 연구자 개인이 생각하는 단견적인 처방책만을 의미심장한 연구로 봤던 것이다.

이러한 학문적 정체성의 위기가 반영된 교육이 지금처럼 학문 및 연구를 위한 후속세대를 위한 교육과, 잠재적인 취업자를 위한 교육, 그리고 현업의 수요자를 위한 교육이 혼합된 모자이크식 교육이다. 모자이크식 교육을 한마디로 정의하면 한 대학이 수요자의 다양성과 특이성을 반영하지 않고 모든 교육을 다 실시하는 교육이다. 정도의 차이는 있지만 모자이크식 교육은 어느 정도 규모가 큰 대학이라면 거의 모든 대학들이 갖고 있는 교육 형태다. 모자이크식 교육을 탈피하고 행정학의 정체성을 살리기 위해서는, 각 대학이 가진 제약조건의 한계 내에서 교육의 역량을 결집하는 것이 바람직하다. 학부이든 대학원이든, 대학원일 경우 학문후속세대 교육이든 특정 분야의 실무자 교육이든, 대학이 제일 잘 할 수 있는 영역을 특성화할 필요가 있다.

이와 함께 특정 대학이 운영하는 행정학 교과과정을 공공재로 바라보는 인식의 전환이 필요하다. 대학원 교육의 질을 높이기 위해서는 학교별 특성화에 대해 고민하고 대학별 교류를 활성화하면서 프로그램을 다양화해야 하지만(남궁근, 2011; 문명재, 2011), 대학들이 서로를 경쟁상대라고 간주하는 상황에서는 이것이 불가능하다.[18] 지금은 한 대학이 다른 대학과의 경쟁을 통해 얼마나 우위를 점할 것인가에 대한 고민보다는, 그 대학이 행정학이라는 공공재의 산출과 축적에 얼마나 기여할 수 있는가에 대해 함께 고민할 때다. 행정학 프로그램을 행정학계의 공공재라고 인식하고, 특성화를 통한 교육기관들의 역할 분담과 협업을 통한 공동프로그램의 운영이 이루어질 때, 행정학 교육의 위기를 극복하는 출발점이 만들어질 것이다.

---

18) 교육과학기술부나 연구재단 등이 제공하는 각종 사업에 뛰어들면서 벌이는 대학 간 경쟁이 좋지 않은 이유는 행정학교육 프로그램들이 획일적인 평가기준에 맞춰지기 때문이다. 양적인 업적이 많은 영역을 중심으로 교수채용과 학생선발이 이루어지고, 가시적인 지표관리가 용이한 것들을 기준으로 교과목과 전공영역들이 설계된다. 이렇게 되면 경쟁에 참여하는 대학들은 비슷한 모습을 갖게 되는데, 경쟁의 과실은 1등이나 2등을 한 대학이 독식하게 된다. 사회적 기대나 자원들이 경쟁에서 이긴 대학으로 집중되기 때문에 나머지 대학들은 이후의 경쟁에서 이기기 위해 1등 한 대학을 더 닮아가려고 한다. 결국 대학이 갖고 있는 고유한 특성을 상실하고 대학들의 특성들이 결합하여 시너지효과를 내는 협업이나 공동생산이 불가능해진다. 행정학에서 중요하다고 생각하는 공공적 가치 혹은 다양성과 개성의 공존이라는 가치를 행정학계에서 앞장서 배격하는 것은 모순이다.

제 3 장 행정학의 유용성과 위상

1 행정학 지식의 유용성에 관한 연구: 한국 공무원의 인식을 중심으로

엄 태 호(연세대학교)

Ⅰ. 서 론

행정학의 유용성에 대한 논의는 본질적으로 행정학의 위기에 대한 논쟁과 그 맥이 닿아있다고 할 수 있다(Ostrom, 1989; Raadschelders, 2011; Rutgers, 1998, 2010; Simon, 1947; Waldo, 1948, 1968). 행정학의 위기는 다학제간 성격으로 인한 정체성 측면에서의 논의(Chevalier, 1996), 행정학의 과학성에 대한 논의(Simon, 1947), 과학성의 추구로 인한 규범의 위기(Ostrom, 1989; Waldo, 1948), 자신감 및 신뢰의 위기(Haque, 1996; Ostrom, 1989), 전문성의 위기(Pugh, 1989) 등 다양한 관점에서 여러 세대에 걸쳐 이루어지고 있으나, 이는 실천적 학문으로서의 태생적 성격에 기인한 바가 크다고 할 수 있다.

행정학을 바라보는 다양한 시각에도 불구하고, 현실 사회에 대한 문제 인식과 처방의 제시가 행정학의 질적·양적 발전에 지속적인 영향을 미치고 있다는 점은 부인할 수 없는 사실이다. 또한, 해결하기 어려운 공공 문제의 급격한 증가와 함께 행정학의 사회적 공헌 방안에 대한 다양한 논의가 진행되고 있다는 점은 행정학의 실천적, 실용적 학문으로서의 지향점을 드러내고 있는 방증이라고 할 수 있다. 이와 같은 실천적,

실용적 성격으로 인해 학문적 정체성에 대한 논란이 가중된 것이 사실이지만(박종민, 2006, 2008), 시대적 수요에 부응하는 지식을 공급하였다는 긍정적 평가 역시 존재한다(박순애, 2007; 박치성, 2008). 그럼에도 불구하고 다수의 연구에서 행정학 지식의 사회적 활용도가 낮다는 지적과 함께 유용성 제고의 필요성이 지속적으로 제기되고 있다(염재호 · 김호섭, 1992; 박순애, 2007).

행정학 지식의 유용성 제고에 대한 필요성은 행정학 연구의 활용문제(송희준, 2008; 김재훈, 2008)와 행정학 전공 교육의 실용성 문제(이원일 · 허철행, 2003; 문명재, 2009)의 원인을 찾는 과정에서 논의되고 있다. 행정학 연구의 결과물이 현실 문제와 괴리되어 실제 수요자인 공무원이 문제해결에 있어서의 유용성을 높게 인식하지 못하고 있다는 지적(허만형 외, 2011)과 행정학 전공자들이 취업 · 업무수행 등에 있어서 전공 교육의 유용성을 체감하지 못하고 있는 등(김태일, 2008) 다양한 관점에서 유용성의 한계가 지적되고 있다. 이러한 문제의 근본적인 원인은 행정학 지식이 수요자의 요구를 고려하지 않고 공급자 위주로 제공되고 있기 때문이라는 주장(하연섭, 2000)이 설득력을 얻고 있다. 한국의 경우 행정학과가 학부과정에 개설되어 있는 독특한 구조로 인해, 행정학 교육에 대한 논의가 주로 학부 학생 또는 학문 후속 세대인 일반대학원생에 집중되어 있다는 사실은 행정학의 유용성을 논의함에 있어서 수요자의 범위를 보다 넓게 인식해야 할 필요성을 제기한다. 특히, 행정학 지식의 주요 수요자 중 하나인 일선 공무원들의 인식과 요구를 파악한 연구가 부족하고, 이에 기초하여 행정학 세부지식의 구성과 전달 체계의 개선에 대한 구체적인 방향성을 제시하고 있는 연구 역시 부족한 것으로 판단된다. 일선 공무원의 경우, 비행정학 전공자가 차지하는 비중이 높음에도 불구하고 다양한 경로를 통해 행정학을 접하고 있다는 점을 고려하면, 이들의 인식 수준을 분석하는 것은 행정학의 유용성을 제고하기 위한 노력에 의미 있는 시사점을 제시할 수 있을 것으로 사료된다.

따라서 본 연구는 일선 공무원들이 인식하는 행정학 지식의 유용성과 만족도를 대면 설문조사를 통해 분석하고자 한다. 특히 행정학 교과목을 중심으로 행정학 지식의 세부영역을 구분한 뒤, 각 세부지식 분야별로 상대적 유용성과 만족도를 분석하여 행정학 지식의 구성과 전달 체계 개선의 방향에 대한 시사점을 도출하고자 한다.

Ⅱ. 선행연구

행정학의 유용성에 대한 논의는 한국 행정학의 위기를 진단하며 대응 방안을 모색하는 과정에서 나타난 행정학의 적실성 논의와 직·간접적으로 연관되어 있다. 공공문제의 해결을 위한 사회적 수요가 급격히 증가하고 있음에도 불구하고 행정학의 수요감지와 대응이 느릴 뿐만 아니라(안병영, 2006: 427), 생산된 지식이 사회문제의 해결을 원하는 수요자들의 요구를 충분히 반영하지 않았다(신무섭, 2006; 허만형 외, 2012)는 비판을 주를 이루고 있다. 또한 응용 사회과학으로의 행정학이 이론 추구와 함께 사회문제의 해결 능력을 중시해야 한다는 주장이 적실성 차원과 함께 논의되고 있다(전상경, 2006: 455-456).

행정학이 사회문제의 해결에 적절히 대응하지 못하고 있다는 지적은 학문의 유용성이 사회가 가지고 있는 제반 문제를 해결하는 데 필요한 지식을 제공하는지 여부에 달려있다는 점(이종수·윤영진 외, 2012: 126-127)에서 행정학 유용성의 위기라고 할 수 있다. 더욱이, 행정학이 사회적 문제의 해결을 위한 처방적 학문의 성격을 가지고 있다는 점을 고려하면, 유용성은 단순한 활용가능성의 차원을 넘어서 학문적 정체성의 관점에서 다루어져야 할 문제이기도 하다.

행정학의 유용성은 사회적 수요에 대한 대응성, 문제해결을 위한 실용성, 학문적 정체성 등과 중첩되는 의미로 논의되어 왔고, 실제로 대다수의 선행연구들은 유용성을 다른 유사한 의미와 명확하게 구분하여 사용하고 있지 않고 있다(박순애, 2007; 이병량, 2010; 정연택·이주실, 2008; 허만형 외, 2011). 행정학의 유용성을 논의한 선행연구들을 행정학 지식의 전달 수단에 따라 분류하면, 행정학 연구측면에서의 논의(권경득, 2006; 김재훈, 2008; 박순애, 2007; 박흥식, 2006; 박치성, 2008; 신무섭, 1997; 안병만, 1986; 허만형 외, 2011)와 행정학 교육측면에서의 논의(김석태, 2000; 문명재, 2009; 이원일·허철행, 2003; 이종범 외, 1990; 제갈욱 외, 2005; 조경호, 2005; 하연섭, 2000)로 분류할 수 있다.

행정학 연구의 유용성에 대한 논의를 다시 지식생산자와 지식수요자의 입장으로 분류하면, 지식생산의 경향(권경득, 2006; 박순애, 2007; 박치성, 2008; 박흥식, 2006; 신무섭, 1997; 안병만, 1986)과 수요자의 활용 측면에서의 연구(김재훈, 2008; 송희준, 2008; 오철호, 2007; 허만형 외, 2011)로 분류할 수 있다.

행정학 지식생산의 경향을 연구한 선행연구들은 행정학 관련 지식의 사회적 수요분석(박순애, 2007; 박치성, 2008), 행정학 지식의 공급 경향 및 수요자들의 인식에 대한 분석을 시도하였다(박순애, 2007). 박순애(2007)의 연구는 행정학이 외형상으로는 시대적 수요들을 반영하여 지속적인 변화를 추구하였으나, 정권별로 실천적 유용성 및 연구의 양과 질적 측면에서 차이가 나타나고 있는 사실을 검증하였다. 박치성(2008)은 공공연구기관이 사회적 수요에 대한 단기적 대응 측면에서 민간연구기관에 비해서 낮지만, 2000~2008년 사이 전체 연구 중 56.5%를 행정개혁에 관련된 연구를 수행함으로써 정부수요에는 민감하게 반응하는 것을 보고하였다.

한편 행정학 수요자들의 연구지식 활용에 대하여 논의한 연구들은 주로 정책연구에서 산출된 지식의 활용정도와 활용요인에 대한 분석을 시도하고 있다(김재훈, 2008; 송희준, 2008; 오철호 2007; 허만형 외, 2011). 활용정도를 분석한 연구로서 허만형 외(2011)는 국책연구기관에서 산출한 연구결과물의 활용정도에 대해 공무원들이 연구원들보다 낮게 평가하고 있고, 현실적합성 역시 저평가하고 있으며, 실질적인 문제해결능력 제고보다는 부처의 정책기조 확립에 기여하고 있다는 인식 조사 결과를 보고하였다. 이러한 활용부진의 주요 요인으로서 실제 정책 현장과의 연계 부족(박순애, 2007), 정책결정자의 지식 활용 동기 및 담당자의 인사이동과 같은 제도적 체계에 관련된 문제(송희준, 2008) 등이 제시되었다.

행정학 교육 측면에서 유용성 문제를 다룬 선행연구는 공급자인 대학에서의 교과과정 개선을 중점적으로 논의한 연구(권해수, 2009; 배일섭, 1998; 윤재풍 · 김명우, 1982; 이병량, 2010; 정연택 · 이주실, 2008), 행정학 전공자들의 행정학에 대한 인식을 다룬 연구(김태일, 2008; 노시평 · 백종섭, 1998) 및 전공자들의 인식을 바탕으로 하여 대학 내 교과과정 개선을 논의한 연구(이원일 · 허철행, 2003; 문명재, 2009)로 구분할 수 있다.

대학에서의 교과과정 개선을 논의한 연구들은 행정학 전공 교육의 유용성 문제를 행정학의 사회적 기능에 대한 회의감(조경호, 2005; 하연섭, 2000), 행정학 교육이 공급자 중심에서 이루어지는 점(김도훈, 1994; 문명재, 2009), 공무원 임용시험에 관련하여 행정학이 선택과목이 되거나 폐지되는 문제(안병영, 2006; 이병량, 2010) 등의 관점에서 논의하고 있다. 선행연구들은 유용성 문제를 해결하기 위한 방안으로서 행정학 전공 교과과정의 개선을 주장하며(유홍림, 2000; 문명재, 2009), 이론적인 과목 중심에서 벗어나, 실무능력을 함양시킬 수 있는 교과과정으로 개편을 주장하고 있다(이원일 · 허철행, 2003). 문명재(2009)는 연구중심대학 4개 대학의 교과과정을 비교하면서, 최근 학제 간 연계된 과목들이 다양하게 생겨나지만, 행정학의 핵심과목(행정철학, 행정법 등)의 비중이 저하되는 현상이 나타났다고 보고하였다. 또한 이론중심 교과목을 탈피하여 이론과 결합한 실용적, 현장 중심적 교과목의 도입 필요성을 제기한다. 또한 행정학이 지식과 정보생산은 물론 그것을 활용하기 위한 교육내용, 즉 문제 해결능력이 필요하다는 주장(유홍림, 2000; 조경호, 2005)은 행정학 지식을 활용하는 지식의 필요성(하연섭, 2000)을 제기하고 있다.

이와 같이, 행정학 지식의 유용성에 대한 논의는 행정학 연구결과의 활용과 행정학

교육의 측면에서 진행되었으며, 이는 행정학 지식의 가장 큰 수요자가 정부 및 학생이라는 사실이 반영된 것으로 보인다. 그러나 다수의 연구가 공급자 위주의 행정학 지식 생성 과정을 지적하고 있음에도 불구하고, 중요한 수요자 중 하나인 현직 공무원들의 인식에 기초한 연구가 부족한 점은 아쉬움으로 남는다. 공무원 중 행정학 전공자가 차지하는 비중이 실제로 그리 높지 않다는 점과 직급 및 담당 업무에 따라 요구하는 행정학 지식의 범위와 깊이 역시 다양하다는 점을 고려하면, 공무원들이 인식하는 세부 분야에 대한 유용성을 분석하는 것은 행정학이 지향해야 할 포괄적인 지식 전달 체계에 있어서 매우 중요한 시사점을 제시할 수 있을 것이다. 따라서 본 연구에서는 행정학 지식의 중요한 수요자인 일선 공무원을 대상으로 행정학 지식의 유용성과 만족도를 조사하여 분석하되, 교과목의 형태로 전달되는 있는 세부 분야별 지식의 유용성을 평가하여 행정학 지식의 유용성 제고를 위한 시사점을 도출하고자 한다.

Ⅲ. 연구 방법

1. 분석대상 및 분석틀

본 연구의 분석대상은 한국의 국가직·지방직 공무원들로서 총 500명을 대상으로 대면 설문조사를 실시하였다. 만족도 및 유용성의 대상을 보다 구체적으로 설정하기 위하여 행정학 지식의 세부 분류를 시도하였다. 세부 분류는 기존의 선행연구(제갈욱, 2006; 김주환, 2001; 조경호, 2005)에서 구분하고 있는 체계를 기본으로 하되, 보편적으로 사용되고 있는 행정학개론 교과서 및 공무원 수험서를 검토하여 분류하였고[1], 수도권 및 비수도권 행정학과의 교과목을 분석하여 최종 확정하였다[2]. 행정학 지식을 교과목 단위로 분류하여 만족도와 유용성을 검토하고자 한 것은 선행연구가 가지고 있는 한계를 보완하고자 하는 시도임과 동시에, 궁극적으로 행정학 교과 체계의 개편에 대한 시사점을 도출할 수 있는 기초 분석으로서의 의미를 부여하고자 한 시도이다.

행정학에서 제공하는 지식을 정책, 조직, 인사, 재무, 분야별 행정, 기타 분야로 분류한 후, 각 부문에 해당하는 교과목을 기준으로 하위 부문 항목을 구성하였다. 그 결과, 정책부문은 정책형성(결정)·정책집행·정책분석평가로 세분류하였고, 조직부문의

1) 서점 및 인터넷 서점에서 고시한 판매량 기준 상위 순위에 해당하는 행정학 개론서, 행정학 분야별 교재 및 공무원 수험서 내용을 검토하였다.

2) 수도권 및 비수도권의 대학의 행정학과를 무작위로 각각 20개씩 추출하여 각 학과에서 공통적으로 개설하고 있는 과목을 기존 선행 연구의 분류체계와 비교하여 일반화하였다.

경우 조직론 일반과 조직행태로 분류하였다. 재무부문의 경우 정부예산·재무행정으로 분류하였으며, 분야별 행정의 경우 복지행정·환경행정·지방 및 도시행정으로 분류하였다. 마지막으로 기타 부문의 경우 행정법·기획론·정보체계 또는 전자정부·행정PR로 구분하였다.

〈표 1〉 행정학 지식의 영역 분류

영역	세부 분류
정책분야	정책형성(결정)
	정책집행
	정책분석평가
조직분야	조직일반
	조직행태
인사분야	
재무분야	정부예산
	재무행정
조사방법	
분야별 행정	복지행정
	환경행정
	지방·도시행정
기타 분야	행정법
	기획론
	정보체계·전자정부
	행정PR

2. 분석방법

본 연구의 분석방법은 첫째, 행정학 지식에 대한 유용성과 만족도 설문 결과에 대한 기초 통계 분석이다. 설문에 포함된 임용주체(국가 또는 지방정부), 업무 분야, 근속 연수 등의 설문자 속성에 기초하여 설문 결과에 대한 해석을 시도한 후, 회귀 분석을 통해 각 속성이 만족도 및 유용성에 미치는 부분적 영향의 정도를 분석하고자 한다. 둘째, 행정학 지식의 유용성과 만족도를 비교하기 위하여 IPA(Importance Performance Analysis)(Martilla & James, 1977)를 본 연구의 목적에 부합하게 수정하여 분석을 실시하였다. IPA 분석방법은 다양한 서비스, 또는 제품 판매 등 여러 분야에서 경쟁력 분석을 위한 도구로서 사용되어져 왔다. IPA 분석의 기본 논리는 중요도와 만족도를 양 축으로 하여 중요도 대비 만족도가 낮은 변수를 우선적으로 개선한다는 논리로서, 고급수준의 분석은 아니나 시각적 구분이 쉽고, 개선의 우선순위에 있어 장점을 가진다(성금단·문신용, 2012). 행정학계에서도 지역의 행복도 증진 요인(최영출·이지혜, 2014), 교육서비스 품질(정진경 외, 2015), 복지서비스(성금단·문신용, 2012) 등 여러 분야에서 활용되고 있다.

IPA는 기본적으로 어떠한 부분에 우선순위를 두고 역량을 집중해야 할 것인가에 대하여 답을 제시하기 때문에, 중요도가 우선순위를 판별하는 데 기준이 된다. 즉, 어떠한 서비스를 구성하는 특정 속성의 중요도는 그 서비스 안에서의 속성의 우선순위를 평가하는 기준이 되는 것이다. 이러한 논리에서 전체 행정학 지식들 속에서 특정 지식의 유용성 정도가 전체 행정학 지식 내에서 우선순위를 판별하는 기준이 되는 경우, 행정학 지식의 유용성 자체가 중요도로서의 의미를 가지게 된다. 따라서 IPA 분석의 기본 논리를 본 연구에 적용할 경우, 행정학 지식의 중요한 수요자인 공무원들이 인식하고 있는 유용성을 세부 분야별로 측정함과 동시에 해당 분야 지식에 대한 만족도를 비교하여 개선을 위한 세부 분야를 확인하는 것을 목적으로 한다.

본 연구의 맥락에서 볼 때, IPA 분석틀의 1사분면에 해당하는 세부 부문의 경우, 다른 행정학 부문에 비해 상대적으로 유용성과 만족도가 모두 높으므로 비교 우위에 있는 분야라고 할 수 있으며, 2사분면에 해당하는 세부 부문의 경우 유용성은 높지만 만족도가 낮으므로 수요자의 요구에 부응하는 지식 체계의 수정과 보강이 시급한 분야라고 할 수 있다. 반면 3사분면에 해당하는 세부 부문의 경우, 유용성과 만족도가 모두 낮은 상태로서 장기적인 관점에서 근본적인 검토를 해야 할 필요가 있는 부문이라고 할 수 있다. 마지막으로 4사분면의 경우, 행정학 지식 자체에 대한 만족도는 상대적으로 높으나 유용성이 낮으므로 지식의 활용 가능성을 높일 수 있는 방안에 대한 논의가 필요한 부문이다.

[그림 1] 행정학 지식의 유용성-만족도 IP Matrix

유용성 (고)	〈제2사분면〉 높은 유용성, 낮은 만족도	〈제1사분면〉 높은 유용성, 높은 만족도
유용성 (저)	낮은 유용성, 낮은 만족도 〈제3사분면〉	낮은 유용성, 낮은 만족도 〈제4사분면〉
	만족도 (저)	만족도 (고)

이와 같이, IPA 분석은 상대적인 만족도와 유용성에 대한 분석으로서, 전술한 설문자의 속성에 근거한 설문 결과 분석에 대한 보완적인 설명을 제공한다는 의미 외에도,

행정학 지식의 세부 부문이 전달되는 통로인 현행 교과목 체계에 대한 상대적인 만족도와 유용성에 대한 평가를 제공함으로써, 사회적 수요에 부합하는 행정학 지식 전달체계 및 구성의 개선에 기여할 수 있을 것으로 사료된다.

Ⅳ. 분석결과

1. 표본의 특성

설문에 참여한 공무원들은 총 500명으로 특성을 설명하면 다음의 <표 2>와 같다. 설문에 응답한 공무원들의 성별은 남성 58.8%(294명), 여성 41.2%(206명)으로 나타났으며, 연령대의 경우 20대가 7.2%(36명), 30대가 29%(145명), 40대가 35.8%(179명), 50대가 28%(140명)로 나타나, 표본의 대부분이 40~50대인 것으로 집계되었다.

〈표 2〉 설문 응답자 특성

구분		빈도	비율	구분		빈도	비율
성별	남성	284	58.8%	근속기간	5년↓	98	19.6%
	여성	206	41.2%		5－10년	78	15.6%
학력	고등학교	71	14.2%		10－15년	94	18.8%
	전문대학	64	12.8%		15－20년	82	16.4%
	대학교	353	70.6%		20년↑	148	29.6%
	석사	12	2.4%	직급	9	95	19.0%
전공	행정학	72	14.4%		8	91	18.2%
	비행정학	428	85.6%		7	229	45.8%
임용주체	국가직	316	63.2%		6	64	12.8%
	지방직	184	36.8%		5	8	1.6%
업무분야	경제	13	2.6%		4	1	0.2%
	복지	49	9.8%		기타	12	2.4%
	일반행정	174	34.8%	연령대	20대	36	7.2%
	교육	59	11.8%		30대	145	29.0%
	과학기술	7	1.4%		40대	179	35.8%
	사회문화	7	1.4%		50대↑	140	28.0%
	기타	191	38.2%				
계		500(100%)					

최종학력의 경우, 고등학교를 졸업한 응답자가 14.2%(71명), 전문대학을 졸업한 응답자가 12.8%(64명), 대학교를 졸업한 응답자가 70.6%(353명), 석사학위 소유자가 2.4%(12명), 박사학위 소유자가 0%로 나타났다. 한편 대학교에서 행정학을 전공한 응답자는 전체 응답자 대비 14.4%(72명)로 나타났는데, 석사학위를 소지한 공무원의 경우 행정학을 전공한 응답자는 한 명도 없는 것으로 나타났다. 대학 졸업자가 응답자의 절대다수를 차지하고 있으나 행정학 전공자 비중이 15% 미만이므로, 행정학 지식을 습득하는 주요 전달 체계는 행정학과에서 개설하고 있는 교과목 이외에, 공무원 수험서, 공무원 연수, 연구 보고서, 업무 중 습득한 행정학 지식 등 매우 다양한 경로를 포함하고 있는 것으로 판단된다.

임용주체의 경우 국가직이 63.2%(316명), 지방직이 36.8%(184명)로서 국가직이 지방직에 비해 상대적으로 높은 비중을 차지하고 있으며, 업무 분야의 경우 경제 2.6%(13명), 복지 9.8%(49명), 일반행정 34.8%(174명), 교육 11.8%(59명), 과학기술 1.4%(7명), 사회문화 1.4%(7명), 기타 38.2%(191명)로서 일반행정직의 비중이 가장 높게 나타났다. 기타 부분이 차지하는 비중이 높은 이유는, 응답자의 상당수가 자신의 업무와 해당 부처 업무 분야를 구분하지 못하거나 복수의 업무 분야를 경험했기 때문으로 추정된다.

근속기간은 5년 미만인 응답자가 19.6%(98명), 5년 이상 10년 미만의 응답자가 15.6%(78명), 10년 이상 15년 미만인 응답자가 18.8%(94명), 15년 이상 20년 미만인 응답자가 16.4%(82명), 20년 이상을 근속한 응답자가 29.6%(148명)을 차지한 것으로 나타났다. 표본에 속한 공무원의 46%가 15년 이상 근무한 공무원이므로, 행정학 지식을 공무원 연수, 외부 자문 등의 다양한 경로를 통해 습득한 것으로 추정되며 습득한 행정학 지식의 유용성을 판단하기에 충분한 공직 경험을 보유하고 있다는 해석이 가능하다.

직급의 경우 9급이 19%(95명), 8급이 18.2%(91명), 7급이 45.8%(229명), 6급이 12.8%(64명), 5급이 1.6%(8명), 4급이 0.2%(1명)로서 표본에 속한 대다수의 공무원이 일선관료로 나타났다. 연령대 측면에서 20대가 7.2%(36명), 30대가 29%(145명), 40대가 35.8%(179명), 50대 이상이 28%(140명)로 집계되어 상대적으로 중장년층으로 표본이 편중되어 있음을 알 수 있다.

2. 행정학 지식의 유용성 및 만족도 인식 조사 결과

1) 유용성과 만족도에 대한 전반적 인식

본 연구의 목적인 공무원들이 인식하는 행정학 지식의 유용성과 만족도를 분석하기 위해, 행정학 지식의 유용성과 만족도를 5점 척도로 측정한 결과, 전체적인 행정학 지식의 유용성과 만족도의 평균은 다음과 같이 도출되었다.

〈표 3〉 전체 행정학 지식의 유용성과 만족도 평균

	유용성	만족도	t-value
전체	3.18	3.24	−4.330***
N	500		

주) *p<0.1, **p<0.05, ***p<0.01.

유용성과 만족도 모두 중위 값을 근소하게 상회하는 수준이므로 행정학 지식에 대한 전반적인 유용성 및 만족도가 높다고 보기 어렵고, 유용성이 만족도에 비해 낮다는 점은, 서비스의 수요자 입장에서의 행정학 지식의 질과 양에 대한 만족도에 비해 실질적인 활용 가능성을 낮게 인식하고 있다는 것으로서 지식의 활용 가능성이 다양한 요인에 의해 영향을 받고 있다는 점을 고려하면 해석이 가능한 수준으로 판단된다.

〈표 4〉 부문별 행정학 지식의 유용성과 만족도[3)]

부문	유용성	만족도	t-value
정책	3.13	3.20	−2.245**
조직	3.16	3.21	−1.765*
인사	3.14	3.17	−1.182
재무	3.16	3.24	−2.638***
조사방법	3.20	3.25	−1.804*
분야별 행정	3.17	3.25	−2.701***
기타	3.19	3.26	−2.241**
전체	**3.18**	**3.24**	−4.330***
N	500		

주) *p<0.1, **p<0.05, ***p<0.01.

행정학 지식의 부문별 유용성과 만족도를 살펴보면, 조사방법 부문이 3.20으로 유용성이 가장 높은 것으로 나타났고, 기타 영역과 분야별 행정이 각기 3.19와 3.17로

3) 분야별 행정은 복지행정, 환경행정, 지방행정으로 구성되어 있다. 기타 분야는 행정법, 기획론, 전자정부/정보체계론, 행정PR로 구성되어 있다.

나타나 그 뒤를 이었다. 반대로, 행정학 지식의 유용성이 가장 낮은 부문은 정책부문(3.13)이었으며, 그 다음으로 인사부문(3.14)의 유용성이 낮게 나타났다. 부문별 행정학 지식의 만족도의 경우, 기타부문이 3.26으로 가장 높은 만족도를 기록하였고, 그 뒤를 이어 분야별 행정과 조사방법 부문이 3.25로 뒤를 이었다. 반대로, 인사부문이 3.21점으로 가장 만족도가 낮게 인식되었고, 정책(3.2), 조직(3.21)이 그 뒤를 이었다.

행정학 지식의 유용성과 만족도를 더 구체적으로 알아보기 위하여 각 행정학 분야를 세분화하여[4] 유용성과 만족도를 살펴본 결과는 다음의 <표 5>와 같다. 행정학 세부영역의 지식 중 가장 유용성이 높은 영역은 기타분야의 행정법으로 3.28로 나타났다. 그 다음으로 지식의 유용성이 높은 영역은 지방·도시행정영역(3.24)이며, 전자정

〈표 5〉 행정학 세부영역별 지식의 유용성과 만족도

행정학 분야	세부영역	유용성	만족도	t-value
정책	정책형성	3.14	3.18	−1.529
	정책집행	3.17	3.23	−2.173**
	정책분석	3.16	3.22	−2.022**
조직	조직일반	3.18	3.2	−0.587
	조직행태	3.09	3.19	−3.332***
인사행정	인사행정	3.14	3.17	−1.182
재무	정부예산	3.18	3.23	−1.471
	재무행정	3.23	3.25	−0.837
조사방법	조사방법	3.20	3.25	−1.804*
분야별 행정	복지행정	3.17	3.20	−1.110
	환경행정	3.17	3.25	−2.678***
	지방·도시행정	3.24	3.30	−2.011**
기타	행정법	3.28	3.34	−2.108**
	기획론	3.10	3.21	−3.783***
	전자정부	3.23	3.25	−0.574
	행정PR	3.20	3.23	−0.936
전체		**3.18**	**3.24**	−4.330***
N		500		

주) $^*p<0.1$, $^{**}p<0.05$, $^{***}p<0.01$.

4) 각 대학의 교과과정과 교과서 및 보고서를 탐색한 결과, 인사부문과 조사방법부문은 세부영역을 나눌 구체적인 기준을 설정하기에는 근거가 불충분하여 세분화하지 않았다.

부(3.23) 및 재무행정(3.23)이 그 뒤를 이었다. 가장 낮게 유용성이 인식되는 분야는 조직행태영역으로서 3.09를 기록하였고, 그 다음으로 기획론(3.1)과 정책형성의 유용성이 낮게 나타났다. 지식의 만족도를 살펴보면, 행정법이 3.34로 가장 만족도가 높았으며, 그 뒤를 이어 지방·도시행정이 유용성이 높게 인식되었다.

행정법의 경우, 공무원 임용시험의 선택과목에 포함되어 있을 뿐만 아니라, 설문대상자인 현직 공무원들이 업무를 수행하는 데 있어서 행정법 및 규정에 대한 이해와 적용이 필수적이라는 점이 크게 영향을 미친 것으로 추정된다. 한편 낮은 유용성을 나타낸 조직행태의 경우, 해당 분야에서 다루고 있는 이론(동기부여이론, 리더십이론 등)이 주로 관리자 차원의 지식에 해당하는 데 반해, 본 연구에서는 상대적으로 하위직 공무원이 차지하는 비중이 높다는 점이 영향을 미치고 있는 것으로 사료된다.

만족도 측면에서 살펴보면, 행정법의 경우 설문대상자인 현직 공무원들이 다양한 방법(특강, 연수 등)으로 지식에 접근할 수 있고, 이론적 지식 이외에도 실제 공무원의 업무에서 발생할 수 있는 사례들을 다양하게 다루는 경우가 많으므로 지식 자체의 질과 양에 있어서 만족도가 높은 것으로 추정된다. 이에 반해, 인사행정, 조직행태, 정책형성 분야의 경우는 대부분의 행정학과 교과목에는 포함되어 있으나 일선 공무원들이 특강 및 연수 등을 통해 접할 수 있는 기회가 매우 제한적이라는 점에서 지식 자체의 양과 질에 있어서 만족도가 낮은 것으로 추정된다.

각 세부영역별 유용성 및 만족도의 차이에는 이외에 다양한 요인이 영향을 미치고 있을 것이다. 분석의 객관성을 확보하기 위하여, 본 연구에서는 설문대상자의 속성을 임용 주체, 직급, 업무분야, 근속기관 및 전공 등으로 구분한 후 각 속성이 설문 결과에 미치는 영향을 파악하고자 한다.

2) 응답자 특성별 행정학 지식의 유용성과 만족도

(1) 임용주체별 지식의 유용성 및 만족도 인식

한국의 공무원은 크게 임용주체에 따라 국가직 공무원과 지방직 공무원으로 나눌 수 있다. 국가직 공무원과 지방직 공무원이 수행하는 업무의 성격과 범위에 있어서 차이가 존재하므로 임용주체에 따라 행정학 지식에 대한 유용성과 만족도가 나타날 개연성이 있다. <표 6>은 이와 같은 개연성을 확인하는 결과를 보여주고 있다.

〈표 6〉 임용주체별 행정학 지식 유용성 및 만족도 인식

임용주체	유용성	만족도	N
국가직	3.24	3.28	316 (63.2%)
지방직	3.08	3.15	184 (37.8%)
전체	**3.18**	**3.24**	**500 (100%)**

주) 국가직 및 지방직 공무원의 유용성·만족도 인식에 대한 평균차이는 t-test 결과, 유용성(t=3.018)·만족도(t=2.521) 모두 유의수준 1%에서 유의미한 차이가 있는 것으로 나타났다.

설문에 응답한 공무원 500명 중 국가직 공무원은 총 316명으로 전체 응답자의 63.2%를 차지하고 있다. 국가직 공무원이 인식한 행정학의 유용성 평균은 3.24, 만족도 평균은 3.28로서 지방직 공무원의 유용성 평균 3.06, 만족도 평균 3.15에 비해 모두 높게 나타났다.

국가직 공무원의 유용성 인식 수준이 지방직에 비해 높은 원인을 추정하면 행정학 교육 및 연구에서 다루고 있는 연구 대상 및 사례가 주로 국가적 차원의 주제인 경우가 많은 반면, 지방자치단체의 시각에서 논의하는 주제는 일부 과목으로 제한되어 있다는 점을 들 수 있다. 만족도의 측면에서는 국가직에 비해 지방직 공무원의 경우 행정학을 접할 기회가 상대적으로 한정되어 있다는 점을 들 수 있는데, 연구보고서, 특강, 연수 등에서 지방직 공무원의 업무 특성을 반영한 내용이 차지하는 비중이 상대적으로 적을 경우 행정학 지식의 만족도가 상대적으로 낮게 나타날 수 있는 개연성이 존재한다.

임용주체에 따라 행정학 지식의 만족도와 유용성의 인식 수준에 체계적인 차이가 나타나고 있다면 이는 향후 행정학의 지식 구성과 전달 체계에 매우 중요한 시사점을 제시한다. 그러나 임용주체의 차이가 다른 속성을 대변하고 있다면 잘못된 추론을 유도할 수 있으므로 다른 요인이 미치는 영향을 추가적으로 분석할 필요가 있다.

(2) 업무분야별 지식의 유용성 및 만족도 인식

설문응답자의 업무분야는 행정학 시식의 유용성과 만족도에 영향을 미칠 수 있는 중요한 요인 중 하나이다. 개별 공무원이 수행하는 업무 대상에 따라서 행정학에서 제공하는 지식의 활용 여부가 결정될 가능성이 크기 때문이다. 공무원의 업무분야에 따른 행정학의 유용성 및 만족도 결과는 다음의 <표 7>과 같다. 또한 업무분야에 따라 유용성과 만족도 인식에 차이가 있는지를 검증하기 위하여 일원배치 분산분석(ANOVA)을 실시한 결과 유의수준 5%에서 유용성(F=2.860), 만족도(F=2.150) 모두 각 업무분야

간 차이가 있는 것으로 검증되었다.

〈표 7〉 업무분야별 행정학 지식 유용성 및 만족도 인식

업무분야	유용성	만족도	N
일반행정	3.08	3.18	174 (34.8%)
경제	2.98	3.06	13 (2.6%)
복지	3.18	3.19	49 (9.8%)
교육	3.25	3.36	59 (11.8%)
과학기술	2.69	2.76	7 (1.4%)
사회문화	3.44	3.43	7 (1.4%)
기타	3.26	3.27	191 (38.2%)
전체	**3.18**	**3.24**	**500 (100%)**

일반행정업무를 수행하는 공무원은 174명(34.8%)으로 기타분야를 제외하면 가장 많은 공무원이 일반행정분야를 수행하는 것으로 나타났다. 기타 분야로 분류된 응답자가 191명(38.2%)에 달하는 이유는 복수의 업무를 담당한 경험이 있거나, 부처의 업무와 개별응답자의 업무가 다른 경우가 많았기 때문으로 추정된다. 예를 들어 복지부처에서 일반행정업무를 수행하는 공무원의 경우 부처업무와 본인이 담당하는 업무 구분의 모호함으로 인해 기타분야로 선택할 수 있을 것이다.

행정학 지식의 유용성과 만족도가 가장 높은 분야는 사회문화분야로서 유용성이 3.44, 만족도가 3.43으로 집계되어 유용성이 만족도에 비해 높은 것으로 나타났다. 반면 과학기술분야의 공무원은 유용성을 2.69, 만족도를 2.76으로 인식하여 가장 낮은 업무분야로 나타났다. 다만, 두 분야의 표본은 7명으로 대표성을 가지고 있다고 보기에는 어려움이 있다.

업무분야를 종합적으로 살펴보면, 일반행정·복지·교육·사회문화분야의 공무원의 경우 모두 보통(3.0) 이상의 유용성과 만족도 인식을 한 것에 비하여, 경제·과학기술 분야의 공무원들은 행정학 지식의 유용성과 만족도를 모두 보통 이하로 인식하였다. 이러한 이유는 수행하는 업무 분야가 상대적으로 높은 전문성을 요구할 경우, 일반적인 행정학 지식에 대하여 유용성을 낮게 평가하는 경향이 존재하고, 특히 경제 및 과학기술의 경우 해당 지식 자체가 행정학에 해당한다고 보기 어려우므로 행정학 지식의 유용성과 만족도를 낮게 인식할 가능성이 높다. 한편, 전술하였던 임용주체의 영향

을 고려하여 업무분야와 동시에 분석을 실시한 결과는 다음의 <표 8>과 같다.

〈표 8〉 임용주체에 따른 업무분야별 행정학 지식 유용성 및 만족도

임용주체	업무분야	유용성	만족도	N
국가직	일반행정	3.22	3.32	55 (11.0%)
	복지	2.88	2.83	7 (1.4%)
지방직	일반행정	3.03	3.12	119 (23.8%)
	복지	3.23	3.25	42 (8.4%)

주) 일반행정업무를 수행하는 국가직과 지방직의 유용성과 만족도 평균차이에 대한 검정은 각각 t=2.189, t=2.317로서 유의수준 5%에서 평균 간 유의미한 차이가 존재하며, 복지업무를 수행하는 국가직과 지방직의 유용성과 만족도 평균차이에 대한 검정결과는 각각 t=−1.533, t=−1.985가 나타나 평균 간의 차이가 유의미하지 않은 것으로 나타났다.

임용주체와 업무분야를 동시에 고려하여 분석을 진행할 경우, 표본의 문제가 발생할 수 있다. 경제 · 과학기술 · 사회문화 분야의 경우 표본의 크기가 대표성을 띠기에는 어려움이 존재하며, 교육의 경우 표본에 존재하는 교육 분야의 모든 공무원이 국가직 공무원으로 나타나 임용주체에 따라 분류하는 것이 적절치 않았다. 따라서 본 분석에서는 일반행정 분야와 복지 분야만을 대상으로 분석을 진행하였다.

임용주체가 국가직이고 업무분야가 일반행정인 설문응답자는 55명으로 전체 응답자 중 11%를 차지하고 있으며, 지방직 공무원의 경우는 총 119명으로 전체 설문 응답자 중 23.8%를 차지하는 것으로 나타났다. 이러한 결과는, 표본의 특성을 반영함과 동시에 모집단의 성격도 일부 반영하고 있는 것으로 판단된다. 즉, 국가직 공무원의 경우, 여러 부처에서 다양한 업무를 담당하고 있는 반면, 지방직 공무원의 경우 주요 업무 중 일반행정과 복지 분야가 차지하는 비중이 높은 것은 지방직 공무원의 분포 현황에 부합하는 결과로 판단된다.

일반행정업무를 담당하고 있는 국가직 공무원의 유용성 및 만족도 평균값이 지방직 공무원에 비해 상대적으로 높다는 점은 국가직 공무원과 지방직 공무원, 즉, 임용주체별 차이를 그대로 반영하고 있는 것으로 판단된다. 설문응답자를 임용주체별 및 업무분야별로 구분할 경우, 가장 높은 만족도를 나타내고 있는 응답 집단이 국가직 일반행정업무 공무원이라는 점은, 행정학 지식의 구성과 전달체계가 국가직 공무원 위주로 일반행정에 부합하는 보편적인 내용으로 이루어져 있다는 것을 시사한다. 행정학 지식의 유용성을 지방직 복지업무 담당 공무원이 가장 높게 평가하고 있다는 점 역시

시사 하는 바가 적지 않다. 지방자치단체의 경우 대민업무의 비중이 높고 민원의 상당 부분이 복지와 관련되어 있으므로 개별 업무에 있어서 규정의 해석, 적용, 전달 체계에 대한 이해 등이 매우 중요한 요소가 된다. 복지업무 공무원들이 행정법에 대한 유용성을 높게 평가하고 있다는 점을 고려하면, 지방직 복지공무원들이 이러한 지식을 행정학 지식의 범주로 인식하고 있다는 것을 의미한다. 이와 같은 결과는 지방직 공무원, 특히 복지직 공무원에 대한 차별화된 행정학 지식 내용의 구성과 함께 효율적 전달 체계 확립의 필요성을 제시하고 있으므로, 향후 행정학 교과목 구성 및 공무원 교육 체계 개편에 참고할 자료가 될 수 있을 것으로 판단된다.

(3) 직급별 지식의 유용성 및 만족도 인식

의사결정의 범위는 지식 활용의 정도에 영향을 미치는 중요한 요소 중에 하나라고 할 수 있다. 하위직의 경우 제한적인 의사결정과 단순 업무를 수행하는 데 반해서 고위직의 경우 하위직에 비해 넓은 범위에서 의사결정을 할 수 있고, 비교적 복잡한 업무를 수행하기 때문이다. 관료제의 경우, 정책 결정의 측면에 있어서 이와 같은 현상이 나타날 개연성이 높으나, 다양한 행정학 지식의 활용에 있어서 직급별로 어떤 현상이 벌어질지에 대해서는 일반적인 가설을 세우기가 쉽지 않다. 앞서 살펴본 바와 같이, 지방직 복지 공무원 등과 같은 일선 관료에게 행정학 지식이 더 유용하게 인식될 가능성도 높기 때문이다.

설문에 응답한 공무원을 직급에 따라 분류하여 행정학 지식의 유용성과 만족도를 측정한 결과는 다음의 <표 9>와 같다.

〈표 9〉 직급별 행정학 지식 유용성 및 만족도 인식

직급	유용성	만족도	N
9급	3.19	3.20	95 (19.0%)
8급	3.23	3.28	94 (18.8%)
7급	3.19	3.24	229 (45.8%)
6급	3.16	3.27	64 (12.8%)
5급	3.08	3.33	8 (1.6%)
전체	**3.18**	**3.24**	**500 (100%)**

주 1) 직급의 대표성을 고려하여 4급 공무원(1명)과 기타 직급의 공무원은 분석에서 제외하였다.
2) 평균 간 차이 검증결과 직급 간 유용성과 만족도 차이는 유의미한 결과를 갖지는 못한 것으로 나타났다.

5급 응답자의 수가 충분하지 않으나, 일반적으로 하위 직급에 비해 상위 직급의 만족도가 높은 반면 유용성 평가가 낮게 나타났다. 특히 주목할 만한 사실은, 상위 직급의 경우 만족도와 유용성의 차이가 하위 직급에 비해 크게 나타나고 있다는 점이다. 상위 직급의 경우, 다양한 경로를 통해 행정학 지식을 습득할 수 있는 기회가 많으므로 제공받는 지식에 대한 만족도가 높은 반면, 실제로 업무에 적용하는 측면에서는 상대적으로 낮게 평가하고 있는 것으로 판단된다. 직급별 만족도와 유용성의 차이는 국가직과 지방직 응답자 모두에 나타나고 있다.

(4) 근속기간별 지식의 유용성 및 만족도 인식

우리나라의 관료제에서 공무원의 직급은 근속기간과 정(+)의 상관관계를 가지고 있는 것이 일반적인 현상이라고 볼 수 있다. 그럼에도 불구하고, 7급과 5급 공개경쟁채용시험과 같은 경우가 존재하므로 완전한 상관관계로 보기 어렵다는 점과 직급의 영향과 구별되는 근속연수에 따른 현상이 나타날 경우, 이를 분석하는 것은 중요한 의미를 갖는다. 근속기간별 유용성과 만족도의 평균차이가 유의미한지 일원배치 분산분석을 통하여 검증한 결과, 유용성($F=2.810$)만이 유의수준 5%에서 각 근속기간별로 인식하는 유용성이 유의미한 차이가 있는 것으로 나타났다.

〈표 10〉 근속기간별 행정학 지식 유용성 및 만족도 인식

근속기간	유용성	만족도	N
5년 미만	3.12	3.17	98 (19.6%)
5-10년	3.12	3.16	78 (15.6%)
10-15년	3.10	3.19	94 (18.8%)
15-20년	3.27	3.29	82 (16.4%)
20년 이상	3.26	3.31	148 (29.6%)
전체	**3.18**	**3.24**	**500 (100%)**

본 연구의 표본에서는 20년 이상 근무한 공무원들이 가장 높은 비중을 차지하고 있으며, 근속기간이 길어질수록 행정학 지식에 대한 유용성과 만족도가 높아지는 현상이 매우 뚜렷하게 나타났다. 이와 같은 현상은 국가직과 지방직 공무원별로 구분하여 분석한 경우에도 공통적으로 나타났으며, 직급별 분석의 경우, 고위공무원의 표본 수의 부족으로 정밀한 비교는 어려웠으나 9-6급 공무원들에게서 역시 근속기간별로 유용성과 만족도가 높아지는 결과가 나타났다. 이과 같은 결과는 근속연수가 다른 요인

의 대리변수가 아닌 독립적인 변수로서 만족도와 유용성을 결정하는 매우 중요한 요인이라는 점을 의미한다. 근속기간이 늘어날수록 유용성과 만족도 모두가 높아지는 현상은 대학 내에서 제공되는 지식보다 행정부처에 근무를 하면서 연수, 특강, 업무 수행 등을 통하여 제공받은 지식에 대한 만족도와 유용성이 더 높다는 것을 의미한다. 공직을 수행하며 부가적으로 제공받는 지식의 경우 실무적 유용성이 높은 지식을 우선적으로 제공받으며, 근속기간이 늘어날수록 제공받는 지식이 다양하고 풍부해지므로 상대적으로 만족도 또한 높아지기 때문으로 추정된다. 이러한 결과는 행정학의 유용성 제고를 행정학과 차원에서 학부 교육에 집중하여 논의하기보다 평생교육 차원에서 접근해야 할 필요성을 제기하고 있다.

(5) 전공별 지식의 유용성 및 만족도 인식

행정학 전공 여부 또한 행정학 지식의 유용성과 만족도에 영향을 미칠 수 있다. 대학이나 대학원에서 행정학을 전공한 공무원들의 경우, 여러 교과목을 수강함으로써 비전공자들보다 상대적으로 행정학 지식을 더 많이 습득하게 된다. 또한 체계화된 커리큘럼 내에서 행정학 지식을 제공받기 때문에 비전공자들과 차이가 나타나게 될 가능성이 존재한다. 아래의 <표 11>은 행정학 전공 여부에 따라 행정학 지식의 유용성과 만족도를 비교한 것이다.

〈표 11〉 전공별 행정학 지식 유용성 및 만족도 인식

전공	유용성	만족도	N
행정학	3.16	3.33	72 (14.4%)
비(非)행정학	3.18	3.22	428 (85.6%)
전체	**3.18**	**3.24**	**500 (100%)**

주) 유용성과 만족도에 대한 행정학 전공자와 비행정학 전공자의 평균 차이는 검정결과 유의미한 차이가 나타나지 않았다.

행정학을 전공한 공무원은 총 72명으로 전체 표본의 14.4%를 차지했다. 행정학을 전공하지 않은 공무원은 총 428명으로 전체 표본의 85.6%를 차지한 것으로 나타났다. 전체 공무원 중 행정학 전공자는 행정학 지식의 유용성을 3.16, 만족도를 3.33으로 인식한 반면, 행정학 비전공자는 유용성을 3.18, 만족도를 3.22로 인식하였다. 행정학 전공자는 행정학 비전공자보다 유용성을 낮게 인식했지만, 만족도는 더 높은 것으로 나타났다. 이는 전술한 것과 같이 비행정학 전공자보다 행정학 전공자가 행정학을 장기

간 체계적으로 배웠으므로 학문적 만족도 자체는 높지만 실제로 적용하는 데 있어서 한계가 있다고 인식하는 것으로 판단된다. 또한 행정학 비전공자의 경우 일반적으로 공무원 시험, 연수, 특강 등을 통해 행정학 지식을 습득하기 때문에 깊이 있고 폭넓은 행정학 지식을 습득하기 어려우므로 행정학 지식 자체에 대한 만족도는 행정학 전공자에 비해서 낮으나, 실무에 적용되는 지식을 습득하는 경우가 상대적으로 많으므로 지식의 유용성 측면에서 높게 인식하는 것으로 추정된다. 한편 임용주체를 고려하여 행정학 전공자와 비전공자의 행정학 지식의 유용성과 만족도를 비교한 결과는 다음의 <표 12>와 같다.

〈표 12〉 전공 및 임용주체별 행정학 지식의 유용성과 만족도

전공	임용주체	유용성	만족도	N
행정학	국가직	3.16	3.29	43 (8.6%)
	지방직	3.15	3.38	29 (5.8%)
비(非)행정학	국가직	3.25	3.28	273 (54.6%)
	지방직	3.06	3.11	155 (31.0%)
전체		3.18	3.24	500 (100%)

주) 국가직 공무원의 경우, 전공에 따른 평균차이는 유의미하게 나타나지 않았으나, 지방직 공무원의 경우, 전공에 따른 만족도 차이가 유의수준 5%에서 유의미하게 나타났다($t=2.314$).

임용주체를 고려한 행정학 전공자와 비전공자의 평균값의 차이는 임용주체만을 분석한 경우와는 다른 시사점을 제시하고 있다. 행정학 전공자의 경우 국가직 공무원과 지방직 공무원의 유용성 인식이 각기 3.16, 3.15로 실질적인 차이가 없었으나, 행정학 비전공자 중 국가직과 지방직의 유용성 평가 점수는 각각 3.25, 3.06으로서 상대적으로 큰 차이를 보이고 있다. 만족도에 있어서도 국가직의 평균값이 지방직을 상회하고 있다. 이러한 차이가 전공여부로 인한 것임을 단정하기에는 분석적 한계가 있으므로, 위의 기술 통계에 대해서는 다양한 해석이 가능할 것으로 사료된다.

기술 통계와 응답자의 특성을 최대한 반영하여 이러한 결과를 해석하면, 행정학 전공자의 경우, 행정학 지식 자체에 대해 보다 긍정적인 태도를 가지고 있으며, 행정학 지식의 개념을 학부 전공에 기초하여 인식하고 있으므로 임용주체 및 업무 영역에 따라 평가가 달라지지 않고, 행정학 교과목 이수 시 습득한 이론적 내용의 현실 적용 가능성에 대해서는 부정적인 태도를 가지고 있는 것으로 판단된다. 이에 반해, 비행정학 전공자의 경우 행정학 지식의 개념 자체를 전공 교과목에서 찾지 않고 업무 수행, 연

수, 특강, 연구보고서 등을 통해 습득한 지식으로 인식하고 있으므로 만족도와 유용성의 개념을 분리하지 않고 통합적으로 인식하고 있으며, 필요에 의해 행정학 지식을 습득하거나 해당 업무를 수행하는 시점에 교육을 받은 경우가 많았으므로 그 가치를 높게 평가하고 있는 것으로 판단된다.

〈표 13〉 전공 및 근속기간별 행정학 지식의 유용성과 만족도

전공	근속기간	유용성	만족도	N
행정학	5년 미만	3.09	3.24	17 (3.4%)
	5－10년	3.23	3.55	13 (2.6%)
	10－15년	3.41	3.59	8 (1.6%)
	15－20년	3.29	3.31	14 (2.8%)
	20년 이상	2.97	3.15	20 (4.0%)
비행정학	5년 미만	3.13	3.16	81 (16.2%)
	5－10년	3.07	3.09	65 (13.0%)
	10－15년	3.08	3.16	86 (17.2%)
	15－20년	3.27	3.28	68 (13.6%)
	20년 이상	3.30	3.33	128 (25.6%)
전체		**3.18**	**3.24**	**500 (100%)**

주) 전공과 근속기간에 따른 유용성과 만족도 인식은 5~10년, 10~15년 동안 근속한 공무원들의 만족도 인식에서 전공에 따른 차이가 유의수준 5%에서 유의미한 것으로 각각 나타났다(t=2.853, t=2.029). 전공에 따른 유용성 인식 차이는 20년 이상 근속한 공무원들에게서 유의수준 5%에서 유의미한 차이가 나타났다(t=－2.395).

행정학 비전공자의 경우 근속기간이 늘어날수록 행정학 지식의 유용성과 만족도에 대한 평가가 상승하는 경향이 나타났지만, 행정학 전공자의 경우에는 20년 이상 근속자의 유용성과 만족도 점수가 하락하는 비선형적인 결과가 나타났다. 전체 응답자 중 전공자가 차지하는 비중이 14.4%에 불과하므로, 근속연수에 따른 유용성과 만족도의 상승은 비전공자의 긍정적 평가가 크게 영향을 미친 것으로 판단된다. 20년 이상 근속한 행정학 전공자의 유용성 및 만족도 평가 점수가 하락한 이유를 정확하게 파악하기는 어려우나, 행정학 전공자와 비전공자가 인식하고 있는 행정학 지식에 대한 유용성이 근속연수에 따라서도 달라질 수 있다는 사실은 행정학 지식의 구성과 전달 체계 개선에 의미 있는 시사점을 제시하고 있는 것으로 판단된다.

3) 다중회귀분석

위에서 살펴본 바와 같이, 공무원들이 인식하고 있는 행정학 지식에 대한 유용성과 만족도는 응답자의 속성, 즉, 국가직 또는 지방직 여부, 업무분야, 직급, 근속기간, 행정학 전공 여부에 따라 달라질 수 있다는 것을 알 수 있다. 이러한 속성들을 동시에 고려했을 때 어떤 속성이 더 큰 영향을 미치는가를 확인하기 위하여 다중회귀분석을 실시하였다.

분석을 위하여 설문 결과를 양적 변수로 조작화하였다. 임용주체 변수는 국가직일 경우 1, 지방직일 경우 0의 더미변수로 조작화하였고, 업무분야의 경우 기타가 차지하는 비중이 매우 높으므로 기술통계에서 가장 차별화된 평균값을 나타내고 있는 교육부문 업무를 1, 그 외의 업무를 0으로 측정하여 다른 업무와의 차별성을 검증하고자 하였다. 직급의 경우 9급 공무원을 1로 측정하고 5급 공무원 이상을 5로 조작화하여 직급이 올라갈수록 변수가 한 단위씩 상승하는 추세변수로 설정하였다. 근속기간도 유사한 방법으로, 근속기간이 5년 미만일 경우 1, 20년 이상일 경우 5로 측정하여, 근속기간이 5년 단위로 길어질수록 변수가 한 단위씩 상승하도록 추세변수를 설정하였다. 마지막으로 전공에 관련된 변수로서 행정학 전공자는 1, 비전공자는 0으로 측정하여 더미변수로 설정하였다.

<표 14>에서 나타난 바와 같이, 모형의 설명력은 유용성의 경우 4.96%, 만족도의 경우 4.55%로서, 모형에 포함된 5가지 개인 속성이 종속변수를 충분히 설명하고 있다고 보기 어려우나, 개인을 대상으로 한 설문 조사에서 개인별 특성만을 모형에 포함했을 때 나타나는 일반적인 수준이라고 할 수 있다. 다중회귀분석은 모형에 포함된 독립변수의 영향을 동시에 반영하고 있으므로, 기초통계에서 나타난 각 개별변수의 영향력이 다른 독립변수의 영향력과 상충되거나 흡수되어 통계적 유의성을 상실하는 경우가 발생하기 때문에 이를 확인하는 것은 중요하다. 먼저 유용성 측면에서 회귀분석결과를 살펴보면, 국가직, 직급, 근속기간은 기초통계분석과 동일한 결과를 보여주고 있는 반면, 행정학 전공 여부는 통계적으로 유의미하게 나타나지 않았다. 만족도의 경우도 유용성 결과와 유사하나, 행정학 전공 및 교육업무분야의 영향력이 상승하여 통계적으로 의미 있는 변수가 된 반면, 다른 변수의 영향력은 유용성의 경우에 비해 다소 하락하였다.

〈표 14〉 회귀분석 결과

	유용성		만족도	
	Coef	Beta	Coef	Beta
임용주체(국가직)	0.158***	0.131***	0.111**	0.096**
업무분야(교육)	0.029	0.016	0.136*	0.079*
직급	−0.058***	−0.139***	−0.044**	−0.11**
근속기간	0.067***	0.172***	0.057***	0.154***
전공(행정학)	−0.005	−0.003	0.140**	0.088**
Cons	3.022***	.	3.063***	.
R−square	0.0496		0.0455	
N	500		500	

주) *p<0.1, **p<0.05, ***p<0.01.

표준화 계수를 살펴보면, 유용성과 만족도 모두 근속기관이 다른 독립변수에 비해 큰 영향을 미치고 있고, 국가직 및 직급의 영향력은 유용성에 비해 만족도에서 다소 낮게 나타나고 있음을 확인할 수 있다.

3. IPA 분석결과

전술한 바와 같이, IPA는 만족도와 중요도(본 연구에서는 유용성)를 기준으로, 상대적인 관점에서 개선이 집중적으로 필요한 분야를 파악하기 위한 분석 기법이다. IP Matrix 작성에 앞서, 유용성과 만족도 간 평균차이가 유의미한지를 살펴보기 위하여, 대응표본 t검정을 실시하였다. <표 15>에서와 같이 대응표본 t검정 결과, 세부영역별 유용성과 만족도의 차이에서 정책집행, 정책분석평가, 조직행태, 환경행정, 지방·도시행정, 행정법, 기획론의 지식 유용성과 만족도 인식에서 유의미한 차이가 있다고 나타났다. 유용성과 만족도에서 유의미한 차이를 보인 전체 영역 중 가장 큰 차이를 보인 세부 영역은 기획론으로서 유용성이 만족도에 비하여 약 0.11 낮게 나타났다. 그 다음으로 조직행태, 환경행정, 지방·도시행정, 정책분석평가, 정책집행, 행정법의 순으로 유용성과 만족도의 차이가 높게 나타났다.

〈표 15〉 행정학 지식 세부영역별 유용성-만족도 차이

	영역	유용성		만족도		유용성-만족도	t
		평균	표준편차	평균	표준편차		
1	정책형성(결정)	3.14	0.817	3.18	0.802	−0.046	1.529
2	정책집행	3.17	0.811	3.23	0.782	−0.062	2.173*
3	정책분석평가	3.16	0.845	3.22	0.784	−0.064	2.022*
4	조직일반	3.18	0.820	3.2	0.771	−0.018	0.587
5	조직행태	3.09	0.809	3.19	0.844	−0.102	3.332**
6	인사행정	3.14	0.830	3.17	0.838	−0.03	1.182
7	정부예산	3.18	0.775	3.23	0.735	−0.046	1.471
8	재무행정	3.23	0.865	3.25	0.789	−0.026	0.837
9	조사방법	3.20	0.834	3.25	0.781	−0.05	1.804
10	복지행정	3.17	0.791	3.22	0.794	−0.032	1.110
11	환경행정	3.17	0.833	3.25	0.781	−0.086	2.678**
12	지방・도시행정	3.24	0.807	3.3	0.765	−0.066	2.011*
13	행정법	3.28	0.801	3.34	0.754	−0.06	2.108*
14	기획론	3.10	0.804	3.21	0.755	−0.110	3.783***
15	전자정부	3.23	0.800	3.25	0.782	−0.016	0.574
16	행정PR	3.20	0.810	3.23	0.739	−0.026	0.936

주) * $p<0.05$, ** <0.01, *** <0.001.

본 연구에서는 유용성의 중앙값(3.0)과 평균값(3.181)의 차이가 크지 않고, 만족도 역시 중앙값(3.0)과 평균값(3.235)의 차이가 크지 않기 때문에 선행연구에서 제시하고 있는 바와 같이, 유용성과 성취도 항목의 전체 평균값을 각각 X축과 Y축의 격자로 설정하였다. 분석결과, 1사분면에는 재무행정, 조사방법, 지방・도시행정, 전자정부/정보체계론, 행정법; 2사분면에는 행정PR; 3사분면에는 정책형성(결정), 정책집행, 정책분석평가, 조직일반, 조직행태, 인사행정, 정부예산, 기획론; 4사분면에는 환경행정이 위치하는 것으로 나타났다. 전체적으로 살펴보면 행정학 세부영역들은 1사분면과 3사분면에 주로 위치하고, 2사분면과 4사분면에는 거의 위치하지 않아 만족도와 유용성에 상관관계가 있을 수 있다는 점을 시사한다.[5] IPA는 중요도(본 연구에서는 유용성)와 만족도 간 독립성을 전제로 하고 있으나(Martilla & James, 1977), 다수의 선행연구들이 두 변

5) IPA는 중요도(유용성)와 성취도(만족도) 간 독립성을 전제로 하지만, 선행연구들을 통해 요인의 중요도와 성취도 간 인과관계가 있다는 것을 밝혔다(Matzler et al., 2004).

수가 인과관계가 존재할 수 있다는 점을 지적하고 있다(Matzler et al., 2004). 즉, 만족도가 중요도에 영향을 줄 수 있고, 질문의 의도와는 달리 응답자가 두 변수의 속성을 구분하지 못할 가능성이 있기 때문이다(Matzler & Sauerwein, 2002). 본 연구에서는 유용성과 만족도 간 명확한 상관관계가 나타나고 있으므로 이러한 현상이 발생한 것으로 해석된다. 그로 인해 2・4사분면에 해당하는 세부 분야가 거의 없고 다른 분야와 명확하게 구별되지 않으므로, 대부분의 세부 분야가 1・3사분면에 위치하게 된다.

[그림 2] 행정학 세부영역 IP Matrix

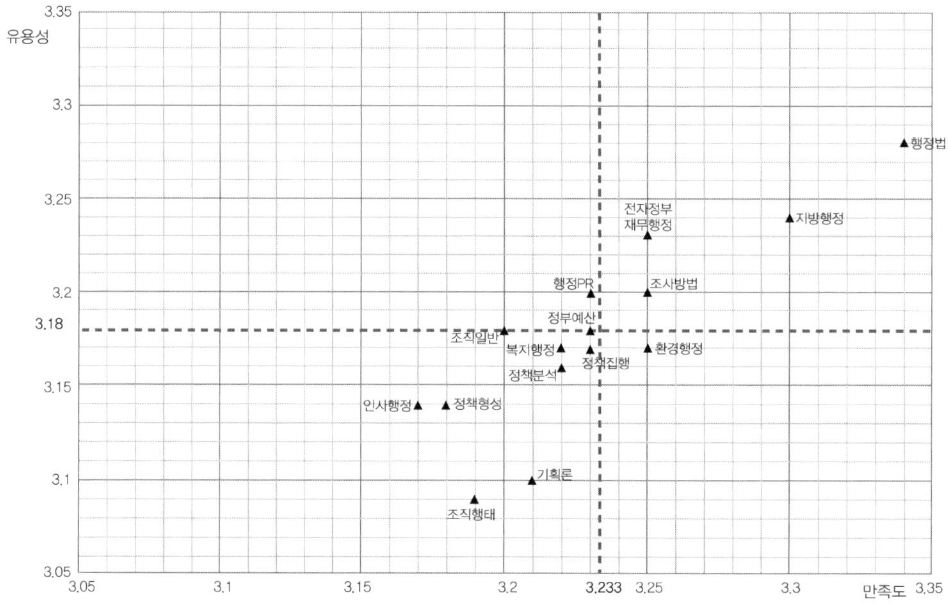

1사분면에 존재하는 행정법의 경우 임용주체와 직급에 따라서도 유용성과 만족도의 차이가 나타났다. 우선 임용주체와 관련하여, 일반적으로는 국가직 공무원이 지방직 공무원에 비해 평균적으로 지식의 유용성과 만족도에 대한 인식이 높지만, 행정법과 관련해서는 반대로 지방직 공무원들에게서 행정법의 유용성과 만족도가 더 높은 결과가 나타났다. 이러한 이유는 위의 IPA의 결과와 같이 국가직과 지방직 모두에게 상대적으로 중요하고 만족스러운 상태이지만, 특히 지방직 공무원이나 일선 공무원의 경우 직접적으로 서비스를 제공하거나 직접 민원에 응대하기 때문에 나타난 현상으로 해석된다. 특히, 직급이 낮은 일선관료일수록 행정법에 대한 유용성과 만족도가 높게 나오는 현상은 이러한 추론을 뒷받침하는 근거로 할 수 있다.[6] 지방 · 도시행정의 경우, 임용주체 측면에서 국가직 공무원이 지방직 공무원보다 유용성과 만족도가 높은 결과가 나타났다. 주목할 만한 점은 국가직 공무원의 유용성 인식은 3.28로 나타난 반면 지방직 공무원은 3.17로 나타났으며, 만족도는 국가직 3.34, 지방직 3.24로 나타난 것이다. 지방직 공무원만을 대상으로 IPA 분석을 할 경우, 1사분면에 있던 지방 · 도시행정 분야가 3사분면, 즉 만족도와 유용성이 모두 낮은 상태로 이동하게 된다. 이러한 결과는 지방 · 도시행정 분야의 행정학 지식이 오히려 국가직 공무원에게 더 유용하고 만족스러운 형태로 제공되고 있을 가능성이 높다는 것을 시사하고 있으므로, 해당 분야의 지식 구성과 전달 체계를 지방직 공무원의 현실과 요구를 반영하여 개선할 필요가 있는 것으로 판단된다.

2사분면의 행정PR의 경우 비록 유용성과 만족도 측면에서 유의미한 차이가 나타나지는 않았지만, 유일하게 2사분면에 위치하고 있는 세부영역이다. 행정PR의 경우 국가직 공무원이 인식하는 유용성(3.27)이 지방직 공무원이 인식하는 유용성(3.09)에 비해 높았고, 만족도 역시 국가직 공무원이 3.34, 지방직 공무원이 3.05로 다른 영역들에 비해 많은 차이가 나타났다. 또한 직급이 올라갈수록 유용성과 만족도가 높아지는 현상이 나타났다. 이러한 이유로는 국가직 공무원이 지방직 공무원에 비해서 정책을 알리고 홍보하는 역할을 더 많이 수행하는 한편, 직급이 올라갈수록 조직의 성과를 제고하기 위하여 정책을 홍보하는 것에 대해 유인구조가 생겨 적극적으로 지식을 활용하는 것이라 판단된다.

3사분면에서는 정책집행, 정책분석평가, 조직행태, 기획론이 지식의 유용성과 만족도 간에 유의미한 차이를 나타내고 있다. 정책집행과 정책분석평가 영역은 국가직의 경우 유용성과 만족도 간 큰 차이가 나타나지 않았다. 정책집행의 유용성은 3.27, 만족도는 3.30으로 나타났고, 정책분석평가의 유용성은 3.27, 만족도는 3.29로 집계되어 유용성과 만족도의 차이가 약 0.02~0.03으로 나타났다. 하지만 지방직 공무원의 경우, 정책집행의 유용성은 3.00, 만족도는 3.12로 인식하였고, 정책분석평가의 유용성은 2.97, 만족도는 3.10으로 나타났다. 즉 정책집행과 정책분석평가의 경우 유용성의 측면에서 지방직 공무원의 인식이 상대적으로 크게 낮아 3사분면에 위치하게 되는 결과가 나타났다. 이러한 이유는 정책집행에 관련된 지식의 경우 중앙정부의 관점에서 논의되

6) 9급 공무원은 행정법의 유용성을 3.25, 만족도를 3.31로 인지하고, 세부영역 지식들 중 가장 유용한 것이라 평가한 반면, 6급 공무원은 유용성을 3.22, 만족도를 3.38로 인식하는 한편, 행정법이 가장 유용하다고 인지한 세부영역이 아니었다.

어 실제 지방자치단체에서 집행에 필요한 지식보다는 중앙정부의 중심의 지식이 제공되고 있을 가능성이 존재한다. 또한 정책분석평가의 경우 자치단체에서 수행하는 것보다는 중앙정부에서 수행하는 경우가 더 많기 때문에 유용성 측면에서 지방직 공무원이 낮게 인식한 것으로 사료된다. 조직행태의 경우 직급과 관련하여, 표본의 대다수가 9−7급 공무원이기 때문에 일선에서 서비스를 제공하는 관료의 특성상 조직구성원의 행태를 관리하는 업무가 많지 않아 유용성이 가장 낮은 것으로 판단된다. 이를 뒷받침하는 증거로서, 5급 공무원의 경우 조직행태에 관련된 지식의 유용성을 3.38로 인식하고 만족도를 3.25로 인식한 것을 들 수 있다. 즉, 관리자급의 공무원들은 조직행태에 관련된 지식을 유용하다고 인식하지만, 실제로 하위직들을 관리하기에는 충분한 지식을 제공받지 못하고 있음을 시사한다. 마지막으로 기획론의 경우, 전반적으로 낮은 유용성과 만족도를 나타내었는데, 행정학 전공의 특성을 살펴보면 전공자보다 비전공자가 유용성을 더 높게 인식하지만, 만족도는 더 낮은 것으로 나타난다.

마지막으로 4사분면의 환경행정의 경우는 만족도가 유용성에 비하여 상대적으로 더 높은 상태에 위치한다. 환경정책은 대부분 규제정책의 특성을 띠고 있는데, 이러한 특성상 한국에서는 중앙정부에서 환경정책을 설계하고 지방정부에서 주로 집행하는 과정으로 나타난다. 이로 인해, 국가직 공무원의 경우 환경행정에 대한 유용성은 3.24, 만족도는 3.33으로 인식하고 있는 데 반해, 지방직 공무원은 유용성을 3.05, 만족도는 3.12로 상대적으로 낮게 인식하고 있는 결과가 나타난 것으로 보인다.

Ⅴ. 결 론

본 연구는 선행연구에서 지속적으로 제기하고 있는 수요자 측면에서의 행정학 지식의 유용성 제고를 위하여, 일선 공무원들이 인식하고 있는 행정학 지식의 유용성과 만족도를 분석하였다. 본 연구의 분석 결과에서 도출된 시사점을 요약하면 다음과 같다.

첫째, 일선 공무원들이 인식하고 있는 행정학 지식의 전반적인 유용성은 비교의 대상이 존재하지 않으므로 상대적 수준을 판단하기는 어려우나, 세부 영역 간 비교는 의미 있는 시사점을 제시하고 있다. 행정법을 전통적인 행정학 지식으로 간주할 수 있는지에 대한 논의는 차치하더라도, 일선 관료들이 인식하고 있는 유용성의 개념이 실제 행정업무에서 활용되는 정도를 의미하는 것인 데 반해, 행정학자들의 논의가 지나치게 정책 문제의 해결에 집중되어 있지 않은지 고민해 볼 필요가 있다. 물론 행정학이 지향하는 유용성의 의미는 대상과 목적에 따라 다양할 수 있으므로, 공공문제의 해결에 유용한 지식을 제공하고자 하는 노력은 지속해야 할 것이다. 다만, 행정학 교육에 있어서, 교과목이 지나치게 추상적이고 국가적인 정책 문제에 집중되어 있거나 실질적인 행정에 대한 문제의식과 실무에 대한 이해가 결여된 상태에서 공급자 위주의 이론적 내용이 주를 이루고 있다면 수요자 측면에서 제고해 볼 필요가 있을 것이다.

둘째, 행정학 지식의 유용성은 수요자의 다양한 특성에 의해 영향을 받는 것으로 나타났다. 국가직 또는 지방직 여부, 해당 업무, 직급, 근속연수에 따라 행정학 지식의 유용성에 대한 인식 수준이 체계적으로 달라질 수 있다는 사실은 당연한 결과라고도 할 수 있으나, 그동안 세분화된 수요자의 요구에 대한 관심이 부족했다는 점에서 수요자 중심의 지식 구성과 전달 체계를 고민해야 할 필요가 있다는 점을 시사한다. 일선 공무원들 중 비행정학 전공자가 다수를 차지하고 있다는 사실은 수요자의 요구를 만족시키는 노력이 단순히 행정학과의 교과목 체계를 개편하는 차원을 넘어서야 한다는 의미를 가진다. 비행정학 전공 공무원들이 행정학 지식을 습득하는 다양한 방법에 대한 이해와 함께 평생 교육으로 전환되고 있는 사회적 지식 전달 체계의 변화를 종합적으로 고려하여 행정학 지식 구성과 전달 체계의 개선 방안에 대한 논의가 이루어져야 할 것이다. 특히 지방직 공무원들이 지방·도시 영역의 행정학 지식에 대해 유용성을 낮게 평가한 반면, 지방직 복지 공무원은 행정학 지식의 유용성을 높게 평가하고 있는 등의 조사 결과는 앞으로 행정학이 어떤 방향성을 가지고 교육 내용을 구성하고 전달해야 하는지에 대해 구체적인 시사점을 제시하고 있으므로 이에 대한 구체적이고 추가적인 연구가 필요하다고 판단된다.

마지막으로, 일선 공무원들은 행정학 지식의 만족도와 유용성의 상관관계를 강하게 인식하고 있으므로 유용성이 낮은 세부 지식 영역에 대한 만족도는 전반적으로 낮게 나타났다. 만족도와 유용성이 동시에 낮게 나타난 대부분의 과목은 이론이 차지하는 비중이 높고 일선 관료 입장에서 다소 추상적인 내용을 다루고 있으므로 현실 적용 가능성이 낮은 영역들로서 일선 관료에 특화된 교과목의 구성이 필요한 것으로 사료된다.

제 2 편

행정학 교육, 교과과정, 졸업생의 취업과 경쟁력

제 1 장 교육과정의 평가와 발전 방향

1 행정학 교육과정 개발의 방향: 연구중심대학 교육과정 개발

황 영 호(군산대학교)

Ⅰ. 서 론

본 연구는 연구중심대학들의 학과장, 교수 그리고 학생들의 행정학과 전공교육에 대한 인식과 실제 교과과정 사례를 분석함으로써 행정학과 교육과정의 현황과 향후 방향을 살펴보고자 한다. 본 연구를 통해서 연구중심대학의 교육과정 실태 분석 및 학생들의 만족도 및 요구사항을 분석한다. 또한 교육중심대학과의 비교를 통해서 학생들의 만족도 및 요구사항의 차이가 있는지도 함께 분석하고자 한다. 또한 행정학 학부과정을 가지고 있는 연구중심대학 중 네 곳의 사례(고려대학교, 연세대학교, 성균관대학교, 이화여자대학교－가나다 순)를 중심으로 실제 학부 교육과정 현황을 분석하고 연구중심대학의 교육과정이 향후 어떤 과목을 포함 및 개편해야 하는지를 논의하고자 한다.

Ⅱ. 행정학 전공 교과과정 연구의 필요성

최근 '행정학위 위기'라는 의식이 학계에서 공감을 얻고 있다. 행정학의 위기에는 행정학의 학문적 정체성 등의 다양한 차원의 문제가 속해 있지만 행정학 전공 교육문제도 주요한 주제로 논의되고 있다(김태일, 2008). 행정학 전공 교육의 위기는 행정학의 사회적 기능성에 대한 회의가 커지고 있다는 데에서 기인한다(하연섭, 2000; 송병주·정원식, 2000; 조경호, 2005). 행정학의 사회적 기능성을 강화하기 위하여 사회적 기능성을 구현할 수 있는 행정학 교과목 체제를 마련해야 한다는 논의가 1980년대부터 지속되어왔다(조경호, 2005). 사회적 기능성을 되찾기 위해서는 정부업무 수행에 필요한 지식과 정보를 생산하고 그 활용성을 높이기 위한 교육 내용이 포함되어야 하며, 행정업무 수행에 있어서 복잡하고 비전형적인 문제를 처리할 수 있는 창조적 능력을 배양할 수 있어야 하며 마지막으로 건전한 민주시민 교육의 수단적 가치를 가지는 교과목으로 구성되어야 한다고 한다(하연섭, 2000; 조경호, 2005).

또한, 행정학은 과거 발전주의시대에는 국가에 필요한 인재와 지식을 공급하는 역할을 담당하여왔다. 하지만 정보화·세계화·사회적 다변화 등 사회전반의 환경변화 특히, 민주화의 발전, 시장의 역할 증대, 시민사회 성장과 함께 정부 불신 및 정부의 문제해결 능력에 대한 회의는 기존의 행정학에 대한 위상을 변화시켰으며 행정학 교과과정에 대한 변화를 요구하고 있다(제갈욱 외, 2005).

이러한 행정환경의 변화와 함께 행정학 전공 내용도 학생들에게 점점 매력을 잃고 있다. 이는 행정학의 전공 내용이 학생들이 경험하는 일상생활과 상당히 떨어져 있기 때문에 전문지식만을 전달하고자 하였기 때문이다. 따라서 교육방법에서 사례연구 및 현장학습 등의 보다 생동감 있는 학문으로 학생들에게 다가가며 학생들의 요구도 적극적으로 수용할 필요가 있다. 그리고 사회의 다양한 요구를 반영할 수 있는 교과과목이 되어야 한다. 미국행정학회 산하의「Section on Public Administration Education」과 분과학술지인「Journal of Public Affairs Education」은 행정학 전공 교수들과 실무자들을 중심으로 행정학 교육이 어떻게 이루어져야 하는지는 논의할 수 있는 장을 제공하고 있다(하연섭, 2000). 이처럼 학계와 실무자들 간의 지속적인 관계 형성으로 행정학과 졸업생을 채용한 정부나 민간 기업이 요구하는 교과과목이 무엇인지를 파악하는 것도 중요하다.

이처럼 행정학 전공 교육문제는 행정학의 주요한 이슈로서 변화하는 환경 속에 행정학의 위기를 극복하고 대응하기 위해서 필수적으로 논의되어야 할 것이다.

Ⅲ. 연구중심대학 행정학 교과과정에 대한 설문조사 결과

연구중심대학에 대한 판단 준거는 논자마다 다르다. 본 연구는 행정학 학부과정을 가지고 있는 주요 사립대학과 지방의 주요 국립대학을 중심으로 살펴보고자 한다. 본 연구를 위해 수행된 설문조사에 참가한 대학교 중 연구중심대학에 포함된 학교는 다음과 같다. 설문대상 학교는 <표 1>에서 보는 바와 같이 강원대(춘천캠퍼스), 경북대, 고려대(서울캠퍼스), 성균관대, 이화여대, 전남대, 제주대, 충북대, 한국외대의 행정학과를 대상으로 하였다. 설문지는 학생, 학과장, 교수를 대상으로 각각을 위한 다른 설문지를 구성하였다. 학생의 행정학 전공 교과과정에 대한 만족도 등의 실태파악을 위한 설문조사를 실시하였고, 각 학과장을 대상으로 하여 학과여건에 대한 설문조사도 이루어졌다. 마지막으로 교수를 대상으로 교육과정에 대한 조사도 실시하였다.

〈표 1〉 설문대상 대학

학교명	빈도	%
강원대(춘천)	95	12.8
경북대	79	10.6
고려대(서울)	74	9.9
성균관대	64	8.6
이화여대	85	11.4
전남대	86	11.5
제주대	97	13.0
충북대	68	9.1
한국외대	97	13.0
합계	745	100.0

1. 학 생

1) 인구통계학적 특성

연구중심대학의 학생을 대상으로 한 설문응답자의 인적통계를 살펴보면 다음과 같다. 설문응답자 총 745명 중에서 여성은 411명(55.2%)이고, 남성은 334명(44.8%)으로 여성이 더 많다. 학년에 따른 구분을 보면 3학년이 278명(37.7%), 2학년이 270명(36.6%)으로 대다수를 차지하였고 4학년은 167명(22.7%), 1학년은 22명(3.0%)이다.

〈표 2〉 설문대상의 인적 통계

성별	빈도	%	학년	빈도	%
여성	411	55.2	1학년	22	3.0
남성	334	44.8	2학년	270	36.6
합계	745	100.0	3학년	278	37.7
			4학년	167	22.7
			합계	737	100.0

2) 교육여건

학생들의 교육여건을 살펴보기 위해서 행정학과를 지원하게 된 동기, 장래희망 진로, 행정학 전공 선택에 대한 만족도, 행정학과 교과과정에 대한 만족도, 교과과정과 졸업 후 진로와의 연계성, 교과과정의 사회 이슈 반영도, 교과과정의 가장 심각한 문제점 등의 7가지 설문문항을 연구중심대학과 교육중심대학으로 구분하여 살펴보았다.

(1) 행정학과 지원 동기 및 장래 희망과 교과과정의 진로 연계성

먼저 행정학과를 지원한 동기를 살펴보면 <표 3>과 같다. 행정학과를 지원한 동기를 공무원 등 공직진출, 공기업·공사 등 공공분야 진출, 대학·연구소 등 연구기관 진출, 주식회사 등 민간기업 진출, 시민단체 등 비정부기구 진출, UN 등 국제기구 진출 등으로 구분하였다.

〈표 3〉 행정학과 지원 동기

	연구중심대학		교육중심대학	
	빈도	%	빈도	%
공무원 등 공직 진출	529	71.6	2,865	70.2
공기업·공사 등 공공분야 진출	103	13.9	545	13.3
대학·연구소 등 연구기관 진출	20	2.7	66	1.6
주식회사 등 민간기업 진출	17	2.3	205	5.0
시민단체 등 비정부기구 진출	6	0.8	43	1.1
UN 등 국제기구 진출	14	1.9	84	2.1
기타	50	6.8	274	6.7
합계	739	100.0	4,082	100.0

연구중심대학인 경우에는 공무원 등 공직 진출을 위해서 행정학과를 지원한 경우가 529명(71.6%)이고 공기업 · 공사 등 공공분야 진출을 하기 위해서 행정학 전공을 선택한 경우가 103명(13.9%), 대학 · 연구소 등 연구기관을 진출하기 위한 경우는 20명(2.7%)이었다. 교육중심대학인 경우에는 공무원 등 공직 진출을 위한 경우가 2,865명(70.2%)으로 가장 많았고, 공기업 · 공사 등 공공분야 진출을 하기 위한 경우는 66명(1.6%)이었다. 연구중심대학은 물론 교육중심대학도 행정학 전공 동기는 공무원 등 공직진출 및 공기업 · 공사 등 공공분야 진출하기 위한 경우가 대다수였다.

〈표 4〉 장래희망 진로

	연구중심대학			교육중심대학		
	빈도	%	순위	빈도	%	순위
공무원	455	61.5	1	2,399	58.8	1
공기업 또는 공사	116	15.7	2	607	14.9	2
연구기관	12	1.6	8	54	1.3	9
민간기업	70	9.5	3	525	12.9	3
비정부기구	10	1.4	9	62	1.5	8
국제기구	19	2.6	5	92	2.3	6
창업	6	0.8	10	65	1.6	7
프리랜서	13	1.8	7	100	2.5	5
진학	14	1.9	6	54	1.3	9
기타	25	3.4	4	121	3.0	4
합계	740	100.0		4,079	100.0	

행정학 전공 동기에 대한 질문과 함께 장래희망 진로도 조사하였다. 연구중심대학인 경우에는 공무원이 455명(61.5%)으로 가장 많았고, 공기업 또는 공사에 취직하는 것을 희망하는 경우는 116명(15.7%), 민간기업 취업을 희망하는 경우는 70명(9.5%)으로 나타났다. 기타에는 언론분야가 가장 많았다. 교육중심대학인 경우에는 공무원을 희망하는 학생이 2,399명(58.8%), 공기업 또는 공사를 희망하는 경우가 607명(14.9%), 민간기업 취직을 희망하는 경우는 525명(12.9%)이었다. 연구중심대학과 교육중심대학 모두 공무원, 공기업 또는 공사, 민간기업의 순서로 나타났다. 하지만, 연구중심대학인 경우에는 국제기구를 희망하는 학생이 19명(2.6%), 진학을 희망하는 학생이 14명(1.9%), 프리랜서를 희망하는 학생이 13명(1.8%)인 것에 비해서 교육중심대학인 경우에는 프리랜

서를 희망하는 학생이 100명(2.5%), 국제기구를 희망하는 학생이 92명(2.3%), 창업을 희망하는 학생이 65명(1.6%)으로 나타났다. 이러한 결과를 볼 때, 연구중심대학의 학생과 교육중심대학의 학생의 희망진로는 대체로 유사하지만 "진학"을 희망하는 경우는 연구중심대학이 더 많은 것으로 나타났다.

위에서 언급한 "행정학과 지원동기"와 "장래희망 진로"를 연결하여 살펴보면, 행정학과 전공을 선택한 학생들의 지원동기와 장래희망 진로가 거의 동일한 것으로 보인다. 다시 말해서 지원동기에서 1-2순위로 나타났던 '공무원 등 공직진출', '공기업·공사 등 공공분야 진출'이 희망진로에서도 공무원 및 공공분야 취업으로 나타났다.

그렇다면 학생들의 이러한 지원동기와 희망진로를 연계할 수 있는 교과과정이 운영되고 있는지를 살펴보았다.

〈표 5〉 교과과정과 졸업 후 진로 연계성

	연구중심대학		교육중심대학	
	빈도	%	빈도	%
매우 불만족	38	5.1	249	6.1
불만족	211	28.3	1,196	29.1
보통	300	40.3	1,715	41.8
만족	185	24.8	866	21.1
매우 만족	11	1.5	78	1.9
합계	745	100.0	4,104	100.0
평균	2.89		2.84	

위의 표에서 보듯이 교과과정과 졸업 후 진로 연계성을 살펴보면 다음과 같다. 연구중심대학의 경우 매우 불만족 38명(5.1%), 불만족이 211명(28.3%), 보통이 300명(40.3%), 만족이 185명(24.8%), 매우 만족이 11명(1.5%)으로 나타났다. 교육중심대학의 경우는 매우 불만족이 249명(6.1%), 불만족이 1,196명(29.1%), 보통이 1,715명(41.8%), 만족이 866명(21.1%), 매우 만족이 78명(1.9%)으로 나타났다. 연구중심대학의 만족도 평균은 2.89점, 교육중심대학의 만족도는 2.84점으로 모두 연계성은 낮은 것으로 보이지만 상대적으로 연구중심대학이 높은 것으로 보인다.

(2) 전공 및 교과과정의 만족도

〈표 6〉 전공에 대한 만족도

	연구중심대학		교육중심대학	
	빈도	%	빈도	%
매우 불만족	16	2.2	106	2.6
불만족	132	17.8	679	16.5
보통	329	44.3	1,955	47.6
만족	235	31.6	1,196	29.1
매우 만족	31	4.2	172	4.2
합계	743	100.0	4,108	100.0
평균	3.18		3.16	

<표 6>은 행정학 전공에 대한 만족도를 조사한 것이다. 연구중심대학인 경우, 매우 불만족인 경우는 16명(2.2%)이고 불만족인 경우는 132명(17.8%), 보통은 329명(44.3%), 만족인 경우는 235명(31.6%), 매우 만족하는 경우는 31명(4.2%)으로 나타났다. 교육중심대학인 경우는 매우 불만족인 경우는 106명(2.6%)이고 불만족은 679명(16.5%), 보통인 경우는 1,955명(47.6%), 만족인 경우는 1,196명(29.1%), 매우 만족인 경우는 172명(4.2%)으로 나타났다. 연구중심대학의 만족도는 평균 3.18점이고, 교육중심대학의 만족도는 3.16점으로, 연구중심대학의 만족도가 보다 높은 것으로 나타났다.

다음으로 행정학과 교과과정에 대한 만족도를 조사하였다. 그 결과는 다음의 표와 같다.

〈표 7〉 행정학과 교과과정에 대한 만족도

	연구중심대학		교육중심대학	
	빈도	%	빈도	%
매우 불만족	12	1.6	100	2.4
불만족	172	23.1	850	20.8
보통	394	53.0	2,159	52.7
만족	157	21.1	921	22.5
매우 만족	8	1.1	66	1.6
합계	743	100.0	4,096	100.0
평균	2.97		3.00	

연구중심대학의 경우, 행정학과 교과과정에 대한 만족도가 매우 불만족인 경우는 12명(1.6%), 불만족인 경우는 172명(23.1%), 보통인 경우는 394명(53%), 만족인 경우는 157명(21.1%), 매우 만족인 경우는 8명(1.1%)으로 나타났다. 교육중심대학은 매우 불만족인 경우는 100명(2.4%), 불만족인 경우는 850명(20.8%), 보통인 경우는 2,159명(52.7%), 만족인 경우는 921명(22.5%), 매우 만족인 경우는 66명(1.6%)이다. 연구중심대학의 만족도 평균은 2.97점이고 교육중심대학의 만족도 평균은 3.00으로 연구중심대학의 만족도가 상대적으로 낮은 것으로 나타났다.

다음으로 행정학과 교과과정이 새로운 이슈나 주제를 어느 정도 반영하고 있다고 생각하는지에 대한 설문조사결과이다.

〈표 8〉 행정학과 교과과정에 새로운 이슈나 주제는 어느 정도 반영하는가

	연구중심대학		교육중심대학	
	빈도	%	빈도	%
매우 불만족	17	2.3	125	3.1
불만족	223	30.1	1,120	27.4
보통	354	47.8	1,918	46.9
만족	139	18.8	838	20.5
매우 만족	8	1.1	88	2.2
합계	741	100.0	4,089	100.0
평균	2.86		2.91	

연구중심대학의 경우, 매우 불만족은 17명(2.3%), 불만족은 223명(30.1%), 보통은 354명(47.8%), 만족은 139명(18.8%), 매우 만족은 8명(1.1%)으로 응답하였다. 교육중심대학의 경우 매우 불만족이 125명(3.1%), 불만족이 1,120명(27.4%), 보통이 1,918명(46.9%), 만족이 838명(20.5%), 매우 만족이 88명(2.2%)으로 나타났다. 연구중심대학의 교과과정의 새로운 이슈나 주제의 반영 정도에 대한 만족도는 2.86점이고, 교육중심대학의 경우에는 2.91점으로 나타났다. 두 집단을 비교해 볼 때는 상대적으로 연구중심대학의 만족도가 더 낮다. 하지만 두 집단의 만족도가 모두 낮으므로 행정학과 교과과정에 새로운 이슈나 주제를 반영하는 것이 더 요구된다.

교과과정의 만족도와 연계된 질문으로 현 교과과정의 가장 큰 문제점이 무엇인지 알아보았다. <표 9>에서 제시하였듯이, 현 교과과정의 문제점으로 '과목이 너무 많

음', '특성화가 부족함', '선택과목이 부족함', '다양한 영역을 반영하지 못함', '기타'로 구분하였다.

〈표 9〉 현 교과과정의 가장 큰 문제점

	연구중심대학		교육중심대학	
	빈도	%	빈도	%
과목이 너무 많음	33	4.4	259	6.3
특성화가 부족함	331	44.5	1,917	46.6
선택과목이 부족함	203	27.3	819	19.9
다양한 영역을 반영하지 못함	146	19.7	903	22.0
기타	30	4.0	173	4.2
합계	743	100.0	4,071	100.0

연구중심대학의 경우, 현 교과과정의 가장 큰 문제점으로 특성화가 부족함이 331명(44.5%)으로 1순위였다. 선택과목이 부족함이 203명(27.3%), 다양한 영역을 반영하지 못함이 146명(19.7%), 과목이 너무 많음이 33명(4.4%)의 순서로 나타났다.[1] 교육중심대학은 특성화가 부족함이 1,917명(46.6%)으로 1순위였다. 다양한 영역을 반영하지 못함이 903명(22%), 선택과목이 부족함이 819명(19.9%), 과목이 너무 많음이 259명(6.3%)의 순서로 나타났다.

이와 같은 결과로 볼 때, 연구중심대학과 교육중심대학 모두 교과과정의 특성화가 부족한 것이 가장 큰 문제점이라고 인식하고 있는 것을 알 수 있다. 또한 연구중심대학의 경우는 선택과목이 부족함이 2위이고 교육중심대학은 선택과목이 부족함이 3위이다. 이러한 차이는 미미하지만 연구중심대학의 경우가 선택과목에 대한 수요가 보다 더 많다고 볼 수 있다.

3) 교과과정

다음은 행정학과 전공과목으로써 다루어야 할 교육내용에 대한 문항이다. 또한 교과과정에 대한 학생들의 요구를 얼마나 받아들이는지에 대한 논의도 살펴본다. 더불어 최근 논의되고 있는 법학전문대학원 예비과정(Pre-Law)의 교과과정 개설 관련 의견에 대한 차이도 살펴본다. 마지막으로 전문자격증제도의 필요성에 대해서도 살펴보았다.

1) 기타 의견으로는 이론과 현실의 연계성이 모호함, 중복되는 내용이 너무 많음, 진로 및 취업과 연계가 부족하다는 의견이 많았다.

전문자격증으로는 행정관리사 및 정책분석평가사 제도가 있으며 그 효과성에 대해서 연구중심대학과 교육중심대학이 어떤 차이가 있는지 살펴본다. 마지막으로 행정학과 전공 교과과목이 학생들의 지식 역량, 기술 역량, 태도 역량에 얼마나 긍정적인 역할을 미쳤는지 살펴보겠다.

(1) 행정학과에서 다루어야 할 교육내용

행정학과에서 다루어야 하는 교육내용이 어떤 것이 있는지를 알아보았다. 행정학과에서 다루어야 할 교육내용은 조직론 · 인사행정론과 같은 일반행정이론, 영어 · 한국사 · 행정학 · 경제학 등 공무원 시험 관련 내용, 경제학 · 금융 · 조세 등의 경제 관련 내용, 정치학 · 정당론 · 민주주의와 같은 정치 관련 내용, FTA · 남북관계, 환경과 개발 등의 시사 관련 내용, 헌법 · 행정법 및 법률 관련 내용, 행정계량분석 · 정책분석 등과 같은 조사 및 분석 관련 내용, 국제행정 · 국제법 · 국제기구와 같은 국제사회 관련 내용, 비정부기구 · 시민단체와 같은 NGO 관련 내용으로 총 9개의 분야로 구분하였다.

〈표 10〉 행정학과에 다루어야 할 교육내용

	1순위			2순위			3순위		
	빈도	%	순위	빈도	%	순위	빈도	%	순위
일반 행정이론 관련 내용 (조직론, 인사행정론)	383	51.4	1	75	10.3	6	59	8.2	6
공무원시험 관련 내용 (영어, 한국사, 행정학, 경제학)	152	20.4	2	127	17.5	1	76	10.5	4
경제 관련 내용 (경제학, 금융, 통화, 조세 등)	51	6.8	4	95	13.1	4	70	9.7	5
정치 관련 내용 (정치학, 정당론, 선거론, 민주주의)	55	7.4	3	113	15.6	2	108	15.0	3
시사 관련 내용 (FTA, 남북관계, 환경과 개발, 성장과 복지)	28	3.8	6	106	14.6	3	111	15.4	2
법률 관련 내용 (헌법, 행정법)	15	2.0	7	49	6.8	7	57	7.9	7
조사 및 분석 관련 내용 (행정계량분석, 정책분석, 조사방법론)	9	1.2	8	49	6.8	7	57	7.9	7
국제사회 관련 내용 (국제행정, 국제법, 국제기구 등)	4	0.5	9	29	4.0	9	30	4.2	9

NGO 관련 내용 (비정부기구, 시민단체)	47	6.3	5	81	11.2	5	151	20.9	1
기타	1	0.1	10	1	0.1	10	2	0.3	10
합계	745	100		725	100		721	100	

설문응답 결과를 살펴보면 다음과 같다. 1순위로 선택한 교육내용으로는 일반행정이론이 383명(51.4%), 공무원 시험 관련 내용이 152명(20.4%), 정치 관련 내용이 55명(7.4%)의 순서로 나타났다. 2순위로 선택한 과목에서는 공무원 시험 관련 내용, 정치 관련 내용, 시사 관련 내용의 순서로 나타났으며 3순위에서는 NGO 관련 내용, 시사 관련 내용, 정치 관련 내용의 순서로 나타났다. 따라서 행정학과 교과과정으로 다루어야 할 교육내용으로 일반행정이론에 관한 것이 가장 많았고, 공무원 시험 관련 내용, 정치 관련 내용, 시사 관련 내용, NGO 관련 내용을 주요 분야로 인식하고 있었다.

(2) 선택과목의 유연성: 학생들의 요구에 대한 반응정도

교과내용 중에서 선택과목의 유연성에 대해서 살펴보았다. 특히 선택과목 운영에 대한 학생들의 요구를 얼마나 잘 반영하고 있는지를 중심으로 살펴보았다. 선택과목의 유연성은 교육과정에서 선택과목의 다양성, 교육과정에서 선택과목의 적절성, 학생들의 희망진로를 반영한 선택과목을 운영하고 있는지, 학생들의 새로운 선택과목 요구 반영 정도에 대해서 살펴보았다. 먼저 선택과목이 얼마나 다양한지에 대한 설문결과이다.

〈표 11〉 교육과정에서 선택과목의 다양성

	연구중심대학		교육중심대학	
	빈도	%	빈도	%
매우 낮음	53	7.1	245	6.0
낮음	334	44.8	1,489	36.3
보통	299	40.1	1,974	48.1
높음	57	7.7	368	9.0
매우 높음	2	0.3	28	0.7
합계	745	100.0	4,104	100.0
평균	2.49		2.62	

교육과정에서 선택과목의 다양성 정도에 대한 질문에 대해, 연구중심대학의 경우에는 매우 낮음이 53명(7.1%), 낮음이 334명(44.8%), 보통 299명(40.1%), 높음이 57명(7.7%), 매우 높음이 2명(0.3%)이었다. 교육중심대학의 경우에는 매우 낮음이 245명(6.0%), 낮음이 1,489명(36.3%), 보통이 1,974명(48.1%), 높음이 368명(9.0%), 매우 높음이 28명(0.7%)으로 나타났다. 연구중심대학의 평균은 2.49점이고 교육중심대학의 평균은 2.62점이다. 연구중심대학인 경우에 선택과목의 다양성이 교육중심대학보다 다소 낮은 것으로 인식되고 있다. 이 결과는 연구중심대학의 학생들의 기대수준이 더 높기 때문에 나타난 것으로 보인다.

교육과정에서 선택과목이 얼마나 적절한지에 대해서도 알아보았다.

〈표 12〉 교육과정에서 선택과목의 적절성

	연구중심대학		교육중심대학	
	빈도	%	빈도	%
매우 부적절	5	0.7	59	1.4
부적절	125	16.8	563	13.7
보통	492	66.2	2,729	66.6
적절	121	16.3	19	0.5
합계	743	100.0	4,096	100.0
평균	2.98		3.02	

연구중심대학의 경우에는 매우 부적절하다고 응답한 사람이 5명(0.7%), 부적절하다고 응답한 경우가 125명(16.8%), 보통이라고 한 경우가 492명(66.2%), 적절하다고 응답한 경우가 121명(16.3%)이다. 교육중심대학인 경우에는 매우 부적절이 59명(1.4%), 부적절이 563명(13.7%), 보통이 2,729명(66.6%), 적절이 19명(0.5%)로 나타났다. 교육과정에서 선택과목의 적절성에 대한 연구중심대학의 평균은 2.98점, 교육중심대학의 평균은 3.02점으로 연구중심대학이 보다 적절성이 낮다고 인식하고 있었다.

또한 선택과목이 학생들의 희망진로를 반영하고 있는지에 대한 질문에는 연구중심대학의 경우, 전혀 그렇지 않다가 41명(5.5%), 그렇지 않다가 356명(47.8%), 보통이 275명(37.0%), 높음이 70명(9.4%), 매우 높음이 2명(0.3%)으로 나타났다. 교육중심대학의 경우에는 전혀 그렇지 않다가 246명(6.0%), 그렇지 않다가 1,691명(41.3%), 보통이 1,686명(41.2%), 높음이 453명(11.1%), 매우 높음이 17명(0.4%)으로 나타났다. 연구중심대학의 평균점은 2.51점이고 교육중심대학의 평균점은 2.59점이다. 상대적으로 연구중심대학이 희망진로를 반영한 선택과목 운영을 하고 있지 않다고 인식하는 경우가 더 많았다. 앞의 경우와 마찬가지로 이 결과도 연구중심대학 학생들의 기대수준이 상대적으로 더 높기 때문인 것으로 보인다.

〈표 13〉 학생들의 희망진로를 반영한 선택과목을 운영하고 있는가

	연구중심대학		교육중심대학	
	빈도	%	빈도	%
전혀 그렇지 않다	41	5.5	246	6.0
그렇지 않다	356	47.8	1,691	41.3
보통	275	37.0	1,686	41.2
높음	70	9.4	453	11.1
매우 높음	2	0.3	17	0.4
합계	744	100.0	4,093	100.0
평균	2.51		2.59	

이와 함께, 학생들이 요구하는 새로운 선택과목이 잘 반영되는지에 대해서 설문하였다. 연구중심대학의 경우, 매우 낮음이 56명(7.6%), 낮음이 340명(46.1%), 보통이 265명(36.0%), 높음이 72명(9.8%), 매우 높음이 4명(0.5%)으로 나타났다. 교육중심대학의 경우 매우 낮음이 263명(6.4%), 낮음이 1,533명(37.6%), 보통이 1,761명(43.2%), 높음이 484명(11.9%), 매우 높음이 39명(1.0%)으로 나타났다.

〈표 14〉 학생들이 요구한 새로운 선덱과목이 질 반엉되나

	연구중심대학		교육중심대학	
	빈도	%	빈도	%
매우 낮음	56	7.6	263	6.4
낮음	340	46.1	1,533	37.6
보통	265	36.0	1,761	43.2
높음	72	9.8	484	11.9
매우 높음	4	0.5	39	1.0
합계	737	100.0	4,080	100.0
평균	2.50		2.63	

연구중심대학은 평균점이 2.50점이고 교육중심대학은 2.63점으로 연구중심대학이 교육중심대학과 비교할 때, 학생들의 요구에 따른 새로운 선택과목을 잘 반영하고 있지 않다고 인식되고 있음을 알 수 있다.

(3) 행정학과 교과과정 개설: 법학전문대학원 예비과정(Pre-Law)

행정학과 교과과정 개편의 일환으로 법학전문대학원 예비과정(Pre-Law)을 개설하는 것에 대한 학생들의 의식을 조사하였다. 먼저 Pre-Law 과정 개설에 대한 의견을 살펴보면 다음과 같다.

연구중심대학의 경우, Pre-Law 과정 개설을 반대하는 입장은 99명(13.4%)이고 타 학과와 연계한 Pre-Law 과정 개설을 찬성하는 경우는 372명(50.2%), 행정학과 단독의 Pre-Law 과정 개설을 찬성하는 경우는 254명(34.3%)으로 나타났다. 교육중심대학의 경우 Pre-Law 과정 개설을 반대하는 경우는 501명(12.3%), 타 학과와 연계한 Pre-Law 과정 개설 찬성은 2,008명(49.3%), 행정학과 단독의 Pre-Law 과정 개설 찬성은 1,472명(36.2%)으로 나타났다. 이처럼 연구중심대학과 교육중심대학에서 모두 타 학과와 연계한 Pre-Law 과정 개설 찬성을 가장 지지하는 것으로 나타났다.

〈표 15〉 Pre-Law 과정 개설에 대한 의견

	연구중심대학		교육중심대학	
	빈도	%	빈도	%
Pre-Law 과정 개설 반대	99	13.4	501	12.3
타 학과와 연계한 Pre-Law 과정 개설 찬성	372	50.2	2,008	49.3
행정학과 단독의 Pre-Law 과정 개설 찬성	254	34.3	1,472	36.2
기타	16	2.2	86	2.2
합계	741	100.0	4,067	100.0

또한 Pre-Law 과정에 적합한 개설과목이 무엇인지에 대해서도 질문하였다. Pre-Law 과정에 적합한 개설과목으로는 행정법·민법·헌법 등과 같은 법학과목, 언어이해·추리논증대비 등의 법학적성시험 과목, 논리적 사고력·판단력·발표력 증진 등의 면접대비과목, 법학적성시험의 논술을 대비할 수 있는 논리적 글쓰기 과목, 영어 실력 향상을 위한 과목으로 분류하였다.

〈표 16〉 Pre-Law 과정에 적합한 개설과목

	연구중심대학		교육중심대학	
	빈도	%	빈도	%
법학과목(행정법, 민법, 헌법 등)	352	48.4	1,758	43.6
법학적성시험 관련 과목 (언어이해, 추리논증대비)	172	23.6	783	19.4
면접대비과목 (논리적 사고력, 판단력, 발표력 증진)	126	17.3	977	24.2
논리적 글쓰기 관련 과목 (법학적성시험의 논술 대비)	33	4.5	143	3.5
영어실력 향상을 위한 과목	36	4.9	333	8.3
기타	9	1.2	35	0.9
합계	728	100.0	4,029	100.0

설문조사의 결과, 연구중심대학의 경우는 법학과목이 352명(48.4%)으로 가장 많았으며 법학적성시험 관련과목이 172명(23.6%), 면접대비과목이 126명(17.3%)의 순서로 나타났다. 교육중심대학의 경우에도 법학과목이 1,758명(43.6%)이 1순위로 나타났지만 면접대비과목이 977명(24.2%), 법학적성시험 관련 과목이 783명(19.4%)의 순서로 연구중심대학과는 차이가 있었다.

(4) 전문자격제도: 행정관리사 및 정책분석 평가사 제도

행정학 전공과 관련한 전문자격증제도 도입 필요성에 대한 인식도 살펴보았다. 행정학 전공과 관련한 전문자격증은 "행정관리사"와 "정책분석평가사"가 대표적이다. 행정관리사는 개인의 행정관리능력을 객관적으로 평가받을 수 있는 것으로 2004년 1월 29일 국가공인(행정자치부 제 2004. 179호)을 받음으로써 우리나라에서 유일한 행정분야 전문자격증이다. 행정관리사의 자격과 등급은 공인행정지도사(3급 공인행정관리사), 공인행정진단사(2급 공인행정관리사), 공인행정심판사(1급 공인행정관리사)로 구분된다.[2] 정책분석평가사는 정부와 민간부문에서 정책 및 사업의 현황 분석과 미래 예측, 정책의 개발과 집행 · 평가 등을 합리적 · 효율적으로 수행할 수 있는 기획 · 분석 · 평가 분야의 전문인력을 말한다. 현재 정책분석평가사의 자격과 등급은 전문분야 정책분석평가사(특정정책분석평가사), 정책분석평가사(1급 정책분석평가사), 기획분석평가사(2급 정책분

2) 출처: 한국행정관리협회 홈페이지(www.koama.or.kr).

식평가사), 기획분석사(3급 정책분석평가사)로 구분된다.[3] 행정학 분야에서 전문자격증제도 도입 필요성에 대해 어떻게 생각하느냐는 질문에 대해 다음과 같은 응답이 나타났다.

〈표 17〉 전문자격증제도 도입 필요성

	연구중심대학		교육중심대학	
	빈도	%	빈도	%
매우 낮음	18	2.4	59	1.4
낮음	74	9.9	304	7.4
보통	195	26.2	1,061	25.9
높음	351	47.2	1,906	46.5
매우 높음	106	14.2	770	18.8
합계	744	100.0	4,100	100.0
평균	3.61		3.74	

연구중심대학의 경우, 매우 낮음이 18명(2.4%), 낮음이 74명(9.9%), 보통이 195명(26.2%), 높음이 351명(47.2%), 매우 높음이 106명(14.2%)이었다. 교육중심대학은 매우 낮음이 59명(1.4%), 낮음이 304명(7.4%), 보통이 1,061명(25.9%), 높음이 1,906명(46.5%), 매우 높음이 770명(18.8%)으로 나타났다. 연구중심대학의 평균점은 3.61점이고 교육중심대학의 평균점은 3.74점이다. 연구중심대학보다 교육중심대학이 행정학 전문자격증제도 도입의 필요성을 더 높게 인식하고 있다. 구체적으로 각 전문자격증에 대한 효과성을 설문한 결과이다.

〈표 18〉 행정관리사 자격증제도 시행의 효과성

	연구중심대학		교육중심대학	
	빈도	%	빈도	%
매우 낮음	58	7.9	175	4.3
낮음	175	23.7	801	19.6
보통	325	44.0	1,830	44.7
높음	149	20.2	1,027	25.1
매우 높음	31	4.2	258	6.3
합계	738	100.0	4,091	100.0
평균	2.89		3.10	

3) 출처: 한국정책능력진흥원 홈페이지(www.sopa.or.kr).

행정관리사 자격증제도 시행의 효과성에 대해 연구중심대학은 매우 낮음이라고 응답한 경우가 58명(7.9%), 낮음이라고 응답한 경우가 175명(23.7%), 보통은 325명(44%), 높음이 149명(20.2%), 매우 높음이 31명(4.2%)이다. 교육중심대학의 경우에는 매우 낮음이 175명(4.3%), 낮음이 801명(19.6%), 보통이 1,830명(44.7%), 높음이 1,027명(25.1%), 매우 높음이 258명(6.3%)으로 나타났다. 연구중심대학의 평균점은 2.89점이고 교육중심대학의 평균점은 3.10점으로 교육중심대학이 연구중심대학보다 행정관리사 자격증 시행 효과성을 보다 긍정적으로 평가하고 있다.

〈표 19〉 정책분석평가사 자격증제도 시행의 효과성

	연구중심대학		교육중심대학	
	빈도	%	빈도	%
매우 낮음	37	5.0	156	3.8
낮음	184	25.1	798	19.7
보통	383	52.2	2,189	53.9
높음	104	14.2	781	19.2
매우 높음	26	3.5	137	3.4
합계	734	100.0	4,061	100.0
평균	2.86		2.87	

정책분석평가사 자격증 시행의 효과성에 대해서도 알아보았다. 연구중심대학의 경우, 매우 낮음이라고 응답한 사람은 37명(5.0%), 낮음이 184명(25.1%), 보통이 383명(52.2%), 높음이 104명(14.2%), 매우 높음이 26명(3.5%)이다. 교육중심대학의 경우에는 매우 낮음은 156명(3.8%), 낮음이 798명(19.7%), 보통이 2,189명(53.9%), 높음이 781명(19.2%), 매우 높음이 137명(3.4%)이다. 연구중심대학의 평균점은 2.86점이고 교육중심대학의 평균은 2.87점으로 정책분석평가사 자격증의 효과성에 대해서는 두 집단이 비슷한 인식을 하고 있었다.

이와 같은 설문 결과로 볼 때, 연구중심대학은 교육중심대학에 비해 전문자격증제도를 도입하는 필요성은 낮게 인식하고 있으며, 정책분석평가사(평균 2.89점)와 행정관리사(2.87점)의 효과성에서 대해서도 부정적으로 인식하고 있었다. 이외에 기타 행정학 분야에 자격증제도가 필요한 영역으로 재무·예산 영역, 자료조사 및 통계 영역, 인사관리 영역, 그리고 민간 기업에서 필요한 행정 분야에 대한 능력을 측정할 수 있는 자격증제도를 도입해야 한다고 응답했다.

(5) 행정학 교육내용의 역량개발에의 기여도

행정학 교육내용이 학생 개개인의 지식 역량, 기술 역량, 태도 역량적 측면에서 역량개발에 얼마나 기여하는지를 물어보았다. 지식 역량이란 행정·정책 전문지식 습득 정도를 말하며 기술 역량은 행정·정책 분석기술 습득 정도이며 태도 역량은 사회적 책임성과 윤리적 책무 습득 정도를 말한다.

〈표 20〉 행정학 교육내용의 역량개발에의 기여도

		매우 부정적	부정적	보통	긍정적	매우 긍정적	합계	평균
지식 역량	빈도	7	43	265	406	20	741	3.52
	%	0.9	5.8	35.8	54.8	2.7	100.0	
기술 역량	빈도	17	227	349	142	6	741	2.86
	%	2.3	30.6	47.1	19.2	0.8	100.0	
태도 역량	빈도	13	108	340	250	30	741	3.24
	%	1.8	14.6	45.9	33.7	4.0	100.0	

설문분석 결과, 지식 역량 개발에 대한 기여도는 평균 3.52점, 기술 역량 개발에 대한 기여도는 평균 2.86점, 태도 역량 개발에 대한 기여도는 3.24점으로 나타났다. 따라서 지식 역량 개발에 대한 기여도가 가장 높으며 태도 역량 개발, 기술 역량 개발의 순서로 나타났다. 따라서 행정학 교과내용은 행정·정책의 전문지식을 습득하는 정도가 가장 많으며 사회적 책임성 및 윤리적 책무 습득에 기여하는 것이 높다고 인식하고 있다.

4) 교육방법

다음은 교육방법에 대한 설문조사 분석이다. 교육방법은 강의식 수업, 토론식 수업, 발표식 수업, 실습, 현장학습, 실천학습, 사이버 수업으로 구분된다.

〈표 21〉 교육방법에 대한 만족도

		매우 불만족	불만족	보통	만족	매우 만족	합계	평균
강의식 수업	빈도	11	59	244	388	40	742	3.52
	%	1.5	8.0	32.9	52.3	5.4	100.0	

토론식 수업	빈도	27	183	320	190	19	739	2.99
	%	3.7	24.8	43.3	25.7	2.6	100.0	
발표식 수업	빈도	35	180	331	172	20	738	2.95
	%	4.7	24.4	44.9	23.3	2.7	100.0	
실습	빈도	127	272	238	72	19	728	2.43
	%	17.4	37.4	32.7	9.9	2.6	100.0	
현장학습	빈도	142	261	214	86	26	729	2.46
	%	19.5	35.8	29.4	11.8	3.6	100.0	
실천학습	빈도	120	251	250	90	17	728	2.50
	%	16.5	34.5	34.3	12.4	2.3	100.0	
사이버 수업	빈도	124	220	288	79	15	726	2.51
	%	17.1	30.3	39.7	10.9	2.1	100.0	

설문 결과 강의식 수업은 평균 3.52점으로 가장 만족도가 높았다. 토론식 수업(평균 2.99점), 발표식 수업(평균 2.95점), 사이버 수업(평균 2.51점), 실천학습(평균 2.50점), 현장학습(평균 2.46점), 그리고 실습(평균 2.43점)의 순서로 나타났다. 따라서 학생들은 전통적인 수업방식인 강의식 수업에 대한 만족도가 가장 높으며 토론 및 발표, 사이버 수업에 상대적으로 높은 만족도를 보였다. 하지만 강의식 수업 외에 다른 모든 교육방법에 대한 만족도가 평균 3점이 되지 않는 것으로 보아 대체적으로 교육방법에 대해서 만족하지 못함을 알 수 있다. 특히 전통적인 강의식 수업에 대한 만족도가 토론식이나 발표식 수업보다 높게 인지되는 것으로 보아 토론식이나 발표식 수업이 아직 제대로 정착되지 못하고 있다는 것을 알 수 있다. 교육방법은 교육의 실효에 큰 영향을 미친다. 그러므로 학생들이 보다 만족할 수 있는 다양한 교육방법을 제대로 정착시키는 방안을 모색해나가는 것이 필요하다.

2. 교 수

1) 설문 응답자의 인구통계학적 특징

교수를 대상으로 한 설문조사의 인구통계학적 특성을 살펴보면 다음의 표와 같이 정리할 수 있다.

〈표 22〉 설문 응답자의 인구통계학적 특성

		빈도	%
성별	남성	191	94.6
	여성	11	5.4
	합계	202	100.0
연령	30대	1	0.5
	40대	22	10.9
	50대	151	74.8
	60대	28	13.9
	합계	202	100.0
직위	전임강사	35	17.3
	조교수	43	21.3
	부교수	46	22.8
	정교수	78	38.6
	합계	202	100.0
소속학과	2년제 대학	19	9.4
	학부만 있는 대학	21	10.4
	대학원과 학부가 함께 있는 대학	154	76.2
	대학원만 있는 대학	8	4.0
	합계	202	100.0
소속대학 지역	서울	64	31.7
	경기 · 인천	35	17.3
	충청권	33	16.3
	호남권	15	7.4
	영남권	47	23.3
	강원도	6	3.0
	제주도	2	1.0
	합계	202	100.0

교수를 대상으로 한 설문조사에서 응답자는 총 202명으로 남성이 191명(94.6%), 여성이 11명(5.4%)으로 남성 응답자가 대다수이다. 연령대를 살펴보면 30대는 1명(0.5%), 40대는 22명(10.9%), 50대는 151명(74.8%), 60대는 28명(13.9%)이었다. 직위는 전임강사가 35명(17.3%), 조교수가 43명(21.3%), 부교수가 46명(22.8%), 정교수가 78명(38.6%)이

다. 2년제 대학은 19명(9.2%), 학부만 있는 대학은 21명(10.4%), 대학원과 학부가 함께 있는 대학은 154명(76.2%), 대학원만 있는 대학은 8명(4%)이다. 소속 대학이 서울권이 경우는 64명(31.7%), 경기 · 인천권일 경우는 35명(17.3%), 충청권인 경우는 33명(16.3%), 호남권인 경우는 15명(7.4%), 영남권인 경우는 47명(23.3%)으로 나타났다.

2) 강의여건

먼저 교수들의 강의여건에 대한 설문문항 분석이다. 강의여건은 '행정학 전공의 경쟁력', '강의평가'에 대한 것으로 구분할 수 있다.

(1) 행정학 전공의 경쟁력

행정학 전공의 경쟁력에 대해 어떻게 생각하느냐에 대한 질문에 경쟁력이 매우 낮다고 응답한 경우는 14명(6.9%), 낮음은 102명(50.5%), 보통은 59명(29.2%), 높음은 25명(12.4%), 매우 높음은 2명(1.0%)이다. 평균은 2.50점으로 행정학 전공의 경쟁력에 대해서는 대체로 부정적으로 인식하고 있음을 알 수 있다.

〈표 23〉 행정학 전공의 경쟁력

	빈도	%	기술분석결과
매우 낮음	14	6.9	평균: 2.50
낮음	102	50.5	
보통	59	29.2	
높음	25	12.4	
매우 높음	2	1.0	
합계	202	100.0	

행정학 전공의 미래 중요도에 대해서 어떻게 생각하느냐에 대한 질문에는 미래 중요도가 매우 낮다고 응답한 사람이 1명(0.5%), 낮다고 응답한 사람이 33명(16.3%), 보통이라고 발한 사람인 48명(23.8%), 높음은 102명(50.5%), 매우 높음은 18명(8.9%)으로 나타났으며 평균 3.51점이다. 행정학 전공의 미래 중요도에 대해서는 긍정적인 평가를 하고 있었다.

〈표 24〉 행정학 전공의 미래 중요도

	빈도	%	기술분석결과
매우 낮음	1	0.5	평균: 3.51
낮음	33	16.3	
보통	48	23.8	
높음	102	50.5	
매우 높음	18	8.9	
합계	202	100.0	

위에서 살펴본 행정학 전공의 경쟁력과 미래 중요도에 대한 설문 결과를 통합하여 살펴보면, 현재 행정학 전공의 경쟁력은 다소 부정적이지만 미래의 중요도는 긍정적으로 평가하고 있다. 다시 말해서 행정학 전공의 가능성을 높게 평가하고 있다고 할 수 있다.

(2) 강의평가

강의평가와 관련해서는 강의평가의 합리성과 교과과정에 반영되는 정도를 분석하였다. 수업 후 진행되는 강의평가에 대하여 어떻게 생각하느냐는 질문에 매우 합리적이라고 응답한 사람이 8명(4%), 합리적이라고 응답한 사람이 56명(27.7%), 보통이라고 응답한 사람이 87명(43.1%), 합리적이라고 답한 사람이 49명(24.3%), 매우 합리적이라고 응답한 사람이 2명(1%)이다. 평균점은 2.91점으로 강의평가는 다소 비합리적이라고 인식하고 있음을 알 수 있다.

〈표 25〉 수업 후 진행되는 강의평가의 합리성

	빈도	퍼센트	기술분석결과
매우 비합리적	8	4.0	평균: 2.91
비합리적	56	27.7	
보통	87	43.1	
합리적	49	24.3	
매우 합리적	2	1.0	
합계	202	100.0	

이러한 강의평가가 교과과정에 얼마나 반영되는지에 대한 질문에 대해서는 매우

낮음이 10명(5%), 낮음이 57명(28.2%), 보통이 95명(47%), 높음이 36명(17.8%), 매우 높음이 4명(2%)으로 나타났다. 평균은 2.84점으로 강의평가 결과가 교과과정에 반영되는 정도는 낮다고 볼 수 있다.

〈표 26〉 강의평가 결과의 반영정도

	빈도	%	기술분석결과
매우 낮음	10	5.0	평균: 2.84
낮음	57	28.2	
보통	95	47.0	
높음	36	17.8	
매우 높음	4	2.0	
합계	202	100.0	

이러한 결과는 당연한 결과이다. 강의평가가 다소 비합리적이라고 인식한다면 그 결과를 교과과정에 반영하는 것은 어려운 일이다. 따라서 보다 합리적인 강의평가를 실시하여 그 결과를 교과과정에 반영하여 교과과정이 진화할 수 있는 자료를 도출할 수 있어야 한다.

3) 교과과정

행정학과의 교과과정에 대한 설문도 실시하였다. 교과과정에 대한 설문은 먼저 교과과정에 대한 일반적인 질문과 법학전문대학원 예비과정 및 전문자격증제도에 대한 것으로 구분된다.

(1) 교과과정

현행 행정학과 교육과정의 문제점에 대해서 어떻게 생각하느냐에 대한 질문에 문제점이 매우 적다고 답한 경우는 1명(0.5%), 적다고 한 경우는 11명(5.4%)이고, 보통이라고 한 경우는 66명(32.7%), 많다고 한 경우는 110명(54.5%), 매우 많다고 한 경우는 14명(6.9%)이었다. 평균점은 3.27점으로 대체적으로 교과과정의 문제점이 있다고 인식하고 있었다.

〈표 27〉 교과과정의 문제점

	빈도	%	기술분석결과
매우 적음	1	0.5	평균 3.27
적음	11	5.4	
보통	66	32.7	
많음	110	54.5	
매우 많음	14	6.9	
합계	202	100.0	

교과과정의 문제점에 대한 설문과 함께 현 교과과정의 가장 큰 문제점으로 무엇이라고 생각하는지 물어보았다. 설문 결과, 특성화가 부족하다고 한 경우가 119명(58.9%)으로 가장 많았으며 다양한 영역을 반영하지 못한다고 한 경우가 45명(22.3%), 과목이 너무 많다고 한 경우가 15명(7.4%), 선택과목이 부족하다고 한 경우가 12명(5.9%)의 순서로 나타났다.

〈표 28〉 현 교과과정의 가장 큰 문제점

	연구중심대학의 학생		교수	
	빈도	%	빈도	%
과목이 너무 많음	33	4.4	15	7.4
특성화가 부족함	331	44.5	119	58.9
선택과목이 부족함	203	27.3	12	5.9
다양한 영역을 반영하지 못함	146	19.7	45	22.3
기타	30	4.0	11	5.4
합계	743	100.0	202	100.0

교과과정의 가장 큰 문제점에 대한 설문 분석결과를 연구중심대학의 학생과 교수를 비교해 보았을 때, 특성화가 부족하다든지 다양한 영역을 반영하고 있지 못하다는 점에 대한 문제인식은 같았지만, 선택과목에 대한 견해는 상이했다. 학생들은 선택과목이 부족하다는 의견이 203명(27.3%)이 있었지만 교수는 12명(5.9%)으로 약 5배(%를 기준으로) 가량이어서 차이가 컸다.

행정학과 교과과정 개편 방안으로 제시되고 있는 전공기초와 심화과정을 분리하여 운영하는 것과 행정학과 표준교과과정 인증에 대한 인식도 물어보았다.

먼저 전공기초와 심화과정의 분리운영 필요성에 대해서는 불필요하다는 응답이 15명(7.4%), 보통이라는 응답이 29명(14.4%), 필요하다는 응답이 132명(65.3%), 매우 필요하다는 응답이 26명(12.9%)으로 필요하다 및 매우 필요하다는 응답이 전체 응답의 78.2%였다.

〈표 29〉 전공 기초와 심화과정 분리운영의 필요성

	빈도	%	기술분석결과
불필요	15	7.4	평균: 3.84
보통	29	14.4	
필요	132	65.3	
매우 필요	26	12.9	
합계	202	100.0	

또한 행정학과 표준교과과정 인증의 필요성에 대한 설문 결과, 매우 불필요하다는 응답은 7명(3.5%), 불필요하다는 응답이 25명(12.4%), 보통이라는 응답이 47명(23.3%), 필요하다는 응답이 98명(48.5%), 매우 필요하다는 응답이 25명(12.4%)으로 나타났다. 필요하다 및 매우 필요하다는 응답이 전체 응답의 60.9%를 차지하였다.

〈표 30〉 행정학 표준교과과정 인증의 필요성

	빈도	%	기술분석결과
매우 불필요	7	3.5	평균: 3.54
불필요	25	12.4	
보통	47	23.3	
필요	98	48.5	
매우 필요	25	12.4	
합계	202	100.0	

행정학과 전공 기초와 심화과정의 분리운영 필요성은 평균 3.84점이었고 행정학 표준교과과정 인증의 필요성에 대한 평균도 3.54점으로 행정학과 소속 교수들은 이와 같은 교과과정 개편이 필요하다고 긍정적으로 인식하는 것으로 나타났다.

(2) 행정학과 교과과정 개설: 법학전문대학원 예비과정(Pre-Law)

행정교과과정 개편에 대한 다양한 의견이 제시되고 있지만, 그 중의 하나가 최근 법학전문대학원 개설과 함께 법학전문대학원 예비과정을 행정학과 교과과정에 개설해야 한다는 논의가 제기되고 있다. 이러한 논의에 대해서 행정학과 소속 교수들이 어떻게 생각하는지 알아보았다.

Pre-Law 과정 개설에 대해 Pre-Law 과정 개설 반대는 36명(17.8%), 타 학과와 연계한 Pre-Law 과정 개설 찬성이 118명(58.4%), 행정학과 단독의 Pre-Law 과정 개설 찬성은 46명(22.8%)으로 나타났다.

〈표 31〉 Pre-Law 과정 개설에 대한 의견

	연구중심대학의 학생		교수	
	빈도	%	빈도	%
Pre-Law 과정 개설 반대	99	13.4	36	17.8
타 학과와 연계한 Pre-Law 과정 개설 찬성	372	50.2	118	58.4
행정학과 단독의 Pre-Law 과정 개설 찬성	254	34.3	46	22.8
기타	16	2.2	2	1.0
합계	741	100.0	202	100.0

Pre-Law 과정 개설에 대한 연구중심대학의 학생들과 비교해 볼 때, 행정학과 소속 교수들과 비슷한 의견이 나타났다. 즉, 타 학과와 연계한 Pre-Law 과정 개설 찬성이 가장 많으며, 행정학과 단독의 Pre-Law 과정 개설 찬성이 두 번째이고 Pre-Law 과정 개설 반대가 세 번째로 나타났다. 이와 같은 설문결과로 볼 때, Pre-Law 과정 개설에 대한 학생과 교수들은 긍정적으로 생각하고 있다고 할 수 있다.

Pre-Law 과정에 적합한 개설과목에는 어떤 것이 있는지도 살펴보았다. 언어이해 및 추리논증대비와 같은 법학적성시험 관련 과목이 70명(37.2%)으로 가장 많았으며 법학과목이 63명(33.5%), 면접대비 과목이 34명(18.1%)으로 그 다음 순서로 나타났다.

〈표 32〉 Pre-Law 과정에 적합한 개설과목

	연구중심대학의 학생		교수	
	빈도	%	빈도	%
법학과목(행정법, 민법, 헌법 등)	352	48.4	63	33.5

법학적성시험 관련 과목 (언어이해, 추리논증대비)	172	23.6	70	37.2
면접대비 과목 (논리적 사고력, 판단력, 발표력 증진)	126	17.3	34	18.1
논리적 글쓰기 관련 과목 (법학적성시험의 논술 대비)	33	4.5	16	8.5
영어실력 향상을 위한 과목	36	4.9	3	1.6
기타	9	1.2	2	1.1
합계	728	100.0	188	100.0

연구중심대학 학생들의 설문 결과와 비교해보면, 학생들은 Pre-Law 과정에 적합한 개설과목을 법학과목, 법학적성관련과목, 면접대비과목 순서로 나타났다. 교수는 법학적성시험 관련과목이 가장 적합하다고 응답한 반면에 학생들은 법학과목이 더 적합하다고 생각하였다.

(3) 전문자격제도: 행정관리사 및 정책분석평가사 제도

행정학과 전공에서 전문자격제도를 도입하는 것에 대한 견해도 살펴보았다. 전문자격증에는 행정관리 및 정책분석평가사 제도가 있다. 먼저, 전문자격증제도 도입 필요성에 대해서 필요성이 매우 낮다고 응답한 경우는 15명(7.4%), 낮다고 한 경우가 32명(15.8%), 보통이라고 한 경우가 41명(20.3%), 높다고 한 경우가 86명(42.6%), 매우 높다고 한 경우가 28명(13.9%)으로 나타났다. 전문자격증제도 도입의 필요성을 높음 및 매우 높음으로 응답한 경우가 56.5%이다.

〈표 33〉 전문자격증제도 도입 필요성

	연구중심대학의 학생		교수	
	빈도	%	빈도	%
매우 낮음	18	2.4	15	7.4
낮음	74	9.9	32	15.8
보통	195	26.2	41	20.3
높음	351	47.2	86	42.6
매우 높음	106	14.2	28	13.9
합계	744	100.0	202	100.0
평균	3.61		3.40	

행정학과 소속 교수들의 전문자격증제도 도입 필요성 수준은 평균 3.40점이었다. 연구중심대학 학생의 경우는 평균 3.61점이다. 이와 같은 설문 분석 결과로 볼 때, 학생들이 교수보다 더 많은 필요성을 느끼고 있음을 알 수 있다.

전문자격증제도에 대한 효과성을 어느 정도로 생각하고 있는지 물어보았다. 행정관리사 자격증제도 시행 효과성에 대해서 매우 낮다고 답한 경우는 50명(24.8%), 낮다고 한 경우는 89명(44.1%), 보통은 46명(22.8%), 높다고 한 경우가 16명(7.9%), 매우 높다고 한 경우가 1명(0.5%)이다. 행정관리사 자격증제도 시행의 효과성이 매우 낮음 및 낮음이라고 응답한 경우가 전체 응답자의 68.9%였다. 따라서 행정관리사 자격증제도 시행의 효과성에 대해서는 대체적으로 낮을 것으로 인식하고 있었다.

〈표 34〉 행정관리사 자격증제도 시행의 효과성

	연구중심대학의 학생		교수	
	빈도	%	빈도	%
매우 낮음	58	7.9	50	24.8
낮음	175	23.7	89	44.1
보통	325	44.0	46	22.8
높음	149	20.2	16	7.9
매우 높음	31	4.2	1	0.5
합계	738	100.0	202	100.0
평균	2.89		2.15	

행정관리사 자격증제도 시행의 효과성에 대해 교수의 평균점은 2.15점이고 연구중심대학의 학생들은 평균 2.89점이었다. 행정관리사 자격증의 효과성에 대한 교수와 학생 모두 긍정적이지는 않지만 교수가 상대적으로 더 낮을 것이라고 생각하고 있는 것으로 나타났다.

정책분석평가사 자격증 시행의 효과성에 대해서는 효과성이 매우 낮다고 한 경우는 40명(19.8%), 낮다고 한 경우는 92명(45.5%), 보통이라고 한 경우는 53명(26.2%), 높음이라고 한 경우는 14명(6.9%), 매우 높다고 한 경우는 3명(1.5%)으로 나타났다. 따라서 효과성이 매우 낮음 및 낮다고 보는 사람이 65.3%로 전체의 반 이상이 인식하고 있다.

〈표 35〉 정책분석평가사 자격증제도 시행의 효과성

	연구중심대학의 학생		교수	
	빈도	%	빈도	%
매우 낮음	37	5.0	40	19.8
낮음	184	25.1	92	45.5
보통	383	52.2	53	26.2
높음	104	14.2	14	6.9
매우 높음	26	3.5	3	1.5
합계	734	100.0	202	100.0
평균	2.86		2.25	

정책분석평가사 제도의 효과성에 대해서 교수는 평균 2.25점, 학생은 2.86점으로 교수가 상대적으로 효과성이 낮을 것이라고 인식하였다. 위에서 언급하였듯이, 전문자격증제도 도입의 필요성, 행정관리사 시행의 효과성, 정책분석평가사 시행의 효과성 모두에서 교수가 학생보다 부정적인 평가를 하고 있다. 또한 전문자격증제도에 대한 학생과 교수 간의 공감대가 형성되지 못한 것도 알 수 있다.

4) 교육방법

교육방법에 대한 설문도 실시하였다. 교육방법에 대한 만족도와 수업방식 개선을 위한 대학 당국의 지원이 존재하는지에 대한 문항이다. 먼저 교육방법에 대한 만족도를 살펴보면 다음과 같다.

〈표 36〉 교육방법에 대한 만족도

		매우불만족	불만족	보통	만족	매우만족	합계	평균
강의식 수업	빈도	3	22	101	62	14	202	3.31
	%	1.5	10.9	50.0	30.7	6.9	100.0	
토론식 수업	빈도		7	22	126	47	202	4.05
	%		3.5	10.9	62.4	23.3	100.0	
발표식 수업	빈도	1	8	32	125	36	202	3.93
	%	0.5	4.0	15.8	61.9	17.8	100.0	
실습	빈도	2	16	54	95	35	202	3.72
	%	1.0	7.9	26.7	47.0	17.3	100.0	

현장학습	빈도	1	16	52	96	37	202	3.75
	%	0.5	7.9	25.7	47.5	18.3	100.0	
사이버 수업	빈도	31	73	79	18	1	202	2.43
	%	15.3	36.1	39.1	8.9	0.5	100.0	

교육방법 중에서 가장 만족도가 높은 부분은 토론식 수업(평균점 4.05점)이었고, 발표식 수업(평균점 3.93), 현장학습(평균점 3.75), 실습(평균점 3.72), 강의식 수업(평균점 3.31), 사이버 수업(평균점 2.43)의 순서로 나타났다.

학생들은 전통적인 수업방식인 강의식 수업에 대한 만족도가 가장 높으며 토론 및 발표, 사이버 수업에 상대적으로 높은 만족도를 보였던 교수들의 수업방식 만족도와는 상이하다. 특히 학생들은 사이버 수업에 대한 만족도가 높았지만 교수의 경우에는 최하위로 나타났다. 또한 교수들은 토론식 수업방식에 대한 만족도가 높았지만 학생들은 그렇지 않았다. 이러한 설문 결과 분석을 통해서 학생과 교수가 모두 만족할 수 있는 수업방식을 구성해야 한다. 학생과 교수가 모두 만족할 수 있는 수업방식을 개발하기 위해서는 무엇보다 대학 당국의 지원이 요구된다. 따라서 수업방식 개선을 위하여 대학 당국의 지원정도를 알아보기 위해서 설문을 하였는데 다음과 같은 결과가 도출되었다.

〈표 37〉 수업방식 개선을 위한 대학 당국의 지원

	빈도	%	기술분석결과
매우 불충분	14	6.9	평균: 2.72
불충분	63	31.2	
보통	93	46.0	
충분	29	14.4	
매우 충분	3	1.5	
합계	202	100.0	

먼저, 수업방식 개선에 대한 대학 당국의 지원은 평균 2.72점으로 충분하지 않다고 느끼고 있었다. 구체적으로 살펴보면, 수업방식 개선을 위한 대학 당국의 지원이 매우 불충분하다고 대답한 경우가 14명(6.9%), 불충분하다고 한 경우가 63명(31.2%), 보통이라고 한 경우가 93명(46.0%), 충분하다고 한 경우가 29명(14.4%)으로 나타났다. 보다 효

과적인 교과과정을 운영하기 위해서는 수업방식도 매우 중요하다. 대학당국은 수업방식 개선을 위한 다양한 지원이 이루어져야 할 것이다.

3. 학과장

1) 학과 일반

(1) 학과 규모

연구중심대학으로 본 분석에서 선별한 9개 대학의 학과 시스템에 대한 분석을 실시하였다. 연구중심대학의 학과 규모는 교수진과 학생으로 구분하여 살펴보았다.

연구중심대학에서 정규직(정년트랙)은 6.96명이고 비정규직(비정년트랙)이 2.83명이다. 각 전공별로 보다 구체적으로 살펴보면 아래의 표와 같다. 먼저 행정학을 전공한 경우는 정규직이 평균 5.86명, 비정규직은 2.40명이었다. 정책학을 전공한 경우는 정규직이 1.40명이고 비정규직은 없었다. 정치학을 전공한 경우에는 정규직이 5.50명, 비정규직이 1명이었으며 경제학을 전공한 경우는 정규직이 평균 1.33명이고 비정규직은 없었다. 그리고 마지막으로 사회학을 전공한 경우에는 평균 1명으로 나타났다.

〈표 38〉 전공분야별 교수 분포

		N	최솟값	최댓값	평균
행정학	정규직	7	2	10	5.86
	비정규직	5	1	6	2.40
정책학	정규직	5	1	2	1.40
	비정규직				
정치학	정규직	2	5	6	5.50
	비정규직	1	1	1	1.00
경제학	정규직	3	1	2	1.33
	비정규직				
사회학	정규직	3	1	1	1.00
	비정규직				
기타	정규직	5	1	3	2.00
	비정규직				

학생 규모를 살펴보면, 1학년이 주간이 평균 60.33명, 야간이 평균 15명, 2학년은 주간 69.89명, 야간은 11명, 3학년은 주간이 70.22명, 야간이 26명이며 마지막으로 4학

년은 주긴이 평균 88.11명, 야간이 29명으로 나타났다. 남자의 경우에는 주간에 평균 141.13명, 야간에 47명이고 여성의 경우에는 주간에 평균 141.78명, 야간에 평균 34명으로 나타났다.

〈표 39〉 학년 및 성별에 따른 주·야간 등록학생 분포

(단위: 명)

	주간	야간	성별	주간	야간
1학년	60.33	15.00	남자	141.13	47.00
2학년	69.89	11.00	여자	141.78	34.00
3학년	70.22	26.00			
4학년	88.11	29.00			

(2) 학기별 전공·선택과목 수 및 졸업요건

연구중심대학의 졸업요건 및 학기별 전공·선택과목 수를 알아보았다.

〈표 40〉 학기별 전공필수 및 선택과목 수

		N	최솟값	최댓값	평균	표준편차
전공필수 수	봄학기	7	2	13	5.14	3.716
	가을학기	7	1	13	5.29	4.424
전공선택 수	봄학기	9	5	19	14.67	4.272
	가을학기	9	4	20	14.44	5.077

연구중심대학의 전공필수 수는 봄 학기에 평균 5.14개, 가을 학기에 5.29개이고, 전공선택 과목의 수는 봄 학기에 14.67개, 가을 학기에 14.44개로 나타났다. 봄 학기에는 전공선택 과목이 더 많이 개설되며 가을 학기에는 전공필수 과목이 더 많이 개설되는 것으로 추측된다.

연구중심대학이 졸업요건으로 어떤 것을 제시하고 있는지 살펴보았다. 가장 빈도가 높은 것은 졸업시험이 있는 경우가 2개 대학, 졸업논문이 있는 경우가 3개 대학, 외국어시험성적이 요건인 경우는 7개 대학, 특정과목을 수강해야 하는 경우가 4개 대학이었다. 대체적으로 졸업시험 또는 졸업논문보다 외국어시험성적 및 특정과목 수강을 졸업요건으로 하는 경우가 더 많았다. 기타에는 컴퓨터 관련 자격증이 많았다.

〈표 41〉 졸업요건을 위한 요건

졸업요건 내용		없음	있음	합계
졸업시험	빈도	7	2	9
	%	77.8	22.2	100.0
졸업논문	빈도	6	3	9
	%	66.7	33.3	100.0
외국어시험성적	빈도	2	7	9
	%	22.2	77.8	100.0
특정과목 수강	빈도	5	4	9
	%	55.6	44.4	100.0
기타	빈도	5	4	9
	%	55.6	44.4	100.0

2) 교과과정

연구중심대학의 교과과정은 취업관련 교과목이 개설되어 있는지와 전문자격증제도에 대한 학과장의 인식을 살펴보았다.

(1) 취업관련 교과목 개설 또는 활동

연구중심대학의 취업관련 교과목 개설 및 활동을 위해 어떤 것을 실시하고 있는지 살펴보았다. 취업관련 교과목 개설 또는 활동은 정규과목일 경우(학점 인정), 학기 중 특강(학점 불인정), 방학 중 특강(학점 불인정), 모의 공무원 시험, 취업특강으로 분류하여 설문조사를 실시하였다.

〈표 42〉 취업관련 교과목 개설 또는 활동

	N	최솟값	최댓값	평균	표준편차
정규과목(이수 시 학점 인정)	2	3	4	3.50	0.707
학기 중 특강(학점 불인정)	1	36	36	36.00	.
방학 중 특강(학점 불인정)	1	1	1	1.00	.
모의 공무원 시험	3	4	12	8.67	4.163
취업특강	5	1	5	2.80	1.643
기타[4]	1	4	4	4.00	.

4) 기타의견은 “영어단어시험”이었다.

이수 시 학점 인정을 받는 정규과목을 가지고 있는 경우는 2개 대학이며 평균 3.50개를 개설하고 있으며, 학기 중 특강을 실시하는 학교는 1개 학교이며 36회 실시했으며, 방학 중 특강을 실시한 대학은 1개이며 1회 실시하였다. 모의 공무원 시험을 실시하는 학교는 3개 대학이며 평균 8.67회 실시하고 있다. 마지막으로 취업특강을 실시하는 경우는 5개의 대학이며 평균 2.80회 실시하는 것으로 나타났다.

(2) 전문자격제도: 행정관리사 및 정책분석평가사 제도

행정학과 전공에서 전문자격제도를 도입하는 것에 대한 학과장의 견해도 살펴보았다. 전문자격증에는 행정관리 및 정책분석평가사 제도가 있다.5)

〈표 43〉 전문자격증제도 도입 필요성

	연구중심대학의 학생		연구중심대학의 학과장		교수	
	빈도	%	빈도	%	빈도	%
매우 낮음	18	2.4	1	11.1	15	7.4
낮음	74	9.9	0	0	32	15.8
보통	195	26.2	3	33.3	41	20.3
높음	351	47.2	4	44.4	86	42.6
매우 높음	106	14.2	1	11.1	28	13.9
합계	744	100.0	9	100.0	100.0	100.0
평균	3.61		3.44		3.40	

연구중심대학의 학과장들이 전문자격증제도 도입 필요성에 대해서 매우 낮음이 1명(11.1%), 보통이 3명(33.3%), 높음이 4명(44.4%), 매우 높음이 1명(11.1%)로 일반적으로 필요성을 인식하고 있음을 나타나고 있다. 연구중심대학의 학과장의 전문자격증제도 도입 필요성에 대한 평균점은 3.44점으로 교수 대상의 설문 분석결과(평균점 3.40)보다 높으며 연구중심대학의 학생들의 평균점 3.61점보다는 작은 것으로 나타났다. 학과장들이 인식하는 전문자격증제도의 필요성이 타 교수들보다는 높으며 학생보다는 더 공감대를 형성하고 있음을 알 수 있다.

다음은 보다 구체적으로 행정관리사 자격증제도 시행의 효과성과 정책분석평가사 시행의 효과성에 대해서 알아보았다.

5) 이 외의 행정학 분야에 자격증제도가 필요한 영역으로 제안된 의견은 "국제행정능력인증제"이다.

〈표 44〉 행정관리사 자격증제도 시행의 효과성

	연구중심대학의 학생		연구중심대학의 학과장		교수	
	빈도	%	빈도	%	빈도	%
매우 낮음	58	7.9	2	22.2	50	24.8
낮음	175	23.7	3	33.3	89	44.1
보통	325	44.0	3	33.3	46	22.8
높음	149	20.2	0	0	16	7.9
매우 높음	31	4.2	1	11.1	1	0.5
합계	738	100.0	9	100.0	202	100.0
평균	2.89		2.33		2.15	

행정관리사 자격증제도 시행의 효과성에 대해서 연구중심대학의 학과장들은 매우 낮음이 2명(22.2%), 낮음이 3명(33.3%), 보통이 3명(33.3%), 매우 높음이 1명(11.1%)으로 나타났다. 대체적으로 그 효과성이 낮을 것이라고 보았다.

행정관리사 자격증제도 시행의 효과성에 대해 교수의 평균점은 2.15점이고 연구중심대학의 학생들은 평균 2.89점, 연구중심대학의 학과장은 평균이 2.33점으로 연구중심대학의 학과장은 타 교수보다는 높으며 학생들보다는 낮다.

정책분석평가사 자격증 시행의 효과성에 대해서는 연구중심대학의 학과장들의 인식은 낮다는 경우가 6명(66.7%), 높다는 경우가 3명(33.3%)으로 의견이 나누어져 있다. 정책분석평가사 자격증제도 시행의 효과성에 대해 교수의 평균점은 2.25점이고 연구중심대학의 학생들은 평균 2.86점, 연구중심대학의 학과장은 평균이 2.33점으로 연구중심대학의 학과장은 타 교수보다는 높으며 학생들보다는 낮다.

〈표 45〉 정책분석평가사 자격증제도 시행의 효과성

	연구중심대학의 학생		연구중심대학의 학과장		교수	
	빈도	%	빈도	%	빈도	%
매우 낮음	37	5.0			40	19.8
낮음	184	25.1	6	66.7	92	45.5
보통	383	52.2			53	26.2
높음	104	14.2	3	33.3	14	6.9
매우 높음	26	3.5			3	1.5
합계	734	100.0	9	100.0	202	100.0
평균	2.86		2.33		2.25	

이처럼 행정학과 전문자격증제도 실시 필요성과 그 효과성에 대한 인식이 학생, 학과장, 교수의 의견이 다른 것을 알 수 있다. 학생과 학과장, 교수에게 제공되는 정보와 시각의 차이로 인해서 이러한 견해의 차이가 보일 것이다. 따라서 제도에 대한 객관적인 평가 및 심도 있는 논의가 필요함을 간접적으로 보여 주고 있다.

3) 학과 시설

연구중심대학의 학과 시설 현황분석은 다음과 같다. 학습 시설 및 교구 확보에 대한 평가는 불만족이 2명(22.2%), 보통이 3명(33.3%), 만족이 2명(22.2%), 매우 만족이 2명(22.2%)으로 나타났다. 학습 시설 및 교구확보에 대한 평가는 평균 3.44점으로 대체적으로 만족하고 있는 것으로 나타났다.

〈표 46〉 학습 시설 및 교구확보에 대한 평가 및 만족도

	평가		만족도	
	빈도	%	빈도	%
불만족	2	22.2	1	11.1
보통	3	33.3	5	55.6
만족	2	22.2	2	22.2
매우 만족	2	22.2	1	11.1
합계	9	100.0	9	100.0
평균	3.44		3.33	

학습 시설 및 교구확보에 대한 만족도에 관련해서는 불만족이 1명(11.1%), 보통이 5명(55.6%), 만족이 2명(22.2%), 매우 만족이 1명(11.1%)로 나타났다. 학습 시설 및 교구확보에 대한 만족도는 평균 3.33점으로 평가와 비교해서 대체적으로 만족하고 있는 것으로 나타났다.

학과 전용시설 현황에 대해서도 살펴보았다. 학과 전용시설에는 고시반 규모 및 수용인원, 학과 내 취업동아리실 수 및 수용인원, 컴퓨터실 수 및 수용인원, 학과열람실 수 및 수용인원, 세미나실 수 및 수용인원, 학과학생회실 수 및 수용인원으로 구분된다.

〈표 47〉 학과 전용시설

	실수(개/실)					수용인원수(명)				
	N	최솟값	최댓값	평균	표준 편차	N	최솟값	최댓값	평균	표준 편차
고시반 규모	9	1	2	1.11	0.333	7	3	145	54.57	45.767
학과 내 취업동아리	2	1	9	5.00	5.657	1	208	208	208.00	.
컴퓨터실	1	1	1	1.00	.	1	45	45	45.00	
학과열람실	3	1	3	1.67	1.155	3	5	70	32.00	33.867
세미나실	4	1	2	1.50	0.577	4	10	50	27.50	17.078
학과학생회실	7	1	1	1.00	0.000	7	10	30	18.57	6.901

고시반은 9개 대학에서 모두 보유하고 있으며 평균 1.11개로 수용인원은 평균 54.57명이다. 학과 내 취업동아리는 2개 대학에 해당되며 취업동아리 수는 평균 5개이다. 컴퓨터실은 1개의 대학이 보유하고 있으며 약 45명을 수용할 수 있다. 학과열람실을 가지고 있는 경우는 3개 대학에 해당되며 약 1.67개의 컴퓨터실이 있고 수용인원은 평균 32명이다. 세미나실은 4개 대학에서 약 1.5개를 가지고 있으며 수용인원은 평균 27.50명이다. 학과학생회실은 7개의 대학에서 평균 1개를 가지고 있으며 수용인원은 평균 18.57명이다.

연구중심대학에서는 학과 전용시설로써 고시반을 모두 운영하고 있으며 학과학생회실, 학과열람실, 학과 내 취업동아리, 컴퓨터실을 각 대학의 실정에 따라 상이하였다.

Ⅳ. 연구중심대학의 교과별 과정

본 장에서는 연구중심대학인 연세대, 고려대, 성균관대, 이화여대 이 4개의 학교가 연구중심대학으로서 어떤 교과과정을 가지고 있으며, 개별학교에서 지향하는 바가 어떠한기를 알아보고사 한다.

1. 연구중심대학 연도별 개설과목 변화

다음으로 위에서 제시한 4개 대학들의 행정학과 개설과목들의 연도별 현황을 알아보고자 한다. 분석기간은 2004년~2009년까지 6년간 개설된 과목들이며, 연구중심대학의 학교마다 어떤 교육적 목표를 지향하며, 그러한 것이 교과목에 어떻게 반영되었으며, 어떤 다양한 교과목들이 생성되고 사라졌는지에 대한 변화를 살펴보고자 한다.

1) 연세대학교

연세대학교 행정학과는「중앙부처와 공기업 등 공공분야 관리자의 양성, 공공마인드를 갖춘 민간부문 지도자 양성, 미래지향적이며 시대 변화에 부응하는 교육국제화를 교육목표로 설정하고, 국제화, 분권화 시대를 대비하여 창의적 기획 관리능력, 따듯한 인화능력, 합리적 문제해결능력, 능동적 변화대응능력, 건실한 업무수행능력을 고루 갖춘 인재를 양성한다」는 교육적 목표를 가지고 교과목을 개설하고 있다. 교육의 목표는 아래의 그림과 같다.

[그림 1] 연세대학교 행정학과의 교육목표

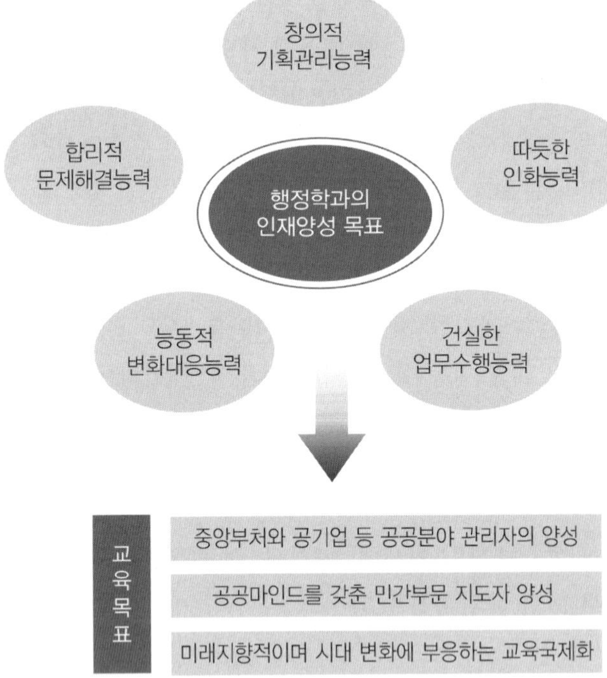

실질적 교육내용에 있어서는 정부기관만이 아니라 정부투자기관, 금융기관은 물론 각 기업체에서 요구하는 유능한 인재를 양성하기 위해서 각급 조직에서 요구하는 내용을 교과과정의 핵심으로 하여 교육하고 있다.

또한 정보화 시대에 맞추어 재택강의가 가능한 사이버강의의 활성화와 국제화 시대에 맞추어 영어로만 진행되는 강의의 제공으로 가장 경쟁력 있는 인재를 만들기 위한 교육서비스를 제공한다.

개설된 과목을 살펴보면, 2004년 이후 총 50여 개의 과목들이 개설되고 있는 것으로 나타났다. 연세대학교는 2004년까지는 전공토대과목과 전공기초과목을 중심으로 개설되어 있음을 보여주고 있다. 2005년 이후 가장 눈에 띄게 증가한 것이 부분별 과목들의 증가이다. 2006년 이후에는 '주니어세미나(국가론고전탐구)', '주니어세미나(세계화의 빛과 그림자: 그 정책적 의미)', '정책분석 및 평가론', '과학기술정책론', '주니어세미나(공동체론: 마을 만들기)', '행정사례연구 및 연습' 등 다양한 과목들이 개설되어 있음을 알 수 있다. 2006년 이후에는 '대통령과 국정관리', '지역개발론', '프로젝트관리론', '관료제와 민주주의', '한국행정론', '정부와 기업', '행정학방법론' 등의 과목이 사라지고 '리더십과 거버넌스', '정부회계학', '공공관리경제학', '행정학영어특강', '국제행정', '국제통상정책의 이론과 실제', '행정수단론', '조직과 환경', '세계거버넌스와 국제행정', '제도와 조직' 등의 과목들이 증설되었다.

연세대학교는 2005년 이후 매학기 3개 이상의 영어강의가 개설되고 있으며, 2006년 이후 신규 교수임용이 증가하면서 다양한 과목들 및 교수들의 전공에 따른 과목들이 개설되게 되었다.

〈표 48〉 연도별 연세대학교 행정학과 개설과목

No	과목명	2004년	2005년	2006년	2007년	2008년	2009년
1	행정학개론	행정학개론	행정학개론	행정학개론	행정학개론	행정학개론	행정학개론
2	정책학개론	정책학개론	정책학개론	정책학개론	정책학개론	정책학개론	정책학개론
3	재정학		재정학	재정학	재정학	재정학	재정학
4	조직론	조직론	조직론	조직론	조직론	조직론	조직론
5	조사방법론	조사방법론	조사방법론	조사방법론	조사방법론		
6	재무행정론	재무행정론	재무행정론	재무행정론	재무행정론	재무행정론	
7	복지정책론	복지정책론	복지정책론	복지정책론	복지정책론	복지정책론	복지정책론
8	행정법(2)	행정법(2)	행정법(2)	행정법(2)	행정법(2)	행정법(2)	행정법(2)
9	도시행정론	도시행정론	도시행정론	도시행정론	도시행정론	사람과도시	사람과도시
10	정부와 기업	정부와 기업	정부와 기업	정부와 기업			
11	행정학 방법론	행정학 방법론					

12	리더십과 국정관리	리더쉽과 국정관리					
13	인력관리론	인력관리론	인력관리론	인력관리론	인력관리론	인력관리론	인력관리론
14	정보체계론	정보체계론	정보체계론	정보체계론		정보체계론	정보체계론
15	한국정부론	한국정부론		한국정부론	한국정부론	한국정부론	한국정부론
16	기획론	기획론	기획론	기획론	기획론	기획론	미래준비를 위한기획
17	조직행태론	조직행태론	조직행태론	조직행태론	조직행태론	조직행태론	
18	지방행정론	지방행정론	지방행정론	지방행정론		지방행정과 공동체	지방행정과 공동체
19	행정법(1)	행정법(1)	행정법(1)	행정법(1)	행정법(1)	행정법(1)	행정법(1)
20	정부규제론	정부규제론	정부규제론	정부규제론	정부규제론	정부규제론	정부규제론
21	대통령과 국정관리	대통령과 국정관리	대통령과 국정관리				
22	지역개발론	지역개발론	지역개발론				
23	프로젝트 관리론	프로젝트 관리론	프로젝트 관리론	프로젝트 관리론			
24	정부간 관계론	정부간 관계론					
25	한국행정론	한국행정론	한국행정론	한국행정론			
26	문화정책론	문화정책론	문화정책론	문화정책론		문화정책론	문화정책론
27	공공관리론	공공관리론	공공관리론	공공관리론	공공관리론	공공관리 이론사례	공공관리 이론례
28	환경정책론		환경정책론				
29	정부개혁론		정부개혁론	정부개혁론	정부개혁론		정부개혁론
30	관료제와 민주주의		관료제와 민주주의				
31	미국정부론		미국정부론	미국정부론			
32	주니어 세미나 (국가론고전 탐구)			주니어 세미나 (국가론고전 탐구)			
33	주니어 세미나 (세계화의 빛과 그림자: 그 정책적 의미)			주니어 세미나 (세계화의 빛과 그림자: 그 정책적 의미)	주니어 세미나 (세계화의 빛과 그림자: 그 정책적 의미)		

34	정책분석 및 평가론			정책분석 및 평가론	정책분석 및 평가론	정책분석 및 평가론	정책분석 및 평가론
35	과학기술 정책론			과학기술 정책론	과학기술 정책론	과학기술 정책론	과학기술 정책론
36	주니어 세미나 (공동체론: 마을만들기)			주니어 세미나 (공동체론: 마을만들기)	주니어 세미나 (공동체론: 마을만들기)	주니어 세미나 (마을 만들기)	주니어 세미나 (마을 만들기)
37	행정사례 연구 및 연습			행정사례연구 및 연습	행정사례연구 및 연습		
38	리더십과 거버넌스				리더십과 거버넌스		리더십과 거버넌스
39	정부회계학				정부회계학	정부회계학	정부회계학
40	공공관리 경제학				공공관리 경제학	공공관리 경제학	
41	행정학 영어특강				행정학 영어특강		행정학 영어특강
42	국제행정				국제행정		
43	인사행정 세미나					인사행정 세미나	
44	국제통상 정책의 이론과 실제					국제통상 정책의 이론과실제	국제통상 정책의 이론과실제
45	행정수단론					행정수단론	
46	조직과 환경					조직과 환경	조직과 환경
47	세계 거버넌스와 국제행정					세계 거버넌스와 국제행정	세계 거버넌스와 국제행정
48	제도와 조직					제도와 조직	
49	정부와 재정						정부와 재정
50	행정과정론						행정과정론

2) 고려대학교

고려대학교 행정학과는 「변화하는 환경 속에서 국가사회의 발전을 향도하고 국민의 복리를 효과적으로 도모할 수 있는 미래의 공공부문 지도자를 양성」하는 데에 교육의 목표를 두고 있다. 행정학은 정부와 공공부문을 연구하는 학문이다. 행정학과에 진입하면 정부와 관련된 다양한 현상을 파악하기 위하여 '조직론'과 '정책학'을 필수로 하여, 조직으로서의 정부가 어떻게 관리되고 작동하는지, 그리고 정부의 정책은 어떻게 입안·추진되는지에 대한 기본적인 이해를 제공한다. '관리분석', '정보체계론', '정책평가', '정책분석', '예산과 회계', '정부행태론', '정부혁신론' 등의 과목을 통해서는 정부조직의 구체적인 작동원리에 대해 각론적인 수준의 이해를 얻고, 정부조직의 민주화와 효율화를 위한 각종 처방들에 관하여 논의하게 된다. 또한 '인사행정', '행정철학과 윤리', '행정리더십과 윤리', '행정이론' 과목을 통해서 행정의 철학적 기반과 행정학의 이론체계를 연구한다.

국가 간 비교연구는 한국행정의 특질을 이해하기 위해서 '한국행정론'을 배우고, 외국의 행정을 알기 위해 '비교정부론', '일본의 행정과 정책', '미국의 행정과 정책' 등을 수강하게 된다. 한편 행정이 경제와 사회에 미치는 영향을 거시적으로 파악하기 위하여 '조직경제학', '공공경제학'을 배운다. 정부와 시민사회, 또는 공공부문과 민간부문 간의 관계를 이해하기 위하여 '공공관리론', '공공선택론', 'NGO와 시민참여', '관료제와 거버넌스' 등을 배우며, 최고정책결정자들의 사고와 행태를 보다 잘 이해하기 위하여 '대통령학', '공공관리와 행정리더십' 등을 수강하게 된다. 또한 '지방행정', '도시행정', '도시 및 지역계획론'을 통해서는 지방과 도시에서 나타나는 행정현상의 특징이나 중앙정부와 지방자치단체 간의 상호작용을 이해할 수 있게 된다.

행정현상을 사회과학적 시각에서 체계적으로 이해하고 방법론을 심화하기 위하여서는 '조사방법론', '공공정책의 정량적 이해', '행정통계연습', '통계분석' 등을 배워야 하며, 행정현상의 법적 기초를 이해하기 위하여 '헌법' 및 '행정법' 등 이 개설되어 있다.

개설된 과목을 살펴보면, 고려대학교는 2004년 이후 총 54개의 과목들이 개설되고 있는 것으로 나타났다. 앞서 살펴본 연세대학교와 마찬가지로 2004년까지는 전공토대과목과 전공기초과목을 중심으로 개설되어 있음을 보여주고 있다. 2005년 이후 '관리분석', 'NGO와 시민참여', '공공재무관리 세미나', '관료제와 거버넌스(영강)', '정책기획론', '통상산업정책', '행정윤리', '행정학연습(2)', '인적자원정책', '정부규제론', '비교정부론(영강)', '공공관리와 행정리더십(영강)', '조직경제학(영강)', '정부혁신론', '삶의 질과 정책(멀티미디어)', '국제경쟁정책론(영강)', '예산과 회계' 등 10과목 이상 증가한 것으로 나타났다. 특히 2005년을 기점으로 영어강의가 강좌 수의 50%를 차지할 만큼 크게 늘어났음을 알 수 있다. 2006년 이후는 2005년이 증설되었던 과목들이 대부분 사라지고 '공공관리와 행정리더십(영강)', '조직경제학(영강)', '정부혁신론', '삶의 질과 정책(멀티미디어)', '국제경쟁정책론(영강)', '세계화와 지역개발', '공공경제학', '도시 및 지역계획론', '한국행정론', '공공정책형성론', '과학기술정책' 등이 증설되었다.

고려대학교의 특징은 다수의 영어과목과 2005년을 기점으로 개설과목에 변화가 많이 이루어졌다는 것이다. 또한 연구 대상인 4개 학교 중 제일 많은 개설과목을 가지고 있다.

〈표 49〉 연도별 고려대학교 행정학과 개설과목

No	과목명	2004년	2005년	2006년	2007년	2008년	2009년
1	조직론	조직론	조직론	조직론	조직론	조직론	조직론
2	행정철학	행정철학					행정철학과 윤리
3	지방행정(멀티미디어)	지방행정(멀티미디어)	지방행정	지방행정	지방행정	지방행정	지방행정
4	정보체계론	정보체계론	정보체계론	정보체계론	정보체계론	정보체계론	
5	행정행태론	행정행태론	정부행태론	정부행태론	정부행태론	정부행태론	정부행태론
6	정책분석과 평가	정책분석과 평가	정책분석과 평가	정책분석 평가론	정책분석 평가	정책분석	정책분석 및 평가
7	복지정책		복지정책	복지정책	복지정책	복지정책	복지정책
8	유럽의 행정과 정책(영강-멀티미디어)						
9	정책학 특강Ⅱ				행정학특강		
10	조사방법론(멀티미디어)	조사방법론	조사방법론(멀티미디어)	조사방법론(멀티미디어)	조사방법론	조사방법론	조사방법론(멀티미디어)
11	정책학	정책학	정책학	정책학	정책학	정책학	정책학
12	인사행정	인사행정	인사행정	인사행정	인사행정	인사행정	인사행정
13	발전행정	발전행정					

14	계량분석 (멀티미디어)	계량분석 (멀티미디어)	계량분석 (멀티미디어)	계량분석		통계분석	통계분석
15	도시행정 (멀티미디어)	도시행정 (멀티미디어)	도시행정 (멀티미디어)	도시행정	도시행정	도시행정	도시행정
16	미국의 행정과 정책	미국의 행정과 정책	미국의 행정과 정책 (멀티미디어)	미국의 행정과 정책 (멀티미디어)	미국의 행정과 정책	미국의 행정과 정책	미국의 행정과 정책
17	일본의 행정과 정책	일본의 행정과 정책	일본의 행정과 정책				
18	재무행정 세미나	재무행정 세미나					
19	공공 선택론	공공선택론		공공선택론	공공선택론		
20	비교행정 (영강－멀티미디어)	비교행정 (영강－멀티미디어)					
21	대통령학 (멀티미디어)	대통령학 (멀티미디어)	대통령학 (멀티미디어)	대통령학		대통령학	대통령학
22	자원 및 환경행정 (멀티미디어)	자원 및 환경행정 (멀티미디어)	자원 및 환경행정론				
23	리더십과 행정 (영강)	리더십과 행정 (영강)				행정 리더십과 윤리	행정 리더십과 윤리
24	행정사례 분석Ⅱ	행정사례 분석Ⅱ					
25	관리분석		관리분석		관리분석	관리분석	관리분석
26	NGO와 시민참여		NGO와 시민참여	NGO와 시민참여			NGO와 시민참여
27	공공재무 관리 세미나		공공재무 관리 세미나	공공재무 관리 세미나		공공재무 관리 세미나	
28	관료제와 거버넌스 (영강)		관료제와 거버넌스 (영강)	관료제와 거버넌스 (영강)	관료제와 거버넌스		

29	정책 기획론		정책기획론	정책기획론		정책기획론	
30	통상산업 정책		통상산업 정책				
31	행정윤리		행정윤리				
32	행정학연습(2)		행정학연습 (2)		행정학연습	행정학연습	
33	인적자원 정책		인적자원 정책	인적자원 정책	인력관리 세미나		
34	정부 규제론		정부규제론	정부규제론	정부규제론	정부규제론	정부규제론
35	비교 정부론 (영강)		비교정부론 (영강)	비교정부론	비교정부론	비교정부론	
36	공공관리와 행정 리더십 (영강)		공공관리와 행정리더십 (영강)	공공관리와 행정리더십			공공관리론
37	조직 경제학 (영강)		조직경제학 (영강)				
38	정부 혁신론		정부혁신론	정부혁신론	정부혁신론		
39	삶의 질과 정책 (멀티미디어)		삶의 질과 정책 (멀티미디어)				정책의 규범적 분석
40	국제경쟁 정책론 (영강)		국제경쟁 정책론 (영강)	국가경쟁 정책론			
41	예산과 회계		예산과 회계	예산과 회계	예산과 회계	예산과 회계	예산과 회계
42	행정학 방법론			행정학 방법론	행정학 방법론		
43	문화정책			문화정책	문화정책		
44	부패의 정치 경제학			부패의 정치경제학 (영강)	부패의 정치경제학	부패의 정치경제학	부패의 정치경제학
45	행정이론			행정이론	행정이론	행정이론	행정이론

46	조직론 세미나			조직론 세미나		조직론 세미나	
47	공공 정책의 정량적 이해			공공정책의 정량적 이해	공공정책의 정량적 이해	공공정책의 정량적 이해	공공정책의 정량적 이해
48	프로젝트 수행실무				프로젝트 수행실무		
49	세계화와 지역개발					세계화와 지역개발	세계화와 지역개발
50	공공 경제학					공공경제학	공공경제학
51	도시 및 지역 계획론					도시 및 지역계획론	도시 및 지역계획론
52	한국 행정론						한국행정론
53	공공정책 형성론						공공정책 형성론
54	과학기술 정책						과학기술 정책

3) 성균관대학교

성균관대학교 행정학과의 교육과정은 크게 공직진출형, 학문지향형, 전문직업인형으로 나뉜다. 공직진출형 교육과정은 행정고시 합격을 염두에 둔 학생들에게 적합한 교육과정으로서, 고시준비에 직접적이며 심도 있는 학습이 가능하도록 구성한 교육과정이다. 학문지향형 교육과정은 학부 졸업 후 상위 교육기관(대학원)을 진학할 예정인 학생들에게 적합한 교육과정이며, 전문직업인형 교육과정은 졸업 후 공기업, 일반 사기업 등 사회진출을 목적으로 하는 학생들을 위한 교육과정이다.

각 과정은 공통이수과목으로 전공기반과목에는 '정책학원론', '인사행정론', '재무행정론', '도시행정론', '기획론', '공공조직관리론', '사회과학조사방법론'을 두고 있으며 전공심화과정에는 '정책분석론', '정보사회와 전자정부론', '한국행정론', '지방재정론', '정책평가론', '리더십론'으로 구성되어 있다. 나머지 각 교육과정 별로 특화된 과목을 통해 각 교육과정이 구체적으로 나뉘게 된다. 각 교육과정을 구성하고 있는 과목은 다음과 같다.

[그림 2] 성균관대 행정학과의 과정별 교육과정

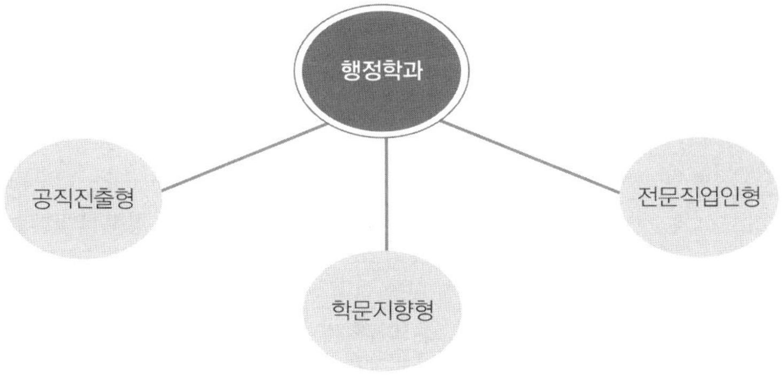

성균관대학교의 연도별로 본 개설과목들의 특징은 행정학 전공토대, 전공기초과목이라고 할 수 있는 이론 중심의 과목들이 많이 개설되어 있으며, 연도별 변화 또한 많지 않음을 알 수 있었다.

〈표 50〉 연도별 성균관대학교 행정학과 개설과목

NO	과목명	2004년	2005년	2006년	2007년	2008년	2009년
1	사회과학 조사 방법론	사회과학 조사방법론	사회과학 조사방법론	사회과학 조사방법론	사회과학 조사방법론	사회과학 조사방법론	사회과학 조사방법론
2	통계분석 원론	통계분석 원론	통계분석 원론	통계분석 원론	통계분석 원론	통계분석 원론	통계분석 원론
3	정책학 원론	정책학원론	정책학원론	정책학원론	정책학원론	정책학원론	정책학원론
4	인사 행정론	인사행정론	인사행정론	인사행정론	인사행정론	인사행정론	인사행정론
5	행정관리 기법	행정관리 기법	행정관리 기법	행정관리 기법	행정관리 기법		
6	기시 경제학	거시경제학	행성과 경제 2: 거시경제	행정과 경제 2: 거시경제	행정과 경제 2: 거시경제	행정과 경제 2: 거시경제	행정과 경제 2: 거시경제
7	행정 행태론	행정행태론	행정행태론	행정행태론		행정행태론	행정행태론
8	도시 행정론	도시행정론	도시행정론	도시행정론	도시행정론	도시행정론	도시행정론
9	관료제론	관료제론	관료제론	관료제론	관료제론	관료제론	관료제론

10	행정법 각론	행정법각론	행정법각론	행정법각론	행성법각론		행정법각론
11	한국 정부론	한국정부론	한국정부론	한국정부론	한국정부론	한국정부론	
12	지방 재정론	지방재정론	지방재정론				
13	정부 관계론					정부관계론	정부관계론
14	행정실습	행정실습					
15	정보사회와 전자정부론	정보사회와 정보정책론	정보사회와 정보정책론	정보사회와 정보정책론	정보사회와 정보정책론	정보사회와 정보정책론	정보사회와 정보정책론
16	정책 평가론	정책평가론	정책평가론	정책평가론	정책평가론	정책평가론	정책평가론
17	헌법	헌법	헌법				
18	미시 경제학	미시경제학	행정과 경제 1: 미시경제	행정과 경제 1: 미시경제	행정과 경제 1: 미시경제	행정과 경제 1: 미시경제	행정과 경제 1: 미시경제
19	재무 행정론	재무행정론	재무행정론	재무행정론	재무행정론	재무행정론	재무행정론
20	지방 행정론	지방행정론	지방행정론	지방행정론	지방행정론	지방행정론	
21	기획론	기획론	기획론	기획론	기획론		기획론
22	행정법 총론	행정법총론	행정법총론	행정법총론	행정법총론	행정법총론	행정법총론
23	한국 행정론	한국행정론	한국행정론	한국행정론			
24	정책 분석론	정책분석론	정책분석론	정책분석론	정책분석론	정책분석론	정책분석론
25	행정학 연습	행정학연습		행정학연습			행정학연습
26	리더십론	리더십론	리더십론	리더십론	리더십론	리더십론	리더십론
27	공공조직 관리론	공공조직 관리론	공공조직 관리론	공공조직 관리론	공공조직 관리론	공공조직 관리론	공공조직 관리론
28	국제법1		국제법1	국제법1	국제법1	국제법1	국제법1
29	경제법		경제법	경제법	경제법	경제법	경제법
30	복지 행정론		복지행정론	복지행정론		복지행정론	

31	공공경제학		공공경제학				
32	행정관리론		행정관리론	행정관리론	행정관리론	행정관리론	행정관리론
33	환경법		환경법	환경법	환경법	환경법	
34	행정학개론		행정학개론	행정학개론	행정학개론	행정학개론	행정학개론
35	시민사회와 국정관리			시민사회와 국정관리		시민사회와 국정관리	시민사회와 국정관리
36	여성과 국정관리			여성과 국정관리	여성과 국정관리	여성과 국정관리	여성과 국정관리
37	정책집행론				정책집행론		정책집행론
38	공기업론						공기업론

4) 이화여자대학교

이화여대 행정학과는 「공공부문을 이끌어 갈 인재들이 갖추어야 할 다양한 분야(정부개혁, 조직, 인사, 재무, 지방자치, 도시, 복지, 정보화, 그리고 양성평등 등)와 관련된 행정현상과 정책현상에 관하여 연구・교육」한다. 특히, 공공분야에 진출한 인재들이 반드시 갖추어야 할 문제해결 능력을 배양하기 위하여 사례연구를 중심으로 한 팀프로젝트 방식의 교육에 역점을 두고 있다. 학위과정은 학사학위과정, 학석사연계과정, 석사학위과정, 석박사통합과정, 박사학위과정을 두고 있다. 이러한 다양한 과정들은 별개의 과정이 아니라 유기적으로 연계되어 있다. 학석사연계과정은 우수한 학부생들이 5년만에 학사와 석사학위를 동시에 취득할 수 있도록 한 프로그램이며, 석박사통합과정은 우수한 학사학위자들이 곧바로 박사학위를 취득할 수 있도록 설계된 과정이다. 이러한 연구와 교육의 탁월성을 인정받아 현재 5년째 교육인적자원부의 지원 하에 BK21 인문사회과학분야 교육연구사업단인 뉴거버넌스사업단을 운용하고 있다. 이 교육연구사업에 석박사학위 과정생들 거의 대부분이 참여하여 장학금 지원을 받고 있다.

이화여대 행정학과의 졸업생이 진출하는 분야는 다음과 같이 아주 다양하다. 먼저, 학부 졸업생들의 경우 각종 국가고시(행정고시, 지방행정고시, 외무고시, 입법고시 등)를 통한 공직으로의 진출 비율이 해마다 급증하고 있으며, 이를 지원하기 위한 고시실 운영 및 장학금 제도가 있다. 뿐만 아니라 공기업, 정당, 민간기업, 그리고 언론 기관 등으로의 진출도 활발히 이루어지고 있다. 그리고 석박사학위 취득자들은 행정 또는 정책관련 각종의 연구기관과 대학으로 진출하여 연구와 교육을 위해 활동하고 있다. 또한 학사학위 또는 석사학위 취득자들의 상당수는 박사학위 취득을 위하여 미국과 영국을 중심으로 해외유학 중에 있다.

다양한 과정(학사학위과정, 학석사연계과정, 석사학위과정, 석박사통합과정, 박사학위과정)을 통하여 ① 행정 및 정책 분야의 연구와 교육에 종사할 전문가를 양성하고, ② 각종 국가고시를 통한 실무행정의 전문인을 양성하며, ③ 공기업과 NGO, 언론기관, 민간기업 등에서 필요로 하는 전문 고급 여성 인력을 배출하는 것이다.

교육과 훈련의 구체적인 목표로 ① 미래지향적이고 개방적이며 창의적인 기획능력, ② 전문성에 기초한 합리적인 문제해결능력, ③ 인화에 기초한 능동적인 리더십, ④ 과학적인 분석 능력, ⑤ 외국어 및 정보처리능력을 배양하는 데 초점을 두고 있다.

이화여자대학교의 행정학 개설과목을 연도별로 봤을 때, 연도별 변화는 심하게 나타지 않는 것으로 분석되었다. 이론중심의 과목들이 개설되어 있으며, 분야별 정책, 특히 여성과 관련한 정책적 과목들이 몇몇 개설되어 있는 것이 특징으로 나타났다.

〈표 51〉 연도별 이화여자대학교 행정학과 개설과목

No	과목명	2004년	2005년	2006년	2007년	2008년	2009년
1	행정과 정치	행정과 정치				행정과 정치	
2	재무행정론	재무행정론	재무행정론	재무행정론	재무행정론	재무행정론	
3	비교행정과 지역연구						
4	협상의 이론과 기법	협상의 이론과 기법	협상의 이론과 기법	협상의 이론과 기법	협상의 이론과 기법	협상의 이론과 기법	
5	조직구조와 설계	조직구조와 설계	조직구조와 설계	조직구조와 설계	조직구조와 설계	조직구조와 설계	
6	인터넷과 행정정보	인터넷과 행정정보	인터넷과 행정정보	인터넷과 행정정보	인터넷과 행정정보	인터넷과 행정정보	
7	공공재정론	공공재정론	공공재정론	공공재정론	공공재정론	공공재정론	
8	복지행정론	복지행정론	복지행정론	복지행정론	복지행정론	복지행정론	복지행정론
9	행정학의 이해	행정학의 이해	행정학의 이해	행정학의 이해	행정학의 이해	행정학의 이해	행정학의 이해
10	인사행정론	인사행정론	인사행정론	인사행정론	인사행정론	인사행정론	인사행정론
11	전자정부와 정보사회	전자정부와 정보사회	전자정부와 정보사회	전자정부와 정부사회	전자정부와 정부사회	전자정부와 정부사회	

12	조직행동론	조직행동론	조직행동론	조직행동론	조직행동론	조직행동론	조직행동과 리더십
13	시장과 정부기획	시장과 정부기획	시장과 정부기획	시장과 정부기획	시장과 정부기획	시장과 정부기획	
14	대통령과 관료제	대통령과 관료제		대통령과 관료제	대통령과 관료제	대통령과 관료제	
15	규제행정론	규제행정론	규제행정론	규제행정론	규제행정론	규제행정론	규제행정론
16	지방자치론	지방자치론	지방자치론	지방자치론	지방자치론	지방자치론	
17	도시정책론	도시정책론	도시정책론	도시문제와 정책	도시문제와 정책	도시문제와 정책	
18	행정학특강	행정학특강		행정학특강			
19	환경정책론	환경정책론	환경정책론	환경정책론	환경정책론	환경정책론	
20	정책분석과 평가	정책분석과 평가	정책분석과 평가				
21	정부와 공공정책	정부와 공공정책	정부와 공공정책	정부와 공공정책	정부와 공공정책	정부와 공공정책	
22	조사방법론	조사방법론					
23	행정개혁론	행정개혁론	행정개혁론	행정개혁론	행정개혁론		
24	여성정책		여성정책	여성정책	여성정책	여성정책	여성정책
25	공공부문의 기업경영		공공부문의 기업경영				
26	정보화와 행정문화		정보화와 행정문화				
27	한국정부와 행정		한국정부와 행정	한국정부와 행정			
28	거버넌스 이론			거버넌스 이론	거버넌스 이론	거버넌스 이론	거버넌스 이론
29	통상 및 산업정책론			통상 및 산업정책론	통상 및 산업정책론		통상 및 산업정책론
30	정부회계학				정부회계학	정부회계학	정부회계학
31	도시 및 지역계획론				도시 및 지역계획론	도시 및 지역계획론	
32	정책형성 및 집행						정책형성 및 집행

2. 연구중심대학 영역별 교과과정

연구중심대학의 영역별 교과과정으로 나누어 분석을 시도하였다. 먼저, 교과목들의 영역별로 나누고, 이것을 다시 교양 및 전공토대과목, 전공기초과목, 전공심화과목으로 나누어 살펴보았다. 분석 결과는 아래와 같다.

1) 교양 및 전공토대과목

네 개 대학의 교양 및 전공토대과목을 비교해 보았을 때, 해당 과목이 될 수 있는 것은 행정이론, 경제학, 정치학, 사회학, 심리학 등과 인접사회과학 입문 과목들과 연구방법론 등이 있다. 이러한 내용을 가지고 대학별로 살펴보면, 성균관대가 경제학, 법학에서 많은 과목에 비중을 두고 있는 것으로 나타났다.

〈표 52〉 교양 및 전공토대과목

과목	연세대	고려대	성균관대	이화여대
행정이론	행정학개론 행정학영어특강	행정이론	행정학개론	행정학의 이해
경제학	공공관리경제학	공공경제학	거시경제학 공공경제학 미시경제학	
정치	정치학입문	한국의 정치와 행정		행정과 정치
연구 방법론	조사방법론 프로젝트관리론 행정학방법론	계량분석(멀티미디어) 조사방법론 프로젝트수행실무 행정학방법론	통계분석원론 사회과학조사방법론	조사방법론
법	행정법(1) 행정법(2)		경제법 국제법1 행정법각론 행정법총론 헌법 환경법	

2) 전공기초과목

전공기초과목은 행정학의 가장 기초과목이라고 할 수 있는 인사, 재무, 정책, 조직 등으로 나누어 살펴보았다. 분석 결과 4개 학교 전체에서 5개 영역 모두 기초과목으로서 다루고 있음을 알 수 있다.

〈표 53〉 전공기초과목

과목	연세대	고려대	성균관대	이화여대
인사	인력관리론 인사행정세미나	인사행정 인적자원정책(영강)	인사행정론	인사행정론
재무	재무행정론 재정학 정부회계학 정부와 재정	공공재무관리세미나 재무행정세미나 예산과 회계	재무행정론 지방재정론	공공재정론 재무행정론 정부회계학
정책과정	정책분석 및 평가론 정책학개론 주니어세미나 (세계화의 빛과 그림자: 그 정책적 의미)	정책분석과 평가 정책학 정책학특강Ⅱ 공공정책의 정량적이해 공공정책형성론	정책분석론 정책평가론 정책학원론 정핵집행론	정책형성 및 집행 정책분석과 평가
조직론	조직론 조직행태론 제도와 조직 조직과 환경	조직경제학(영강) 조직론 조직론세미나	공공조직관리론	조직행동론 조직구조와 설계
기타	주니어세미나 (국가론고전탐구) 한국행정론	행정윤리 행정철학	한국행정론	

3) 전공심화과정

전공심화과정은 전공의 심화된 과정으로 향후 진로와 연구 분야에 많은 이론적 지식을 전달해 줄 수 있는 분야이다. 본 분석에서는 거버넌스, 국제, 공공관리, 관료제, 기획, 도시 및 지역개발, 리더십, 분야별 정책, 전자정부, 지방행정, 행정이론의 심화과정 등 모두 13개의 영역으로 나누어 분석을 시도하였다.

분석결과 가장 많은 개설과목을 가지고 있는 고려대가 전공심화과정에서 많은 과목들이 개설되어 있으며, 성균관대의 경우 앞에서 말한 전공토대과목에 비중을 크게 두고 있어 연세대나 고려대에 비해 상대적으로 전공심화과정의 과목들이 적은 것으로 나타났다.

〈표 54〉 전공심화과정

과목	연세대	고려대	성균관대	이화여대
거버넌스	세계거버넌스와 국제행정	NGO와 시민참여	시민사회와 국정관리	거버넌스이론
국제	국제통상정책의 이론과 실제국제 행정 미국정부론	국제경쟁정책론 (영강) 미국의 행정과 정책 유럽의 행정과 정책 (영강-멀티미디어) 일본의 행정과 정책		
공공관리	공공관리론 정부와 기업	공공관리와 행정리더십(영강) 공공선택론	공기업론	공공부문의 기업경영 정부와 공공정책 정부기업론 시장과 정부기획
관료제	관료제와 민주주의	관료제와 거버넌스 (영강)	관료제론	
기획론	기획론	정책기획론	기획론	
도시행정 및 지역개발	도시행정론 지역개발론	도시행정 (멀티미디어) 세계화와 지역개발 도시 및 지역계획론	도시행정론	도시문제와 정책 도시 및 지역계획론 도시정책론
대통령 및 리더십	대통령과 국정관리 리더십과 거버넌스 리더십과 국정관리	대통령학 (멀티미디어) 리더십과 행정(영강)	리더십론	대통령과 관료제
분야별 정책	과학기술정책론 문화정책론 복지정책론 환경정책론 통상 및 산업정책론	과학기술정책 문화정책 복지정책 자원 및 환경행정 (멀티미디어) 통상산업정책의 질과 정책 (멀티미디어)	복지행정론	복지행정론 환경정책론 통상 및 산업 정책론 여성정책
비교/ 발전행정		비교정부론(영강) 비교행정(영강- 멀티미디어) 발전행정		비교행정과 지역연구
전자정부	정보체계론	정보체계론	정보사회와 전자정부론	전자정부와 정보사회

				정보화와 행정문화 인터넷과 행정정보
정부학	정부간관계론 정부개혁론 정부규제론 한국정부론	정부규제론(영강) 정부혁신론	정부관계론 한국정부론	규제행정론 한국정부와 행정
지방행정	지방행정론 주니어세미나 (공동체론: 마을만들기)	지방행정 (멀티미디어)	지방행정론	지방자치론
행정이론 심화	행정사례연구 및 연습 행정수단론 행정의사결정론 행정과정론	행정사례분석Ⅱ 행정학연습 행정행태론 한국행정론	여성과 국정관리 행정관리기법 행정관리론 행정실습 행정학연습 행정행태론	행정개혁론
기타		관리분석		협상의 이론과 기법

3. 분석결과

1) 과목의 다양성

4개 대학 모두 시간이 변화함에 따라 국가, 사회가 요구하는 행정의 방향으로 과목의 다양성이 증가하고 있다. 특히 학제 간 연계된 과목들이 다양하게 생겨나고 있다는 것이다. 예를 들면, 정치와 경제가 결합된 과목 관련분야가 접목된 과목들이 개설되었다.

둘째, 개설된 과목들 중에서 영어강의가 많이 증가되었음을 알 수 있다. 이것은 국제화가 반영된 결과로서 4개 학교 모두 추구하고 있는 국제화의 목표를 잘 반영하고 있는 것으로 분석된다.

셋째, 전공심화과목의 다양화이다. 특히 연세대와 고려대의 경우, 연세대는 2006년을 기점으로, 고려대는 2005년을 기점으로 전공심화과정의 다양한 과목들이 증설되었다. 그 이유로 새로운 교수님들의 충원으로 다양한 배경의 전공, 연구주제를 가진 강의가 다양해진 이유로 들 수 있다.

2) 행정학 기초와 핵심과목의 비중이 상대적으로 낮아지는 현상

네 학교의 교과과목을 보면 공통적으로 주제의 다양성이 높아지고 각론적 성격의 새로운 과목이 다양하게 증가하고 있다. 또한 그 중 일부 과목들은 새로이 개설되었다가 사라지는 현상도 볼 수 있었다. 반면 행정학의 핵심과목의 비중이 다소 저하되는 현상들도 나타난다. 예를 들면 행정학의 이론적 기본과목인 행정철학, 행정윤리와 같은 과목이나 헌법과 행정법과 같은 법 관련 과목이 개설되지 않는 경우가 많아지고 있다. 이러한 현상의 원인은 행정철학이나 행정윤리와 같은 과목을 가르칠 수 있는 교수층이 매우 엷고 행정학이 법학과 분리되어 독립적인 학과단위로 거듭나면서 법 관련 과목이 주요 교과과정에서 제외되는 경향이 있는 것으로 보인다. 향후 행정학의 본질적인 가치인 공공성을 강조하고 법학전문대학원에 진학할 학부생들을 위하여 행정철학과 행정윤리 과목을 강화하고 기초적인 법학 관련 과목의 개설도 필요할 것으로 보인다.

행정학 학부 과정생의 전공토대를 강화하기 위하여 학생들의 기초사회과학에 대한 이해를 제고할 필요성이 있다. 이를 위해 저학년 학생을 위하여 행정학과 정책학을 필수과목으로 개설하는 한편 인접 사회과학인 정치학, 경제학, 심리학, 사회학 중 두 과목 정도를 선택할 수 있도록 유도함으로써 학생들의 사회과학적 이해를 제고할 필요가 있다. 또한 행정학도의 방법론적 기초를 제고하기 위하여 조사방법론을 저학년 때에 수강하도록 해야 한다.

사회과학적 토대를 구축한 학생들은 행정학 전공기초과목을 수강할 수 있도록 해야 한다. 특히 전통적인 전공기초 분야인 조직론, 인사행정론, 재무행정론, 지방행정론과 함께 헌법 그리고 행정철학이나 행정윤리와 같은 핵심과목을 수강함으로써 행정학의 핵심가치와 기초 각론 분야에 대한 이해를 높여야 한다.

전공기초과목을 수강한 학생들은 향후 진로에 따라 맞춤형 심화과목을 수강할 수 있도록 해야 한다. 최근 행정학과에서 개설한 과목을 살펴보면 과목의 다양성이 높아져 학생들의 시야와 과목선택의 기회를 가질 수 있는 바람직한 측면이 있다. 그러나 다양한 전공심화 과목이 체계적으로 개설되기보다는 개별 교수님들의 전공분야에 따라 임의로 또는 무분별하게 개설되는 경우가 많다. 향후 행정학 교과과정이 공급자 중심에서 수요자 중심으로 전환하기 위해선 보다 체계적으로 기초과목과 심화과목을 연계시키고 다양한 각론을 통해 시너지효과를 제고할 수 있도록 보다 체계적인 교과과정이 수립되어야 한다.

또한 전통적인 이론중심 교과목을 탈피해 이론과 실무를 접목한 실용적 그리고 현장 중심적 교과목도 도입할 필요가 있다. 예를 들면 행정현장 체험과 지역문제 해결과 같은 현장연계 수업을 개설함으로써 이론을 실제 행정현상에 적용할 수 있는 기회를 제공하고 실무적 이해를 제고할 필요가 있다. 한편, 학자, 공무원, 공기업 또는 민간기업 등 학생들의 진로선택과 관련된 트랙(진로)별로 전공과목을 맞춤 선택할 수 있도록 표준교과과정을 편성하는 방안을 모색할 수 있다. 이를 예시로 나타내면 다음과 같다.

〈표 55〉 교양 및 전공토대과목

<table>
<tr><th>단계</th><th colspan="4">교과</th></tr>
<tr><td rowspan="2">4단계
전공심화
(3/4학년 과정)</td><td>차세대 학자 트랙</td><td>공무원 트랙
(법학전문대학원
진학 포함)</td><td>공기업 트랙</td><td>금융 및
민간기업 트랙</td></tr>
<tr><td>정책분석 및 평가,
기획론,
한국정부론,
리더십론,
비교행정,
복지행정론,
시민사회 및
거버넌스 이론,
고급계량분석방법,
환경정책론,
과학기술정책론,
갈등관리론</td><td>정책분석 및 평가
기획론,
리더십론,
행정사례,
행정개혁론,
행정이론과 실무
행정관리기법,
행정법,
협상론,
갈등/위기관리론,
환경정책론,
과학기술정책론</td><td>기획론,
리더십론,
행정관리기법,
한국정부론,
정부와 기업,
고급경제학,
공기업론,
협상론,
갈등/위기관리론</td><td>기획론,
리더십론,
정부와 공공정책,
시장과
정부기획,
고급경제학,
공공재정론,
정부회계학,
사회적 기업
협상론</td></tr>
<tr><td>3단계
전공기초
(2/3학년 과정)</td><td colspan="4">인사, 재무, 정책과정, 조직론, 지방행정, 행정윤리/행정철학
(인사행정론, 미시경제, 거시경제, 공공경제학, 행정행태론, 관료제론, 행정법, 행정행태론, 관료제론, 통계분석론, 조직론, 조직행태론, 제도와 조직, 조직과 환경)</td></tr>
<tr><td>2단계
전공토대
(1학년 과정)</td><td colspan="4">관련 사회과학 입문과목: 행정학과 정책학(필수)
경제학, 정치학, 사회학, 심리학, 헌법(두 과목 선택)
조사방법론</td></tr>
<tr><td>1단계
기초교양
(1학년 과정)</td><td colspan="4">세계화, 철학, 자연과학, 역사학 등</td></tr>
</table>

Ⅴ. 결 어

설문 결과와 사례 연구를 통하여 연구중심대학의 행정학 학부 교과과정의 현황과 향후 방안을 살펴보았다. 행정 환경과 정부의 역할이 변화되면서 행정학에 대한 사회적 요구와 관심도 빠르게 변화되고 있다. 현 행정학과 교과과정에 대한 학생들의 만족노는 내제로 낮다. 이는 현재 행정학 교과과정이 행정환경의 변화와 학생들의 관심과 진로선택을 제대로 반영하고 있지 못하다는 사실을 반증하는 것이다.

향후 행정학 교과과정은 학생들의 진로선택에 따라서 맞춤형으로 설계하는 방안을 고려해 볼 수 있다. 특히 공급자 중심의 교육을 수요자 중심의 교육으로 전환할 수 있도록 교과과정을 지속적으로 개편해 나가는 것이 필요하다. 학생들의 사회과학적 토대를 강화하기 위하여 인접 사회과학 입문과목을 개설해야 한다. 한편 보다 체계적인 교과과정 개편을 위해 점차 소홀히 다루어 온 행정윤리와 행정철학과 같은 핵심 전공기초과목과 법 관련 과목 그리고 맞춤형 전공심화과목을 보다 적극적으로 개설하는 것을 검토할 필요가 있다. 이론과 실무의 접목 그리고 영어강의 확대 등도 향후 교과과정 개선에 지속적으로 반영되어야 할 사안이다. 또한 법학전문대학원에 진출하고자 하는 학생들이 늘어남에 따라서 공직분야와 연계하여 관련 기초과목을 개설하는 방안도 향후 검토해야 한다.

2

4년제 대학 행정학 교육과정 운영모형*

송 병 주(경남대학교)

Ⅰ. 문제의 제기

최근 대학입학 적령인구의 급속한 감소와 사회경기 침체로 인한 취업률의 감소 등으로 인해 대학교육 활동은 전반적으로 위축되는 국면에 처해 있다. 사회적 수요에 의해 새롭게 확대되거나 개발되는 전공영역도 있지만 과거와는 달리 축소되거나 폐지되는 전공영역도 생겨나고 있다.

과연 행정학은 어떠한가?

여러 지역에서 재직하고 있는 교수들을 학회나 정부회의를 통해 만나 보면, 각자의 처한 입장을 반영하여 우려스러운 말들을 많이 하고 있다. 행정학과의 입시경쟁률은 아직 높은 편이어서 입시충원률에서 미달사태는 일어나지 않고 있으나, 최근 대학평가에서 강조되고 있는 취업률 지표에서는 대부분의 학교에서 하위 10위권 안에 행정학과가 들어간다고 한다. 그 이유는 공무원 시험 준비를 하는 학생들이 졸업을 하고도 시험 준비를 계속하면서 취업을 미룬 결과 이들이 취업률 지표에 반영되지 못하여 그렇다는 것이다.

그렇다면 공무원 시험 합격률은 어떠한가? 매년 입학하는 신입생을 대상으로 면담을 실시하면서 행정학과에 들어오게 된 이유를 물으면 98% 이상이 공무원 시험을 준비하기 위해 또는 유리하다고 판단하여 행정학과에 들어왔다고 답을 한다. 하지만 4학년이 되어 공무원 시험 합격률은 10~20%를 밑돌고 있는 것이 현실이다. 왜냐하면 공무원 시험 준비의 경쟁자들은 전국 행정학과 졸업생에만 국한되는 것이 아니라 전국에서 다양한 전공을 이수한 대학졸업자들 및 직장을 다니다 좀 더 절박하게 공무원 시험

---

* 이 글은 송병주・정원식(2000), “행정학과 4년제 대학 교과과정 운영모형: 방향과 대안의 모색”(한국행정학회 하계학술대회 발표논문집)을 전면 수정한 것이다.

준비를 하고자 하는 사람들이 포함되어 경쟁률이 치열해 졌기 때문이다.

더구나 외형적 경쟁에서 견디지 못한 대학들의 일부 행정학과는 다른 전공과 통합 또는 융합하면서 행정학 전공으로 남아 있지만 이 경우도 행정학 전공과목을 선택한 학생들조차 강의내용이 어렵다는 이야기를 하면서 행정학 강의를 선택하여 듣기를 꺼려하고 있다. 그 결과 행정학의 설 자리가 좁아지면서 점차 사라져 가고 있는 것이 현실이다.

한편, 지난 30년 넘게 교수로서 활동하면서 행정학을 전공하고 기업이나 공직에 취업한 많은 졸업생들의 활동을 지켜보는 가운데 느낀 점은 직장에서 졸업생들이 순조롭게 적응할 뿐만 아니라 각자의 역할을 잘하고 있다는 생각이 든다는 점이다. 뿐만 아니라 전국의 200개가 넘는 대학에서 많은 행정학자들이 대학의 행정 보직을 맡으면서 관리직에서 활약하는 것을 볼 수 있었다. 그 원인은 행정학 교육을 통해 다양한 생각과 이해관계를 조정할 수 있는 균형적 시각과 문제해결을 위한 실무적인 능력을 훈련받은 결과라고 본다. 또한 평소 이러한 생각을 바탕으로 행정학을 전공하는 학생들에게도 문제를 보는 균형적 시각과 문제해결능력의 중요성을 강조해 왔다. 이렇게 보면 행정학과로서의 학과 입지는 약해지고 있다하더라도 행정학 교육내용 속에 담겨있는 주요 가치와 기법은 사회 속에서 유용하게 쓰이고 있음을 알 수 있다.

그럼에도 불구하고 앞에서 본 것과 같이 행정학의 위상이 약해지는 원인은 공공부문을 제외한 일반 기업에서 행정학을 잘 이해하지 못하고 있기 때문이라고 생각한다. 결국 행정학 전공자는 공무원이 될 사람이라는 선입견이 작용하게 된 것으로 예측하게 된다.

이러한 점을 종합하면 행정학 교육과정의 모형을 정립하고자 하는 시도가 왜 필요한지를 이해할 수 있게 된다. 그 이유는 첫째, 행정학의 교과내용에 대한 표준 또는 정형적인 내용이 무엇인지, 어떤 인재를 양성하고자 하는지에 대한 모형을 정립함으로써 행정학을 잘 모르는 사람들을 이해시킬 수 있기 때문이며 둘째, 사회적 수요의 변화에 부응하여 각 대학에서 행정학과라는 고정적 틀이 깨지고 새로이 융합된 모습으로 개편되는 상황에서도 행정학 교육과정의 전형적인 원형을 갖추어야만 행정학의 학문적 위기마저도 극복할 수 있기 때문이라 생각한다.

이 글에서는 관심의 초점을 행정학이라는 학문의 위기보다는 행정학 교육의 위기라는 측면으로 좁혀서 이를 극복하기 위한 방향설정과 모형정립에 초점을 두고자 한다.

Ⅱ. 행정학 교육의 위기

1. 행정학의 의미와 지향점

행정학이란 학문영역은 어떤 바탕위에서 발전된 것인가? 행정학의 영어표기에 쓰는 용어로 administration이라는 단어가 들어간다. 이 단어의 어원을 정리한 사전을 보면 '봉사한다'는 의미의 접두어인 ad와 '관리한다'는 의미가 담긴 ministra가 결합된 것이라는 것을 밝히고 있다.

행정의 의미를 밝힌 또 다른 해석은 "행정의 영역을 모든 사람에게 공동으로 필요한 일이지만 개인에게 맡겼을 때 아무도 하고자 하지 않는 일"이라고 표현하고 있다.

이러한 뜻을 모두 결합하면 행정학의 영역이란 "공동의 이익을 실현하기 위한 관리 활동"이 그 핵심임을 알 수 있다.[1] 다시 말해 혼자서 하는 것보다는 둘 이상이 뭉쳐서 협동할 경우 더 큰 이익을 얻을 수 있고 이를 나눠가지는 것이 유리하도록 관리하는 일로 풀어쓸 수 있다.

이런 점에서 보면 공동 이익이 가장 큰 활동을 정부가 주로 맡아서 시행하다보니 이를 번역하여 받아들일 때 "행정"이라는 용어가 선택된 것으로 생각된다. 그렇지만 이러한 현상은 굳이 정부 활동뿐만 아니라 개인 활동에서도 그 필요성이 얼마든지 강조된다. 따라서 행정학의 학문영역을 정부부문에만 국한시켜 볼 필요는 없으며 공동의 이익을 실현하려는 민간부문의 활동에서도 얼마든지 확장하여 적용할 수 있는 학문영역인 것이다.[2]

그렇다면 이러한 의미를 갖는 행정학의 지향점은 무엇인가?

첫째, 행정학 교육은 공동의 이익 구현에 앞상서야 한다. 단기적인 눈앞의 개인 이익보다 장기적인 전체 이익이 더 중요하다는 점을 인식할 수 있는 안목을 심어야 한다. 또한 그 과정에서 무임승차가 일어나지 않도록 공동의 가치와 윤리의식 및 책임의식 그리고 이를 실천하는 합의된 실천규범을 잘 짜서 지켜 나가도록 해야 한다.

---

1) 이런 점에서 보면 정치학을 "가치의 권위적 배분", 경제학을 "인간의 욕구는 무한하나 이용할 재화는 유한하며 이들 간의 갭을 해결하기 위한 학문"이라는 상징적 표현에서 보는 것처럼 이들 학문과 행정학의 지향점은 차이가 있다는 것을 알 수 있다.

2) 이 경우 경영학과의 충돌이 예상되는데, 경영학의 주된 관심은 이익실현에 있으므로 공동 이익을 키워서 이를 배분함으로써 개인의 몫을 키우는 데 관심이 있다. 그 결과 사회적으로 모두에게 필요한 공동의 일이지만 이익실현이 되지 않을 때 경영은 이를 포기하지만 행정은 모두의 이익을 지키기 위해 손해를 보더라도 이를 수행한다는 점에서 차이가 있다.

둘째, 창의적이며 실천적인 관리 및 합리적 대안모색 능력을 함양해 나가야 한다(조경호, 2005: 145－146). 현대 사회와 같이 급변하는 상황에서는 유사한 일이 느릿느릿하게 반복되기 보다는 전혀 경험해보지 못한 새로운 일들이 쏟아지고 있으므로 이를 끊임없이 탐구하는 창조적인 사고와 능력이 절실히 요구된다. 또한 수동적으로 사고하는 모습보다는 능동적이고 적극적으로 실천하고 학습하는 능력이 요구된다.

2. 행정학 교육의 위기(문제점)

최근 들어 우리 사회도 사회적 갈등이 팽배하면서 사회 전체를 뒤엎을 만큼 커다란 이슈들이 등장하고 있으며 이에 대한 논의들도 활발한 편이다. 그럼에도 불구하고 행정학을 전공한 사람들이 전문가로서 논쟁점에 뛰어들어 적극적으로 의견을 개진하는 경우가 부족하다는 따가운 비판을 받는 경우가 많다. 곧, 행정학자들은 현실에 대해 침묵한다는 비판이 나오고 있다.

왜 그런가?[3]

행정학은 공동의 이익을 구현하기 위한 관리에 초점이 있다 보니 관심을 기울이지 않는 분야가 없을 정도로 광범위할 뿐만 아니라 그것을 해결하기 위해 동원하는 관리기술도 다른 많은 분야의 지식을 응용하고 있다. 그러나 정작 이러한 응용지식의 한 유형인 행정학은 문제해결의 중심영역으로 남기보다 부수적인 영역으로 남게 되기 때문이다. 즉, 현실문제 해결과정에서 문제의 본질에 대한 논의는 결국 그 분야의 전문가가 나서게 되며, 비록 공동이익의 합리적 관리문제가 중요한 논란거리로 부각된다 하더라도 본질문제와 혼용되면서 오히려 관리상의 쟁점은 별로 중요하지 않는 부수적인 문제로 치부되기 쉬운 것이다.[4]

그렇다면 학부교육과정의 행정학과에서 공동이익관리를 전면에 내세우고 이 문제와 관련된 주제를 모아서 가르치는 것이 바람직한가? 아니면 전문적인 문제영역을 뒷받침하기 위해 가령, 교육, 보건, 환경, 도시, 경찰, 소방, 사회복지, 법무, 국제통상 등의 학과에 공동이익의 관리기술을 가르치기 위한 행정학 교수가 부수적으로 배치되는 것이 바람직한가?

이런 점에서 보면 한국과 미국의 학부 행정학 교육방식의 차이를 읽을 수 있다.

---

3) 사람마다 다양한 해석과 관점을 제시할 수 있겠지만 필자 나름의 이유를 정리해 본다.

4) 가령, 신종플루가 확산될 경우 현장에서는 질병의 전염 과정에서 나타나는 공동이익의 관리문제와 연관된 쟁점이 더 큰 문제로 부각되고 있다 하더라도 실제로는 보건학이 문제해결의 전면에 나서게 되며 행정관리문제는 부수적인 논의사항으로 취급하는 것이다.

우선 한국행정학회 홈페이지에 등록된 행정학 관련학과 167개교 중 행정학과 또는 행정학전공 등으로 분류된 학교는 121개교(72.5%)이며 보건, 도시, 경찰, 소방, 사회복지, 비서, 법무, 국제통상, 주택부동산 등과 명칭이 겹치는 경우는 46개교(27.5%)로 파악되었다.[5] 곧, 한국은 공동이익 관리에 대한 이론을 모은 다음 이들 이론을 바탕으로 행정학자가 환경, 보건, 사회복지 등의 세부영역을 떠안으면서 학과를 운영하는 방식이 아직까지 주류를 이루고 있다고 해석할 수 있다. 하지만 미국은 행정학과 또는 단과대학 위주로 행정학을 강의하는 비율은 30%에 지나지 않으며 대부분 정부학, 정치학, 경영학, 보건학, 간호학, 국제관계학과에서 행정학의 일부를 가르치는 방식을 택하고 있다(조경호, 2010: 351－352).

최근 사회의 경쟁력이 치열해지면서 앞서 언급한 것처럼 행정학과의 명칭이 서서히 다른 학문영역과 결합된 명칭으로 변경되어 가는 모습을 보여주고 있는 것은 행정학 교육과정 운영의 실질적 변화 조짐이 일부 표면적으로 나타나고 있는 것이 아닌가 생각된다.

이러한 관점을 바탕으로 행정학 교육의 위기(문제점)를 정리해 보면 다음과 같다(송병주 · 정원식, 2000).

첫째, 행정학 교육이 이론과 실제적인 측면에서 문제해결을 동시에 추구한다는 실용성을 내세웠지만 실제로 어느 한 쪽의 요구에 대해서도 기대에 부응하지 못하는 한계가 나타나는 점에 대한 반성이 필요하다. 그 결과 사회적 요구나 필요는 이미 실용성의 추구를 위해 한참 앞서 나가는데도 한국 행정학 교육의 구조는 행정학의 이론적 고유영역 사수에 치중하다보니[6] 행정현상에 대한 설명력 · 예측력뿐만 아니라 현실에 대한 처방력과 응용력마저도 상실하게 되어 실질적으로는 행정학 관련 교과목이 기업이나 비영리조직 모두에서 경쟁력이 없는 것으로 인식되는 현상을 자초하고 말았다는 점이다.

그 결과 금융기관과 민간 기업에서는 행정학 전공자를 모집학과에서 제외시키는 기업이 점차 늘어가고 있다. 행정학회에서는 행정학이 이론과 실천을 지향하는 학문으로서 공공 마인드는 물론, 조직론, 인사 · 재무행정, 관리과학 및 통계분석 등의 과목을 통해 business mind를 추구하고 있다고 밝히고 있다(한국행정학회, 교육 · 취업위원회, 1997). 그러나 많은 사람들은 행정학이 민간부문에 관한 학문이 아니기 때문에 민간조

5) http://www.kapa21.or.kr/introduce/university.htm(2016. 6. 24.)
6) 1960년대 이후 40년 동안 행정학 교과체계는 일부 이론분야의 추가가 있었지만 행정학 교육의 내용과 방법에는 큰 변화가 거의 없었다(조경호, 2005: 155).

식 및 기업 관리와는 무관한 것으로 생각하고 있다. 민간부문에서 행정학 전공자를 제외시키는 이유를 "행정학이 민간부문에 도움이 안 된다고 생각"하는 사람이 응답자의 반 이상을 차지하며, 다른 전공자와 경쟁에서 불리한 이유는 대부분이 "교과내용이 상대적으로 불리 또는 문제"가 있는 것으로 조사된 바 있었다(노시평 · 백종섭, 1998). 그 이유가 행정학 교과내용에 대한 홍보부족인지, 교과내용이 민간부문과 맞지 않는 것인지, 행정학과에 개설되어 행정학 교수들이 강의해서 그런지 등에 대한 충분한 검토가 필요한 시점이다.

둘째, 정부의 행정업무는 매우 다양한 분야를 총괄하는 거대 조직이며 각각의 실무분야에서 전문성도 상당하므로 실무를 담당한 행정공무원조차, 이론적 논의에만 충실한 강의를 받은 행정학과 출신 신입 공무원의 부족한 실무적 능력을 경험하고서는 행정학의 유용성에 대해 회의적인 시각을 나타내고 있다는 점이다. 김주환의 연구에서 나타나듯이 공무원들은 행정현장에서 곧바로 쓰일 수 있는 실무적 지식이 행정학 교육을 통해 생산되기를 원한다는 것이다(김주환, 2001). 그 결과 공무원 시험에서도 행정학을 시험과목에서 제외하고자 하는 주장(2010년도 김태룡 회장 시기)이나 선택과목으로 바꾸려는 시도가 있었을 뿐만 아니라 다수의 정부투자기관(농수산물유통공사, 한국토지공사, 대한상의)에서 행정학 전공을 제외시키는 현상이 나타나고 있다.

게다가 행정학 교육방법에서 사례중심의 토론식 강의, 현장실습 등의 실천적 경험을 쌓는 교과비중이 지나치게 낮다는 점이다. 응용과학의 특성이 강한 행정학 교육이 실제의 상황을 따라가지 못하고 온실 속에서 과거의 이론만을 전달함으로써, 비실용적이며 인기 없는 교육을 자초하고 있는 모습이 만연한다고 하겠다. 이러한 모습은 이종범의 연구에서 나타나듯이 교과목의 내용 대부분이 제도나 이론소개가 거의 모든 부분을 차지하고 있다는 점에서 알 수 있다(이종범, 1990; 김주환, 2001: 13).

셋째, 현행 행정학 교육과정은 주로 정부가 당면하고 있는 문제해결 중심에 초점을 두고 편재되어 있는 것이 일반적이나 이를 벗어나 일반 국민 모두에게 필요하고 당면한 현장중심의 문제해결에 초점을 두는 교과목의 비중을 높일 필요가 있다. 말하자면 행정학의 주요가치인 공익성, 효율성, 민주성의 조화는 공동이익의 조정문제가 발생하는 영역 내에서는 어디에나 중요한 가치임에 틀림없다. 그 결과 공동이익의 조정문제가 공적인 영역에서 뿐만 아니라 사적 개인 간에도 수없이 발생할 수 있다. 그렇다고 이런 문제를 공공부문이 모두 나서서 처리할 수 없는 경우도 많다.[7] 이 경우 공동이익

7) 가령, 최근에 문제가 되고 있는 택배배달의 문제를 보면 상품취급업체, 배송업체, 주문자 간의 책임 범위 및 소재 문제가 미처 사회적으로 합의되지 않은 상태에서 부당한 소비자의 요구(내

의 자발적 조정을 위한 가치를 일반 국민들도 모두 이해할 수 있도록 함으로써 스스로 문제해결의 길을 찾아낼 수 있도록 유도해야 할 것이다.

Ⅲ. 행정학 교육과정의 방향

앞에서 살펴본 행정학의 위기 내지 문제점의 주요 쟁점은 ① 사회수요를 반영하지 못하고 있다는 점, ② 실무적 지식의 부족, ③ 공공범위의 이해부족으로 요약된다. 이러한 위기초래 요인을 극복해야 할 뿐만 아니라 그 밖에도 지방자치제 도입으로 나타난 지역적 특성 반영문제, 세계화에 따른 적응문제, 사회갈등 증대에 대비한 조정능력의 문제를 감안하여 여기서는 다음과 같은 교육과정의 방향을 제시하고자 한다.[8]

1. 사회수요 변화를 반영하는 교육

행정학은 일반행정만이 아니라 국가 전반의 업무(교육, 보건환경, 농수산식품, 해양, 경제무역, 외교 등)와 관련된 다양한 분야의 업무와 밀접하게 관련되고 있으므로 이를 제대로 다루기 위해서는 여러 학문분야 간의 전략적 연대가 필요한 영역이다.

이러한 이원적 목표를 다루기 위해서는 두 가지의 다른 교육과정 운영전략을 생각할 수 있다.

하나는 행정학 교육을 위해 꼭 필요한 과목들을 기초공통 영역에 배치하고 이를 바탕으로 행정실무에서 실제로 필요로 하는 세부전문영역(가령, 교육, 환경, 보건복지, 과학기술정책, 도시행정, 세무관리, NGO, 경찰행정, 법무행정 등)을 나눈 다음, 각각의 영역에 적합한 전문화된 세부 교과목을 배치하는 방안으로 이 경우 행정학과를 중심으로 공급자 중심의 교육과정 운용방식을 따르게 될 것이다. 이 경우도 기존의 교과과정 구성과 교수진을 중심으로 과목 명칭 변경을 통해 내용 변화를 추구해 나가면서, 점진적으로 새로운 영역을 개척하고 환경의 변화에 대응해 나가기 위한 방안을 모색할 수 있을 것

가 원하는 시간과 장소에 대기하라는 주장)나 무리한 택배업자의 행동(내가 당신 비서냐?, 바쁘니까 경비실에 맡기겠다) 등으로 인해 발생하는 문제는 사적인 영역에서도 얼마든지 공동이익의 조정문제해결이라는 과제가 발생할 수 있음을 보여준다.

8) 조경호는 한국의 전국 행정학과를 대상으로 1982~2005년간의 분석 자료를 바탕으로 교육과정 발전방안으로 실무교육확대, 졸업생역량개발, 실천학습강화, 혼합행정기술 배려 등을 제시하였고(조경호, 2005: 154－156), 2010년의 연구에서는 미국 학부행정학 교육과정 분석을 바탕으로 ① 실천교육, 사례중심교육을 위해 교육과정 다양화, ② 타 학문과의 융합을 통한 문제해결 및 실천학습강화, ③ 정부교육을 뒷받침하는 이론교육을 행정학 교육 발전방향으로 제시하였다(조경호, 2010: 357).

이다.

다른 하나는 행정학 교육과정에서도 부전공과 복수전공 제도를 적극적으로 활용하기 위해 다양한 세부전공과 관심분야를 개발하여 제시할 필요가 있다(배일섭, 1998: 806). 이 경우 행정학과에서는 공공관리에 필요한 기본 지식을 중심으로 행정학 교육과정을 운용하고, 학생들로 하여금 세부전문영역을 찾아가서 선택하도록 유도하는 수요자 중심의 교육과정 운용방식이 되는 것이다.

어떠한 방식을 선택하든 간에 사회 변화의 다양성을 보다 적극적으로 수용하기에 유리한 방향의 교육과정을 모색해야 할 것이다.

2. 실무형 교육의 강조

행정 국가화 이후 통치와 정책결정의 권력이 의회에서 관료제로 이전되었듯이, 공공행정 조직 내에서의 행정관리와 집행 권력이 행정 실무자인 중간 및 일선관료들에게 이전되고 있는 현실을 이해할 필요가 있다. 이러한 현상은 특히 지방자치 이후 점진적으로 나타나고 있으며, 일선 집행 공무원의 실무에 보다 많은 관심이 집중되고 있는 것이다. 이 경우 추상적인 이론이나 원칙보다 현장에서 발생하는 문제를 해결하는 실무능력 향상이 무엇보다 중요해지는 것이다.

따라서 행정학 교육에서도 경험적, 처방적인 종합적 연구지향에 부응하기 위해서는 현장교육(internship), 사례연구 중심의 교육이 더욱 필요하다. 실제 행정현상과 관련 업무에 대해 직접적으로 경험(hands-on experience)할 수 있는 기회를 부여함으로써 현장을 보고 현실 문제를 이해하고 해결할 수 있는 자기 주도적 학습(self-directed learning)의 기회를 부여할 수 있게 된다. 이를 위해서는 행정학과 차원(교수의 노력)에서 인턴십 현장을 물색, 해당 대학 및 학과 자체를 현장 실습장으로 활용할 수 있는 방안이 마련되어야 할 것이다.

3. 공공범위의 이해에 관한 교육

행정학을 "모두를 위해서 꼭 필요한 일이지만 개인에게 맡기면 아무도 나서지 않는 일"을 수행하는 것이라고 한다면 이것의 유지관리는 어떻게 해야 할 것인가?

개인의 이익을 다루는 합리적 경제학자의 계산에서처럼 이기적인 인간들은 공동의 이익을 위해서이건 장기적 안정을 위해서이건 이타적 인간을 만들어 가야 한다. 이를 위해 오랜 공동생활에서 얻은 지혜를 바탕으로 일시적인 합의를 깨트리지 않기 위해 공동의 규칙을 만들고 이를 어기는 사람을 감시하다보니 강제적 규범을 가진 권력을 만들어 내게 되었고 이를 바탕으로 사회적 질서를 유지하기 위한 정부를 창조해 내었다고 본다.

그렇지만 권력을 독점한 정부는 항상 권력을 남용함으로써 권력을 가진 정부 자체의 비효율을 만들게 되고 이로 인한 폐해를 막기 위해 반드시 견제가 필요하게 된다.

이러한 시장실패와 정부실패의 논리는 공공 범위의 필요성과 한계를 인식하는 데 꼭 필요하며 나아가서 공공의 가치를 지키기 위한 국민 모두의 지식으로도 매우 중요한 기초개념이라 할 수 있다. 따라서 행정학의 고유가치 영역을 다루는 이 부분에 대한 자세하고도 쉬운 사례들을 많이 개발하여 이해시키는 것이 무엇보다도 중요한 것이다.

4. 지역적 특성을 반영하는 교육

행정학 교육과정의 논의가 대체로 중앙행정 지향적이었으며 지방행정에 관한 논의는 기초적인 수준에 머무르고 있는 것이 현실이다. 실제 지방행정의 실무 운영상 드러나는 많은 문제와 난관을 실무자들은 이론가들이 해결해 주기를 원하고 있으나 이에 대한 연구나 기초자료의 축적 및 이론적 기반이 아직도 약한 편이다.

지역 내에서 실무적으로 부딪치는 문제들을 교육하고 연구 자료를 축적하는 일이 갈수록 중요해지고 있다. 많은 사회문제들 가운데에서도 전국적으로 공통적인 문제도 있을 수 있으나 지역 내에서 실제로 부딪치고 해당지역에만 독특한 새로운 문제들이 속속 등장하고 있는 것이 현실이다. 예를 들면, 지역 간 갈등 조정, 지역개발과 환경보전문제, 지방의회의 역할과 위상에 대한 논란, 지역경제의 활성화 방안 등의 문제를 반영하여, 이제는 행정학의 영역도 지역사회의 문제를 반영한 교육과정들이 개발되고 강의에도 반영될 필요성이 충분하다.

더구나 지방행정 활동 자체가 종합행정인 경우가 많으므로 이해관계 당사자 간의 갈등해결과 협상 등에 필요한 지식들의 개발과 적용능력이 더욱 필요해졌다.[9] 예를 들면, San Francisco의 교통체계인 Bay Area Rapid Transit(BART)를 사례로 들 수 있다. 여기서는 정부, 비정부, 영리 및 비영리단체들의 대표자들이 그물망처럼 연계하여 집단으로 BART의 공공행정을 담당하면서, 시 · 군 등의 여러 관할 구역 간 협력으로 이 교통체계를 관리하고 있다는 점을 눈여겨볼 만하다(윤우곤, 1998: 11에서 재인용).

---

9) 미국의 경우 대학이 해당 지역사회의 특성을 반영한 교육과정을 마련하는 것은 지역사회와 친숙한 관계를 유지하고 동시에 대학의 생존과 발전에 목적을 둔 전략이다. 행정학 관련 분야에서 지역사회 안전(경찰행정), 지역사회개발, 지역사회 NGO, city 및 county 행정, 지역사회 내 정부의 재정 및 회계 등의 교과과정을 운영하고 있다.

5. 세계화에 적응하는 교육

최근 들어 정부부처(중앙과 지방)와 민간 기업은 국제환경에 효율적으로 적응하기 위해 국제관계 관련 업무 부서를 통해 활발한 교류를 하고 있다. 이를 위해서는 공공부문이건 민간부문이건 간에 세계화의 과제는 단기적 시각보다는 장기적 관점에서 축적된 대응 노력이 필요하다고 본다. 따라서 이를 위해서는 체계적인 준비를 통해 국가 간, 지방자치 단체 간, 국제기구와의 협조 등과 관련한 강의와 자료의 축적이 요구된다.

국가 간의 공동 이익에 관한 업무를 설계하고 이를 집행하는 국제기구 간 교류와 협력 및 KOICA와 같은 후진국 돕기 프로그램 등 글로벌 시대의 국제행정관리업무와 이를 수행할 리더 양성을 위한 교육 프로그램의 개발이 적극적으로 요구된다 하겠다.

6. 행정의 민주화 교육, 의견수렴, 갈등 조정, 협상 능력의 향상

우리나라 공공행정조직의 내부 관리에 있어서 대체로 능률성과 효율성을 지나치게 강조함에 따라 민주성의 측면에서 시민과 시민권이 제약되는 한계가 노정되면서 민주화의 물결이 한때 우리나라를 휩쓸었다. 따라서 요즈음에는 행정활동에서도 시민과 정부 간 쌍방향 통로를 강조할 뿐만 아니라 "시민 우선(citizen first)"의 행정교육에 대한 관심이 매우 커졌다.[10]

이러한 변화에 대응하기 위해서는 행정윤리의 교육이 필요하나 이것의 효과를 얻기 위해서는 기본적인 태도의 변화와 여건 조성이 필요하다. 이를 위해서는 필요에 따라 이루어지는 단기간의 윤리교육도 중요하지만 행정의 태도변화를 유도할 수 있는 민주화 교육, 의견수렴의 자세, 갈등의 조정을 위한 협상능력의 향상 등을 위한 교과과정 편성이 요구된다 하겠다.

7. 행정학과 관련한 취득 가능한 자격증제도의 개발

행정학 전공자들에 대해 행정학 전공에 대한 품질을 공식적으로 인증하기 위해 자격증제도의 적극적 활용이 필요하다고 본다(이대희, 2000). 현재의 행정학 교육제도 아

10) 시민과 정부 간 쌍방향 통로는 시민과 정부의 동시적 책임을 강조한다. 시민들도 그들의 이웃과 지역사회에서 발생하고 있는 문제에 대해 책임을 져야 하며, 그리고 그 역할의 범위에 대한 관심을 강조한다. 행정학적 관점에서 "시민 우선"의 개념은 고객과 시민을 구별하는 데 의의가 있다. 시민이 고객으로 행동할 때, 그들은 자신들의 제한된 욕구와 욕망, 그리고 얼마나 신속하게 만족을 가질 것인가에만 관심을 두는 반면, 시민으로 행동할 때는 공동선이나 지역사회의 중대성에 관심을 두게 된다. "citizen first"의 이념은 시민으로서의 책임을 소중히 여기며, 단순히 투표를 통해서만이 아닌 정책의 계획과 집행의 모든 단계를 통해서 정부가 시민의 목소리를 민감하게 의식하도록 하는 데 목적을 두고 있다(Denhardt, 1999).

래에서는 각 급 학교 졸업생들의 능력을 적절히 비교하기가 곤란하다. 그 이유는 대학별로 교수별 강의 내용과 평가 방식이 서로 다르기 때문에 이를 표준화하기 어렵다. 그래서 A의 성적을 받은 학생들의 능력이 대학별로, 담당 교수의 보는 시각에 따라 서로 차이가 날 수밖에 없는 것이다. 그러다 보니 대학 외부에서는 해당 학생의 능력을 정확히 알기 어려워 관례대로 전체 대학의 규모나 사회적 평가를 토대로 판단하고 있는 실정이다.

따라서 행정사, 정책분석 및 평가사, 사회조사분석사, 갈등관리사 등의 자격증제도를 도입하여 공동의 평가 제도를 마련함으로써 학생들의 능력 측정을 객관화할 필요가 있다. 나아가서 이를 통해 행정학 교육의 품질을 객관적으로 인정받는 계기로 만들 수 있다고 본다.[11)]

Ⅳ. 학부 행정학 교육과정 모형

1. 행정학 교육과정의 목표

교육과정은 각 대학 학문분야의 특성화된 목표, 학습자와 사회의 요구 등을 반영하는 교육의 전체 설계도를 말한다(한국대학교육협의회, 2011, 6: 25). 곧, 교육과정은 교육의 목표를 구현하고, 교육을 받는 사람들의 품성과 능력을 갖추어 주는 데 핵심적인 역할을 수행한다.

이렇게 보면 교육과정의 설정과정에서 다양한 사회적 변화와 요구를 반영한 교육과정 목표를 분명히 내세우는 것은 매우 중요한 요소라고 할 수 있다. 그렇다면 누구의 어떠한 요구를 반영하여 행정학의 교육과정 목표를 설정해야 하는가?

조경호의 연구에서는 교과과정 개편기준으로 5가지를 제시하고 있다(조경호, 2010: 348).[12)] 곧, 수요자/공급자 관점, 학문연구범주의 관점, 대학 특성별 관점, 표준/자율교과 관점, 환경적응/전략적 선택 관점에서 개편기준을 논의하고 있다. 그러나 여기서는

---

11) 국가에서 실시하는 자격시험의 종류에는 국가기술자격시험, 국가전문자격시험, 국가공인민간자격시험(국가공인자격시험) 등이 있고 국가에서 관할, 통제하는 민간자격시험 등이 있다. 민간자격시험은 모두 한국직업능력개발원 ‘민간자격 정보서비스’ 웹사이트(https://www.pqi.or.kr/-inf/qul/infQulNanLis.do)에 등록하여 실시하도록 되어 있다. 위키백과 참고(https://ko.wikipedia.-org/wiki/%EC%9E%90%EA%B2%A9%EC%8B%9C%ED%97%98).

12) 한국대학교육협의회는 대학 교육과정의 개편은 대학 자체의 교육이념이나 교육목적, 대학이 궁극적으로 봉사하고자 하는 사회의 변화와 요구, 학문과 지식 세계의 변화와 요구, 대학교육을 수혜하는 학생들의 변화와 요구에 따라 적절히 대응하여 변화하여야 한다고 하면서 대학의 관점에서 그 기준을 제시하고 있다(한국대학교육협의회, 2011, 9).

첫째, 행정학이라는 학문과 지식세계가 요구하는 관점, 둘째, 대학교육 수요자의 요구와 변화의 관점을 바탕으로 행정학 교육과정의 목표를 정리하고자 한다.[13]

1) 행정학의 학문적 기준에 따른 교육과정 목표

한국행정학회는『행정학과는 이런 인재를 양성한다』라는 소개 책자를 통해 행정학과에서 행정학 교육을 받은 인재가 적응할 수 있는 업무분야를 총무 및 인사관리업무, 일반관리업무, 예산관련업무, 기획 및 조사 분석 업무, 정책관련업무, 분야별 전문영역 업무 등으로 나누고 있다. 이러한 업무분야를 뒷받침하기 위한 행정학의 학문적 목표로는 창의적 기획 관리능력, 합리적 문제해결능력, 능동적 변화대응능력, 견실한 업무수행능력을 갖춘 인재양성에 있다고 소개하고 있다(한국행정학회, 1997).

또한 다수의 행정학자들은 행정학 교육의 목표를 현장중심의 실무수행능력, 비정형적 문제의 창조적 해결능력, 민주시민으로서의 윤리적 책무를 제시하고 있다(조경호, 2005: 146에서 재인용).

〈표 1〉 행정학의 학문적 기준에 따른 교육과정 목표

학문적 관점	교육과정 목표 유형
한국행정학회의 관점	창의적 기획 관리능력, 합리적 문제해결능력, 능동적 변화대응능력, 견실한 업무수행능력
행정학자의 관점	현장중심의 실무수행능력, 비정형적 문제의 창조적 해결능력, 민주시민으로서의 윤리적 책무
종합적 관점	창의적 기획 관리능력, 합리적 문제해결능력, 현장중심의 실무수행능력, 능동적 변화대응능력, 민주시민으로서의 윤리적 책무

위의 논의를 종합하면, 다음과 같이 정리할 수 있다(<표 1> 참고).

첫째, 창의적 기획 관리능력

둘째, 현장중심의 실무적 문제해결능력(변화대응능력 포함)

13) 그 이유는 첫째, 본 연구의 범위는 4년제 대학 교육과정에 한정되며 또한 연구/교육중심의 문제도 대학원 위주의 이론중심이나 학부위주의 실무중심에 따라 교육과정 비중을 선택하여 해결할 수 있다고 보아 대학특성별 관점을 논의 대상에서 제외하였으며, 둘째, 이 글의 목적이 모형 정립에 있으므로 표준 관점에 바탕을 둔 결과 표준/자율교과 관점의 논의는 제외하며, 셋째, 환경적응/전략적 선택 관점은 수요자관점을 강조할 경우 적응적 입장에 서게 되지만, 공급자관점과 자율교과 관점을 결합할 경우 전략적 선택 관점을 반영하게 된다. 그러나 이미 연구범위를 표준관점과 수요자 관점으로 한정하였으므로 환경적응관점의 추가 논의는 필요치 않다고 본다.

셋째, 공동체의 윤리적 책무(민주시민의식)

2) 수요자의 요구에 따른 교육과정 목표

행정학 교육과정의 수요자는 누구인가? 행정학 교육과정의 수요자는 다음과 같은 세 가지의 관점을 바탕으로 구분해 보고자 한다.[14] 첫째, 재학생 관점의 수요, 둘째, 민간기업 고용주나 공직 인사담당자의 입장에서 요구하는 수요, 셋째, 산업적 관점의 수요를 들 수 있다.

우선 행정학 교육을 선택한 재학생들이 행정학 교육과정 이수를 통해 얻고자 하는 것은 입학할 당시부터 꿈꾸던 공공부문 진출 중심의 교육뿐만 아니라 다양한 사회진출을 뒷받침할 프로그램의 개발을 요청하고 있다. 결국 문제해결에 도움이 되는 실용성이 아니라 취업에 도움이 되는 측면만을 강조할 수밖에 없으므로 사실상 재학생 중심의 의견을 바탕으로 교육과정의 방향성을 검토하기에는 많은 한계가 있다(오창규 외, 2015: 120).

한편 학생들을 고용하는 고용주의 입장에서는 흔히 말하는 화려한 스펙보다는 대학졸업자로서의 기본 요건과 함께 개인의 인성을 파악하는 데 많은 노력을 기울이고 있다. 인성을 갖춘 사람은 기업을 위해 헌신하고 최선을 다하여 업무를 수행할 수 있는 잠재력이 있을 것으로 판단하는 것이다. 한편 공공기관 인사담당자의 입장에서는 행정학과를 졸업한 사람들의 성향이 성실하고 책임감이 강하지만 도전적 자세나 패기가 부족하다고 본다. 그러면서도 공공기관의 요구 역량에 부합하는 문제해결능력, 공동체 생활을 원활하게 할 수 있는 협동능력을 요청하고 있다.

그리고 오늘날 정부는 국가직무능력표준(NCS, National Competency Satadards)을 통해 산업현장의 직무를 수행하기 위해 필요한 능력을 표준화하여 제시하고 있으며 이를 통해 대학교육과 산업현장 간의 불일치문제를 해소하고자 하였다.[15] 그러나 공직분야의 직무역량에 대한 국가직무능력표준은 아직 완성된 상태가 아니어서 행정학 영역에 적용하기에는 이른 감이 있다. 또한 대학교육에서 실용성과 창조성을 동시에 추구해야 한다면 NCS형 교육은 실용성 위주의 교육을 강조하고 있어 창조성과의 균형을 고려할 경우 이를 전면적으로 대학교육과정에 적용하기에는 무리가 따를 수 있다.

이러한 관점을 종합적으로 정리해 보면, 산업계의 수요자 입장에서는 대학교육을

14) 이는 주로 재학생, 졸업생, 기업인 및 관련 공공기관 인사담당자를 대상으로 설문조사분석을 통해 얻어진 결과를 요약한 것임을 밝혀 둔다(경남대학교 2016 교육과정 개편보고서 참조).

15) http://www.ncs.go.kr/ncs/page.do?sk=P1A1_PG01_001(2016. 6. 29.)

통해 인성의 강화, 외국어를 통한 의사소통능력 향상 외에 현실문제에 대한 실무수행능력, 공동체 속의 협동능력을 강조하고 있다.

한편, 행정학 교육과정의 목적에 대한 학문적 기준과 산업계 수요자의 요구를 모두 종합하여 정리해 보면,

행정학의 학문적 기준에서는
첫째, 창의적 기획 관리능력
둘째, 현장중심의 실무적 문제해결능력(변화대응능력 포함)
셋째, 공동체의 윤리적 책무(민주시민의식)를

그리고 산업계수요자의 입장에서의 기준은
첫째, 기초적 인성의 강화
둘째, 현실문제에 대한 실무수행능력
셋째, 공동체 속의 협동능력을 각각 제시하고 있다.

이들을 모두 종합하면,
첫째, 창의적 기획 관리능력
둘째, 실무적 문제해결능력
셋째, 공동체 관리를 위한 협동적 윤리로 요약할 수 있다(<표 2> 참고).

〈표 2〉 행정학 교육과정 목표의 종합 정리

관점	교육과정 목표 유형
학문적 관점	창의적 기획 관리능력, 합리적 문제해결능력, 현장중심의 실무수행능력, 능동적 변화대응능력, 민주시민으로서의 윤리적 책무
산업수요자 관점	인성의 강화, 외국어를 통한 의사소통능력 향상, 실무수행능력, 공동체 속의 협동능력
종합적 관점	창의적 기획 관리능력, 실무적 문제해결능력, 공동체 관리를 위한 협동적 윤리

2. 행정학 교육과정 모형 개발의 방향

앞에서 언급한 행정학의 교육적 위기를 극복하기 위한 교육방향과 행정학 교육과정이 달성해 나가야 할 교육목표 외에도 교육과정의 개발은 각 대학이 처한 상황, 지역적 특수성 등을 고려한 다양한 관점에서 이해되어야 하기 때문에 이들 모두를 함께 묶어낼 수 있는 단일한 대안을 찾기는 쉽지 않다.

그리고 대학의 교육과정은 반드시 교과영역만으로 완성되는 것이 아니며 비교과영역과 학생지도 영역도 함께 고려하여 검토되어야 한다. 비록 비교과 영역이나 학생지도 영역도 산업체가 요구하는 인성교육과 관련한 주요한 역할을 맡고 있으나 여기서는 학부수준의 교과영역을 중심으로 행정학 교육과정 모형의 시안을 정리하기로 한다.

한편 교과영역 내에서도 교양과목의 영역, 그리고 전공영역 가운데에서 행정학 이외의 타 전공과 횡으로 연결된 복수전공이나 부전공과의 관계도 전략적으로 검토해야 하지만 연구의 범위가 지나치게 확대될 우려가 있으므로 여기서는 행정학 전공영역(심화전공)으로 한정하도록 한다.

그렇다면 여기서 행정학의 교육적 위기를 극복하기 위한 교육방향과 행정학 교육과정이 달성해 나가야 할 교육목표를 연결해 나갈 교육과정의 구체적 내용을 담을 범주를 어떻게 정리할 수 있을 것인가?

우선 다른 선행연구의 결과를 정리해 보면, 조경호는 전국 행정학과 25개 대학의 252개 교과목을 분석하여 행정학 교과과정의 모델을 제시하기 위해 학년별 분류기준을 다음과 같이 제시하고 있다(조경호, 2005: 156-157).

1학년: 민주시민 소양육성
2학년: 기초 전공, 기반역량 배양
3학년: 트랙별 전문역량 육성
(정책 트랙, 관리트랙, 정부학 트랙, 도시/지역개발 트랙, 방법론 트랙)
4학년: 사회적 역량, 취업준비

그러나 이렇게 분류할 경우 과목 간의 선후관계 조정이나 전 학년에 걸쳐 쌓아 나가야 할 역량의 경우 학년으로 인한 제약이 나타날 수 있다고 생각된다.

한편 조경호는 다른 연구에서 미국대학 학부에서 행정학과를 개설한 60개 대학의 교육과정을 분석한 결과, 행정학 이론기초와 연구방법론, 정책과정 등을 공통적으로 가르치면서 전공분야는 9개의 유형으로 분류된다고 소개하고 있다. 곧, 도시 관리, 환경정책관리, 보건정책관리, 정보기술관리, 비영리조직관리, 공공재정예산, 공공관리행정, 공공정책, 사회정책 등이다. 그 밖에 행정학 전공을 설치하지 않는 대부분 대학의 학부교육과정에서는 '민주주의와 정부', '공공행정과 사회'와 같은 일반교양이 강한 성격의 과목들을 개설하는 것으로 나타났다(조경호, 2010: 352-354).

그러나 이러한 학부교육과정에 대한 미국식 편제는 앞에서 언급한 것처럼 교과과정의 편성권이 교수에게 주어져 있는 공급자 중심의 방식일 뿐만 아니라 다양성을 강조하는 미국 교육중심대학의 이념상 사회가 필요로 하는 실무인력을 직접 배출하는 데 중점이 있다는 점에 유의해야 한다(조경호, 2010: 355). 따라서 행정학 교육의 위기를 극복하기 위해 표준을 추구하는 관점에서는 받아들이기 어려운 시도이다.

[그림 1] 교육목표, 교육방향과 교육과정의 연결관계

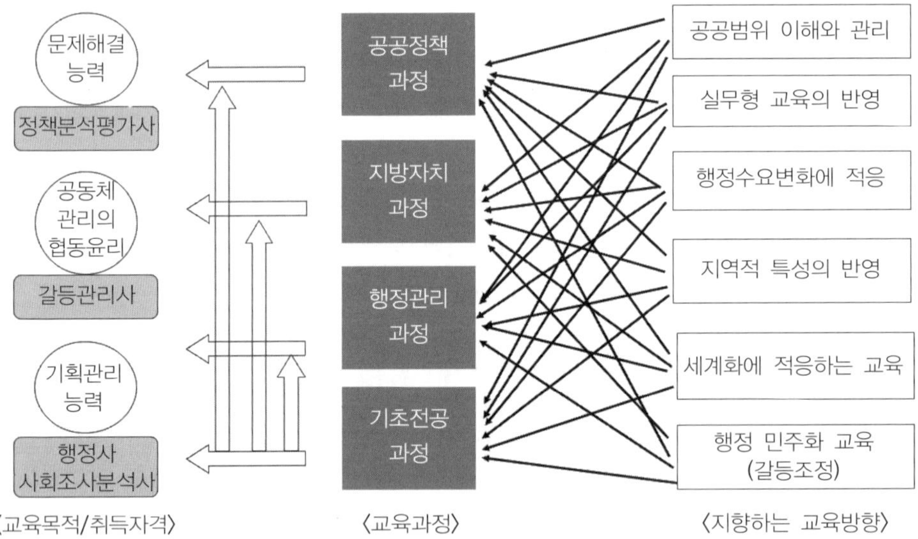

따라서 여기서는 위의 [그림 1]에서 보여주는 것처럼 행정학 교육과정의 방향과 교육목표를 연결해 나갈 교육과정의 범주를 기초전공과정, 공공정책과정, 행정관리과정, 지방자치과정으로 제시하고자 한다.

[그림 1]에서 보면, 교육목적은 앞에서 이미 전문가의 입장과 수요자의 입장을 모두 반영하여 정립한 것이며, 지향하는 교육방향은 행정학을 둘러싼 교육의 위기극복

방향을 바탕으로 정립된 내용이다. 여기서 교육과정의 범주는 이러한 요소들을 연결해 주고 있으므로 자연히 각 교육과정의 범주 속에 담겨 있는 교과목 또한 교육 목적과 위기극복 방향을 동시에 반영하고 있는 것이다. 이를 통해 개별 교과목은 교육목표나 교육과정의 지향점과 분명히 연결될 수 있도록 하였다. 또한 각 교육과정의 범주는 행정학 자격 취득의 방향과 연결되도록 설계함으로써 구체적인 실무적 수행능력과도 연결되도록 하였다.

따라서 이러한 장점을 활용한다면, 다른 전공영역과 협동프로그램을 개발 운영하든가, 아니면 학생들이 복수전공 혹은 부전공을 선택하고자 할 때 교육목적이나 교육방향을 비교하여 관련 분야를 탐색하는 데 도움을 줄 수 있을 것으로 생각된다.

3. 학부 행정학 교육과정 모형

각 범주에 속하게 될 교과목의 내용 구성은 다음의 [그림 2]와 <표 3>과 같다.

[그림 2] 학부 행정학 교육과정 교과목 구성

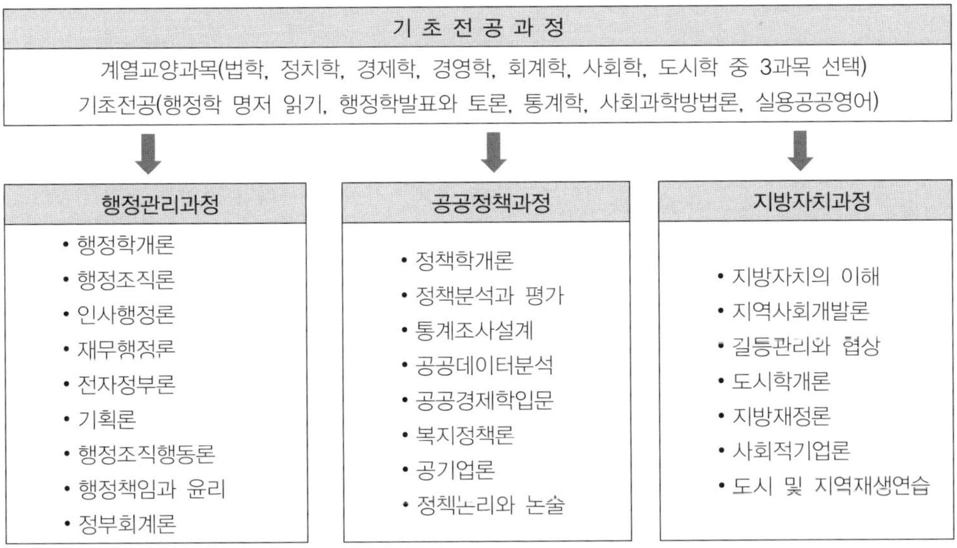

[그림 2]에서 우선 기초전공과정을 보면 사회과학의 기초과목(법학, 정치학, 경제학, 경영학, 회계학, 사회학, 도시학 중 3과목 이수지도)을 지정하여 계열교양과목으로 개설하고 수강지도 안내를 통해 공공의 봉사자로서 갖추어야 할 사회과학적 기초소양을 함양하도록 유도하였다. 또한 기초전공과목으로 행정학 명저 읽기를 통해 공공범위의 이해를

넓힘과 동시에 행정민주화의 소양을 쌓게 함으로써 공동체 관리에 필요한 협동적 소양을 기르고자 하였다. 특히 행정학 발표와 토론 과목을 통해 남들 앞에 서서 자신의 의사를 분명하게 개진하고 표현할 수 있는 능력을 함양하도록 유도하였다. 이러한 2과목을 통해 공공관리자로서의 인성을 기르는 기초로 삼고자 하였다(<표 3>참고). 그 밖에 통계학, 사회과학방법론 그리고 실용공공영어를 통해 실무적 능력향상의 기초를 다짐으로써 문제해결능력을 길러주고자 하였다.

이러한 기초전공과정은 행정관리과정, 공공정책과정, 지방자치과정을 뒷받침하는 기초능력이 되도록 설계하였다.

〈표 3〉 행정학 교육방향에 따른 교과목 구성

교육방향 구분	교과목구성	과목수
인성 지향형 (태도, attitude)	행정학 명저 읽기, 행정학발표와 토론, 인사행정론, 행정책임과 윤리, 갈등관리와 협상	5
학문 지향형 (이론, knowledge)	행정학개론, 지방자치의 이해, 사회과학방법론Ⅰ－Ⅱ, 공공경제학, 재무행정, 행정조직론, 정책학, 도시학개론, 지방재정론, 기획론, 공기업론	12
취업 지향형 (실무, skill)	실용공공영어, 지역사회개발론, 통계학, 행정조직행동론, 정부회계론, 정책논리와 논술, 전자정부론, 복지정책론, 정책분석과 평가, 공공데이터분석, 지역사회봉사	11
창업 지향형 (창조, creation)	도시 및 지역재생실습, 통계조사실습, 사회적 기업론	3

자료: 경남대학교(2016). 교육과정 개편보고서(미발간보고서) 참고 작성.

한편, 행정관리과정은 <표 3>에서 보는 것처럼 이론 지향적 요소와 실무 지향적 요소를 바탕으로 [그림 2]에서와 같이 공공문제의 관리 전반에 관련된 교육방향을 반영할 수 있도록 교과목을 구성하였다. 이를 통해 기획 관리능력의 배양 및 건전한 공동체를 유지 관리하는 데 필요한 협동 능력뿐만 아니라 책임과 윤리의식이 뒷받침되도록 하였다.

공공정책과정은 공동의 문제해결 능력향상을 목표로 이론 지향적 교과목을 바탕으로 실무적 특성 외에도 특히 창의적인 아이디어 개발에 도움이 되는 교과목을 배치하여 새로운 행정수요변화를 적극적으로 수용하고 나아가 실무능력의 향상에 도움이 되게끔 교과목을 구성하였다. 특히, 통계조사실습, 사회적 기업론, 공공데이터분석, 도시 및 지역재생연습 등은 실제 사회적 자료와 사례를 바탕으로 문제를 분석하고 대안을 도출하는 절차를 실습함으로써 스스로 생각하고 해결책을 찾아보도록 하여 창의적인 설계를 능력향상을 유도하기 위한 교과목이다.

지방자치과정은 지역공동체의 협동능력 향상에 기여할 수 있는 교과목으로 구성하였다. 지방자치론을 바탕으로 지역사회개발, 지방재정과 같은 이론 지향적 과목 외에도 갈등관리와 협상, 도시 및 지역재생연습과 같은 실무 지향적 교과목을 동시에 반영하였다. 다만 대학 학과제도의 성격상 지역공동체 활동 중 전문영역에 속하는 교육, 경찰, 환경, 보건 등의 영역은 관련 학과의 전공영역만으로서는 설명할 수 없는 관리영역을 뒷받침하기 위해 이들 관련학과들과 공동 학부를 구성하거나 학생들로 하여금 복수전공이나 부전공으로 관련 교과목을 선택할 수 있는 길을 제도적으로 보완할 필요가 있다.

Ⅴ. 결 론

위에서 제시한 모형에서 개설된 교과목 중 특징적 과목을 보면 우선, 행정학 명저 읽기, 행정학 발표와 토론, 사회과학방법론 등 행정학 전공자들이 기본적으로 학습해야 할 기초과목을 편성하였음을 알 수 있다. 특히 행정학발표와 토론 과목은 행정학은 물론 인문·사회과학도로서 갖추어야 할 기본적 능력인 발표력, 의사소통력, 자료수집 및 정리 그리고 인성의 중요성을 감안하여 협동심, 도덕성, 관심과 배려 등을 학습할 수 있는 특징을 가지고 있는 과목으로 적극 반영하고 있음을 알 수 있다.

한편, 학부행정학 교육과정의 모형으로 [그림 2]를 제시하였지만 교육과정의 범주(기초전공, 행정관리과정, 공공정책과정, 지방자치과정)와 각 범주별 교과목의 배치 및 구성은 해당 대학이 처한 상황과 여건을 고려하여 전부 또는 일부를 신별직으로 또는 수성하여 적용할 수 있을 것으로 생각된다.

또한 공공정책과정 역시 다양한 정책분야 중에서 그 지역사회의 특성이나 대학 내 다른 전공학과 또는 대학원과의 연계 교육 등을 고려하여 특정분야의 정책으로 특성화시키는 방법도 충분히 고려할 수 있을 것으로 본다.[16)]

그리고 세계화에 적응하도록 하기 위한 프로그램은 교과 프로그램에서 반영하기보

---

16) 가령, 역사학과와 함께 대학원에서 기록 관리학 전공을 개설하여 역사학, 문헌정보학, 행정학과 함께 연계전공 또는 융·복합전공으로 연결할 수 있다. 또한 도시재생을 위한 프로그램을 통해 경제학, 건축학, 환경학, 사회학, 행정학이 융합하여 문제를 해결하기 위한 실무적 지식을 축적할 수 있을 것이다.

다 비교과 프로그램을 다양하게 개발하여 행정관리나 공공정책과정에서 터득한 지식과 경험을 실천할 수 있도록 유도할 필요가 있다. 즉, 외국 어학연수프로그램 참가, 외국에 있는 한국대사관에서의 인턴근무, 외국자원봉사기관의 봉사활동 참여 등을 지원하고 장려함으로써 보다 실무적인 입장에서 지식과 경험을 습득할 수 있도록 기회를 제공해야 할 것이다.

끝으로 이미 앞에서 정리한 바 있지만, 교과목 편성을 위해서 이 논문처럼 표준화된 모델을 제시하는 것이 바람직한 것인가? 이 문제는 앞으로 다가올 대학구조개혁과정에서 정립될 행정학의 학문적 위상과 실용적 필요성에 따라 좌우될지도 모른다. 만약, 공동이익의 효율적 관리라는 가치가 사회에서 광범위하게 필요하며 그러한 인식이 확산 일로에 있다면 표준화된 기준이 있건 없건 간에 행정학 지망자 또는 학술연구의 수요가 늘어날 것이므로 별로 문제가 되지 않을 것으로 본다. 하지만 그 반대가 되고 있다면, 연구자의 편의대로 각자의 기준에 따라 강의하는 것보다는 표준화된 교육과정을 바탕으로 대학마다의 성격(대학원 위주의 연구중심 또는 학부의 강의중심 등), 연구자의 관점, 사회의 수요를 감안하여 특화된 방향으로 행정학의 교육과정을 발전시키는 것이 위기를 맞은 행정학 교육의 타개책으로서 더 바람직할 것으로 생각한다.

3 4년제 대학 정책학 교과과정

홍성만(안양대학교) · 심광호(고려대학교)

Ⅰ. 서 론

Lasswell의 정책학(policy science)에 대한 학문적 정립 노력 이래로, 학문공동체에서는 그 기본적 성격으로 문제 지향성, 혼합적 방법지향성, 맥락 지향성(Lasswell, 1971)을 띠고 있다는 데에 인식을 함께해 왔다. 이것은 정책학이라는 학문분야가 공공문제의 해결을 추구하는 데 기본 목적을 두고 있고, 이를 위해 다양한 분야의 지식의 적용과 응용이 필요하며, 공공문제나 사건이 처해있는 개별적 상황이나 조건들에 대한 검토가 필수적이라는 것을 말해 준다.

그럼 한국 정책학의 교과과정은 이러한 정책학의 기본적인 지향성을 담아내도록 적절하게 운영되고 있는 것일까? 또한 정책학 교육은 우리사회의 사회적 필요나 요구, 그리고 학부학생의 수요에 적절하게 대응하고 있는 것일까? 정책학의 이상과 도전, 정책학의 정체성과 토착화 등 정책학의 위상이나 정책학의 연구방향 등과 관련한 논의는 꾸준히 지속적으로 제기되어 온 것에 비하여 행정학 관련 학부 수준에서 정책관련 교과과정을 어떻게 설계하고, 개설하는 것이 적절한가에 관한 체계적인 논의는 상대적으로 활발하지 못해 온 것 같다.

정책학과 관련된 한국의 대학교육은 일반적으로 행정학 교과과정의 일부로서 시작되었고 1970년대 후반에 이르러 정책론, 정책결정론 또는 정책형성론이라는 교과목으로 시작(목진휴 외, 2007)한 이래 많은 양적 · 질적 성장을 거듭해 왔다. 현재 대부분의 대학과 대학원에서 정책학 과목은 전공필수 혹은 전공선택 과목으로 개설되어 있으며, 정책학을 중심으로 한 정책대학원이나 특수대학원 등도 설치되어 있다. 그런데 이러한 정책학 교육의 현실은 표면상의 괄목할 만한 양적 성장에 비하여 실질적인 질적 발전은 상대적으로 미약한 것으로 지적되어 오고 있다.

정책학분야의 연구와 교육은 한국사회의 역동적 변화의 흐름에 대응하며 성장을 해 왔다. 그럼에도 그 동안 정책연구에 대한 독자적 이론화 노력의 부족, 방법론적으로 연합학문적인 접근 부족(목진휴 외, 2005), 학문과 현실적 연구대상 간의 갈등과 불일치(박홍식, 2002) 등, 한국사회의 현실과 문제를 독자적 방식으로 다루는 한국 정책학의 이론의 창출이라는 과제를 안기고 있다고 보는(홍형득, 2015) 현실에서 정책학 교과과정의 검토는 그 방향을 모색해 볼 수 있다는 점에서 의미를 갖는다. 정책학 교과과정의 진단 및 개선안의 체계적인 디자인은 현재는 물론 향후 정책학이라는 학문의 발전과 함께 차세대 정책연구자들에 의한 깊이 있는 정책연구에 기여할 수 있을 것으로 본다.

사실 학부수준에서 정책학 수업은 그 유용성의 측면에서 한계가 있음은 정책학 강의 경험을 해본 전공자라면 한번쯤은 느껴보았을 것이다. 일반대학원이든 특수대학원이든 대학원 수준에서의 개설이 이론개발과 현실문제의 해결에 적합하리라는 것에도 역시 동감할 것이다. 그러나 이것은 전국 대부분의 행정학 관련 학부에 전공필수와 전공선택의 일부로 상당한 비중을 차지하며 개설되고 있는 지금의 현실에서 그 적실성의 문제를 넘어서 행정학의 정체성 차원에서라도 학계공동체가 공동으로 해결해야 할 과제이지, 그냥 넘겨야 할 문제는 아니라는 점이다. 이 점에서 최근 지방의 한 대학 학부에서 이루어지고 있는 교육은 시사하는 바가 크다. 시청과 연계하여 현장연계 팀티칭을 통해 지역의 문제발굴과 실질적인 대안탐색을 통해 문제해결을 시도하고, 그 효과를 탐색하는 학습시도는 앞으로 학부교육에서 정책학의 교과과정이 어떠한 방향에서 어떻게 나아가야 할지에 대한 키를 제공하는 듯하다.

정책학 교육의 목적은 강의를 담당하는 교수 및 강사에 따라 그 강조점에 차이가 있겠지만, 공통적으로는 국가의 정책일반에 대한 체계적인 이해를 넓히고, 각종 정책현상에 대한 분석능력의 함양과 이를 통한 진단과 처방 설계의 역량을 제고하는 데 있다. 따라서 이러한 취지의 기본 목적이 달성되기 위해서는 대학을 중심으로 하는 정책학 학문공동체에서 정책학 교육의 근간적 기반들(infrastructure)이라 할 수 있는 제 요소들이 체계적으로 마련될 필요가 있다. 그러한 기반으로는 합리적이고 적실성 있는 교수법(teaching method)의 재정립, 각종 정책의 동태성을 체계적으로 설명하고 각 정책유형의 분석적 기본 틀을 제시하는 저서 및 교재(materials)의 개발 및 확충, 정책학 교과목의 체계적인 분류(classification) 및 교육에의 적용 등이 될 것이다.

이 글에서는 한국의 대학교육에 있어 정책학 분야와 관련된 교과과정(대학 및 대학원 수준)의 양적 및 질적 성장과정에서 드러난 제반 문제점을 분석 · 검토하고, 그 개선

방향 및 방안을 탐색하여 궁극적으로 정책학 교과과정과 관련된 바람직한 체계를 정립하는 데 있다. 이를 위해 본 글에서는 관련 자료수집 및 문헌연구 이외에 특히, 현재 대학 및 학회에서 활동하고 있는 주요 정책학 교육전문가들을 중심으로 본 연구의 주제인 정책학 교과과정에 대한 면담 및 서베이(일종의 초점집단면접(Focus Group Interview) 방식)[1)]를 통해 추진되었다. 이러한 방식을 취한 점은 기존에 문헌을 중심으로 한 정책학 교육의 실태 분석 및 발전방안을 검토한 연구들이 있었으나, 정책학 교과과정과 관련된 핵심 전문가들을 중심으로 한 면담 및 서베이를 통해 좀 더 현장 중심의 실질적인 분석 요소들이 보완될 수 있다는 판단에서이다.

Ⅱ. 정책학 교과과정 진단 모형

1. 어떠한 문제의식들이 있었는가?

한국의 정책학 교과과정의 문제점과 개선차원에서 살펴볼 수 있는 관련된 연구들은 오래전부터 간헐적으로 이루어져 왔고(허범, 1976; 김준한 · 강명구, 1992; 박기영 · 안국찬, 1999; 이종렬, 2000; 목진휴 외, 2007), 그러한 연구들은 대부분 정책학 교과과정의 합리적 개선에 많은 도움을 준 것으로 평가할 수 있다. 또한 일반적인 정책학 연구 및 교육과 관련된 연구들도 상당수가 있었는데(김영평, 1984; 이종범 · 김준한 · 정용덕, 1990: 367-426; 김준한, 1996; 김주환, 2002; 이종범, 2005; 최병선, 2006), 이들은 정책학 교과과정에 대해 직접적인 논의를 하지 않았지만 그 운영 방향에 대한 간접적 암시를 제시하는 등의 의미를 지닌다고 하겠다. 정책학 관련 교재에 대한 학자들의 서평(허범, 1986, 1995; 정정길, 1987; 김영평, 1988; 김준한, 1989; 최병선, 1992, 1994)들도 정책학 교과과정 및 내용에 대한 일부 논의를 담고 있다는 점에서 일정한 기여를 하고 있는 것으로 평가할 수 있다.

정책학 교과과정에 대한 논의 및 관심은 이렇게 직 · 간접적인 연구와 서평 등을 통해 다양하게 이루어져 왔다. 이중 소수 연구들은 정책학 교과과정의 문제와 방향을 중점적으로 다루고 있다. 이들 연구를 중점적으로 검토해 보는 것은 정책학 교과과정

---

1) 초점집단면접(Focus Group Interview) 방식 및 기법이란 연구자가 던지는 특정주제와 관련이 있는 응답자들을 한 장소에 소집하여 일정 규모(6~8명 또는 12~15명)의 집단을 구성하고 이들의 집단토론에서의 상호작용에서 질적인 자료를 수집하는 방법으로, 엄격한 확률표본을 통해 연구대상자를 선정하지 않는 것이 보통이고, 자료수집과정에서 연구자의 주도적 역할이 강조된다(Manheim & Rich, 2006). 따라서 본 연구에서 이들 초점집단이 한 자리에 소집되어 상호 토론을 거치지는 않았기 때문에 엄격한 의미의 초점집단면접 방식과는 차이가 있음을 밝힌다.

과 관련된 문제의식과 바람직한 체계의 정립을 위해 중요하게 다루어야 할 요소들이 무엇인가를 종합적으로 파악할 수 있고, 기존의 연구에서 간과하였넌 부분이 있다면 무엇인지를 파악하는 데 도움을 줄 수 있다는 점에서 의미를 가진다.

먼저, 허범(1976: 135－136)의 "정책학의 강의를 위한 교과과정안" 연구에서는 학부 수준이 아닌 정책학 석·박사과정의 교과목을 제시하면서 1970년대 정책학 과목의 강의에서 나타난 몇 가지의 특징을 제시하였다. 정책형성 과정에 치중함으로써 상대적으로 정책내용의 연구를 소홀히 한다는 것, 정책체계의 설계는 전혀 시도되지 않고 있다는 것, 당위성에 입각한 효과성보다는 능률성에 입각한 효과성을 더욱 중시한다는 것, 계량분석기법의 응용이 상대적으로 적다는 것, 관련 학문들 간의 연계적 조정노력이 거의 보이지 않는다는 것 등이 제시되었다. 이러한 내용은 당시 정책학 강의에서 나타난 문제점으로 볼 수 있는데, 40여 년이 흐른 현재와 비교해 볼 때 많은 차이가 있긴 하지만 정책학 관련 과목의 강의에서 어떠한 맥락이 중요하게 다루어져야 하는지에 대한 준거점을 제공한다는 점에서 의미를 지닌다.

다음으로 김준한·강명구(1992: 42－62)의 "한국 정책학 교육 실태에 관한 연구"에서는 정책학 교육 실태에 대한 연구의 틀을 제시하여, 4년제 대학을 중심으로 정책학 교육 실태를 조사하여 교육기관의 특성(즉, 교육기관의 규모, 피교육자의 규모, 정책학 담당 교육자의 규모), 정책학 교과과정의 특성(즉, 개설 과목의 수, 행정학 교과과정 중 정책관련 교과목의 비중, 필수 정책과목의 규모와 비중, 정책학 교과목의 질적 특성, 행정학 인접학과의 정책관련 교육 현황), 정책학관련 교과목들의 개별적 특성(즉, 교수내용, 교수방법, 교재), 정책학 교육의 효과 등을 밝히고자 하였다. 이들은 한국의 정책학 교육이 외형적으로는 교육자, 피교육자, 개설과목의 수에 있어 괄목할 만한 성장을 이루었지만, 교수내용이나 방법 또는 교재에서는 많은 취약점을 가졌다는 점을 제시하였고, 교육의 효과 면에서도 만족스러운 상태가 아님을 언급하였다.

특히 대학에서의 정책학 교육이 이론과 실제의 연결이라는 역할 부분에서 큰 취약점이 있음을 지적하였다. 현재의 시점에서도 정책학 교육 분야에서 이러한 문제점들은 여전히 유효하다고 할 수 있다. 이는 그 동안의 정책학 관련 연구 및 교육에서의 양적 성장에도 불구하고, 여전히 근본적인 문제점들이 남아있음을 시사한다. 정책학 교과과정과 관련하여 구체적이고 체계적인 시도를 하였다는 점에서 높이 평가할 만한 연구로서, 관련 학자들의 후속연구에 도움을 준 연구라 평가할 수 있다.

그리고 "정책학 교육의 문제점과 발전방향"을 살펴본 박기영·안국찬(1999: 329－342)의 연구에서는 정책학 교육의 변천과정을 제시하면서, 먼저 정책학 교육을 위한 수단인 정책학개론서에 나타난 목차를 중심으로 정책학 교재들의 내용을 비교·분석하고, 교육기관(즉, 학부, 일반대학원, 특수대학원)별로 정책관련 개설과목 수, 행정학 교과과정 중 정책관련 과목의 비중, 정책내용의 구성 비율 등을 간략히 파악하였다. 이어서 이들은 정책학 교육의 문제점으로 정책학 교육의 기반이 되는 주도 분야의 부재, 교육내용의 획일성, 교육기관별 교육내용의 차별성 부족, 전문 인력 양성의 미비 등을 지적하였고, 그 발전방향으로 행정학 분야와의 관계정립, 교재의 다양화 및 차별화, 교육단계별 연계강화, 정책학 지식의 활성화를 위한 유인창출, 교육내용의 실용성 제고 등을 제시하였다. 이러한 연구는 정책학 교육의 문제와 발전방향 측면을 살펴보도록 한다는 점에서 의미를 가진다.

또한, 이종렬(2000: 39-42)은 “정책학 교과과정의 개선”이라는 연구에서 교육기관 및 교과목, 교재 및 교수내용 측면에서 한국 정책학 교육의 문제점을 지적하고 개선과제를 제시하였다. 여기서 교육기관과 교과목 측면에서 정책학이 갖는 난해성 때문에 학부에서의 정책학 각론 과목을 과감히 없애고 대학원에서만 개설해야 한다는 의견을 제시하였고, 교재 및 교수내용 측면에서는 가르치는 내용이 외국적인 것에서 탈피하여 보다 한국적일 것을 주문하였다. 정책학 과목의 개설과 교육이 학부수준에서 어려움이 있을 수 있다는 데에는 부분적 동의가 있을 수 있겠다. 그러나 그 난해성 때문에 학부에서의 과목을 없애고자 하는 주장은 전국 대부분의 행정학과에 정책학 교과목이 상당 비중으로 개설되고 있는 현실 상황, 그리고 융·복합적 학제개편 등 정책학 교육이 급신장하고 있는 환경을 고려할 때 다소 현실적이지 않은 것으로 보인다. 이러한 부분은 학문공동체가 지혜를 모아 헤쳐 나가야 할 과제로 보인다.

체계적인 조사를 실시한 목진휴 외(2007: 97-119)의 “한국 정책학 교육의 실태분석과 발전을 위한 제안”이라는 연구에서는 한국에서의 정책학 연구나 교육이 성공적으로 이루어지고 있는지, 정책학 교육이 우리 사회의 근본적인 문제해결에 기여하고 있는지, 정책학 교육의 관점에서 정책과정과 내용은 합리적이고 바람직한지, 한국 상황에 적합한 정책학 교육의 바람직한 미래상은 어떠한지 등의 질문을 던지고, 정책학 교육의 실제와 현황분석을 토대로 정책학 교육발전을 위한 제안을 시도하였다. 이들은 97개 4년제 대학과 일반대학원을 대상으로 설문조사한 이들의 연구에서는 정책학 교육 실태분석을 위한 모형의 주요 요소들로 투입요소(즉, 교육담당자, 정책학과목 개설의 수, 정책학 수강학생의 수), 과정요소(즉, 정책학의 내용구성, 교육방식의 다양성, 교육의 충실성, 과목 간의 연관성), 산출요소(즉, 정책학 패러다임에 대한 교육 및 이해, 정책학 교육의 성과, 정책학 교육의 만족도)로 분류하고 이들 각각에서의 실태를 파악하였다. 이들은 이러한 결과를 토대로 정책학 교육발전에서 고려해야 할 요소로서 정책학 분야에서 교육자체에 대한 재인식이 요구된다는 것, 정책학 교육과정과 관련하여 다양한 교수법의 개발이 요구된다는 것, 수강생들의 참여 기회를 활성화할 수 있는 참여적 교육과정이 개발되어야 할 것, 정책학 교육에서 이론과 실제의 조화가 이루어질 것 등을 제시하였다. 최근 정책학 교육과 관련하여 나아갈 방향을 적절하게 제시한 것으로 평가된다.

홍준형(2008)은 "행정학·정책학 교육의 방향 모색"이라는 주제발표에서 환경, 사회복지, 정보통신, 생명공학 등 다양한 분야에서 정책학에 대한 수요가 빠르게 증가하고 있고, 교육 수요자인 학생 역시 그러한 맥락에서 교육의 질 향상을 요구하고 있어, 이러한 사회적 수요 충족을 위해 정책학분야에서의 연구와 교육이 더욱 강화되고 내실화되어야 할 것을 주장하였다. 대학원수준에서 통섭 융·복합화 측면에서의 정책학과를 신설할 것, 그리고 사회적 수요를 충족시키기 위해서 정책학 교육은 정책전문가(policy expert)의 양성을 목표로 삼아야 할 것을 주장하였다. 이러한 논의는 학부수준에서는 어떻게 정책학 교과과정을 구성하고 운영하여야 하는지에 대한 문제의식을 갖도록 한다는 점에서 의미를 갖는다.

공동성(2009)은 "정책연구와 정책학 교육의 문제점"에서 정책연구의 문제점으로 방법론적 편향, 경험적 일반화 노력 부족, 시간적 맥락성을 무시한 연구 등을 지적하였고, 정책학 교육의 문제점으로 학자의 주장이 정책이론인가, 그리고 한국의 정책이론은 있는가와 같은 문제의식에 기초한 정책이론에 대한 오해문제, 좋은 '교과서'의 부족문제, 학위논문의 형식성·획일성 문제 등을 지적하였다. 정책학의 연구와 교육측면에서 공감할 수 있는 문제의식이라 할 수 있다. 현실의 문제나 과제에 대한 적실성 있는 연구와 이와 연계된 적실한 정책학교육을 어떻게 만들어 나가야 하는가에 대한 과제를 던져준다.

홍성만·심광호(2009)의 "한국 정책학교육에 있어서 교과과정의 현황분석과 개선에 관한 연구"에서는 정책학 교과과정의 분석요소를 정책학 교과목의 구성 및 운영, 정책학 교재, 정책학 교육전문가, 정책학 교육기관 및 학제 간의 교육네트워크 등으로 설정하여 문제점을 진단하고 개선방안을 제시하였다. 정책학 교과과정에 대한 분석요소를 종합화하는 틀을 제시하였다는 점에서 의미를 갖는다. 본 글은 기존 연구를 수정·보완한 것으로 최근의 정책학 교과과정 등의 변화를 반영하여 정책학 교과과정의 문제와 개선점을 종합적으로 재검토하기 위한 차원에서 작성되었다. 이 연구에 대한 수정보완차원에서 정책학 교과과정의 문제와 개선점을 재검토하는 차원에서 작성되었다.

이렇게 정책학 교과과정과 관련된 기존 연구들에서는 정책학 교과과정의 문제를 파악하는 데 있어서 고려해야 할 요소들이 다양하게 제시되었고 이를 정리하면 다음 <표 1>과 같다. 그들이 주장한 공통적인 요소로는 대학 수준(학부 및 대학원)별 정책학 교과목의 내용 및 질적 특성, 정책학 교재의 특성, 정책학 교육담당자의 교수법 및 전문성, 인접 관련 학과 및 학문들 간의 연계 정도 등으로 이들은 정책학 교과과정의 개선 및 발달을 위해 고려되어야 할 핵심항목들이라 할 수 있고, 이들 공통적 요소들을 본 연구의 분석틀 정립에 적용하였다.

위에서 소개된 이전의 연구들과 비교하여 본 연구는 정책학 교과과정과 관련 고려해야 할 요소를 제시한다는 데 있어서는 이전 일부 연구와 공통적인 국면이 있을 수 있다. 그러나 대학에서의 정책학 교과과정의 바람직한 정립을 위한 공통적인 핵심 요소들만을 도출하여 정책학 교과과정 진단의 틀을 제시하고, 이전 연구들에서 활성화되지 않은 저명한 학자들과의 허심탄회한 토론을 통해 정책학 교과과정과 관련된 현장의 문제점들을 진단하였다는 점에서 의미를 갖는다. 동시에 실질적 발전방안들의 디자인을 기하고, 이에 학계차원의 구체적인 실행 기획이 마련되는 계기가 되었으면 하는 바람을 가지고 있다는 점에 선행연구와의 차이를 두고자 한다.

〈표 1〉 정책학 교과과정 관련 고려 요소(대표적 논의)

구분	정책학 교과과정 관련 고려 요소
허범(1976)	▷ 정책내용의 확충 노력 ▷ 정책체계의 설계 ▷ 관련 학문들 간 연계·조정
김준한·강명구(1992)	▷ 정책학 교과목의 비중 ▷ 정책학 교과목의 질적 특성 ▷ 인접학과의 정책관련 교육 현황 ▷ 개별 정책학 교과목의 교수법 및 교재의 특성
박기영·안국찬(1999)	▷ 교육기관별 교육내용의 차별화 정도 ▷ 교재의 다양화 및 차별화 정도 ▷ 교육수준별 연계 정도 ▷ 전문인력의 양성 정도
이종렬(2000)	▷ 교육기관(학부 및 대학원)별 교과목 특성 ▷ 교재 및 교수내용의 한국적 특성
목진휴 외(2007)	▷ 투입요소(교육담당자, 정책학 교과목, 수강생) ▷ 과정요소(정책학의 내용구성, 교육방식, 교과목간의 연관성) ▷ 산출요소(정책학 패러다임의 이해, 교육의 성과 및 만족도)
홍성만·심광호(2009)	▷ 정책학 교과목 구성 및 운영 ▷ 정책학 교육전문가 ▷ 정책학 교재 ▷ 정책학 교육기관 및 학제 간 교육네트워크

2. 어떠한 틀로 바라볼 수 있는가?

목진휴 외(2007)는 한국에서의 정책학 교육의 발전과정을 교과서의 발간과 교육과정 개편 등을 중심으로 ① 도입기: 1960년대 중반 이후 70년대까지 정책학 교과목의 개설과 정책학개론이 출간된 시기, ② 성장기: 1980년대의 정책평가론, 정책분석론 등의 다수의 정책학 각론의 출간 및 교육이 이루어진 시기, ③ 확산기: 1990년대 세부 정책분야별 정책교육과 정책이론과 방법론에서 질적 고도화가 이루어진 시기, ④ 정착기: 2000년대 이후 한국적 정책학에 대한 관심과 연구로 정책학 교육의 정착과 다원화가 이루어진 시기 등, 네 시기로 파악하였다. 교과서의 발간과 교육과정개편은 교육의 양적·질적 변화를 잘 보여줄 수 있는 주요 지표라는 점에서 정책학 교육의 발전과정을 살펴볼 수 있는 의미 있는 구분이다.

그동안 이러한 과정을 통해 변화해 온 정책학 교육의 과정을 선행연구들의 공통된 주장과 현재 한국의 정책학 교과과정의 현실을 고려하여 본 글에서는 대학의 정책학 교과과정과 관련된 공통적인 기본 요소로 정책학 교과목의 구성(composition of subjects), 정책학 교재(materials), 정책학 교육전문가(teachers or specialists), 정책학 교육기관의 네트워크(institutional network)를 제시하여, 이를 정책학 교과과정에 대한 진단 틀로 삼았다. 이것을 도식화하면 다음 [그림 1]과 같다.

먼저, 정책학 교과목의 구성 및 운영(composition and management of subjects)은 정책학 일반 과목과 개별 정책분야 과목으로 나누어 학부수준에서 어떻게 이루어지고 있는지를 살펴 보았다. 둘째, 정책학 교재(materials)의 경우는 교재의 전문성, 교재의 한국적 특수성, 교재의 현실적합성, 교재의 차별성, 교재의 지속적 개선여부 등의 측면에서 접근하였다. 셋째, 정책학 교육전문가(teachers or specialists)의 경우, 대학 및 대학원의 교수, 강사 등이 추구하는 교수법(전문성 및 현실적 적실성), 교육관 및 자세, 개인적 역량의 지속적 확충, 그리고 특별히 정책관료의 활용 등의 측면에서 분석하였다. 넷째, 정책학 교육기관 및 학제 간의 교육 네트워크(educational networks)의 경우는 각 대학 및 대학원 등 단일 교육기관 내에서의 정책학 및 사회과학 학제 간의 네트워크, 교육기관 간의 네트워크, 교육기관과 정책당국 간의 네트워크 등의 측면에서 분석하였다. 끝으로, 이러한 정책학 교과과정 관련 4대 분석 요소들은 상호 영향을 주고받는 관계 속에서 작동되는 것으로 보여짐에 따라 이들 간의 상호관계도 일부 접근할 필요가 있다.

이러한 본 연구의 정책학 교과과정 진단 틀은 이미 기존연구에서 산발적으로 살펴본 접근 요소들의 공통적이고 핵심적 요소들의 종합인 성격도 있고, 나아가 정책학 교재, 정책학 교육전문가, 교육기관의 네트워크 측면을 보다 세부적으로 나누어서 살펴보려 한다는 점에서 의미를 부여할 수 있다.

[그림 1] 정책학 교과과정의 분석틀

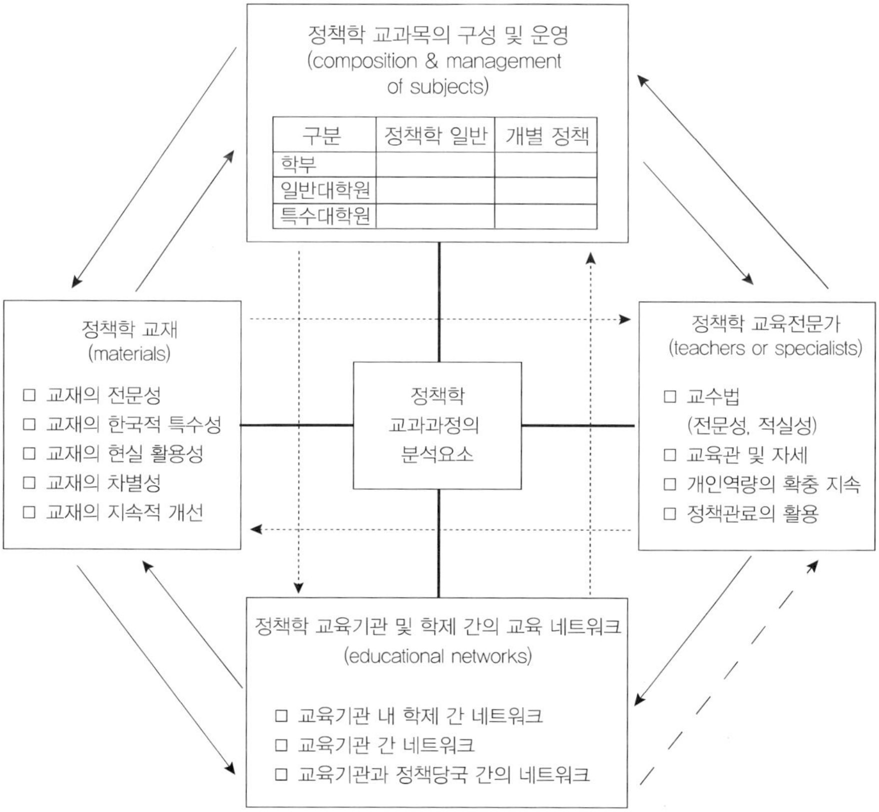

Ⅲ. 정책학 교과과정은 어떠한 문제를 노정해 왔는가?

1. 정책학 교과과정은 어떻게 운영되어 왔는가?[2)]

1) 학부 정책학 교과목(subjects) 구성 및 운영

<정책학원론>이나 <정책학개론> 등의 정책학 관련 교과목은 대부분이 전공필수로 되어 있었으며, 이외의 과목은 전공선택 등의 과목으로 지정되어 운영되고 있었다. 원론수준의 과목들은 전통적으로 행정학의 필수과목으로 지정되어 온 <조직관리>, <인사행정>, <재무행정>과 더불어 전공필수과목으로 지정되어 있었고, 일부 예외가 있긴 하지만 이외에 대부분의 과목들은 전공선택으로 운영되고 있었다.

정책학 교과목 개설과 관련해 주요 특징을 살펴보면, <표 2>, <표 3>에서 보는 바와 같이, 첫째, 전반적으로 정책학일반 과목의 경우 정책학과 관련된 기초적이고 이론적 근간을 전달해 주는 <정책학개론> 및 <정책학원론>의 개설은 물론 구체적인 정책과정(policy process) 전반 및 분석과 관련되는 <정책형성론>, <정책결정론>, <정책집행론>, <정책분석론>, <정책분석평가론>, <정책평가론> 등 주요 과목들이 대부분의 대학에 개설되었다. 특징적인 점은 전통적인 과목들에서 <정책집행론> 과목의 개설은 증가를 보여주었다(경희대, 이화여대). 정책집행의 상대적 중요성을 반영하고 있는 모습이라 평가된다.

둘째, 정책학일반 과목에서 나타나는 또 하나의 특징은 고려대의 <정책의 규범적 분석>, 연세대의 <정책관리론>, 이화여대의 <정책분석과 평가－캡스톤디자인>, 인하대의 <정책과 이념>, <정책과 관리>, <정책설계와 분석>, 중앙대의 <정책도구론> 등 정책학 일반 신규교과목이 상당수 개발되어 개설되었다는 점이다. 소수의 대학이긴 하지만 교과목의 다양화, 특성화가 추진되고 있는 모습을 보여주고 있다.

셋째, 개별 정책분야 교과목의 개설이 상당히 증가하고 있다는 점이다. 주요 15개 대학의 경우 2008년 개별 정책분야 과목은 복지정책, 문화정책, 정보정책, 도시정책, 여성정책, 산업정책, 환경정책, 과학기술정책 등 21개였으나, 2016년 8월 기준으로는

2) 정책학 교과과정과 관련 학부의 특징을 살펴보기 위한 정책학 교과과정 현황에 대한 자료는 2008년도 상반기 동안(3월에서 6월까지) 행정학 및 정책학 학부가 없는 서울대학교를 제외한 서울 및 지방의 주요 거점대학 15곳을 중심으로 자료조사와 면담조사를 실시하였다. 그리고 2016년 8월 기준 지방의 주요 사립대를 추가하여 자료조사와 확인·점검수준의 부분적 면담조사를 실시하였다. 두 시점의 자료의 비교는 정책학 교과과정의 최근의 변화를 탐색할 수 있다는 이점이 있기 때문에 이러한 방식을 채택하였다.

37개 과목으로 약 76%의 증가를 보여주었다. 이것은 융·복합을 요구하는 사회적 환경의 변화 속에 다양한 이슈 부상으로 개별 정책분야에 대한 관심도의 반영으로 해석되기도 한다. 개별 정책분야에서 많은 빈도를 보여주고 있는 교과목은 <과학기술정책>과 <복지정책>, <환경정책> 등이었다. 이외 새롭게 개설되고 있는 과목은 고려대의 <위험사회와 정책>, 연세대의 <혁신, 창업과 정책>, 전북대의 <문화정책론>, 중앙대의 <비영리단체와 공공정책과정> 등이다. 개별 정책분야로 정책학 교과목의 개설이 확대되고 있음을 알 수 있다.

넷째, 정책사례·실무 및 기타의 경우, <정책사례연구>과목의 개설이 전반적으로 증가하고 있다. 뿐만 아니라 2008년 조사 당시 정책실무과목은 거의 전무하였으나 고려대의 <행정 및 정책실무>, 이화여대의 <정책현장실습 Ⅰ, Ⅱ, Ⅲ> 등 정책실무 관련과목이 개설되고 있었다. 이러한 점은 정책학의 현장학습의 중요성, 즉 생생한 정책사례연구와 정책현장 이해의 중요성을 반영해 가는 모습이라 평가된다.

이외에도 몇몇 대학에서 나타난 교과목 구성의 특징으로는 정책학 일반 교과목의 증가와 더불어 교과목의 세분화 및 다양화가 나타나고 있었다. 예컨대, 인하대의 경우 <정책학원론>, <정책과정론>, <정책평가론>, <정책과 이념>, <정책과 관리>, <정책설계와 분석>, 중앙대의 경우 <정책학개론>, <통계와 정책>, <정책시스템이론>, <정책분석론>, <정책평가론>, <정책도구론>, 이화여대의 경우 <정부와 공공정책>, <정책형성 및 집행>, <정책분석과 평가-캡스톤디자인> 등 정책학일반 교과목을 세분화하여 다양하게 개설하고 있었다. 일부 대학에서 특징적인 모습도 나타나는데, 경상대의 경우 <정책학개론>이 개설되지 않고 <정책형성론>과목을 통해서 정책학개론의 내용을 담아내고 있다(경상대 M교수, 2016)는 점이 특징적이었다.

〈표 2〉 학부의 정책학 교과목(2008년 기준 예)

구분	정책학 일반	개별 정책분야	기타 정책 관련
강원대	정책학개론, 징책분석론, 정책평가론	과학기술정책론	-
경북대	정책학, 정책분석평가론	토지정책론, 복지정책론	정책비교론, 행정과 정책
경희대	정책학개론, 정책분석론, 정책평가론, 정책학특강	-	정책사례연구

고려대	정책학, 정책분석, 정책분석과 평가	복지정책, 문화정책, 인적자원정책	미국의 행정과 정책, 공공정책의 전략적 이해, 국제경쟁정책론
부산대	정책결정론, 정책분석론, 정책집행론	정보정책론	–
성균관대	정책학원론, 정책분석론, 정책평가론	정보사회와 정보정책론	–
아주대	정책론, 정책과정론	과학기술정책, 재정정책, 환경정책	정책사례연구
연세대	정책학개론, 정책형성론, 정책집행 및 평가론	복지정책론	–
이화여대	정책분석과 평가	도시정책론, 여성정책, 통상 및 산업정책론, 환경정책론	–
전남대	정책학개론, 정책분석평가론, 정책학특강	–	–
전북대	정책학, 정책분석론, 정책평가론	여성정책론	정책학연습
중앙대	정책시스템이론, 정책분석론, 정책평가론	복지정책론	–
충남대	정책학개론, 정책분석론	–	비교정책론
충북대	정책학, 정책분석과 기획, 정책평가론	–	–
한양대	정책학개론, 정책분석평가론	도시정책론, 규제정책론, 위기관리정책론	정책사례연구, Current Affairs and Public Policy

〈표 3〉 학부의 정책학 교과목(2016년 기준 예)

구분	정책학 일반	개별 정책분야	정책사례 및 기타
강원대	정책학개론, 정책분석론, 정책평가론	과학기술정책론	-
건국대	정책과학론, 정책분석평가	과학기술정책, 복지정책론, 지역정책론	-
경북대	정책학, 정책분석평가론	토지정책론, 복지정책론	정책비교론, 행정과 정책
경상대	정책형성론, 정책분석 및 평가론	-	정책사례분석
경희대	정책학개론, 정책분석론, 정책평가론, 정책집행론	과학기술혁신정책, 복지정책	정책사례연구
고려대	정책학, 정책기획론, 정책분석과 평가, 공공정책형성, 비교정책, 정책의 규범적 분석	환경정책, 과학기술정책, 위험사회와 정책, 복지정책, 도시관리와 정책	정책사례분석, 행정 및 정책실무
국민대	정책학개론, 정책형성론, 정책분석평가론, 정책집행론	정보정책론, 안보정책론, 환경정책론, 사회정책론, 산업정책론, 문화정책론, 지방정책론	정책학세미나
부산대	정책학원론, 정책집행론, 정책분석 및 평가론	도시정책론	-
서울과학기술대	정책학개론, 합리적 의사결정론, 정책형성론, 정책분석평가론	산업정책론, 규제정책론, 과학기술과 정책, 경제정책론, 환경정책론, 재난관리 및 안전정책	-
서울시립대	정책학, 정책분석론, 정책평가론	규제정책론, 보건정책론	-
성균관대	정책학원론, 기획론, 정책분석론, 정책평가론	정보사회와 정보정책론	-
숙명여대	정책학개론, 정책분석평가론	주택정책	-
아주대	정책론, 국가기획론, 정책과정론, 비교정책론	통상산업정책, 과학기술정책, 환경정책	정책사례연구
연세대	정책학개론, 정책관리론, 정책형성론, 정책평가론, 정책집행 및 평가론, 공공의사결정론	과학기술과 정책, 복지정책론, 문화정책론, 환경정책과 지속가능성, 혁신창업과 정책,	-

		산업정책론, 국제통상정책	
영남대	정책학, 정책분석론	–	–
원광대	정책학개론, 정책분석론, 정책평가론	–	–
인천대	공공정책의 이해, 정책분석평가론	–	–
이화여대	정부와 공공정책, 정책형성 및 집행 정책분석과 평가 (캡스톤디자인)	도시문제와 정책, 여성정책론, 보건정책론 환경정책론	정책현장실습1, 2, 3
인하대	정책학원론, 정책과 이념, 정책과정론, 정책과 관리, 정책평가론, 정책설계와 분석	환경정책론, 복지정책론, 경제정책론, 사회보장정책론, 도시개발과 정책	–
전남대	정책학개론, 정책분석평가론	사회정책론	정책학특강
전북대	정책학, 정책형성론, 정책분석론, 정책평가론	지역개발정책, 환경정책, 문화정책론, 규제정책론	정책사례연구
조선대	정책학, 프로그램개발과 평가	–	–
중앙대	정책학개론, 통계와 정책, 정책시스템이론, 정책분석론, 정책평가론, 정책도구론	도시정책론, 복지정책론, 비영리단체와 공공정책과정	–
창원대	공공정책론, 정책분석평가론		–
청주대	정책학개론, 정책평가론	–	–
충남대	정책학개론, 정책분석론, 관리과학	–	비교정책론
충북대	정책학, 정책분석과 평가론	–	위기관리사례분석
한경대	정책학개론, 정책형성론, 정책집행평가론	환경정책론	정책학세미나, 정책학연습, 정책사례연구
한남대	정책학, 정책평가론, 관리과학	–	정책학세미나

한양대	정책학개론, 정책분석평가론	규제정책론, 위기관리정책론, 정책리더십연구	정책사례연구, Current Affairs and Public Policy

2) 정책학 교재(materials)

주요 교재로 활용되고 있는 정책학 교재로는 정책학 일반에 관한 서적, 특정 개별 정책분야에 관한 서적, 정책학 관련 번역서, 정책을 학문적으로 논의한 서적 등이 있었다.[3] 정책학 관련 교재는 양적으로 계속적인 증가를 보여주고 있으며, 내용 측면에서도 점차 새로운 편재로 구성되거나 내용을 담아내는 등의 변화가 나타나고 있다. 또한 정책학 일반 교재의 양적 증가, 개별 특정정책 분야로도 점차 확대 속에 정책사례연구(박영식 외, 2002; 이달곤 외, 2006, 한국정책학회, 20014; 2016)도 증가하고 있다. 학회차원의 작업으로 신규사례를 소개하는 <정책사례연구> 서적이 발간되고 있으며, 개별 정책분야의 정책서적도 분야별로 나타나고 있다. 전반적으로 정책학교재로 활용할 수 있는 서적은 증가하고 있다. 또한 사회복지 및 간호 등의 인접 학문분야의 학자들이 공동으로 발간한 <노인복지정책론>(황진수 외, 2007), <철도정책론>(김동건 외, 2009), <정책수단론>(김병섭 외, 2013)과 같이, 행정학이나 정책학분야의 학자와 인접 학문분야에서도 학제적으로 서적의 발간이 이루어지기도 하였다.

아래의 <표 4>는 그 동안 정책학분야에서 발간되어 대학에서 수업 교재로 사용되고 있는 국내 주요 서적들의 일부를 정리한 것으로, 초판 이후 여러 차례 개정판을 낸 책들도 증가하고 있었다.[4] 학자들이 가장 많이 발간한 책으로는 <정책학원론>과 <정책학>이었다. 그 다음으로 <정책분석론> 및 <정책평가론> 등으로 정책학 일반에 관한 서적이 상당한 비중을 차지하고 있으며, 교재로 활용되고 있었다. 이외 <딜레마이론>(이종범 외, 1994)처럼 한 분야에 깊이 있는 탐구를 지속하여 조직분야를 통한 정책에 대한 이해를 높여주는 이론적이고 규범적인 연구 서적이 교재로 활용되기도 하였다.

정책학 개론서들의 지속적이고 경쟁적인 출간은 정책학에 관심을 갖는 학자들에게

3) 이외에도 영문서적이나 신문사설, 학술논문, 정책보고서 등 교수에 따라서 교육 자료는 다양하게 활용하고 있었다. 여기서는 한국에서 발간된 서적을 중심으로 소개하고자 한다.

4) 이러한 정책학 교재로 국내교재 이외에 많은 경우 외국교재도 사용하고 있었고, 일반적인 교재 형태 이외에 논문이나 멀티미디어 자료 형태도 사용하고 있었는데, 여러 저서 및 논문 등의 부분적인 묶음의 형태가 많아 정형화가 곤란한 면이 있어 본 글에서는 고려하지 않았으나, 추후의 체계적인 연구를 통해서 규명하는 작업이 이루어질 필요가 있다.

는 물론 학생들에게 정책의 기본과 그에 대한 이론적이고 규범적인 이해를 돕는 데 많은 도움을 주고 있으며, 김준한(1996)이 평가한 것처럼 현실문제의 처방에 일정 부분 기여를 하고 있는 것으로 평가된다. 그러나 정책학 개론서의 내용이 여전히 외국, 특히 미국정책학에 바탕을 두고 전개되어 한국정책의 특수성을 반영하는 정책학 기본항목의 전개나 이론적 논의를 담고 있지 못하는 경우도 있다.

또한, 정책학 개론서들의 전문성 및 차별성 부족이 제기되곤 했는데, 김준한(1996)은 정책학 일반 이론만 보더라도 정책과정이나 정책참여자와 관련한 이론 외에도 정책결정요인론, 정책가치, 불확실성과 정당성 등과 같은 다양한 논점들이 이론의 영역에 포함되어 저자들 간에 특화된 교재의 제공 노력이 이루어질 필요가 있음을 강조한 바 있다. 이러한 맥락에서 복잡성과학과의 융합학문적 시각을 강조한 노화준의 ＜정책학원론＞, 임도빈 외의 ＜실패한 정책들＞, 특정 정책수단의 깊이 있게 조명한 정광호의 ＜바우처연구＞ 등 최근 몇몇의 서적은 주목해 볼 필요가 있는 것으로 판단된다.

정책학 교재의 다양한 발전적 변화 속에서, 정책학 교재의 전문성, 차별성, 한국적 특수성의 반영, 현실 활용성의 정도, 지속적 개선 노력 등의 측면에서 여전한 과제를 안고 있다고 하겠다. 최근 노화준의 ＜정책학원론: 복잡성과학과의 융합 학문적 시각－제3전정판＞은 체계적인 개선을 통해 방대한 정책학내용을 담아내면서도 정책학 전반의 이해를 높여주는 방향으로 보완작업을 보여주었다. 이 점에서 문제의식이나 접근방법에서 어떻게 차별화를 해 나갈 것인지, 틀에 매인 일부의 ＜정책학원론＞ 교재들이 향후 어떠한 방향으로 나아가야 할지 그 방향을 잘 보여주고 있는 것으로 평가된다.

〈표 4〉 정책학 관련 교재(예)

구분	교재
정책학원론 및 개론영역	＜정책학: 과정과 분석＞(유훈 외, 1982). 법문사.
	＜정책학개론＞(유훈 외, 1985). 법문사.
	＜정책학원론＞(안해균, 1984). 다산출판사.
	＜정책학원론＞(유훈 외, 1986). 법문사.
	＜정책학개론＞(김병진, 1989). 박영사.
	＜정책학＞(김형렬, 1990). 법문사.
	＜정책학원론＞(정정길, 1992). 대명출판사.
	＜정책학원론＞(정정길 외, 2005).
	＜정책학원론＞(박성복·이종렬, 1993). 대영문화사.
	＜정책학강의＞(박성복·이종렬, 2000). 대영문화사.
	＜정책학원론＞(노화준, 1995, 2012－3전정판, 2016－중판). 박영사.
	＜정책학개론＞(김승진, 1995). 박영사.
	＜정책학원론＞(곽효문, 1998). 학문사.

	<정책학원론>(백승기, 2001, 2016－4판). 대영문화사. <정책학>(최봉기, 2004). 박영사. <정책학원론>(채경석, 2005). 대왕사. <정책학>(류지성, 2007). 대영문화사. <정책학>(권기헌, 2008). 박영사. <정책학>(최봉기, 2008, 2010－중판). 박영사. <정책학>(남궁근, 2012－제2판). 법문사. <정책학강의>(권기헌, 2014, 2016). 박영사 Introduction to Public Policy(Lee & Anderson, 2008, 2016－second edition). 대영문화사. <정책학의 논리>(권기헌, 2007, 2014－2판). 박영사. <정책학개론>(한석태, 2013). 대영문화사. <정책학>(김문성, 2014). 박영사. <정책학담론>(윤은기, 2016). 박영사. <정책학>(강근복 외, 2016). 대영문화사.
정책분석 및 평가영역	<정책분석론>(노화준, 1989, 2010－4전정판, 2015－중판). 박영사. <정책평가론>(노화준, 1983, 2015－제5판). 법문사. <공공정책평가론>(김명수, 1987). 박영사. <정책평가>(정정길, 1987). 전광출판사. <정책분석의 정치경제>(전상경, 1997, 2012－제4판). 박영사. <정책분석>(남궁근 외 역, 1994, 2013－제5판). 법문사. <정책분석론>(강근복, 1994, 2016－3전정판). 대영문화사. <정책평가론>(최영훈 외, 2008). 법문사. Policy Analysis(Lee & Anderson, 2008). 대영문화사. <정책평가론>(이윤식, 2010, 2014－2판). 대영문화사. <정책평가론>(박홍륜, 2012). 대영문화사. <정책평가론>(김명수・공병천, 2016). 대영문화사. <정책분석론>(권기헌, 2010, 2016－중판). 박영사.
정책형성 및 집행영역	<정책결정론>(정정길, 1988). 대명출판사. <정책형성론>(이종수・이대희, 1991). 대영문화사. <정책집행의 논리와 현실>(채경석, 2000). 대영문화사. <정책집행론>(유훈, 2007, 2015－개정판). 대영문화사. <정책과정론>(주재현, 2008, 2016－전정판). 대영문화사. <정책변동론>(양승일, 2014). 박영사. <정책변동론>(유훈, 2009). 대영문화사.
정책사례영역	<정책사례연구>(박영식 외, 2002). 대영문화사. <정책사례연구>(이달곤 외, 2006). 대명문화사. <노인복지정책론>(황진수 외, 2007). 대영문화사. <정책사례연구>(한국정책학회, 2014). 대영문화사. <실패한 정책들>(임도빈 외, 2015). 박영사 <정책학사례연구>(한국정책학회, 2016). 대영문화사.

기타 일반영역	<정책학의 주요이론>(오석홍 편, 1993). 경세원. <정책가치론>(이대희, 1991). 대영문화사. <정책과 가치>(김항규 역, 1992). 대영문화사. <딜레마이론>(이종범 외, 1994). 나남출판. <불확실성과 정책의 정당성>(김영평, 1991). 고려대학교출판부 <정보정책론>(전석호 외, 1997). 나남출판 등 다수. <환경정책론>(정선양, 1999, 2001－중판). 박영사. <환경정책론>(정회성 · 변병설, 2011, 2014－중판). 박영사. <문화정책론>(이흥재, 2014). 박영사. <철도정책론>(김동건 외, 2009). 박영사 <주택정책론>(하성규, 1991, 2010－제4전정판, 2015－중판). 박영사. <정책수단론>(김병섭 외, 2013). 법문사. <바우처연구>(정광호, 2008). 법문사. <과학기술정책론>(홍형득, 2016). 대영문화사.

3) 정책학 교육전문가(teachers or specialists)

정책학 교과의 구체적인 내용을 정렬하여 전문적으로 전달하는 교수 및 강사 등 정책학 교육전문가들의 역할은 매우 중요하다. 그들의 교수법(teaching method)이 어떻게 이루어지고 있는가 하는 점은 학생의 흥미유발 및 몰입도뿐만 아니라 학업성취도, 교과목 인식에도 영향을 줄 수 있다는 점에서 관심사가 아닐 수 없다. 개별 교 · 강사가 사용하는 교수법의 전문성과 현실적인 적실성의 정도는 쉽게 판단하기 어려운 분야이긴 하지만 그들이 갖추어야 할 중요한 항목이다. 또한, 정책학 교육전문가가 갖는 교육관과 자세는 국가 정책 및 특정 정책과 관련하여 객관적인 내용 전달의 방향으로 이루어져야 한다는 것이 교육현장의 요구이다.

목진휴 외(2007)의 연구에서 정책학관련 교수방법의 실제 활용내역을 조사한 바가 있는데, 이론강의 81.6%, 정책관련 수업자료의 배포 및 토론 방식 35.3%, 사례연구 40.7%, 팀 프로젝트 방식 34.6%, 초청인사 강연 6.7%, 정책현장 방문실습 2.7% 등의 비율로 나타났었다.[5] 여기서 사례연구와 팀 프로젝트 방식이 상당부분을 차지하고 있다는 점은 교 · 강사들이 정책관련 전문성 및 현실 적실성을 위해 노력하고 있다는 고무적인 현실로 받아들일 수 있겠으나 여전히 이론적 강의에 많은 부분을 할애하고 있었고, 정책관료 등 정책 전문성 및 현장성을 소유한 초청인사 강연은 6.7%에 불과하였

5) 본 통계자료는 목진휴 외(2007)가 2007년 5월 1일에서 30일까지 전국의 97개 대학의 744명의 교육전문가들을 대상으로 설문조사한 것으로, 복수 응답 내용을 정리한 결과이다. 10여 년이 흐른 지금 동일한 방식의 조사를 통한 비교분석은 흐름의 변화를 파악할 수 있게 한다는 점에서 향후 유사연구방법을 통해서 검토해 보는 작업은 유익할 것이라 본다.

다. 이러한 현실로 보아서 이들 정책현장의 목소리를 체계적으로 습득·전달하는 교수법의 새로운 모색도 필요한 것으로 보인다.

4) 정책학 교육기관 및 학제 간의 교육 네트워크(educational networks)

대학 내에서 행정학, 정치학, 사회학, 사회복지학, 경제학 등 관련 사회과학분야의 제 학과(학부 및 대학원)에서 유사한 정책학 교과과정이 개설되어 오고 있고, 동일 학과(특히, 행정학과 및 행정학부)를 보유한 대학 간에는 거의 동일한 정책학 교과목이 운영되고 있는 현실이다. 이를 감안할 때, 정책학 교과과정과 관련 교육기관 내 학제 간의 교육 네트워크, 교육기관 간의 네트워크, 교육기관과 정책당국 간의 네트워크 등의 현황을 살펴볼 필요가 있다.

먼저, 한국의 경우 단일 교육기관(즉, 대학) 내에서 정책학 관련 학제 간의 협력적 교육 네트워크는 상황적 필요에 따라 일시적으로 이루어지기도 하지만, 거의 대부분에서 그러한 네트워크는 제도적으로 구축되거나 운영되고 있지 않다.

그리고 현재 정책학 교육기관(대학 및 대학원) 간에 거의 동일하거나 유사한 정책학 과목을 개설하여 운영하고 있어 그들 간에 공동과목의 개설을 통한 교·강사의 전문적이고 보완적인 활용, 학생들에게 새로운 학습기회의 제공 등 궁극적으로 정책학 교과과정의 발전을 기할 수 있음에도 대학 간에 그러한 협력적 네트워크가 제도화되거나 일정기간만이라도 운영되는 경우가 찾아보기 어려운 실정이다.

한편, 정책학 교육기관인 대학과 중앙정부 및 지자체 그리고 공공기관 등 정책당국 간의 교육 네트워크의 경우는 일부에서 최근에 나타나고 있다. 예를 들어, 대학의 행정학과 교수들과 중앙공무원교육원의 교류가 한 예인데, 중앙공무원교육원은 최근 정책사례교육을 위해 학자들을 대상으로 연구프로젝트를 실시하게 지원함과 동시에 도출된 정책사례를 활용하여 강의를 제공하고 있어 정책학 교과과정의 발전적 변화를 꾀하고 있다. 또한 대학의 경우도 일부 정책학 과목의 강의를 정부 관료들에게 배분하여 학생들에게 현실 적합적이고 전문적인 정책내용을 전달하게 하는 방식을 꾀하고 있다.

2. 정책학 교과과정은 어떠한 문제들을 지니고 있는가?

한국 정책학 교과과정의 운영현황 및 정책학 분야의 교육 전문가들과의 면담에서 제기된 교과과정에 대한 날카로운 비판 및 고견을 바탕으로 각 분석 요소별 문제점을 분석·정리하면 다음과 같다.

1) 정책학 교과목(subjects)의 구성 및 운영 문제

먼저, 정책학 교과목의 구성(composition)과 관련된 문제로는 과목 간 차별화가 부족하고 지나치게 이론중심으로 구성되어 있다는 점이다. 일반적인 정책과정(policy process)과 관련된 제 과목(즉, 기획론, 정책형성, 정책집행, 정책평가 등)이 표면상 구분되어 개설되어 있으나, 과목 간에 실질적으로 내용 차별화가 부족하다는 점이다. 다음과 같은 전문가의 지적들은 이러한 점을 잘 보여준다.

> "정책집행론, 분석론, 평가론이 분리되어 있으나 차별화가 되어 있지 않아 학생들이 이해하기 어렵게 되어 있다. 너무 관념적이고 이론중심으로 구성되어 있다. 이론과 실제 간에 연계(link)가 되어 있지 있다. 사례연구를 심화시킬 수 있는 교과목의 구성이 필요하다. 정책학은 실학이다. 학자와 실무자간 연계가 반영되지 못하는 정책학 교과목의 구성 문제가 크다." (단국대 P교수)

> "생생하지 못한 이론중심의 교과목 구성이 문제이다. 그리고 실제 정책을 결정하는 과정에 대한 실무를 제공하는 강의가 이루어지고 있지 않다. 정책학 교과목은 정부의 정책과정별 정책 실무를 습득할 수 있는 강의가 될 수 있도록 구성되어야 한다." (경희대 K교수)

> "기본적으로 정책학 교과목의 구성은 적절하지 않다. 그 이유는 이론과 실제가 접목되어 있지 않다. 정책학을 배운 후 학생들이 감흥이 없는 것 같다. 정책학 과목 간의 중첩성이 많다. 정책학개론, 정책분석 및 평가, 정책집행 및 형성론 등 과목 간 중첩성이 크다. 개별 정책을 강조하는 형태의 교과목 구성을 검토해 보는 것도 하나의 방향이라고 생각한다." (국민대 L교수)

> "미국에서의 정책학원론, 정책분석평가, 정책사례연구, 정책형성론 등 천편일률적으로 구성되어 있다. 학교마다 조건이 다소 다르겠지만 정책분석기법, 통계, 사례연구, 전문성 있는 공무원 초빙 등 표준화된 정책관련 트랙형태의 교과목으로 구성하는 것을 검토할 필요가 있다." (인하대 M교수)

정책은 정책집행과정에서도 형성되는 순환적 과정을 거치는 경우도 많다. 단선적인 정책과정중심의 교과구성 시 교과목 간의 중첩성은 불가피한 측면이 있는 것은 사실이다. 다만 각 교과에서 정책을 다루는 접근방법, 초점, 문제의식 등의 차별화작업이 이루어질 수 있도록 고민할 필요가 있다는 점이다.

둘째, 정책학 교과목의 운영(management)과 관련된 문제로는 학년별 및 교육기관별로 체계적인 접근이 미흡하다는 점이다. 대학의 학부 수준에서는 저학년과 고학년, 대학원 수준에서는 일반대학원과 특수대학원 간의 차별적 교과목 운영이 효과적임에도 차별화는 미약한 실정이다.[6] 이는 교·강사의 구성 및 역량의 문제에 기인하기도 한다. 따라서 실제적인 문제해결능력을 배양하는 데 보다 더 초점을 맞출 필요가 있는데, 실질적인 문제로부터 현실적인 대안을 만드는 훈련을 강화하는 방향으로 교과목이 구성되도록 하고, 그러한 방향으로 운영될 수 있도록 교수법 및 교·강사의 재구성 및 재배치 노력이 있어야 한다. 다음과 같은 전문가의 지적은 학부와 일반대학원 및 특수대학원 간에 차별화가 어떠한 방향으로 가야할지를 잘 지적해 준다.

> "정책학교육과 관련 학부와 대학원 간의 차이가 크지 않다는 점이 문제이다. 차별화할 필요가 있다. 학부도 그렇지만 대학원생의 경우 현실과 동떨어진 강의가 이루어지고 있기 때문에 이를 해소할 수 있는 방향으로 나갈 필요가 있다. 일반대학원의 경우 이론 중심으로 하되 사례를 병행하는 강의가 이루어질 필요가 있다. 일반대학원은 현실에서 활용할 수 있으면서 이론 바탕(base)으로 깊이 있는 논문을 쓸 수 있는 능력을 배양하는 데 역점을 두어야 한다. 특수대학원의 경우는 현재 강의시간이 적다는 문제가 있다. 그러다보니 진지하게 가르치는 데 한계가 있다. 실제에서 활용할 수 있는 것을 중심으로 가르쳐야 한다. 정책학 교육대상을 확대할 수 있도록 쉬우면서 실용적인 것을 가르치는 방향으로 나갈 필요가 있다." (국민대 L교수)

> "기본적으로 세 영역 간 경계가 모호하다. 차별화가 별로 이루어져 있지 않다. 학부의 경우 이론적인 것보다 실제문제를 어떻게 풀 것인가 사례분석을 중심으로 가르치는 것이 효과적이다. 일반대학원의 경우 사례연구를 할 수 있겠지만 학부보다 이론 중심적으로 가르칠 필요가 있는데, 프로그램을 마련하여 보다 체계적으로 접근할 필요가 있다. 특수대학원의 경우는 현실적으로 여러 문제를 다루고 있는 사람들이기 때문에 다른 사람의 경험을 들려주는 경험중심의 강의가 이루어질 필요가 있다. 이론의 경우도 현실적 문제와 관련하여 직접적으로 도움이 될 수 있는 이론을 가르칠 필요가 있다." (연세대 N교수)

> "일부 대학의 경우 정책학의 세부분야를 구체적으로 개발해서 강의하기도 하는데, 대부분의 대학은 〈정책학개론〉이나 〈정책분석 및 평가〉를 가르치는 수준에 그치고 있는 것 같다. 과학기술정책 등 세부분야별 정책 등은 잘 다루어지고 있지 않은 것 같다. 고

---

6) 특히, 대학 간 다소간 차이가 있기는 하지만 특수대학원(예를 들어, 행정대학원, 정책대학원, 국정관리대학원 등)의 경우 정책학 관련 학문적 몰입도가 낮다는 점, 대학원생들의 참여가 부족하다는 점, 학부보다 오히려 수업 시간이 적다는 점 등의 문제점이 있다. 이들의 경우 이론적이고 규범적인 것보다 구체적이고 깊이 있는 실질적인 문제에 대한 교육과 논의를 더 많이 다룰 필요성이 있음에도 불구하고 현실은 그러하지 못하다.

학년의 경우 세부분야별 정책학습을 강화함으로써 다양한 내용에 대한 학습기회를 제공해야 한다." (강원대 H교수)

2) 정책학 교재(materials) 문제

먼저, 정책학이 다루는 정책현상은 항상 동태적으로 변화하고 있는 데 반하여, 정책현상을 학문적으로 담아내야 할 정책학 교재의 구성 및 내용은 개정판의 출시에도 불구하고 그 개정(update)되는 내용은 다소 그에 미치지 못하고 있는 실정이다. 2010년대에 비교적 새로운 시각에서 대폭적인 개선작업이 이루어지는 교재들도 있지만 전반적으로 변화되는 정책현실을 제공하지 못하여 현실과의 격차를 낳는 교재 공급이 이루어지고 있다는 점이다. 따라서 정태적인 교육이 되는 경향이 있으며 학생들의 흥미 유발에서도 기대에 미치지 못하는 측면이 있다는 평가다. 다음과 같은 교육전문가들의 지적들은 이러한 점을 잘 드러내주고 있다.

"정책학 교재들이 백과사전처럼 너무 많은 주제를 다루고 있다. 분석하고 평가할 수 있는 틀이 있어야 하는데, 비용－편익, 비용－효과분석에 한정되어 있다. 빅데이터(Bigdate) 등 새로운 이슈들도 적극적으로 포함시켜야 한다. 실전에 활용할 수 있도록 쉽게 저술되어야 하고, 구체적으로 예산수립에, 평가에, 장기프로젝트에 어떻게 적용할 수 있는지 실용적 내용들이 담겨야 한다. 나아가 디지털 교재도 검토하고 전환해 가는 방법도 모색해야 한다." (인하대 M교수)

"대학 학부의 저학년의 경우 교과서와 학생들이 받아들이는 것과 많은 차이를 보이고 있다. 이론중심의 강의에 대한 이해가 낮다. 흥미와 수업집중도도 떨어진다. 흥미를 불러일으킬 수 있는 재미있는 교과서가 필요하다. 사회적 이슈중심의 교재개발이 필요하다. 미국에서는 대학 1학년의 경우 사례중심의 교재가 있다." (외국어대 J교수)

"기존의 이론 중심의 틀을 벗어나지 못하고 있다. 학부수준에서는 사례중심의 알 찬 강의가 이루어질 수 있는 교재의 개발이 필요하다." (국민대 L교수)

"교재가 늘 그러하지만 재미가 없지요. 국내교재를 재미있게 쓰는 노력이 필요하다고 봅니다. 독자의 상상을 부추기는 역할을 못해준다는 것이지요." (광운대 C교수)

물론 이러한 점은 가르치는 교수자의 역량 또한 중요한 변수가 된다는 점에서 교재의 문제로만 돌리기에는 한계가 있다.

둘째, 전반적으로 교재들의 차별성이 크게 드러나지 않는다는 점이 지적되고 있다.

환경정책, 과학기술정책, 통신정책, 산업정책, 복지정책, 노동정책, 문화정책, 복지정책, 토지정책, 주택정책 등 각 정책분야별 등의 정책과정에서 네트워크형성이나 작동과정에 각기 특성이 있음에도 불구하고, 차별화된 내용을 담아내는 데 한계를 보이고 있다. 그래서 정책분야별로 얻을 수 있는 특징적 정보나 분석시각 등이 만족스럽게 제공되지 못하고 있다는 점이다. 다음의 전문가 지적은 이러한 점에서 주목해 볼 필요가 있다.

> "산업정책이나 과학기술정책이나 통신정책이나 내용만 좀 다를 뿐이지, 각 개별 정책분야를 접근하는 틀이나 정책과정별로 각기 달리 이루어지는 특색을 교재들이 담고 있지 못합니다. 따라서 산업정책의 전문서적인지 다른 정책의 전문서적인지 판단하기 어렵고 이러한 현실은 정책별 전문교재 나아가 그러한 정책 전문가의 배출을 기대할 수가 없어 우리나라 대학 및 학회에서 정책학일반은 물론 정책분야별 전문성도 향후 기대하기 어렵게 됩니다." (고려대 C교수)

> "교재의 차별성은 부족하다. 10여 권의 교재를 살펴봤지만 차별성은 많지 않은 것 같다. 사례를 보는 각도가 다를 수 있기 때문에 결정과정과 집행과정에 대한 다각적 시각을 반영할 수 있는 차별화된 교재들이 있어야 한다." (동아대 Y교수)

> "정책학회가 설립된 지 30여 년이 다 되어 가고 있지만 현재 교재들은 전반적으로 차별성이 느껴지지 않는다. 교재의 내용과 깊이에서 대부분이 비슷비슷한 내용으로 채워져 있다." (강원대 H교수)

> "정책학 관련 교재는 주로 공무원 시험용과 가볍게 쓴 책 등 두 종류가 있는 것 같다. 전반적으로 교재의 차별성은 크지 않다. 외국이론 중심으로 비슷한 것 같고, 백과사전처럼 너무 많은 내용을 나열해 담고 있는 것 같다." (명지대 J교수)

그럼에도 최근에는 정광호(2008)의 <바우처연구>, 임도빈 외(2015)의 <실패한 정책들>, 홍형득(2016)의 <과학기술정책론> 등과 같이, 일부 차별화된 시도를 하는 전문적인 교재들이 나타나고 있다는 점이다. 이러한 교재들의 출간이 하나의 흐름으로 전개될 때 교재의 전문성, 차별성뿐만 아니라 정책학교육을 보다 깊이 있고 풍부하게 해줄 수 있을 것이다.

셋째, 현재의 정책학 교재들은 기본적으로 흥미 유발과 거리가 있으며, 한국의 정책적 특성을 반영하는 데 다소 미흡한 것으로 지적되고 있다. 미국의 정책사례에 치중하기 보다는 한국의 정책사례와의 공통점을 규명하고 실제 적용상의 차이점에 대한 분석 및 평가 등을 담아낼 필요가 있다. 또한, 한국적 특성을 반영하는 정책분야별 분석

기반이 되는 정책분석의 틀을 체계적으로 제공할 필요가 있는 것으로 보인다. 다음의 지적은 이러한 점을 잘 보여준다.

"현재 정책학 교재들은 미국이론 중심으로 정리되어 있어서 우리 현실과 동떨어져 있다. 한국 현실의 정책과 잘 맞지 않는 내용이 많다. 그래서 한국의 특수성을 잘 반영하지 못하는 것 같다. 현실에서는 합리주의 중심의 내용이 너무 많은 비중을 차지하고 있다. 우리의 경우 당·정·청 같은 독특한 협의와 결정 등의 합리주의와 다소 다르게 볼 수 있는 정책결정의 여러 방식들에 대하여 기술되어 있지 않은 것 같다." (한국교통대 J교수)

"현재의 정책학 교재는 흥미가 없다. 현실을 적절하게 정책현장을 생생하게 반영하고 있지 못하다. 이를 반영하려면 우리의 독특한 정책과정에 대한 체계적인 연구가 이루어져야 한다." (경희대 K교수)

"정책학 교재들이 대부분 비슷하다. 한국적 특수성을 반영하고 있지 못하다. 이론과 사례를 결합하여 설명한 책들이 부족하다." (동아대 Y교수).

"교재가 너무 이론적이고 관념적이고 우리나라 시스템이나 현실과 거리가 있다." (인하대 M교수)

3) 정책학 교육전문가(teachers or specialists) 문제

먼저, 정책학이라는 학문적 특성을 고려할 때 참여하는 교육, 실습하는 교육이 이루어질 필요가 있다. 현재는 이러한 것을 담아내는 정책학 교수법의 가이드라인이 부재하다. 정책학 일반 및 정책분야별에 적합한 차별화된 교육과 실제적인 대안창출이 가능한 방식의 정책학 교수법의 정립이 요구된다. 정책학 교육관련 교수법의 전문성 및 현실적 적실성이 크다고 보기 어려운 것이다.

더불어 교·강사가 갖는 전문성과 정책 현실에 대한 지속적 접근 요구도 제기되고 있다. 정책학의 특성상 필요한 정부관료 및 공공기관의 담당자 등의 체계적 활용방안도 재정립해야 할 과제이다. 최근 일부대학에서 현장연계 팀티칭을 통한 정책학 교육 시도는 정책학 교수법의 새로운 모델로 검토할 필요성을 제기해준다는 점에서 고무적인 것으로 평가된다. 교육전문가의 교수법과 관련하여 다음의 지적들은 음미해 볼 필요가 있다.

"지나치게 교과서적인 강의가 이루어지고 있다. 이론도 중요하지만 현실에 대한 강조가 이루어져야 한다. 살아 있는 정책학, 그것을 담아낼 수 있는 교수법의 개발이 이루어져야 한다." (국민대 L교수)

"현재의 정책학 교육이 체계적이거나 유기적이지 않고 단기적으로 이루어지는 경향이 있다." (외국어대 J교수)

"적실성 있는 교육이 될 수 있는 여건이 열악하다. 교수법에서의 전문성을 향상시킬 수 있는 노력이 필요하다. 정책전문가로 배출할 수 있는 프로그램화된 커리큘럼이 없고 실험 실습실 등도 절대적으로 부족하다. 실습과 워크숍, 그리고 전문가초빙 등이 적실성 있게 연결되는 표준이 갖추어져 있지 못하다." (인하대 M교수).

둘째, 교수자의 특성과 관점에 따라 다양한 방식의 교육이 이루어져야 하지만, 현재의 정책학 교수법은 어느 정도의 가이드라인에 토대를 둔 의미 있는 전문화 및 차별화가 이루어지기 보다는 교·강사 개인의 편의에 따라 자의대로 이루어지고 있는 것이 또한 현실이다. 정책학 교육전문가가 갖는 교육관과 자세는 국가 정책 및 특정 정책과 관련하여 학생들에게 편협한 사고를 조성하는 문제도 발생할 수 있다. 객관적이고 충실하게 내용을 전달할 수 있는 적절한 교수법의 활용 노력이 요구된다.

셋째, 정책학 일반 및 개별 정책의 내용 및 전달 방법 등과 관련된 교·강사 개인 역량의 지속적 확충 등의 요구도 지속적으로 제기되고 있다. 교·강사의 실제 교육내용을 보면 정책학의 제 분야에 대한 소개수준에 머무르는 경우가 많고, 정책학 제반 이론의 현실 정책에의 적용 방식과 방법 및 도구들(tools)이 이들로부터 학생들에게 전문적으로 전수되고 있지 못하는 문제를 드러내고 있다.

넷째, 현실문제의 한가운데서 관료적 정치적 의사결정을 주도하거나 참여경험이 있는 정책관료의 활용은 실제적인 정책학습 기회를 갖도록 한다는 점에서 정책학 교육을 위한 소중한 활용자원이다. 그럼에도 현실에서 이들의 효과적 활용은 제한적이다. 이들의 활용은 각 대학의 여건문제이기도 하지만 활용할 수 있는 다양한 방안 모색이 필요하다. 많은 경우 정책관료의 활용은 특강형태로 이루어지는 경우가 있으나 각 대학학과의 예산의 범위로 제약되기 때문에 비주기적이며 체계적이지 못하다는 지적들이 있다.

4) 정책학 교육기관의 교육 네트워크(educational networks) 문제

하나의 정책학 교육기관 내에서 정책학 교과과정 관련 유사 분야 및 커리큘럼 간익 연계가 필요함에도 유기적인 협력적 교육 네트워크가 형성되고 있지 못하다. 즉, 한국의 각 상아탑 내에서 일반적으로 행정학과, 정치학과, 경제학과, 사회학과, 사회복지학과 등 제 사회과학 각 학과가 각기 서로 간에 거의 비슷한 유형 또는 내용을 담은 정책학 관련 교과목들을 개설하여 학생들에게 전수하고 있다. 그럼에도 불구하고 같은 대학 내에서도 그러한 유사 과목의 연계 및 통합적 과목의 시도가 이루어지지 않아 학교 전체적으로 효과보다는 낭비의 국면이 보여지는 일면이 있다. 학부수준에서 교육기관 내 학제적 교육을 위한 교육 네트워크의 모습은 잘 드러나고 있지 않다. 외국의 경우 상아탑 내에 유사 사회과학분야의 학과 간에 특정 정책학 과목을 공통으로 개설하여 관련 분야의 학문적 보완을 통한 깊이 있는 내용을 전달하고 있기도 하다.[7]

둘째, 지리적으로 근접한 대학들을 보면 각기 정책학 관련 유사과목을 개설하여 운영하고 있으면서도, 그들 간의 네트워크를 통해 서로 간의 부족한 교육내용을 학생들에게 전달하는 승수적 이익효과를 보고 있지 못하다. 이러한 상황은 미국의 경우 물리적으로 근접한 대학들을 종합적으로 발전시키고 국가의 지식체계를 생산해내는 정책학 제 학파의 발전을 이루어내는 것과는 대조된다.[8]

셋째, 정책학 교육의 효과를 제고하기 위해서는 정책학의 주 교육기관인 대학과 정책당국과의 협력적 교육 네트워크의 체계적 구축이 필요하다. 그러나 현재 한국의 대학과 중앙 및 지방정부 간에 실질적인 협력적 네트워크 구성이 미약하며, 한국 현실에서 실행 가능한 대안을 상아탑에서 창출해내는 데 한계가 크다. 정부 관료의 정책학 강사로의 활용도 개인적 수준의 네트워크에 근간을 두고 이루어지고 있어 일시적 간헐적 운영이 되는 문제가 있다. 교육기관과 정책당국 간에 제도적인 수준의 체계화된 프로그램으로 전환되지 못하는 실정이다.

이외에도 대학교육 기관과 정책관련 학술단체와의 상호협력 수준도 낮은 편이다. 정책관련 유일한 자격증인 정책분석평가사 제도가 운영되고 있으나 자격제도가 다소 형식적으로 운영되고 있다는 지적도 있다. 정책분석평가사 자격증을 취득할 수 있도록

---

7) 대학원수준에서 미국의 미시간주립대학교(Michigan State University)의 경우 정치학과와 통신학과가 통신정책 과목을 공통으로 개설하여 운영한 사례는 단일 교육기관 내 학제적 교육네트워크의 좋은 예라 할 수 있다. 한국의 경우, 예를 들어 교육인적자원부(현 교육과학기술부)에서 실시한 BK사업은 정책학 교육과정과 관련하여 단일 교육기관 내 유사 학제 간에 협력적 네트워크를 가능하게 하는 기반으로 작동될 수 있다. 이 점에서 이러한 형태의 프로그램을 발전적으로 확대해 나갈 필요가 있다.

8) 대학원수준에서 1987, 1988년경에 고려대학교와 이화여대 행정학과에서 공동으로 정책분석 과목을 개설하여 학생들이 이수할 수 있도록 한 시도는 교육기관 간 네트워크 활용이라는 측면에서 고무적이었다고 평가된다.

5개의 필수과목과 일부 선택인증과목이 있는데, 각 대학 학과, 학계, 그리고 자격증 운영기관 간 자격증의 공신력을 제고하고, 내실화하기 위한 협력은 미흡한 것으로 보인다. 그 결과 MOU체결을 통해 정책분석평가사 2급 자격을 취득하는 것이 그에 걸맞는 전문성을 부여할 수 있는지에 대한 이견들이 제기되고 있는 현실이다. 대학의 학과와 자격증인증 주관단체 간 어떠한 협력체계로 운영할 것인지, 그 양태에 따라서 정책분석평가자 자격인증의 대내외적 평판을 달리해 나갈 수 있을 것이다. 이 점에서 학회차원에서 보다 적극적인 관심을 보일 필요가 있는 것으로 판단된다.

지금까지 이와 같은 정책학 교과과정과 관련된 주요 문제점들을 요약하여 본 연구의 분석틀에 따라 도식화하여 정리하면 아래의 [그림 2]와 같다.

먼저, 정책학 교과목의 구성 및 운영과 관련해서는 교과목간 중첩성이 심하여 차별화가 부족한 실정이고, 이론 면에 치중함과 동시에 그로 인해서 이론과 실제 간의 접목이 제대로 이루어지고 못하며, 정책과정의 실무에 대한 제공이 부족하고, 학부(저학년 대 고학년) 및 대학원(일반대학원 대 특수대학원) 간에 차별적인 교과목 운영도 부족한 실정이다.

둘째, 정책학 교재 면에서는 변화하는 정책 현실을 따라가지 못하고 있고, 개별 정책분야 별로 차별화된 접근 노력이 빈약하며, 그로 인해 정책별 전문성의 제고도 이루어지고 있지 못하고, 한국적 특성에 적합한 정책학 교재의 개발도 부족한 실정이다.

셋째, 정책학 교육전문가와 관련된 문제로는 교수법의 가이드라인이 마련되지 않아 그 전문성과 현실 적실성을 기하기 어려운 면이 있다. 교·강사의 교육관 및 자세에 대한 최소한 지침도 마련되지 않아 자칫 현실 정책에 대한 편협된 사고와 판단이 학생들에게 전달될 수 있으며, 개별 교·강사의 교수법 관련 역량의 개발 노력도 미흡한 면이 있고, 정책관료의 활용도 일시적이며 제도화되지 않은 문제가 있다.

마지막으로 협력적인 교육 네트워크의 구축 및 운영과 관련 하여는 하나의 교육기관 내에서 정책학 관련 학제 간에 협력적 네트워크가 이루어지고 있지 못하고, 근접한 교육기관 간에도 협력적인 정책학 교육의 네트워크도 거의 없는 실정이며, 정책당국과 교육기관 간에도 정책학 교육 네트워크가 제도화되지 못한 채 운영되어 현실과 이론 간의 괴리를 충분히 좁힐 수 없는 현실이다.

이러한 정책학 교과과정 4가지 요소별 제 문제는 서로 간에 영향을 주고받는 관계 속에 더욱 악순환의 고리를 이어가고 있는 면이 크다고 하겠다.

[그림 2] 정책학 교과과정의 주요 문제들

Ⅳ. 정책학 교과과정은 어떻게 개선해 가야 하는가?

1. 정책학 교과목(subjects)의 구성 및 운영

1) 정책학 교과목(subjects) 구성 및 운영의 차별화

먼저, 대학의 관련 제 학과는 정책학 제 교과목의 표면상 구분에서 벗어나 기획–형성–집행–평가의 정책과정의 흐름을 유지하되 정책과정 간 운영되고 있는 현재의 정책학 교과목 내용의 차별화를 시도하고, 그 관계를 고려한 병합적 내용구성을 마련할 필요가 있다. 더불어 정책과정 간에 실질적으로 구분되는 제 과목의 내용을 한국의 정책과 관련된 내용을 중심으로 전개한 후 미국 등 선진사례를 첨가하여 비교하는 방식으로 내용을 구성하는 것도 바람직하다.

둘째, 정책학 교과목의 운영에 있어서 대학의 학부는 많은 것을 혼란스럽게 소개하지 말고 정책학의 각 과정에서의 기본적 개념과 방향에 대해 기초적인 지식을 가르치도록 한다. 동시에 특정 개별정책 분야에 대한 현황을 객관적으로 습득하게 하고, 일반대학원은 그 기초를 적용하여 현실의 정책에 도움이 되는 학문적 구성 틀을 체계적으로 개발하는 역량을 고양하게 한다. 정책대학원 및 행정대학원 등의 이름으로 운영되고 있는 특수대학원에서는 학생의 구성성격을 감안하여 교수 및 학생 간의 현실 정책에 대한 깊이 있는 객관적 비판을 통해 현 정책기구에서 바로 활용할 수 있는 정책디자인(policy design)과 실행대안(executive alternatives)을 마련하게 하는 등 학부－일반대학원－특수대학원 간의 제도적 차별화를 시도하는 것이 바람직하다. 아래의 <표 5>는 교육기관 간 정책학 교과목 구성 및 운영에서 앞으로 함께 고민해 볼 수 있는 지향 초점이다. 향후 학회차원의 심도 있는 토론을 통해 거시적 틀을 정립해 나갈 필요가 있을 것이다.

〈표 5〉 교육기관 간 정책학 교과목 구성 및 운영에서 지향 초점

	정책학 일반	개별정책분야	정책사례 및 기타
학부	• 차별화된 기본정책교과 마련 • 실무정책진단분석교과 마련	• 분야별정책 소개확대	• 흥미로 읽는 정책사례소개: 정책현장실습교과강화 • 정책관료 활용교과마련
일반 대학원	• 정책이론개발교과강화 • 정책분석방법론교과강화	• 한국적 정책특성 분석 개별정책교과 강화	• 심층정책사례분석교과 강화
특수 대학원	• 심층적 실전분석능력배양 교과강화	• 분야별 정책토론교과 강화	• 대학－정부기관연계교과 강화

학부의 경우, 졸업 이후 실질적으로 공직을 포함한 공공부문, 사기업, NGO 등 사회단체, 대학원진학 등 다양한 분야로 나아가게 되어 있다. 어떠한 영역이든 문제나 과제상황에 직면해서 진단분석하고 문제해결을 추구하는 데 필요한 기본적 실무에서 타 전공자보다 경쟁우위에 설 수 있는 활용 가능한 준정책전문가 수준은 될 수 있도록 교과과정을 설계하여 운영할 필요가 있다.

세부적으로는 각 대학수준에서 각 대학의 교육목표와 인재상을 고려하고, 학과가 추구하는 인재육성의 차원에서 정책관련 교과목의 개설과 운영을 전략적으로 변용할 필요가 있다. 일부대학에서의 세부전공별, 혹은 트랙별 상황에 따라 전략적으로 정책

학교과목을 구성하고 운영함으로써 대학별 차별화를 도모할 수도 있다.

2) 표준화된 프로그램 운영과 자격인증제 연계

앞서 제시한 거시적인 교과마련 방향의 틀을 토대로 학부, 일반대학원, 특수대학원 등 각 대학별 수준에 적합한 표준화된 프로그램을 마련하는 방안을 고려할 필요가 있다. 이러한 방향의 접근은 아래의 전문가의 의견을 통해서도 공감되는 부분이다.

> "표준화된 과정(process)이 있으면 좋겠다. 사회에서 정책에 대한 안목과 정책설계역량을 충족시킬 수 있는 표준화된 프로그램이 있으면 좋겠다. 표준화된 프로그램을 중심으로 각 대학이 학교의 특성을 살려 특화시키는 방향으로 갈 필요가 있다. 대안으로 정책학 교육 인증 제도를 고려해 볼 수 있다. 예를 들어, 한국정책학회가 중심이 되어서 그러한 인증모델을 개발하는 방향으로 나아가는 것도 방안이다." (경희대 K교수)

> "향후 학회를 중심으로 정책관련 인증제 등의 표준화된 프로그램을 마련해서 공동으로 활용할 수 있는 방안을 검토할 필요가 있다. 이러한 접근은 크든 작든 수도권과 지방 간의 정책학 교수-학습역량의 해소에도 기여할 것이다." (인하대 M교수)

학부수준에 한정해서 살펴볼 때, 먼저, 정책학 기본교과에서 정책형성과 집행, 정책분석평가에서 차별화된 기본교과를 운영하여 중복을 피하는 방향에서 정책학 교과목 간의 정합성을 높여나간다. 또한 계량 및 통계교과와 정책분석기법 관련 교과, 현장연계 사례연구교과, 현장참여 실습교과, 정책관료－명사 연계교과 등을 포함하는 표준화된 <정책학 전공심화 인증교과프로그램>을 구성하여 운영하는 방향을 검토할 필요가 있다(아래의 <표 6> 참조). 이러한 교과목의 운영은 각 대학 학과에서 전공필수로 지정하여 일종의 전공심화 지정교과로 편성하여 운영하도록 하는 것을 고려해 볼 수 있다.

정책관련 유일한 자격증인 정책분석평가사[9] 자격제도와 연계를 모색할 수 있을 것이다. <정책학 전공심화 인증교과프로그램>을 마련하여 운영하고, 이를 이수한 학생

---

9) 2015년 정책분석평가사 자격시험 공고에서 소개한 내용을 보면, "(사)한국공공정책평가협회가 주관하는 정책분석평가사는 정부와 기업의 정책이나 사업의 분석과 평가에 관한 업무를 전문적으로 수행하여 실무현장에서 합리적인 정책결정과 효율적인 업무수행능력을 발휘하도록 지원하는 정책관련 국내 유일한 자격증입니다."라고 소개되어 있다. 현재 논란이 있을 수 있는 자격증의 권위인정문제는 차후에 다루어 나갈 과제이지만 내실화를 기해 실질적으로 운영되도록 대학의 학과와 학계 및 협회의 공동의 노력을 통해서 자격증의 권위를 새롭게 만들어 가는 방향으로 갈 수 있다는 점이다.

들에게 정책분석평가사 자격증을 부여하도록 하는 것이다.

〈표 6〉 정책학 전공심화 인증교과프로그램에 포함할 교과분야

차별적 정책학 기본교과
계량 및 통계교과
정책분석기법 교과
현장연계 정책사례연구 교과
현장참여 정책실습교과
공공기관－관료－명사 연계 교과

현재 대학교 기준 과목이수를 통한 정책분석평가사 자격증 취득은 필수 5개 과목과 7개의 응용과목을 포함한 12개를 일정 학점 이상으로 이수한 경우 취득할 수 있도록 하고 있다(<표 7> 참조). <정책학 전공심화 인증교과프로그램>을 운영하는 경우, 필수과목과 응용과목에 대한 이수로 인정함으로써 자격증을 획득하도록 하는 것은 하나의 방안이 될 것이다. 이 경우 <정책학 전공심화 인증교과프로그램> 내의 각 교과목 개설내용에 대한 표준 매뉴얼을 마련하는 것도 과제가 될 것이다.

〈표 7〉 정책분석평가사 자격증 취득(2급) 인정 교과목(대학교 기준)

분야	세부분야	대학교 교과목
필수 (5과목)	분석평가의 기초과목	정책학개론, 조사방법론, 계량분석론, 정책분석론, 정책평가론
응용과목 (7과목)	정책의 세부지식 집행분야의 관리지식 분석평가의 적용 분석평가의 실습	정책형성론, 정책결정론, 정책집행론, 기획론, 인사행정론, 조직이론, 재무행정론, 복지행정론, 도시행정론, 노동정책론, 재정정책론, 건설정책론, 교통정책론, 보건정책론, 경영정책론, 환경정책론, 교육정책론, 과학기술정책론, 정보통신정책론, 농수산정책, 통일정책론, 경제정책론, 지역개발론, 사회정책론, 외교정책론, 여성정책론, 법정책론, 정책사례연구, 정책학연습, 정책분석실습,

		정책평가실습, 비용편익분석, 관리과학, 행정학연습, 행정사례연구, 정보행정기획론, 조직이론, 조직행태론, 행정정보체계론, 사회복지행정론, 현대공공정책의 이슈, 행정관리기법

더불어 현재의 정책분석평가사 자격증의 공신력을 제고할 수 있도록 대학의 관련 학과와 관련 학회차원에서 위상강화를 위한 공동의 노력이 필요한 것이다. 이렇게 자격증의 내실화를 통해서 얻을 수 있는 효과 중의 하나는 정책학의 실용성에 대한 현장 관리자 수준에서의 인식전환 즉, 즉시 활용 가능한 인력양성이라는 신뢰와 확신을 심어줄 수 있다는 점이다.

융복합의 시대적 환경에서 미래지향적 정책학 교과과정을 마련하여 대응하는 것은 각 대학의 학과와 관련 학계가 힘을 모아 헤쳐 나가야 할 공동의 과제라 할 수 있다.

3) 교과목의 다양화

정책학 교과목의 다양화를 시도할 필요가 있다. 개별 정책의 개설을 활성화시킴으로써 가능할 수 있을 것이다. 한 전문가는 이러한 개별 정책의 이점을 다음과 같은 말로 의미를 부여하고 있다.

> "개별 정책의 경우 학생들의 반응이 좋다. 수업집중도도 높다. 관심 있는 것을 선택하기 때문에 흥미로워한다. 예컨대, 산업정책의 경우 경제학, 국제통상 등의 전공자들이 듣는 경우가 많은데 이들에게 이러한 개별정책은 유의미한 도움이 된다고 본다." (외국어대 J교수)

뿐만 아니라 정책학 교육에서 인접 학문분야와 실질적 학제적 접근이 가능한 교육기반을 마련해 나갈 필요가 있다. 심리학과 정책학의 접목을 주장한 김교현(2014)의 연구는 이러한 측면의 가능성을 탐색한 것으로 보인다. 여기서는 정책학에서 심리학의 엄밀성과 경험 과학적 성질을 활용하여 인간 마음과 사회의 관계를 통합적으로 설명할 수 있는 상호 소통 가능한 이해의 틀을 모색하고, 정책학의 유효성을 높일 수 있는 방안을 살펴보았다. 교과목개설과 운영상에 여러 제약이 따르기는 하겠지만 학제적 접근이 가능한 교과목을 적극적으로 발굴하고 개설을 검토할 필요가 있겠다.

2. 정책학 교재(materials)

1) 정책학의 근간 유지, 변화의 지속적 반영, 특성화

우선, 정책학 교재의 유형이 수업시간에 학생들에게 필요에 따라 제공하는 개별 서류형태(즉, hand-out type)가 되건 정형적인 저서 및 책자가 되건 그 내용에 있어서는 정책현상의 근간을 꿰뚫는 기본적 틀과 근간 이론은 그대로 유지하되, 끊임없이 변화되는 정책 환경을 지속적으로 추적하여 그 변화된 내용을 정리하여 담아내는(update) 체계적인 개선노력이 개별 교·강사는 물론 상아탑 전체에서 제도화하여 정착화될 필요가 있다.

기반에 충실하면서 현실과 보조를 맞추는 동태적인 노력은 한국의 정책상황을 체계적으로 이해하는 한국적인 근본 틀을 만들 수 있게 도움을 줄 수 있을 것이다. 이에 토대를 두고 한국사례를 과학적으로 분석하여 한국의 정책과정별에 특성화된 교재를 개발하여 지속적으로 축적하는 것이 바람직하다. 특성화된 교재 중의 한 부류로 고려할 수 있는 것이 정책사례 교육을 흥미로우면서도 심층적으로 할 수 있는 교재의 마련이다. 사례중심의 교재는 특정 정책의 속성을 이해하는 데 최선의 교육방법이라는 연구(최병선, 2006) 내용은 큰 의미를 갖는다. 최근 정책학회차원에서 공동으로 <정책사례연구> 등, 사례연구교재의 작성은 이러한 점에서 고무적인 작업이라 할 수 있다. 다만, 사례선정과 사례분석과정에서 보다 많은 의견들이 모아지고 반영될 수 있는 피드백 과정을 거치게 하여 활용도가 높은 적실성 있는 사례분석이 될 수 있도록 리드해 나갈 필요가 있다.

2) 강의교재의 공동개발과 보완

한국 대학 간 협력을 통해 정책학 내용 중 핵심적이고 공통적인 것들을 재정립하여 실제 강단에서 사용할 수 있는 강의교재를 공동으로 개발하는 것도 정책학 교육기관 간의 네트워크를 통한 정책학 교과과정의 개선을 이끄는 하나의 방안으로 제시할 수 있다. 이러한 공동 강의안의 개발은 학부, 일반대학원 및 특수대학원 수준별로 각기 추진 될 수 있다. 앞서 정책학 교과목의 구성과 운영에서 제시한 <정책학 전공심화인증교과프로그램> 교과목에서 활용 가능한 교재 개발로 이어져야 할 것이다.

미국의 위스콘신 대학(University of Wisconsin–Madison)의 정책학 교과과정과 관련된 시스템의 경우, 단일 학과 내 다른 교과목들에서 무슨 내용을 가르치고 있는지를 교수 및 학생들에게 제공하고 있어 교과목 간 연계되는 내용들에 대한 이해를 돕고 있다. 교수들은 강의안(syllabus)을 놓고 토의를 하며, 기본적으로 강의록은 교수의 자산이 아니고 떠나거나 안식년인 경우 가르쳤던 자료를 다음 교수에게 넘겨줌으로써 강의 내용의 일관성과 지속성을 유지하는 방향으로 보완(update)될 수 있도록 하고 있다. 강의안과 강의자료는 특정 교수의 전유물이 아닌 공유물로 남도록 하고 있다는 점은 의미심장하게 바라볼 필요가 있다.

<정책학 전공심화 인증교과프로그램>에서 연계되는 교과과정들의 이해를 제고하고, 학회와 각 대학에서 공동자산으로서의 정책학 강의교재 및 자료의 지속적인 공동 개발이 이루어질 수 있는 체계를 마련해 나갈 필요가 있다.

3. 정책학 교육전문가(teachers or specialists)

1) 정책학 교수법(teaching method) 가이드라인 정립

정책학관련 교육담당자의 개인적 성향, 자세 및 가치관에 매몰되지 않고 공통적으로 적용가능하며 효과를 볼 수 있는 기본적 가이드라인이 교수법에 정립될 필요가 있다. 공통적인 교수법의 개발은 학문공동체 차원의 노력이 효과적일 것이다. 각 대학의 학과특성을 반영한 프로그램화된 커리큘럼이 마련된 상황에서 정책학 관련 각 교과목별 기본적 가이드라인을 정립할 필요가 있다는 점이다. 예컨대, <정책학원론>이나 <정책학개론>에서는 기본적으로 어떠한 교수방법과 어느 수준에서 각 주별 내용을 다루어 나가는 것이 효과적인지, <정책형성>이나 <정책집행>, 그리고 <정책분석>이나 <정책평가> 등에서도 마찬가지이다. 어떠한 주제에서 어떠한 방법으로 교수하는 것이 효과적인지 등이 반영된 교수법의 가이드라인이 마련되면, 각 교수자는 이에 기초해 각 대학 학과에서 지향하는 인재육성의 방향이나 강조점을 고려하여 유연하게 활용하면 될 것이다. 유관학회 차원의 프로젝트를 통해서 가이드라인 정립과제를 마련하는 것도 하나의 방안이 될 것이다. 이러한 노력은 앞서 제시한 정책학 교재 개발 및 교과목의 개발과 병행되어 이루어질 때 더 큰 의미를 지닐 수 있을 것이다.

2) 정책현장 연계 팀티칭의 활성화

Lasswell의 노력 이래 정립되어 온 정책학은 현실에서 직면해 온 실질적인 문제의 해결을 지향해 왔다. 현장과 연계된 교과목의 구성과 운영을 도모할 필요가 있다는 것은 학문공동체 구성원 대부분이 인식하고 있는 점일 것이다. 정책학 교과목의 교수법에서 현장의 경험을 활용하거나 현장과 연계하여 학습할 수 있는 기회를 제공하는 것은 교과목 학습목표의 달성에도 효과적일 것이다.

최근 한 지방대학에서 실시하고 있는 시청과 연계한 팀티칭 방식과 그 효과는 향후 정책학의 내용에 대한 학습이 어떠한 방향으로 나아가야 할지에 대한 좋은 모델이 될 것이라 평가된다. 아래의 한 교수자의 인터뷰 내용은 그러한 방식이 얼마나 의미 있는 효과를 가질 수 있는가를 잘 보여준다.

> "정부결정에 대한 실질적인 내용의 정책분석 등이 이루어질 수 있는 학습방법이 강구되어야 한다. 현재 담당하고 있는 정책과목에서는 충주시의 현안문제를 발굴해서 문제를 분석하고 대안을 탐색하고, 시청에 직접 대안을 제공한다. 시청에서 정책현장에 대입하여 활용하는 방식의 팀티칭을 하고 있는데, 학생들의 성취감을 높여주고 실질적인 정책학습이 될 수 있어서 매우 효과가 좋다는 평가를 받고 있다. 3, 4명의 팀프로젝트로 시의 현안과 관련한 주제를 선정하여 개선방안을 탐색하고 효과도 추정해 보는 방식으로 이루어지고 있다. 문제발굴능력뿐만 아니라 해결능력이 커지는 것 같다. 학생들의 정책에 대한 흥미뿐만 아니라 학습 성취감을 고취시키고 학생들 스스로 스토리텔링할 수 있는 여지를 제공할 수 있다." (한국교통대, J교수)

위의 현장연계 수업에서는 구체적인 정책개선의 직접적인 경험이 있기도 하였다. 소개해준 구체적인 예로 지역의 쓰레기문제 개선 거버넌스(governance)를 제안하였고, 이에 따라서 시에서는 관련 협의체를 만들고, 지역의 쓰레기문제를 개선하는 실질적인 효과를 가져왔다는 점에서 큰 의미를 갖는다.[10] 현장연계 팀티칭에 의한 방식은 각 대학의 교수나 강사 등에 따라서 각자의 상황에서 적용하고 있는 경우도 있을 것이지만 그 효과를 고려할 때 긍정적인 교수법으로 정책관련 교과목의 개설 학과에서 필수적으로 반영될 수 있도록 권장할 필요가 있다.

3) 교육전문가의 전문성 및 몰입도 제고

정책학 교·강사 개인은 정책학의 기본적 지식의 개발과 다양한 정책의 분석 틀과 관련된 전문성을 지속적으로 축적해야 한다. 그리고 그의 바탕 하에 강의에 대한 적극

---

10) 필자의 경우도 <정책학개론>이나 <정책형성론> 수업에서 팀별 현실문제에 대한 실제적 대안찾기운영사례를 통한 긍정적인 성취의 경험을 한 바 있는데, 이것은 교수자의 입장에서도 의미를 부여할 수 있는 것이었다. 예컨대, 국회 주관 정책개선을 도모한 입법정책공모과제에 팀별로 현실에서의 문제진단과 정책적 개선아이디어를 제시하도록 하여, 2개 팀에서 최우수상과 장려상을 수상하였다. 당시 대상은 서울대 로스쿨 재학생, 우수상은 연세대 로스쿨 재학생이 수상하였는데, 유일한 2학년 학부생들의 수상이자 한 대학의 학부에서 동시에 두 팀이 선정되었다는 것은 의미 있는 것이었다. 공동주관 언론매체에 수상내용이 소개되었고, 이후 학생들은 성취감뿐만 아니라 수업흥미와 몰입도를 높여주는 긍정적 파급효과를 가져왔다. 융복합이 강화되는 시대에 학부생 수준에서의 정책교과 수업도 의미 있는 학습 성취와 효과로 나타날 수 있는 가능성을 엿볼 수 있다 하겠다.

적인 참여 및 몰입을 개인적으로 견지하는 자세를 지속하도록 하여야 하는데, 이를 위해 교육기관의 관련 단과대학이나 학과 차원에서 이러한 전문성과 몰입도의 제고를 위한 자체적인 체계 마련도 요청된다. 또한 학회차원에서의 재교육시스템의 마련, 새로운 방법론의 권장등록, 교과목인증을 위한 이수권장 등 꾸준히 역량을 업그레이드할 수 있는 시스템과 공동체 구성원들의 노력이 필요하다. 지속적인 교수개인역량의 확충을 위한 다양한 방식의 접근을 시도할 필요가 있다.

4. 정책학 교육기관의 교육 네트워크(educational networks)

1) 교육기관 내·외 네트워크(inner & outer networks) 정립

우선, 각 대학 내에서는 유사한 정책학 분야 및 커리큘럼 간의 연계를 통해 교과목의 개선과 함께 교육의 통합적 효과를 제고하도록 관련 제 학과가 적극적인 연계 틀을 모색할 필요가 있다. 또한, 지리적으로 근접한 대학들 간에 연계 수업 및 통합 연구 등의 협력적 교육 네트워크를 체계적으로 구성하여 근접한 대학들 간에 종합적 발전을 유도하고 정책학 관련 제 학파의 조성을 유도하는 노력도 적극 모색될 필요가 있다.

현재 산발적으로 개별 학자에 의해 제시되어 기관의 입장만을 근시안적으로 지원하는 정책대안의 산출을 지양하고, 장기적으로 국가의 근본적인 정책체계 및 문제를 학문적 및 행정적으로 동시에 접근할 수 있도록 해야 한다. 이를 위해 가능한 교육기관(즉, 대학)과 연구기관(즉, 국가연구기관) 등 간에 기관수준의 교육 네트워크의 정립을 추진할 필요가 있다. 나아가 교육기관(즉, 대학)과 정부기관 자체(정부기관이 보유한 연구조직 포함) 간에 관·학 교육네트워크를 구축하고 유관공공기관 및 협회 등과의 산·학 교육네트워크 등을 모색하여 정책학 학문 자체의 발전뿐만 아니라 정책학을 근본적으로 요구하는 현실적합성의 기회를 확보할 필요가 있다.

최근 일부대학에서 감사원이나 한국지방행정연구원 등 연구기관과의 연계를 통해 대학생의 인턴기회를 제공하는 프로그램의 운영사례는 현장학습기반 관련 정책 관련 교육기관 간 네트워크 형성의 방향을 잘 제시해 준다. 교육기관 간 네트워크의 활성화는 실무현장의 연구내용이 정리되어 교육에 반영됨으로써 실제적인 교육이 되게 하거나 교육과정에 현장연계프로그램을 마련하여 실제적이고 실용적인 교육이 되는 방향으로 디자인해 나갈 수 있도록 할 수 있다. 연계프로그램을 통한 교육성과들에 대한 학회차원에서의 공유의 장을 만들고, 각 대학으로 확대해 나갈 수 있는 방안을 모색하는 것은 학문공동체의 발전에도 긍정적일 것이다.

2) 외국 교육기관과의 네트워크를 통한 국제화 프로그램 모색

한국적 정책학의 정립이라는 근본 과제를 유지하면서 네트워크를 통한 국제화 프로그램도 지속적으로 모색하여 한국적 정책학의 발달에 환류(feedback)될 수 있도록 해야 한다. 글로벌 시대의 리더 양성을 위해 국제적 정책문제에 관심을 기울이는 정책학 프로그램이 각 교육기관 내에 늘어나는 추세에 있다는 점은 외국 대학과의 학제적 접근을 통해 국제적 정책 문제에 접근할 필요성이 대두되고 있다는 것을 의미한다. 예를 들어, 미국의 경우 프린스턴 대학(Princeton University)이 정책학과 국제학을 통합하여 운영하고 있고, 하버드 대학(Harvard University), 버클리 대학(University of California in Berkeley), 시카고 대학(University of Chicago), 시라큐스 대학(Syracuse University) 등 주요 대학의 프로그램에 국제개발, 국제정책 등 국제 관련 요소가 통합되어 운영 중에 있다는 점을 의미 있게 고려해 볼 필요가 있다.

Ⅴ. 결 론

지금까지 한국 대학에 있어서 정책학 교과과정과 관련된 제반 문제점을 살펴보고, 그러한 문제점을 해소하기 위한 미래 지향적인 개선 방안들을 제시하였다. 이미 유사한 연구가 간헐적으로 수행되어 관련 문제점과 개선방안들이 일부 제시되기도 하였다. 본 글에서는 한국의 정책학 교과과정과 관련 의미 있게 다루어야 할 4가지 핵심적 요소 — 정책학 교과목, 정책학 교재, 정책학 교육전문가, 정책학 교육기관의 협력적 네트워크 — 를 제시하여 정책학 교과과정과 관련된 분석의 틀을 좀 더 체계적으로 제시하였고, 이들 4가지 요소와 관련된 현실적인 문제점들에 대하여 한국 정책학 학계의 주요 전문가들의 도전적이고 핵심적인 의견을 수용하여 현실을 진단하고 나아가 정책학 교과과정 분야의 발전적인 토론의 장을 마련하고자 하였다.

현재 한국에서 대학의 정책학 교과과정과 관련한 정책학계의 소망을 한마디로 표현한다면 혼돈 속의 양적 성장에서 탈피하여 균형 속의 질적 성장이 추구라 할 수 있다. 다시 말해, 정책적 지식의 교육 및 학습의 효율성은 더 높아지고, 전파되고 습득되는 정책적 이론 및 내용이 정책현장에서 응용되는 정도는 더욱 커지며, 정책적 정보의 지속적인 이론화와 한국적 토착화는 더 고양되고, 나아가 정책학 교과과정의 국내적 네트워크를 확장하여 세계화를 이룰 수 있는 그러한 질적 성장을 기대한다고 할 수 있다.

본 글에서는 정책학 교과과정의 개선측면에서 정책학 교과과정과 관련된 제반 4가지 요소에서의 체계적인 프로그램화의 노력, 적실성 있는 교과목의 개설, <정책학 전

공심화 인증프로그램>의 정립, 강의교재 공동개발을 통한 정책학 교재의 적실성 제고, 정책학 교수법 가이드라인의 정립, 현장연계 팀티칭의 활성화, 관학 및 산학 교육네트워크의 활성화, 정책학 제 분야에서의 필요한 수준의 차별화 노력 등을 제시하였다. 이들을 포함해 본 연구가 앞서 제시한 정책학 교과과정 관련 4가지 분야의 문제점 해소 방안들에 대한 학계의 진지한 논의와 지속적인 검토는 한국의 정책학 교과과정의 체계적 발전을 위한 작은 보탬이 될 것이라 생각한다.

이러한 기대에도 불구하고 본 연구의 논의수준은 몇몇의 낟알 같은 아이디어를 제시하는 수준으로 정교함과 깊이가 부족함을 인정한다. 향후 본 연구를 개선하여 한국의 정책학 교과과정과 관련하여 좀 더 체계적인 접근을 기하기 위해서는 다음의 개선전략들이 필요할 것으로 본다. 먼저, 연구의 틀과 관련하여, 정책학 교과과정의 4가지 핵심 요소에 대한 정교화를 시도할 필요가 있다. 정책학 교과목, 교재, 교육 전문가 및 교육네트워크 외에 정책학 교과목과 관련된 기타 요소의 추적을 시도하고 각 요소 및 개별 구성내용에 대한 이론적이고 경험적인 근거를 좀 더 제시할 필요가 있을 것이다. 앞으로의 보완연구에서는 정통적인 초점집단면접(Focus Group Interview) 방식을 적용하고 나아가 델파이(Delphi) 기법도 적용하여 정책학 교과과정에 대한 여러 차례의 찬반 설문을 체계적으로 시도하여 분석할 필요가 있음을 밝힌다.

4 교육중심대학 행정학 교육과정 개발

김기환(서울과학기술대학교) · 김상묵(서울과학기술대학교)

Ⅰ. 서 론

행정학이 사회적 진공 속에서 존재할 수 없다는 것은 행정학이 사회 안에서 기능하면서 사회변화를 반영하고 동시에 그 변화를 적극적으로 견인해야 함을 의미한다. 이 같은 행정학의 사회적 역할에 부응하여 행정학 교육과정은 대체로 민주사회의 시민을 위한 봉사자를 육성하고, 지역사회의 지도자를 양성하며, 공공문제의 해결능력과 공공부문의 관리능력을 갖춘 인재를 발굴하는 과정이라고 정의될 수 있다. 이러한 교육과정을 통해 행정학 교육은 행정에 대한 전문적인 지식을 가지고 사회 정의를 구현할 수 있는 인재를 양성하는 데에 중요한 역할을 할 수 있을 것이다.

최근 들어 제기되고 있는 행정학의 사회적 역할에 대한 비판과 그에 따른 행정학의 위기의식은 행정학이 직면하고 있는 다양한 수요와 요구, 그리고 변화에 적절히 대응할 수 있는 '행정학 교육'에 대한 재검토와 성찰의 필요성을 제기한다. 행정학 교육에 대한 비판은 이미 2000년 이후 지속적으로 제기되고 있는데, 그 주요 내용은 교육이 지나치게 이론 편향적이어서 공직수행에 큰 도움이 되지 못한다는 것이다. 10여 년 동안의 문제제기와 교육과정의 개편 시도에도 불구하고 사회적 요구와 학문적 특성에 부합하는 교육과정 개선에 대한 갈증현상이 여전한 것은 급변하는 세계와 그에 따른 정치 · 경제 · 사회 · 문화적 환경변화를 행징학 교육과정이 제대로 수용하지 못하고 있음을 방증한다. 특히 그동안의 교육과정 개편이 획일적인 방식으로 이루어지면서 대학 유형별로 차별화 · 전문화되지 못했으며, 학생과 교수, 그리고 취업담당기관(공공기관 및 민간부문) 등의 변화하는 수요와 요구, 그리고 그에 따른 특화된 영역개발 등 시장의 관점을 무시했다는 비판에서 벗어나기가 어렵다.

본 연구는 행정학이라는 학문이 사회에서 요구하는 역할을 충실히 다하기 위해서는 행징힉과에서 가르치는 교과목의 내용과 방법이 개선되어야 할 것이라는 판단 하에 행정학 교육과정의 현재를 파악하고 앞으로 나아가야 할 좌표를 모색하고자 하는 시발점의 역할을 하는 데에 기여하고자 한다. 이를 위해 본 논문은 4년제 대학교의 행정학과(학부 포함) 또는 관련학과에 재학 중인 학생, 재직 중인 교수, 그리고 졸업생의 주요 진출기관이라고 할 수 있는 중앙행정기관의 인사담당자들을 대상으로 설문조사를 실시하였다. 다음으로 우리나라 105개 4년제 대학의 행정학과의 교과목 개설현황과 설문조사 내용 중 교과목 개선에 대한 견해들을 비교한 후에 향후 행정학과 교과과정의 개편방향을 학년 및 학기별, 그리고 전공교과과정 체계도를 통해 제시한다.

각 집단에 대한 설문결과의 분석, 공통설문에 대한 차별적 응답의 분석, 그리고 교과과정의 개편안 및 체계도 제시 등을 통해 현재 행정학과에서 개설되어 있는 교과목의 내용은 무엇이며, 이 내용과 다양한 이해관계자들이 개설의 필요성을 느끼는 교과목과 교육방법에 어떤 차이가 있는지, 그리고 궁극적으로 행정학 교육과정이 어떤 방향으로 개선되어야 할 것인가 등을 논의한다. 이 연구는 향후 지속적인 보완과 후속연구를 통해 미래 행정학 교육의 바람직한 위상을 제시하고 나아가 행정학 교과목인증 방안을 도출하는 데에도 중요한 역할을 할 것으로 기대한다.

Ⅱ. 방법론

본 논문에서는 행정학과 또는 유사관련학과를 개설하고 있는 전국 50개 4년제 대학교[1] 행정학과의 학생과 교수, 그리고 중앙행정기관 및 공공기관의 인사담당자를 대상으로 설문조사를 실시하였으며 빈도분석을 통해 결과를 분석하였다.

2009년에 4,110명의 학생을 대상으로 한 설문조사의 주요 내용은 행정학 전공 동기 및 장래 진로, 전공에 대한 만족도, 교과과정에 대한 문제점, 교과과정에 대한 수요, 행정학 관련 전문자격증제도에 대한 필요성 및 효과성, 그리고 교육방법 등이다. 175명의 교수를 대상으로 한 설문조사의 주요 내용은 행정학 교과과정, 전공경쟁력, 미래 중요도 등 교육내용 및 여건, 전문자격증제도의 필요성 및 효과성, 기초와 심화과정의 분리운영, 개설교과목, 교육방법 등이다. 일부 공통적인 내용에 대해서는 학생과 교수 간에 어떤 견해차가 있으며 이를 극복하기 위해서는 어떤 노력을 해야 하는지에 대한 논의가 동반되어야 할 것이다. 마지막으로, 105명의 중앙행정기관 및 공공기관의 인사

1) 강원대와 고려대는 2개 캠퍼스를 대상으로 하였으며 이를 각각 2개 학교로 계산하였다.

담당자를 대상으로 한 설문조사는 행정학전공자의 조직에 대한 기여도, 행정학 교육과정의 조직의 업무연관성, 행정학 전공자에게 요구되는 지식유형, 적합한 업무분야 등이 주요 내용을 차지한다.

행정학 교육의 공급자계층인 교수와 수요자계층인 학생 및 인사담당자들이야말로 행정학 교육과정에 대한 직접적인 이해관계자를 구성하는 주요 집단인 만큼, 교육과정에 대한 이들의 의견의 주요 내용을 밝히고 차별성을 분석하는 일은 향후 행정학 교육이 지향해야 할 목표와 방향을 제시하는 데에 유용한 역할을 할 것이다.

Ⅲ. 재학생, 교수, 인사담당자에 대한 설문조사 분석

1. 재학생에 대한 설문

1) 교육여건

행정학을 전공으로 선택하게 된 동기에 대해서 전체 응답학생의 83.5%는 공무원 등 공직의 진출 및 공기업, 공사 등에 진출하기 위해 행정학을 전공하게 되었다고 응답하였다. 대다수의 학생들에게 공공부문에의 진출이 행정학을 전공하게 된 주요동기로 작용했음을 알 수 있다. 반면 민간 기업에의 진출은 5%로서 아주 미미한 수준이었다. 장래에 희망하는 진로 역시 공직 등 공공부문에 진출하고자 하는 응답자가 대다수(73.7%)를 차지하고 있다. 행정학 전공을 선택한 동기(지원동기) 중 공직진출이 70%인 반면, 장래희망 진로를 공직에 두는 경우는 60%가 채 되지 않는 것은, 행정학을 자신의 전공으로 선택한 후에 공직을 장래희망 진로로서 계속 유지하는 비율이 줄어든다는 것을 의미한다. 이는 행정학 전공을 선택한 후에 관련 과목을 수강하면서 자신의 희망분야였던 공직진출과의 관련성을 발견하지 못했거나 오히려 관심이 떨어져서 다른 분야를 장래희망 분야로 선택하게 되었기 때문으로 여겨진다. 이러한 분석은 학년별로 행정학 전공 선택 동기와 장래희망진로 중 공직에 대한 관심도가 어떻게 변화하는지에 대한 분석결과로도 뒷받침된다. 즉, <표 3>이 제시하듯이 저학년에서 고학년으로 갈수록 공직진출을 위한 행정학전공 지원동기가 장래희망진로로 유지되는 비율이 줄어들고 있다.

〈표 1〉 행정학 전공 동기

지원동기	빈도	%
공무원 등 공직진출	2,865	70.2
공기업, 공사 등 공공분야 진출	545	13.3
대학, 연구소 등 연구기관 진출	66	1.6
주식회사 등 민간기업 진출	205	5.0
시민단체 등 비정부기구 진출	43	1.1
UN 등 국제기구 진출	84	2.1
기타	274	6.7
합계	4,082	100.0

〈표 2〉 장래희망 진로

장래희망 진로	빈도	%
공무원	2,399	58.8
공기업 또는 공사	607	14.9
연구기관	54	1.3
민간기업	525	12.9
비정부기구	62	1.5
국제기구	92	2.3
창업	65	1.6
프리랜서	100	2.5
진학	54	1.3
기타	121	3.0
합계	4,079	100.0

〈표 3〉 행정학 전공 동기와 장래희망 진로 비교(공직진출의 경우)

학년	행정학 전공 지원동기가 공직진출	장래희망 진로가 공직	비교(감소비율)
1학년	452	419	7%
2학년	1,064	915	14%
3학년	961	801	17%
4학년	500	351	30%

한편, 행정학을 전공한 것에 대해서 전체 학생의 3분의 1은(33.3%) 만족하고 있는 반면, 5분의 1 정도의 학생은 만족을 느끼지 못하고 있다. 행정학을 전공으로 선택한 것에 대한 만족도와 달리, 행정학과의 교과과정에 대한 만족도 질문에서는 더 적은 수의 응답자가 만족을 하고 있는 것으로 나타났는데, 전체 응답자의 약 4분의 1(24.1%)만이 만족감을 표시하였다. 전공 선택에 대한 만족도와 교과과정에 대한 만족도는 통계적으로 유의한 상관관계를 보여주고 있다. 즉, 전공 선택에 대한 만족도가 높을수록 교과과정에 대한 만족도가 비례적으로 높음을 알 수 있다(pearson 상관관계: .521; .001 수준에서 유의함).

〈표 4〉 행정학 전공 선택 및 교과과정에 대한 만족도

빈도분석	행정학 전공 선택 만족도 (평균: 3.16, 표준편차: .84)		행정학 교과과정 만족도 (평균: 3.00, 표준편차: .77)	
	빈도	%	빈도	%
매우 불만족	106	2.6	100	2.4
불만족	679	16.5	850	20.8
보통	1,955	47.6	2,159	52.7
만족	1,196	29.1	921	22.5
매우만족	172	4.2	66	1.6
합계	4,108	100.0	4,096	100.0

행정학과 교과과정의 가장 심각한 문제점으로는 특성화가 부족하다는 응답이 가장 빈도가 높게(46.6%) 나타났으며, 다양한 영역을 반영하지 못하고 있다는 의견도 22%를 차지하고 있다. 이와 함께 교과과정이 우리나라 사회의 새로운 이슈나 주제를 반영하고 있지 못하다는 응답이 30.5%, 그리고 교과과정과 졸업 후 진로 간의 연계성에 대한 문항에서도 3분의 1 이상이(35.2%) 낮다고 응답했다. 교과과정의 심각한 문제에 대한 기타의견 중 상당수는 교과과정과 취업 및 진로간의 연계가 부족하다는 응답이 차지하고 있음을 볼 때, 교과과정에 대한 불만의 대표적인 원인으로 지적되고 있는 특성화 부족 문제는 졸업 후 사회진출 시 요구되는 행정학 고유의 실용지식 습득의 미흡함과 관련성이 높다고 볼 수 있다. 즉, 행정학 교과과정이 졸업 후 진로와의 높은 연계성을 갖기 위해서는 취업 준비 과정 또는 취업 후에 활용될 수 있는 실용적인 지식을 교과과정에서 다루어야 할 것이다.

현재 교육여건 중 가장 시급하게 개선해야 할 사항에 대해서도 적지 않은 학생들이 전공공부와 취업과의 낮은 연계를 지적하면서 기업에 취업하는 데에 직접적인 도움을 줄 수 있는 과목을 설계하는 것이 필요하다고 주장한다. 그 외에 논리적인 글쓰기, 말하기 등에 대한 교육 부족, 교과과정이 실제의 사회문제해결에 적절한 해답을 제시해 주지 못하는 문제, 교수 1인당 담당하는 평균 학생 수의 과다, 현장학습이나 체험학습과 같은 다양한 학습통로의 미흡, 공무원 합격을 위한 학교차원의 지원 부족, 취업관련 행정학 분야의 자격증제도의 확대 및 효과적인 운영 미흡, 학생과 교수 간의 소통부재, 대규모 강의로 인한 학습 환경의 질 저하 등의 문제가 제기되었다.

〈표 5〉 교과과정과 졸업 후 진로와의 연계성

빈도분석			기술 분석 결과
	빈도	%	
매우 낮음	249	6.1	N=4,104 최솟값: 1, 최댓값: 5 평균: 2.84, 표준편차: .90
낮음	1,196	29.1	
보통	1,715	41.8	
높음	866	21.1	
매우 높음	78	1.9	
합계	4,104	100.0	

〈표 6〉 교과과정의 사회 이슈 반영도

빈도분석			기술 분석 결과
	빈도	%	
매우 낮음	125	3.1	N=4,089 최솟값: 1, 최댓값: 5 평균: 2.91, 표준편차: .82
낮음	1,120	27.4	
보통	1,918	46.9	
높음	838	20.5	
매우 높음	88	2.2	
합계	4,089	100.0	

〈표 7〉 교과과정의 가장 심각한 문제점

교과과정의 가장 심각한 문제점	빈도	%
과목이 너무 많음	259	6.3
특성화가 부족함	1,917	46.6
선택과목이 부족함	819	19.9
다양한 영역을 반영하지 못함	903	22.0
기타	173	4.2
합계	4,071	100.0

한편, 법학전문대학원 예비과정(Pre-Law)의 성격을 띤 행정학과 교과과정 개설에 대해서는 85.5%의 응답자가 찬성했다. 전체 응답자의 절반 정도(49.3%)는 타 학과와 연계한 과정개설을 원하였고, 나머지 36.2%는 행정학과 단독의 과정개설을 찬성하였다. 이는 법학전문대학원을 준비하는 단계에서 행정학 교과과정의 중요한 역할이 요구된다는 것을 보여주며, 향후 관련과목을 교과과정에 포함시키는 것도 긍정적으로 검토할 필요성이 있다고 판단된다.

〈표 8〉 Pre-Law 성격의 교과과정 개설에 대한 의견

Pre-Law 성격의 교과과정 개설에 대하여	빈도	%
Pre-Law 과정 개설 반대	501	12.3
타 학과와 연계한 Pre-Law 과정개설 찬성	2,008	49.3
행정학과 단독의 Pre-Law 과정개설 찬성	1,472	36.2
기타	86	2.2
합계	4,067	100.0

법학전문대학원 예비과정에서 적합한 과목에 대한 설문에서는 헌법, 행정법 등 법학과목(43.6%), 논리적 사고력, 판단력 및 발표력의 증진 등과 관련된 면접대비 과목(24.2%), 그리고 법학적성시험(LEET)(19.4%)의 순으로 응답하였다.

〈표 9〉 Pre-Law 관련과목으로 적합한 과목

Pre-Law 관련과목으로 적합한 과목	빈도	%
법학과목(행정법, 헌법, 민법 등)	1,758	43.6
법학적성시험(LEET) 관련 과목(언어이해, 추리논증 대비)	783	19.4

면접 대비 과목(논리적 사고력, 판단력, 발표력 증진)	977	24.2
논리적 글쓰기 관련 과목(법학적성시험의 논술대비)	143	3.5
영어실력 향상을 위한 과목	333	8.3
기타	35	0.9
합계	4,029	100.0

2) 교육내용

행정학과에서 다루어야 할 교육내용에 대해서 학생들은 조직론, 인사행정론 등 일반 행정이론 관련 내용(1순위 응답자의 40%)과 공무원시험 관련 내용(1순위 응답자의 33.3%)이 가장 중요한 부분이라고 응답했으며, 헌법, 행정법 등 법률관련 내용(2순위 응답자의 15.6%)과 경제 관련 내용(2순위 응답자의 14%)이 다음 순위로 중요성을 획득하였다. 시사관련 내용은 3순위 응답자 중 가장 높은 빈도(20.5%)를 차지하였다. 공무원시험 관련 내용에 대한 중요성이 높은 것은 졸업 후 공직진출을 가장 우선순위로 두는 것과 무관하지 않아 보이며, 행정학 교육과정은 조직이론, 인사행정론 등 전통적인 교과목 이외에 공무원시험에 대비할 수 있는 여러 과목들을 다루어야 할 필요성을 보여주고 있다.

〈표 10〉 행정학과에서 다루어야 할 주요 교육내용

행정학과에서 다루어야 할 교육내용	1순위		2순위		3순위	
	빈도	%	빈도	%	빈도	%
일반 행정이론 관련 내용 (조직론, 인사행정론 등)	1,650	40.5	512	13.3	383	10.0
공무원 시험 관련 내용 (영어, 한국사, 행정학, 경제학 등)	1,356	33.3	769	19.9	382	10.0
정치 관련 내용 (정치학, 정당론, 선거론, 민주주의 등)	250	6.1	531	13.8	380	10.0
경제 관련 내용 (경제학, 금융, 통화, 조세 등)	220	5.4	539	14.0	450	11.8
법률 관련 내용(헌법, 행정법 등)	193	4.7	600	15.6	613	16.1
조사 및 분석 관련 내용 (행정계량분석, 정책분석, 조사방법론 등)	67	1.6	240	6.2	309	8.1
국제사회 관련 내용 (국제행정, 국제법, 국제기구 등)	83	2.0	222	5.8	360	9.4

NGO 관련내용 (비정부기구, 시민사회 등)	23	0.6	96	2.5	143	3.7
시사 관련 내용 (FTA, 남북관계, 환경과 개발, 성장과 복지)	229	5.6	346	9.0	782	20.5
기타	5	0.1	3	0.1	13	0.3
합계	4,076	100.0	3,858	100.0	3,815	100.0

행정학 교과과정의 선택과목에 대해서 학생들은 대체적으로 불만을 갖고 있다. 교과목의 다양성에 대한 설문에서 높다고 응답한 학생은 9.7%에 불과하였다. 반면 42.3%의 응답자들은 다양성이 낮다고 인식하고 있다. 과목의 적절성과 관련해서는 18.2%만이 적절하다고 응답했는데, 이 설문에 대해서는 3분의 2의 응답자가 보통수준이라고 응답하여 부적절하다고 응답한 학생들(15.1%)이 그리 많지 않은 수준이다. 선택과목이 학생들의 희망진로를 반영하는지의 여부 역시 부정적인 의견이 지배적인데, 47.3%의 응답자가 반영하고 있지 않다고 응답한 반면, 반영하고 있다고 응답한 비율은 11.5%에 불과하다. 또한 새로운 선택과목을 요구할 경우의 반영도에 대해서도 높다고 응답한 비율은 12%에 불과한 반면, 낮다고 응답한 학생들은 44%를 차지하고 있다. 이 설문결과는 현재 행정학전공 과정에서의 선택과목 체계에 대한 수정이 필요하다는 것을 보여주고 있는데, 학생들에 대한 수요조사 등을 수시로 실시하여 다양한 희망진로를 시의 적절하게 반영하는 방향으로 재편하는 것이 필요하다.

하지만 한편으로, 최근 각 대학마다 선택과목을 줄이는 노력을 보이기도 하는데, 이는 시간강사법 개정이 여전히 주요 이슈로 제기되고 있는 시점에서 강사료인상 등 새로운 제도의 시행에 부담을 느끼는 대학들이 기존에 외부 강사들이 가르치던 과목들을 폐지하게 되면서 전공선택 과목이 줄어드는 현상을 야기하게 된다. 또한 전임교원의 강의전담 비율이 대학의 평가기준이 된 것도 선택과목을 확대하는 것을 주저하게 만드는 요인으로 작용할 수 있다. 따라서 교과과정의 선택과목을 늘리는 노력은 위와 같은 현실적인 어려움을 적절히 고려해서 추진하는 것이 직질할 것이다.

〈표 11〉 선택과목의 다양성

빈도분석			기술 분석 결과
	빈도	%	
매우 낮음	245	6.0	N=4,104 최솟값: 1, 최댓값: 5 평균: 2.62, 표준편차: .76
낮음	1,489	36.3	
보통	1,974	48.1	
높음	368	9.0	
매우 높음	28	0.7	
합계	4,104	100.0	

〈표 12〉 선택과목의 적절성

빈도분석			기술 분석 결과
	빈도	%	
매우 부적절	59	1.4	N=4,096 최솟값: 1, 최댓값: 5 평균: 3.02, 표준편차: .62
부적절	563	13.7	
보통	2,729	66.6	
적절	726	17.7	
매우적절	19	0.5	
합계	4,096	100.0	

〈표 13〉 선택과목의 학생희망진로 반영여부

빈도분석			기술 분석 결과
	빈도	%	
전혀 그렇지 않다	246	6.0	N=4,093 최솟값: 1, 최댓값: 5 평균: 2.59, 표준편차: .78
그렇지 않다	1,691	41.3	
보통	1,686	41.2	
그렇다	453	11.1	
매우 그렇다	17	0.4	
합계	4,093	100.0	

〈표 14〉 선택과목 요구의 반영정도

	빈도분석		기술 분석 결과
	빈도	%	
매우 낮음	263	6.4	N=4,080 최솟값: 1, 최댓값: 5 평균: 2.63, 표준편차: .81
낮음	1,533	37.6	
보통	1,761	43.2	
높음	484	11.9	
매우 높음	39	1.0	
합계	4,080	100.0	

자격증제도 시행의 필요성 및 효과성과 관련하여 학생들은 전문자격증제도 도입의 필요성은 인정하면서도, 자격증제도 시행의 효과성에 대해서는 부정적인 반응을 보이고 있다. 먼저, 행정학 분야에서 전문자격증제도의 도입 필요성에 대해서는 65.3%가 높다고 응답한 반면, 행정관리사 자격증제도 시행의 효과성은 31.4%, 그리고 정책분석평가사 자격증제도의 효과성은 22.6%만이 높다고 응답하였다. 그 외에 행정학 분야에서 자격증제도가 필요한 영역으로서 계량분석, 재정 · 예산 · 세무, 인사 및 조직분야 등을 지적하였다. 자격증제도의 필요성과 현재 시행하는 제도의 효과성에 대해서 상이한 태도를 보이는 것은 자격증제도가 제대로 실행되고 있지 못하고 있다는 것을 증명한다. 따라서 현재 시행되고 있는 자격증제도가 실제로 해당분야에서 요구하는 지식을 습득하고 그 분야에 진출하여 활동하는 데에 필요한 관문이 될 수 있도록 정비하는 노력이 필요하다고 본다.

〈표 15〉 전문자격증제도 도입의 필요성

	빈도분석		기술 분석 결과
	빈도	%	
매우 낮음	59	1.4	N=4,100 최솟값: 1, 최댓값: 5 평균: 3.74, 표준편차: .90
낮음	304	7.4	
보통	1,061	25.9	
높음	1,906	46.5	
매우 높음	770	18.8	
합계	4,100	100.0	

〈표 16〉 행정관리사 자격증제도 시행의 효과성

빈도분석			기술 분석 결과
	빈도	%	
매우 낮음	175	4.3	N=4,091 최솟값: 1, 최댓값: 5 평균: 3.10, 표준편차: .93
낮음	801	19.6	
보통	1,830	44.7	
높음	1,027	25.1	
매우 높음	258	6.3	
합계	4,091	100.0	

〈표 17〉 정책분석평가사 자격증제도 시행의 효과성

빈도분석			기술 분석 결과
	빈도	%	
매우 낮음	156	3.8	N=4,061 최솟값: 1, 최댓값: 5 평균: 2.99, 표준편차: .82
낮음	798	19.7	
보통	2,189	53.9	
높음	781	19.2	
매우 높음	137	3.4	
합계	4,061	100.0	

다음으로, 행정학과 교육내용의 학생들의 다양한 역량개발에의 기여도에 대한 설문에서 응답자들은 지식역량(53.9%), 태도역량(33.4%), 그리고 기술역량(19.8%)의 순으로 교육내용이 도움을 준다고 인식하고 있다. 응답자들은 행정학과 교육내용이 행정이나 정책분야의 전문지식의 습득에는 어느 정도 도움을 준다고 생각하지만, 사회적 책임성, 윤리적 책무의 습득과 같은 태도역량, 그리고 분석을 위한 기술의 습득에는 큰 기여를 하지 못하고 있다고 판단한다. 이 결과는 향후 행정학의 교육내용이 단순한 정보나 관련지식의 전달에만 그치지 말고 책임 있고 건전한 민주시민으로서의 역할과 책무의식을 강조하는 방향으로 나아가야 할 것을 요청한다. 또한 사회현상 및 문제를 분석하고 대안을 제시하기 위한 방법론적인 기술에 대한 요구도 교육내용을 설정하는 과정에서 충분히 고려되어야 할 것으로 보인다.

〈표 18〉 행정학과 교육내용의 역량개발에의 기여도

역량	매우 부정적	부정적	보통	긍정적	매우 긍정적	합계
	빈도(%)	빈도(%)	빈도(%)	빈도(%)	빈도(%)	빈도(%)
지식 역량	38(0.9)	222(5.5)	1,610(39.7)	2,018(49.8)	167(4.1)	4,055(100)
기술 역량	110(2.7)	1,075(26.5)	2,064(50.9)	751(18.5)	52(1.3)	4,052(100)
태도 역량	84(2.1)	554(13.7)	2,061(50.9)	1,209(29.8)	144(3.6)	4,052(100)

3) 교육방법

행정학과가 제공하는 다양한 교육방법에 대한 만족도에서 학생들은 대체로 강의식 수업에 대한 만족도가 토론식 또는 발표식 수업에 대한 만족도 보다 높은 것으로 나타났다. 실습, 실천학습, 현장학습 등 강의실 외에서 이루어지는 수업에 대해서는 낮은 만족도를 보였다. 구체적으로 강의식 수업에 대해서는 거의 절반(48.9%)의 응답자가 만족감을 보였으나, 토론식 수업에서는 32.3%가, 발표식 수업에서는 29.6%만이 만족감을 나타내었다. 이는 한편으로는 아직도 많은 학생들이 전통적 강의방식인 강의식 수업을 선호하고 있는 결과로 보이는 동시에 다른 한편으로는 토론식 수업이나 발표식 수업이 학생들이 만족할 만한 수준으로 이루어지지 못하고 있다고도 해석된다.

〈표 19〉 교육방법에 대한 만족도

교육방법	매우 불만족	불만족	보통	만족	매우 만족	합계
	빈도(%)	빈도(%)	빈도(%)	빈도(%)	빈도(%)	빈도(%)
강의식 수업	87(2.1)	346(8.5)	1,640(40.4)	1,763(43.5)	220(5.4)	4,056(100.0)
토론식 수업	148(3.7)	783(19.3)	1,803(44.6)	1,157(28.6)	151(3.7)	4,042(100.0)
발표식 수업	186(4.6)	847(20.9)	1,812(44.8)	1,073(26.5)	126(3.1)	4,044(100.0)
실습	492(12.3)	1,262(31.6)	1,433(35.9)	651(16.3)	153(3.8)	3,991(100.0)
현장학습	555(13.9)	1,237(30.9)	1,301(32.5)	696(17.4)	209(5.2)	3,998(100.0)
실천학습	463(11.6)	1,112(27.9)	1,625(40.7)	653(16.4)	139(3.5)	3,992(100.0)
사이버 수업	538(13.5)	1,160(29.1)	1,628(40.9)	522(13.1)	137(3.4)	3,985(100.0)

2. 교수에 대한 설문

교수들은 현재의 교과과정과 전공의 경쟁력에 대해서는 부정적인 시각이 많은 반면, 행정학 전공의 미래 중요도에 대해서는 비교적 긍정적인 인식을 갖고 있다. 응답자의 63.4%가 현재 행정학 교과과정에 문제점이 많다고 대답했으며, 문제점이 적다라고 내답한 응답지는 5.2%에 불과했다. 행정학 전공이 현재 갖추고 있는 경쟁력에 대해서도 15.4%만이 높다고 보았는데, 반면 전공의 미래 중요도는 59.4%가 높다고 판단하고 있다. 이는 현재의 행정학 교과과정이나 경쟁력은 만족할 만한 수준이 아니지만 향후 행정학 전공이 갖는 중요도에 대해서는 긍정적인 인식을 갖고 있다고 볼 수 있다.

〈표 20〉 행정학 교과과정의 문제점

	빈도	%	평균
매우 적음	1	0.6	N=175 최솟값: 1, 최댓값: 5 평균: 3.66, 표준편차: 0.72
적음	8	4.6	
보통	55	31.4	
많음	97	55.4	
매우 많음	14	8.0	
합계	175	100.0	

〈표 21〉 행정학 전공의 현재 경쟁력

	빈도	%	평균
매우 낮음	13	7.4	N=175 최솟값: 1, 최댓값: 5 평균: 2.52, 표준편차: 0.87
낮음	87	49.7	
보통	48	27.4	
높음	25	14.3	
매우 높음	2	1.1	
합계	175	100.0	

〈표 22〉 행정학 전공의 미래 중요도

	빈도	%	평균
매우 낮음	1	0.6	N=175 최솟값: 1, 최댓값: 5 평균: 3.51, 표준편차: 0.90
낮음	29	16.6	
보통	41	23.4	
높음	88	50.3	
매우 높음	16	9.1	
합계	175	100.0	

한편, 행정학분야 전문자격제도에 관해서 행정학 전공 교수들 절반 이상(54.9%)은 그 필요성에 동감하고 있다. 반면 자격증제도 시행의 효과성에 대해서는 상당히 부정적인 시각을 갖고 있는데, 행정관리사의 경우 7.5%만이 시행의 효과가 높다고 보는 반면, 70.3%는 효과가 낮다고 보고 있다. 정책분석평가사 역시 8.6%가 자격증제도 시행의 효과성이 있다고 본 반면 66.9%는 낮게 평가하였다. 이러한 결과는 앞서 행정학 전공 학생들의 의견과 그대로 일치하는 것으로 보아, 행정학분야 전문자격증제도의 시행과 관련하여 취득 후 효과성을 증진시키는 방향으로 전면적인 보완이 필요하다고 본다.

〈표 23〉 전문자격제도 도입의 필요성

	빈도	%	평균
매우 낮음	13	7.4	N=175 최솟값: 1, 최댓값: 5 평균: 3.38, 표준편차: 1.14
낮음	29	16.6	
보통	37	21.1	
높음	71	40.6	
매우 높음	25	14.3	
합계	175	100.0	

〈표 24〉 행정관리사 자격증제도 시행의 효과성

	빈도	%	평균
매우 낮음	46	26.3	N=175 최솟값: 1, 최댓값: 5 평균: 2.11, 표준편차: 0.90
낮음	77	44.0	
보통	39	22.3	
높음	12	6.9	
매우 높음	1	0.6	
합계	175	100.0	

〈표 25〉 정책분석평가사 자격증제도 시행의 효과성

	빈도	%	평균
매우 낮음	35	20.0	N=175 최솟값: 1, 최댓값: 5 평균: 2.23, 표준편차: 0.91
낮음	82	46.9	
보통	43	24.6	
높음	12	6.9	
매우 높음	3	1.7	
합계	175	100.0	

행정학 표준교과과정 인증과 관련해서 행정학전공 교수들의 61.1%는 필요성을 인식하고 있는 반면, 15.4%만이 불필요하다고 생각하고 있어 향후 행정학 분야도 공학 분야와 같이 표준교과과정 인증제가 실시될 필요성이 있다고 판단된다. 또한 전공기초와 심화과정의 분리 운영에 대해서도 10명 중 8명은(79.4%) 그 필요성을 인식하고 있어, 향후 행정학전공 표준교과과정 인증제를 실시하는 경우 전공기초와 심화과정의 분리도 함께 고려되어야 할 요소라고 하겠다.

〈표 26〉 행정학 표준교과과정 인증의 필요성

	빈도	%	평균
매우 불필요	6	3.4	N=175 최솟값: 1, 최댓값: 5 평균: 3.55, 표준편차: 0.98
불필요	21	12.0	
보통	41	23.4	
필요	84	48.0	
매우 필요	23	13.1	
합계	175	100.0	

〈표 27〉 전공기초와 심화과정 분리운영의 필요성

	빈도	%	평균
매우 불필요	0	0	N=175 최솟값: 2, 최댓값: 5 평균: 3.85, 표준편차: 0.76
불필요	15	8.6	
보통	21	12.0	
필요	115	65.7	
매우 필요	24	13.7	
합계	175	100.0	

현행 행정학과 교과과정에 대해서 교수들 역시 학생들과 마찬가지로 특성화의 부족을 가장 큰 문제로 꼽았다. 학생들이 특성화에 대한 문제점을 인식하는 비율(46.6%)보다 오히려 더 높은 정도로(58.3%) 특성화 문제를 제기했으며, 다음으로 22.9%가 행정학과 교과과정이 다양한 영역을 반영하지 못하고 있다고 지적했다. 행정학과의 특성화문제는 교수와 학생 모두가 심각하게 인식하고 있는 문제인 만큼 교과과정의 개편과정에서 중요하게 고려되어야 할 것이다. 행정학의 특성화 방향은 행정학 고유의 커리큘럼을 체계적으로 재편하면서 인접학문과의 융합도 동시에 고려할 필요성이 있다. 특

히 대학이 당면하고 있는 다양한 환경변화에 대응하기 위해 향후 지속적으로 학과나 계열들 간 구조조정이 이루어진다고 예상할 때, 행정학 역시 관련 있는 학문분야와의 적극적인 교류를 통해 사회적 수요에 선제적으로 대응할 필요성이 있을 것이다. 최근 들어 다양한 학과들 간의 연계나 융합이 이루어지거나 시도되고 있는 추세에 맞추어 몇몇 대학의 행정학과도 인접학과와의 연계 또는 타 학과와의 학문적 융합을 시도하고 있다. 이를 통해 사회에서 필요로 하는 융합형 인재의 발굴에 기여할 수 있을 것이다.

〈표 28〉 행정학과 교과과정의 문제점

	빈도	%	평균
과목이 너무 많음	12	6.9	
특성화가 부족함	102	58.3	
선택과목이 부족함	10	5.7	
다양한 영역을 반영하지 못함	40	22.9	
기타	11	6.3	
합계	175	100.0	

수업 후에 진행되는 사후적 강의평가의 유용성에 대해서 교수들은 큰 만족을 하지 않고 있는 것으로 나타났다. 합리적이라고 생각하는 비율(25.7%)보다 합리적이지 못하다는 비율(29.7%)이 더 높게 나타났으며, 이는 강의평가의 결과가 교과과정에 반영되는 정도가 높다는 응답(20.0%)보다 낮다는 응답비율(32%)이 더 높다는 사실과 관련 있어 보인다. 따라서 학기말에 실시하는 사후적 강의평가도 중요하지만 학기 중간에 실시함으로써 평가의 결과가 교과과정에 반영될 수 있도록 유도하는 노력이 필요해 보인다.

〈표 29〉 수업 후 진행되는 강의평가의 합리성

	빈도	%	평균
매우 비합리적	6	3.4	N=175 최솟값: 1, 최댓값: 5 평균: 2.94, 표준편차: 0.83
비합리적	46	26.3	
보통	78	44.6	
합리적	43	24.6	
매우 합리적	2	1.1	
합계	175	100.0	

〈표 30〉 강의평가 결과의 반영 정도

	빈도	%	평균
매우 낮음	9	5.1	N=175 최솟값: 1, 최댓값: 5 평균: 2.86, 표준편차: 0.85
낮음	47	26.9	
보통	84	48.0	
높음	31	17.7	
매우 높음	4	2.3	
합계	175	100.0	

행정학과 개설 교과목 중 반드시 개설할 필요성이 있다고 판단되는 전공필수 과목과 전공선택 과목 등에 대한 설문(다중 응답 가능)에서 행정학과 교수들은 전공필수 과목으로서 행정학개론(10.8%), 정책학개론(9.8%), 인사행정론(9.2%), 행정조직론(8.4%), 재무행정론(8.2%) 등의 순으로 응답하였다. 이는 전통적인 행정학과 과목인 행정학 및 정책학개론과 조직, 인사, 재무 분야의 과목들이 여전히 필수과목으로서 개설되어야 할 필요성이 있는 과목으로 인정받고 있음을 알 수 있다. 다음으로 행정학과 교수들은 전공선택 과목으로 반드시 개설되어야 할 과목으로서 정책결정론, 정책형성론, 정책분석론, 공기업론, 정책집행론, 정책분석평가론 등을 꼽아, 전공선택 과목으로서는 주로 정책학 관련 과목들을 다수 포함시켰다. 그 외에 교양필수 과목으로서는 법학개론(13.8%)과 헌법(12.4%) 다음으로 행정학개론(9.5%)이 반드시 개설되어야 할 교과목으로 응답되었다.

〈표 31〉 반드시 개설해야 하는 교과목 순위(전공필수 및 전공선택)

교과목(전공필수)	빈도	%	교과목(전공선택)	빈도	%
행정학개론	150	10.8	정책결정론	76	3.6
정책학개론	137	9.8	정책형성론	76	3.6
인사행정론	128	9.2	정책분석론	75	3.5
행정조직론	117	8.4	공기업론	75	3.5
재무행정론	114	8.2	정책집행론	74	3.5
행정계량분석	97	7.0	정책분석평가	70	3.3
조사방법론	95	6.8	조직행태론	67	3.1
지방행정론	83	6.0	지방행정론	66	3.1
행정법	59	4.2	환경행정론	65	3.0

한국행정론	31	2.2	전자정부론	65	3.0
헌법	21	1.5	정책평가론	64	3.0
행정철학	21	1.5	행정개혁론	61	2.9
정책결정론	20	1.4	정책사례연구	59	2.8
정책분석론	20	1.4	규제정책론	57	2.7
행정학원강	18	1.3	지역개발론	56	2.6
한국정부론	18	1.3	행정계량분석	55	2.6
조직행태론	16	1.1	한국행정론	54	2.5
정책분석평가	15	1.1	행정사례연구	51	2.4
			정부간관계론	47	2.2
			지방재정론	46	2.2
			사회복지론	45	2.1
			정보체계론	39	1.8
			관료제	38	1.8
			행정학연습	31	1.5
			비교행정론	33	1.5
			행정학특강	25	1.2

* 다중응답
* 전공필수는 응답비율이 1.0% 이상인 과목, 전공선택은 전공필수에 포함되지 않은 과목 중에서 응답비율이 1.0% 이상인 과목을 제시

법학전문대학원의 예비과정 편성과 관련하여 교수들 역시 학생들과 마찬가지로 예비과정의 개설에 압도적인 찬성(81.7%)을 보이고 있다. 타 학과와 연대한 과정개설에 대해 학생들은 전체 응답자의 49.3%가 찬성의사를 보인 반면, 교수들은 60.0%가 찬성을 보여서 행정학과 단독으로 과정을 개설하는 것보다 연계과정을 훨씬 선호하고 있는 것으로 나타났다. 한편, 예비과정에서 개설하는 적합한 과목에 대해서는 학생들이 법학과목, 면접대비과목, 법학적성시험 관련 과목 순으로 응답한 반면 교수들은 법학적성시험 관련 과목(34.9%), 법학과복(30.3%), 면접대비 과목(16.0%)의 순으로 응답하였다.

〈표 32〉 법학전문대학원 예비과정 편성에 대한 의견

	빈도	%	평균
Pre－Law 과정 개설 반대	30	17.1	
타 학과와 연대한 Pre－Law 과정 개설에 찬성	105	60.0	

행정학과 단독의 Pre-Law 과정 개설에 찬성	38	21.7
무응답	2	1.1
합계	175	100.0

〈표 33〉 법학전문대학원 과정 관련 적합한 개설 과목

	빈도	비율	평균
법학과목	53	30.3	
법학적성시험 관련 과목	61	34.9	
면접 대비 과목	28	16.0	
논리적 글쓰기 관련 과목	14	8.0	
영어실력 향상을 위한 과목	3	1.7	
기타	2	1.1	
무응답	14	8.0	
합계	175	100.0	

행정학과에서 시행하고 있는 다양한 교육방법의 효과성에 대한 평가(5점 척도에 의해 실시)에서 교수들은 토론식 수업(4.10), 발표식 수업(3.95), 현장학습(3.79), 컴퓨터 등을 활용한 실습수업(3.76)의 순으로 그 효과성을 인정하고 있다. 반면, 전통적 방법이라고 할 수 있는 강의식 수업은 3.32에 그쳤는데, 이는 교육방법에 대한 학생들의 만족도와는 상반된 결과이다. 앞서 언급했듯이 학생들은 강의식 수업에 대한 만족도가 가장 높았으며, 발표식 수업 또는 토론식 수업은 강의식 수업에 비해 만족도가 훨씬 떨어지는 결과를 보여주었다. 교수가 효과성을 인정하는 수업방식에 대해 학생들이 만족감을 느끼지 못하는 것은 교수들이 인식하는 수업방식의 장점이 실제로 실현되지 못하고 있거나 학생들에게 제대로 인식되지 못하고 있음을 보여준다. 교과의 내용과 상황에 맞는 다양한 교육방법을 활용함으로써 학습의 효과를 극대화하기 위해서는 학생들이 여전히 낮은 만족감을 보이고 있는 발표식 수업이나 토론식 수업방식의 내용을 학생들의 의견을 반영하여 보완하는 노력이 필요하다고 본다.

〈표 34〉 교육방법에 대한 효과성 인지도

교육 방법	매우 낮음	낮음	보통	높음	매우 높음	평균값
강의식 수업	3	18	86	56	12	3.32
토론식 수업	0	5	15	112	43	4.10

발표식 수업	0	6	26	113	30	3.95
실습수업 (컴퓨터, 통계 등)	1	11	49	82	32	3.76
현장학습	0	12	44	87	32	3.79
사이버 수업	29	57	75	13	1	2.43

그 밖에 현재 교육여건 중 문제점이나 시급하게 개선해야 할 부분으로서 교수들은 교수충원과 관련해서는 실무와 이론을 겸비한 교수요원의 채용이 시급함과 아울러, 특정국가 출신에 치중한 교수선발 문제 및 교수의 강의수준 제고의 필요성 등을 지적하였다. 교수방법과 관련해서는 토론식 수업 지향, 정책사례개발의 필요성, 강의실 수업을 탈피한 공공기관 및 시민단체와의 연계를 통한 현장학습 강화의 필요성을 제시하였다. 교육환경에 관해서는 공무원시험 준비를 위한 공간의 필요성, 멀티미디어 등 교육활동 지원을 위한 시설 및 행정체제의 미비, 도서 및 기타 강의자료 확보 미비 등의 문제점을 꼽았다. 커리큘럼 개선과 관련해서는 논리적 사고와 의사소통기법 학습 필요, 정치학, 법학, 경제학 등과의 학제 간 연구의 필요, 정부회계 등과 같은 실무교육 강화 필요성 등이 지적되었다. 학생진로에 대해서는 취업트랙과 진학트랙의 차별화된 교육체계 설계의 필요성이 제시되었고, 그 외에 특수대학원 등을 통한 학위의 남발, 계량행정 중심의 연구 편향성, 외국이론에 편향된 연구 경향 등이 문제점으로 지적되었다.

3. 인사담당자에 대한 설문

행정학 전공자의 조직에 대한 기여도, 조직의 업무 연관성 정도, 현재 및 미래의 인력수요 충족 정도에 대한 설문 결과, 조직에 대한 기여도와 조직의 업무 연관성 정도는 상대적으로 높은 수준인 반면, 현재 및 미래의 인력수요에 대한 충족 정도는 상대적으로 낮은 수준으로 나타났다. 구체적으로 보면, 중앙행정기관 및 공공기관의 인사담당자들의 41.5%는 현재의 행정학 전공자들이 조직의 발전에 기여한다고 생각하는 반면, 11.3%는 기여도가 낮은 수준이라고 응답하였다. 행성학이라는 학문이 조직업무와 얼마나 연관성이 있는가에 대한 질문에 조직의 인사담당자들의 41.5%는 높다고 대답했고 반면 16.1%는 낮다고 응답하였다. 행정학 전공자에 대한 현재 및 미래 인력수요의 정도에 대한 물음에는 각각 11.3%, 24.5%만이 높다고 응답하였는데, 양 질문 공히 매우 높다고 응답한 인사담당자는 단 한 명도 없었다. 이를 통해 볼 때, 행정학 또는 행정학 전공자들이 조직업무를 수행하는 데에 연관성이 있고, 따라서 조직의 발전에는 기여하고 있지만, 조직의 인력수요(특히 현재의 인력수요)에는 제대로 부응하지 못하고 있음을 알 수 있다.

〈표 35〉 조직에 대한 기여도

(단위: 명, %)

	빈도	비율	평균
매우 낮음	2	1.9	3.3
낮음	10	9.4	
보통	50	47.2	
높음	43	40.6	
매우 높음	1	0.9	
합계	106	100.0	

〈표 36〉 조직의 업무 연관성

(단위: 명, %)

	빈도	비율	평균
매우 낮음	2	1.9	3.3
낮음	15	14.2	
보통	45	42.5	
높음	39	36.8	
매우 높음	5	4.7	
합계	106	100.0	

〈표 37〉 현재 인력수요

(단위: 명, %)

	빈도	비율	평균
매우 낮음	6	5.7	2.7
낮음	36	34.0	
보통	52	49.1	
높음	12	11.3	
매우 높음	0	0.0	
합계	106	100.0	

〈표 38〉 미래 인력수요

(단위: 명, %)

	빈도	비율	평균
매우 낮음	3	2.8	2.9
낮음	29	27.4	
보통	48	45.3	
높음	26	24.5	
매우 높음	0	0.0	
합계	106	100.0	

그렇다면 행정학 전공자에게 요구되는 지식은 어떤 것일까? 인사담당자들은 행정학 전공자에게 요구되는 지식유형의 중요도를 바탕으로 창의적 기획력－조직 및 인사관리 지식－법률지식－대외협상 및 조정능력－현장중심 고객지향성－재무관리 지식 등을 중요도의 순서(중요도의 평균값이 같을 경우 중요도가 높다고 응답한 비율이 높은 항목을 우선)대로 꼽았다. 한편 행정학 전공자로부터 어느 정도의 전문지식을 기대하느냐에 대한 질문에 대해서도 인사담당자들은 창의적 기획력－조직 및 인사관리 지식－법률지식－대외협상 및 조정능력－현장중심 고객지향성－재무관리 지식의 순서(기대수준의 평균값이 같을 경우 기대수준이 높다고 응답한 비율이 높은 항목을 우선)대로 높은 수준의 전문지식을 기대한다고 응답하였다.

즉 중앙행정기관의 인사담당자들은 행정학 전공자에게 창의적 기획에 대한 지식을 가장 중요한 지식분야로서 요구하고 있으며 행정학 전공자에 대한 전문지식 기대수준 역시 창의적 기획력 부문에서 가장 높은 응답이 나왔다. 이는 복잡하고 급속한 환경변화에 따라 조직이 적극적으로 대응하기 위해서는 창의적인 의사결정 및 문제해결 능력이 중요하고 이와 관련한 지식유형의 기대수준이 점차 높아질 것이라고 예측할 수 있다. 특이한 것은 지식유형의 중요도와 전문지식의 기대수준 모두 항목의 순서가 동일하게 분포되어 있다는 것인데, 이는 중요도가 높은 지식유형일수록 행정학 전공자로부터 높은 수준의 전문지식을 요구하고 있다는 것을 알 수 있다. 위에서 언급한 창의적 기획력 이외에 조직 및 인사관리 지식과 법률지식을 중요시하는 반면 대외협상 능력이나 고객지향성 분야가 상대적으로 덜 중요성을 띠고 있음을 통해 볼 때, 중앙행정기관의 인사담당자들은 여전히 기관이나 조직의 내부관리에 역점을 두고 있다고 판단할 수 있다.

〈표 39〉 행정학 전공자에게 요구되는 지식유형의 중요도

(단위: %, 명)

교육 방법	매우 낮음	낮음	보통	높음	매우 높음	합계	평균값
창의적 기획력	1.9(2)	0.0(0)	17.0(18)	48.1(51)	33.0(35)	100.0(106)	4.1
재무관리 지식	1.9(2)	9.4(10)	35.8(38)	41.5(44)	11.3(12)	100.0(106)	3.5
대외협상 및 조정능력	0.9(1)	3.8(4)	24.5(26)	58.5(62)	12.3(13)	100.0(106)	3.8
현장중심 고객 지향성	1.9(2)	2.8(3)	28.3(30)	52.8(56)	14.2(15)	100.0(106)	3.7
법률 지식	1.9(2)	6.6(7)	13.2(14)	61.3(65)	17(18)	100.0(106)	3.8
조직 및 인사관리 지식	1.9(2)	2.8(3)	16(17)	60.4(64)	18.9(20)	100.0(106)	3.9
총 평균	3.8						

〈표 40〉 행정학 전공자에게 기대하는 전문지식의 수준

(단위: %, 명)

교육 방법	매우 낮음	낮음	보통	높음	매우 높음	합계	평균값
창의적 기획력	0.9(1)	5.7(6)	22.6(24)	57.5(61)	13.2(14)	100.0(106)	4.1
재무관리 지식	2.8(3)	13.2(14)	42.5(45)	37.7(40)	3.8(4)	100.0(106)	3.3
대외협상 및 조정능력	0.9(1)	6.6(7)	31.1(33)	51.9(55)	9.4(10)	100.0(106)	3.6
현장중심 고객 지향성	0.9(1)	6.6(7)	36.8(39)	43.4(46)	12.3(13)	100.0(106)	3.6
법률 지식	2.8(3)	2.8(3)	22.6(24)	55.7(59)	16(17)	100.0(106)	3.8
조직 및 인사관리 지식	0.9(1)	2.8(3)	11.3(12)	69.8(74)	15.1(16)	100.0(106)	4.0
총 평균	3.7						

인사담당자들이 생각하는 행정학 전공자에게 가장 적합한 업무분야는 인사관리, 경영기획, 정책 및 홍보 등으로 조사되었다. 중요도 순으로 3가지를 나열하라고 한 설문에서 위의 세 분야는 1, 2순위 공히 높은 비율로 꼽혔으며, 그 외 노무관리 등이 제시되었다. 이와 같은 설문결과는 위의 지식유형의 중요도 및 기대수준 설문 결과와 일맥상통하고 있음을 알 수 있는데, 적합한 업무분야 역시 인사관리, 기획, 정책결정 등 기관의 내부의사결정의 핵심적인 영역을 포함하고 있다. 이 결과를 통해 중앙행정기관

의 인사담당자들은 행정학 학문과 전공자들을 기관 내의 효과적인 관리를 위해 필수적으로 요구되는 주요 지식이나 인적자원의 원천으로 삼고 있음을 알 수 있다.

〈표 41〉 적합한 업무 분야 중요도 1순위

(단위: %, 명)

업무 분야	빈도	비율	평균
인사관리 전문가	42	39.6	3.2
재무관리 전문가	1	0.9	
전산정보관리 전문가	0	0.0	
경영기획 전문가	32	30.2	
정책/홍보 전문가	19	17.9	
노무관리 전문가	8	7.5	
기타	4	3.8	
합계	106	100.0	

〈표 42〉 적합한 업무 분야 중요도 2순위

(단위: %, 명)

업무 분야	빈도	비율	평균
인사관리 전문가	29	27.4	3.5
재무관리 전문가	10	9.4	
전산정보관리 전문가	4	3.8	
경영기획 전문가	23	21.7	
정책/홍보 전문가	21	19.8	
노무관리 전문가	17	16.0	
기타	2	1.9	
합계	106	100.0	

Ⅳ. 4년제 교육중심 대학 행정학과 교육과정 개편 방향

1. 설문조사 결과의 개요 및 주요 시사점

1) 행정학 교과과정의 특성화

행정학과 교과과정의 가장 큰 문제점으로 행정학과에 재학 중인 학생과 재직 중인 교수 공히 특성화의 부족을 지적하였다. 대학을 구성하는 양 집단이 공통적으로 특성화 문제를 지적하였다는 것은 현재 행정학 교과과정이 안고 있는 가장 큰 문제점이 바로 특성화의 부족에 기인한다는 것은 의심할 여지가 없다. 양 집단 모두 절반 내외(학생: 46.6%; 교수 58.3%)의 응답자들이 이 문제를 지적하였는데, 특히 학생들은 특성화 부족 문제를 언급하면서 졸업 후 사회진출 시에 요구되는 행정학 고유의 실용지식을 습득하는 데에 현재의 교과과정이 한계를 갖고 있다고 주장하였다.

2) 기타 행정학 교과과정 관련 이슈

특성화 문제와 함께 행정학 교과과정에 대한 주요 이슈로서 학생들은 교과과정과 취업 또는 진로설계 간의 연계 문제를 언급하였다. 많은 학생들은 현재의 교육여건 중 가장 시급하게 개선해야 할 사항으로서 전공공부와 취업과의 낮은 연계를 지적하면서, 졸업 후에 기업에 취업하는 데에 직접적으로 도움을 줄 수 있는 과목이 보완되어야 한다고 주장하였다. 그 외에 학생들이 제기한 교과과정의 주요 문제점으로서는 행정학 교과과정이 다양한 영역을 반영하지 못하고 있으며, 이와 함께 선택과목 역시 부족하다는 의견을 제시하였다.

한편, 교수들은 표준교과과정의 필요성을 역설하였다. 전체 응답자의 60% 이상의 교수들은 행정학 표준교과과정의 인증제도가 필요하다고 주장하고, 이와 아울러 행정학 교과과정을 전공기초와 심화과정으로 분리하여 운영해야 한다는 주장도 80%에 달하였다. 이 둘을 종합해 보면, 향후에 행정학 전공 표준교과과정 인증제를 실시하는 경우에 전공기초와 심화과정의 분리 운영을 적극적으로 검토할 필요성이 있다.

법학전문대학원 제도의 실시와 함께 법학전문대학원 예비과정의 성격을 띠는 행정학과 교과과정의 개설에 대해서는 학생과 교수 모두 한 목소리로 찬성하고 있다. 학생과 교수 공히 80%를 상회하는 응답자들이 법학전문대학원 예비과정의 성격을 띠는 행정학 교과과정의 개설 필요성을 주장하였는데, 예비과정의 세부적인 성격에 관해서도 양 집단 모두 행정학과 단독의 과정개설보다는 타 학과와 연계한 예비과정 개설이 바람직하다고 주장하였다. 예비과정에서 개설하는 적절한 과목에 대해서는 양 집단이 약간의 차이를 보이고 있는데, 학생들이 법학과목(예: 헌법, 행정법 등), 면접대비과목(예: 논리적 사고력, 판단력, 발표력 증진 등과 관련한 과목), 법학적성시험 관련 과목 순으로 응답한 반면에 교수들은 법학적성시험 관련 과목, 법학과목, 면접대비 과목의 순으로 응답하였다.

3) 행정학 주요 교육내용

행정학과에서 다루어야 할 바람직한 교육내용에 대한 설문에서 학생들은 조직론, 인사행정론 등 일반 행정이론 관련 내용과 공무원시험 관련 내용이 가장 중요하다고 응답하였다. 공무원시험 관련 내용에 대한 중요성이 높은 것은 졸업 후에 공직에의 진출을 가장 우선순위로 두는 것과 관련이 있을 것이다. 따라서 학생들의 의사를 반영해 볼 때, 행정학 교육과정은 조직이론이나 인사행정론 등 전통적인 교과목 이외에도 공무원시험을 효과적으로 준비할 수 있는 과목들로 구성될 필요성이 있다. 이들 과목들 외에 헌법이나 행정법 등 법률관련 과목들과 경제학, 금융 및 통화 등 경제 관련 과목들에 대한 중요성도 함께 언급되었다. 이는 행정학 고유 과목들뿐 아니라 인접 과목들의 중요성에 대한 인식도 여전히 높은 수준에 있음을 보여준다.

교수들을 상대로 해서는 좀 더 구체적으로 행정학과에서 개설할 필요성이 있는 전공필수 과목과 전공선택 과목을 직접 제시하도록 하였다. 전공필수 과목으로서 행정학개론, 정책학개론, 인사행정론, 행정조직론, 재무행정론, 행정계량분석 등의 순으로 제시했으며, 전공선택 과목으로서 정책결정론, 정책형성론, 정책분석론, 공기업론, 정책집행론 등을 꼽았다.

한편 중앙행정기관 또는 공공기관에서 종사하는 인사담당자들은 행정학 전공자들이 기관이나 조직 관리에 필요한 지식을 갖추기를 기대하고 있다. 인사담당자들은 행정학 전공자에게 가장 적합한 업무분야로서 인사관리, 경영기획, 그리고 정책 및 홍보 등을 응답하였다. 이는 행정학 전공자들이 졸업 후 사회진출 여부에 결정적인 역할을 담당하게 되는 당사자들이 행정학 교과목 중에서 어떤 분야의 과목들을 가장 중시하고 있는지를 보여주는 것이며, 동시에 행정학 교과과정에서 이 분야를 효과적으로 준비하는 것이야말로 행정학 전공자들이 졸업 후 취업하는 데에 가장 큰 도움을 주는 지름길이 된다는 것을 시사한다. 이와 아울러 인사담당자들은 창의적 의사결정 및 문제해결 능력, 조직 및 인사관리 능력과 지식, 법률 지식 등을 배양할 수 있는 교과목에 중요성을 두고 있다.

4) 행정학 분야 자격증제도

행정학 분야의 자격증제도의 필요성과 효과적인 운영의 중요성은 학생과 교수 모두가 인식하고 있다. 양 집단 모두 자격증제도의 필요성에 대해서는 이견이 없으며, 현재 운영되고 있는 자격증제도가 효과적으로 운영되고 있지 못하다는 데에도 공감하고 있다. 먼저, 행정학과 재학생 및 교수의 과반수는 전문자격증제도의 도입 필요성을 인성하고 있다. 하지만 현재 시행되고 있는 행정학 분야 자격증제도인 행정관리사 자격증제도와 정책분석평가사 자격증제도가 효과적으로 운영되고 있는지에 대한 물음에서는 양 집단 모두 부정적인 견해를 보여주고 있으며, 특히 교수들이 더욱 비판적이다. 행정관리사의 경우 학생 응답자의 31.4%, 정책분석평가사의 경우 응답자의 22.6%가 시행의 효과성이 인정된다고 응답한 반면 교수들은 각각 7.5%, 8.6%만이 자격증제도가 효과적으로 운영되고 있다고 응답하였다. 이처럼 자격증제도의 필요성과 현재 시행하고 있는 제도의 효과성에 대해 상이한 태도를 보이는 것은 자격증제도가 필요는 하지만 제대로 시행되고 있지 못하고 있음을 보여준다. 따라서 현재 시행되고 있는 자격증제도가 해당분야에서 요구하는 지식을 습득하고 그 분야에 진출하여 활동하는 데에 필요한 관문이 되는 방향으로 보완하는 노력이 필요하다.

그 외에 행정학 분야에서 자격증제도가 필요한 영역으로서 학생들은 계량분석, 재정·예산·세무, 인사 및 조직분야 등을 꼽았으며, 교수들은 기획분야, 갈등관리, 계량분석, 사회복지 등을 지적하였다.

5) 강의평가

강의평가 방법 및 그 효과성과 관련하여 교수들은 사후적 평가에 대해 비판적인 시각을 갖고 있다. 학기 후 실시되는 사후적 강의평가는 한 학기 동안의 학습효과를 전반적으로 평가하고 그 결과를 바탕으로 다음 교과과정을 개선할 수 있다는 순기능을 갖는다. 그러나 한편으로 사후적 평가의 유용성에 대해 만족하지 않는 주요 이유는 사후적 강의평가의 결과가 교과과정에 즉각적으로 반영되어 강의의 질을 향상시키기가 쉽지 않다는 점이었다. 따라서 학기 말에 실시하는 강의평가도 중요하지만 학기 중간에 평가를 실시함으로써 평가의 결과가 교과과정에 즉시 반영될 수 있도록 유도하는 노력이 필요하다.

한편, 교육방법과 관련해서는 학생과 교수가 상반된 견해를 갖고 있다. 학생들은 강의식 수업을 가장 만족스럽게 생각하는 반면, 발표식 또는 토론식 수업에 대한 만족도는 훨씬 낮았다. 이에 반해 교수들은 토론식 수업, 발표식 수업, 현장 학습, 실습수업의 순으로 그 효과성을 인정하고 있는 반면, 학생들이 선호하는 전통적 방법인 강의식 수업에 대한 만족도는 가장 낮은 수준으로 응답하였다. 교수가 효과적이라고 판단하는 수업방식에 대해 학생들이 만족감을 느끼지 못하는 것은 교수들이 인식하는 장점이 실제로 실현되어 학생들에게 전달되지 못하고 있거나 학생들에게 제대로 인식되지 못하고 있음을 보여준다. 교과의 내용과 상황에 맞는 다양한 교육방법을 활용함으로써 학습의 효과를 극대화하기 위해서는 학생들이 여전히 낮은 만족감을 보이고 있는 발표식 수업이나 토론식 수업방식의 내용을 학생들의 의견을 반영하여 보완하여 전통적 방법과 적절하게 혼합하는 노력이 필요하다고 본다.

2. 교육과정 개편 방향

지금까지 정리한 내용들을 종합하여 행정학 교과과정 개편안 및 교과목 연계도를 제시하고자 한다. 이에 앞서 행정학과(행정학부 또는 행정학전공 포함) 및 행정학 관련 학과(예: 경찰행정학과)가 개설되어 있는 우리나라 105개 4년제 대학교를 대상으로 각 학과(부)에 개설되어 있는 관련 교과목의 내용을 살펴보고, 이를 본 연구에서 행정학과 교수들을 대상으로 실시한 전공과목(필수 및 선택) 조사 내용과 비교해 보고자 한다. 비교의 목적은 현재 행정학과에서 개설되어 있는 교과목의 내용은 무엇이며, 이 내용과 교수들이 개설의 필요성을 느끼는 교과목 내용 사이에 어떤 차이가 있는지를 알아보는 것이다.

전체 학교를 대상으로 실시한 교과목 현황조사 결과 최대 빈도수를 기준으로 30개 교과목의 내용은 아래와 같다. 이 내용을 교수들을 대상으로 실시한 전공교과목 조사 내용과 비교해 본 결과 30개 교과목 전체가 교수들이 응답한 개설필요과목(필수 또는 선택과목)에 포함되어 있음을 알 수 있다. 특히 상위 빈도수를 차지한 교과목일수록 전공필수 교과목 군에 속해 있고, 하위 빈도수를 차지한 교과목들은 대체로 전공선택 과목 군에 속해 있음을 발견할 수 있었다. 구체적으로, 빈도수 상위 12개 교과목 중 공기업을 제외한 전 교과목이 전공필수 과목 군으로 응답되었으며, 하위 18개 과목 중에서 전공필수로 개설되어야 한다고 응답된 과목은 행정조직론, 행정철학 등 7개에 불과하였다. 비교의 결과 교과목의 명목상으로는 현재 4년제 대학교에서 개설되어 있는 행정학 교과과정의 내용이 교수들이 개설의 필요성을 느끼는 교과목들과 어느 정도 일치하고 있음을 알 수 있다.

따라서 행정학 교과과정의 개편안을 제시하기 위해서는 현재의 교과과정과 개실의 필요성을 느끼는 교과과정의 단순한 비교 보다는, 설문조사의 결과를 보다 심층적으로 분석하여 이를 교과목 개편안에 반영할 필요성이 있다고 판단된다.

〈표 43〉 개설필요 교과목 빈도

순위	교과목	개설 학교수	순위	교과목	개설 학교수	순위	교과목	개설 학교수
1	인사행정론	82	12	헌법	45	22	전자정부론	33
2	재무행정론	80	13	관료제	44	22	지방재정론	33
3	행정법	78	13	정보체계론	44	25	한국정부론	32
4	행정학개론	73	15	행정조직론	43	26	행정학특강	30
5	조사방법론	70	15	행정철학	43	27	행정학원강	28
6	정책학개론	68	17	환경행정론	41	28	행정개혁론	27
7	지방행정론	63	18	행정학연습	40	29	행정사례연구	25
8	한국행정론	58	19	정책평가론	38	30	정부규제론	21
9	공기업론	52	20	조직행태론	35	30	정책분석과 평가	21
10	행정계량분석	51	21	지역개발론	34			
11	정책분석론	49	22	비교행정론	33			

본 연구의 설문조사 결과를 바탕으로 행정학 교과과정의 개편안을 다음과 같이 정리해서 제시하고자 한다. 제시하는 개편안은 표준교과과정의 기본 체계를 구성하게 되어 향후 행정학 교과과정의 인증제도의 실시에도 중요한 역할을 할 것으로 기대한다. 개편안을 편성하면서 다음과 같은 사항들을 중점적으로 고려할 수 있다.

첫째, 행정학 교과과정이 행정학 특성화를 증진시키는 방향으로 개발되기 위해서는 행정학 전공자들의 주된 사회진출 분야라고 할 수 있는 공직 시험을 위한 효과적인 준비과정으로서 역할을 해야 할 것이다. 이를 위해서는 행정학 교과과정이 공무원시험 등을 준비할 수 있는 적절한 과목들로 편성될 필요성을 제기한다. 아울러 공직 이외의 주요 사회진출 분야인 민간 기업에 취업하는 데에 직접적으로 도움을 줄 수 있는 과목들도 교과과정에 충분히 반영됨으로써 교과과정과 졸업 후 진로 간의 연계성을 제고시키는 방향으로 교과과정이 개편되어야 할 것이다. 이를 위해서 '행정학연습' 또는 '행정학특강' 등의 교과목을 신축적으로 활용하여 공무원시험을 집중적으로 대비하기 위한 준비과정으로 특화시킬 수 있을 것이다. 이와 아울러 행정학개론이나 정책학개론 등 일반적인 개론 과목들도 시험에 효과적으로 준비하는 방향(예: 문제풀이식)으로 교과목 내용을 조절하는 방안이 고려될 수 있으며, 법학 관련 과목들도 '연습' 또는 '특강' 과목들을 활용하여 시험을 준비하는 데에 도움을 주는 방향으로 개발될 필요성이 있다. 특히 학생들이 재학 중에 관련 교과목을 수강하면서 공무원 시험에 효과적으로 대비하기 위해서는 법 관련 과목들이 2학년 또는 3학년 교과과정에 포함시킬 필요성도 함께 제기된다. 더 나아가 앞에서 지적했듯이 행정학이 인접학문과의 연계나 융합적 노력도 게을리 하지 않아야 할 것이다.

둘째, 행정학이 다양한 사회문제나 현상들을 심층적으로 분석하고 해결책을 제시하기 위해서는 다양한 영역을 접할 수 있어야 할 것이다. 이를 위해서는 '행정사례' 또는 '정책사례' 등의 사례중심 과목을 대폭적으로 신설함으로써 이론을 실제 문제해결에 적용하여 대안을 분석하고 제시하는 관리자로서의 능력을 함양하는 데에 기여할 수 있을 것이다. 이러한 교과목들은 앞서 언급했듯이 전통적인 강의식 수업방식보다는 토론식 또는 발표식 수업방식을 적극적으로 활용하여 학습의 효과를 극대화할 수 있다. 수업방식에 대한 학생과 교수의 상반된 관점을 조정하고, 학습효과를 높이기 위해서는 특정 교과목에 적절한 수업방식에 대한 교수와 학생 간 충분한 의사교환을 통한 상호이해가 선행될 필요성이 있다.

아울러, 많은 학생들이 현행 교과과정의 문제점으로 제기한 바처럼 선택과목이 좀 더 다양하게 편성될 필요성이 있다. 행정학 전공자들을 현대 지식정보사회에서의 유능한 관리자로 양성하기 위해서는 '정보사회와 인터넷', '정보화와 전자정부론' 등과 같은 일반적 과목뿐 아니라 '정보화의 역기능', '정보화와 개인정보보호' 등 좀 더 다양한 내용들을 심층적으로 다루는 과목들의 유용성이 인정된다. 또한, '재난관리', '위기관리', '갈등관리' 등 현대에 새롭게 부상하는 분야에서의 문제들에 대한 해결 및 개선, 그리고 조정이 필요한 상황이나 현상들을 효과적으로 관리하는 데에 유용한 지식을 제공하는 과목들의 중요성도 인정된다. 그 외에 '과학기술과 정책' 또는 '도시문제와 정책' 등 다양한 분야의 정책들을 다루는 교과목을 추가적으로 편성함으로써 선택과목의 폭을 확대할 수 있으며, 현대사회의 최근 이슈를 이론의 소개와 함께 다루는 '현대사회의 이해' 등의 과목 신설도 선택과목의 내용들을 풍부하게 하는 데에 도움을 줄 것이다. 하지만 한편으로 공급자의 시각으로는 교과목의 수를 늘리는 데에 전임교원의 확보, 최소한의 수강생 확보를 통한 교과목의 지속적 운영, 전공교과목 학점의 제한 등의 문세에 대한 신중한 접근이 요구될 수 있으므로 이들 문제들을 고려한 균형적인 의사결정이 요구될 수 있다.

셋째, 특히 많은 교수들이 주장했듯이 표준교과과정을 좀 더 체계적으로 편성하고 운영하기 위해서는 전체 교과과정을 전공기초와 심화과정으로 분리할 필요성이 있다. 이를 위해서는 행정학과 교과 연계도를 구성하여 전체 교과과정을 기초과정, 발전과정, 심화과정, 그리고 종합과정으로 구분하여 각 과정에 적합한 과목을 배치시켜 전체 교과목이 종합적으로 연계되는 방향으로 체계화시켜야 할 것이다. 예컨대 행정학개론을 기초과정에서 학습한 후, 이를 바탕으로 행정조직론, 인사행정론, 재무행정론을 발전과정의 교과목으로 편성하여 학습하고, 이들 교과목을 바탕으로 조직행위론, 정부간관계론, 공기업론 등을 심화과정에서 다루게 된다. 마지막 단계인 종합과정에서는 행정학연습, 행정사례연구, 행정학특강 등의 교과목을 통해 공직진출을 위해 집중적으로 준비를 하거나, 또는 그동안 학습한 이론을 현실에 적용시켜 실질적인 문제해결을 위한 과정을 거치게 된다. 이같이 기초과정과 심화과정을 중심으로 하는 체계적인 교과목간 연계구도는 산재해 있는 교과목들을 짜임새 있고 일관성 있게 재구성함으로써 학습의 효과성을 높이는 데에 기여할 것으로 판단된다. 행정학 분야의 표준교과과정은 취업기관의 인사담당자가 채용심사 과정에서 자신들의 기관이나 부서에 적합한 인재를 선정하는 데에도 도움을 줄 것이라는 점에서 실질적인 유용성을 갖는다. 이와 같은 표준교과과정의 편성에 필요한 다양한 과목들을 개설하고 운영하기 위해서는 충분한 교수인력과 예산을 확보해야 하는 만큼 이를 위한 제도적이고 재정적인 지원이 뒷받침되어야 할 것이다.

넷째, 행정학과 교과과정이 법학전문대학원 예비과정의 기능을 수행하기 위해서는 법학과목(예: 헌법, 행정법, 민법총칙 등), 면접대비과목(예: 논리적 사고력, 판단력, 발표력 증진 등과 관련한 과목), 법학적성시험 관련 과목 등이 교과과정에 포함되는 것이 바람직할 것이다. 헌법, 행정법 역시 기초와 심화로 구분하여 심층적으로 학습할 수 있는 기회를 제공하고, 면접을 효과적으로 대비할 수 있는 '논리와 비판적 사고', '현대사회와 철학' 등의 교과목을 교양과목으로 편성할 필요성이 있다. 동시에 발표 또는 토론중심의 수업을 운영함으로써 논리적 사고력 및 발표력 등을 증진시킬 수 있을 것이다.

다섯째, 행정학 교과과정의 주요 교과목으로서 조직이론이나 인사행정론 등 전통적인 교과목들의 중요성은 여전히 인정되고 있다. 이는 사회가 급속하게 변화하고 새로운 문제해결을 위한 대응능력이 요구되는 시대에서도 기존의 주요 교과목들이 갖는 역할의 중요성은 여전함을 보여 준다. 이와 아울러 행정학개론, 정책학개론, 재무행정론, 행정계량분석 등이 전공 필수과목으로서, 정책학 관련 과목들이 주요 전공 선택과목으로 선정되었다. 이 같은 교과목들은 중앙행정기관 또는 공공기관에서 종사하는 인사담당자들이 행정학 전공자로부터 기대하는 업무지식 분야와도 어느 정도 일치하고 있다. 인사담당자들이 응답한 주요 업무분야인 인사관리, 경영기획, 정책 및 홍보, 법률 지식 등은 기존의 행정학 교과과정에서 그 중요성이 충분히 인정받고 있는 분야라고 할 수 있다.

위에서 언급한 내용을 바탕으로 행정학 교과과정의 표준안의 예를 아래와 같이 학년 및 학기별로 제시해 볼 수 있다.[2)]

〈표 44〉 행정학 교과과정 표준안 예

1학년			
1학기		2학기	
이수구분	교과목명	이수구분	교과목명
		전공필수	행정학개론

2학년			
1학기		2학기	
이수구분	교과목명	이수구분	교과목명
전공필수	행정계량분석	전공필수	조사방법론
전공필수	행정조직론	전공필수	재무행정론
전공필수	정책학개론	전공필수	인사행정론
전공필수	행정전산론	전공선택	경제학II
전공선택	경제학I	전공선택	헌법II
전공선택	헌법I	전공선택	조직행위론
전공선택	민법총칙	전공선택	행정정보론
		전공선택	행정법I

3학년			
1학기		2학기	
이수구분	교과목명	이수구분	교과목명
전공필수	지방행정론	전공선택	행정학연습
전공필수	행정학원강	전공선택	경제학연습
전공선택	사회복지론	전공신택	산업정책론
전공선택	관료제와 민주주의	전공선택	합리적 의사결정론
전공선택	정책형성론	전공선택	정책분석평가론
전공선택	행정법II	전공선택	경제정책론
전공선택	재난관리와 안전정책	전공선택	현대행정의 이해

2) 제시된 교과과정안은 세밀한 분석과정을 거쳐 도출된 완벽한 체계라기보다는 하나의 예시이며, 이에 따라 유연하게 적용하여 운영할 수 있다.

4학년			
1학기		2학기	
이수구분	교과목명	이수구분	교과목명
전공선택	한국행정론	전공선택	환경정책론
전공선택	행정철학	전공선택	정부간관계론
전공선택	공기업론	전공선택	행정학특강
전공선택	행정사례연구	전공선택	도시문제와 정책
전공선택	규제정책론	전공선택	협상론
전공선택	행정법연습	전공선택	행정개혁론
전공선택	갈등관리론	전공선택	과학기술과 정책

[그림 1] 행정학과 전공 교과과정 체계도

5 전문대 행정학과의 교과과정 발전방안

박 종 관(백석대학교)

Ⅰ. 서 론

현재 우리나라의 고등교육기관은 연구중심의 교육을 담당하는 4년제 대학과 직업중심의 교육을 담당하는 전문(2년제)대학으로 크게 나눌 수 있다. 이중 전문(2년제)대학은 산업현장에서 필요로 하는 다양한 전문직업인력을 양성하여 국가경제발전에 직접적으로 기여해야 하는 일차적 목적을 가지고 있다. 즉, 전문(2년제)대학의 목표는 국가사회 발전계획에 발맞추어 수준 높은 양질의 기술개발과 이에 따르는 인력을 양성・배출함으로써 국가사회에 이바지하려 함에 있다.

그러나 전문대학의 행정학과는 이러한 산업사회의 변화나 전문(2년제)대학의 다른 학과들의 변화에 발맞추어 전반적인 중견직업인을 제대로 양성시키지 못했다. 뿐만 아니라 행정학과 지원학생들을 제대로 된 교육을 하지도 못했고 더불어 졸업 후 이들의 활용도 잘 못하는 문제를 낳고 있다. 즉, 전문(2년제)대학 행정학과의 경우 전문(2년제)대학의 강점인 전문 직업인의 산업기술 인재양성에 치중하는 것은 일정한 한계가 있다. 그리고 학생들은 4년제 대학의 편입학에 주안점을 두는 문제로 인하여 전문(2년제)대학 행정학과 졸업자도 산업사회가 필요로 하는 인력수요에 미치지 못했다. 따라서 이들 중 상당수는 졸업 후에 자신의 전공과 다른 길을 밟고 있는 실정이다. 이러한 현실은 전문(2년제)대학의 행정학과에 점점 더 어려운 상황으로 작용하고 있다.

이렇게 행정학과의 생존과 존폐의 양면에 처함에 따라 전문대학 행정학과는 전통적인 행정학과에서 탈피하여 경찰, 경호, 복지, 소방 등 다양한 분야를 추가함으로써 직업교육의 내용을 한층 더 확대・변화시키려는 노력을 하고 있다.

Ⅱ. 전문대학의 현황

1. 전문대학의 입학정원 변화 추이

1) 학과의 다변화와 학생 수의 변화

전문대학의 계열별 입학정원의 분포를 살펴보면 공학계열은 급격히 입학정원이 감소하고 있고 자연계열은 조금씩 감소하고 있다. 반면에 사회계열과 간호계열은 입학정원이 점차 늘어나고 있는 실정이다. 사회계열의 경우는 경찰(경호)학과와 사회복지학과, 교육계열의 유아교육과가 증가현상으로 보이고, 간호보건계열은 보건행정, 간호학과, 치위생학과 등이 꾸준한 증가를 보이고 있는데, 이는 자격증의 취득과 함께 취업으로 이어진다는 이유일 것이다. 예체능계열은 2007년과 2008년에는 조금 늘다가 2009년부터 줄어든다. 인문계열과 교육계열은 입학정원이 꾸준히 현상을 유지하고 있다(2012-13 전문대학길라잡이).

〈표 1〉 전문대학 학과 변화 추이

년도	공학	자연	간호보건	인문	사회	교육	예체능	계
2002년	40.0	7.9	11.1	1.9	19.8	4.0	15.4	100
2003년	38.9	7.9	12.1	1.7	20.1	4.3	14.9	100
2004년	35.7	8.4	13.0	1.5	21.7	4.5	15.1	100
2005년	32.2	8.3	13.9	1.4	23.8	4.8	16.1	100
2006년	30.5	8.3	15.0	1.6	25.1	5.1	14.4	100
2007년	26.6	5.9	16.9	1.2	26.2	4.3	19.0	100
2008년	26.0	5.9	16.9	1.3	26.4	4.4	19.1	100
2009년	25.6	6.2	17.2	1.3	27.0	4.4	18.4	100
2010년	31.8	5.3	17.9	1.2	26.6	4.7	12.4	100
2011년	30.9	5.4	18.4	1.2	27.1	4.8	12.1	100
2012년	29.5	5.7	19.8	1.2	26.4	5.1	12.4	100

자료: 교육인적자원부, 교육통계연보, 각 년도.

2) 전문인 직업세계의 현황

(1) 계열별 취업률 현황

2009년 전문대학의 졸업자는 대부분 취업을 하지만, 일부는 진학을 하거나 미취업자가 된다. 취업률은 전체 대학 평균 81.6%가 되었다. 교육계열이 88.9%로 가장 취업률이 높고, 그 다음이 간호보건계열, 자연계열 순이다. 그리고 사회분야의 평균 취업률은 79.6%이다(2012-13 전문대학길라잡이).

〈표 2〉 계열별 취업률 현황

계열	취업률(%)	미취업률(%)
공학계열	79.8	20.2
자연계열	84.1	15.9
간호보건계열	87.7	12.3
인문계열	73.0	27.0
사회계열	79.6	20.4
교육계열	88.9	11.1
예체능계열	78.2	21.8
전체	81.6	18.4

(2) 사회계열의 직장형태

중소기업체 17.9%, 개인기업체 40.3%, 대기업체 20.4%, 교육기관 15.9%, 프리랜서 5.5% 순으로 기업체에 치중되어 나타나고 있다. 이와 같은 계열별 직장형태는 다른 계열도 대동소이하게 나타나고 있다(2012-13 전문대학길라잡이).

〈표 3〉 계열별 직장현황

직장상태	중소기업체	개인기업체	대기업체	교육기관	프리랜서
공학계열	18.8%	55.9%	15.7%	7.1%	2.4%
자연계열	17.3%	33.3%	26.4%	17.3%	5.0%
보건계열	19.8%	37.2%	29.8%	9.4%	3.8%
인문계열	13.6%	36.4%	6.4%	31.8%	11.8%
사회계열	17.9%	40.3%	20.4%	15.9%	5.5%
교육계열	2.1%	4.0%	6.1%	86.0%	1.8%
예체능계열	7.4%	29.9%	22.6%	23.1%	16.9%

(3) 행정학과 직장형태

중소기업체 41.5%, 개인기업체 39.0%, 대기업체 9.8%, 교육기관 9.8%, 프리랜서

0.0%로서 중소기업체와 개인기업체에 치중하여 나타나고 있다. 행정분야 전공자들이 졸업 후 취업하는 곳은 국가 및 지방공무원(7·9급), 경찰공무원, 소방공무원, 군무원, 사관학교, 공기업체, 연금공단, 의료보험관리공단 등과 전문직능분야인 법률사무소, 법무사사무실, 정부투자기관, 공·사기업체 등의 사무관리직 및 비서직, 변호사, 행정사 사무소요원, 기타 각 기업체 행정요원으로 진출한다(2012-13 전문대학길라잡이).

〈표 4〉 행정학과 직장현황

직장상태	중소기업체	개인기업체	대기업체	교육기관	프리랜서
행정학과	41.5%	39.0%	9.8%	9.8%	0.0%

(4) 자격증

행정학과에서 취득가능한 자격증으로는 인터넷정보검색사 1, 2, 3급, 워드프로세서 1, 2, 3급, 정보처리기사, 컴퓨터활용능력 1, 2, 3급, 법무사, 공인중개사, 정책분석평가사, 행정관리사 등이 있다. 이 자격증에서 공무원시험과 관련이 있는 것은 컴퓨터활용능력과 워드프로세서 등이다.

2. 전문대학 행정학과 현황

1989년 전국 전문대학 117개교 가운데서 행정학과 설치 현황을 살펴보면 <표 5>와 같다. 전문대학 행정학과는 총 23개 대학에 설치되어 있으며, 이들 대학의 행정학과 총 인원은 2,380명이다. 모집인원은 적게는 40명에서 많게는 220명 등 다양하다.

〈표 5〉 전문대학 행정과 설치현황(1989년)

일련번호	학교명	행정과 모집인원	일련번호	학교명	행정과 모집인원
1	경북실업전문대학	40	13	신흥실업전문대학	80
2	경북전문대학	120	14	송원실업전문대학	120
3	경주실업전문대학	80	15	영진전문대학	160
4	군산실업전문대학	80	16	인천전문대학	80
5	대전실업전문대학	200	17	제주전문대학	80
6	동신실업전문대학	80	18	진주실업전문대학	80
7	동우전문대학	120	19	창원전문대학	120
8	명지실업전문대학	80	20	충남전산전문대학	80
9	부산경상전문대학	80	21	충청실업전문대학	80

10	상지대병설실업대학	120	22	혜전전문대학	80
11	상지실업전문대학	120	23	장안실업전문대학	220
12	서강실업전문대학	80	합 계		2,380

자료: 전국전문대학협의회, 전국전문대편람, 1989.

<표 5>에서 살펴볼 때, 1989년 당시 전문대학은 학과정원이 220명 1개 대학, 200명 1개 대학, 160명 1개 대학, 120명 6개 대학, 80명 13개 대학, 40명 1개 대학 등 다양하다. 이를 보면 전문대학 행정학과는 매우 규모가 크게 운영되었음을 알 수 있다. 당시 전문대학 행정학과는 행정과라는 명칭과 더불어 행정학에 관련된 과목이 다수를 차지했다.

그리고 2008년 조사에서 보면, 전문대학에는 순수한 행정학과는 거의 찾아 볼 수 없을 정도로 변화했다. 즉, 서강정보대학 일반행정 전공, 신흥대학 행정학과, 인천전문대학 행정과, 장안대학 법률행정학부, 충청대학 행정학부 등 5개 대학만이 과거의 행정학과와 유사한 형태를 유지하고 있다(<표 6> 참조).

다음으로 행정학과의 고유 명칭을 사용하지는 않지만 2008년 조사에서 행정학과로 분류한 학과들이 있다. 이는 고유의 행정학과는 줄었지만 행정학과를 변형하여 행정학과와 유사하게 운영하는 대학이 많아졌다는 점이다. 즉, 경찰행정, 경찰경호, 공무원학과, 복지학과, 부동산학과, 비서행정학과, 소방행정학과, 지방행정과, 행정정보학과 등

〈표 6〉 전문대학 행정관련 학과 현황(2008년)

분류	대학명	계
행정	서강정보대, 신흥대, 인천대, 장안대, 충청대	5
경찰	공주영상정보대, 우송정보대	2
경호경찰	가톨릭상지대, 경북대, 송원대	3
공무원	백석문화대, 우송정보대	2
복지	경복대, 동강대, 동우대, 신성대, 제주한라대	5
부동산	혜천대	1
비서	대림대	1
소방	경민대	1
지방행정	경도대, 청양대	2
행정정보	명지대, 혜전대	2
총계		24

으로 다양한 명칭을 이용하고 있었다. 그러나 이러한 명칭을 사용하는 대학의 학과들은 행정학과와 관련된 과목을 별로 개설해 두지 않았기 때문에 행정학과로 분류하는데 애매한 측면이 있기도 하다.

전문대학 행정학과가 이렇게 다양한 명칭을 활용하는 것은 입학정원의 감소에 따른 학과신입생모집, 졸업생들의 취업과 진로 등을 고려한 변화라고 할 수 있다.

또한 2016년 현재 행정학과의 명칭으로 존재하는 대학은 7개 대학으로서 아래와 같다. 즉, 2년제 행정학과는 총 7개 대학에 설치되어 있으며, 이들 대학의 행정학과 총 인원은 455명으로 현저히 줄어들어 있는 상태이다. 2008년 행정학과의 생존을 위한 변화 결과에 따라서 2016년 현재 전국의 행정학과라는 명칭을 복합적으로 사용하는 학교는 107개 대학으로 복지와 행정, 경찰(경호)과 행정, 법률과 행정, 보건과 행정, 보건의료(병원)와 행정, 비서와 행정 등으로 개설되어 있다. 이중 보건행정이 54개 대학, 경찰(경호)행정이 18개 대학, 사회복지행정이 10개 대학, 비서행정이 7개 대학 등으로 설치되어 있어 행정학의 본연의 역할보다는 보조적 개념으로 인식되어 있다.

〈표 7〉 전문대학 행정과 설치현황(2016년)

일련번호	학교명	행정과 모집인원
1	경북도립대학교 지방행정과	60
2	명지전문대학 행정과	99
3	장안대학교 법률실무과 행정학전공	90
4	충남도립대학교 자치행정과	40
5	충북도립대학교 자치행정과	40
6	한림성심대학교 행정과	56
7	한양여자대학교 행정실무과	70
계	7	455

자료: 전국전문대학협의회, 전국전문대포털, 2016.

Ⅲ. 전문대학 교육과정의 문제

행정학과는 행정학을 학문적・실무적으로 연구하는 학과이다. 즉, 공공분야의 행정을 연구하는 학문인 것이다. 전문대학의 행정학과는 행정분야의 중간직업인을 양성하는 학과이다. 그리하여 전문대학의 행정학과는 행정 각 분야에 관한 전문적인 지식과 이론을 교수연구하고 재능을 연마하여 국가사회의 발전에 필요한 중간행정직업인을 양성함을 목적으로 한다고 볼 수 있다.

전문대학 행정학과는 중간행정직업인의 양성을 목적으로 하는 것이므로 직업대학적인 성격을 띤 직업교육이 보다 더 중요시된다. 따라서 전문대학 행정학과의 직업교육의 방향정립에는 심각한 딜레마가 있다. 직업사회에의 진출이 현재와 같이 공개경쟁시험제도에만 의존하고 있으면서도 직무수행 능력과 취업능력이 불일치할 때, 전문대학 행정학과의 직업교육의 목표를 취업 후의 직무수행능력 확보에 두어야 하는지 아니면, 취업능력 확보에 두어야 하는지의 기로에서 망설이게 된다. 전자에 치중하면 교육목적에는 충실할 수 있겠지만 취업률(합격률)이 저조하게 될 것이고, 후자에 치중한다면 공무원고시학원화할 우려가 있기 때문이다. 이러한 문제점을 극복하는 것이 전문대학 행정학과의 교육과정개발에서 해결하여야 할 중요한 과제이다. 특히 최근의 산업사회는 지식·정보의 활동 주체인 인적 자원 개발의 중요성이 더욱 강조되고 있는 실정과 이러한 사회는 학력보다 전문적인 자격증을 중시하고 능력을 위주로 채용하려는 변화도 고려되어야 한다.

1. 행정학과 교양과목 현황

1989년 조사에서 행정학과의 교과목의 내용은 크게 교양과목, 전공필수과목, 전공선택과목으로 나뉘어 운영하고 있다. 전공필수, 전공선택 어느 부문이든 행정학 분야에 포함되는 행정학과와 관련된 과목이 있고, 비행정학 분야에는 법학을 비롯하여 정치학, 경제학, 경영학, 실기 등 다양한 과목으로 구성되어 있다. 그리고 교양과목의 내용을 살펴보면 대개 국민윤리, 국사, 국어, 외국어, 체육, 어학실습, 교련 등의 과목으로 구성되어 있다.

2. 전공 필수과목 · 선택과목

행정학은 학문의 성질상 타 사회과학 과목과 교류하여야 한다는 데는 이론이 있을 수 없다. 다만 어느 정도의 행정학의 학문적 독자성을 인정하면서 타 사회과학 과목과 협동하고, 타 사회과학 과목 중 어떤 분야와 보다 더 긴밀한 협동관계를 유지하느냐 하는 것이 관건이다. 물론 행정학의 학문적 계보로 볼 때 행정학은 우선 경영학 및 정치학과 밀접한 협동관계를 유지해야 할 것이다.

1) 행정학 교과목의 필수과목의 현황

1988년에 전국 전문대학의 행정학 교과목 중 필수과목은 아래와 같다. 전공필수과목 중에서 행정학이 차지하는 비율은 51.5%로 나타나고 있다. 다음으로 우세한 비중은 법학으로서 29.4%이며, 이론적으로 행정학과 가장 밀접한 관계에 있는 정치학은 6.0%이며, 경제학이 7.6%로서 정치학보다 비중이 높다. 이러한 사실을 볼 때, 1988년에는 행정학이 전체적으로 비중이 높으며 독자적인 영역을 확보하였다고 평가할 수 있다.

〈표 8〉 전국전문대학의 행정학 교과목의 비중: 전공필수

학과목	행정학분야	비행정분야					
		정치학	법학	경제학	경영학	실기	계
비중	51.5%	6.0%	29.4%	7.6%	1.0%	4.5%	100.0%

* 비중은 전공 필수과목에 한해서만 계산된 것이다.
* 자료: 도중대 외(1988)를 이용하여 재구성.

2) 행정학 교과목의 선택과목의 현황

각 전문대학의 행정학 교과목의 비중을 전공 선택과목을 중심으로 분석하면 다음과 같다. 전국 전문대학에서의 전공 선택을 분석해 보면, 우선 행정학분야가 전체의 44.4%를 차지하며, 전공필수 과목에서의 51.5%와 약간의 차이는 있지만 비교적 높은 비중이라 할 수 있다.

〈표 9〉 전문대학의 행정학 교과목의 비중: 전공선택

학과목	행정학분야	비행정분야						
	행정학	정치학	법학	경제학	경영학	실기	기타*	계
비중	44.4%	2.1%	28.6%	3.4%	5.4%	10.8%	5.3%	100.0%

* 기타에 해당하는 과목으로는 재정학, 사회학 등을 의미한다.
* 자료: 도중대 외(1988) 자료를 재구성.

다음으로 높은 비중을 차지하는 과목은 법학(28.6%)으로 전공 필수에서의 29.4%와 유사한 비율이다. 즉, 전문대학의 행정학과는 행정학 및 법학과 관련된 과목의 비중이 73.0%로 거의 대다수의 학점을 점하고 있음을 알 수 있다.

2008년 조사에서 전문대학 행정학과의 과목운용은 많은 변화를 보이고 있다. 우선, 전공필수나 선택의 개념이 희박해졌다는 것이다. 즉, 1989년도에는 전공필수, 교양필수, 전공선택 등의 과목이 엄격하게 정해져 있었으며, 반드시 이 규정을 준수해야 했었다. 그러나 교육부의 정책이 바뀌고 규제가 완화되어 전공필수과목이 엄격하게 정해지지 않고 있다. 따라서 전문대학 행정관련 학과에서는 많은 선택과목을 운영하기 때문

에 매우 다양한 과목이 등장하고 있는 실정이다.

그 다음으로 유사행정계열 학과를 운영하는 대학에서는 행정학과 관련된 과목의 개설이 매우 적다는 것이다. 즉, 이들 대학에서는 행정학개론 외에는 행정학과와 관련된 과목이 적으며 경찰, 부동산, 비서, 소방학과의 경우는 행정학과 관련된 과목이 10과목 이내로 나타나고 있다. 따라서 전문대학에서는 학과 명칭과 과목개설 측면에서 과목이 개설되었을 때 어느 정도까지 행정학과와 관련된 학과로 분류할 것인가 하는 문제가 대두 된다.

마지막으로 전문대학 행정학과 관련된 학과에서는 순수행정계열로 분류할 수 있는 대학에서도 조차 1989년 당시에 개설되지 않았던 과목을 개설하는 등 많은 변화를 시도하고 있다. 이것은 전문대학 지원학생 수의 감소에 따른 자구책에 가까운 변화라 할 수 있다. 따라서 전문대학 행정학과에서는 순수행정계열도 한국정부론, 행정사례연구, 행정학원강, 행정개혁론, 비교행정론, 공기업론, 행정통제론 등과 같은 과목은 개설되지 않고 있다. 특히 순수행정계열이 아닌 유사행정계열에서는 이와 같은 과목이 거의 개설되어 있지 않다. 따라서 전문대학 행정학과 교육과정에서는 전통적인 행정학과의 특성이 많이 변화되었음을 알 수 있다.

2016년 조사에서 나타난 전문대학의 행정학과 관련된 학과들의 교과목 현황 및 특성은 <표 10>에서 보는 바와 같다.

〈표 10〉 전문대학 행정과 교과목 개설현황(7개 대학)

명지전문대학 행정과	장안대학교 일반행정전공	한림성심대학 행정과	한양여자대학교 행정실무과	충남도립대학 지방행정과	경북도립대학 지방행정과	충북도립대학 자치행정과
행정학개론	행정학기초이론	행정학개론	행정학개론	행정학개론	현대사회의 이해	행정학개론
행정관리론	행정조직론	자치행정론	정책학원론	지방자치론	행정학개론	조직관리론
정치학개론	인사행정론	조직사회와 직업윤리	조직론	행정조직론	정책학개론	정책학개론
법학개론	재무행정론	소식관리이해	행정학의이해	사무관리실무	지방자치론	인사행정론
행정통제론	지방행정론	행정구제	지방행정론	행정법 I, II	한국정부의 이해	지방자치론
헌법	공기업론	인적자원관리	인사행정론	사회복지론	조직관리론	한국정부론
정부와기업	행정관리론	민법총칙	행정조사론	컴퓨터기초	인사행정론	재무행정론
정책학원론	행정통제 · 개혁론	문서작성	재무행정론	정책학개론	재무행정론	행정법(1)(2)

행정조사론	행정조사 방법론	문서관리	정부혁신론	재무행정론	행성학언습	사회변동과 문화
조직론	사회복지 행정론	계약실무	행정통계분석	인사행정론	조사방법론	도시행정론
재무행정론	정책분석 평가론	조사방법과 데이터관리기초	행정학연습	행정통제론	사무관리론	조사방법론
인사행정론	법학의기초 이해	조사방법과 데이터관리실무	행정기획 및 정책사례	지역개발론	사회복지 정책론	지역행정 세미나
도시행정	헌법1 (기본권론)	사무행정 업무관리	경영학원론	환경행정론	공무원특강 (1)(2)(3)(4)(5)	행정학연습
지방자치	헌법2 (통치구조론)	사무자동화 관리운용기초	행정법1, 2	행정학연습	워드프로세서	회계실무
한국정부	행정법1 (행정작용법)	사무자동화 관리운용실무	민법총칙	지방자치법	전자계산일반	행정기획실무
행정정보론	행정법2 (행정구제법)	창업가정신과 자기개발	민법계약론	정보사회론	행정현장실습	사무관리론
비교행정론	행정법연습	사무행정 회계처리기초	사무관리론	지방재정실무	지방재정실무	지방의회론
행정기획론	민법개론	문제해결과 기획	컴퓨터활용능력	행정전산실무	정보사회와 행정	비교행정론
사무관리론	워드프로세서	사무환경조성	ITQ실무	고급행정전산 실무	회계실무	행정통제론
사무자동화	컴퓨터활용 (1)(2)	회의운영지원	회계프로그램	헌법	행정실무	정책분석 평가론
행정법 I	사무행정실습		행정사창업실무	행정법연습	도시행정실무	정책학 세미나
행정법 II	법무실무실습		행정실무사례	회계실무	행정법(1)(2)	현장실습 I, II
통계학	행정실무실습		행정사창업 절차론	기획실무	지방의회실무	
정책실무	경기청년뉴딜			정책실무	행정기획실무	
					지방행정캡스톤디자인	

우선, 과목측면에서 특징을 살펴보면 다음과 같다. 전통적 행정학과에 개설되는 과목 중 이들 7개 대학에서 개설되어 있는 과목의 평균은 25개 과목이다.

다음으로, 학과특성별로 과목 현황을 살펴보면 다음과 같다. 첫째, 행정학과로 분류할 수 있는 대학에서 행정학 관련 과목을 설치한 수는 70개 과목 정도가 된다. 이들

대학에서는 행정학, 인사행정론, 재무행정론, 지방행정론, 조사방법론, 행정조직론, 정책학개론, 헌법, 행정법, 행정실무 과목은 전체 설강하고 있다. 도립대학의 경우는 실무관련 과목이 중점적으로 개설되어 있다. 행정학도 행정학, 행정학원론, 행정학기초이론을 명칭으로 다양하게 개설되어 있고, 지방행정과 관련된 과목으로는 지방자치론, 지방자치개론, 지방행정실무, 지방행정특강, 지방자치 등으로 다양하고, 정책학 관련 과목은 정책학개론, 정책학원론, 정책학 등으로 제시되었다.

둘째, 사회복지 관련 학과로 분류되는 대학은 10개 대학이다. 이들 대학에서 설치된 행정학과 관련된 과목은 행정학개론 및 복지행정론으로 설치되어 있다. 따라서 이 두 과목은 10개 대학에 모두 설치된 것으로 볼 수 있다. 1989년, 2006년 설치된 과목은 헌법, 재무행정론 및 인사행정론, 지방행정론, 행정조직론, 조직관리론, 행정전산론 등이 개설되었다. 사회복지관련 학과를 행정학 관련 학과로 분류한 이유는 사회복지 관련 과목과 행정학 관련 과목이 거의 대등하게 개설되어 있기 때문이다. 그러나 2016년 현재에는 행정학 과목은 대폭 삭제되고 복지관련 과목으로 대체되어 운영되고 있어 학과 명칭에 행정이라는 명칭을 사용하는 것이 무색해진 상황이다.

〈표 11〉 전문대학 사회복지행정과 교과목 개설현황[1)]

강동대 사회복지행정과	경복대학교 경찰행정과	서영학교 사회복지행정과	영남이공대학 사회복지행정과	제주한라대학 복지행정과
행정학개론	공공행정론	사회지행정론	사회문제론	행정학개론
사회복지조직론	조직과 성과	사회복지정책론	사회복지정책론	재무행정
	행정과 인사	사회복지조사론	사회지행정론	인사행정
	행정과 재무	사회문제론	사회복지조사론	조직론
				행정학연습
				사회문제론

셋째, 경찰경호 관련 분야로 분류되는 대학은 18개 대학이다. 이들 대학에서 설치된 행정학과 관련된 과목은 35개 과목이다. 과목수가 제일 많은 것은 행정학개론, 인사행정론, 조직관리론, 경찰정책론, 경찰재무행정 등의 과목이 설치되어 있다. 다음으로 많이 설치된 과목은 조사방법론, 일반사무행정, 행정정보체계, 행정학연습 등의 과목이

1) 사회복지행정과로 설치된 대학은 10개이나 상기의 5개 대학 중 행정학 관련 과목이 설치되어 있으나 나머지 대학은 사회복지 과목으로 편성되었다.

다. 경칠경호 관련 학과는 법학개론, 헌법, 행정법 등 법학 관련 과목을 중심으로 운영되고 있음을 알 수 있다.

〈표 12〉 전문대학 경찰학과 학과목 현황

강동대학	대구 과학대학	충청대학	대덕대학	김포대학	경북전문 대학	대경 대학	대구미래 대학	선린대학
행정학 개론	행정학 개론	행정학 개론	행정학 개론	인사 행정론	행정학 개론	행정학 개론	행정학 개론	경찰조직
지방 행정론	경찰조직 관리	사회와 정치		경찰 조직관리	인사관리		경찰 인사행정	경찰인사
경찰행정 조직론	조사 방법론	조직 관리론			일반 사무행정		경찰 정책론	경찰 정책학
경찰재무 행정론		발전 사회론					경찰 조사방법	행정학 연습
경찰행정 책임론		행정 기획론					행정 정보체계	
경찰행정 정보 체계론		지방 자치론						
		인사 행정론						
		재무 행정론						
		정책 평가론						
		조사 분석론						

넷째, 기타 부동산, 비서, 소방 관련으로 설치된 대학에 설치되어 있는 행정학은 행정의 이해가 개설·운영되고 있다. 경찰(경호)행정이나 사회복지행정으로 설치된 대학은 행정학과에서 변경된 학과로서 현재까지는 행정학 관련 과목이 많이 개설되어 운영되고 있으나, 2015년부터 적용되고 있는 국가직무능력(NCS) 중심의 교과목 개편작업이 이루어지면서 행정관련 과목은 삭제되고 주된 전공 과목중심으로 개편되고 있는 상태이다. 그러므로 앞으로 행정학 관련 과목을 확대하는 것이 더욱 어려운 상황이다.

Ⅳ. 전문대학 행정학과의 과제

1. 전공복원 노력필요

첫째, 앞서 살펴본 바와 같이 전문대학은 순수행정학과는 7개 대학이었으며 이 학과들도 행정학과 관련된 과목이 많이 변화했다. 따라서 행정학과로서의 정체성이 많이 퇴색된 상태이기 때문에 행정학과 교과과정의 발전방안은 의미가 없을 정도이다.

둘째, 행정학과의 고유 명칭을 사용하지는 않지만 행정학 계열로 분류된 100여개 대학의 행정학 유사학과는 행정관련 핵심과목도 개설해 놓지 않은 상태이다.

셋째, 전문대학은 전공필수나 선택의 개념이 희박해졌으며, 학생들의 수요와 사회환경의 수요와 산업체 연계 강조로 다양한 과목을 수시로 개설하고 폐강하는 상황이다. 이러한 측면에서 볼 때도 전문대학은 표준 교과과정의 제시는 곤란하다고 사료된다.

이상과 같이 전문대에 행정학과의 생존이 곤란한 상태에서 교과목의 발전방안을 논의하는 것은 무리라고 판단된다. 전문대학이나 전문대학과 관련된 유관 기관을 통하여 적은 인원으로 운영되더라도 행정학과의 명맥이 유지되어야 교과목이나 과정이 의미가 있을 것이다.

2006년 이후 학령인구 감소로 대학개편이 요구될 때와 박근혜정부의 이공계 우선 정책으로 인하여 인문사회계열의 축소 및 폐과, 폐전공에서 항상 1순위로 제기되었던 것이 행정학과임은 주지의 사실이다. 이러한 상황에서 학회 차원의 노력이 미흡했던 것도 사실이다. 따라서 전문대학의 경우는 우선 도립대학 및 중점 거점대학을 중심으로 행정학과를 설치하고 유지할 수 있도록 관련대학과 학회 차원의 다양한 노력을 하여야 할 것이다.

2. 전문대학의 인문사회 계열 기초 과목으로 회생 필요

현재 전문대학은 산업요구 중심의 인력양성을 위주로 국가직무능력 하에서 교과목이 개설・편성되고 있는 상황이다. 이는 기초과목은 줄이고 학과의 전문 과목 중심으로 최소 과목으로 편성하고 있다. 그리고 계열별 모집단위에서 학과별 모집단위로 전환이 이루어지고 있다. 이러한 현실에서 계열 기초과목으로 회생하기는 쉽지 않을 전망이다.

반면에 교육, 사회복지 등 공공영역의 범위에 포함되는 학과에 대해서는 기초과목으로 운영이 가능할 것이며, 기타 자격증 관련 과목에서 행정학이 주요 과목으로 편입이 되도록 노력을 해야 할 것이다.

3. 전문대학 유사계열에서 행정학 핵심과목 적용 노력

앞에서 보듯이 충청대학의 경우 경찰행정이지만 행정학 전임교수들이 중심이 되기에 교과목 개설이 가능하다. 다른 대학의 경우에는 점차 특성화된 전임교수의 진입으로 행정학 관련 교과목이 축소 폐지되고 있는 상황이다. 현재 유사관련 학과에서도 과거 행정학 전임교수들이 있어서 유지되는 것이다.

따라서 유사계열의 행정학 핵심과목의 적용문제는 유사계열의 학과에 행정학 관련 전임교수의 진입이 우선시되어야 할 것이다.

그리고 유사계열 학과에 행정학 관련 자격증을 취득할 수 있도록 하는 것이다. 자격증과 관련된 기본과목을 이수하면 자격증을 부여하는 방법이다. 현재 사회복지사나 평생교육사, 청소년지도사 등도 일정한 과목을 이수하면 자격증이 부여되고 있는 실정이다.

4. 기 타

우선, 행정학 관련 자격증의 발굴이다. 현재 행정학 관련 자격증은 국가공인자격증은 없고 민간자격증 중심으로 이루어져 있다. 민간자격증을 국가공인자격증으로의 전환이 필요하다. 그리고 관련 자격증을 취득하면 국가공무원시험에 가산점을 부여하도록 노력을 해야 할 것이다.

다음으로, 9급 행정직 시험의 행정학과목 필수과목화이다. 현재 공무원시험에서 행정학이 선택과목으로 되어 있다. 적어도 행정관련 공무원 시험에서는 행정학 개론이 필수과목으로 전환되어야 할 것이다.

Ⅴ. 결 론

국가사회 발전계획에 발맞추어 수준 높은 양질의 기술개발과 이에 따른 인력을 양성·배출함으로써 국가사회에 이바지하려는 목표를 달성하는 데 많은 기여를 한 전문대학 행정학과는 우리 사회의 발전과 변화에 따라 많은 변화를 겪어왔다. 이러한 변화과정은 본고의 Ⅱ장에서 살펴본 바와 같이 전문대학 행정학과 학생 수 및 과목 변화에서 살펴볼 수 있었다.

전문대학 행정학과 출신들이 전문대학의 교육 목표보다는 공무원 시험이나 편입에 치중하면서 전문대학의 교육 목표에서 멀어지고 쇠퇴하는 결과를 초래하게 되었다. 물론 전문대학 행정학과의 쇠퇴가 이러한 원인에만 있는 것은 아니다. 즉, 전반적인 학령인구의 감소와 더불어 대학지원 인력이 줄어든 점, 우후죽순 식의 많은 대학들의 설립과 행정학과와 유사한 학과의 설립, 공무원시험 합격의 어려움 등으로 지원학생이 줄어든 데에도 원인이 있다. 결국 전문대학 행정학과는 폐지하거나 경찰행정, 사회복지 등의 유사 학과로 전환하면서 생존을 위한 노력의 과정에서 쇠퇴의 길로 갈 수밖에 없는 운명에 처해 있다.

어쩌면 전문대학의 행정학과 회복은 영원히 불가능한 사안이 될지도 모른다. 즉, 전문대학 행정학과는 전통적인 행정학과에서 탈피하여 경찰, 경호, 복지, 소방 등 다양한 분야를 추가하면서 적응해 나가는 것이 현실적일 것이다. 따라서 전문대학에서는 행정학과의 신설보다는 유사계열의 핵심과목 적용이나 인문사회계열의 기초과목으로의 회생이 현실적인 대안이 될 수 있다. 이에 따라 전문대학에서 핵심 및 기초과목으로서 행정학이 유지되어야 4년제 대학 행정학과의 편입인력이 유지될 수 있다.

더 문제가 되는 것은 전문대학 행정학과의 쇠퇴는 지방 4년제 대학 행정학과의 미래 방향이 될 수 있다는 것이다. 현재 지방 4년제 대학 상당수의 행정학과가 유사전공으로 전환되는 실정이다. 따라서 전문대학이나 지방 4년제 대학 행정학과의 폐지가 진행되는 절박한 상황에 직면하여 학회에서는 특단의 노력이 필요하다. 즉, 한국행정학회나 기타 행정학과와 관련된 학회에서는 행정학을 유지하기 위해, 아니, 회생시키기 위해 행정직 9급에서 행정학의 필수과목으로의 전환, 토플 또는 토익 정도의 영향력이 있는 행정학 관련 자격증제도의 도입[2] 등 특단의 노력을 해야 한다.

---

2) 이러한 자격증은 행정학의 일정한 과목으로 시험을 보고 자격증을 취득하면, 공기업이나 민간기업 시험에서 자격증으로 적용하게 하는 방안 등 다양한 연구가 필요하다.

제 2 장 행정학 교육과 졸업생의 취업

1 행정학 교육의 현실과 과제

제갈욱(순천향대학교) · 김태영(서울시립대학교)

Ⅰ. 머리말

세계화에 따른 국내 고등교육의 패턴은 단계별 산업을 통한 역동적 패러다임에 따라 양적인 측면에서 눈부신 성장을 이룩하였다. 한국의 행정학에 대한 관심은 1940년대 후반 서울대(1948년)에서 출발하여 1950년대 합리적인 행정에 대한 사회적인 요구에 부응하기 위하여 제주대(1952년, 개발행정), 부산대(1954년), 고려대(1955년), 중앙대(1955년) 등에서 교육적 기반이 제도화되고 형성되었다. 한국에서 행정학 교육이 도입된 배경을 살펴보면, 정부수립 이후 합리성을 추구하는 서구의 관료제가 행정조직에 도입됨에 따라 공공부문에서 보다 효율적인 문제해결과 관리능력이 필요하게 되었고, 이를 실현하기 위한 현실적이고 실무적인 행정관리지식과 관리기법에 관한 교육이 시급하다는 인식이 확산되면서 행정학이라는 학문과 실제적인 행정에 대한 연구와 교육에 관한 요구가 증대되기 시작하였다. 이런 추세와 사회적인 요구에 의해 행정학의 영역은 양적 · 질적인 면에서 급속하게 확장하고 발전하게 되었다.

지난 60여 년 동안 모든 대학의 행정학과들은 관련 학회와 정부의 협조를 받아 행정학의 급속한 성장에 따른 대학의 교육 여건을 개선하기 위하여 꾸준하게 노력하여 왔다. 이러한 노력에는 교수요원과 수업의 질 향상, 시설 및 재정 확충, 정보화 등 교육, 연구, 사회봉사라는 대학의 주요 3대 기능 중심으로 질적 개선을 위한 계획 수립, 대학교 교육의 평가척도 개발, 평가 실시가 이루어져 왔다. 또한 대학교육 수월성 제고 및 경쟁력 향상을 위하여 대학경영의 혁신과 대학교육의 질 관리는 대학정책의 중요한 쟁점으로 부각되고 있다(이제봉, 2000). 이러한 노력들은 현재 212개 4년제 대학과 147여 개 전문대학에서 행정학에 관련된 전공에서 지속적으로 진행되고 있다.

최근에 와서 대학교육은 민주화·정보화·국제화·지방화 등의 대내·외적인 환경변화에 지속적인 영향을 받고 있으며 행정학도 다양한 변화의 흐름에서 예외일 수는 없었다. 이런 변화에 대처하기 위한 노력은 각 대학과 관련 학회 및 정부기관의 핵심적인 과제로 부각되게 되었다. 수년 전 행정학계의 주요한 화두 중의 하나였던 '행정학의 위기'는 아직도 그 논의의 완결을 보지 못하고 있는 듯하다. 어쩌면 지난정부에 비해 행정학자들의 정치권과 행정부처에의 진출이 더 활발한 참여정부시대에 오히려 이 위기와 위기의 극복에 관한 논의가 더욱 심도 있게 논의될 필요성이 있어 보인다. 그 이유는 먼저 행정학 전공 졸업생들의 주요 수요처인 동시에 행정학의 연구 대상인 행정조직이 변화하는 현상에서 찾아볼 수 있다. 행정학은 지금까지 행정조직에 많은 인재를 공급하여 왔으며, 행정조직 역시 고시 중심의 인재채용방법 등을 통하여 행정학의 성장에 기여함으로써 행정학계와 행정조직은 모두 행정학과 행정의 발전을 위하여 상부상조하여 왔다고 할 수 있다.

그러나 인력수급에 관한 행정학계와 행정조직의 이러한 상부상조의 기조는 바뀌고 있는 듯이 보인다. 개방형 임용제의 확대와 고시제도의 개편은 지금까지 행정조직에 주요 인재공급원의 역할을 하던 행정학계의 역할 축소의 가능성과 함께 행정학의 교육내용과 그 방식에서의 변화를 주문하고 있다. 따라서 본 연구는 행정학 교육을 둘러싼 지난 60여 년간의 전반적인 변화 상황과 1995년 정부적인 차원에서 대학에 제시된 학부제 정책에 따른 행정학과와 교육내용의 변화 및 지속성을 살펴봄으로써, 미래지향적인 측면에서 행정학계 발전에 필요한 자료를 제공하고자 한다.

Ⅱ. 행정학 교육 실태 및 현황

1. 행정학 교육의 현황

한국 행정학 교육이 최초로 도입된 것은 1948년 서울대에서 시작되었으며, 서울대학교는 미국 미네소타대학과 행정학 연구의 교류를 통해 진행되었고, 1961년도에 한국행정연구회(1956년 설립)가 한국행정학회로 개편되면서 행정학에 대한 연구 및 교육이 본격화되었다(김판석, 1995; 1508－1509). 당시 행정학 교육의 수혜자는 중앙공무원을 대상으로 조직·인사·재무 위주의 행정학 기초이론 중심으로 교육이 진행되었다. 특히 조직·인사·재무 위주의 교육은 행정학 중심 교육이 되었으며, 당시 정인홍(당시 서울대 법대 교수)이 1955년에 출간한 행정학 교과서의 기본이 되었고, 현재 행정학 교육의 기본적인 틀이 되었다.

〈표 1〉 2016년 전국 17개 지역 지역별 대학분포

지역	국공립[1)]	국공립[2)]	행정학전공[3)]	유사전공[4)]	학부제[5)]	석사[6)]	박사	대학
서울	7(4)	0	24(2)	0(1)	9(0)	20	21	62
인천	2(1)	0	2(0)	0(1)	1(0)	2	2	7
광주	3(1)	0	4(0)	0(1)	2(0)	4	4	18
부산	4(2)	0	6(0)	0	3(0)	6	6	25
울산	1(0)	0	1(0)	0	1(0)	1	1	4
대구	3(1)	0	2(0)	0	0	2	2	12
대전	3(2)	0	6(0)	0(3)	1(1)	5	5	17
강원	3(2)	1(0)	8(1)	0(1)	2(0)	6	6	20
경기	1(1)	1(0)	12(1)	0(2)	6(0)	9	9	64
경남	4(2)	2(0)	6(0)	0	4(0)	4	4	21
경북	2(1)	1(1)	7(1)	1(2)	2(0)	6	6	38
전남	3(2)	1(0)	2(0)	0	1(0)	2	2	19
전북	3(2)	1(0)	6(0)	0	2(0)	4	2	21
충남	3(1)	1(1)	9(1)	2(1)	3(1)	6	6	24
충북	4(2)	1(1)	5(0)	0(1)	1(0)	4	3	18
제주	1(1)	0	2(0)	0(1)	0	1	1	4
세종	0	0	1(0)	0(1)	0	0	0	4
합계	47(25)	9(3)	103(5)	3(15)	38(2)	82	80	378

그 후 대학교육은 지속적으로 성장하였으며, 현재 전국에 분포되어 있는 대학수는 총 378개 대학(4년제+2년제)으로 4년제 대학 212개, 2년제 147개, 그리고 사이버대학 19(17+2)개 대학으로 조사되었다. 특히 행정학 전공분야는 행정학 전공수 108개, 행정학 유사 전공수 18개로 전국에 분포되어 있다.

[그림 1] 전국 17개 지역별 행정학 전공 대학 분포

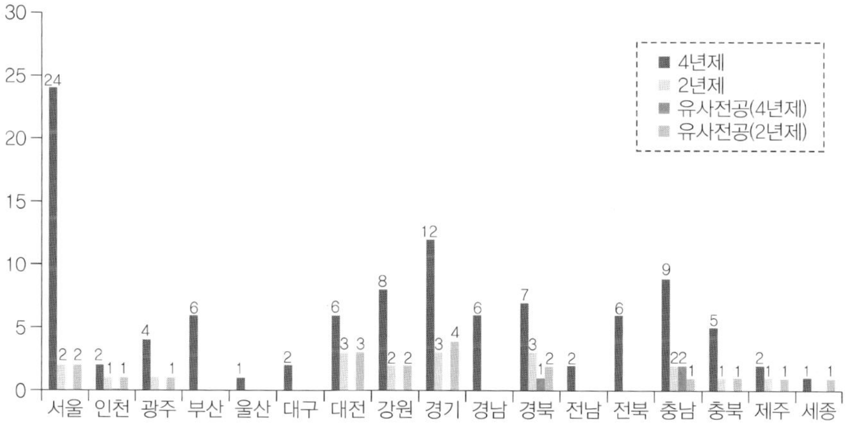

특히, 대학에서 행정학과 관련된 교육의 증가율이 높았던 시기는 1970년대부터 2000년대까지로 전체의 83%를 차지하는 것으로 나타났다(제갈욱, 2006). 현재 전국 행정학 전공 대학 분포는 전국 총 378개 대학 중 4년제와 2년제 총 108개 대학에 행정학 전공이 개설되어 있으며, 지역별로 서울 24.1%, 경기 12.1%, 충남 9.3%, 대전·강원 각

1) 4년제 중 국·공립대학(행정학전공)
2) 2년제 중 국·공립대학(행정학전공)
3) 행정학 전공수: 4년제(2년제), 고려대(세종), 연세대(원주), 동국대(경주), 건국대(충주) 포함.
4) 유사행정학 전공수: 4년제(2년제)
5) 학부제: 4년제(2년제)
6) 대학(4년제+2년제+사이버대학)
※ – 행정학 전공 수에서는 이원화 캠퍼스 중 행정학 전공이 개설 된 지역을 중심으로 대학 개수를 합산함. 예를 들어, 경기도가 본교인 명지대는 경기도에 행정학 전공이 없기 때문에 경기도에 포함시키지 않고 서울에 포함.
– 지역별 전체 대학에서는 이원화 캠퍼스 중 본교를 중심으로 지역별 대학 개수를 합산함. 행정 학 전공수에서 서울에 포함시킨 명지대를 지역별 전체 대학 개수에서는 경기도가 본교이기 때 문에 경기도에 포함.
– 378개 대학 이외에 대학원 대학 44개, 육군사관학교, 공군사관학교, 해군사관학교, 국방대학교, 국군간호사관학교, 경찰대학, 육군3사관학교, 국가정보대학원은 제외.

각 8.4%, 경북 7.4%, 부산 · 경남 · 전북 각각 5.6%, 충북 4.7%, 광주 3.7%, 인천 · 제주 · 대구 · 전남 각각 1.9%, 세종 · 울산 각각 1.0%로 분포되어 있다. 이 결과를 그림을 통해 살펴보면 [그림 2]와 같다.

[그림 2] 행정학 전공대학 유사전공 및 순수전공 증감추이

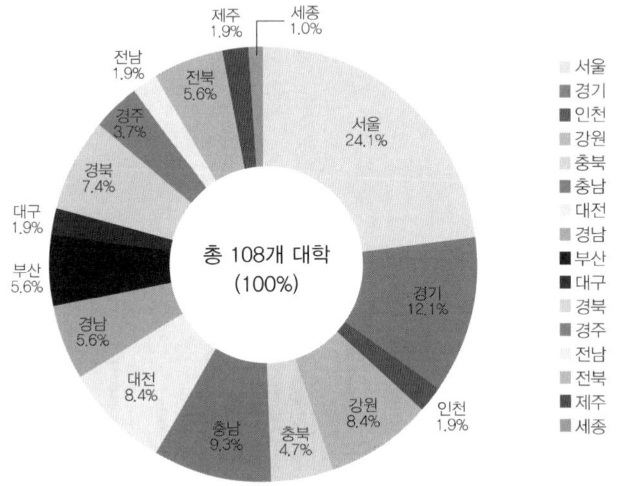

행정학 전공에 관련된 순수전공과 유사전공의 변화추이를 살펴보면, 2010년에서 2014년의 경우 순수전공은 감소한 반면에 유사전공의 경우에는 증가하고, 2014년에서

[그림 3] 행정학 전공대학 유사전공 및 순수전공 증감추이

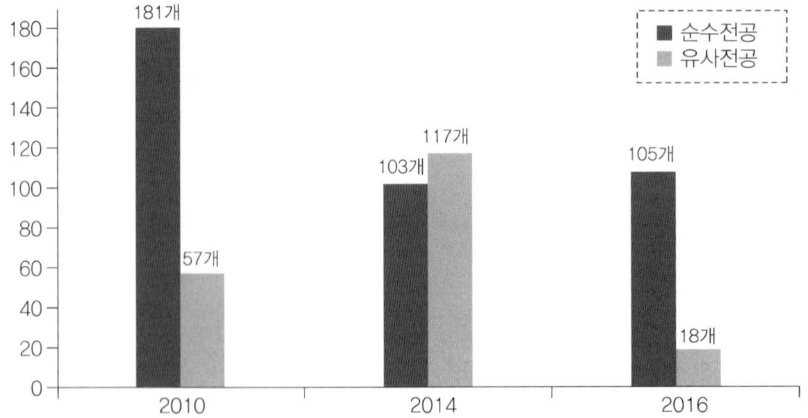

2016년의 경우에는 반대 현상으로 순수전공은 증가하고 유사전공은 감소하는 결과를 나타내고 있다. 결과적으로 전국 총 378개 대학 중 4년제 103개, 2년제 5개 대학(총 108개 대학)에 행정학 전공이 개설되어 있으며, 유사 행정학 전공의 경우 4년제 3개, 2년제 15개 대학(총 18개 대학)에 유사전공이 개설되어 있다. 또한 순수전공과 유사전공 전체의 수는 2010년과 비교하면 2016년은 대폭 감소하였고, 2014년과 2016년 사이에는 유사전공의 수가 117개에서 18개로 급격히 감소하였다.

2. 행정학 전공과 연계된 유형별 대학 분포 현황

1) 국 · 공립 대학

전국 국 · 공립대학 중 4년제는 47개 대학으로 그중에서 25개(53.2%) 대학에 행정학과 및 행정학 유사전공이 개설되어 있다. 또한 전국 2년제 국 · 공립대학은 9개 대학으로 그중에서 3개(33.3%) 대학에 행정학과 및 행정학 유사전공이 개설되어 있어 2년제에 비해 4년제의 경우에 보다 많은 대학에서 행정학 전공을 개설하고 있는 것을 알 수 있다.

[그림 4] 전국 17개 지역별 행정학 전공대학 국 · 공립 분포

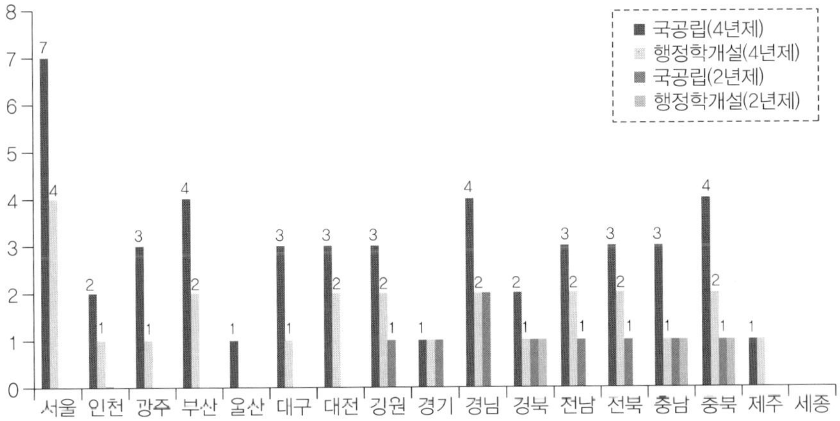

2) 학부제 및 대학원과정 분포

전국 4년제 38개 대학이 학부제로 구성되어 있다. 또한 대학원의 경우 석사과정은 82개 대학, 그리고 박사과정은 80개 대학에 존재한다.

[그림 5] 전국 17개 시역별 행정학 진공대학 국·공립 분포

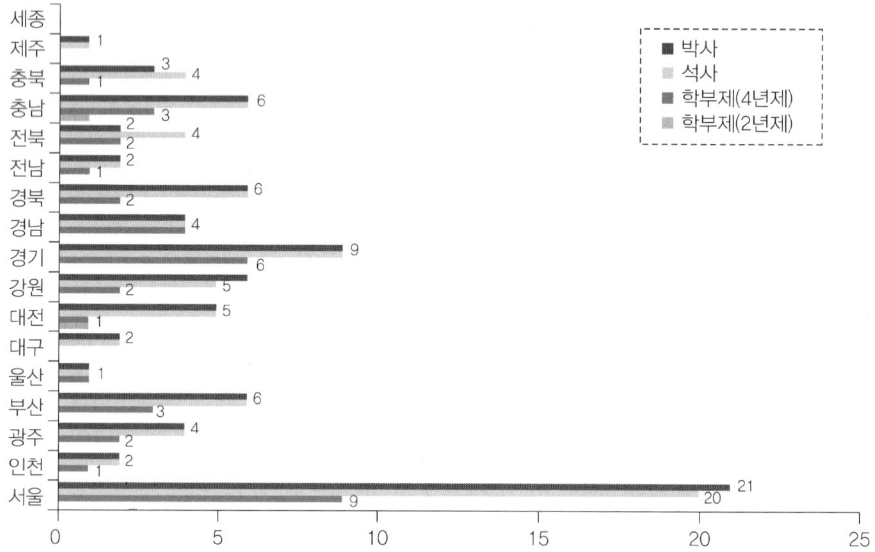

3. 졸업생 변화 추이

1) 졸업생 수 변화(24개 대학)

24개 대학[7] 신입생 수 평균은 약 65명(65.2%), 재학생 수는 약 269명(269.1%)으로

[그림 6] 2012년도 24개 대학 졸업생 수 변화

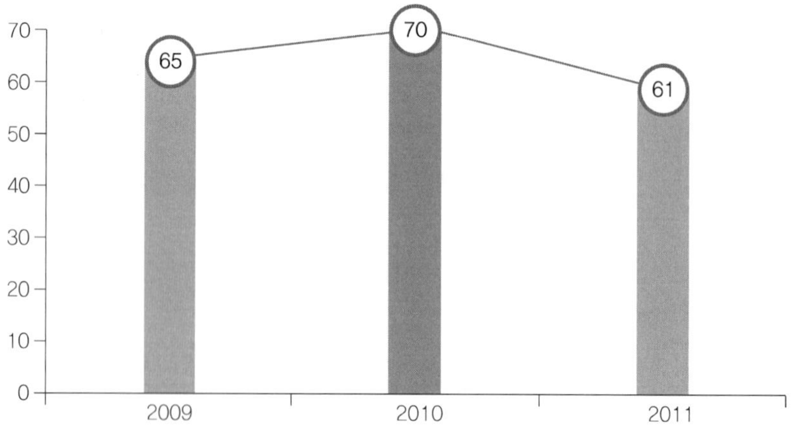

7) 가톨릭대, 강남대, 경남대, 경상대, 계명대, 고려대(세종), 공주대, 동국대(경주), 동아대, 배재대,

추정되며, 졸업생 수는 2009년 약 65명, 2010년 약 70명, 2011년 약 61명(69.2%)으로 나타났다.

2) 졸업생 취업실태(24개 대학)

대학 졸업 후 취업실태를 분야별로 살펴보면, 민간기업 37.8%, 일반공무원 8.9%, 대학원 진학 5.1%, 경찰공무원 5.0%, 연구소 및 전문기관 5.5% 순이고, 기타 37.7%이며, 민간기업이 가장 높은 비중을 차지하고 있다.

[그림 7] 2012년도 24개 대학 졸업생 취업실태

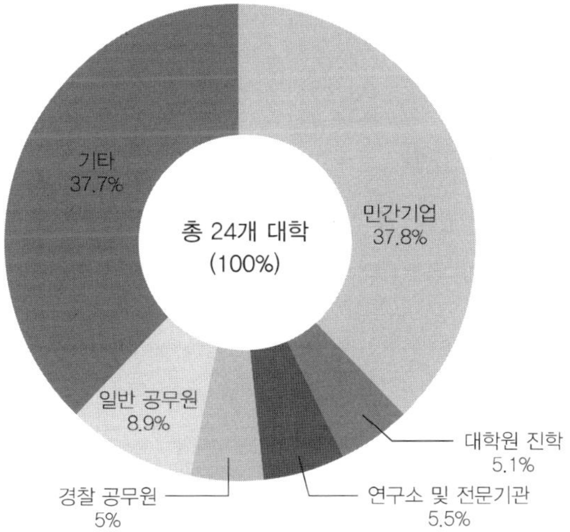

Ⅲ. 행정학 교육의 현실

전국 4년제 행정학 전공을 설립연도별로 살펴보면 1970년대~1990년대에 집중되어 있다. 분석 자료에 의하면 1960년대 이전 8%, 1970년대 21%, 1980년대 24.6%, 1990년대 33%, 2000년대 5.8%, 그리고 2010년대 이후 0.7%로 나타났다.

성결대, 순천향대, 신라대, 안동대, 연세대, 연세대(원주), 인천대, 인하대, 전남대, 조선대, 청주대, 초당대, 충주대, 한중대.

[그림 8] 전국 4년제 대학 행정학과 개설 증감추이

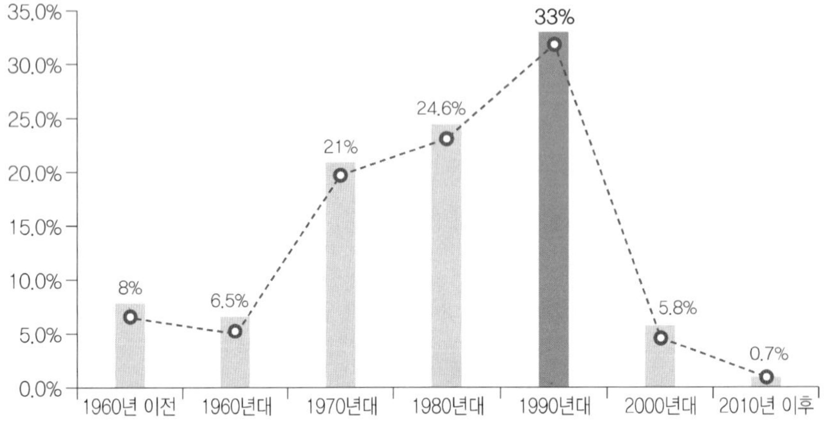

1. 학부제 변화 추이(4년제)

학부제는 초기 14.8%, 2010년 44.3%로 29.5% 증가하였으나, 2014년 21.4%로 2010년에 비해 22.9% 감소하였다. 2016년에는 36.2%로 다시 14.8% 증가하였다. 또한 학과제는 초기 85.2%에서 2010년 55.7%로 29.5% 감소하였고 2014년 78.6%로 2010년에 비해 22.9% 증가하였다. 2016년에는 63.8%로 14.8% 감소하였다.

[그림 9] 전국 17개 지역 행정학 전공대학 학부제 및 학과제

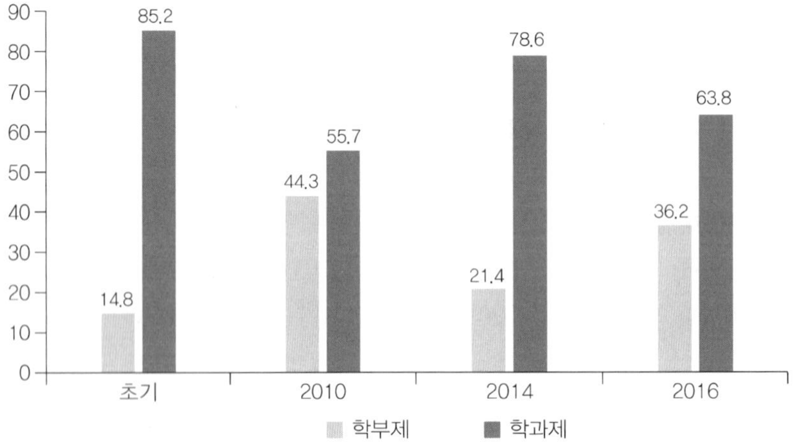

2. 대학원 변화 추이

1) 2010년

2010년 행정학 전공 관련대학 115개 중 석사과정이 개설된 대학은 98개(85.2%), 특수전문대학원이 개설된 대학은 62개(53.9%), 행정대학원이 개설된 대학은 33개(28.7%)이며, 박사과정이 개설된 대학은 조사대상 115개 대학 중 77개(67.0%)로 나타났다.

2) 2014년

2014년 행정학 전공 관련대학 139개 대학 중 석사과정이 개설된 대학은 96개(69.1%), 특수전문대학원이 개설된 대학 55개(39.6%), 행정대학원이 개설된 대학은 30개(21.6%)이며, 박사과정이 개설된 대학은 조사대상 139개 대학 중 84개(60.4%)로 나타났다.

[그림 10] 대학원 변화추이

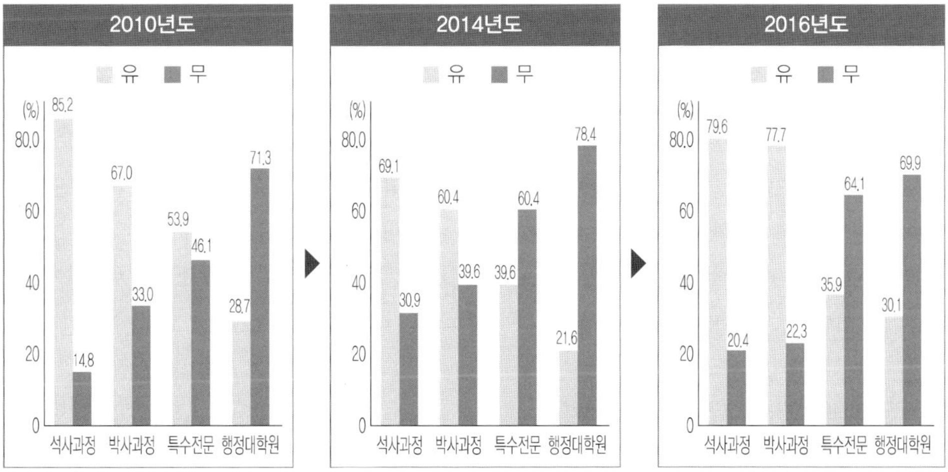

3) 2016년

2016년 행정학 전공 관련대학 103개 대학 중 석사과정이 개설된 대학은 82개(79.6%), 특수전문대학원이 개설된 대학은 37개(35.9%), 행정대학원이 개설된 대학은 31개(30.1%)이며, 박사과정이 개설된 대학은 조사대상 103개 대학 중 80개(77.7%)로 나타났다.

3. 행정학전공을 중심으로 한 2년제 대학의 상황

1) 학부제 유무(2년제)

조사대상 20개 2년제 대학 중에서 학부제가 시행되고 있는 대학은 2개(10%), 시행되지 않는 대학은 18개(90%)로, 2년제는 학부제가 시행되지 않는 대학의 비중이 높은 것으로 나타났다.

2) 전공별 분포(2년제)

2016년 20개 2년제 대학을 행정학에 관련된 세부전공에 따른 분포를 살펴보면, 경찰행정 25%, 행정 및 지방행정 25%, 복지행정 15% 등으로 나타났으며, 경찰행정, 행정 및 지방행정, 복지행정의 분포영역이 가장 높은 것으로 나타났다.

4. 행정학 교육의 현장

행정학을 교육하는 과정은 학사 · 석사 및 박사과정 그리고 전문대학의 행정학에 관련된 전공으로 구분할 수 있다. 전국의 행정학전공에 관련된 대학들의 설립연도, 설립유형, 지역과 설립 당시 유형과 최근 유형 등을 살펴보면 <표 2>[8]와 <표 3>과 같다.

<표 2>에서 행정학 전공에 관련된 유형(초기)과 현재 유형에서 의미하는 것은 1995년 이후 도입된 학부제의 변화추이와 사회적으로 요구되는 전문성에 부응하여 석 · 박사 과정을 포함한 대학원의 관심도의 변화에 대해 알아보고자 하는 것이다. 본 연구에 의하면, 연구대상 대학의 학부제 시행은 초기에는 6.6%(6/91)에서 현재에는 36.4%(36/99)인 상태이다.

1) 대학: 학사 · 석사 · 박사과정

(1) 학사과정

2016년 현재 전국 4년제 대학의 행정학(전공)과는 103개(4개 분교 포함)[9]이다. 연도별로 행정학과가 개설된 학교 수를 보면, 1940년대 1개교, 1950년대 5개교, 1960년대 12개교, 1970년대 23개교(1개 분교 포함), 1980년대 30개교(4개 분교 포함), 1990년대 23개교(1개 분교 포함), 2000년대 6개교이다. 전체 91개교 중에서 6개교를 제외한 85개교

---

8) 부록 <표 1> 참조.

9) 전국에 분교는 건국대(글로컬), 고려대(세종), 동국대(경주), 상명대(천안), 연세대(원주), 한양대(ERICA), 홍익대(세종)로 총 7개 대학이며, 그 중 행정학과가 설치된 분교는 건국대(글로컬), 고려대(세종), 동국대(경주), 연세대(원주)로 총 4개 대학이다.

가 개교 당시에 학과제로 시작하였다. 그리고 2006년 연구대상 행정학 전공이 개설된 105개 대학 중 54%(57개교)가 학부제가 시행되었고, 2016년 현재 99개교 중에서 36%인 36개교가 학부제로 운영 중이고, 전체의 64%인 64개교가 학과제로 운영되고 있다.

이런 현상은 1995년 학부제가 시작된 이후 학부제가 증가하여 2006년에 54%에서 2016년에는 36%로 감소하는 현상을 나타내고 있다. 이런 현상은 대학 특히 행정학전공의 경우 학부제보다 학과제의 비중이 점차 증가하고 있는 현상을 나타낸다.

(2) 석사과정

대학원을 개설하고 있는 대학은 일반대학원(석사과정)은 82개교이고, 행정대학원 30개교, 특수대학원[10] 34개교이다. 그 분포를 보면, 경영행정대학원(13개), 정책대학원(4개), 산업대학원(4개), 그리고 정보과학행정, 도시행정, 정치경영, 부동산행정, 사회개발, 복지행정, 기술경영행정, 법무행정, 법무경영, 정보산업, 경영행정복지 등이다. 따라서 일반대학원과 행정대학원을 포함한 특수대학원의 분포는 비슷한 수준인 것으로 보인다.

(3) 박사과정

2016년 전국에 행정학 박사과정을 개설하고 있는 학교는 80개가 있다. 개교 연도를 살펴보면, 1960년대 3개교, 1970년대 8개교, 1980년대 19개교, 1990년대 13개교, 그리고 2000년대(2000~2015년까지)에는 23개교이며, 11개교가 박사과정을 개설하였다. 또한 행정학과 설립시기와 박사과정 설립 현상을 살펴보면, 학과설립이 79년 이전인 경우에는 93%, 80~89년에 학과가 설립된 경우에는 80%, 90년대에 학과가 설립된 경우에는 약 42%가 박사과정을 개설하고 있으며, 2000년대 이후 개설된 6개교의 경우에는 박사과정이 개설된 학교가 존재하지 않는다. 결론적으로, 전국 행정학과의 약 72%가 석·박사과정의 대학원을 개설하고 있다.

2) 전문대학

전국에 산재되어 있는 행정학 전공과 연계성이 있는 20개의 전문대학을 살펴보면 <표 3>과 같다. 연도별 분포는 1960년대 2개, 1970년대 1개, 1980년대 2개, 1990년대 8개, 2000년대 7개교 대학이다. 학교명은 90년대 중반 이후인 98년도에 많이 변경되었다. <표 3>에 나타난 대학들의 세부전공을 살펴보면, 개교 당시에는 이론적인 측면에 치우친 단순한 행정학 전공이 많았으나, 90년대 중반 이후부터는 각각의 전공이 이

---

10) 특수대학원 중 행정대학원을 제외한 대학원의 수이다.

론보다는 실무에 더 많은 비중을 두고 있으며, 또한 전공의 기본적인 이론은 행정학에 기초를 두고서 실무를 접목하여 "이론+실무"가 되어 실용적이고 현실적인 측면을 많이 고려하였다고 할 수 있다.

〈표 3〉 행정학 관련 전공이 개설된 전문대학 현황

(2016년 2월)

번호	대학명	설립연도	공사립	지역	전공
1	우송정보대학	1963	사립	대전	경호법무과
2	경북전문대학	1968	사립	경북	경찰행정과, 세무행정과
3	명지전문대학	1974	사립	서울	행정과
4	대전과학기술대	1988	사립	대전	주택부동산행정과
5	한림성심대학	1989	사립	강원	행정과
6	제주한라대학	1992	사립	제주	복지행정과
7	경인여자대학	1993	사립	인천	비서행정과
8	백석문화대학	1993	사립	충남	경찰행정전공
9	숭의여자대학	1998	사립	서울	비서행정과
10	충남도립대학	1998	공립	충남	자치행정과
11	경민대학	1999	사립	경기	자치행정과, 경찰행정과
12	한국영상대학	1999	사립	세종	경찰행정과
13	대덕대학	1999	사립	대전	경찰행정과
14	경북도립대학	2002	공립	경북	지방행정과
15	가톨릭상지대학	2004	사립	경북	보건의료행정과
16	서영대학	2009	사립	광주	보건행정과, 소방행정과
17	충청대학	2010	사립	충북	경찰행정과
18	대림대학	2010	사립	경기	국제사무행정과
19	세경대학	2012	사립	강원	의료복지행정과
20	경복대학	2015	사립	경기	복지행정과

3) 설립유형과 제도

한국의 대학교육은 1970년대부터 시작된 중화학공업을 중심으로 한 경제·사회발전에 따른 급격한 고급인력 수요 증대에 따라 1980년대 이후 실시된 계속적인 고등교육의 확대정책으로 인하여 한국의 대학은 대학 수와 대학 정원이 계속 급격히 증가하여 대중화되었다(주경란, 1999). 특히, 1990년대 접어들어 우리나라 대학교육의 가장 두

드러진 변화 중의 하나는 학부제 실시이다. 사회적으로 요구하는 질적인 측면에서의 향상을 위해 1995년 정부적인 차원에서 도입된 학부제가 전국에 산재된 행정학과에 미치는 영향을 살펴보면 다음과 같다: 소재지와 설립유형에 따라서 살펴보면, 4년제의 경우 수도권에 위치한 대학은 24%, 지방에 위치한 대학은 76%이고, 2년제의 경우 수도권에 위치한 대학은 10%, 지방에 위치한 대학은 90%이다. 설립유형에 의하면, 전체 행정학과 중에서 국·공립 30%, 사립 70%이다.

〈표 4〉 소재지와 설립유형에 따른 분류

구분		사례수	%	구분		사례수	%
소재지	수도권	24	24	설립유형	국공립	27	30
	지방	77	76		사립	74	70
	합계	101	100		합계	101	100

설립 유형과 학부제의 관계를 살펴보면, <표 5>에 나타난 것과 같이 국공립대학의 경우 학부제는 23%에서 27%, 사립대학의 경우는 11%에서 50%로 증가하였다. 또한 학과제는 국공립대학은 77%에서 73%로 조금 감소하였고, 사립대학은 89%에서 50%로 크게 감소하였다.

〈표 5〉 설립유형에 따른 학부제와 학과제 관계 비교

유형	초기				현재			
	학부제		학과제		학부제		학과제	
	사례수	%	사례수	%	사례수	%	사례수	%
국공립	6/26	23	20/26	77	7/26	27	19/26	73
사립	7/66	11	59/66	89	32/64	50	32/64	50
합계	13/92	14	79/92	86	39/90	43	51/90	57

Ⅳ. 행정학 교과과정에 대한 내용 분석

1. 교육의 현황 및 실태

한국의 행정학에 대한 관심은 1950년대 초 사회적인 변화와 요구에 의해 행정학 교육이 제도화되고 운영되기 시작하였다. 한국의 행정학 교육이 대학에서 시작된 이래 한국의 행정학 교육은 자체의 독자적인 영역을 계속적으로 확대하고 교육내용의 세분화 또는 전문화를 추구하여 왔다(윤재풍, 1987). 이런 추세와 사회적인 요구에 의해 행정학의 영역은 양적인 측면에서 확장되고 발전하게 되었다.

[그림 11] 행정학의 비중(1950년대~2000년대)11)

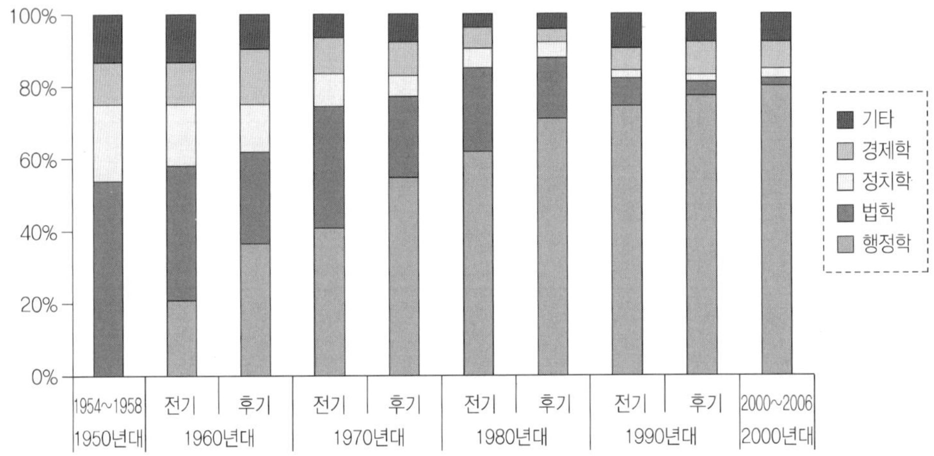

그러나 1995년 학부제의 도입과 전체 대학 지원자 숫자의 감소 영향으로 행정학 전공영역에서도 신입생의 수적인 감소현상이 나타나고 있는 것이 보인다. 예를 들면, 2000년 61개 대학을 대상으로 한 설문조사 결과에 의하면 평균 신입생 수는 약 75명, 평균 졸업생은 49명이며, 2004년 39개 대학을 대상으로 한 설문조사 결과의 경우 평균 신입생은 61명, 평균 졸업생은 54명이다. 2006년에는 105개 대학에서 행정학과 연계된 전공이 개설되어 있는 것으로 나타난다.12)

최근의 교육환경에 절대적인 영향을 미치는 국제화·정보화·민주화 상황들과 같은 사회적인 여건들은 대학교육이 다양하고 질 높은 서비스를 제공하여야 한다는 인식을 함축하고 있다. 이런 교육여건의 변화는 대학교육의 방향이 공급자 중심에서 수요자 중심으로 방향을 전환하여야 한다는 당위적인 전제를 인식할 필요성이 있음을 포함

11) [그림 11]에서 1950년대~1980년대 후기까지는 윤재풍교수의 「한국의 행정학 교육: 대학행정학과 학사과정을 중심으로」 논문의 내용의 "행정학의 비중"을 인용하였고, 1990년대 전기는 중앙대(95), 숭실대(95), 등 12개 대학의 각 항목별 평균치이며, 1990년대 후기는 인하대(98), 연세대(99) 등 20개 대학의 각 항목별 평균치이며, 2000년대는 2005년도에 조사된 단국대, 연세대, 인하대 등 8개 대학의 각 항목별 평균치이다.
12) 한국행정학회 2006년도 회원명부, 인터넷 참조.

하고 있다. 즉, 행정학 분야에서도 행정학의 수요자인 학생들과 행정학을 전공한 학생들을 필요로 하는 최종 수요자인 정부기관, 다양한 기업들이 과연 무엇을 필요로 하고 무엇을 대학에 요구하고 있는지 파악하는 것이 절실히 요구된다.

지난 50여 년간 사회적인 요구를 뒷받침하기 위해 지속적인 발전을 하고 있는 행정학교육은 지속적인 국제화, 정보화, 전문화, 세분화를 추구하고 있는 실정이다. 이러한 상황 속에서 행정학의 학문적인 비중을 살펴보면 [그림 11]에 나타난 것과 같이 행정학의 비중은 계속 증가하여 79.4%이고, 법학은 감소하여 2.2%, 정치학은 감소하다가 다소 증가하여 3.3%이고, 경제학은 90년대에 증가추세에 있다가 2000년대에 다소 감소하여 6.4%이다.

[그림 12]는 1960년대 이후 행정학 내의 여러 분야 중에서 각 분야별로 변화추이를 1986년 윤재풍교수의 연구결과를 토대로 조사한 것이다. 그 결과에 의하면, 1990년대 후반까지 기초관리와 비교발전분야 등은 대체적으로 감소하는 경향을 나타낸다. 그러나 1980년대 이후 조사방법과 계량분석, 정책(정책분석, 정책평가)분야가 점점 강화되는 현상을 나타내고 있다. 또한 [그림 12]에서 나타나는 대표적인 현상 중의 하나는 세계화와 정보화의 영향에 따른 기타 항목의 높은 비율이다. 이런 현상의 결과는 현실적으

[그림 12] 행정학의 분야별 비중13)

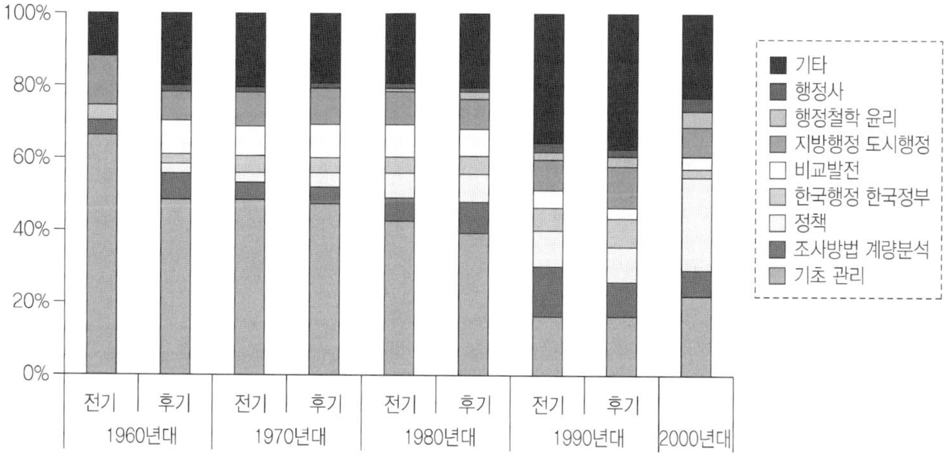

13) [그림 12]에서 1960년대 전기~1980년대 후기까지는 1986년 윤재풍 교수의 논문을 인용하였고, 1990년대 전기는 충남대, 국민대 등 10개 대학의 각 항목별 평균치를 사용하였고, 1990년대 후기는 대구대, 경북대, 충남대 등 10개 대학의 각 항목별 평균치이며, 2000년~2005년은 연세대, 인하대, 단국대 등 8개 대학의 각 항목별 평균치이다.

로 대학의 행정학과에서 컴퓨터와 정보, 영어영역 등의 분야의 다양화가 요구되고 있기 때문이다.

2. 행정학 교과과정을 통한 검토

행정학 교육은 과거 수십 년 동안 관료들의 권력남용, 부정·부패 등 일부 측면에서 문제점이 있었으나 전반적인 국가발전의 견인차 역할을 해 왔었던 것은 누구도 부인할 수 없는 사실이다. 그러나 최근 행정에 대한 비판이 가시화되면서 정부활동과 국가운영에 기본적인 이론과 지식을 제공하던 행정학 교육은 공적인 인격형성과 전문직업인으로서의 자질함양에 근원적인 한계가 있었음을 인식하게 되었다. 이와 같은 정부활동에 대한 부정적인 시각은 행정이 급속히 변화하는 환경에 적절하고 신속하게 대처하지 못한 결과로 초래된 당연한 결과라고 볼 수 있다. 마찬가지로 학문적인 측면의 행정학도 변화하는 상황에 필요한 과학적이고 실용적인 처방을 행정에 제공하지 못한 것이 비판의 원인이 되었음을 인정하여야 할 것이다.

위에서 언급한 변화하는 환경에 대처하기 위하여 행정학도 변화하는 환경에 대처하기 위한 여러 관련 학문에 비중을 두고 발전하기 시작하였다. 특히 1980년대 중반 이후 세계화와 정보화의 진전에 따른 컴퓨터의 급속한 보급과 정보화의 진전으로 행정학 관련 과목들이 다양화됨에 따라 상대적으로 법학, 정치학, 경제학, 기타 학문들의 비중이 계속적으로 감소하고 있다.

1) 개설과목 영역별 비교 및 검토

1950년대 이후 현재까지 행정학의 교과목은 계속적으로 급증하고 있는 추세이다. 1960년대 후기에 비교행정론과 발전행정론이 대부분 대학의 교과과정에 반영되었으며, 1970년대 전기에는 행정학사, 행정행태론, 행정학방법론 등의 이론 및 접근방법을 다루는 과목들이 추가되었으며, 1970년대 후기에 이르러 정책학이, 1980년대 전기에 이르러 관리과학, 행정계량분석, 정책분석 및 정책철학 등의 과목이 강의되기 시작하였다(윤재풍, 1987). 그 이후 행정학과에서 관심을 가지는 과목들을 분야별로 살펴보기 위하여 전국을 대상으로 2001년도 62개 대학과 2005년도 37개 대학의 행정학 전공프로그램에서 수집된 자료들의 결과는 다음과 같다.

(1) 공익의 이해

행정학의 궁극적인 목표는 양질의 공공서비스(public service)를 수혜자인 국민에게 제공하는 것이다. 서비스의 제공자와 수혜자의 입장에서 공익을 이해하는 것이 근본적으로 요구된다. 이런 점을 고려하여 행정학과에서 개설된 과목 중에서 공익의 이해를 위해 필요로 하는 과목은 <표 6>과 같다. 공익의 이해를 위해 기본적으로 학생들이 필요로 하는 과목으로 행정철학, 행정윤리, 행정학개론 등이 있다. 기타 항목에 포함된 과목으로는 복지행정, 규제행정론, 공공관리, 행정책임, 환경행정 등이 있다. 또한 1990년대 중반 이후 많은 사람들이 관심을 가지는 복지와 환경에 관련된 과목도 공익이해를 위한 교과목으로 제시되었다.

〈표 6〉 공익이해 관련과목

2005년			2001년		
구분	과목명	빈도(%)	구분	과목명	빈도(%)
1	행정철학	24.1	1	행정철학	15.9
2	행정윤리	17.2	2	행정학개론	9.0
3	행정학개론	15.5	3	행정윤리	8.3
4	정책학	10.3	3	정책학	8.3
5	복지행정	5.2	5	복지행정	5.5
6	기타	27.6	6	기타	53.0
합계		100.0	합계		100.0

(2) 능력개발

정보화와 세계화 추세의 강화는 개개인에게 다양한 전문적인 능력을 요구하고 있다. 개인의 전문적인 능력을 향상시킬 수 있는 분야를 크게 4개의 영역으로 나누어 분석하였다. 첫째, 합리적인 의사결정을 위해 필요한 문제분석 능력을 향상시킬 수 있는 과목, 둘째, 조직의 관리를 효율적으로 하기 위해 요구되는 관리능력과 관련된 과목, 셋째, 조직의 응집력을 향상시키기 위해 조직력과 조직, 개인과 개인의 관계성을 높이기 위해 필요한 이해 중재능력을 향상시킬 수 있는 과목, 넷째, 행정학의 특성을 살려 개인의 전문성을 향상시킬 수 있는 과목이다. 이상에서 언급한 4가지 사항들을 충분히 고려하여 행정학교육에 반영시킴에 따라 행정학을 전공한 학생들에게 개인의 능력개발을 통한 사회에 대한 기여도를 높일 수 있는 기회를 부여할 수 있을 것이다.

1980년대 중반 가트(GATT)의 8차 다자간협상인 우루과이라운드(Uruguay Round)이후 WTO(World Trade Organization)의 영향으로 세계화ㆍ국제화의 속도가 가속화되었고,

이에 따라 한 국가의 정책결정 범위와 그 속에서 매일 생활하고 있는 개인의 영역도 넓어지고 있다. 정부적인 차원에서 직면하고 있는 모든 문제들은 불확실성(uncertain), 복잡성(complicate), 범위 확장(broad)의 환경에 직면하고 있다(류지성 외, 1999). 이런 상황 속에서 문제점들에 대한 과학적이고 합리적인 해결책을 마련하기 위해 행정학과 학생들에게 연구방법론, 정책분석, 계량분석, 정책평가 등의 과목들의 강의의 필요성이 요구된다. <표 7>에서 보면, 연구방법론과 정책분석이 각각 26.8%로 가장 높은 비중을 차지하고 있고, 그 다음으로 계량분석(12.7%), 정책평가(9.9%), 관리과학(7.0%)이 높은 비중을 차지하고 있는 것으로 조사되었다.

〈표 7〉 문제분석능력

2005년			2001년		
구분	과목명	빈도(%)	구분	과목명	빈도(%)
1	방법론	26.8	1	방법론	21.4
1	정책분석	26.8	2	정책분석	17.9
3	계량분석	12.7	3	계량분석	14.3
4	정책평가	9.9	4	정책평가	9.3
5	관리과학	7.0	5	관리과학	6.4
6	기타	16.8	6	기타	30.7
합계		100.0	합계		100.0

〈표 8〉 관리능력

2005년			2001년		
구분	과목명	빈도(%)	구분	과목명	빈도(%)
1	조직(행태)	19(28.8)	1	조직(행태)	35(24.13)
2	인사행정	15(22.7)	2	인사행정	30(20.69)
3	재무행정	11(16.7)	3	재무행정	22(15.17)
4	행정관리	5(7.6)	4	행정관리	10(6.90)
5	정책학	2(3.0)	5	기획론	5(3.45)
5	사무관리	2(3.0)	6	사무관리	4(2.76)
7	기타	12(18.2)	7	기타	39(26.90)
합계		66(100.0)	합계		145(100.0)

<표 8>에서 살펴보면, 관리능력의 향상에 필요하다고 판단하는 과목은 2001년도와 2005년도의 조사에서 큰 변화가 없었으며, 다만 2001년도에 나타난 기획론이 2005년도에는 정책학으로 바뀌었다. 응답자들이 정책학의 어떤 측면이 관리능력의 향상에 필요하다고 판단하였는지 확인할 수는 없었다. 하지만 여타의 과목이 전통적으로 관리능력과 관련된 과목이라고 인식된 것을 생각한다면, 정책학이 관리능력을 위한 과목으로 인식되는 것은 관리에 대한 인식의 변화를 내포하고 있다고 추측할 수도 있다. 즉, 시화호, 새만금, 부안 방폐장, 천성산 터널 등의 국가정책의 정책과정에서 표류하는 현상이 이제는 정책도 하나의 '관리대상'으로 인식하게 한 것으로 판단되며, 앞으로 이에 대하여 연구를 통한 확인이 필요하다고 할 수 있다.

참여정부에 들어 아마도 가장 특징적으로 나타난 사회현상은 사회적 갈등이 예전보다 더욱 많이 표출되었다는 점을 들 수 있을 듯하다. 이러한 현상이 행정학 전공에서 중재능력의 관련과목 인식에 변화를 가져온 듯하다.

〈표 9〉 중재능력 관련과목

2005년			2001년		
구분	과목명	빈도(%)	구분	과목명	빈도(%)
1	정책학	6(14.3)	1	조직론	16(12.5)
2	협상론	5(11.9)	2	정책관련	14(10.9)
2	NGO	5(11.9)	3	정부(규제)관련	12(9.4)
4	갈등관리	4(9.5)	4	협상론	8(6.3)
4	리더십	4(9.5)	5	NGO	4(3.1)
6	조직론	3(7.1)	6	인사행정	3(2.3)
6	정부(규제)관련	3(7.1)	7	기타	71(55.5)
8	기타	12(28.6)	8		
합계		42(100.0)	합계		128(100.0)

<표 9>를 보면 행정학 분야별 관련 과목이 2001년과 2005년의 조사에서 가장 많은 변화를 나타내고 있는 것으로 나타났다. 특이한 점은 2001년도 조사에서는 중재능력 관련과목 중 1순위(12.5%)로 지목되는 과목인 조직론이 2005년도 조사에서는 6위(7.1%)로 하락한 것이다. 이는 중재의 필요성이 최근 우리나라에서 발생하는 사회적 갈등을 조직론 수준에서 다루는 것만으로는 부족하다는 것을 반영한 것으로 보인다. 사

회가 다원화되어 갈수록 이익갈등이 빈번해지고 그 해결 또한 다양할 수밖에 없음을 고려하면, 중재능력 관련 과목은 행정학 전공이 향후 더 중점을 두고 개발하여야 할 것으로 판단된다.

행정학의 학문적 성격이 종합 학문적이라는 점을 고려하면, 어쩌면 행정학은 본질적으로 전문성이 취약할 수밖에 없을지도 모른다. 이런 연유로 행정학과 졸업생이 일반기업체에 취업하거나 또는 군대에 가면 일차적으로 배치 받는 곳이 총무, 인사, 기획 담당부서일 가능성이 매우 높을 것이다. 두 번의 조사를 통하여 비교분석한 결과를 <표 10>에서 보면, 행정학계는 도구적 측면에서의 전문성 보다는 행정의 분야별 전문가를 추구하고 있는 것으로 판단된다. 그 이유는 2001년도에 2순위와 4순위로 언급되던 정책분석(10.4%)과 조사방법(6.7%)이 2005년도의 조사에서는 모두 7순위(4.3%)에 그치는 것으로 나타난 반면, 분야별 행정이라고 할 수 있는 도시행정, 지방행정, 복지행정, 재무, 환경행정 등이 모두 이에 앞선 순위로 언급되고 있기 때문이다.

〈표 10〉 전문성 관련과목

2005년			2001년		
과목	과목명	빈도(%)	과목	과목명	빈도(%)
1	정보관련	6(8.7)	1	정보관련	18(13.3)
1	정책학(평가, 집행)	6(8.7)	2	정책분석	14(10.4)
3	도시행정	5(7.2)	3	정책학(평가, 집행)	12(8.9)
3	지방행정	5(7.2)	4	조사방법론(통계)	9(6.7)
5	복지행정	4(5.8)	5	재무행정	6(4.4)
5	재무행정	4(5.8)	6	복지행정	6(4.4)
7	환경행정	3(4.3)	7	인사행정	5(3.7)
7	정책분석	3(4.3)	8	조직론	5(3.7)
7	조사방법론(통계)	3(4.3)	9	도시행정	5(3.7)
10	조직론	2(2.9)	10	환경행정	4(3.0)
11	기타	28(40.6)	11	기타	44(37.8)
합계		69(100.0)	합계		135(100.0)

어떠한 전문성이 행정학 전공 졸업자들에게 경쟁력을 더 줄 수 있을지는 알 수 없으나, 현재 행정학 교육을 담당하고 있는 학계는 분야별 행정을 중시하는 경향을 나타내고 있는 것으로 판단된다. 이는 어떤 측면에서 중요한 행정학계의 발전방향을 내포

하고 있다고 할 수도 있을 듯한데, 그것은 각 대학의 행정학 전공 프로그램이 일률적인 도구적 전문성을 추구하기 보다는 분야별로 특화하는 것이 그 생존 전략에도 적절할 수 있는 한편, 행정학의 다양성을 기하는 데 기여할 수 있을 것으로 보인다는 점이다.

2) 행정학전공 교과과정의 변화

급격한 사회적인 변화와 상황에 적절히 대처할 수 있는 인력을 양성하기 위해 교과과정의 변화가 절실하게 요구되고 있다. 이에 따라 본 연구는 행정학의 분야별 과목 변화에 대한 조사와 더불어, 어떻게 하면 사회 변화에 능동적으로 대처할 수 있도록 행정학이 변화할 수 있을까하는 가능성을 모색하기 위해 행정학의 교과과정 개편 시 추가할 필요가 있는 과목과 폐지하여야 한다고 생각하는 과목을 조사하였다. 2001년도와 2005년도의 설문에 응답한 사람들이 각 대학의 행정학과장 또는 주임전공교수이기 때문에 비록 확실하지는 않지만 이들의 의견이 소속 학과(학부)의 의견을 대표한다고 추정하였다.

〈표 11〉 추가과목

2005년			2001년		
구분	과목명	빈도(%)	구분	과목명[14]	빈도(%)
1	전자정부	4(7.5)	1	정보체계	10(10.86)
2	정보	2(3.8)	2	정책분석	5(5.43)
2	행정혁신	2(3.8)	3	계량분석	4(4.35)
2	경찰행정	2(3.8)	3	정책평가	4(4.35)
2	행정실무	2(3.8)	3	사무관리	4(4.35)
2	행정법	2(3.8)	3	회계학	4(4.35)
2	복지행정	2(3.8)	3	행정실무	4(4.35)
8	기타	37(69.8)	8	기타	57(61.96)
합계		53(100.0)	합계		92(100.0)

먼저, 추가하고자 하는 과목은 <표 11>에 나타난 바와 같이 2001년 및 2005년 모두 정보관련 과목이 언급되고 있다는 점이며, 현재가 정보화의 시대임을 반영하는 것이라고 할 것이다. 특히 조직에서 행정활동의 보조 및 촉진 기능, 결합 기능, 정보처

14) 과목명으로 행정개혁 3(3.26), 환경행정 2(2.17), 북한행정 2(2.17), 국제행정 2(2.27), 통계(방법론) 2(2.17) 등이 있다.

리 기능, 업무수행 기능 등의 사무관리 역할을 요구하고 있다(제갈욱 외 3인, 2016). 둘째, 2001년도에는 도구적 전문성을 강화하려는 과목으로 간주할 수 있는 정책분석, 계량분석, 정책평가 등이 상위 우선순위의 추가과목으로 언급되었으나, 2005년의 조사에는 전혀 다른 경향이 나타나고 있다. 이 결과에서 유추할 수 있는 사실은 이들 과목이 2001년 이후 교과과정개편에서 이미 반영되어 더 이상 추가의 필요성이 없거나, 아니면 행정학을 전공하는 학생들이 대체로 수리적 계량분석 분야의 과목을 기피하여 이들 과목에 대한 수요가 소멸되었을 가능성이 있다. 또 다른 가능성은 최근 취업과 관련하여 도구적 전문성 보다는 분야별 전문성이 취업에 더 유리하여 이들 과목에 대한 학생들의 선호가 줄어들었을 것으로 해석할 수 있다. 2005년도의 조사에서 특기할만한 점은 경찰행정학 과목과 행정법이 추가과목으로 언급되었다는 점이다. 이들 과목에 대한 관심의 증가는 최근 어려운 경제사정으로 인하여 대학 졸업생들의 취업이 매우 어려워져서 상대적으로 공무원에 대한 선호도가 급속도로 상승하고 있는 사회적 분위기와 무관하지 않는 것으로 판단된다. 경찰행정의 경우 행정학과(전공) 졸업생의 진로가 경찰에의 비중이 증가하고 있고, 또한 이와 관련하여 많은 신입생을 유치할 목적으로 각 대학이 경찰행정과목을 신설하고 있는 것으로 판단된다. 행정법의 경우도 마찬가지로 공무원 시험에서 행정법이 차지하는 비중이 행정학과 동일하거나 오히려 합격에 더 많은 비중을 차지하고 있는 현실을 감안하여 행정학과 자체적으로 행정법 강의를 개설하여 학생들의 편의를 도모하고 공무원 시험에서 합격률을 높이려는 것이 각 대학의 공통된 생각으로 판단된다.

〈표 12〉 폐지과목

2005년			2001년		
구분	과목명	빈도(%)	구분	과목명	빈도(%)
1	비교발전행정론	5(15.8)	1	비교발전행정론	11(12.9)
2	관료제론	2(7.4)	2	행정세미나	6(7.1)
2	재정	2(7.4)	3	지역개발	5(5.9)
2	국제행정	2(7.4)	3	기획론	5(5.9)
5	기타	16(62.0)	5	기타	58(68.2)
합계		27(100.0)	합계		85(100.0)

그리고 각 대학에서 폐지하여야 한다고 생각하는 과목으로 조사된 결과를 <표

12>에서 보면, 폐지 과목으로 지적된 과목 1순위는 2001년도 조사와 2005년도 조사에서 모두 비교발전행정론으로 나타났다. 2001년도에 폐지 1순위로 지적되었음에도 2005년도에도 여전히 1순위로 나타났다는 점은 과목의 폐지가 추가보다 매우 어려움을 반영하고 있다는 것이다. 조금 성급한 해석일 가능성도 있으나, 폐지의 대상으로 선정된 과목의 대부분이 과목 개설의 역사가 상대적으로 오래되어 선임 교수들이 그 강좌를 담당하고 있을 개연성이 매우 높아 과목의 폐지가 현실적으로 쉽지 않을 것으로 추측할 수 있다. 따라서 행정학 전공에서 새로운 과목의 개설이 사회변화에 대한 적절한 대응보다는 공급자 중심으로 과목이 개설되고 있는 관행에 더 많은 영향을 받고 있다고 해석할 수 있다.

또한 한 가지 특이한 점은 2001년도의 폐지 과목에는 나타나지 않았던 관료제 과목이 2순위로 언급되었다는 점이다. 물론 사례 수의 부족 때문에 확정적으로 해석할 수는 없지만, 이는 신공공관리, 거버넌스, 성과관리, 성과평가 등으로 대표되는 전 세계적인 정부혁신의 움직임에 따른 기존 관료제 패러다임의 변화를 반영한다고 볼 수 있다. 이런 움직임은 앞으로 행정학계에서 더욱 중요한 흐름으로 인식될 것이고, 이런 흐름을 반영하기 위한 각 대학의 교과과목 변경과 폐지도 충분히 예측할 수 있는 현상이라고 할 수 있다.

3. 행정학 전공 학생들 만족도

1) 행정학과를 선택한 이유

[그림 13]의 결과에 따르면, "전공에 대한 적성과 흥미" 항목과 "취업"에 따라 행정학 전공을 선택한 학생들의 비중이 높게 나타났고, 비중이 낮아질수록 학생들이 행정학 전공 선택에 있어 수동적인 행태를 보이고 있는 것으로 나타났다. [그림 13]에서 행정학 전공 선택에 있어 입학 당시 학생들의 선택이 향후 대학의 학업과정을 이수하는 과정에서 행정학에 대한 학습발달의 중요한 기초자료로서 작용하는 것을 알 수 있다. 즉 교수와 학생들의 상호작용에 있어 "취업"과 "전공에 대한 적성과 흥미"는 행정학을 전공하려는 의도와 목표의식이 뚜렷하기 때문에 전 과정을 이수함에 있어 주위의 권유나 기타 요인보다는 대학의 전반적인 수업에 대한 긍정적인 평가를 제시할 수 있다. 또한 학생들은 학업에서 발생되는 문제에 대해 능동적으로 대처하는 사고가 있기 때문에 학생들이 행정학을 선택함에 있어 제시될 수 있는 학업에 대한 평가지표로서 활용될 수 있을 것이다.

[그림 13] 2012년도 24개 대학 설문조사

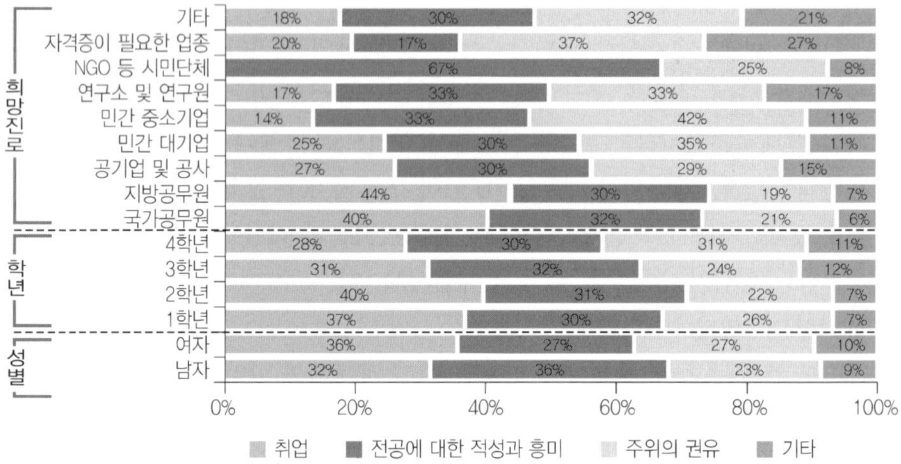

2) 장래진로분야

장래진로분야별로 특성을 살펴보면, 만족도 비중이 가장 높은 영역은 국가공무원 영역인 것으로 나타났다. 이렇게 국가공무원의 비중이 높은 이유는 행정학을 선택한 학생들의 향후 진로분야가 공공분야 특히 국가공무원 때문으로 볼 수 있다. “매우 만족한다”, “만족한다” 비중이 국가공무원, 공기업 및 공사, 연구소 및 연구원에서 높은 것으로 볼 때 공공분야 교과과정 및 수업이 이루어질 수밖에 없는 현실로 해석할 수 있다. 이는 실제로 행정학과를 졸업한 학생들이 민간 기업으로 취업하는 비중이 점점 높아지고 공공분야에 진출한 행정학과 졸업생의 실무능력에 대한 신뢰성이 점점 떨어지는 등 잠재적인 부정적 현상으로 볼 수 있다.

공공분야에 취업 가능한 인원은 한정되어 있고 공공부문은 공개채용을 원칙으로 하기 때문에 나이를 불문하고 지원자의 전공영역이 개방되어 있다. 현실적인 문제에 대응하기 위하여 행정학 전공자들은 공공부문의 채용기준에 맞추어 학업과정을 채용 위주의 수업으로 선택하고 있다. 따라서 이런 경향이 공공부문에 진출하더라도 능력의 신뢰성을 인정받지 못하는 원인으로 작용할 수 있다. 민간기업 및 연구소 등과 같이 전문적인 실무능력을 요구하는 취업의 현장에서 행정학 전공자들이 그 전문성을 인정받기는 어려울 것으로 판단된다. 현 공공부문의 채용기준에 따른 행정학 관련 학생들의 수강경향은 단기적인 실적을 올리려는 대학교육의 문제점이 원인으로 지적될 수 있을 것이다. 취업 위주의 교육 강화로 인한 행정학 전공자들의 전문성 쇠퇴와 정책학의 부각에 의한 행정학 정체성 위기 등 응용학문으로서 행정학의 실효성이 점점 소멸되는 것이 아닌가하는 불안감이 현실적으로 다가오는 것으로 해석된다.

[그림 14] 장래진로분야 설문조사

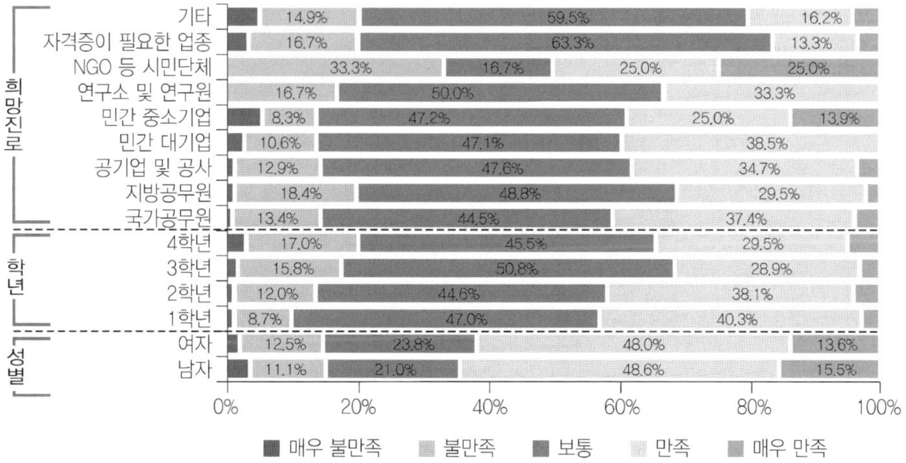

3) 교과목 편성표

교과목 편성에 따른 만족도를 [그림 15]에서 살펴보면, "전공에 대한 적성과 흥미" 항목에서 "만족" 비중이 높게 나타났으며, "주위의 권유" 항목에서는 "만족" 비중이 낮게 나타났다. 이는 능동적으로 행정학 전공을 선택한 학생일수록 교과목에 대한 만족도가 높고, 수동적으로 행정학 전공을 선택한 학생일수록 교과목에 대한 만족도가 낮

[그림 15] 교과목 편성에 대한 만족도(1)

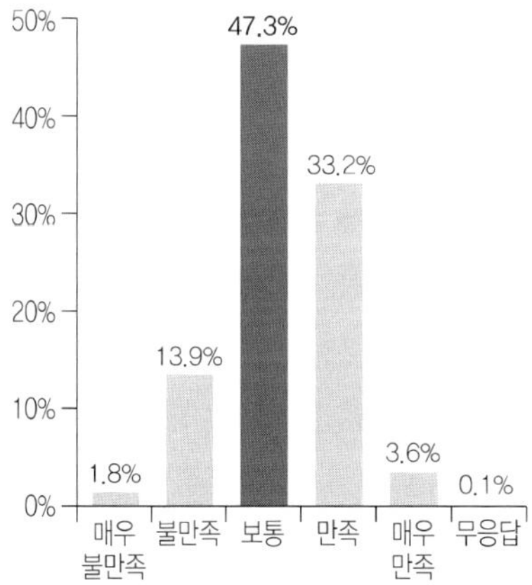

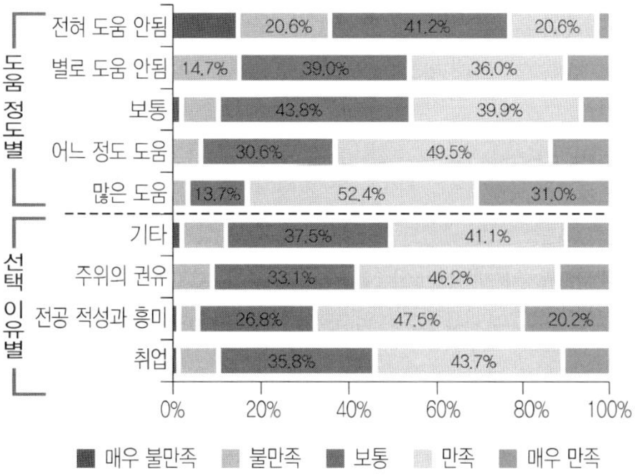

은 것으로 볼 수 있다.

희망진로와 연관하여 교과목 편성에 관한 만족도를 [그림 16]에서 살펴보면, 국가공무원 및 지방공무원, 공기업 및 공사, 연구소 및 연구원으로의 진출을 희망하는 학생의 만족도는 보통 수준에 그치고 있으며, NGO 및 시민단체의 진출을 희망하는 학생의 만족도는 불만족인 것으로 나타났다.

[그림 16] 교과목 편성에 대한 만족도(2)

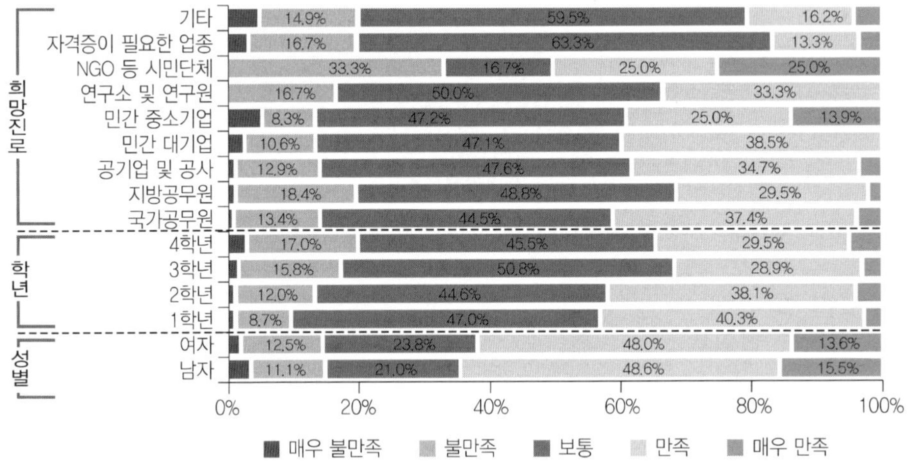

교과목 만족도와 관련하여 [그림 15]와 [그림 16]에서 살펴본 내용에 따르면, 능동적으로 행정학 전공을 선택하고 국가공무원 및 지방공무원, 공기업 및 공사, 연구소 및 연구원으로의 진출을 희망하는 학생일수록 교과목 만족도가 "만족" 또는 "보통" 수준에 있음을 알 수 있다. 반면 수동적으로 행정학 전공을 선택하고 NGO 및 시민단체로의 진출을 희망하는 학생일수록 교과목 만족도가 "보통" 또는 "불만족" 수준에 있음을 알 수 있다.

이런 현상은 현재 교과과정에 대한 체계적 흐름에 대한 문제점으로 평가할 수 있다. 교과목에 대한 학생들의 만족도를 통해 예측할 수 있는 것은 행정학 교과목 편성에 있어 체계화되어 있지 않거나, 학생들이 원하는 교과목의 부재로 볼 수 있다. 체계화되어 있지 않은 교과목은 학생들의 전문영역 선택에 어려움을 가중할 뿐만 아니라 학생들이 행정학도로서 나아가야 할 방향 제시와 대학 4년 동안의 목표설정에 많은 문제점을 표출할 가능성이 높다고 할 수 있다.

[그림 17] 교과목 편성에 대한 만족도(3)

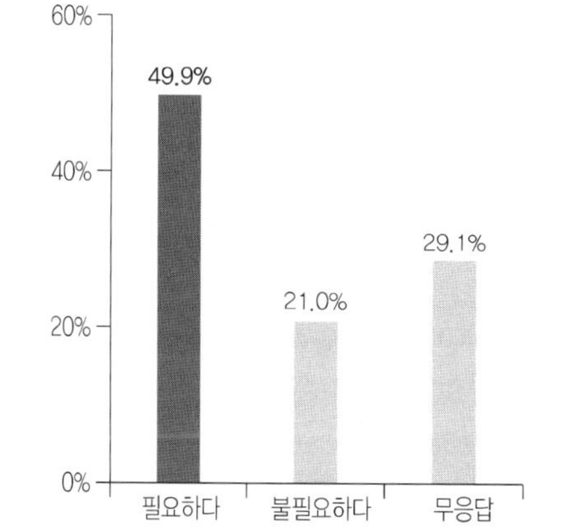

- 전공필수에 대한 필요성 -

구 분	비율 (%)	순위
교과목 이수체계가 체계화되어 있지 않아서	19.3	3
필수과목이 너무 많아서	5.4	6
행정학의 다양한 분야가 균형 있게 편성되어 있지 않아서	18.9	4
행정학과에 해당하지 않는 과목이 있는 것 같아서	7.5	5
진로선택에 도움이 되지 않아서	22.5	1
이론 위주의 교과목으로 편성되어 있어서	21.1	2
기타	4.3	7
합계	100	

- 교과목 불만족 이유 -

예를 들어, 학생들이 인사, 재무, 조직, 정책 등의 기초이론을 통해 이론적인 개념을 습득한 후 공공조직의 특성에 맞게 좀 더 전문적으로 인사에 대한 연구를 진행할 수 있도록 인사와 관련된 교과목을 수강할 수 있게 하고, 정책을 좀 더 전문적으로 연구할 수 있게 학생 스스로 자율적으로 교과목을 선택할 수 있게 하는 등 학생들의 관심과 선호에 따른 체계화된 교과목 편성이 필요할 것이다. 어떤 경우는 특정 행정학과의 여건상 특수한 한계가 주어지면 행정학 내의 다양한 전공영역을 확보하는 것보다 한 영역에 집중적으로 연구와 교육에 투자할 수 있는 교과목 편성이 요구될 수도 있다. 결국 교과목 편성에 대한 도움정도에 따른 만족도가 낮아지는 것은 교과목 편성에 대한 체계적 관리와 융통성 부족이 주된 원인이라고 판단된다.

4) 수업만족도

수업만족도와 관련된 영역에 관하여 [그림 18]을 살펴보면, 전공 선택 이유에 따라 학생들 만족노가 "보통"과 "만족"으로 양분되어 있다. 특히 "전공에 대한 적성과 흥미" 항목에서 만족수준이 44.9%를 차지하고 있으며, "취업을 선택한 경우", "주위의 권유", "기타"에서 보통수준이 각각 45.7%, 49.5%, 47.3%를 차지하고 있다.

만족도의 양분화 현상이 발생하는 원인으로는 다양한 수업내용에 있어 교수의 수업방식과 연관해서 설명이 가능하다. 즉 교수의 수업방식 중에서 학생들이 원하는 수업을 추구하거나, 이와 반대로 학생들이 원하지 않는 수업방식을 추구하는 현상이 발생하기 때문이다. 전자의 경우 학생들의 입장에서 어떤 강의 방식이 효율적인가를 염두에 두고 수업 내용을 준비하여 학생들의 만족도를 충족시키고, 후자의 경우 자신만의 수업방식을 추구하는 성향에 따른 학생들의 만족도 차이가 발생한다고 볼 수 있다.

[그림 18] 소속학과 전공수업에 대한 만족도 조사(1)

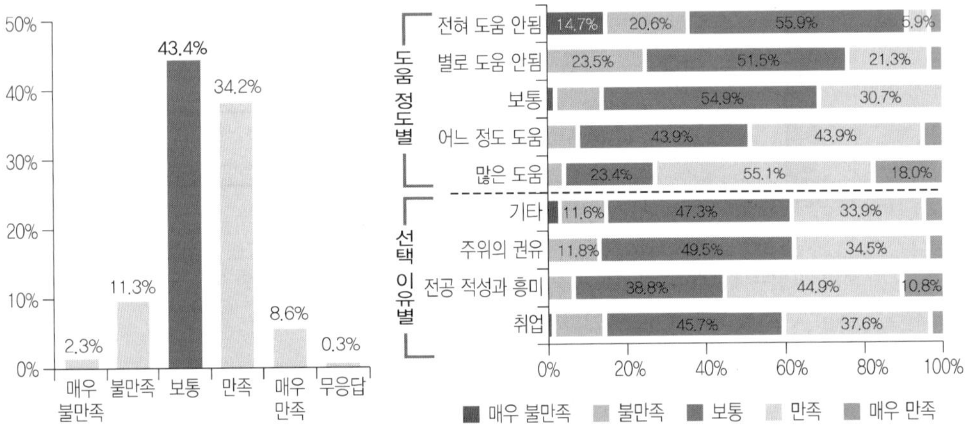

[그림 19] 소속학과 전공수업에 대한 만족도 조사(2)

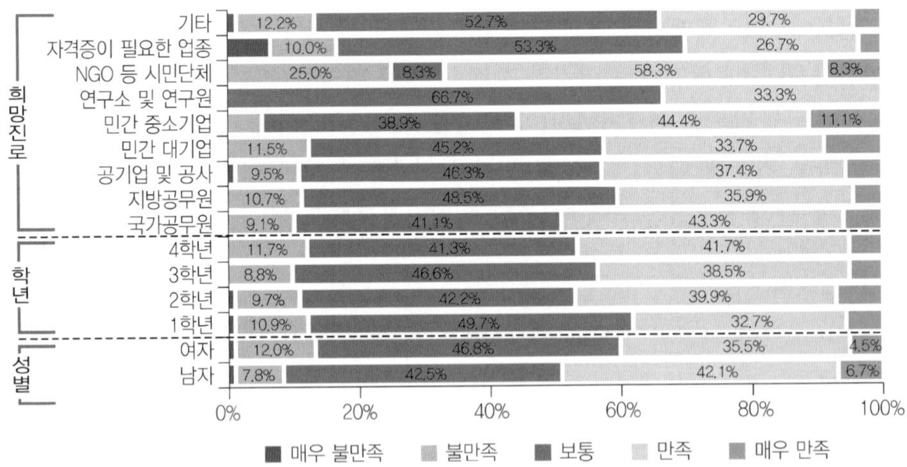

희망진로에 따른 수업만족도 분석결과에서 논의 가능한 것은 앞서 제시한 양분화 원인과 중복되는 성향이 있다. [그림 19]에 의하면, 앞서 제시한 수업내용의 만족도와 비슷한 패턴으로 양분되어 있다. 어떤 수업방식이 옳다고 판단하기는 어려우나, 현재

학생들의 만족도 성향을 살펴보면, 학생들의 입장을 반영하는 수업방식이나 내용을 추구할 필요성이 있다고 판단된다. 그렇다고 학생 편의만을 위한 강의 방식은 교수의 입장에서 학문적 질을 저하시키는 역작용을 염두에 두어 둘 필요성이 있다. 따라서 수업내용과 관련된 문제는 수업의 질적인 측면과 관련하여 학생들의 입장을 반영할 수 있는 방법이 제시될 필요성이 있다는 것을 의미하고 있다.

Ⅴ. 현실적인 상황 및 행정학 발전방안

행정학의 현실적인 상황을 살펴보고 행정학의 발전방안을 살펴보기 위해서는 현재 구성되어 있는 국가공무원시험 및 국가기술자격 시험, 행정학 개설과목 추이, 대학과 졸업생의 현실적 상황, 추가 필요과목들을 살펴볼 필요가 있다.

1. 국가공무원 시험 및 국가기술자격 시험(행정학 전공 관련)

먼저 국가공무원 시험 구성을 살펴보면, 현실적인 측면에서 행정학과 학생들의 공공분야 진출을 돕기 위해 맞춰진 공공분야 교과과정 및 수업들은 주로 <표 13>을 바탕으로 구성되어 있다. 공공분야 교과과정 및 수업들은 여러 직렬과 여러 국가자격증 중에서 일반행정분야와 공무원시험에 가산점을 주는 자격증에 관련된 과목들로 한정되어 있다.

〈표 13〉 국가공무원 시험 및 국가기술자격 시험(행정학 전공 관련)

구 분	관련 교과목
사회조사분석사	• 조사방법론, 사회조사분석 실무
행정관리사	• 한국행정론, 재무회계론, 사무관리론, 행정관련법규, 조직/인사행정론, 자치행정론, 정책분석평가론
정책분석평가사	• 3급: 한국행정론, 조직인사행정론, 행정업무론(사무관리론) • 2급: 행정업무실무, 조직인사실무 • 1급: 정책분석평가론, 정책분석평가론 실무
5급 공무원	• 필수(4): 행정학, 행정법, 정치학, 경제학 • 선택(1): 정보체계론, 조사방법론, 정책학, 지방행정론, 국제법, 국제정치학
7·9급 공무원	• 행정법 총론, 행정학 개론

2. 행정학 개설과목 추이

행정학 개설과목 추이를 살펴보면, 1960년대 이전 및 1960년대는 국내 행정학의 태동기로 서울대학교를 중심으로 행정학의 교육적 기반이 제도화되고 형성되었다(제갈욱, 2005). 그 당시 행정학은 미국정부 프로그램의 일환으로 서울대 행정학대학원을 중심으로 행정학에 대한 연구와 교육에 대한 교류가 활발하게 진행되었으며, 현 한국행정학의 전신인 한국행정연구회(1956년)를 통해 중앙공무원을 대상으로 전통적인 영역인 조직·인사·재무 등을 중심으로 연구 및 교육이 진행되었다.

〈표 14〉 행정학 개설과목 추이

구 분	관련 교과목
1960년대	• 초기 행정학 교육은 조직론, 인사행정론 등 관리적 측면이 우세
1970년대	• 행정학 교육 범위의 확대 • 조직론·인사행정·재무행정을 근간으로 정책결정 및 기획 논의의 비중이 커짐
1980년대	• 전통행정학에 정책, 행정책임 및 통제, 발전행정과 비교행정 포함
1990년대	• 다양성의 증가로 인한 정책분야의 다면화·세분화
2000년대 이후	• 정보화 및 전산화 요구에 의한 실용적·현실적 측면 강화 • 환경행정 조직행태론 등이 추가되고 있음

1970년대부터 1990년대 행정학은 양적인 팽창과 질적인 측면에서 비약적인 성장을 이룩하였으며, 당시 발달 배경에는 사회적 배경과 학문 및 교육제도의 두 가지 측면에서 접근할 수 있다. 사회적 배경에 따른 발달과정을 살펴보면, 2000년대 이전까지 국내·외적으로 급속한 경제성장을 이룩하였다. 그런 경제성장 시기는 행정학의 학문적 필요성을 인식하는 시기인 동시에 2000년 이후의 새로운 패러다임 즉 정보화, 지방자치제 등의 체제변화에 영향을 주는 과도기적 요인이 발생하는 시기이기도 하였다. 이는 후기 한국 행정학의 중요한 시기임과 동시에 행정학 분야에서 정책학이 차지하는 비중이 증가하는 시기이기도 하였다.

1961년 5·16 이후 정치와 행정 주도의 국가발전은 정책적 자문 역할자로서 행정전문가 집단을 요구하는 시기로 행정학의 전성기를 앞당기는 시기였다. 당시 이런 분위기를 반영하여 교육당국에서는 정치학 관련 전공보다는 행정학 전공을 주로 인가해주었다. 그 결과 1970년부터 15년간 행정학과 설치 비율은 전체 60% 이상으로 조사되었다(윤재풍, 1987).

1950년대부터 1970년 이전까지 행정학은 비교행정 및 발전행정이 발달함에 따라 문제해결능력에 대한 회의적 견해와 정책학 및 정책연구에 대한 관심이 보이는 시기였고, 이후 국내·외적으로 정부실패에 대한 인식의 확산에 따라 행정책임 및 가치를 강조하기 시작하였다. 1980년대 이후 신공공관리론과 뉴거버넌스론이 대두됨에 따라 정부의 비효율성에 대한 문제점 및 부작용에 대한 해결책으로 정책집행과 평가에 대한 연구가 확대되었다(최성락 외, 2008).

1990년대에 들어서면서 행정학은 전통적 행정학에서 정책학이 분리되는 시도가 있었으며, '행정' 대신 '정책'이라는 명칭을 사용하는 대학원이 증가하였고, 지방대학의 경우 지방화에 따라 지역적 특성을 반영한 '지역' 또는 '지역개발'의 행정학과 유사한 전공이 설립되기도 하였다(김기언 외, 1996).

2000년대 들어서면서 복합적 패러다임 하에서 혼재된 불확실성은 과거 소용돌이 시기와 달리 미래 예측을 위한 고도의 기술과 이론의 중요성을 인식하게 하였다. 이에 행정학은 과연 무엇을 학생들에게 교육하는 학문인가에 대한 정체성의 혼란과 어떻게 학생들을 교육하는 것이 그들의 궁극적인 목적인 취업에 기여할 수 있을 것인가라는 단순문제로 치부하기에는 문제의 본질 파악이 어려운 상황에 직면하게 되었다. 단적인 예로, 대졸자 취업의 가장 큰 사회적 변화의 전환점은 국제금융위기에 따른 IMF로 노동시장에서 대학졸업자들이 보다 안정적인 직장을 필요로 하게 되었고, 자동적으로 공직분야에 대한 선호도가 높아지게 되었다. 따라서 행정학과 졸업자들의 공직분야 진출이 더 어려워졌고 취업시장에서의 수급 불균형은 더욱 가중되었다. 또한 행정학은 국내·외 다양한 분석을 통해 전통적 행정학의 학문 및 교육에 대한 문제점을 찾기 시작하였다. 그 결과 행정학은 전통적으로 추구하던 이론적인 학습에서 벗어나 응용에 바탕을 둔 실용적인 행정학 교육 및 연구를 본격적으로 추진하게 되었다.

3. 대학에 관한 현실적인 상황

현실적인 측면에서 대학이 직면하고 있는 문제 중 가장 시급히 해결하여야 할 문제점은 다음과 같다: 졸업생 취업(26%), 시설확충(17%), 교수충원(16%), 신입생 유치(15%), 교과과정 개편(15%), 정원조정(11%) 등이 있다. 이런 문제점들 중에서 졸업생 취업, 시설 확충, 교수 충원 등이 높은 비중을 차지하고 있다.

[그림 20] 대학에 관한 현실적인 상황

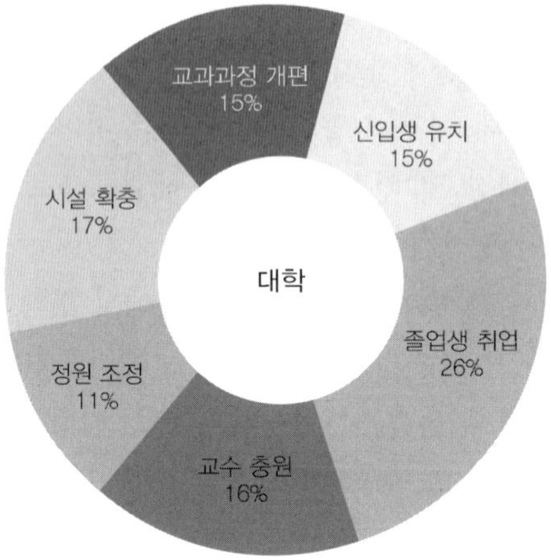

4. 졸업생에 관한 현실적인 상황

행정학 교과과정을 통한 검토인 2001년과 2005년의 개설과목 영역별 비교 및 검토 결과와 마찬가지로 현실적인 측면에서 대학과 관련된 사항 중 가장 관심도가 높은 졸업생과 관련된 사항들을 5가지 영역으로 세분화하여 살펴보면 다음과 같다: 문제분석 및 상황판단 능력(30%), 실무능력 향상(21%), 공익 및 공공성에 대한 이해(21%), 조직 및 인사관리 능력(15%), 대민 협력 및 봉사능력(13%) 순으로 나타났다. 문제분석 및 상황판단 능력 및 실무능력 향상에 비중이 높은 것으로 알 수 있다(제갈욱, 2015).

[그림 21] 졸업생에 관한 현실적인 상황

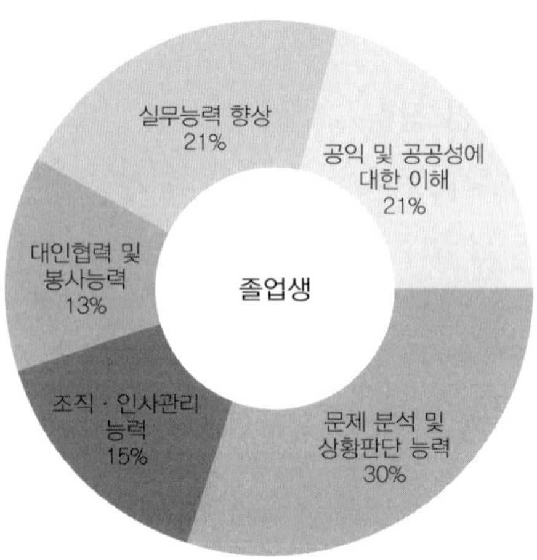

5. 대학 개설과목(기타 필요한 과목 2014)

앞서 개설과목 현황 및 의미에서 살펴본 내용 이외에도 교과과정에서 추가가 필요한 과목과 폐지가 필요한 과목은 <표 15>에 나타난 바와 같다. 이는 분야별로 추가가 필요한 과목들에 대한 응답들을 종합한 내용이며, 분야에 포함되지 않는 과목들은 그 외 추가과목으로 종합하였다. 추가로 폐지가 필요한 과목들로 언급된 과목은 5개 과목이다.

〈표 15〉 기타 필요한 과목

구 분		과 목
추가 과목	문제분석능력	정책분석론, 조사방법론, 계량분석론
	관리능력	조직론, 인사행정론, 재무행정론, 사무관리론
	공익에 대한 이해	행정학개론, 정책학개론, 정부론, 정치학개론, 공공관리론
	이해 중재 능력	갈등관리론, 정책학, 도시행정론, 환경행정론, 리더십
	전문성	지방자치론, 전자정부론, 정책평가론, 재무관리론
	그 외 추가과목	공공경력관리론, 행정철학, 법과 법률에 관련된 과목, 회계 및 재무, 공공경력관리, 프로젝트관리, 행정전산론, 정부운영에 필요한 과목
폐지과목		헌법, 해양정책론, 지역사회 교과목, 한국행정사, 비교행정론

6. 교과과정에 대한 논의

교과과정의 로드맵은 행정학의 기초이론을 습득한 후 정책학, 재무, 인사 등 보다 전문영역으로 확대되는 것이 일반적인 형태이다. 앞서 분석에 참여한 대학의 교과과정을 분석한 결과를 통해 일반적인 형태를 보이고 있다. 그러나 학생들 입장에서 교과과정에서 강조되어야 할 분야 및 세부분야별로 살펴보면, 행정관리/경영, 행정이론, 정책/분석/평가/기획에 대한 비중이 높게 나타났고, 특히 인사 및 인적자원관리, 재무/재정 등에 대한 비중이 높게 나타났다. 따라서 현재 공무원 채용에 도움이 되는 영역과 이론 위주보다는 실용주의에 따른 교과과정에 관심도가 높은 것으로 생각된다.

정책학과 연관하여 살펴보면, 정책학은 응용분야로 이론과 응용을 바탕으로 고도의 기술을 요구하는 영역으로 학생들 입장에서 학문적 성격상 이론적 습득에 어려움이 있고, 이런 문제점보다 구체적으로 실체화할 수 있는 방법론적 난해함으로 쉽게 체감하기 어렵기 때문에 거부감을 표시하는 것으로 논의될 수 있다. 즉 강조되어야 할 분야에서 그 필요성을 체감하지만 막상 세부분야별로 살펴보면 정책분야의 비중으로 낮게 나타나기 때문이다. 오히려 상대적으로 조직 내부적으로 가능한 인사, 조직관리, 재무 분야로 상대적으로 습득 가능한 분야에 대한 비중을 높게 선택했기 때문이다. 따라서 교과과정에서 파악할 수 있는 것은 행정학 분야의 전공별 확대되는 전공로드맵에 대한 일반적인 형태를 구체적으로 틀로 제시하고 각 영역별로 균형 있는 학습을 통해 전공영역의 질적 함양을 제고할 필요가 있다고 할 수 있다.

7. 결론 및 제언

최근 행정학은 다양한 패러다임의 영향으로 다양한 학문적 성향을 수용하면서 한 단계 도약하게 되었으며, 산업화 · 정보화 · 세계화라는 사회 환경적인 변화요인과 학부제를 포함한 국내 교육의 환경적 변화요인으로 행정학을 포함한 대학교육은 여러 가지 변화에 적절하게 대처하고 국제적인 경쟁력을 지닌 대학으로 성장하기 위하여 대학교육의 현장에서 적극적으로 개혁하고 변화하려고 노력할 필요성이 요구된다. 특히, 국내 · 외적인 상황의 변화에 필요한 전문적인 인력을 양성하는 교육기관인 대학은 이런 노력을 위하여 현재의 문제점 파악과 미래지향적인 측면에서의 합리적인 방안 도출을 필요로 하고 있다.

우선 한국 대학이 가지고 있는 일반적인 문제점들을 살펴보면, 첫째, 대학진학자원의 부족, 둘째, 대학의 기능 미분화, 셋째, 대학교육 재정의 취약 및 교육에 대한 투자저조, 넷째, 대학의 수도권 과도집중 및 이공계 기피현상, 다섯째, 학교교육과 직업 간의 괴리현상 심화라고 할 수 있다(이제봉, 2004). 위의 내용을 종합하여 볼 때 기본적으로 우리나라 교육의 국가 경쟁력은 심하게 약화되어 있음을 알 수 있다.

따라서 우리나라 대학의 일반적인 문제점들을 고려하여 볼 때, 행정학 전공의 변화와 지속성을 정리하면 다음의 몇 가지로 요약할 수 있을 것 같다. 첫 번째, 행정학 전공의 학부제화는 행정학 전공의 발전에 기여하지 못하고 있으며, 두 번째, 행정학 전공의 문제만은 아니라, 졸업생의 취업이 행정학 전공의 최대 당면과제로 인식되고 있으며, 세 번째, 졸업생들이 갖추어야 할 능력은 문제분석능력과 전문성에 집중하고 있는 것으로 나타났으며, 2005년도의 조사에서는 전문성의 강조가 더욱 우선시 되었으며, 네 번째, 행정학 전공 졸업생들에게 전문성을 심어줄 수 있는 교과목으로는 도구적 전문성보다 분야별 전문성을 강조하는 경향으로 변화하고 있으며, 다섯 번째, 이해중재능력은 두 차례의 조사에서 비록 모두 낮게 평가 되었지만, 이러한 능력을 발전시킬 수 있는 과목은 조직론 수준을 넘어선 과목의 필요성에 대한 인식을 늘어나게 하고 있으며, 여섯 번째, 교과과정의 개편은 시대적 흐름을 반영하기도 하지만, 공급자 중심의 교과목 개설이 지속되고 있는 것으로 보이며, 일곱 번째, 행정학의 중심은 변함없이 공익과 공공성에 두고 있는 것으로 나타났으며, '공익'의 개념에 대한 인식에 대한 변화가 나타나기도 한다.

대학교육에 관련된 교수요원 및 수업의 질 향상, 시설 및 재정 확충, 정보화 등 대학기능의 질적 개선을 위한 계획과 실천이 요구된다. 특히, 학과중심 교육에서 현실적으로 우리나라 대학은 고등교육의 초과공급과 외국대학의 국내 진출은 행정학에 대한 사회적 수요 감소 현상을 초래할 가능성을 내포하고 있다. 현실적으로 행정학과의 경쟁력을 강화하기 위해 고려하여야 할 사항으로 (1) 사회변화에 따른 행정수요의 변화에 적응하는 교육, (2) 실무형 교육의 강조, (3) 지역적 특성을 반영하는 교육, (4) 세계화에 적응하는 교육, (5) 행정학과 관련된 자격증제도의 개발 등이 강조되기도 하였다(송병주 외, 2000).

또한 전문대학의 경우 90년대 중반 이후 각 전공이 이론보다는 실무에 보다 많은 관심을 보이면서 행정학에 관련된 전공의 경우에도 "이론+실무"가 접목되어 현실적이고 실용적인 측면으로 변화하기 시작하였다.

위의 두 차례의 분석결과와 전문대학의 사례를 토대로 행정학 전공의 경쟁력을 향상시킬 수 있는 방안의 강구가 필요하다. 첫째, 학부제를 취하고 있는 경우, 행정학 전공의 경쟁력을 향상시킬 수 있는 방안의 강구가 필요하며, 둘째, 대학평가에서의 이점 및 졸업준비생들에게의 현장감을 증진시키기 위해 현직 공무원들의 겸임교수로의 충원을 적극적으로 고려해 볼 필요가 있으며, 셋째, 졸업생들이 갖추어야 할 능력으로 고려하고 있는 문제해결능력과 전문성은 강의실에서의 이론 강의만으로는 부족할 것이다. 따라서 사례연구 등 현실감 있는 교육방식의 도입이 필요하며, 넷째, 행정학 전공이 모든 분야를 전문화할 수는 없을 것이다. 각 행정학 전공 프로그램은 역사성, 지역성, 특수성, 그리고 가용한 자원을 통하여 분야별로 전문화·특화해 나가는 것이 필요할 것이며, 다섯째, 사회의 변화를 적극적 수용하기 위해서는 과감한 교과목의 추가와 폐지가 요구된다. 현실적인 문제가 없지는 않으나 가능한 한 공급자 중심의 교과목 개설을 지양할 수 있도록 하는 것이 필요하다고 보여진다.

우리나라의 대학교육은 내적으로 학생들의 가치관의 변화, 타 전공과의 경쟁과열, 고급인력의 초과공급 현상, 지역사회와 기업들의 기대와 외적으로 교육시장의 개방, 인력 해외유출 현상 등의 환경 속에 있다. 따라서 각 대학은 이런 여러 가지 변화요인들에 적절히 대처하면서 사회적으로 요구하는 전문 인력을 확보할 수 있는 여건을 조성할 필요성과 다양한 프로그램의 개발노력이 절실히 요구된다. 특히 행정학의 교육은 신공공관리라는 새로운 행정학 패러다임의 변화에 적절하게 대응하기 위한 준비작업과 기초 작업을 위한 전면적인 교과과정의 검토와 수정작업이 필요할 것이다. 따라서 철저한 준비 작업만이 새로운 패러다임 하에서의 행정발전과 정부혁신에 기여할 수 있는 행정학 교육이 될 것이라는 것은 부인할 수 없는 사실이다.

부 록

〈표 2〉 전국대학 행정학 관련 전공 설치 현황[15]

번호	대학명	설립연도	설립유형	지역	초기 전공유형	현재 전공유형	대학원(석사)	대학원(박사)
1	서울대	1948	국립	서울		행정대학원	행정대학원(1959)	박사과정(1976)
2	제주대	1952	국립	제주	개발행정전공	행정학과(1981)	일반석사(1998)/ 행정대학원(1991)	박사과정(2000)
3	부산대	본교(1955)	국립	부산	행정학과	행정학과 사회학부 행정학전공	일반석사/행정대학원 산업대학원(2001)	박사과정(1964)
4	고려대(2)	본교(1955) 세종(1982)	사립	서울 세종	행정학과	행정학과	일반석사(1959)/ 행정대학원	박사과정(1967)
5	중앙대	본교(1955)	사립	서울	행정학과	행정학과	일반석사(1963)/ 행정대학원	박사과정(1980)
6	연세대(2)	본교(1958) 원주(1983)	사립	서울 강원	행정학과	행정학과	일반석사(1962)/ 행정대학원(1970)	박사과정(1964)
7	동국대(2)	본교(1960) 경주(1979)	사립	서울 경북	행정학과	사회과학부 행정학전공	일반석사(1965)/ 행정대학원(1967)	박사과정(1979)
8	성균관대	1960	사립	서울	법률학과내 행정학전공	사회과학부 행정학전공	국정전문대학원(2004) 일반석사(1966)/ 행정대학원(1984)/박사과정(1979)	
9	한양대	1960	사립	서울	정경대학 행정학과	정책과학대학 행정학과	일반석사(1966)/ 행정대학원(1979)	박사과정(1980)
10	경희대	본교(1960)	사립	서울 경기	행정학과	사회과학부 행정학전공	일반석사(1966)/ 행정대학원(1981)	박사과정(1980)
11	청주대	1961	사립	충북	행정학과	행정학과	일반석사(1966)	박사과정(1981)
12	건국대(2)	본교(1962) 충주	사립	서울 충북	행정학과	정치행정학부 행정학전공	일반석사(1965)/ 행정대학원(1967)	박사과정(1976)
13	명지대	1963	사립	서울	행정실무과	행정학과	일반석사(1968)	박사과정(1974)
14	영남대	1963	사립	경북	행정학과	정행학부 행정학과	일반석사(1968)/ 행정대학원	박사과정(1974)

15) http//www.daum.net, 대학알리미(www.academyinfor.go.kr), 한국행정학회 홈페이지(www.kapa21.or.kr) 등 참조.
※ 단국대는 이원화캠퍼스로 분교가 없으나 경기도 캠퍼스(행정학과)와 천안 캠퍼스(공공관리학과)에 행정학 전공이 설치되어 있음.
※ 현재 전문대학원은 전국에 2개 대학원(서울대 행정대학원, 성균관대 국정전문대학원)이 개설되어 있음.

15	경기대	1963	사립	경기	정경학부 행정학과	사회과학부 행정학전공	일반석사(1977)/ 행정대학원(1984)	박사과정(1982)
16	국민대	1964	사립	서울	행정학과	사회과학부 행정학전공	일반석사(1976)/ 행정대학원(1984)	박사과정(1980)
17	한국외대	1965	사립	서울	외사학부 국제행정학과	행정학과	일반석사(1981)	박사과정(1982)
18	단국대	본교(1966)	사립	경기		정치행정학부 행정학전공	일반석사(1970)/ 행정대학원(1981)	박사과정(1974)
19	강원대	1970	국립	강원	행정학과	행정학과	일반석사/ 정보과학행정대학원	박사과정(1980)
20	전남대	1970	국립	광주	행정학과	행정학과	일반석사(1975)/ 행정대학원(1980)	박사과정(1982)
21	경북대	1971	국립	대구	행정학과	행정학과	일반석사(1974)/ 행정대학원(1980)	박사과정(1977)
22	충남대	1971	국립	대전	법경대학 행정학전공	행정학과	일반석사(1975)/ 행정대학원(1982)	박사과정(1982)
23	한국방송 통신대	1972	국립	서울	행정학과	행정학과	특수대학원(2001)	
24	전북대	1972	국립	전북	법정대학 행정학과	행정복지학부 행정학전공	일반석사(1977)/ 행정대학원(1982)	박사과정
25	경남대	1973	사립	경남	행정학과	행정경찰학부 행정학전공	일반석사(1977)/ 행정대학원(1987)	박사과정(1983)
26	상지대	1974	사립	강원	행정학과	행정학부 행정학전공	일반석사(1987)	박사과정(1991)
27	대구대	1974	사립	경북	복지행정과	행정학과	일반석사(1978)	박사과정(1980)
28	서울 시립대	1974	공립	서울	행정학과	행정학과	일반석사(1981)/ 도시행정대학원(1981)	박사과정(1992)
29	동아대	1976	사립	부산		정치행정학부 행정학전공	일반석사(1979)	박사과정(1981)
30	한성대	1976	사립	서울	행정학과	행정학과	일반석사 행정대학원	박사과정
31	인하대	1977	사립	인천	법경대학 행정학전공	사회과학부 행정학전공	일반석사(1980)/ 행정대학원(1989)	박사과정(1983)
32	원광대	1977	사립	전북	법정대학 행정학과	행정언론학부 행정학전공	일반석사(1980)/ 행정대학원(1988)	
33	충북대	1977	국립	충북	행정학과	행정학과	일반석사(1983)	박사과정(1987)
34	조선대	1978	사립	광주	법정대학 행정학과	행정복지학부 행정학전공	일반석사(1988)/ 정책대학원(1995)	박사과정(1995)
35	목원대	1978	사립	대전	행정학과	행정학과	일반석사(1995)	박사과정
36	가톨릭 관동대	1979	사립	강원	행정학과	행정학과	일반석사(1998) 경영행정대학원(1989)	박사과정(2000)
37	경성대	1979	사립	부산	행정학과	행정학과	일반석사(1983)	박사과정(1987)
38	경상대	1979	국립	경남	행정학과	정치행정학부 행정학전공	행정대학원(1982)	박사과정(1995)

39	창원대	1979	국립	경남	행정학과	행정학과	일반석사(1991)/ 행정대학원(1996)	박사과정(1999)
40	수원대	1979	사립	경기		행정학과	일반석사 행정대학원(1986)	박사과정
41	전주대	1979	사립	전북		행정학과	일반석사(1981) 행정대학원	박사과정(1984)
42	계명대	1980	사립	대구	사회과학대학 행정학과	행정학과	일반석사(1998)	박사과정(1999)
43	광운대	1980	사립	서울	행정학과	인문사회대학 행정학과	일반석사(1984)	박사과정(1987)
44	목포대	1980	국립	전남	행정학과	정치행정학부 행정학전공	일반석사(1990)/ 경영행정대학원(1991)	박사과정(2000)
45	한남대	1980	사립	대전	법경대학 행정학과	사회과학대학 행정학과	행정정책대학원 (1997) 일반석사	박사과정
46	강남대	1980	사립	경기	행정학과	사회과학부 행정학전공	부동산행정대학원(1994)	
47	안양대	1980	사립	경기	행정학과	행정학과	일반석사 경영행정대학원 (1996)	박사과정(2002)
48	호서대	1980	사립	충남		법정학부 행정학전공	일반석사(1987)	박사과정(2000)
49	성결대	1980	사립	경기	행정학과	행정학부 행정학전공	사회개발대학원 (1995) 경영행정대학원 (2000)	박사과정(2001)
50	대구 가톨릭대	1980	사립	경북	행정학과	행정학과	일반석사(2004)	박사과정(2009)
51	상명대	본교(1980)	사립	서울	행정학과	행정학과	일반석사(1987) 정치경영대학원(1999)	박사과정(1999)
52	군산대	1981	국립	전북	행정학과	행정학과	일반석사(1996) 경영행정대학원(1994)	
53	안동대	1981	국립	경북	행정학과	행정학과	일반석사(1988)/ 행정경영대학원(1995)	박사과정(2003)
54	숭실대	1981	사립	서울	행정학과	행정학부	일반석사(1984)	박사과정(1996)
55	이화여대	1981	사립	서울	법정대학 행정학과	정경학부 행정학전공	일반석사(1984)	박사과정(1996)
56	인천대	1981	국립	인천	행정학과	행정학과	일반석사(1998)	박사과정(2000)
57	호남대	1981	사립	광주		행정학과	일반석사 복지행정대학원 (1987)	박사과정
58	동의대	1981	사립	부산	행정학과	법경찰행정학부 행정학전공	일반석사(1995)/ 행정대학원(1985)	박사과정(2000)
59	대전대	1981	사립	대전	행정학과	행정학부 행정학전공	일반석사(1988)	박사과정(1994)
60	숙명여대	1982	사립	서울	행정학과	정치행정학부 행정학전공	일반석사(1995)	박사과정(1999)

61	기천대	1983	사립	경기	행정학과	행정학과	행정대학원(1990)	박사과정(1990)
62	한국 국제대	1984	사립	경남		경찰행정학부 행정학전공		
63	광주대	1984	사립	광주	행정학과	경찰법행정학부 행정학전공	일반석사 산업대학원(1988)	박사과정
64	서경대	1984	사립	서울	행정학과	공공인적자원학부 행정학전공		
65	우석대	1985	사립	전북	행정학과	행정학과	경영행정대학원 (1994)	
66	아주대	1985	사립	경기	행정학과	사회과학부 행정학전공	공공정책대학원 (1995) 일반석사 석박사통합과정	박사과정
67	울산대	1985	사립	울산	행정학과	사회과학부 행정학전공	일반석사(1990) 석박사통합과정	박사과정(2002)
68	호원대	1987	사립	전북	행정학과	행정학부		
69	세종대	1987	사립	서울	행정학과	행정학과	일반석사(1988)	박사과정
70	경일대	1988	사립	경북	행정학과	행정학과	일반석사(1999)	박사과정(1999)
71	인제대	1988	사립	경남	보건행정학과	행정학과	일반석사	박사과정(2014)
72	평택대	1992	사립	경기	행정학과	행정학과		
73	서울과학 기술대	1992	국립	서울	산업행정학과	행정학과	산업대학원	박사과정
74	서남대	1992	사립	충남	행정학과	공무원행정학과	일반석사(1992) 경영행정대학원(1995)	박사과정(2001)
75	서울여대	1993	사립	서울	행정학과	행정학과	일반석사(1999)	
76	순천향대	1993	사립	충남	자치행정학과	행정학과	일반석사(1997) 기술경영행정대학원	박사과정(2014)
77	한국 교통대	1993	국립	충북	산업행정학과	행정학과	일반석사(2010) 경영행정대학원 (2010)	박사과정(2010)
78	순천대	1994	국립	전남	행정학과	행정학과	일반석사 경영행정대학원 (1996)	박사과정
79	부경대	1994	국립	부산	행정학과	행정학과	일반석사(2003)	박사과정(2007)
80	대진대	1994	사립	경기	행정학과	행정학과	일반석사(2003) 법무행정대학원 (2001)	박사과정
81	한경대	1994	국립	경기	산업행정학과	행정학과	일반석사 공공정책대학원 (교육행정, 2000)	
82	배재대	1995	사립	대전	자치행정학과	행정학과	일반석사(2001)	박사과정(2004)
83	강릉 원주대	1995	국립	강원	자치행정학과	자치행정학과	일반석사(1999)	박사과정(2005)

84	한중대	1995	사립	강원	비서행정과	한중법 행정학부 행정학 전공	경영행정대학원	박사과정(2008)
85	선문대	1995	사립	충남	행정학과	행정학과	일반석사(2006) 행정대학원(2006)	박사과정(2003)
86	가톨릭대	1996	사립	경기	경영정보학부 행정학전공	정경학부 행정학전공	일반석사(2004)	박사과정(2004)
87	한서대	1996	사립	충남	행정학과	행정학과	일반석사(2002)/ 정보산업대학원(1998)	박사과정(2002)
88	공주대	1996	국립	충남	지방행정학과	행정학과	경영행정대학원 (1998) 일반석사(2009)	박사과정(2011)
89	세명대	1996	사립	충북	행정학과	공공행정학부 행정학전공	경영행정복지대학원 (1996)	
90	경주대	1997	사립	경북	법정학부 행정학전공	사회복지행정학과	산업경영대학원 (1996)	
91	백석대	1997	사립	충남	행정학과	법행정경찰학부 행정학		
92	신라대	1998	사립	부산	행정학과	공공인재학부 행정학전공	일반석사(1999)	박사과정(2004)
93	영산대	1998	사립	경남	법률행정학부	공직인재학부 법률/행정전공	법무경영대학원 행정전공	
94	중부대	2000	사립	충남	도시행정학과	도시행정학과	인문산업대학원 도시행정	
95	금강대	2005	사립	충남	통상/행정학부	사회과학부 행정학전공		
96	한림대	2006	사립	강원	정치행정학과	정치행정학과		
97	제주 국제대	2012	사립	제주		자치행정과		
98	경동대	2012	사립	강원	행정학과	행정학과		
99	한밭대	2015	국립	대전	공공행정학과	공공행정학과		

2 행정학과 대학생 취업에 관한 소고

김 영 재(국제대학교)

Ⅰ. 서 론

최근 한국에서 실업문제의 심각성은 '사실상 실업률'이 약 10.1%에 이른다는 내용이 보도되면서 재확인할 수 있다.[1] 특히, 청년층 실업률은 '취직 준비생', '공무원 시험 준비생', '구직단념청년실업자(Not in Education, Employment or Training, NEET)'를 포함하면 실업률이 더 높아지므로 이에 대해 정부의 대책이 추진되고 있지만 더 적극적인 정책이 필요하다는 지적이 꾸준히 제기되고 있다.[2] 전국의 거의 모든 대학도 대학 평가와 맞물려 대학생 취업에 관한 다각도의 노력을 펼치고 있으며 개별 학과도 이를 벗어날 수 없는 상황이다.[3]

이 논문은 행정학과 대학생 실태와 취업 방향을 모색하는 데 목적이 있다. '행정학과 대학생'은 행정학과 대학생과 전문대 학생이며 이들의 실태를 살펴보고 취업 방향을 모색한다는 의미다. 일반인의 상식이나 행정학과 진학을 희망하는 예비 대학생들은 대체로 행정학과가 '공직(공무원 또는 공공기관)'과 깊은 관련이 있고 그와 유사한 곳에 입직할 것으로 기대한다. 그렇지만 공직에 입직하는 것은 학과의 제한이 없는 '시험' 형태인 공개채용인 경우가 대부분이며 '인턴', '직무적성검사', '면접' 등과 같은 형태로 채용하는 경우도 전공의 제한이 없을 때가 많다. 이에 행정학과에 다니는 재학생과 졸업생이 공직에 입직하는 것은 높은 경쟁률을 겪어야 하는 어려운 일이다. 현재 행정학을 전공한 대학생이 공공기관에서 특별히 혜택을 받기도 어려운 실정이며 행정학을 전공한 것이 공직에 진입할 때 '제한 경쟁 채용' 등으로 형태가 따로 배정된 것이 아니어

1) 동아일보, "'사실상 실업률' 10.1% 맞춰 고용대책 다시 짜야", 2014.11.13.
2) 한국경제, "청년 무직자 '니트족' 한국이 독일의 두 배", 2014.11.12.
3) 대학 구조개혁 평가방안에 일환으로 취업률 지표에 관한 논의가 진행되고 있다(정책브리핑, "대학 구조개혁 평가방안 마련을 위한 2차 공청회 개최", 2014.11.12).

서 다른 학과 재학생 또는 졸업생과 동일선상에서 경쟁을 해야 하는 상황이다. 이에 행정학과 대학생의 실태를 살펴보고 취업 방향을 모색하는 것은 최근 대학 평가에서 중요한 요소인 '취업률' 평가와 더불어 행정학을 전공한 학생 개인의 진로 문제와 직결된다고 할 수 있으므로 주의를 환기하는 차원에서 이 논문에서 다루고자 한다.

논문의 범위는 행정학과 대학생의 취업에 관한 선행연구를 검토하고 '2014년 교육통계서비스', '2013년 「고등교육기관 졸업자 건강보험DB연계 취업통계」 조사결과 발표 자료'를 바탕으로 행정학과 대학생의 전반적인 현황과 취업률·진학률 등을 살펴보았다.[4] 행정학과 대학생의 특징을 구체적으로 파악할수록 취업 방향을 제시하는 데 적합한 연구 방법이지만 개인·학과·학교를 개별적으로 분석해야 하므로 이 논문에서 다루기에 어려운 부분이 있다. 특히, '취업'은 '진로 탐색과 선택', '직장 이행(대학생은 첫 직장이 중요하므로)'은 지극히 개인적인 성향이 반영되기에 이 부분은 이론적 접근보다는 '개성'을 고려한 부분이라는 점에서 공개된 통계 수치를 활용해 행정학과 대학생의 실태를 직간접적으로 파악하고자 했다. 논문의 전개는 선행연구에서 제시한 주요 내용과 실태에서 파악할 수 있는 특징을 파악하고 취업 방향을 제시하려고 했다.

Ⅱ. 이론적 고찰

행정학과 대학생 취업에 관한 선행연구를 살펴보면, 안경섭·조태준(2013)은 공무원 요구 역량 분석과 지식체계에서 공직에서 요구되는 직무역량을 가장 표준화한 모델은 '대한민국 정부 표준역량 사전'이며 앞으로 공직 입직에 필요한 역량군 개발에 기초자료로 활용하는 것이 목적이라고 밝혔다. 정부 표준역량은 기초행동, 직무수행, 관리관계형성 역량군 세 가지로 나눌 수 있으며 공통 직무역량·5급·7급과 9급으로 구분해 공무원 직무역량을 파악했다. 공통 직무역량은 공직윤리, 국가관, 대인관계 능력, 자원 조직 관리, 전문가 의식이며 5급은 전략적 사고, 리더십, 조정 협상, 7급과 9급은 정보수집과 관리, 업무수행, 고객지향성을 직무역량으로 파악했다(안경섭·조태준, 2013).

박석희·김철희(2013)는 공공기관 취업과 직무역량 향상을 위한 행정학 지식체계 모색에서 졸업생 취업 실태, 공공기관의 행정학 전공자 희망 여부, 행정학 교과과정 문제, 행정학 교과과정 변화의 필요성에 대한 문제를 제기했다. 행정학 졸업생의 취업 현황 시사점은 실제 공무원이 되는 것은 소수며 공공기관 취업도 공무원만큼 힘들다고

4) 2015년과 2016년 현황도 이전과 크게 다르지 않다. 현재 공무원 시험에 응시하는 이른바 '공시족' 가운데 행정학과 졸업생이 많기 때문에 단기간에 취업률이 높아지기는 쉽지 않다.

했다. 다른 전공에 비해 공무원이나 공공기관에서 필요로 하는 역량을 강화하는 방향으로 교육체계를 전환하고 적성과 역량 검사를 통해 저학년부터 일반 기업 진출을 권장하는 방법을 제시했다. 현재 공공기관 취업에서 행정학 전공자가 이점을 누리기는 어렵고 채용방식도 필기시험 축소와 면접 전형 확대, 시험과목 다변화, 인성·적성 검사 등 확대 등을 언급했다. 공공기관에서 직원에게 요구하는 직무역량은 기본지식, 관리지식, 공통 직무지식, 행정직 직무지식으로 나눌 수 있다. 행정학 학부 교과과정 개편 방안을 다양하게 제시하고 실용적 지식을 추가한 공공 기관 요구 역량 강화를 해야 한다고 했다(박석희·김철희, 2013).

정종원·명성준(2013)은 민간기업 취업과 직무역량 향상을 위한 행정학 지식체계 모색에서 행정학과 졸업생의 취업과 민간 분야의 중요성을 문제로 제기했다. 취업률이 대학평가에 중요한 요소로 자리 잡았고 현재 행정학 전공자가 공공기관에 많이 진출하지 못한다는 점을 들었다. 민간분야 취업과정을 살펴보고 민간 기업이 요구하는 직무역량이 공공기관의 그것과 크게 차이가 없다는 사실을 밝혔다. '청년층 구직역량 실태조사'를 기초로 문제해결역량이 가장 핵심적인 역량이며 면접에서 인성을 파악하는 데 비중을 둔다고 했다. 행정학 교육의 방향은 기본기가 충실한 인재 양성, 공통 역량(논리추론, 문제해결력) 배양 등을 말했다. 또한 전공 개설 교과목 개선안에서 '신설 또는 강화할 행정학 교과목'을 예로 들고 있다(정종원·명성준, 2013).

이영철(2011)은 행정학과생의 핵심역량강화를 위한 교육 방안에서 학년별 학생들의 모습을 묘사하고 교수 역할에 대한 고민을 담고 있다. 정부와 기업이 원하는 것이 무엇인지를 파악하는 것이 중요하며 공무원 중심 교육에서 핵심역량 중심 교육으로 전환하고 학습의욕 고양과 기초 소양 강조(자기 주도 학습, 흥미 유발 등), 핵심역량 강화(행정학과 필수 교과목 축소, 행정-법학-경제학 연계 도입 등)를 대안으로 제시했다(이영철, 2011).

이병량(2011)은 지방대학과 행정학 교육의 위기에서 그 위기가 공유된 것인지 특수한 것인지에 대한 물음을 던졌다. 이에 대한 해결책으로 제안하는 내용은 교육을 통한 문제 해결 노력, 어떤 방법으로 가르칠 것인가에 대한 고민, 행정학이 공직 진출과 무관한 학과라는 가정에서 새로운 생각을 이끌어 낼 수 있는지에 관해 언급하면서 행정학 교육의 위기를 진단했다(이병량, 2011).

강황선·황성원(2011)은 행정학과 졸업자 취업채널과 공무원 임용제도 분석에서 행정학과 졸업자의 취업률을 바탕으로 다양한 물음을 제기했다. 다른 학문과 취업률을 비교했을 때 사회과학계열에서 행정학 취업률은 대체로 낮다고 볼 수 있다. 공공기관 채용조건 분석에서 행정인의 정체성과 행정 교육 프로그램을 살펴보면서 전국 15개 대학 학부 행정학과 교과목을 분석해 전체적으로 통일성 있는 교육과 개별 영역 특화라는 측면을 동시에 추구하고 있다는 것을 확인했다. 공공기관 채용조건에서 공기업, 공무원 시험, 공인회계사 시험을 비교하면서 그것의 부족한 부분을 지적하면서 보완할 필요가 있다고 했다(강황선 · 황성원, 2011).

선행연구를 검토한 결과는 '직무역량의 배양' 강조, 행정학과 졸업생이 공무원이나 공공기관 입직이 어려우므로 '일반 기업' 등에 필요한 (핵심) 실무 역량 강화, 교과과정 개편(공통 과목 유지, 신설, 특화 등의 형태), 행정학 교육에 관한 근본적인 문제 제기라고 할 수 있다. 이와 같은 견해는 정답이 있는 것이 아니며 행정학과의 기본적 특성(과목 편성 등)을 유지하면서 새로운 분야(특성)를 가미하는 문제, 행정학과 대학생에 대한 역량 배양의 방법 등을 강구하는 것이 중요하다고 볼 수 있다.

행정학과는 대학뿐만 아니라 전문대학도 있다는 점을 고려해 볼 때 대학과 전문대학의 행정학 전공자에 대한 취업 인원은 더욱 많아진다. 특히, '일반'행정, '소방'행정, '경찰'행정, '보건'행정 등으로 나누어지는 특성화된 행정학 전공은 직무역량을 강화하는 방법이 각기 다를 수밖에 없다. 이미 특성화된 행정학 전공은 실무 역량 강화의 방향이 일반 행정학 전공과 차이가 있으며 교과과정에 관한 논의도 당연히 다르다. 공통적인 사항을 강조하면서도 서로 다른 특성을 추구해야 한다는 행정학과 대학생의 취업에 관한 이론적 논의는 구체적이고 개별적 차원에서 접근할 문제이며 '대학', '학과', '교수', '학생'에 따라 취업 방향이 상이하다고 볼 수 있다.

Ⅲ. 행정학과 대학생의 실태

대학과 전문대학 행정학과 대학생에 관한 실태를 살펴보면 아래와 같다.

〈표 1〉 고등교육기관 졸업자 · 취업률 · 진학률

고등교육	졸업자	취업 대상자	취업률	진학률
고등교육기관	557,236	484,729	58.6	7.1
전문대학	183,389	165,017	61.4	5.3
대학	301,606	258,978	54.8	8.6

자료: 교육통계서비스(http://kess.kedi.re.kr, 검색일: 2014.11.01).

고등교육기관 졸업자는 총 55만 명을 상회하며 대학(약 30만 명), 전문대학(약 18만 명)으로 전체 취업률은 58.6%, 진학률은 7.1%로 조사되었다. 전문대학이 대학보다 취업률이 높지만 진학률은 대학이 전문대학보다 높게 나타났다.

〈표 2〉 전체 계열별 졸업자 · 취업률

전체	졸업자	취업대상자	취업률
총계	557,236	484,729	58.6
인문계열	50,051	40,180	45.9
사회계열	**155,559**	**136,269**	**56.6**
교육계열	32,200	29,584	63.6
공학계열	135,798	118,511	66.9
자연계열	59,564	48,620	55.6
의약계열	52,490	49,013	72.8
예체능계열	71,574	62,552	44.4

주) 2014년 2월(2013년 8월 포함) 졸업자의 6월 1일 기준 대계열별 취업 현황.
자료: 교육통계서비스(http://kess.kedi.re.kr, 검색일: 2014.11.01).

고등교육기관 졸업자 약 55만 명(취업대상자 약 48만 5천 명)에서 졸업자가 가장 많은 계열은 사회계열(약 15만 명), 공학계열(약 13만 명)이며 취업대상자도 마찬가지다. 총 취업률 58.6%이며 높은 순서대로 의약, 공학, 교육, "사회", 인문, 자연, 예체능계열

〈표 3〉 대학 계열별 졸업자와 취업률

대학	졸업자	취업대상자	취업률
총계	301,606	258,978	54.8
인문계열	38,718	31,722	45.5
사회계열	**90,239**	**80,081**	**54.1**
교육계열	15,360	13,818	48.7
공학계열	69,417	59,010	65.6
자연계열	36,529	28,271	52.3
의약계열	16,992	16,096	72.1
예체능계열	34,351	29,980	41.4

주1) 취업률=취업자/취업대상자*100
주2) 취업대상자=졸업자−(진학자+입대자+취업불가능자+제외인정자+외국인유학생)
자료: 교육통계서비스(http://kess.kedi.re.kr, 검색일: 2014.11.01)

로 나타났다.

대학 졸업자(약 30만 명)에서 취업대상자는 약 25만 명을 넘고 있으며 졸업자와 취업대상자는 "사회" 계열이 가장 많았다. 취업률은 높은 순서대로 의약, 공학, "사회", 자연, 교육, 인문, 예체능계열로 나타났다.

〈표 4〉 전문대학 졸업자와 취업률

전문대학	졸업자	취업대상자	취업률
총계	183,389	165,017	61.4
인문계열	6,160	5,216	49.4
사회계열	**53,289**	**47,090**	**59.2**
교육계열	9,625	9,060	82.9
공학계열	40,965	37,470	64.9
자연계열	13,560	12,405	58.5
의약계열	28,603	26,544	70.8
예체능계열	31,187	27,232	47.5

자료: 교육통계서비스(http://kess.kedi.re.kr, 검색일: 2014.11.01).

전문대학 졸업자(약 18만 명)에서 취업대상자는 약 16만 명을 넘고 있으며 졸업자와 취업대상자는 "사회" 계열이 가장 많았다. 취업률은 높은 순서대로 교육, 의약, 공학, "사회", 자연, 인문, 예체능계열로 나타났다.

〈표 5〉 대학 사회계열 졸업자 · 취업률 · 진학률

대학	졸업자	취업률	진학률
<사회계열>	90,239	54.1	3.3
[경영 · 경제]	53,198	57.6	2.4
경영학	28,966	58.8	2.5
경제학	7,125	57.0	4.9
관광학	2,181	59.1	1.1
광고 · 홍보학	2,119	51.8	2.1
금융 · 회계 · 세무학	4,607	55.8	0.9
무역 · 유통학	7,705	56.3	1.3
교양경상학	495	48.7	1.2

[법률]	8,235	40.5	7.8
법학	8,235	40.5	7.8
[사회과학]	28,806	51.7	3.8
가족 · 사회 · 복지학	10,478	55.9	3.0
국제학	1,103	54.5	6.9
도시 · 지역학	619	54.5	6.1
사회학	1,299	48.2	7.7
언론 · 방송 · 매체학	3,719	51.7	4.2
정치외교학	2,618	49.8	6.5
행정학	**8,685**	**46.9**	**2.6**
교양사회과학	285	58.5	5.3

자료: 교육통계서비스(http://kess.kedi.re.kr, 검색일: 2014.11.01)

대학 사회계열 졸업자의 취업률은 54.1%, 진학률 3.3%, 행정학과는 취업률 46.9%, 진학률 2.6%였다. 사회계열 전체에서 가장 취업률이 높은 전공은 "관광학"이며 가장 낮은 전공은 "법학"이었지만 가장 진학률이 높은 전공은 "법학"이었다. "사회과학 계열"에서 "행정학과"는 가장 낮은 취업률과 진학률을 보였다.

〈표 6〉 전문대학 사회계열 졸업자 · 취업률 · 진학률

전문대학	졸업자	취업률	진학률
<사회계열>	53,289	59.2	6.0
[경영 · 경제]	27,312	59.9	5.6
경영 · 경제	16,118	59.5	5.7
관광	5,800	60.8	5.7
금융 · 회계 · 세무	4,311	60.4	4.4
무역 · 유통	1,083	59.0	8.8
[법률]	234	51.0	6.8
법	234	51.0	6.8
[사회과학]	25,743	58.5	6.4
가족 · 사회 · 복지	16,847	59.8	6.8
비서	1,161	67.4	3.2
언론 · 방송	1,074	37.7	6.9
행정	**6,661**	**56.9**	**6.0**

자료: 교육통계서비스(http://kess.kedi.re.kr, 검색일: 2014.11.01).

전문대학 사회계열 졸업자의 취업률은 59.2%, 진학률 6.0%, 행정과는 취업률 56.9%, 진학률 6.0%였다. 가장 취업률이 높은 전공은 "비서", 가장 낮은 전공은 "법", 가장 진학률이 높은 전공은 "무역 · 유통"이었다. 사회과학 계열에서 "행정과"는 비서, 가족 · 사회 · 복지 전공보다 취업률이 낮았으며 언론 · 방송보다 높았다. 다만, 진학률은 비서가 가장 낮게 나타났다.

〈표 7〉 대학 사회계열 재적학생 수 · 재학생 수 · 휴학생 수

대계열	중계열	소계열	재적학생 수	재학생 수	휴학생 수
대학 대학생 사회계열	경영 · 경제	경영학	204,183	142,833	61,350
		경제학	50,449	34,320	16,129
		관광학	13,992	10,903	3,089
		광고 · 홍보학	13,260	9,948	3,312
		금융 · 회계 · 세무학	30,596	20,737	9,859
		무역 · 유통학	52,520	36,694	15,826
		교양경상학	5,674	3,969	1,705
	법률	법학	40,637	25,516	15,121
	사회과학	가족 · 사회 · 복지학	54,901	43,181	11,720
		국제학	11,361	8,602	2,759
		도시 · 지역학	4,698	3,226	1,472
		사회학	9,426	6,632	2,794
		언론 · 방송 · 매체학	25,534	18,824	6,710
		정치외교학	18,346	13,195	5,151
		행정학	**75,575**	**47,639**	**27,936**
		교양사회과학	5,220	4,491	729
총계			616,372	430,710	185,662

자료: 교육통계서비스(http://kess.kedi.re.kr, 검색일: 2014.11.01)

대학 사회계열 현황에서 재적학생 수는 경영학(약 20만 명)이 가장 많았으며 행정학이 "약 7만 5천 명"을 넘어 두 번째로 재적학생 수가 많았다. 재학생 수도 경영학 다음으로 "행정학"이 많았으며 가족 · 사회 · 복지학이 그 다음으로 나타났다. 휴학생 수도 경영학이 가장 많았으며 다음으로는 행정학, 경제학, 무역 · 유통학, 법학, 가족 · 사회 · 복지학 전공으로 조사되었다.

〈표 8〉 전문대학 사회계열 재적학생 수 · 재학생 수 · 휴학생 수

대계열	중계열	소계열	재적 학생 수	재학생 수	휴학생 수
전문대학 대학생 사회계열	경영 · 경제	경영 · 경제	59,057	36,291	22,766
		관광	20,678	14,209	6,469
		금융 · 회계 · 세무	15,913	10,903	5,010
		무역 · 유통	4,248	2,466	1,782
	법률	법	717	481	236
	사회과학	가족 · 사회 · 복지	42,501	33,692	8,809
		비서	2,860	2,552	308
		언론 · 방송	4,442	2,658	1,784
		행정	**26,340**	**17,226**	**9,114**
총계			176,756	120,478	56,278

자료: 교육통계서비스(http://kess.kedi.re.kr, 검색일: 2014.11.01).

전문대학 사회계열 현황에서 재적 학생 수는 경영학(약 6만 명)이 가장 많으며 가족 · 사회 · 복지 전공 다음으로 행정학이 "2만 6천 명"을 넘어 세 번째로 재적 학생 수가 많았다. 재학생 수도 경영학, 가족 · 사회 · 복지 다음으로 "행정학"이 많았다. 휴학생수는 경영학이 가장 많았으며 그 다음으로 행정학, 가족 · 사회 · 복지학 전공으로 조사되었다.

〈표 9〉 대학 사회계열 학년별 현황

대계열	중계열	소계열	계	1학년	2학년	3학년	4학년
대학 대학생 사회 계열	경영 경제	경영학	204,183	42,281	56,639	46,160	59,103
		경제학	50,449	8,516	13,938	11,687	16,308
		관광학	13,992	3,721	3,550	3,079	3,642
		광고 · 홍보학	13,260	2,525	3,488	3,132	4,115
		금융 · 회계 · 세무학	30,596	5,482	8,592	7,176	9,346
		무역 · 유통학	52,520	10,259	14,519	11,787	15,955
		교양경상학	5,674	1,837	1,711	970	1,156
	법률	법학	40,637	7,357	9,781	8,266	15,233
	사회 과학	가족 · 사회 · 복지학	54,901	11,843	15,221	13,594	14,243
		국제학	11,361	3,195	2,821	2,349	2,996

		도시・지역학	4,698	1,213	1,392	920	1,173
		사회학	9,426	1,668	2,498	2,130	3,130
		언론・방송・매체학	25,534	5,278	6,938	5,901	7,417
		정치외교학	18,346	3,372	4,648	4,471	5,855
		행정학	**75,575**	**16,418**	**22,973**	**16,988**	**19,196**
		교양사회과학	5,220	3,747	536	507	430
총계			616,372	128,712	169,245	139,117	179,298

자료: 교육통계서비스(http://kess.kedi.re.kr, 검색일: 2014.11.01.).

대학 사회계열 학년별 현황에서 경영학이 전체 학년에서 가장 많은 인원을 차지했으며 행정학이 그 다음으로 나타났다. 학년별 총계를 살펴보면, 4학년 인원이 가장 많으며 1학년이 가장 적었다. 행정학은 현재 시점 기준으로 2학년 학생이 가장 많으며 1학년이 가장 적었다.

〈표 10〉 전문대학 사회계열 학년별 현황

대계열	중계열	소계열	계	1학년	2학년	3학년
전문대학 대학생 사회계열	경영・경제	경영・경제	59,057	28,530	29,750	777
		관광	20,678	10,883	9,795	0
		금융・회계・세무	15,913	7,101	8,221	591
		무역・유통	4,248	2,176	2,072	0
	법률	법	717	352	365	0
	사회과학	가족・사회・복지	42,501	19,729	22,466	306
		비서	2,860	1,394	1,372	94
		언론・방송	4,442	1,642	2,034	766
		행정	**26,340**	**12,599**	**12,976**	**765**
총계			176,756	84,406	89,051	3,299

자료: 교육통계서비스(http://kess.kedi.re.kr, 검색일: 2014.11.01.).

전문대학 학년별 현황에서 경영・경제 전공(약 6만 명)이 가장 많았으며 그 다음으로 가족・사회・복지학, 행정의 순서로 나타났다. 3학년 인원은 경영・경제, 언론・방송, 행정학의 순서였으며 2학년과 1학년 모두 경영・경제, 가족・사회・복지학, 행정의 순서대로 조사되었다.

〈표 11〉 학교설립별 대학 전공 현황

대계열	중계열	소계열	계	국립	공립	사립
대학 대학생 사회계열	경영 · 경제	경영학	686	90	2	594
		경제학	146	41	1	104
		관광학	79	6	0	73
		광고 · 홍보학	63	2	0	61
		금융 · 회계 · 세무학	140	29	1	110
		무역 · 유통학	191	43	0	148
		교양경상학	15	3	0	12
	법률	법학	172	30	1	141
	사회과학	가족 · 사회 · 복지학	321	40	1	280
		국제학	66	5	1	60
		도시 · 지역학	31	7	0	24
		사회학	45	12	1	32
		언론 · 방송 · 매체학	126	15	0	111
		정치외교학	82	18	0	64
		행정학	**328**	**53**	**3**	**272**
		교양사회과학	36	6	0	30
총계			2,527	400	11	2,116

자료: 교육통계서비스(http://kess.kedi.re.kr, 검색일: 2014.11.01).

대학 학교설립 유형별 전공 현황에서 경영학이 686개로 가장 많았으며 행정학(328개), 가족 · 사회 · 복지학(321개) 순으로 조사되었다. 국립 총 400개 전공에서 경영학 다음으로 행정학, 공립 총 11개 전공에서 행정학이 가장 많았으며 사립 총 2,116개 전공에서 행정학(272개)은 경영학, 가족 · 사회 · 복지학 다음으로 나타났다.

〈표 12〉 학교설립별 전문대학 전공 현황

대계열	중계열	소계열	계	국립	공립	사립
전문대학 대학생 사회계열	경영 · 경제	경영 · 경제	599	3	9	587
		관광	197	0	3	194
		금융 · 회계 · 세무	147	0	2	145
		무역 · 유통	59	0	1	58
	법률	법	7	0	0	7

사회과학	가족・사회・복지	457	1	3	453
	비서	27	0	0	27
	언론・방송	40	0	0	40
	행정	**269**	**0**	**13**	**256**
총계		1,802	4	31	1,767

자료: 교육통계서비스(http://kess.kedi.re.kr, 검색일: 2014.11.01).

전문대학 학교설립 유형별 전공 현황에서 경영학이 599개로 가장 많았으며 가족・사회・복지학(457개), 행정학(269개) 순으로 조사되었다. 국립 총 4개 전공에서 행정학은 해당 사항이 없으며 공립 총 31개 전공에서 행정학이 13개로 가장 많았다. 사립 총 1,767개 전공에서 행정학(256개)은 경영학, 가족・사회・복지학 다음으로 나타났다.

〈표 13〉 대학과 전문대학 행정학 전공 학년별 현황

	계	1학년	2학년	3학년	4학년
대학 행정학과	75,575	16,418	22,973	16,988	19,196
전문대학 행정과	26,340	12,599	12,976	765	–
계	**101,915**	**29,017**	**35,949**	**17,753**	**19,196**

대학과 전문대학 학년별 인원을 비교했을 때, 대학 행정학과 인원이 전문대학 행정학과 인원보다 약 3배 가까이 많은 편이며 그 차이는 2학년부터 크게 벌어진 것을 알 수 있다.

〈표 14〉 대학과 전문대학 재적학생 수・재학생 수・휴학생 수 현황

	재적학생 수	재학생 수	휴학생 수
대학 행정학과	75,575	47,639	27,936
전문대학 행정과	26,340	17,226	9,114
계	**101,915**	**64,865**	**37,050**

대학과 전문대학의 행정학 전공자를 비교하면, 재적학생 수는 총 10만 명을 넘고 있으며 휴학생(37,050명)이 재학생(64,865명) 인원의 절반을 넘고 있다.

〈표 15〉 대학과 전문대학 설립유형별 전공 현황

	계	국립	공립	사립
대학 행정학과	328	53	3	272
전문대학 행정과	269	0	13	256
계	597	53	16	528

대학과 전문대학의 행정학 전공을 학교 유형별로 비교하면, 국립은 대학 53개, 전문대학은 미설치로 나타났지만 공립은 전문대학 13개, 대학 3개로 조사되었다. 사립대학은 대학 272개와 전문대학 256개로 총 528개였다.

〈표 16〉 대학과 전문대학 취업률 구간별 비교

구간(%)	대학(127개교, 46.6%)	전문대학(90개교, 58.5%)
90.0－100.0	2*	2*
80.0－89.9	3*	6*
70.0－79.9	6	12
60.0－69.9	11	23
50.0－59.9	26*	24
40.0－49.9	41	14
30.0－39.9	23*	4
20.0－29.9	14	3
10.0－19.9	0	0
0.1－9.9	1	1
0	0	1*

주) 학교 수에 *표시는 졸업자수가 10명 미만인 학교 포함
자료: 교육부 보도자료. "2013년 「고등교육기관 졸업자 건강보험DB연계 취업통계」 조사결과 발표"(2013.08.29).

대학과 전문대학의 취업률을 구간별로 살펴보면, 전문대학은 50.0－59.9% 구간에 가장 많은 24개 대학이 있으며 60.0－69.9%에 23개 대학, 40.0－49.9%에 14개 대학이 있다. 이에 비해 대학은 40.0－49.9% 구간에 가장 많은 41개 대학이 있으며 50.0－59.9%에 26개 대학, 30.0－39.9% 구간에 23개 대학이 있다는 점에서 차이가 있으며 대학이 전문대학보다 취업률이 낮게 나타났다.

Ⅳ. 취업 방향에 관한 제언

행정학과 대학생 실태를 요약하면 첫째, 고등교육기관 졸업자는 약 55만 명에서 대학 약 30만 명, 전문대학 약 18만 명으로 취업률 58.6%, 진학률 7.1%이며 졸업자와 취업대상자가 가장 많은 계열은 사회계열(약 15만 명)이며 사회계열의 취업률은 다른 계열과 비교해 중간 수준이었다. 대학 사회계열 행정학과 졸업자는 취업률 46.9%, 진학률 2.6%였으며 사회과학 계열에서 "행정학과"는 가장 낮은 취업률과 진학률을 보였다. 전문대학 사회계열 행정과 졸업자의 취업률은 56.9%, 진학률 6.0%였으며 사회과학 계열에서 "행정과"는 비서, 가족・사회・복지 전공보다 취업률이 낮았으며 언론・방송보다 높게 나타났다. 이로서 사회계열 전체 취업률은 다른 계열에 비해 떨어지는 편은 아니었으나 '대학 행정학과 졸업생의 취업률과 진학률'이 가장 낮았고 '전문대학도 낮은 수준'이라고 볼 수 있다.

둘째, 대학 사회계열 현황에서 재적학생 수는 행정학이 "약 7만 5천 명"을 넘어 경영학에 이어 두 번째로 재적학생 수・재학생 수・휴학생 수가 많았다. 전문대학 사회계열 현황에서 재적학생 수는 경영학, 가족・사회・복지 전공 다음으로 행정학이 "2만 6천 명"을 넘어 세 번째로 재적학생 수・재학생 수가 많았으며 휴학생수는 경영학 다음으로 행정학이 많았다. 대학과 전문대학의 행정학 전공자 비교에서 재적학생 수는 총 10만 명을 넘고 있으며 휴학생(37,050명)이 재학생(64,865명) 인원의 절반을 넘고 있다. 대학 사회계열 학년별 현황에서 행정학은 현재 시점 기준으로 2학년 학생이 가장 많으며 1학년이 가장 적었다. 전문대학 학년별 현황에서 경영・경제 전공(약 6만 명)이 가장 많았으며 다음으로 가족・사회・복지학, 행정 순서로 나타났다. 이처럼 행정학 전공자는 전국에 약 7만 5천 명 가량으로 휴학생의 비중이 높고 대학과 전문대학에서 행정학은 경영학에 이어 많은 재적생, 재학생, 휴학생이 있다고 생각할 수 있다.

셋째, 대학 학교설립 유형별 전공 현황에서 행정학 328개, 국립에서 경영학 다음으로 행정학, 공립에서 행정학이 가장 많았으며 사립에서는 행정학(272개)으로 나타났다. 전문대학 학교설립 유형별 전공 현황에서 행정학은 269개로 조사되었다. 공립에서 행정학이 13개로 가장 많았고 사립에서는 행정학 256개로 나타났다. 대학과 전문대학의 행정학 전공을 학교 유형별로 비교하면, 국립은 대학 53개・전문대학 미설치, 공립은 전문대학 13개・대학 3개, 사립대학은 대학 272개・전문대학 256개로 총 528개였다. 대학이나 전문대학에서 행정학이 고르게 배치되어 설립 유형에 따른 차이가 별로 없다고 볼 수 있다. 특히, 대학과 전문대학의 취업률을 구간별로 나누어본 결과 대학이 전문대학보다 취업률이 낮게 나타났다. 대학 행정학과의 졸업생이 공무원 시험 등에 매진해 나타나는 특성일 수도 있지만 전문대학 졸업생이 '학기 중' 취업이 상대적으로 쉽기 때문에 생기는 것으로도 이해할 수 있다.

현재 공공기관 취업처는 청와대 조직도 기준으로 "정부투자기관(38곳) · 연구소(64곳) · 위원회(23곳)", 지방공기업경영정보공개시스템 기준으로 "지방공기업(397곳)"이며 각 기관마다 신규 채용 인원과 방식이 서로 차이가 있다. 국가통계포털 인사통계를 기준으로 2013년 국가공무원 신규임용 1,919명(5급 267명 · 7급 461명 · 9급 1,165명), 2011년 지방공무원 신규임용 6,480명(공채 4,167명)으로 나타났다. 공공기관에 연간 취업 가능한 인원은 국가와 지방 공무원 약 6천 명 가량이며 정부투자기관이나 지방공기업에 채용 가능한 인원을 생각해 보면 '7천 명 정도'를 예상해 볼 수 있다.[5] 이는 대학과 전문대학 행정학과 재적학생 수의 약 10분의 1에 못 미치며 대학 행정학과 4학년 재학생 인원 약 2만 명을 기준으로도 절반에 못 미치는 인원이다. 공무원 시험을 준비하는 수험생은 학력과 무관하므로 경쟁률은 더욱 증가한다. 정부투자기관이나 지방공기업과 같은 공공 기관에 취업하는 것도 '어학 성적', '직무능력검사', '면접' 등의 관문을 통과해야 입직할 수 있다는 점에서 행정학과 대학생의 공직 취업 전망이 긍정적이라고 생각할 수는 없다. 행정학과 대학생 취업 방향을 모색하는 것은 행정학과 대학생뿐만 아니라 다른 학과 대학생에게도 공통적으로 해당되는 것일 수도 있다.

행정학과 대학생 취업 방향을 제안하면 첫째, 학과 전공과 직업의 불일치가 일어날 수 있다는 사실을 재학생에게 알려주는 것이 필요하다.[6] 행정학과에서 배우는 필수(공통) 과목은 공직에 입직했을 때 지식적으로나 실무적으로 도움이 된다고 생각할 수 있지만 입직 전까지 그것이 '실제적으로' 얼마나 도움이 될지는 판단하기 어렵다. 특히, 대학 교육이 본래 추구해야 하는 '학문적' 영역과 '이론적' 접근은 유지해야 하며 실무

5) 정확한 수치를 계산하는 것은 모든 공공기관의 신규 채용 인원을 파악해야 하지만 그것을 일괄적으로 파악하기는 어렵기에 대략적인 연간 취업 가능 인원을 가늠해 볼 수 있다. 학사와 전문학사 취득 대학생이 입직할 수 있는 공공기관은 본문에 언급된 곳보다 더 줄어들 수도 있으며 공무원은 학력 제한이 없고 사교육 시장이 활발해 행정학 전공자가 반드시 경쟁에서 유리하다고 볼 수도 없다.

6) 희망 전공을 고려한 대학 선택은 40% 내외이며 전공을 다시 선택할 수 있다면 다른 전공을 선택하겠다는 대학생이 절반에 이르러 흥미, 적성, 취업 여건을 고려한 선택을 못하고 있다. 전공 불일치자는 일치한 사람에 비해 졸업 평점이나 취업률이 낮게 나타났다(박영범, 2013). 전공 불일치는 한국의 대학 입시 상황에 비추어 볼 때 구조적인 문제로 납득할 수 있다. 이에 전공 불일치 대학생에게 복수전공 등의 기회를 제공하고 있으며 앞으로도 여러 주체가 대학생 개인의 진로 탐색 기회를 제공해 주어야 한다.

중심 지식을 행정학과에서 가르치는 것은 분명 의미도 있고 도움도 되지만 행정학과에서 배우는 공통 과목을 유지하는 것도 중요하다. 학과에서 배우는 전공이 의미 있다는 사실을 학생들에게 알려주면서도 전공과 직업의 불일치가 있을 수 있다는 점, 졸업 이후 직업의 변동이 매우 심하다는 점도 동시에 안내할 필요가 있다.[7)]

둘째, 진로 지도 측면에서 학과 내부적으로 거의 모든 대학에서 실시하고 있는 '취업' 관련 각종 프로그램에 적극적으로 참여를 유도해야 한다. 교육부나 고용노동부 등의 지원을 받아 다양한 취업 프로그램이 교내에서 실시되고 있으나 그것을 잘 인지하지 못하는 재학생이 많으며 졸업생이 그것을 이용하는 것은 한계가 있다. 이에 학과 내에서 행정학 교육과정을 구체적이고 개별적인 여건에 맞게 운영하면서 교내에서 실시하는 다양한 프로그램에 참여할 것을 저학년부터 알려주는 것은 중요하다.

셋째, 행정학과를 졸업한 대학생 가운데 '공직으로 진출하지 않은' 졸업생의 사례를 재학생에게 주기적으로 알려주는 것은 의미가 있다. 흔히 '합격생 안내'를 하는 경우는 있지만 '행정학과 출신으로 공직이 아닌 분야에서도 모범적으로 생활하는 졸업생이 진로를 안내'하는 것은 상대적으로 적은 편이다. 이는 재학생에게 행정학을 전공하면서도 다른 직업 세계가 있다는 것을 인식시키는 기회며 행정학이 다른 직업 분야의 역량과 어울릴 수 있다는 사실을 알려주는 것이기도 하다.

넷째, 진학률을 높이는 것도 고려해 볼 수 있다. 전문대학은 4년제 대학으로 편입, 대학은 대학원으로 진학할 수 있는 유인요소를 홍보하는 것도 하나의 방법일 수 있다. 진학률을 높이는 것은 상대적으로 취업률을 높이는 것이므로 소기의 성과를 달성하는 방법이기도 하다.[8)]

다섯째, 행정학이 공직뿐만 아니라 일반 기업이나 사(私)조직에서 필요하다는 것을 학생뿐만 아니라 일반인에게 알려줄 기회를 만들 필요도 있다. 흔히 행정학은 '공직이 아니면 필요가 있을까?'라는 의문을 제기할 수 있는데 일반 조직이나 인사 분야 등에서 폭넓게 적용된다는 사실을 알릴 수 있는 자리를 마련하는 것도 고려 대상이다. 또한 행정학 전공자가 다른 분야 전공자보다 유리한 '자격증'의 저변을 넓히고 '학점인증', '연수교육' 등을 강화하는 것도 방법일 수 있다.

---

7) 대학 졸업자의 상당수가 직업 경력 초기(첫 직장 탐색과 직장 안착)에 오랜 기간 동안 극심한 경력 변화를 겪고 있다(김미란 · 민주홍, 2011).

8) 정부가 전공 특성을 고려해 대학 취업률 지표를 꾸준하게 보정하는 것은 중요한 일이다(황규희, 2012). 진학률을 높이는 것이 상대적으로 취업률을 높인다고 설명한 것은 "취업"의 질적 부분과 전공 특성은 전혀 고려하지 않는 방법이다.

Ⅴ. 결 론

이 논문은 행정학과 대학생 실태와 취업 방향을 모색하는 데 목적이 있다. 행정학과 대학생은 행정학과 대학생과 전문대학생이며 그 실태를 살펴보고 취업 방향을 모색하는 것이다. 선행연구의 시사점은 견해마다 미시적으로는 차이가 있지만 행정학과의 기본적 특성을 유지하면서 새로운 분야와 특성을 가미하는 문제, 행정학과 대학생에 대한 역량 배양의 방법 등을 강구하는 것이 중요하다는 데 대체로 의견이 일치하고 있다.

행정학과 대학생 실태에서는 사회계열 전체 취업률은 다른 계열에 비해 떨어지는 편은 아니었으나 대학 행정학과 졸업생의 취업률과 진학률이 가장 낮았고 전문대학도 낮은 수준이라고 볼 수 있다. 대학 사회계열 현황에서 재적학생 수는 행정학이 "약 7만 5천 명"을 넘어 경영학에 이어 두 번째로 재적학생 수 · 재학생 수 · 휴학생 수가 많았다. 설립유형별로 대학이나 전문대학은 행정학이 고르게 배치되어 차이가 별로 없다고 볼 수 있고 대학과 전문대학의 취업률을 구간별로 나누어본 결과, 대학이 전문대학보다 취업률이 낮게 나타났다. 특히, 연간 공무원 채용이나 공공기관 채용을 봤을 때 행정학과 재학생이나 졸업생이 공직 입직 전망이 그다지 긍정적이지 않다는 사실을 확인했다.

행정학과 대학생의 취업 방향을 간략히 정리하면 첫째, 학과 전공과 직업의 불일치가 일어날 수 있다는 사실을 재학생에게 알려주는 것이 필요하다. 둘째, 진로 지도 측면에서 학과 내부적으로 대학에서 실시하고 있는 취업 관련 각종 프로그램에 적극적으로 참여를 유도해야 한다. 셋째, 행정학과를 졸업한 대학생 가운데 '공직으로 진출하지 않은' 졸업생의 사례를 재학생에게 알려주는 것은 의미가 있다. 넷째, 진학률을 높이는 것도 상대적으로 취업률을 높이는 것으로서 하나의 방법이기도 하다. 마지막으로 행정학이 다른 분야에서도 필요하다는 것을 일반인 등에게 알려줄 자리를 마련하는 것도 하나의 방법이라고 할 수 있다. 그렇지만 이 논문의 한계도 분명히 존재한다. 첫째, 주관적인 논리 전개로 행정학과 대학생에 대해 여러 사람들이 공유할 수 있는 취업 방향을 제시하기는 어렵다는 점이다. 둘째, 이론적 배경이 부족하고 선행 연구 검토가 세밀하지 못한 점이 논문의 체계성을 떨어뜨리는 요인이라고 할 수 있다. 다만, 이 논문의 주제가 매우 실제적이고 다양한 견해가 존재할 수밖에 없다는 점에서 행정학과 대학생의 취업에 관한 주의를 환기하는 데 도움이 된다고 할 수 있다.[9]

---

9) 전체 대학생 취업률이 낮다는 점에서 이 논문은 청년실업에 관한 주의를 환기하는 데 의미가 있다.

3 대학원 졸업자들의 취업진로 개선, 추진경과 및 과제

명 승 환(인하대학교)

Ⅰ. 일반 대학원 현황

1. 대학원 진학 이유

❑ 대학원 진학에 대한 강한 의지 부족(취업포털 커리어 서베이, 2009.5.30 – 6.1)

※ 응답자의 46.2%가 '대학원 진학을 계획하고 있다'고 하였으나 진학 동기에 있어서 대학원을 취업에 대한 도피처라고 여기고 있다. 그러나 대체로 행정학과뿐만 아니라 전체적으로 볼 때 대학원 진학을 희망하는 학생의 수가 50%에 육박하고 있어 대학원 진학률은 예상보다 높은 편이다.

※ 응답자(복수응답) 중 54.1%가 '전공학문을 더 깊이 있게 배우고 싶어서'라고 답했고, '취업 부담감에 대한 도피처'라는 대답도 37.8%나 되었다. '원하는 직업을 위해 반드시 필요해서(27.2%)', '출신학교의 네임밸류를 높이기 위해서(13.6%)', '학사전공이 적성에 맞지 않아서(7.3%)', '가족 · 지인들의 권유로(4.2%)' 순이었으며, 일단 전공학문을 더 깊게 공부하겠다는 답변과 적성을 찾기 위해서라는 답변비율을 합해보면 절반 이상이 되는 것을 알 수 있다.

※ 대학원 진학을 희망하는 대학생들은 석사학위가 취업(또는 직장생활)에 미치는 영향을 묻는 질문에 45.9%가 '추후 연봉인상이나 승진기회가 상대적으로 많을 것이다'라고 답했고, '보다 큰 규모의 기업에 입사할 수 있을 것이다(19.0%)', '취업준비를 위한 시간을 벌 수 있을 것이다(14.4%)', '학력에 대한 우월감을 느낄 수 있을 것이다(12.4%)', '딱히 도움 되는 건 없을 것 같다(4.5%)'로 응답하였다.

※ 석사 출신 지장인들에게 '석사학위가 취업하는 데 도움이 되었나'를 물은 결과, 절반 남짓(50.9%)이 그렇다'고 답했을 뿐 '별로 도움이 안 된다'가 절반을 차지하고 있다.

2. 행정학 관련 대학원 졸업자 취업관련 통계(2009년 교육통계연보)

1) 행정학 관련 전공 대학원 졸업자 취업 현황(〈표 1〉)

구분	취업률(%)	정규직 취업률(%)	취업자	취업구분		
				정규직	비정규직	자영업
행정학	84.9	57.9	321	219	82	20

2) 행정학 전공 대학원 졸업자 직업 현황(〈표 2〉)

구분	합계	직업분야									
		관리	전문가 및 관련 종사	사무	서비스	판매	농림 어업 숙련	기능원 및 관련 기능 종사	장치, 기계 조작 및 조립	단순 노무	군인
행정학	321	43	157	94	11	2	–	1	1	1	11

3) 행정학 전공 대학원 졸업자 취업경로(〈표 3〉)

구분	합계	취업경로						
		학교	공개 채용	취업 전문 기관	친인척	자영	인터넷 및 신문 방송	기타
행정학	321	65	180	1	2	23	17	33

4) 행정학 전공 대학원 졸업자 근무지 현황(〈표 4〉)

구분	합계	근무지															
		서울	부산	대구	인천	광주	대전	울산	경기	강원	충북	충남	전북	전남	경북	경남	제주	해외
행정학	321	135	16	7	7	8	13	4	39	8	11	16	20	13	8	12	1	3

Ⅱ. 행정학 대학원 교육의 문제점

❑ 대학원 교육의 부실화(행정학과 일반대학원)

가장 큰 문제는 석사지원자는 거의 없고, 박사과정에서도 부업학생(part time)들이 대다수를 차지하며, 최근에는 석사과정에 네팔, 중국, 조선족, 몽고 등 외국학생들이 장학금 수혜를 받고 입학하고 있어 수업의 질이 매우 낮아지고 있다(영어도 안 되고 한국어도 안 되는 수준)는 점이다. 따라서 국내 대학원 박사학위를 취득해도 수도권 대학의 교원임용은 거의 불가능하므로 박사과정에 진학할 이유가 없다. 또한 수도권에 위치해 있느냐의 여부에 따라 대학원 수준이 결정되므로, 수도권에 소재해 있는 소위 명문대학의 대학원은 별로 혁신할 필요성을 느끼지 못하고, 다만 순수한 학문을 추구하는 full time 학생이 부족한 것이 문제이다(교수임용에 목적을 두면 해외유학을 선호).

사회의 고학력 선호욕구로 인하여 그저 명함에 박사라는 두 글자를 새기는 것에 혈안이 된 사람들로 채워지고 이런저런 지도비, 논문심사비나 챙기면서 학위장사 하는 수준으로 전락하였다.

❑ 공무원 시험의 경쟁력 부재

타 전공에 비하여 공무원 채용시험에서의 경쟁력이 월등히 높지 못하고, 행정고시의 경우에는 상경계열 전공자의 절반도 미치지 못하고 있다. 특히 행정고시는 선발인원이 너무 적고, 9·7급은 한 해 14만 명 이상이 지원하여 이미 특정 전공이 시험에 미치는 영향은 매우 미미하다.

2008~2009년 국가공무원 공채 합격자 전공별 현황

(단위: %)

전공계열	5급		7급		9급	
	2008	2009	2008	2009	2008	2009
인문	14.0	12.3	11.5	14.8	12.4	15.7
법률·행정	24.8	22.6	19.7	27.7	16.7	20.3
상경	27.7	32.8	36.9	19.5	24.3	16.4
사회	16.5	11.9	5.3	7.7	4.9	7.0
기초과학	2.9	2.9	3.3	3.1	4.6	3.9
생활과학	1.7	1.6	0.9	1.3	1.5	1.4
공학	4.5	5.7	8.8	11.6	13.4	11.7
기타	7.9	10.2	13.6	14.31	22.2	23.7

※ 행정직군만 대상으로 한 것이다.

자료: 행정안전부.

행정고시(전국모집) 합격자는 거의 매년 상경계열 전공자가 법률 · 행정 전공자보다 많았다. 2009년 합격자의 경우 법률 · 행정 전공자는 18%에 그친 반면 상경 전공자는 두 배인 36%에 달했다.
지난해 역시 상경 전공(28.2%)이 법률 · 행정 전공(20.9%)보다 많았다. 행시는 일반행정직을 재경직보다 50%가량 많이 채용하지만, 상경 전공자가 더 많은 것이다. 이는 일반행정직에 경제학 등 상경계열과 관련한 과목이 있기 때문으로 풀이된다. 다만 일반행정직만 뽑는 행시 지역구분 모집은 법률 · 행정 전공자가 압도적으로 많았다. 올해 합격자 중 법률 · 행정 전공자는 50% 이상이었고 지난해와 2007년은 각각 47.2%와 45.5%에 달했다.

서울신문, 2009. 1. 3.

❑ 타 전문대학원 설립과 발전에 대한 대책 전무

특히 로스쿨로의 쏠림현상에 대한 행정학 전공학과의 학부와 대학원의 대책이 전무하고, 향후 행정학 전공 자체가 학부에서 사라질 우려가 있다.

중앙대학교는 공공인재학부를 설립하여 정책학전공(로스쿨준비) 행정학전공(행정고시목표) 2개의 전공을 만들었고, 행정학과는 공공인재학부(특성화학과/특별대우) 안에 하나의 전공단위로 존속되었다. 그리고 공공인재학부는 입학생 대부분이 4년간 장학혜택을 받고 있다.

경영전문대학원, 로스쿨의 수준을 뛰어넘는 행정/정책 전문대학원의 설립이 요구되는 시점이며, 학부에서도 로스쿨 외에 고급공무원 양성 전문대학원 입학을 목표로 하는 교육과정으로 개편될 필요가 있다.

Ⅲ. 미래 수요 예측과 전략

1. 미래 수요의 감소

무엇보다 저출산 등에 의한 인구감소로 학생 수는 지속적으로 감소하고 있으며, 특히 초등학생 수는 1962년 교육통계조사 이래 최저치를 기록하고 있다. 남아도는 대학의 퇴출 여파로 대학원의 사정은 더욱 악화될 것으로 예상된다. 또한 상위권 행정학과 일반대학원 및 특수대학원에 비교하여 볼 때 지방소재 대학원들은 향후 학생 수 감소로 인한 충원미달 문제가 더욱 악화될 것이다. 사실상 취업이 문제가 아니라 충원자체에 대한 고민이 더 시급하다.

[그림 1] 연도별 대학진학률과 고교 졸업자 수

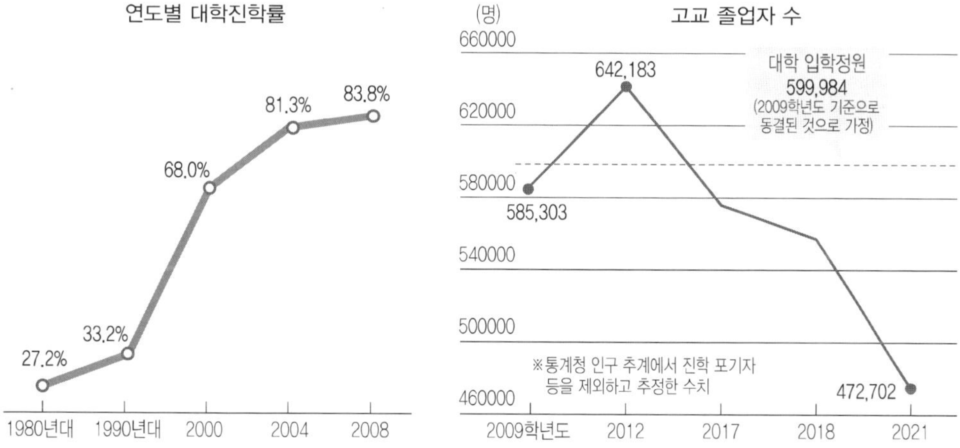

자료: 교육과학기술부.

2. 환경의 변화

앞으로의 추세는 Green(친환경), Global Standard, Sustainability(지속가능성), Convergence 등 친환경, 융합, 다양한 주체와의 조화가 중심이 될 것이기 때문에 패러다임의 변화에 따른 새로운 리더십과 국가관리 모델, 그리고 인재가 요구된다. 특히 다양한 주체(정부, 시민, 기업) 간의 협력적 파트너십을 근간으로 하는 거버넌스(Governance) 모델을 모색하고, 새로운 리더십의 발굴을 통하여 지속적으로 전문성, 소통능력, 도덕성을 고루 갖춘 공공인재를 육성할 수 있는 교육모델이 필요하다.

한편 사회, 문화, 외교, 정치 등 소프트파워는 우리나라 국가발전의 발목을 잡는 지체현상을 초래하고 있다. 최근 민주화의 확대, 사회적 욕구의 분출, 글로벌 문화의 개방 등 사회적 다원화의 촉진과 함께 갈등과 마찰요인은 사회적 모순으로 전환되어 발전을 저해하고 있다.

※ 소프트파워란 국력을 구성하는 하드파워에 대응하는 개념으로서 상대방을 매료시켜 상대방이 자발적으로 마음을 바꾸어 원하는 바를 얻어 내는 능력(J. Nye)
- 국정관리, 사회적 자본, 정치, 외교, 문화, 거시변화에의 대처 등의 각 영역에서 국가가 추구하는 목표를 실제로 구현할 수 있는 능력을 의미(한선재단, '09)

- 이러한 소프트파워는 하드파워 요소들이 제대로 작동할 수 있게 여건을 조성해 주고 구축된 국력을 타국에 대하여 효과적으로 행사하는 능력을 의미하며,
- 국민 개개인, 전문성, 다원화된 사회의 요소요소 힘을 소통하고 응집시키는 국가의 힘을 표현하는 근본이며, 하드파워의 밑거름

지식정보사회 진전과 사회소통의 확대에도 불구하고 사회갈등은 오히려 커지는 추세이며, 사회자본력(15위), 정치력(14위), 문화력(13위), 외교력(12위) 등에서 사회적 소통과 협력관계의 구성에 대한 취약점이 노출되고 있다.

〈표 5〉 국가별 소프트파워의 종합 및 분야별 순위 비교

분야 / 국가	종합 점수	종합 순위	국정관리	정치력	외교력	문화력	사회 자본력	거시변화 대처력
미국	25.1	1	5	4	1	2	4	1
영국	22.78	2	4	5	3	5	4	8
캐나다	22.16	3	1	3	7	7	2	3
독일	22.04	4	3	7	4	3	14	5
호주	22	5	2	2	11	8	3	2
프랑스	21.95	6	7	9	2	6	10	16
중국	21.75	7	18	1	9	1	1	12
일본	21.47	8	6	11	5	10	9	9
이태리	20.55	9	9	13	6	4	13	14
스페인	20.23	10	8	6	10	9	11	19
인도	19.29	11	15	10	19	16	6	4
대한민국	19.11	12	10	14	12	13	15	10
남아공	19.09	13	11	8	20	18	7	11
터키	18.78	14	14	15	15	17	8	7
멕시코	17.88	15	13	16	14	14	19	17
브라질	17.87	16	12	19	17	12	16	6
인도네시아	17.79	17	20	12	18	19	12	13
러시아	17.76	18	19	17	8	11	17	18
아르헨티나	16.73	19	16	20	13	15	18	15
사우디	14.72	20	17	18	16	20	–	–

자료: 2009 한선 종합국력지수.

따라서 장기적으로 국가경쟁력 특히 국정관리능력, 소프트파워의 제고를 위한 연구와 교육 콘텐츠의 개발이 필요하며 행정학 학부와 커리큘럼 조정 및 인증제의 도입, 공무원 양성 전문대학원의 설립 등 다양한 대안이 검토되어야 할 시점이다.

3. 대응전략

□ 일반대학원 풀타임 학생비율의 확대 방안 모색

국내 박사 일정비율 채용 의무화 등 대학원 진학을 위한 인센티브를 제공(현행 국가고시 채용인원 양성비율제 30%와 같은 취지로)하고, 행정학회에서 제안하여 정부차원에서의 대책마련을 촉구(석박사과정과 박사 후 생계를 위한 국고 지원금 확대, 시간강사 처우 개선 등)한다.

□ 향후 수요 감소에 대한 대책 마련

권역별 일반대학원(학문특성화), 전문대학원(공무원 양성), 특수대학원(실무자 재교육 중심) 중 택 1하여 대학원 수를 축소·조정하는 방안도 있다.

행정전문가를 양성하기 위한 6년제 전문학제 과정(4학부+2대학원)의 도입 검토(의학, 건축, 법학, 경영 등과 같이 고도의 전문화 추구)하는 방법도 대안이다. 그리고 미래의 고객으로 늘어가는 외국인 학생들을 위한 커리큘럼과 학사관리 프로토콜을 개발할 필요가 있다.

□ 취업 확대 방안 모색

대학원 졸업생 정보공유를 위한 "인재풀 공유DB" 공유(행정학회 차원)를 통하여 취업시장의 정보공유를 해야 하고, 학교 외의 다양한 취업기회의 확대를 위한 인턴십제의 확대(공공기관, 연구소, 기업 등)도 필요하다.

대학원생들의 연구와 학회활동 활성화를 위한 행정학회 차원에서의 인센티브 제공(세미나의 확대, 다양한 장학금 수혜 확대)과, 교과부에 정책제안(박사과정과 박사 후 생계를 위한 국고 지원금 확대 등) 등도 고려할 수 있다.

□ 행정학 인증제의 도입과 공무원 양성 전문대학원 설립

대학의 행정학 전공과목들은 21세기의 패러다임 변화에 따라 요구되는 인재를 양성할 수 있는 커리큘럼이 아니고, 실제(practice) 문제해결에 별로 도움이 안 되는 학자 중심의 각론들로 이루어져 있다. 따라서 미래의 수요에 부응하는 공무원 양성 전문 대학원 설립과 행정학 커리큘럼 및 교육과정 표준 인증제를 도입할 필요가 있다.

※ 미국과 같이 행정학회에서 주관하여 인증하는 방안 검토(공무원 양성을 목표로 하는 석사학위 과정): National Association of Schools of Public Affairs and Administration (NASPAA)

〈표 6〉 NASPAA 인증을 획득한 기관에서 제공하는 학위 과정들

학위 과정의 명칭	교육기관의 수
Joint Degree	52
Master of City Management(MCM)	0
Master of Health Administration(MHA)	9
Master of Public Administration(MPA)	139
Master of Public Affairs(MPAff)	6
Master of Public Management(MPM)	1
Master of Public Policy(MPP)	14
Master of Public Service(MPS)	0
Master of Science(MS)	18
Ph.D.	56
기타	26

자료: 양승범. 2009. "행정학 인증제도: NASPAA의 인증기준을 중심으로". 정책과학학회 발표.

〈표 2〉 2008 인증 기준과 개정되는 인증 기준 비교

2008년 인증 기준	2009년 인증 기준
기준1: 적격성 기준2: 임무 기준3: 범위 기준4: 교과과정 기준5: 교수의 성과 기준6: 입학과정 기준7: 학생서비스 기준8: 시설물 기준9: 원격강의	기준1: 전략적 관리 기준2: 교직원의 확보 기준3: 자원의 활용 기준4: 의사소통 기준5: 학생서비스 기준6: 교과과정 기준7: 교수의 성과

자료: 양승범. 2009. "행정학 인증제도: NASPAA의 인증기준을 중심으로". 정책과학학회 발표.

Ⅳ. 결론: 국내박사 임용 할당제의 도입 필요성 및 법안(안)

1. 필요성

국내 대학원 박사학위를 취득해도 대학교수 임용은 거의 불가능하므로 박사과정에 진학할 이유가 없다. 따라서 국내박사 일정비율 채용 의무화 등 대학원 진학을 위한 인센티브 제공(현행 국가고시 채용인원 양성비율제 30%와 같은 취지로)이 필요하다. 이러한 문제를 해결하기 위해서는 한시적으로 대학교수 임용 때 국내박사 교수할당제를 실시해야 한다.

교수 임용에서 성차별을 없애려고 국립대학에서 여성교수의 비율을 정해놓고 임용을 유도하는 것과 마찬가지 이유로, 각 대학의 교수직 중 일정 비율을 국내박사에게 할당하는 제도 장치를 마련해야 한다. 그렇지 않으면 국내에서 경쟁력 있는 연구 환경을 만들 수 있는 가능성은 요원해 보인다. 이 땅의 우수한 인재들에게 국내에서 학문과 연구에 힘써 달라고 부탁할 명분과 인센티브를 제공해야 한다.

일본의 경우 박사학위를 학문의 정점으로 인정하기 때문에 박사학위를 늦게 주는 편이기는 하지만, 자국의 연구실정을 익히 아는 국내박사가 외국에서 학위만 마친 박사보다 더 대접받고 있다. 필요하면 박사 후 과정이나 박사과정 중의 유학으로 외국의 연구기술을 배우면 된다고 믿기 때문이다. 잠재력 있는 학문 후속세대를 배출하여 국내 학문의 자생력을 키우기 위해서 국내박사 할당제는 불가피하다.

2004. 7. 13. 국내박사 할당제를 실시하라
김성일 고려대 교육학과 교수
(http://blog.naver.com/7juni7/120004097549)

"여성 · 국내박사 교수 채용 늘리자"
학단협 "인력충원 불균형 심각" 대대적 개혁운동

◆ 교수 충원 구조 왜곡 심각 = 교수들이 주축이 된 한국학술단체협의회(학단협 · 상임대표 서유석 호원대 교수)가 교수 충원 구조 개혁을 촉구하고 나선 것은 현재 한국 대학사회의 인력 충원 구조가 심각한 불균형을 보이고 있다는 판단 때문이다.

국내 박사들도 교수 자리를 얻기란 하늘의 별따기다. 2007년 기준으로 한국학술진흥재단과 한국사회학회에 등록된 사회학 연구자 872명 가운데 미국 대학 박사 학위자는 317명으로 국내 대학 박사 학위자(350명)보다 적었지만, 이들의 전임교수 임용 비율은 77.6%로 국내 박사(57.8%)에 비해 훨씬 높았다. 2007학년도 2학기 기준으로 서울대 경제학과는 전임교수 32명 중 28명이 미국 박사였고, 연세대 경제학과는 29명 중 28명, 고려대 경제학과는 20명 중 17명이 미국 박사로 조사된 바 있다. 이처럼 서울 주요 대학은 국내 박사 출신 전임교수 비율이 10%에도 못 미치는 실정이다.

문화일보, 2008. 11. 8.(김병채 기자 haasskim@munhwa.com)

"국내박사 차별 개선 … '대학원판' 선도대학 만들겠다"

안병만 교육과학기술부 장관 인터뷰

올해 중점적으로 추진할 정책으로 국내박사를 글로벌 수준으로 육성하겠다는 내용이 있습니다.

"국내박사가 해외박사에 비해 차별을 받고 있다는 문제의식에서 출발했습니다. 이전에는 우리 사정이 열악해서 그랬다고 하지만 이제는 아닙니다. 사회 많은 부분에서 선진화했고, 경제적으로 국제사회에서 경쟁할 만한 위치에 올랐습니다. 그런데 유독 국내에서 박사학위를 받으면 제대로 대우를 못 받습니다. 사회적 편견도 있지만 대학원 교육 프로그램이 부실하기 때문입니다. 특히 대학원생들이 아무 걱정 없이 공부에만 전념해야 하는데, 등록금도 비싸고 장학금도 부족합니다. 그러니까 대부분 직장을 다니면서 학업을 이어나가지요.

적당히 공부해서 딴 학위로 무엇을 하겠습니까. 글로벌 박사로서 경쟁할 수준이 못되는 것입니다. 일본 도쿄대 경우는 국내박사 비율과 해외박사 비율이 우리와 반대입니다. 우리도 이제 해외에 나가지 않고도 좋은 교육을 받고 우수한 박사들을 배출해야 합니다."

- 일시: 2010년 4월 7일
- 장소: 교육과학기술부 장관 집무실
- 대담: 최영진 교수신문 주간(중앙대 정치학)
- 기록 · 정리: 박수선 기자(susun@kyosu.net)

2. 법률 초안

국내 박사학위 취득자 임용평등에 관한 법률(가칭)

제1장 총 칙

제1조(목적) 이 법은 합리적인 이유 없이 박사학위 취득 국가를 이유로 하여 교수・부교수・조교수・전임강사(이하 "교수"라 한다)의 임용 차별을 금지하고, 국내 박사학위 취득자가 그 능력에 맞게 임용될 수 있도록 지원하고 촉진함으로써 고등교육의 내실화를 목적으로 한다.

제2조(정의) 이 법에서 사용하는 용어의 뜻은 다음과 같다.

1. "교수"란 교육과학기술부의 「교수자격기준 등에 관한 규정」 별표의 자격기준에 해당하거나 「교육공무원법」 제5조의 규정에 의한 대학인사위원회 또는 「사립학교법」 제53조의3의 규정에 의한 교원인사위원회의 인정을 받아 임용되었거나 임용예정인 자를 말한다.
2. "교육기관"이란 고등교육을 실시하기 위하여 「고등교육법」 제2조에서 규정하고 있는 대학・산업대학・교육대학・방송대학・통신대학・방송통신대학 및 사이버대학・기술대학을 말한다.
3. "교육기관의 장"이란 「고등교육법」 제19조 제2항의 규정에 따라 교수 임용의 최종 결정권을 가진 자를 말한다.
4. "차별"이란 「교육공무원법」 제5조의 규정에 의한 대학인사위원회 또는 「사립학교법」 제53조의3의 규정에 의한 교원인사위원회가 교수의 임용에 있어 학위 취득 국가 등의 사유로 합리적인 이유 없이 임용 또는 근로의 조건을 다르게 하거나 그 밖의 불리한 조치를 하는 경우(임용 조건이나 근로 조건은 동일하게 적용하더라도 그 조건을 충족할 수 있는 국내 박사학위 소지자가 해외 박사학위 소지자에 비하여 현저히 적고 그에 따라 국내 박사학위 소지자에게 불리한 결과를 초래하며 그 조건이 정당한 것임을 증명할 수 없는 경우를 포함한다)를 말한다.
5. "적극적 임용개선조치"란 현존하는 국내외 박사학위 취득자 간의 교수 임용차별을 없애거나 교수 임용평등을 촉진하기 위하여 잠정적으로 국내 박사학위 취득자를 우대하는 조치를 말한다.

제3조(적용 범위) ① 이 법은 「고등교육법」 제2조의 규정에 해당하는 교육기관에서 임용하는 교수에 적용한다.

② 교수 임용상의 평등을 실현하기 위하여 다른 법률에 특별한 규정이 있는 경우 외에는 이 법에 따른다.

제4조(국가와 지방자치단체의 책무) ① 국가와 지방자치단체는 이 법의 목적을 실현하기 위하여 국민의 관심과 이해를 증진시키고 국내 박사학위 취득자의 능력 개발 및 고용 촉진을 지원하여야 하며, 고용평등의 실현에 방해가 되는 모든 요인을 없애기 위하여 필요한 노력을 하여야 한다.

제5조(교수 및 교육기관의 책무) ① 교수는 상호 이해를 바탕으로 국내 박사학위 취득자가 동등하게 존중받는 문화를 조성하기 위하여 노력하여야 한다.

② 교육기관은 해당 기관의 임용평등의 실현에 방해가 되는 관행과 제도를 개선하여 국내 박사학위 취득자가 동등한 여건에서 자신의 능력을 발휘할 수 있는 근로환경을 조성하기 위하여 노력하여야 한다.

제6조(정책의 수립 등) ① 교육과학기술부장관은 국내 박사학위 취득자의 임용평등을 실현하기 위하여 다음 각 호의 정책을 수립·시행하여야 한다.

1. 국내 박사학위 취득자 임용평등 의식 확산을 위한 홍보
2. 국내 박사학위 취득자 임용평등 교육기관의 선정 및 행정적·재정적 지원
3. 국내 박사학위 취득자 임용평등 강조 기간의 설정·추진
4. 국내 박사학위 취득자 차별 개선과 국내 박사학위 취득자 임용 확대를 위한 조사·연구
5. 그 밖에 국내 박사학위 취득자 임용평등의 실현을 위하여 필요한 사항

② 교육과학기술부장관은 제1항에 따른 정책의 수립·시행을 위하여 관계자의 의견을 반영하도록 노력하여야 하며 필요하다고 인정되는 경우 관계 행정기관 및 지방자치단체, 그 밖의 공공단체의 장에게 협조를 요청할 수 있다.

제6조의2(기본계획 수립) ① 교육과학기술부장관은 국내 박사학위 취득자 임용평등 실현에 관한 기본계획(이하 "기본계획"이라 한다)을 수립하여야 한다.

② 기본계획에는 다음 각 호의 사항이 포함되어야 한다.

1. 국내 박사학위 취득자 임용의 촉진에 관한 사항
2. 국내 박사학위 취득자의 평등한 기회보장 및 대우에 관한 사항
3. 그 밖에 국내 박사학위 취득자 임용평등의 실현을 위하여 교육과학기술부장관이 필요하다고 인정하는 사항

제6조의3(실태조사 실시) ① 교육과학기술부장관은 교육기관의 임용 시 국내 박사학위 취득자 차별개선 실태를 파악하기 위하여 정기적으로 조사를 실시하여야 한다.

② 제1항에 따른 실태조사의 대상, 시기, 내용 등 필요한 사항은 교육과학기술부령으로 정한다.

제 2 장 임용에 있어서 국내 박사학위 취득자의 평등한 기회보장 및 대우

제7조(모집과 채용) ① 교육기관의 장은 교수를 모집하거나 채용할 때 국내 박사학위 취득자를 차별하여서는 아니 된다.

② 교육기관의 장은 교수를 모집・채용할 때 그 직무의 수행에 필요하지 아니한 출신학교 등의 조건 그 밖에 교육과학기술부령으로 정하는 조건을 제시하거나 요구하여서는 아니 된다.

제8조(임금) ① 교육기관의 장은 동일한 사업 내의 동일 가치 노동에 대하여는 동일한 임금을 지급하여야 한다.

② 동일 가치 노동의 기준은 직무 수행에서 요구되는 기술, 노력, 책임 및 작업 조건 등으로 하고, 교육기관의 장이 그 기준을 정할 때에는 「근로자참여 및 협력증진에 관한 법률」에 따라 해당 기관에 설치된 노사협의회의 근로자를 대표하는 위원의 의견을 들어야 한다.

③ 교육기관의 장이 임금차별을 목적으로 설립한 별개의 사업은 동일한 사업으로 본다.

제9조(임금 외의 금품 등) 교육기관의 장은 임금 외에 교수의 생활을 보조하기 위한 금품의 지급 또는 자금의 융자 등 복리후생에서 국내 박사학위 취득자를 차별하여서는 아니 된다.

제10조(교육・배치 및 승진) 교육기관의 장은 교수의 교육・배치 및 승진에서 국내 박사학위 취득자를 차별하여서는 아니 된다.

제11조(정년・퇴직 및 해고) ① 교육기관의 장은 교수의 정년・퇴직 및 해고에서 국내 박사학위 취득자를 차별하여서는 아니 된다.

제 3 장 적극적 임용개선조치

제12조(적극적 임용개선조치 시행계획의 수립・제출 등) ① 교육과학기술부장관은 다음 각 호의 어느 하나에 해당하는 교육기관의 장으로서 임용하고 있는 국내 박사학위 취득 교수의 비율이 교육과학기술부령으로 정하는 임용 기준에 미달하는 교육기관의 장에 대하여는 차별적 임용관행 및 제도 개선을 위한 적극적 임용개선조치 시행계획(이하 "시행계획"이라 한다)을 수립하여 제출할 것을 요구할 수 있다.

이 경우 해당 교육기관의 장은 시행계획을 제출하여야 한다.

1. 대학
2. 산업대학
3. 교육대학
4. 방송대학
5. 통신대학
6. 방송통신대학 및 사이버대학
7. 기술대학

② 제1항 각 호의 어느 하나에 해당하는 교육기관의 장은 교수 임용자 중 국내 박사학위 취득자 현황을 교육과학기술부장관에게 제출하여야 한다.

③ 제1항 각 호의 어느 하나에 해당하지 아니하는 교육기관의 장으로서 적극적 임용개선조치를 하려는 교육기관의 장은 교수 임용자 중 국내 박사학위 취득자 현황과 시행계획을 작성하여 교육과학기술부장관에게 제출할 수 있다.

④ 교육과학기술부장관은 제1항과 제3항에 따라 제출된 시행계획을 심사하여 그 내용이 명확하지 아니하거나 차별적 임용관행을 개선하려는 노력이 부족하여 시행계획으로서 적절하지 아니하다고 인정되면 해당 교육기관의 장에게 시행계획의 보완을 요구할 수 있다.

⑤ 제1항과 제2항에 따른 시행계획과 임용 현황의 기재 사항, 제출 시기, 제출 절차 등에 관하여 필요한 사항은 교육과학기술부령으로 정한다.

제12조의2(이행실적의 평가 및 지원 등) ① 제12조의 제1항 및 제3항에 따라 시행계획을 제출한 자는 그 이행실적을 교육과학기술부장관에게 제출하여야 한다.

② 교육과학기술부장관은 제1항에 따라 제출된 이행실적을 평가하고, 그 결과를 교육기관의 장에게 통보하여야 한다.

③ 교육과학기술부장관은 제2항에 따른 평가 결과 이행실적이 우수한 교육기관(이하 "적극적 임용개선조치 우수기관"이라 한다)에 표창을 할 수 있다.

④ 국가와 지방자치단체는 적극적 임용개선조치 우수기관에 행정적·재정적 지원을 할 수 있다.

⑤ 교육과학기술부장관은 제2항에 따른 평가 결과 이행실적이 부진한 교육기관의 장에게 시행계획의 이행을 촉구할 수 있다.

⑥ 교육과학기술부장관은 제2항에 따른 평가 업무를 대통령령으로 정하는 기관이나 단체에 위탁할 수 있다.

⑦ 제1항에 따른 이행실적의 기재 사항, 제출 시기 및 제출 절차와 제2항에 따른 평가 결과의 통보 절차 등에 관하여 필요한 사항은 교육과학기술부령으로 정한다.

제12조의3(시행계획 등의 게시) 제12조의 제1항에 따라 시행계획을 제출한 교육기관의 장은 시행계획 및 제12조의2 제1항에 따른 이행실적을 교수가 열람할 수 있도록 게시하는 등 필요한 조치를 하여야 한다.

제12조의4(적극적 임용개선조치에 관한 협조) 교육과학기술부장관은 적극적 임용개선조치의 효율적 시행을 위하여 필요하다고 인정하면 관계 행정기관의 장에게 차별의 시정 또는 예방을 위하여 필요한 조치를 하여 줄 것을 요청할 수 있다. 이 경우 관계 행정기관의 장은 특별한 사유가 없으면 요청에 따라야 한다.

제12조의5(적극적 임용개선조치에 관한 중요 사항 심의) 적극적 임용개선조치에 관한 다음 각 호의 사항은 「교육공무원법」 제5조에 따른 대학인사위원회 및 「사립학교법」 제53조의3에 따른 교원인사위원회의 심의를 거쳐야 한다.

1. 제12조 제1항에 따른 국내 박사학위 취득자 임용기준에 관한 사항
2. 제12조 제4항에 따른 시행계획의 심사에 관한 사항
3. 제12조의2 제2항에 따른 적극적 임용개선조치 이행실적의 평가에 관한 사항
4. 제12조의2 제3항 및 제4항에 따른 적극적 임용개선조치 우수기관의 표창 및 지원에 관한 사항
5. 그 밖에 적극적 임용개선조치에 관하여 대학인사위원회 및 교원인사위원회 위원장이 회의에 부치는 사항

제12조의6(적극적 임용개선조치의 조사·연구 등) ① 교육과학기술부장관은 적극적 임용개선조치에 관한 업무를 효율적으로 수행하기 위하여 조사·연구·교육·홍보 등의 사업을 할 수 있다.

② 교육과학기술부장관은 필요하다고 인정하면 제1항에 따른 업무의 일부를 대통령령으로 정하는 자에게 위탁할 수 있다.

제 4 장 분쟁의 예방과 해결

제13조(상담지원) ① 교육과학기술부장관은 국내 박사학위 취득자 임용차별 등에 관한 상담을 실시하는 민간단체에 필요한 비용의 일부를 예산의 범위에서 지원할 수 있다.

② 제1항에 따른 단체의 선정요건, 비용의 지원기준과 지원 절차 및 지원의 중단

등에 필요한 사항은 교육과학기술부령으로 정한다.

제14조(명예임용평등감독관) ① 교육과학기술부장관은 교육기관의 국내 박사학위 취득자 임용평등 이행을 촉진하기 위하여 그 교육기관 소속 교수 중 노사가 추천하는 자를 명예임용평등감독관(이하 "명예감독관"이라 한다)으로 위촉할 수 있다.

② 명예 감독관은 다음 각 호의 업무를 수행한다.

1. 해당 교육기관의 임용 차별 발생 시 피해 임용 예정자에 대한 상담·조언
2. 해당 교육기관의 임용평등 이행상태 자율점검 및 지도 시 참여
3. 법령위반 사실이 있는 사항에 대하여 교육기관의 장에 대한 개선 건의 및 감독기관에 대한 신고
4. 국내 박사학위 취득자 임용평등 제도에 대한 홍보·계몽
5. 그 밖에 국내 박사학위 취득자 임용평등의 실현을 위하여 교육과학기술부장관이 정하는 업무

③ 교육기관의 장은 명예 감독관으로서 정당한 임무 수행을 한 것을 이유로 해당 교수에게 인사 상 불이익 등의 불리한 조치를 하여서는 아니 된다.

④ 명예 감독관의 위촉과 해촉 등에 필요한 사항은 교육과학기술부령으로 정한다.

제15조(분쟁의 자율적 해결) 교육기관의 장은 제7조부터 제11조까지에 따른 사항에 관하여 교수가 고충을 신고하였을 때에는 「근로자참여 및 협력증진에 관한 법률」에 따라 해당 사업장에 설치된 노사협의회에 고충의 처리를 위임하는 등 자율적인 해결을 위하여 노력하여야 한다.

제5장 보칙

제16조(보고 및 검사 등) ① 교육과학기술부장관은 이 법 시행을 위하여 필요한 경우에는 교육기관의 장에게 보고와 관계 서류의 제출을 명령하거나 관계 공무원이 교육기관에 출입하여 관계인에게 질문하거나 관계 서류를 검사하도록 할 수 있다.

② 제1항의 경우에 관계 공무원은 그 권한을 표시하는 증표를 지니고 이를 관계인에게 내보여야 한다.

제17조(임용평등 이행실태 등의 공표) 교육과학기술부장관은 이 법 시행의 실효성을 확보하기 위하여 필요하다고 인정하면 임용평등 이행실태나 그 밖의 조사결과 등을 공표할 수 있다. 다만, 다른 법률에 따라 공표가 제한되어 있는 경우에는 그러하지 아니하다.

제18조(관계 서류의 보존) 교육기관의 장은 이 법의 규정에 따른 사항에 관하여 대통

령령으로 정하는 서류를 3년간 보존하여야 한다. 이 경우 대통령령으로 정하는 서류는 「전자거래기본법」 제2조 제1호에 따른 전자문서로 작성・보존할 수 있다.

第19조(경비보조) ① 국가, 지방자치단체 및 공공단체는 국내 박사학위 취득자의 취업촉진과 복지증진에 관련되는 사업에 대하여 예산의 범위에서 그 경비의 전부 또는 일부를 보조할 수 있다.

② 국가, 지방자치단체 및 공공단체는 제1항에 따라 보조를 받은 자가 다음 각 호의 어느 하나에 해당하면 보조금 지급결정의 전부 또는 일부를 취소하고, 지급된 보조금의 전부 또는 일부를 반환하도록 명령할 수 있다.

1. 사업의 목적 외에 보조금을 사용한 경우
2. 보조금의 지급결정의 내용(그에 조건을 붙인 경우에는 그 조건을 포함한다)을 위반한 경우
3. 거짓이나 그 밖의 부정한 방법으로 보조금을 받은 경우

第20조(권한의 위임 및 위탁) 교육과학기술부장관은 대통령령으로 정하는 바에 따라 이 법에 따른 권한의 일부를 지방자치단체의 장에게 위임하거나 공공단체에 위탁할 수 있다.

부칙

① (시행일) 이 법은 2012년 3월 1일부터 시행한다.

4 공공기관 채용을 통해서 본 행정학의 위상

송 석 휘(서울시립대학교)

Ⅰ. 들어가는 말

1. 위기의 시대

최근 사회 전반에 걸쳐 위기라는 용어들이 자주 등장하곤 한다. 가정에서 주부들의 역할이나 정체성을 둘러싸고 갈등을 다루고 있는 위기의 주부들은 미국에서 화제를 끌고 있는 인기 TV프로그램의 제목이고, 다양한 동식물들이 지구에서 사라져 가고 있고 이는 결국인류의 위기로 연결될 것이라는 우려에 대해서는 멸종위기라는 용어로 표현하기도 한다. 최근 전 세계를 통틀어 벌어지고 있는 사회불안의 기저에는 금융위기가 자리 잡고 있고, 에너지 소비가 급증함에 따라 에너지 부족문제가 에너지 위기로 새롭게 부각되고 있고 이혼가정의 급증으로 인해 가정의 붕괴위기가 새로운 사회문제로 부각되고 있는 등 위기의 시대라고 해도 과언이 아니다. 이러한 위기의 시대는 학문분야에도 예외가 될 수 없다. 최근에야 사회적인 관심을 끌고는 있기는 하지만, 학문분야에

[그림 1] 위기의 시대의 도래

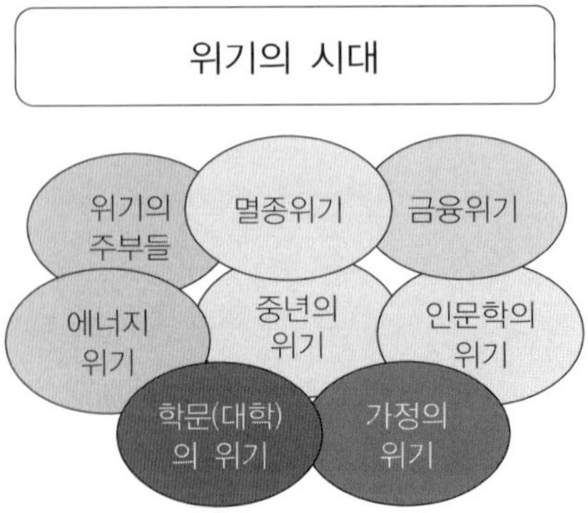

서도 상업적 경쟁력이 떨어진다는 이유로 인문학의 위기로 표현되기도 하고 현실설명력이 취약하고 사회문제에 대한 구체적인 문제해결력이 미흡하다는 이유로 학문이나 대학의 위기라는 표현들이 회자되고 있다([그림 1] 참조).

2. 위기의 시대와 행정학의 위기

이처럼 사회 전반에 걸쳐 나타나고 있는 위기의 시대에서 행정학 역시 학문적 정체성뿐만 아니라 사회적인 문제들에 대한 해결능력에서 많은 질문을 받고 있다. 행정학의 학문적 위기와 관련해서는 행정학의 학문영역이 경영학, 정치학, 법학, 심리학 및 사회학 등과 중복된다는 점에서 행정학의 학문적 정체성 위기가 제기되고 있는 반면에 행정학이 당면하고 있는 실천력 위기에서는 사회현상에 대한 현실설명 능력 저하와 함께 사회적 행정수요에 대한 구체적이고 실천적 대응성이 떨어진다는 점에서 행정학의 실천력에 대한 의문이 제기되곤 한다.

이처럼 행정학이 당면하고 있는 다양한 위기들을 해소하기 위한 노력들이 행정학의 진화를 가져오기는 하지만, 분명한 점은 학문적 정체성이 낮아짐으로 인해 발생하는 행정학의 지적위기와 문제해결력과 현실설명력이 낮아 나타나는 실천력의 저하는 행정학이 하나의 학문분야로 정체성을 확립하는 데 있어 해소해야 하는 당면과제라고 할 수 있다([그림 2] 참조).

[그림 2] 위기의 시대 도래와 행정학의 위기

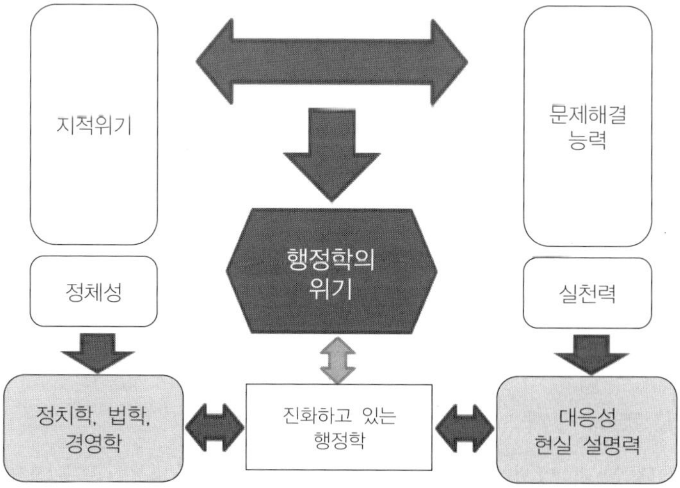

3. 행정학의 위기를 분석하기 위한 기준

학문적 정체성 차원에서의 지적위기와 문제해결력과 현실설명력에서 실천력의 위기를 겪고 있는 행정학의 위기문제를 구체적으로 분석해 보기 위해 행정학을 정체성 측면과 실천력 측면에서 분석해 볼 수 있다. 행정학의 지적위기 및 정체성 문제를 분석하기 위해서는 공공기관 채용 시, 행정학을 지원가능분야로 구분하고 있는지 여부와 시험과목으로 행정학을 채택하고 있는지 여부로 살펴볼 수 있는 반면에, 행정학의 문제해결 역량 및 실천력의 위기문제를 분석하기 위해서 행정학 전공자들에 대한 사회적 평판과 업무능력의 분석이 필요하지만, 본 연구에서는 공공기관(지방공기업 및 정부투자기관) 채용 시, 행정학을 지원가능분야로 구분하고 있는지 여부와 시험과목으로 행정학을 채택하고 있는 비율을 중심으로 행정학의 위기여부를 분석하고자 한다([그림 3] 참조).

[그림 3] 행정학의 위기 여부를 분석하기 위한 기준

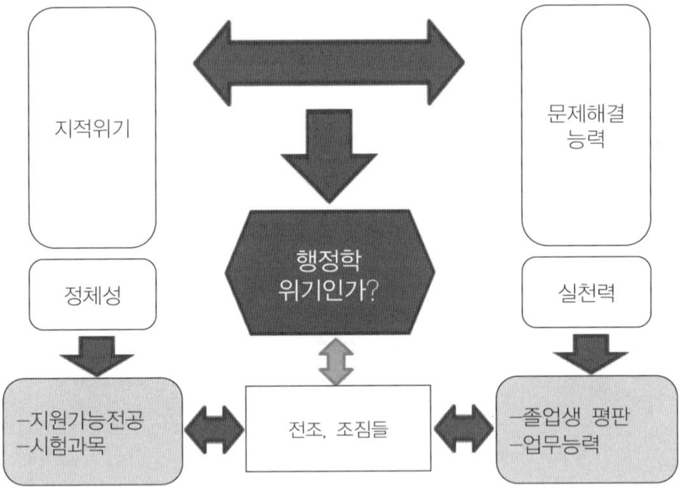

Ⅱ. 행정학의 위상분석

1. 연구 및 조사 설계

지적위기 차원에서 행정학의 정체성을 분석하기 위한 본 연구의 내용적 범위는 크게 공공부분 채용과 청년인턴제 도입 및 기 취업자에 대한 분석을 중심으로 분석해 보고자 한다. 본 연구의 대상적 범위로는 지방공기업 134개와 정부투자기관 284개의 채용정보를 중심으로 분석을 하고 행정학 전공자에 대한 취업자 분석을 위해서는 지방공기업 2곳과 정부투자기관 1곳을 중심으로 행정학 전공자의 채용률을 분석하고자 한다. 이 밖에도 본 연구의 시간적 범위로는 2009년부터 2011년에 걸쳐 총 3년을 중심으로 분석하되, 본 연구의 연구방법으로는 공공기관의 채용정보 및 취업률 정보를 활용하는 문헌연구를 중심으로 하고자 한다([그림 4] 참조).

[그림 4] 연구 및 조사 설계

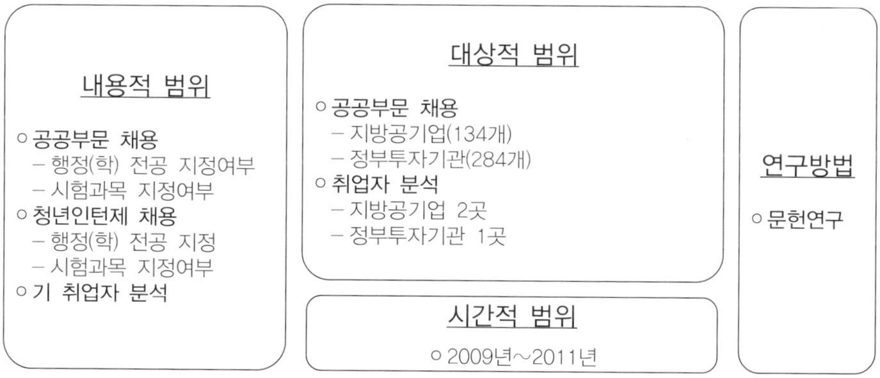

2. 공공부문 채용을 통해서 본 행정학의 위상

1) 공공부문 채용분석 현황 및 지원가능분야와 행정학의 위상

본 연구를 위해서 공공기관의 채용정보를 살펴보면 지방공기업은 총 134개 기관 중 89개로 66.4%를 대상으로 하고 있고 정부투자기관은 총 284개 중 131개로 46.1%를 분석대상으로 하고 있다. 따라서 본 연구에서 분석한 공공기관의 채용정보는 지방공기업과 정부투자기관 418개 중 220개로 전체의 약 52.6%를 대상으로 채용정보를 분석하였다. 이러한 대상기관을 중심으로 분석한 결과에 따르면 채용 시, 행정학을 전공지원가능 전공분야로 분류하고 있는 공공부문을 살펴보면 지방공기업은 채용정보 분석이 가능한 총 89개 기관 중 13개 기관으로 14.6%가, 정부투자기관은 284개 중 6개 기관으로 약 2.1%만이 행정학 전공을 지원가능 전공분야로 지정하고 있음을 알 수 있다([그림 5] 참조).

[그림 5] 공공부문 채용현황 및 지원가능분야로서 행정학의 위상

1) 분석개요

- 공공기관별 채용정보 분석
  - ㅇ 지방공기업: 66.4%(134개 기관 중 89개)
  - ㅇ 정부투자기관: 46.1%(284개 기관 중 131개)
- 공공기관의 채용정보 분석
  - ㅇ 지방공기업＋정부투자기관: 52.6%(418개 기관 중 220개)

2) 행정(학) 전공을 지원가능전공분야로 지정한 현황

- 지방공기업: 14.6%(89개 기관 중 13개)
- 정부투자기관: 2.1%(284개 기관 중 6개)

2) 공공부문 채용과목과 행정학의 위상

(1) 지방공기업 채용과목과 행정학의 위상

행정학의 위기와 관련하여 공공부문 채용과정에서 행정학 과목이 필기시험 선택과목으로 지정된 현황을 살펴보면, 지방공기업의 경우에는 인천 남동구도시관리공단, 부산시설공단, 창원시설관리공단, 서울도시철도공사, 서울Metro 및 제주관광공사 등 6개 기관에서 행정학을 전공선택과목으로 지정하고 있다. 이처럼 채용시험과목 중 하나로 행정학을 채택하고 있는 기관의 비율은 필기시험을 실시하는 31개 지방공기업 중 6개 기관으로 약 19.4%를 차지하고 있다. 이는 총 134개의 지방공기업에서 약 4.5%밖에 지나지 않는 점을 고려할 때 지방공기업 채용과정에서 행정학 과목의 채택률이 매우 낮음을 나타내고 있다.

참고로 지방공기업 채용과정에서 필기시험 선택과목으로 채택되고 있는 학과목들을 살펴보면, 상식이 22개 기관으로 가장 채택률이 높고 영어가 11개 기관, 경영학 10개 기관, 회계학－행정법이 5개 기관, 한국사 4개 기관, 전산학 2개 기관, 국어－경제학－통계학－OA에 대해서는 각각 1개 기관이 시험과목으로 채택하고 있다는 점에서 행정학은 회계학－행정법－한국사－전산학－국어－경제학－통계학－OA보다는 높은 채택률을 보이고 있지만, 상식－영어－경영학에 비해서는 저조한 채택률을 보여주고 있다([그림 6] 참조).

[그림 6] 지방공기업 채용과목으로서 행정학의 위상

3) 필기시험 선택과목 중 행정학 과목 지정 현황

– 지방공기업
 ○ 필기시험 과목으로 행정학을 채택 한 기관(6개)
 인천 남동구도시관리공단, 부산시설공단, 창원시설관리공단, 서울도시철도공사, 서울Metro, 제주관광공사

 ○ 행정학에의 필기시험 채택 비율
 • 19.4%(필기시험 실시 31개 기관 중 6개 기관)
 • 6.7%(채용정보 확인 89개 기관 중 6개 기관)
 • 4.5%(총 134개 기관 중 6개 기관)

 ○ 기타 과목의 채택 현황
 • 상식(22개 기관), 영어(11개 기관), 경영학(10개 기관), 회계학–행정법(5개 기관), 한국사(4개 기관), 전산학(2개 기관), 국어–경제학–통계학–OA(각 1개 기관)

(2) 정부투자기관 채용과목과 행정학의 위상

행정학의 위기와 관련하여 공공부문 채용과정에서 행정학 과목이 필기시험 선택과목으로 지정된 현황을 정부투자기관을 대상으로 분석해 보면, 채용과정에서 행정학을 필기시험 과목으로 채택한 정부투자기관으로는 충남대 병원(원무행정직), 대한지적공사, 한국도로공사, 공무원연금공단, 한국생명공학연구원, 한국원자력통제기술원, 한국국제협력단 및 한국사회적기업진흥원 등 8개 기관을 꼽을 수 있다. 이처럼 채용과정에서 행정학을 필기시험 과목으로 채택하고 있는 정부투자기관의 숫자는 필기시험을 실시하는 38개 기관 중 8개 기관으로 약 21.1%를 차지하고 있지만, 전체 284개 정부투자기관을 기준으로 하면 약 2.8%의 저조한 채택률을 보여주고 있다.

정부투자기관이 채용과정에서 채택하고 있는 기타 시험과목을 분석해 보면, 상식이 13개 기관, 영어가 13개 기관, 경영학이 13개 기관, 경제학이 11개 기관, 회계학–법학이 4개 기관, 사회복지학이 3개 기관, 전산학이 2개 기관, 행정법–심리학–통계학–노동법–국어–보건학–민법–국제개발학–범죄관련학–소송관련 법학이 각각 1개 기관이 채택하고 있다는 점에서 행정학은 기타과목보다는 높은 채택률을 보이는 반면에 상식–영어–경영학–경제학에 비해서는 낮은 채택률을 보여주고 있다([그림 7] 참조).

[그림 7] 정부투자기관 채용과목으로서 행정학의 위상

- 정부투자기관
  - ㅇ 필기시험 과목으로 행정학을 채택 한 기관(8개)
    충남대병원-원무행정직, 대한지적공사, 한국도로공사, 공무원연금공단, 한국생명공학연구원, 한국원자력통제기술원, 한국국제협력단, 한국사회적기업진흥원
  - ㅇ 행정학에의 필기시험 채택 비율
    - 21.1%(필기시험 실시 38개 기관 중 8개 기관)
    - 6.1%(채용정보 확인 131개 기관 중 8개 기관)
    - 2.8%(총 284개 기관 중 8개 기관)
  - ㅇ 기타 과목의 채택 현황
    - 상식(13개 기관), 영어(13개 기관), 경영학(13개 기관), 경제학(11개 기관), 회계학-법학(4개 기관), 사회복지학(3개 기관), 전산학(2개 기관), 행정법-심리학-통계학-노동법-국어-보건학-민법-국제개발학-범죄관련학-소송관련 법 등(각 1개 기관)

(3) 공공부문 채용과목과 행정학의 위상

지방공기업과 정부투자기관을 대상으로 채용과목을 통해서 본 행정학의 위상은 필기시험 과목으로 행정학을 채택한 기관이 14개 기관으로 필기시험을 실시하는 기관 69개 가운데 20.3%를 차지하고 있지만, 총 418개 공공기관을 대상으로 하는 경우에는 단지 3.5%에 지나지 않는다.

[그림 8] 공공부문 채용과목으로서 행정학의 위상

- 공공부문 채용과 행정학 과목의 필기시험 채택 현황
  - ㅇ 필기시험 과목으로 행정학을 채택한 기관(14개)
    - 정부투자기관: 인천 남동구도시관리공단, 부산시설공단, 창원시설관리공단, 서울도시철도공사, 서울Metro, 제주관광공사
    - 지방공기업: 충남대병원-원무행정직, 대한지적공사, 한국도로공사, 공무원연금공단, 한국생명공학연구원, 한국원자력통제기술원, 한국국제협력단, 한국사회적기업진흥원
  - ㅇ 행정학에의 필기시험 채택 비율
    - 20.3%(필기시험 실시 69개 기관 중 14개 기관)
    - 6.4%(채용정보 확인 220개 기관 중 14개 기관)
    - 3.5%(총 418개 기관 중 14개 기관)
  - ㅇ 기타 과목의 채택 현황
    - 상식(35개 기관), 영어(24개 기관), 경영학(23개 기관), 경제학(12개 기관), 회계학-행정법(5개 기관), 법학-한국사(4개 기관), 사회복지학(3개 기관), 전산학-국어-통계학(2개 기관), 심리학-노동법-보건학-민법-국제개발학-범죄관력학-소송관련 법학-OA 등(각 1개 기관)

기타 학과목의 채택률과 비교해 보면 행정학 과목은 상식(35개 기관), 영어 (24개 기관), 경영학 (23개 기관)에 이어 행정학(14개 기관)보다는 낮지만, 경제학－법학－한국사－사회복지학 등 기타 과목에 비해서는 채택률이 상회하는 것으로 분석되었다. 하지만, 공공기관을 대상으로 하는 경우에는 총 418개 기관 중 14개 기관, 3.5%만이 채용과목으로 채택하고 있어 채택기관이나 채택률이 매우 저조한 것으로 분석되었다([그림 8] 참조).

(4) 공공부문(지방공기업, 정부투자기관) 채용의 특징

최근 공공부문(지방공기업 및 정부투자기관)의 채용과 관련하여 채용방법 및 채용과목의 변화는 행정학의 위상을 재정립하는 데 많은 시사점을 가지고 있다. 특히, 공공부문의 채용에서 다음과 같은 몇 가지 특징을 발견할 수 있는데, 이러한 특징들은 행정학을 전공하는 행정학도나 행정학자들뿐만 아니라 행정학과가 설치된 대학에서 행정학의 미래를 설계하는 데 참고할 만한 충분한 가치를 지니고 있다.

① 필기시험의 축소 및 면접전형의 확대

우선 지방공기업과 정부투자기관의 대부분에서 필기시험이 폐지되고 서류전형과 인성/적성검사 및 면접으로 채용하는 경향을 보이고 있다. 정부투자기관 중 93개 기관이, 그리고 지방공기업 60개 기관이 서류전형과 인성/적성검사, 그리고 면접으로 채용을 진행하고 있고 특히 지방공기업의 경우 면접채용비율이 매우 높게 나타나고 있다. 이 밖에도, 면접전형과 관련해서는 인성 및 적성검사의 비중이 지속적으로 확대되고 있고 발표 및 논술이 활용되는 기관이 늘어나고 있음을 확인할 수 있다.

② 시험과목의 다변화

시험과목의 채택율과 채택과목 역시 과거와 다른 양상을 보이고 있다. 예를 들면, 시험과목 채택률에서 보면 상식(35개 기관), 영어(24개 기관), 경영학(23개 기관)의 채택률이 행정학(14개 기관)을 압도하고 있지만, 행정학이 기타 과목인 경제학(12개 기관), 회계학과 행정법(5개 기관), 법학 및 한국사(4개 기관), 사회복지학(3개 기관), 전산학과 국어 및 통계학(2개 기관), 심리학－노동법－보건학－민법－국제개발학－범죄관련학－소송관련 법학－OA(각 1개 기관) 등 보다는 높은 채택률을 보여주고 있는 것으로 분석되었다.

이 밖에도, 시험과목 역시 상식, 영어 및 경영학 이외에도 사회복지학, 국어, 통계학, 심리학, 노동법, 보건학, 민법, 국제개발학, 범죄관련학, 소송관련 법학 등으로 채용과목이 다양해지고 있음을 확인할 수 있다([그림 9] 참조).

[그림 9] 공공부문 채용의 특징

3) 공공부문(지방공기업, 정부투자기관) 채용의 특징

○ 필기시험 축소 및 면접전형의 확대
–정부투자기관: 93개 기관(*서류전형 → 인/적성 검사 → 면접)
–지방공기업: 60개 기관(*서류전형 → 인/적성 검사 → 면접)

○ 면접전형 중 인성 및 적성검사의 확대

○ 발표 및 논술 도입

○ 시험과목의 다변화
• 상식(35개 기관), 영어(24개 기관), 경영학(23개 기관), 행정학(14개 기관), 경제학(12개 기관), 회계학–행정법(5개 기관), 법학–한국사(4개 기관), 사회복지학(3개 기관), 전산학–국어–통계학(2개 기관), 심리학–노동법–보건학–민법–국제개발학–범죄관련학–소송관련 법학–OA 등(각 1개 기관)

3) 청년인턴제도 채용과 행정학의 위상

최근 청년실업문제를 해소하기 위한 방안의 하나로 도입되고 있는 청년인턴제도의 채용과정에서 행정학 전공이나 행정학 과목이 필기시험 선택과목으로 지정된 현황을 분석함으로써 청년인턴제도 채용과정에서 행정학의 위상을 분석해 보고자 한다. 우선, 공공기관의 청년인턴제도의 채용방식을 살펴보면, 총 286개 정부투자기관 중 282개 기관이 서류전형 및 면접방식을 채택하고 있어 대부분의 청년인턴제도 채용이 서류전형과 면접방식으로 이루어지고 있음을 알 수 있다. 다만, 286개 기관 중 4개 기관만이 서류전형과 필기, 면접방식으로 채용이 이루어지고 있는데 4개 기관 중 한국국제교류재단과 한국보훈복지의료공단만이 필기시험의 선택과목 중 하나로 행정학을 채택하고

[그림 10] 청년인턴제도의 특징과 행정학의 위상

1) 청년인턴제도 채용 방식

○ "서류전형 및 면접" 방식 위주의 채용
–서류전형 및 면접: 286개 정부투자기관 중 282개
–서류전형–필기–면접: 4개 기관(*2개 기관: 행정학을 선택 과목 중 하나로 지정: 한국국제교류재단, 한국보훈복지의료공단)

2) 청년인턴제도 채용의 특징

○ 채용에서 필기보다 면접 위주의 채용
○ 행정학 과목, 필수 아닌 선택과목으로 지정
• 경영학, 경제학, 회계학, 법학, 사회복지학, 보건행정학 등

있다.

이처럼 청년인턴제도의 채용과 관련하여 몇 가지 특징을 살펴보면 우선, 청년인턴제도의 채용방식 역시 필기시험보다는 면접의 중요성이 높아지고 있고 필기시험으로 채용을 하는 경우에도 행정학은 필수과목이라기보다는 선택과목의 하나로 지정되어져 있는 청년인턴채용제도에서의 행정학의 위상이 매우 낮음을 확인할 수 있다([그림 10] 참조).

3. 공공부문 채용실적을 통해서 본 행정학의 위상

공공부문의 채용과정에서 행정학 전공이나 시험과목으로서 행정학 과목의 채택여부를 통해 행정학의 위상을 분석하는 방법과 함께 본 연구에서는 공공기관의 채용실적을 통하여 채용직렬별 관점에서 행정학의 위상을 분석해 보고자 한다. 공공부문 채용실적 분석을 위해 지방공기업 2곳과 정부투자기관 1곳을 대상으로 하였고 분석기간은 기관별로 2005년부터 2011년을 분석대상 기간으로 삼았다. 우선, 3개 공공기관의 직렬별 채용실적을 보면 행정학 전공자는 39명인 데 비해 경영－경제－회계직렬은 87명, 법학직렬은 19명, 인문계열 등이 58명으로 법학직렬을 제외하고 경영－경제－회계직렬뿐만 아니라 인문계열보다도 저조한 채용실적을 보여주고 있다(<표 1> 참조).

〈표 1〉 공공기관 채용실적을 통해 본 행정학의 위상

	지방공기업 A (2006~2010)	지방공기업 B (2005~2011)	정부투자기관 A (2005~2008)
행정	6명	17명	16명 (인문/사회/행정)
경영－경제－회계	10명	42명	35명
법학	2명	12명	5명
인문 등	11명	－	47명

자료: 각 기관 내부자료, 강용석 국회의원 블로그 자료 재인용.

Ⅲ. 행정학의 위상제고 방안

1. 행정학의 위상제고를 위한 기본방향

기본적으로 행정학의 위상제고를 위한 방향으로는 지적위기를 극복하기 위한 정체성 제고와 문제해결능력과 현실설명력을 높이기 위한 대응성 제고에 기반을 두고자 한다. 지적위기 차원에서 행정학의 정체성을 제고하기 위해서는 경영학과 경제학 등 기타 학문과 차별화를 통해 행정학의 고유영역을 좀 더 구체화하는 방향으로의 노력이 요구된다. 행정학의 문제해결력과 현실설명력을 높이기 위해서는 사회적 수요를 파악하고 사회적 수요에 부합되는 인재양성을 구체화하되, 이를 공공부문 채용과 연계시키고 문제해결역량을 제고하기 위해 교과목과 교육내용, 교육방법의 재설계가 요구된다. 이 밖에도 행정학의 위상을 제고하는 데 있어 행정학회의 역할강화가 요구된다([그림 11] 참조).

[그림 11] 행정학의 위상제고 방향

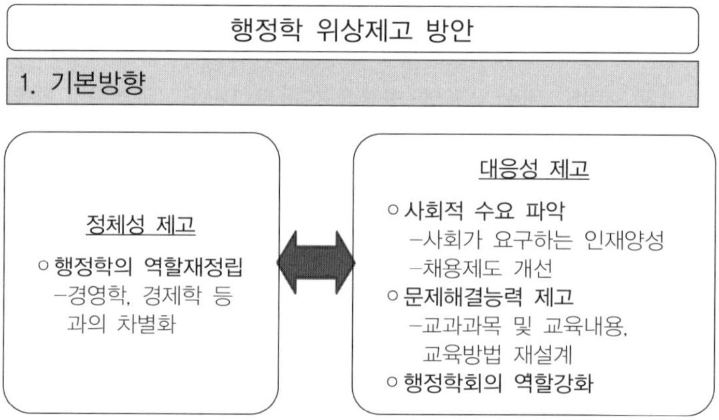

2. 행정학의 위상제고를 위한 방안

1) 공공기관 채용제도 개선

기본적으로 행정학의 위상제고를 위한 방안으로 우선, 공공기관 채용에서 행정 직렬을 확대하고 시험과목에서 행정학 과목의 채택비율을 높이는 노력이 필요하다. 특히, 공익성을 지향하는 지방공기업에 대하여 채용제도를 개선하여 채용과정에서 공공성과 공익성을 중요한 고려사항으로 반영할 수 있도록 지방공기업에 대한 채용제도를 개선하여야 한다. 이를 위해 공공기관 지원 자격 조건에 행정학 과목 등 공공성과 공익성에 관련된 과목에 대하여 최소한의 학점을 이수하도록 의무화하는 방안도 심도 있게 검토할 필요가 있다.

2) 공공기관에서 요구하는 교육내용 강화

공공기관 채용과목 분석결과에서 확인하였듯이 공공기관에서 요구하는 역량을 함양하는 노력이 필요하다. 특히, 행정학과 차원에서 행정법이나 논술, OA에 대한 교육을 확대하고, 상식 및 영어교육 기회를 제공하며 발표 및 토론 교육을 강화하여 공공기관 등 사회적 수요를 학사과정에 적극적으로 반영하는 노력이 요구된다([그림 12] 참조).

[그림 12] 행정학의 위상제고 방안-1

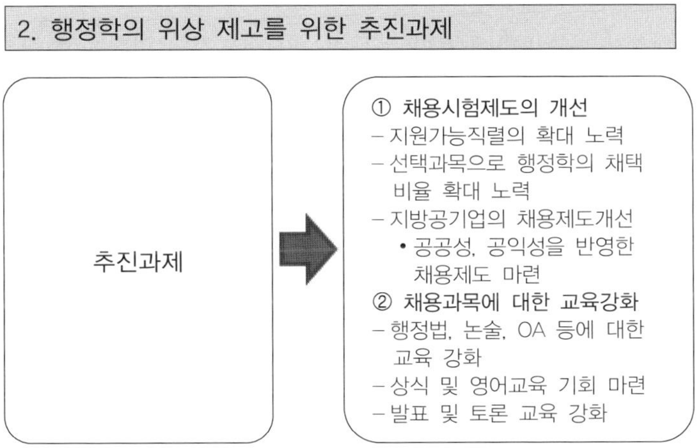

3) 채용기회의 확대

공공부문 채용에 있어 행정학 전공자에 대한 "전공할당추천제도"의 도입을 마련하여야 한다. 특히, 지방공기업에 대하여 채용 시, 행정학 전공자에 대한 "전공할당추천제"를 도입하고 전공할당추천 학생들에 대해서는 각 지방공기업이 요구하는 역량을 맞춤형으로 함양할 수 있는 프로그램을 도입해야 한다. 이 밖에도 행정학도들에 대하여

[그림 13] 행정학의 위상제고 방안-2

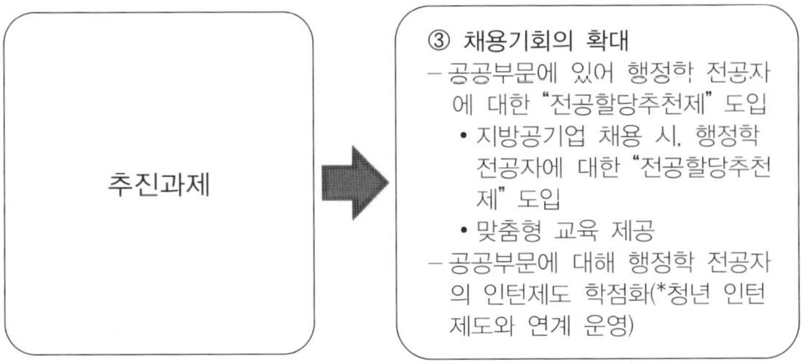

는 이론과 실무를 경험할 수 있도록 관학협력을 구체화하고 이를 위해 행정학과 과목에 공공부문에서의 인턴제를 도입해야 한다. 공공부문에 대한 행정학 전공자의 인턴제도는 현재 운영하고 있는 청년인턴제도와 연계하여 내실 있게 운영하는 방안을 모색하면 보다 현실적인 대안을 마련할 수 있을 것으로 기대된다([그림 13] 참조).

4) 행정학의 대응성 제고

행정학이 사회적 환경변화에 보다 능동적이고 선도적인 역할을 수행하기 위해서는 사회적 수요를 지속적으로 파악하는 노력이 요구된다. 이를 위해서는 사회가 행정학과에 요구하는 인재상을 확인하고 사회가 요구하는 인재를 양성하기 위한 시스템 구축이 필요하다. 이처럼 행정학에 기대하는 사회적 수요를 기반으로 공공부문이 당면한 문제를 해소하기 위한 교육과정의 개선이 필요하다. 이를 위해서는 교과과목 및 교육내용, 교육방법을 문제해결 지향적으로 재설계하는 노력이 요구된다. 문제해결력 향상과 관련하여 지역공기업에 대하여 계약학과 제도를 활성화하여 지역공기업에는 당면한 문제에 대한 해결방법을 제시하고 행정학과(도)에는 이론과 실제를 접목하는 기회를 통하여 지역공기업에 기여하는 방법을 구체화하여야 한다.

이 밖에도 행정학 및 행정학의 지식을 활용하여 사회적 문제를 해결할 구체적인 사례들을 발굴하고 적극 알림으로써 행정학이 사회문제에 기여한 부분에 대한 정당한 평가를 받고 사회문제에 대한 유용한 학문으로서의 입지를 강화하는 노력이 요구된다.

Ⅳ. 결 론

행정학이 갖는 학문적, 사회적 유용성과 역할은 지대함에도 불구하고 행정학에 대한 사회적 인식을 확인하고 이를 개선하기 위한 방안들을 모색할 필요성에서 출발한 본 논문은 행정학이 처한 현재의 위상을 일부나마 확인하였다는 점에서 나름대로 의미를 찾을 수 있을 것으로 기대한다. 모든 학문이 그러하듯이 사회적 수요나 사회적 요구에 적극적으로 부응하지 못하거나 새로운 시대를 선도하는 역할을 게을리하는 경우, 위기에 봉착할 수 있다는 점에서 행정학 역시 그리 예외가 될 수 없다는 점을 확인한 계기가 될 수 있다. 하지만 이러한 위기의식을 어떻게 준비하고 대응하는가에 따라 행정학의 미래가 달려있다는 점에서 행정학의 미래를 고민할 수 있는 좋은 기회가 되었다는 점에서 또 다른 희망을 찾을 수 있다. 다만, 본 연구를 수행함에 있어서 시간적인 제약과 자료의 한계로 행정학의 위상을 확인하는 데에는 많은 문제점을 안고 있지만 이번 연구를 통해 행정학을 보다 잘 이해하고 확인하는 계기가 되기를 바라며 이를 토대로 행정학의 위상을 확인하고 개선하는 방안에 대한 지속적인 연구가 이루어지기를 기대한다.

5 공무원 충원제도와 행정학과의 대응전략*

박 우 순(동아대학교)

Ⅰ. 머리말

공공부문의 개혁은 오래된 주제이다. 한국에서는 정권이 바뀔 때마다 정부조직의 통·폐합은 물론 인력, 예산, 제도 등의 개혁을 감행하였다. 그러나 의례적인 개혁을 넘어선 전반적인 혁신은 아마도 1998년 2월 김대중 정부가 들어선 이후에 시작된 것으로 봐야 할 것이다. 어찌 보면 그 이유는 간단하다. 1997년 말에 불어 닥친 외환부족으로 인한 경제위기는 기업부문의 구조조정을 불가피하게 만들었으며, 정부는 구조조정에 따른 고통의 분담이라는 차원에서 공공부문의 개혁을 자청하였다. 그러나 비능률과 불합리한 관행으로 얼룩진 공공부문의 개혁이 성공할 가능성이 희박하다는 예상은 누구나 할 수 있었다. 물론 개혁이 하루아침에 달성할 수 있는 목표는 아니지만 개혁의 동기가 외부에서 비롯된 경우에는 더욱 어려울 수밖에 없는 것이 현실이다.

전반적인 공공부문의 개혁에 관한 논의는 이 글의 범위를 벗어나는 것이기 때문에 상세한 언급은 피하고자 한다. 2010년 당시 한국행정학회에서는 대학의 교육현장에서 행정학을 가르치는 교수들과 행정학을 전공하는 학생들의 취업 및 진로와 관련하여 공무원 충원제도의 변화가 미치는 영향에 대하여 관심을 기울이기 시작하였다. 물론 이보다 훨씬 이전부터 행정학의 정체성의 문제는 무엇을 연구하고, 전공 학생들에게 무엇을 어떻게 가르칠 것인가, 그리고 그들의 취업과 진로에 대하여 어떤 도움을 줄 수 있는가 등에 관한 논란으로 확산되었다. 물론 학생들의 취업과 관련된 문제는 비단 행정학 전공자들만의 문제가 아니라 한국경제의 만성적인 저성장으로 인한 사회 전반적인 청년실업의 문제와 맞물려 있다.

---

* 이 글은 원래 2010년 8월 12일 이명박 정권에서 발표한 <공직채용제도 선진화 방안>에 대한 논평으로, 그해 <행정포럼>에 게재한 것을 대폭 수정한 것임을 밝혀둔다.

청년들의 취업문제는 경제위기 이후에 한국경제의 구조적인 문제가 불거지면서 정치·사회적인 문제로 비화하였다. 그럼에도 불구하고 이 문제는 행정학도들이 직접적으로 관심을 가지고 해결의 장에 나설 수 있는 성질의 문제는 아니었다. 행정학 전공 학생들, 행정학자들과 행정학계가 관심을 갖지 않을 수 없는 배경에는 공직임용에 관한 제도의 변화 때문이라고 할 수 있다. 지금까지는 그래도 행정학과를 진학하는 학생들과 학부형들이 생각하기에, 실제와는 다르긴 하지만, 대학에서 행정학을 전공하게 되면 공직에 임용되거나 적어도 시험에 응시하여 공무원이 될 수 있다는 기대를 갖고 있었다. 그러나 최근의 공무원 채용제도의 변화는 시험을 통한 경쟁을 더욱 심화시켰고, 행정학 전공자들의 이점을 그나마 사라지게 만들었다. 물론 엄격히 말해서 과거에도 공무원 임용에 있어서 행정학 전공자들이 가지는 이점은 크지 않았다. 왜냐하면 공무원시험은 원칙적으로 공개경쟁이기 때문에 행정학 전공자들에게만 응시자격을 주는 경우는 없었기 때문이다. 더욱이 직렬이 더욱 세분화되어 행정학 전공자들이 대학의 행정학과에서 공부한 지식과 기술로는 특별히 개인적으로 별도의 시간과 노력을 기울이지 않는 한 <일반행정> 직렬에 응시하는 방법 외에는 찾아보기 어렵게 되었다.

행정학 전공자들이 갖는 이점이 제한적임에도 불구하고 공무원 채용제도의 변화는 공무원 시험을 준비하는 행정학 전공자들은 물론 행정학을 가르치는 행정학과의 교수들이 관심을 갖지 않을 수 없는 주제임에는 틀림없다. 그러나 여기에서 분명히 해 둬야 할 점은 과연 공무원 임용제도가 변화하였기 때문에 행정학 전공자들과 행정학과 교수들이 관심을 갖게 되었는가 하는 문제이다. 결론부터 말하자면 실제로 공무원 채용제도가 관심을 불러일으킬 만큼 변화하였는가에 대해서는 의문의 여지가 있다. 다시 말해 사회 전체적인 취업시장의 악화로 인한 문제가 대학의 행정학 전공자들의 문제로 전위된 측면이 강한 것으로 봐야 할 것 같다. 왜냐하면 과거 한국경제가 고도성장으로 인해 대학졸업자의 대부분을 충분히 흡수할 수 있는 여력을 가졌을 때는 행정학 전공자들이 공직이 아닌 다른 부문의 취업이 가능했기 때문이다. 다시 말해서 행정학 전공자들의 취업문호가 좁아지고, 상대적으로 공무원 채용인원이 감소함에 따라 경쟁력이 높아진 것이 문제를 심각하게 인식하도록 만든 배경이라고 할 수 있다.

공무원 채용제도가 전공자, 교수, 학회의 관심을 불러일으킨 직접적인 원인이 아니라고 해서 제도의 변화가 전혀 없었다는 의미는 물론 아니다. 사실은 김대중 정부 이후에 정부부문의 개혁과 더불어 공직임용제도에는 적잖은 변화가 있었다. <고위공무원단>의 설치, 지역인재추천채용제, 외부전문가채용제 등의 도입 및 확대, 행정 및 외무고등고시의 개선(5급 국가공무원 공개경쟁채용시험, 외교관후보자선발시험), 공직적격성

평가(PSAT)의 도입 및 실시 등을 중요한 변화로 거론할 수 있다. 그러나 우리가 여기에서 관심을 갖는 것은 이러한 제도적 변화 그 자체가 아니라, 행정학 전공자의 공직진로에 어떻게 영향을 미치는가에 있다. 이러한 관점에서 볼 때, 행정학 전공자들이 주로 관심을 갖는 직급은 9급, 7급, 5급의 <일반행정> 직렬이며, 이 가운데 절대 다수는 9급 일반행정 직렬에 응시한다. 이것은 그 외의 임용제도 변화에는 크게 영향을 받지 않는다는 것을 의미한다.

따라서 이 글에서는 공무원 채용제도의 변화라는 측면보다는 행정학 전공자들이 대학에서 공부하는 전문적인 지식과 기술을 가지고 공무원으로 취업할 수 있는 가능성을 높이는 방법에 관한 고민을 공유해 보고자 한다. 물론 원론적인 입장에서 대학이 학생들에게 취업을 위한 방법과 기술을 가르치는 곳이 아니라는 비판적인 주장을 무시할 수는 없다. 그러나 대학 졸업자들의 취업률이 50% 미만에 머물러 있는 상황에서 행정학을 가르치는 교수들과 학회가 이들의 진로에 계속 무관심할 수는 없는 일이다. 물론 여기에서의 논의만으로 학생들의 취업과 관련하여 행정학과가 직면한 문제에 대한 해결책의 실마리를 찾을 수 있다고는 생각하지 않는다. 대부분의 대학들이 졸업생들의 취업문제로 골머리를 앓고 있는 것을 논외로 치더라도, 행정학을 전공한 학생들의 취업문제에 직면하여 행정학 전공교수들과 학회가 현실적으로 무엇을 어떻게 할 것인가에 관한 전략적 대안의 모색은 반드시 필요하다고 본다. 따라서 이 글에서는 이러한 문제에 대하여 행정학과 학생들, 행정학 교수, 그리고 행정학 유관학회 등이 공동의 대응전략을 모색하는 노력이 있어야 한다고 주장하는 바이다. 그리고 이 문제와 관련하여 이 글에서 특정한 주장이 있다면, 그것은 전적으로 필자 개인의 의견임을 밝혀둔다.

Ⅱ. 공무원 취업시장

한국경제가 고도성장을 마감하고 지식경제로 이동하면서 직면하게 된 '고용 없는 성장'은 실업, 특히 청년실업의 문제를 심각한 수준으로 끌어올렸다. 이러한 문제는 결국 대학 졸업생들의 취업문제로 전위되어 대학졸업자의 평균 취업률이 50% 미만인 상황을 영속화시키고 있다. 이제 대학은 졸업생들의 취업 문제를 가장 우선적인 과제로 인식하게 되었다. 심지어는 정부가 대학에 지원하는 예산을 취업률에 따라 배정하는 기형적인 상황을 연출하기도 한다. 이러한 변화에 대하여 대학은 울며 겨자 먹기로 졸업생들의 취업을 정점에 두는 정책을 실시함으로써 대학이 장기적인 경제사회 발전의 원동력을 제공해야 하는 대학 본연의 연구 및 교육 역할은 기대하기 어렵게 되었다.

이러한 사회 전반적인 취업문제는 행정학 전공자들에게도 예외적일 수 없다. 즉 공직에 취업하려는 행정학 전공자들 역시 좁아진 취업시장의 벽을 넘어야 하는 어려움에 처한 것이다. 특히 그동안 공무원 채용제도가 과거의 폐쇄적인 임용방식에서 개방적인 임용방식으로 바뀌면서 한정된 채용인원에 더 많은 지원자가 응시함으로써 경쟁률을 크게 높여 놓았다. 예컨대 일정 직급에서의 응시연령제한을 폐지 및 완화시킴으로써 행정학 전공자가 아니더라도 응시할 수 있는 기회를 부여하였다.

사회 전체적인 취업시장이 전반적으로 어려운 상황에서 누구나 응시할 수 있고, 일정 연령까지 정년이 보장되는 공직은 취업준비생들에게는 아주 매력적인 대안임에는 틀림없다. 최근에는 기업부문에서 해고되거나 명예 퇴직한 40~50대의 중년세대까지 공직에 문을 두드림으로써 경쟁은 더욱 치열해지고 있다. 취업시장의 이러한 변화는 행정학 전공자들의 취업을 더욱 어렵게 만드는 요인이 되고 있음은 말할 나위 없다. 이제 공직을 일생의 명예로운 직업이라는 신념에서 공무원이 되고자 하는 사례보다 어려운 취업시장에서 살아남기 위한 하나의 대안적인 직업으로서 인식하는 사례가 더욱 늘어나고 있다.

지원자가 지속적으로 늘어나는 데 비해 행정자치부 자료에 의하면 2015년 기준으로 신규채용인원은 16,000여명에 불과하다. 물론 정부와 지방자치단체가 청년실업 해소 및 일자리 창출을 내세워 신규채용인원을 늘리겠다고 자랑하고 있지만 늘어나는 숫자가 경쟁률을 낮출 것 같지는 않아 보인다. 게다가 채용인원이 적은데다 직렬별(현재 기준으로 봐도 적어도 수 십 개의 직렬로 구분되어 있음)로 나눠보면 특정 직렬의 경우에는 경쟁률이 평균경쟁률을 훨씬 상회한다. 이러한 현상 역시 문제가 아닐 수 없다. 일부 직렬을 제외하고 직렬 간 수행업무의 차별성은 거의 없다고 해도 과언이 아니다. 또한 차이가 있다고 하더라도 입직 후에 업무연수를 통해 얼마든지 수행능력을 갖출 수 있게 할 수 있다. 애초부터 직렬별로 구별하여 모집하는 것은 오히려 공직을 수행하는데 필요한 개방성과 협력을 방해함으로써 공직의 칸막이화를 가져오는 부작용이 있다. 공무원이 되고자 행정학과에 진학하였는데 관심 있는 직렬에 응시하고자 할 때, 행정학과 교과과정을 통해서는 도움이 되지 않으니 휴학을 반복적으로 하는 부작용도 나타날 수밖에 없는 것이다.

또한 전체 공무원 가운데 대졸 이상의 학력을 가진 사람의 비율이 1995년 38.6%에서 2015년에는 77.9%로 증가하였다고 한다. 물론 이러한 비율이 입직시의 학력만을 나타내는 것은 아니지만, 이것 역시 자랑할 일이 아닌 것은 확실하다. 우리나라의 공직업무가 대졸 이상의 우수한 인력이라야 수행할 수 있는 것도 아니며, 이는 오히려 사회적으로 인적자원의 낭비를 가져오는 대표적인 사례라고 할 수 있다.

아무튼 이러한 어려운 취업시장의 상황에서 행정학 전공교수들은 전공 학생들의 공직취업에 도움이 되는 교과목을 중심으로 가르쳐야 할지 여부를 두고 딜레마에 직면해 있다. 심지어 일부 대학의 행정학과에서는 아예 공무원 취업을 제1순위로 하는 교과과정 개편을 시도하기도 한다. 물론 이러한 노력이 전공 학생들의 취업률을 실질적으로 높일 수 있을지는 의문이지만 행정학 전공교수들의 고민을 반영하는 것임에는 틀림없다. 현실적으로 묘책이 없다고 해서 그대로 방치하고 넘어갈 수만 없는 것이 현재의 행정학 전공자, 행정학을 가르치는 교수, 그리고 행정학 관련 학회의 고민이다. 다시 말해 행정학 전공 졸업자들의 취업 문제를 방치하면서 행정학의 사회적 정당성을 주장할 수는 없는 일이다. 따라서 공직의 취업시장 자체의 조건을 바꿀 수는 없다고 하더라도 이해당사자들의 고민과 노력은 반드시 있어야 한다는 점에서 각 수준에서의 대응전략이 필요한 것이다.

Ⅲ. 대응전략

이 글에서 대응전략이라 함은 행정학 전공자들이 공무원으로서 취업할 수 있는 가능성을 높이는 데 학생, 교수, 학회 차원에서 동원할 수 있는 방법들을 의미한다. 물론 행정학 전공자들이 반드시 공무원이 되고자 하는 계획과 목표를 가진 것은 아니다. 따라서 대응전략은 원칙적으로 대학의 행정학과에서 행정학을 전공하는 학생들(부전공 또는 복수전공자 포함) 가운데 공무원이 되고자 하는 사람들에게 해당된다고 할 수 있다. 넓은 의미에서 반드시 공직이 아니더라도 행정학 전공자가 취업할 수 있는 부문의 개발 및 확장 역시 전략의 일부가 될 것이다. 현실적으로 행정학 전공자의 공무원 취업 가능성 제고는 전공자 본인의 노력은 물론 행정학을 가르치는 교수들의 관심, 그리고 학회 차원의 다각적인 지원에 의해 달성될 수 있는 목표이다. 따라서 공무원 취업 준비생 본인의 노력도 중요하지만, 대학의 행정학과에서 단기적으로는 공무원 시험을 통과할 수 있는 교과내용을 가르쳐야 할 것이며, 장기적으로는 공무원으로서 성공할 수 있는 자질과 능력까지 배양하는 방법에 관한 고민이 있어야 할 것이다. 또한 학회 차원에서도 취업준비생의 노력과 행정학 전공교수들의 관심이 효과를 거둘 수 있도록 보다 광범위한 차원의 지원전략을 구상해야 할 것이다.

현재로서는 행정학 전공자, 행정학과의 교수, 학회 간에 유기적인 협력관계가 별로 없어 보인다. 즉 공무원 시험을 준비하는 전공자에게, 모두가 그런 것은 아니지만, 다니던 대학을 휴학하고 공무원 전문학원이나 신림동 고시촌에 의존하는 방식은 이제 공무원이 되기 위한 통과의례가 되었다. 이러한 상황에서 행정학 전공교수들이 이들에게 도움을 줄 수 있는 방법은 현실적으로 없다고 해도 과언이 아니다. 뿐만 아니라 학회 차원에서도 이러한 문제에 관심과 노력이 없진 않으나, 행정학과의 공무원 준비생들에게 도움이 될 만한 체계적인 전략은 갖고 있지 못하다. 이러한 점에서 여기에서는 행정학과 졸업생들이 공직으로의 진입 가능성을 높이기 위하여 세 가지 차원, 즉 개인, 학과 및 교수, 그리고 학회 차원에서 어떠한 대응전략을 논의해야 할 것인가를 개괄적으로 보고자 한다.

1. 개인적 차원

만약 공무원 취업시장이 우호적인 상황이라고 하더라도 공직에 취업하려는 개인의 노력이 없이는 불가능할 것이다. 이러한 점에서 행정학 전공자 개인의 계획과 전략은 중요한 역할을 한다. 행정학 전공자가 공직 취업을 위해서는 적어도 다음과 같은 몇 가지 전략을 진지하게 검토해야 할 것이다.

첫째, 행정학과에 입학하기 전에 사전적인 준비를 해야 한다. 아무리 공직이 안정성을 보장하는 직업이라고 해도 개인의 적성과 부합하지 않을 경우에는 선택하지 않는 것이 개인이나 사회 모두에게 득이 되는 일이다. 물론 공무원이 개인의 적성에 부합하는지의 여부를 판단하는 일은 쉽지 않다. 가장 손쉽게 평가해 볼 수 있는 방법은 잘 알려진 바와 같이 적성검사를 해 보거나 전문가와 진로상담을 통해 확인할 수 있을 것이다. 따라서 공무원이 적성에 맞지 않는 직업이라고 판단되면 행정학과에 입학하지 않는 것이 개인의 장래를 위해 나을 것이다.

둘째, 행정학과에 입학한 후에 공무원이 되기 위하여 필요한 노력을 기울여야 한다. 막연한 생각에서 열심히 하면 되겠지 하는 방법으로는 소기의 목적을 달성할 수 없다. 따라서 계획은 아주 구체적이어야 한다. 예컨대 응시하고자 하는 직급과 직렬을 본인의 적성과 선호에 따라 결정한 다음 그에 부응하는 구체적인 학습계획을 수립해야 한다. 아울러 시험 준비에 필요한 기간을 개인의 여건에 따라 결정해야 한다. 대학에서 제공하는 각종의 시설과 정보를 최대한 활용하는 것은 필수이다. 공무원을 준비하는 다른 학생들과 <스터디 그룹>을 결성하여 상호간의 정보교환과 격려를 하는 것도 좋은 방법이 될 수 있다. 대학에 따라 운영하는 <고시반>에 들어가 보다 체계적으로 지원을 받는 것도 한 가지 방법이다.

셋째, 공무원 시험 준비과정에서 애로사항에 직면할 때는 행정학과의 전공교수에게 상담을 받는 것도 좋은 전략 가운데 하나이다. 대부분의 대학에서는 전담지도교수를 통하여 학생들의 애로사항을 해결하려는 제도적인 장치를 가지고 있다. 지도교수와의 상담을 통하여 공무원 시험 준비의 요령과 방법을 알아내는 것도 착오를 줄일 수 있는 방법이다.

넷째, 공무원 시험에 합격한 후에는 후배들을 위해 경험담을 들려주는 것도 행정학 전공자들이 공직 취업을 준비하는 데 도움을 줄 수 있다. 물론 개인적인 모임보다는 학과의 지원과 협력을 받아 후배들이 시간을 낭비하지 않고 효과적으로 공무원이 될 수 있는 방법을 알려주면 큰 도움이 될 것이다.

2. 학과 및 교수 차원

고교졸업자수의 지속적인 감소와 사회변동에 따라 일부 대학 또는 일부 전공학과의 경우에 정원을 채우지 못하는 경우가 발생하기도 한다. 정원을 채우는 데 문제가 없다고 하더라도 각 대학 또는 각 전공학과에서는 우수한 학생들을 유치하기 위하여 다양한 노력을 기울인다. 대개는 대학 전체적인 차원에서 <입시설명회>와 같은 프로그램을 통하여 일선 고등학교를 방문하여 예비지원자들을 위하여 각종 정보를 안내한다. 물론 개별적인 학과 위주의 홍보 전략을 수립하여 시행하는 대학이 있긴 하지만, 그렇게 구체적인 정보를 제공하는 것 같지는 않다. 행정학과에서 미래의 잠재적인 공직수행자들을 길러내기 위해서는 무엇보다도 다음과 같은 전략을 구사할 필요가 있다.

첫째, 막연히 정원을 채우고 입시경쟁률을 높이기 위한 방법으로 유치 전략에 몰두할 것이 아니라 공직에 관심을 둔 잠재적인 응시자들에게 학과의 특성과 공직취업을 위한 제도를 구체적으로 설명해 줄 필요가 있다. 물론 불특정 다수에게 이러한 정보를 전달하기는 어렵겠지만, 관련정보를 효과적으로 전달할 수 있는 시스템을 구축해야 할 것이다.

둘째, 입학한 신입생들을 대상으로 각종의 적성검사를 실시하고, 개별 면담을 통하여 공직에 관심 있거나 공무원 취업을 원하는 학생들과 그 외 분야의 취업을 원하는 학생들을 분류하여 각각에 적합한 진로상담을 지속적으로 해 나갈 필요가 있다. 입학 전에는 공직에 관심을 갖고 있다고 하더라도 관심과 적성이 바뀔 수 있기 때문에 학생들의 개별적인 진로에 대한 상담은 필수적이다.

셋째, 행정학과에 소속된 교수들은 행정학의 학문적 성격과 특수성을 가르치는 동시에 인접 사회과학과의 관련성을 폭넓게 이해할 수 있도록 함으로써 공직에 취업한 후에도 공직자로서 성공할 수 있는 능력과 자질을 갖출 수 있도록 지도해야 한다. 뿐만 아니라 행정학 전공 학생들의 진로와 미래를 같이 고민한다는 측면에서 진로상담과 더불어 진로탐색에 조력자 역할을 수행해야 할 것이다. 또한 자신이 담당하는 교과목의 중요성만을 강조할 것이 아니라 전공학생들의 공직취업과 공직수행에 도움이 되는 방향으로 교과목의 개편은 물론 팀티칭과 같은 보다 새로운 교수방법에 관해서도 전향적인 태도를 가질 필요가 있다.

넷째, 학과적 차원에서 학과와 교수들이 상호 협력하여 학생들의 공직 취업을 도와줄 수 있는 장·단기적인 시스템을 마련해야 할 것이다. 예컨대 행정학과 책임교수는 대학의 지원을 이끌어 내는 전략을 수립하고, 이를 학과의 모든 교수들과 공유함으로써 학생들이 자신감을 가지고 공직 취업에 몰두할 수 있도록 해야 할 것이다.

3. 학회 차원

한국행정학회를 비롯한 행정학 관련 학회들은 행정학을 연구하는 교수, 공직에 종사하는 실무 행정가들과 대학원생들을 주요 회원으로 하여 구성된 행정학 분야의 전문성을 가진 단체이다. 학회는 원칙적으로 구성원들의 학문적 교류, 관련 지식과 정보의 교환 등을 목적으로 정기적 또는 부정기적으로 회의를 개최하기도 하고, 정부의 해당 분야에 자문 역할을 하기도 한다. 또한 구성원들이 공통으로 고민하는 문제를 해결하기 위한 노력을 기울이기도 한다. 그리고 무엇보다도 중요한 것은 급격한 사회변동에 직면하여 학회 구성원들의 이익이 침해되거나 또는 침해당할 가능성이 있는 문제가 발생하면 구성원들의 중지를 모아 공동으로 대응하는 창구 역할을 해야 한다. 물론 사회에 대하여 집단 이기주의로 비춰질 가능성을 염두에 둔다면, 정당한 논리를 개발하는 것도 학회의 몫이다. 이러한 점에서 학회가 행정학 전공자들의 공직 취업과 관련하여 구상해 보아야 할 대응방안을 보면 다음과 같다.

첫째, 행정학 전공자의 공직취업 문제는 일부 학생들 개인 또는 개별대학 행정학과의 문제로 치부할 수도 있다. 그러나 학회의 유지와 발전은 기본적으로 일선 대학 행정학과의 성장과 발전에 기초해 있고, 이러한 문제를 단순히 그들만의 문제로 볼 수만은 없다. 따라서 공직취업과 관련된 문제를 심층적으로 파악하고 대안을 마련하기 위한 기초 작업으로서 전국 대학의 모든 행정학과를 대상으로 의견을 청취하여 문제의 본질적인 성격을 먼저 파악하는 노력을 선행해야 할 것이다. 이를 위하여 학회 차원에서 대응 팀을 설치하여 작업에 임할 필요가 있다고 본다.

둘째, 행정학 전공자들이 공직에 취업해야 하는 논리를 개발하는 데 힘을 쏟아야 할 것이다. 행정학을 전공하게 되면 다른 학과 전공자보다 공직업무를 더 잘 수행할 수 있다는 믿음을 공직사회에 줄 수 있도록 해야 한다는 의미이다. 따라서 기존의 교과과정을 공직에 적합한 지식과 기술을 습득할 수 있는 교과과정으로 개편할 필요가 있는 것이다. 다시 말해 어느 대학의 행정학과에서 수학하든 공직수행에 필요한 기본적인 자질과 능력을 배양할 수 있는 표준적인 교과과정을 확립할 필요가 있다. 이러한 점에서 과거에 한국행정학회에서 도입을 시도하다 그만 둔 <행정학인증제>를 면밀히 검토하여 재시도해 볼 필요가 있을 것이다.

물론 표준적인 교과과정은 행정학의 주요 교과목뿐만 아니라 최근의 학문적 경향을 반영하는 융합과정으로 개발하는 것도 바람직할 것이다. 7급과 5급 공개채용시험의 1차에서 시행하고 있는 <공직적격성평가>에 대비하기 위해서라도 인문학을 포함한 폭넓은 지식과 공익에 봉사하는 인성을 배양하는 과목들을 배치해야 할 것이다. 물론 대학의 행정학과에서 가르칠 수 있는 분야는 한계가 있기 때문에 행정학과의 독립성만을 고집할 것이 아니라 인문학과의 공통 프로그램의 개발 역시 고려해 봄 직하다. 며칠 전 교육부 고급관리가 99%의 대중을 개돼지라고 해 물의를 일으킨 적이 있는데, 이는 공직에 종사하는 공무원의 인성과 세계관이 얼마나 중요한가를 일깨워 주는 사례가 아닐 수 없다. 물론 아무리 우수한 교과과정을 통해 교육한다고 하더라도 해결될 수는 없겠지만 최소한 행정학계가 노력을 기울여야 하는 문제임에는 틀림없다. 이것은 마치 초등학교에서 <도덕> 시험에서는 항상 만점을 맞지만 사회에서는 전혀 도덕적이지 못한 것과 유사한 문제이다. 그럼에도 불구하고 대학의 행정학과에서 공무원이 되고자 하는 전공자들에게 공익, 공공성, 봉사, 헌신과 같은 시민적인 가치를 반드시 교육할 필요가 있을 것이다.

셋째, 한국행정학회를 비롯한 행정학 관련학회의 주요 구성원인 교수들은 다양한 방식과 채널로 정부의 자문위원회에 참여할 뿐만 아니라 직접 정부기관의 책임자로 일하거나 또는 그러한 경력을 보유하고 있다. 정부기관의 정책수행이나 집행에 도움을 주는 것도 중요하지만, 행정학 전공자들이 공직 수행에 적합하다는 점을 홍보하는 로비스트 역할을 할 필요가 있다. 로비의 품목으로는 예컨대 행정학과에서 가르치는 과목이 공직수행에 유용하다는 점을 알리고, 필요에 따라서는 특정한 교과목을 시험과목으로 채택하도록 촉구할 수도 있다. 이것은 단순히 행정학 전공자들을 취업시키기 위한 집단 이기적인 행위가 아니라 공직에 적합한 인력을 행정학과에서 배출하고 있다는 믿음을 주는 것이다. 이러한 측면에서 학회는 <전담팀>을 구성하여 정부기관에 대하여 체계적으로 행정학 전공자들의 공직수행의 정당성과 적합성을 홍보할 필요가 있다. 이러한 전담기구는 행정학 전공자들이 공직취업의 측면뿐 아니라 공직제도의 객관성을 상시적으로 모니터링하고 의견을 제시할 수 있는 상설기구로 운용할 필요가 있다.

더 나아가 공무원 채용제도의 추이를 면밀히 분석하고, 공직수행에 적합한 교육모듈을 개발하여 대학의 행정학과에 이와 관련된 정보를 제공하는 노력을 아끼지 말아야 한다. 왜냐하면 대학의 행정학과에서는 여러 가지 제약으로 이러한 표준적인 모듈을 개발하는 데 현실적인 한계가 있기 때문이다. 또한 학회 차원의 대응전략은 개별 대학의 행정학과 수준에서 제도를 개선하는 데 충분한 명분을 줄 수 있다는 장점이 있다.

지난 해 한국행정학회에서 <한국행정학의 자화상>이라는 소책자를 발행한 적이 있는데, 이러한 노력은 행정학의 정체성을 확인해 보는 동시에, 학회 차원에서 행정학 전공자들의 취업 문제를 검토해 볼 수 있는 가능성을 제공한다는 점에서 의의가 있다. 다시 말해 이러한 문제인식을 갖고 있다면 학회 차원에서 얼마든지 행정학 전공자들의 공직취업에 관한 활로를 찾아낼 수 있을 것이라고 볼 수 있다.

학회는 공무원채용제도의 변화에 수동적으로 대응할 것이 아니라 공직임용제도의 개선을 능동적으로 주도할 필요가 있다. 실제로 행정자치부의 공무원임용정책의 수립과정에는 다수의 행정학 전공교수들이 참여하고 있다. 비록 직접적으로 수립과정에 참여하지는 않더라도 학회의 의견을 적극적으로 반영하는 데 비중을 두어야 할 것이다. 예컨대 2010년 당시 행정안전부가 <공무원채용제도 선진화 방안>에서 행정고등고시와 외무고등고시를 5급 공개채용시험과 외교관후보자선발시험으로 변경하고 민간전문가 특별채용의 비율을 50%까지 확대할 것이라는 계획을 발표한 적이 있다. 이러한 정부의 정책에 대하여 단순히 특별채용으로 인하여 감소하는 공채인원에 대해서만이 아니라 외부전문가 특별채용에서 외부전문가의 자격과 범위에 행정학 전공자가 포함될 수 있도록 촉구하는 성명을 발표한다든지 하는 적극적인 대응이 필요한 것이다. 즉 공직임용제도의 변화에 대해서는 인정하더라도 행정학 전공자가 소외되는 일이 없도록 하는 사후적인 방안을 마련하여 적극적으로 홍보해야 한다는 것이다

Ⅳ. 맺음말

행정학 전공자들의 취업 문제는 이제 단순히 그들 개인만의 문제가 아니다. 국가사회적으로는 행정학 전공자들이 공직에 취업하는 것이 인적자원을 보다 효율적으로 활용하는 방안이 될 수 있고, 행정학 전공교수들에게는 학문적 정당성을 사회에 알릴 수 있는 기회가 된다. 그러니까 행정학 전공자들의 공직 취업은 개인, 교수, 학회가 공동의 노력으로 풀어가야 하는 문제이다.

1990년대 말부터 밀어닥친 민간방식의 정부혁신으로 인해 전반적으로 공공부문에 대한 행정학의 정체성이나 실용성이 상당히 훼손되었다. 다시 말해 행정학 전공자라고 해서 공직수행에 적합할 것이라는 기대를 충족시킬 수 있는 것도 아니며, 더 나아가 공직수행에 적합한 지식과 기술을 행정학과에서 과연 가르치고 있는가도 의심을 받게 된 것이다. 사회의 이러한 의구심을 불식시키기 위해서는 행정학 관련 전문 학회에서 장·단기적인 대응전략을 수립하고 실천에 옮겨나가야 할 것이다.

단기적으로는 현행 공개채용시험의 타당성, 시험 관리의 객관성 확보방안, 공직수행에 필요한 구체적인 자격과 능력의 검증방법 등을 연구함으로써 정부의 공무원채용제도의 합리화에 직·간접적으로 영향력을 행사해야 할 것이다. 이러한 작업은 개별 대학의 행정학과 차원에서는 해결하기 어려운 과제들이다.

장기적으로는 무엇보다도 공직수행에서 왜 행정학이 가장 필요한 학문인가에 대한 정당성을 확보하고, 정부를 설득할 수 있는 대응논리의 개발이 우선되어야 할 것이다. 공직은 공공성을 기초로 하여 공익실현을 목표로 한다. 공직수행을 위한 목표와 수단을 연구하고 실천하는 학문이 행정학이며, 행정학과는 공직에 봉사할 인재를 육성하는 전문학과라는 정체성을 확립해 나가야 할 것이다. 이러한 점에서 공직수행에 필요한 지식과 기술을 가르치는 학문이 바로 행정학이라는 점을 자타가 공인할 수 있도록 이미 언급한 <행정학인증제도>의 도입도 신중히 고려해 봐야 할 것이다. 아울러 이러한 과정에서 정부와 기업, 민간연구기관, 시민단체 등 다양한 이해관계자들과의 긴밀한 유대와 협력을 추진해 나가야 할 것이다.

결론적으로 사회의 어떠한 분야이든, 또 어떠한 학문분야이든 간에 원래 위기는 안팎에서 초래되기 마련이다. 우리는 또한 내부적으로 협력하여 일정한 수준의 합의를 도출해 낸다면 외적인 위기의 극복이 그다지 어렵지 않다는 사실도 알고 있다. 무엇보다도 한국행정학회와 관련 학회, 각 대학의 행정학과, 그리고 행정학 전공자들이 공직채용제도의 변화가 주는 도전을 극복함으로써 행정학의 정체성을 확립하고, 행정학과가 공직수행에 공헌할 수 있는 지식과 기술을 가장 많이 그리고 가장 충실히 가르치는 학과로 거듭나는 기회로 삼았으면 하는 바람이다.

6 공무원 시험과목의 개편

황 성 원(군산대학교)

Ⅰ. 들어가는 말

우리나라의 공직구조는 연공중시의 계급제에서 성과 중심의 직위분류제로 무게중심이 옮겨져 가고 있다. 무엇보다도 공직에도 조직의 비전을 달성하고 전략을 시행하는 데 꼭 필요한 역량을 갖춘 인재를 찾고, 구하고, 확보하는 시대가 도래하고 있어서 '조직에 적합한 사람'(right person)을 선발하는 데 집중하여야 한다(차종석, 2005: 20). 결국 선발평가를 할 때 개인과 직무의 적합(Person Job Fit)도 중요하지만 핵심인재의 경우는 개인과 조직의 적합(Person Organization Fit)을 더 중요하게 고려해야 한다. 따라서 개인의 성격, 가치관, 목표, 태도가 조직의 문화, 가치관, 비전/전략, 규범과 어느 정도 적합한지를 엄격하게 검증하려는 노력이 절실히 요구되고 있다.

공무원의 채용을 위한 선발시험은 직무적합성 평가를 통한 전문성의 확보도 중요하지만, 무엇보다도 공직가치가 잘 구비되어 있는 "공공" 조직적합성이 확보되어 있는 사람이 채용되어야 한다. 다만, 우선적으로 공무원 채용과정에서 공직 안팎의 요구사항을 충족시키는 공정한 선발과정이 전제되어야 한다. 따라서 우리나라의 공무원 채용시험은 결과와 과정을 모두 만족시켜야 하는 균형적이고 복합적인 문제이다(김형성·황성원, 2016a: 1-2).

2006년부터 2015년까지 기간 동안 공무원 채용 현황에 대한 정부의 인식은 다음 <표 1>과 같이 문제점과 지향성에 대해서 제대로 인식하고 있음을 보여주고 있다.

〈표 1〉 공무원 채용 현황 진단

공무원(As-is)	구분	채용 경향(To-be)
정부 주관, 대규모 일괄채용 -다양한 전문가 선발에 한계	채용방식	부처별 분산, 소규모 수시채용 -조직에서 필요한 인재 적기 충원
암기 위주 지식 검정 -역량·가치관 검증 한계, 학교교육과 괴리	평가방식	역량과 가치관 검정 -역량과 가치관을 심층 평가하여 선발
일반공무원 순환보직 -전문성에 한계, 외부 인력에 의존	채용담당자	전문가·전략가 역할 -채용담당자·기관의 전문적 역할 중시

주: 황성원(2010), "공무원 충원제도의 변화에 대한 행정학과의 대응", 「한국행정포럼」 131호, p.9 재인용.

그러나 이러한 공무원 채용제도 변화에 대한 인식과 함께 PSAT(공직적격성평가) 도입 등 일부 제도개선에도 불구하고,[1] 실제 공무원 채용 시험과목의 변화는 1948년 대한민국 건국 이래, 오히려 시대에 역행하는 모습을 보여 온 것이 현실이다.[2]

이 글에서는 2006년부터 2015년까지의 시기를 노무현 정부, 이명박 정부, 박근혜 정부로 대별하고 고등고시, 7급 공채, 9급 공채별 주요 공무원 시험과목 개편내용들과 이들이 어떠한 의미를 가지고 있었는지, 그리고 행정학계에 미친 영향들을 서술하고, 향후 바람직한 공무원 채용 시험과목의 개선방향에 대해 논의해 보고자 한다.

Ⅱ. 시기별 시험과목의 주요 개편내용

1. 노무현 정부(2006~2007)

2006년에서 2007년까지의 공무원 시험 중 먼저 행정고등고시 행정직렬 중 일반행정직류의 시험과목은 다음의 <표 2>와 같다.

---

1) PSAT 도입에 대해서 행정학자들 간 이견이 존재하고 있는 사실이나, 이달곤 서울대학교 행정대학원 교수께서 행정안전부 장관 재직 시 PSAT에 대한 타당성 연구용역을 통하여 그 효용이 검증된 바 있다. 필자의 생각으로는 PSAT 문제를 행정학자들이 제대로 출제하려는 노력을 더 기울이고, 관심을 더 갖는 것이 바람직하다고 본다.

2) 공직채용의 방향성이 조직적합성, 직무적합성 등을 강조하는 방향으로 전환되고 있으나, 이명박 정부에 들어와서는 공직을 청년 실업의 문제 해결을 위한 수단으로 활용하여 공직과 무관한 1970년대 시험과목인 과학·수학·사회를 시험과목에 포함하는 개편을 하였다. 그리고 공직의 직무역량과 가치관 검정을 위한 면접에 대한 맹신 또는 오적용 등의 문제로 인하여 국가관, 헌법관이 투철한 인재를 걸러내는 데 한계를 드러내었다. 아울러 권위주의 시절의 통치지향적인 법과목 중심 개편, 행정학에 대한 경시 내지 곡해 등 많은 문제점을 발생시켰다.

〈표 2〉 주요 행정고등고시 시험과목(2006~2007)

구분	직렬(직류)	시험과목	
		제1차 필기시험(선택형)	제2차 필기시험(논문형)
행정고등고시	행정직 (일반행정)	언어논리영역, 자료해석영역, 상황판단영역, 헌법, 영어(영어능력검정 시험으로 대체)	필수(4): 행정법, 행정학, 경제학, 정치학 선택(1): 민법(친족상속법 제외), 정보체계론, 조사방법론(통계분석 제외), 정책학, 국제법, 지방행정론

5급 공개채용시험인 행정고등고시는 PSAT의 전체 영역이 1차 필기시험으로 도입되었으며,[3] 헌법이 1차 과목으로 남아있는 것이 특징이었다. 2차 필기시험에서 행정학과 관련된 과목은 필수과목으로 행정학, 선택과목으로 조사방법론(통계분석 제외), 정책학, 지방행정론 등이 있었으나, 전체 직렬 중 행정학이 필수과목인 경우는 행정직렬 중 일반행정직류, 법무행정직류, 재경직류, 교육행정직렬에 불과하고, 선택과목인 경우도 사회복지직렬, 검찰사무직렬에 불과하였다. 나머지 선택과목 중 조사방법론은 교육행정직렬과 사회복지직렬의 선택과목으로, 정책학은 일반행정직렬과 교육행정직렬에만 선택과목으로 되어 있었다.[4] 특히, 기술직의 경우 행정학과 관련된 시험과목이 단 한 과목도 포함되어 있지 않아서 정부조직에 적합한 사람을 선발하는 데 한계가 있었다. 또한, 외무고등고시의 경우도 행정학과 관련된 시험과목이 포함되어 있지 않은 것은 문제가 있다고 말할 수 있다.

다음으로, 7급 공개경쟁채용시험과 9급 공개경쟁채용시험의 과목 중 행정직렬 중 일반행정직류의 시험과목은 <표 3>과 같다.

3) PSAT는 평가 방식을 과목 중심에서 언어논리, 자료해석, 상황판단 등의 영역 중심으로 바꿈으로써 단편적 지식의 암기 위주에서 사고력, 판단력, 교양 등을 종합적으로 함양하는 효과를 기대하였다(오호영, 2006: 40). 정부도 새로운 지식과 패러다임을 빨리 습득할 수 있고, 제도변화에 능동적으로 대처하여 문제를 해결하는 능력을 갖춘 자를 선발하고 이들에게 교육과 훈련을 통해 공직에 필요한 지식과 기술을 습득하도록 하기 위한 맥락에서 공직에서 초급관리자로서 필요한 기본소양과 문제해결에 필요한 인지적 능력을 측정하고자 PSAT를 도입하였다(박준하, 2010: 522).

4) 당시 시험과 관련한 일부 공무원 사이에서 행정학 관련 교수들의 행정학과 정책학의 시험문제 출제내용이 차이가 나지 않음을 이유로 행정학 관련 과목 축소 내지 폐지가 거론된 적이 있었다. 이는 행정학계 스스로 초래한 일로, 깊은 자성이 필요한 부분이다.

〈표 3〉 주요 7급 및 9급 공개경쟁시험 시험과목(2006~2007)

구분	직렬(직류)	시험과목(선택형)
7급 공채	행정직(일반행정)	필수(7): 국어(한문 포함), 영어, 한국사, 헌법, 행정법, 행정학, 경제학
9급 공채	행정직(일반행정)	필수(5): 국어, 영어, 한국사, 행정법총론, 행정학개론

7급 공채 시험에서 행정학을 시험과목으로 채택하고 있는 직렬은 행정직, 교육행정직에 불과하였으며, 9급 공채 시험에서도 행정학은 행정 직렬에만 시험과목으로 채택되어 있고, 나머지 직렬에는 전혀 채택되어 있지 않았다. 따라서 단순히 시험과목만을 보더라도 우리나라 공무원 시험은 행정의 효율성, 전문성뿐만 아니라 행정의 핵심적인 가치인 형평성, 봉사성, 민주성 등을 두루 검정할 수 있는 행정학이 얼마나 홀대받고 있는지를 알 수 있다(한승연, 2006: 39).

2. 이명박 정부(2008~2012)

2008년부터 2012년 사이의 시험과목 개편은 이전과 크게 다르지 않았으나, 이명박 정부 후반부에 들어와서는 먼저 중국의 동북아공정 등 역사왜곡에 대응하고 우리 민족의 역사관을 확고히 하기 위한 차원에서 2012년도부터 5급 공개경쟁채용시험에 응시하기 위해서 응시자격요건으로 한국사능력검정시험에 응시하여 2급 이상을 획득하도록 하였다.[5] 이후, 이명박 대통령 집권, 공직선발에 매우 부정적인 영향을 줄 수 있는 시험과목 개편이 이루어졌다. 첫째가 고교졸업자 등 공직진출 확대를 위해 9급 공채 시험과목을 변경한 것이다. 개편내용으로는 고등학교 졸업자도 9급 공채시험에 쉽게 응시할 수 있도록 기존 전공과목에 더하여 고등학교 이수과목인 사회·과학·수학을 선택과목으로 포함시켰다. 이에 따라 일반행정직렬의 경우 공통과목(국어·영어·한국사)에 행정법총론·행정학개론·사회·과학·수학 중 두 과목을 선택할 수 있게 되었다.[6]

Selden et al.(1999)에서 제시하는 바와 같이, 공무원은 공익과 사익, 현실과 이상, 혁신과 현실경영의 가치 사이에서 균형감각을 갖춘 전문가이어야 한다. 그러나 이명박

5) 그러나 당시 행정안전부의 채용제도 선진화 위원회에서는 한국사 도입과 관련하여 역사학계 내부의 합의가 이루어지지 않은 상태에서 한국사의 공무원 시험 도입에 대한 문제를 필자가 제기한 바 있었으나, 청와대측의 압력에 행정안전부가 굴복할 수밖에 없었다. 이는 최근의 국사교과서 국정화 갈등의 단초를 제공한 것이라고 볼 수 있다.

6) 이로 인하여, 수험생들은 고등학교 이수과목만을 선택과목으로 선택할 수 있게 되었다. 이는 직업으로서의 공직을 얼마나 경시하고 있는지를 보여주는 대표적인 예이다.

정부는 민간부문의 고용의 양과 질이 떨어짐에 따라 발생하는 청년실업의 문제를 정부부문에 강제로 떠넘기는 고교졸업자 공직진출 확대 정책을 시행함으로써 현대의 인재채용 경향에 역행하는 방향으로 시험과목이 개편된 것이다(황성원, 2011). 특히, 고교이수과목 도입은 과거 고등교육을 많이 받지 못했던 1980년대 이전으로 회귀한 것으로 공무원 채용제도와 관련하여 개악 중의 개악이라고 할 수 있다.[7][8] 이를 통해 전공을 불문하고 공무원시험에 매달리는 청년들이 늘어나게 되었고, 여기에 고등학생들까지 가세함으로써 고시낭인을 줄이기 위한 그동안의 정부노력이 한순간에 물거품이 되게 하였다.[9]

우리는 공무원 채용제도가 직무 역량이 뛰어난 인재를 공직에 유치해야 하지만, 민간부문과의 상호작용을 고려하여 공무원 채용제도를 고려하여야 하는 것은 취업난이라는 국가적 책임을 대학에 전가함으로써 황폐화되고 있는 대학교육을 정상화하고 고등교육을 통해 배출되고 있는 많은 인재들이 공공이든 민간이든 각자의 분야에서 제대로 활동할 수 있도록 정부가 조장을 해야 한다는 것이다(오호영, 2006: 39-40). 그러나 사실상 민간부문 취업난의 해소창구 정도로 공무원 채용제도를 이용한 것은 공직 선발에 있어서 최대의 惡手라고 표현할 수밖에 없다.[10]

이 외에 7·9급 선거관리위원회 공채시험을 '일반행정직류'에서 '선거행정직류'로 변경하여 선발하게 하였다. 7급은 '경제학'을 제외하고 '공직선거법'을 추가하였으나 9급은 '행정학개론'을 제외하고 '공직선거법'을 추가함으로써 '선거행정직류'라는 명칭이 무색하게 만들었다.

정리하면, 이명박 정부의 공무원 시험과목 개편의 핵심문제는 공무원 선발시험에

---

7) 일부 행정학자들 중에서는 9급 공채시험이 본래 고졸자 수준을 선발하는 것으로 설계되었다고 주장하는 분들도 있지만, 이는 시대적 상황을 도외시한 것으로 볼 수 있다. 과거 대학 진학률이 낮았던 1980년대 이전 시절에는 9급으로의 입직이 많았지만, 대학 진학률이 매우 높은 현 시점에서는 극소수를 제외하고 공직에 적합한 인재라고 보기 어렵다. 시험과목 역시, 과학·사회·수학과 같은 과목은 소양과목들로 전문성이 강조되는 현 시대에는 적합하지 않은 과목들이다. 그런데 이를 전문과목인 행정학과 동급으로 그것도 선택과목으로 설정한 것은 넌센스라고밖에 볼 수 없다.

8) 더구나 직무에 맞지 않은 선택과목으로 합격한 수험생이 직무 수행에 엄청난 애로를 겪게 되어 현장업무담당자들이 이중고를 겪고 있는 것으로 알려져 있다.

9) 실제 고졸자의 공무원 공채 합격은 매우 낮은 수준으로 대다수는 대졸자인 것으로 파악되고 있다. 문제는 공무원이 되지 말아야 될 사람들이 공직에 대거 유입됨으로써 조직적합성이 낮아짐으로써 결국 이는 국민들에 대한 적극적인 봉사보다는 보신주의, 복지부동 등 관료제의 역기능의 확산이 우려된다.

10) 오히려 국가적으로 공무원 채용제도를 운영하는 데 사회적·개인적 비용이 막대하게 들게 할 뿐만 아니라 고등교육시스템에까지 악영향을 미침으로써 국가적 낭비를 초래하고 있다.

서 행정학이 가장 중요한 과목이나 오히려 이를 선택과목화 하고, 공직을 일자리 창출의 수단으로 활용함으로써 젊은 세대들에게 전공불문하고 철밥통인 실무직 공무원 시험에 매달리게 하는 나쁜 시그널을 주었다는 것이다.[11)]

민간 기업에 취업하기 위해서 수험생들은 해당 조직의 비전, 미션, 하는 업무 등에 대해 철저히 준비해야 된다. 하물며, 우리나라는 공직에 대한 특화된 학습을 행정학과에서 시키고 있음에도 불구하고, 특히, 9급 공무원 공채시험은 그저 시험성적만 좋으면 합격하도록 만들어서 공직에 적합하지 않은 사람들도 별 문제없이 입직하게 되었다.[12)]

3. 박근혜 정부(2013~2015)

박근혜 정부에서는 2015년 공무원임용시험령을 일부개정(2017년 시행)하였다. 그 내용으로는 첫째, 공무원 채용과정에서 국가관·헌법관 등 공직가치 강화를 위해 5급 공개경쟁채용시험 및 외교관후보자선발시험의 제1차 시험 과목에 헌법을 추가하였다. 둘째, 모든 경력경쟁채용시험에서 한국사능력검정시험의 일정점수(등급) 이상을 보유한 사람에 대한 가산점 부여 근거를 마련하였다. 셋째, 실질적인 영어활용능력을 평가하고, 수험준비 부담 완화 및 우수인재 유치를 위해 7급 공개경쟁채용시험의 '영어' 과목을 '영어능력검정시험'으로 대체하였다. 넷째, 직무능력 중심의 채용을 위해 6급 이하 공채시험에서 정보화 자격증 가산점을 폐지하는 등 현행 제도의 운영상 나타난 일부 미비점을 개선·보완하고자 하였다. 이와 함께, 공무원임용령 개정으로 신설될 예정인 인사조직직류의 시험과목을 지정하였다.

박근혜 정부의 공무원 채용제도는 이명박 정부와 유사하지만, 보다 보수적인 모습으로 평가할 수 있다. 그 이유로는 공직가치 강화를 내세웠다는 점인데 다만, 이를 헌법과목을 통해 검정하겠다는 것은 절반의 지향이라는 점에서 매우 아쉬운 대목이다. 즉, 행정은 보수성과 미래지향성을 포괄하여야 함에도 불구하고, 공직가치를 보수적 가치에 국한시킨 점은 행정의 미래지향적인 특성을 간과한 일부분만 보겠다는 것으로

11) 실제 공무원 응시자의 대다수가 대학교육을 받고 있거나 받았다는 점과 공무원 채용제도를 운영하는 데 따른 사회적·개인적 비용이 막대하다는 점을 고려해 볼 때, 공무원 채용제도의 개편방향은 대학공부에 전념하는 것이 공직 진출의 주요한 경로가 될 수 있도록 대학교육과 공무원채용 간의 연계성을 높이는 것이 중요하다.

12) 면접으로 공직부적격자를 걸러내겠다고는 하지만, 9급 공채의 경우 엄청난 수험생이 몰려오기 때문에 충분한 시간을 가지고 평가할 방법이 없다. 그럴 경우 면접의 유용성이 떨어지고 형식화되면서 성적위주의 채용이 이루어질 수밖에 없다. 이는 5급과 7급의 경우도 민간의 면접과 비교해 볼 때 면접의 실효성을 담보하기 어렵다.

비춰지기 때문이다(세계일보, 2016년 5월 31일자).[13] 따라서 정부가 공직가치를 강화하기 위해서는 헌법가치와 더불어 행정가치를 아우르는 공직가치를 세워야 한다. 그러므로 헌법이라는 특정과목보다는 공직가치를 새롭게 과목화하는 것이 대안이 될 수 있을 것이다.

한편, 6급 이하 공채시험에서 정보화 자격증 가산점 폐지는 사실 그동안 과다스펙을 양산하여 수험생들에게 불필요한 부담을 주었다는 점에서 반길 수 있지만, 다른 측면에서 보면, 요즘과 같은 지식정보화 시대에 최소한의 자격증은 남겨두는 것이 직무역량을 발휘하는 데 도움이 되었을 것이라는 아쉬움이 있다.

Ⅲ. 공무원 시험과목 변경이 행정학계에 미친 영향

공무원 시험과목의 변경 내지 채용인원의 확대 등으로 인하여 한때는 행정학과에서 경찰행정학과, 소방행정학과 등으로 세분화되는 모습을 보이다가, 최근에는 다시 행정학과로 수렴하는 모습들이 많이 보이고 있다. 더구나 정부의 대학구조조정이 지속적으로 이루어지면서 지방 군소사립대를 중심으로 행정학과의 폐과조짐이 보이고 있다. 이처럼 행정학계는 정부의 채용제도 및 정책 변화에 민감할 수밖에 없다.

행정학계에서 느낄 수 있는 현실적인 문제는 현재의 행정학이 공무원 채용시험에서 차지하는 비중이 줄어들고 있다는 것과 이런 추세를 되돌리기 위한 한국행정학회를 중심으로 하는 실천적인 노력이 사실상 없었고 일부 학자들만이 진정성을 가지고 대응하고 있다는 점에서 매우 답답한 상황이라고 말할 수 있다.

행정학과 공무원의 관계에 대한 적극적인 의사개진 없이 정부의 정책을 일방적으로 수용하여 행정학이 시험과목으로 존폐를 거듭하는 것에 일희일비하는 모습은 바람직하지 않다. 지난 10년여 기간 동안 이 문제에 대해 지속적인 문제제기와 개선방안을 제시해 왔던 필자로서는 매년도 학회장님들이 바뀔 때마다 이벤트식으로 접근하지 말고, 이 문제만큼은 힘을 모아서 정부와 국민들을 설득해야 함에도 불구하고, 적극적으로 나서지 않고 있다는 점에서 매우 유감스럽다는 표현을 쓰지 않을 수 없다.[14]

13) 유승민 국회의원 당선자는 한 강연회에서 "헌법에는 민주, 공화, 시장경제, 자유, 평등, 정의가 다 있다"며 "보수가 헌법 가치를 제대로 지키면 제대로 된 보수를 할 수 있다"고 하면서 헌법가치는 곧 보수 가치라고 말한 바 있다. 사실 우리나라의 법 속성상 미래지향적이지 못하고 과거의 정해진 틀에 따라 현재를 바라보는 약점이 있다.

14) 과거에는 정부에 시험과목 개편을 얘기하면, 기존 과목들과의 형평성 차원, 그리고 관련 이익집단의 반발이 두려워서 개선이 되지 않았지만, 지금은 여기에 더하여 행정학계 스스로의 대안

특히, 여러 원인이 있겠지만, 필자의 개인적인 의견으로는 사실 타 학회와 달리 행정학계는 전국적으로 분포되어 있음에도 불구하고 공무원 시험과목 변경과 상관없는 우수한 인재들이 모여드는 특정학교에 소속되거나 출신이신 분들이 주도권을 쥐고 있어서 공무원 시험에 대해 관심도 별로 없고, 행정학의 위기라고 해도 피부로 느끼지 못하시기 때문은 아닌가라는 생각이 든다. 여기에 우리나라의 행정학이 지나치게 기능주의로 치우치다보니, 행정학의 핵심을 소홀히 다루게 된 것도 이러한 위기를 자초한 중요 원인이라고 본다.

지금부터라도 한국행정학회를 정점으로 하여 왜 정부에 행정학이 필요하며, 행정학이 어떤 점에서 기여하고 있는지를 적극적으로 홍보하여야 한다. 옳은 방향이라면 집단행동도 불사해야 한다. 현행 행정학 시험과목은 어떤 문제점이 있고, 이를 발전적으로 개선하기 위해서는 어떤 대안을 정부에 제시할 것인지에 대한 합의된 내용이 마련되어 있지도 않다는 점에서 기본부터 다시 추스를 필요가 있다. 이병량 교수(2011)가 주장한 바와 같이, 시간이 걸리더라도 근본적인 문제해결책을 찾아야 한다는 것이다. 행정학이 무엇을, 어떻게 가르쳐야 학생들에게 행정학이 가져야 할 본연의 문제해결 지향성과 문제해결능력을 줄 수 있는지를 찾아야 한다. 그래야 공무원 채용시험 시험과목의 정상화도 이루어 질 수 있는 것이다.

Ⅳ. 맺음말: 공무원 시험과목에 대한 미래방향 모색

첫째, 박근혜 정부 들어서 국가관・헌법관 등 공직가치를 강화하기 위해 헌법이 시험과목으로 들어왔지만, 이는 공직가치의 일부만을 반영하고 있으므로, 행정가치를 포함하는 새로운 공직가치과목의 도입이 필요하다.[15][16]

둘째, 공무원으로서 가장 기본적으로 갖추어야 할 지식인 행정학을 기본과목화하여야 한다. 이는 행정직과 기술직 모두에 적용되며, 이들 모두 공무원이 아닌 사람은

및 고민 부재가 어우러져 있는 느낌이다. 당장 2017년부터 인사조직직류 선발이 이루어지는데, 학회차원의 정보공유조차 이루어지고 있지 않다.

15) 공직가치에 대한 인식과 그 해석여부도 매우 다양하기 때문에 공직가치에 대한 개념 정의부터 그 공감대 형성, 시험출제 방향성까지 한국행정학회 차원의 대응이 필수적이다.

16) 이를 위해서는 행정학자, 헌법학자, 입법학자 등이 함께 노력해야 한다. 아울러 향후 공무원임용시험령이 개정되기 전까지 유지될 헌법과목의 시험은 기존 헌법의 해석위주 문제출제보다는 행정학자들이 기존 헌법판례들의 사례분석을 통해 합목적성을 고려한 해석이 될 수 있도록 하는 출제방향성 제시가 무엇보다 필요하다. 바로 이러한 점을 정부에 적극 알리기 위해서는 한국행정학회의 역할이 매우 중요하다.

없기 때문이다. 특히 행정학은 행정 전반에서 합리적인 접근방법을 논하는 성격을 가지고 있기 때문에, 그 활용도를 높이기 위해서는 행정의 핵심영역인 인사, 조직, 재무, 정책과 행정윤리를 유기적으로 연결하되, 현실을 반영해야 한다.

셋째, 7·9급 시험과목 체계를 획기적으로 개편하여야 한다. 현행 공통과목(국어·영어·한국사)과 필수과목, 선택과목(9급 택2)으로 구분되어 있는 것을 필수과목(공직가치·행정학), 직무과목(직렬 또는 직류 택1), 소양과목(국어·한국사)으로 변화시킬 필요가 있다. 아울러 영어는 모든 입직직급에서 영어능력검정시험으로 대체하면 된다.[17]

넷째, 이명박 정부에서 고졸채용 확대의 일환으로 도입한 사회·과학·수학과목은 과감하게 폐지해야 한다. 이것이 고졸채용 활성화를 위한 인사정책적 측면의 과목이라고 하더라도 현재의 급격한 환경변화를 반영하는 데 무리가 있다. 게다가 정책의 목적이 제대로 달성하였다고 볼 수도 없기 때문에 시험과목에서 제외하는 것이 바람직하다.

다섯째, 국민들의 공무원에 대한 인식도 바뀌어야 한다. 대개 5·7급 입직자에 대해서는 조직적합성과 직무적합성이 필요하다고 하면서도 9급 입직자에 대해서 단순행정업무 처리이므로 업무의 전문성을 경시하는 경향이 있다.[18] 게다가 이들의 수준이 사실상 대부분 대졸자들이며, 머지않아 승진이 될 뿐만 아니라 실제 이들이 가장 국민들과 접점에서 일을 하기 때문에 공무원에 대한 이미지를 형성하는 집단이라는 점을 감안해 보면, 더더욱 공무원이 되어야 할 사람이 되도록 하는 것이 바람직한 방향이다.

여섯째, 행정학과 교육프로그램을 조직적합성과 직무적합성이 높은 공무원 양성이 이루어지도록 한국행정학회 차원에서 표준 모델을 제시할 필요가 있다. 사실 이러한 부분을 해소하기 위해 몇 해 전에 행정학과 인증제 얘기도 있었지만, 결국 용두사미 신세가 된 바 있다. 하지만, 이러한 자구책 없이는 행정학과의 미래는 밝을 수 없으므로 네거티브가 아닌 포지티브 방식의 인증제 도입을 적극 검토하길 바란다.

---

17) 김형성·황성원(2016b)에 따르면, 시험과목의 중요도와 활용도 모두 낮게 나타난 바 있으며, 현행 시험은 실제 영어활용능력과 거리가 있으며, 수험생들이 민간취업으로 전환하려 해도 도움이 되지 않는다.

18) 이러한 생각은 비단 일반 국민들뿐만 아니라 교수, 공무원들도 비슷하게 인식하는 것으로 보인다. 민간기업의 경우 신입사원 채용에 신경을 쓰는 것과 공무원 9급 채용이 크게 다르지 않음을 감안해 보면, 공무원 중 절대 다수의 비중을 차지하는 것이 9급 입직자라는 것을 잊지 말아야 할 것이다.

7 공무원 경력채용제도

박 수 경(충남대학교)

Ⅰ. 들어가는 말

최근, 특별한 배경 혹은 정치적 영향력에 의해 대학, 국회, 법학전문대학원 등에 부당 채용된 또는 입학한 혐의로 여론과 언론이 연일 뜨겁다. 그런데 이들의 자격이나 역량의 적격성 여부에 대한 논란 보다는 공정하지 않은 규칙과 방법으로 행사되었을 것으로 추정되는 특별한 배경과 영향력에 더욱 관심이 모아진다.

가치배분의 공정성에 대한 사회 구성원들의 믿음은 사회의 정의를 구성하는 주요 요인으로 볼 수 있다. 특히 한국 사회에서 '부'와 '권력' 못지않게 '직업'은 사회적 지위를 구성하는 요소로 인식되며, 가치배분의 공정성을 인지하는 주요 대상이 된다. 그 중에서도 한국에서 '공직'이 지니는 상징적 의미는 직업공무원제도를 채택하고 있는 어느 나라와 비교해도 적지 않을 것으로 본다.

2009년 이후 법학전문대학원이 설치되었고, 사법시험은 2017년 폐지될 예정이었으나 다시 2021년으로 유예되었다. 외무고시는 2013년 폐지되었고 외교관후보자 선발시험이 신설되었다. 채용을 위한 국가고등고시로 남아 있는 것은 '5급 공개경쟁채용시험'으로 명칭이 바뀐 행정고시가 유일하다. 그러나 이 역시 조만간 절반 수준으로 채용규모가 줄어들 예정이다.

환경변화에 따른 대응성의 확보와 공직에 요구되는 전문성의 강화라는 의미에서, 그리고 사법시험의 폐지에 정당성의 근거를 제시했던 시험 준비에 투입되는 많은 기회비용의 절감이라는 의미에서 시험제도변화의 필요성은 어느 정도 인정된다. 그리고 유기적이고 창의적인 행정의 필요성 또한 공감한다.

그러나 유기적이고 창의적인 행정이 채용제도의 변화로 실현가능할 것인지에 의문을 가진다. 또한 대부분의 많은 젊은이들에게 기회가 개방된, 그리고 최소한 절차의 공정성이 담보된 '공개채용'이라는 시험제도가 구성원들에게 줄 수 있는 사회적 가치를 제한하거나 훼손하지 않을까 우려되는 부분도 해소되지 않고 남아 있다.

Ⅱ. 공정한 사회와 공무원 채용제도의 함수 관계

1. 공정한 사회란 무엇인가

라틴어 justitia는 법의 행위(practice of jus), 바른 행위(just practice)를 의미하고 있다. 아리스토텔레스는 『니코마코스윤리학』 제5권에서 '정의(dikaosyne)란 사람들로 하여금 옳은 일을 하게 하며, 옳은 태도로 행동하게 하며 또 옳은 것을 원하게 하는 성품'이라고 한 바 있다. 또한 사회적 정의는 '모든 사람들이 마땅히 받아야 할 것을 받게 하는 것'으로 암묵적으로 정의한다.

최근 한국 사회에 던져진 '공정한 사회'라는 화두에 대하여 새로운 관심과 해석이 분분하다. 그 중에서 가장 관심을 끌고 있는 학자는 하버드의 철학과에 재직하는 Michael Sandel 교수이며, 그의 『정의란 무엇인가(Justice: What is the right thing to do?)』라는 저서와 강의가 회자되고 있다. 샌델 교수는 일면 칸트와 롤스, 아리스토텔레스의 사회적 정의론을 따르고 있는 것으로 보이지만, 보다 더 '개인의 자유'보다는 형평성에 기여하는 '공동체론'에 무게 중심을 두고 있다.

칸트는 인간이 다른 생명체와 구별되는 주요 근거로 '인간의 이성'을 강조하면서, 이성을 통해 보편적 윤리기준을 공유할 수 있다고 주장한다. 존 롤스는 두 가지 도덕원칙을 소개하면서, 첫째, 소득과 부의 분배가 역사적 · 사회적 또는 생물학적으로 우연에 따라 결정되는 것을 당연히 여겨서는 안 되며, 둘째, 능력조차도 사회적 구조 속에서 정의되고 혜택받는 것이기 때문에 성과의 절대적 귀속이 아닌 자능 배분되어야 한다고 주장한다. 즉 기준에 대한 사회적 합의와 결과의 공정한 배분에 따라 사회의 정의가 형성될 수 있다고 보는 것이다.

플라톤에 이어 아리스토텔레스가 공익을 강조하고, 정의가 공동이익을 증진시킨다고 하면서(Earnest Barker, 1962) Thomas Hobbes, Jean Jacques Rousseau 등이 공익과 정의와의 관계를 보다 심층적으로 전개하였다. Jeremy Bentham에 이르면 공리주의 철학을 완성하지만, 아직 공익은 개개인의 이익의 총합 개념에 머무른다. 후에 경제학자들이 이를 효용의 계산가능성을 전제로 하여 접근하지만, Kenneth Arrow 등은 효용의 측정이 의미가 없다고 결론짓고, James Buchanan, Gordon Tullock 등은 전원합의의 결정방식에 내포된 근본적 문제를 지적한다(박정택, 1990).

그런데 샌델 교수는 아리스토텔레스의 목적론적 정의 기준을 강조하고, 칸트와 롤스의 '정의의 구체화 과정'에 대해 동의하면서, 이에서 더 나아가 '공정한 배분'조차 기득권에 의해 악용될 가능성을 염려한다. 가장 중요한 것은 구성원들끼리 건강한 불일치(disagreement)에 대한 합의를 가질 수 있는가 하는 것이라고 마무리한다. 즉, "서로 다른 윤리적, 도덕적 가치가 경쟁할 수 있는 사회, 도덕적 불일치를 받아들일 수 있는 사회를 만드는 것이 정의로운 사회로 나아가는 첫 번째 단계"라는 것이다. 단순한 기회균등뿐만 아니라 민주적 삶에 대한 공동의 참여를 보장하기 위해 부와 기회를 분배하는 것이 평등주의적 접근법이라고 설명한다.

공동체의 안위와 행복에 무게중심을 두지만, 샌델 교수 역시 개인에서 출발하는 이론과 철학의 선상에 있고 자유주의의 한 축을 형성하기 때문에 개인의 인식, 의지와 선택의 자발성 또한 전제하고 있다. 국가가 공동체의 자발적 합의, 또는 합의안의 이행, 조정의 역할에 얼마나, 어떻게 기여할 수 있을지에 대한 논의는 미진하다.

유학에서는 개인윤리를 '성 · 경 · 인 · 행(誠 · 敬 · 仁 · 行)'에 두고, 사회윤리의 측면은 '신 · 의 · 충 · 예(信 · 義 · 忠 · 禮)'로 간주한다(유정동, 1986: 127−246). 여기에서 사회윤리의 측면을 살펴볼 필요가 있다. 첫째, 신은 인간 상호 간의 믿음을 의미하며, 신뢰를 통하여 의를 얻음을 의미한다. 둘째, 의는 '바른 일', '본분에 맞는 일'의 의미를 지닌다. 셋째, 충은 자기를 온전히 실현하는 것으로, 마음이 한결 같아 사(私)가 없는 것을 의미한다. 넷째, 예는 사회적 질서의 원리이며, 또한 생활의 구체적 영역에서 적용되는 실천적 윤리이다.

이러한 유학의 가치체계는 당시 체제의 안정성과 공공부문에 대한 정당성의 근거를 제시해 주기도 한다. 지금, 현실의 한국 사회에서 사회를 지탱하고 유지하게 하는 정의는 무엇일까에 대한 의문은 풀리지 않는다.

또한 정의에 전제되는 '공동체의 합의'가 한국 사회에서 어디까지 가능할지, 그리고 바람직스러움의 기준과 정부의 역할에 대한 공론화가 요구된다.

2. 공무원채용제도의 변화

논의의 여지가 있지만 한국의 현대사에서 개인의 노력에 따른 공정한 보상 — 주로 사회경제적 지위의 획득으로 나타나는 — 에 기여하였거나, 혹은 기여할 것이라고 상징화된 제도로써 공교육의 확산과 각종 공개채용에 의한 시험제도의 확립을 들 수 있다.

직업공무원제의 확립에 따라 성장한 한국의 관료제는 한국 사회의 발전을 견인하였다는 긍정적인 평가와 지나친 권한의 편중과 남용, 시대흐름에 적합하지 않은 구태의 답습이라는 부정적인 평가가 엇갈린다.

정부에 대한 개혁 요구와 시대상황의 변화, 이념변화 등에 따라 공무원채용제도에 대한 변화는 이미 오랜 기간 동안 진행되었다. 공공부문의 경우 구성원의 역량, 동기부여 및 권한이양, 변화에 대한 지속적인 의사전달, 혁신인프라 구축 등이 개혁에 필요하다는 주장과(Stum, 1998; 윤수재, 2005에서 재인용), 정부재창조를 통한 경쟁력 확보(marketization by reinventing government)가 필요하다는 논리가 신자유주의・신보수주의적 사고의 확산과 더불어 정부개혁의 주요 이념으로 구체화되면서(Frederickson, 1996: 263), 이에 대응하기 위한 공무원채용을 비롯한 인사제도 또한 변화하였다.

정부는 "21세기 지식정보화 시대에 행정의 전문화가 심화되는 상황에서, 공직에 적합한 인재를 선발하여 적재적소에 배치하기 위해서는 공무원 채용 시 불필요한 진입장벽을 철폐하고 부처의 자율성을 강화할 필요가 있다는 인식에 따라 다양한 공무원 채용제도의 도입을 모색하였고, 이에 앞서 노무현 정부 당시에도 통합적 성과관리체제 구축, 부처 간 내부인사 교류확대, 고위공무원단 구성 및 성과급제의 확대, 부처하부조직편성의 자율권 확대, 인사권의 부처 및 지방자치단체 위임확대, 직무분석과 성과지표 개발 등을 추진한 바 있다(행정자치부 홈페이지: www.mogaha.go.kr).

이명박 정부 이후 채용제도와 관련하여 공무원시험 응시 상한연령 제한 폐지 및 면접 강화, 부처 수요의 반영, 양성평등채용목표제의 확대, 장애인 공직임용 확대, 과학기술인력 공직임용 확대, 지방인재채용목표제의 시행, 지역인재추천채용제 정착, 저소득층 공직진출 지원 등을 시행하였고, 그 기조는 박근혜 정부에서도 변화가 없다. 2014년 발표된 바에 따르면, 2017년 이후 5급 공개경쟁채용 규모를 절반으로 줄이고, 경력경쟁채용으로 나머지를 충원하기로 하였다.

채용제도의 변화는 무엇보다 개방형 임용제도의 확대를 들 수 있다. 우리나라의 대표적인 개방형 임용제도는 개방형 직위제도, 계약직 제도, 그리고 현재는 경력채용으로 명칭이 변경된 특별채용제도로 볼 수 있다. 특별채용제도는 박사학위, 자격증 소지자, 특정 능력과 전문지식을 지닌 자 등을 임용하려는 목적(국가공무원법 제28조)으로 특정의 직종에 적격한 인재를 선발할 경우 공개 경쟁채용시험으로는 적절하지 못하거나 그 실시가 오히려 번거롭기 때문에 경쟁성이 제한된 별도의 선발제도로서 특정업무의 수행을 위해 필요한 적격자를 공직 외부로부터 선발하기 위해 활용되고 공개채용제도와 구별된다는 점에서 개방형 임용의 한 형태라고 볼 수 있다. 그러나 특별채용은 경력직 공무원의 신분이 부여되고 신분보장이 된다는 점에서 개방형 직위, 계약직 제도와 차이가 있다(최순영 · 조임곤, 2014).

한국의 공무원채용제도의 기본 근간은 실적주의와 공개성의 원리에 따라 시험 등을 통하여 채용하는 것이지만, 제도의 변화양상은 개방형 임용제도의 확대로 가고 있다.[1]

그런데 개방형임용제도 중에서 기간이 한정된 개방형 직위와 계약직보다 경력직 공무원의 신분이 보장되는 경력경쟁채용의 확대에 더욱 주목할 필요가 있다. 일반직공무원의 채용형태에 따른 규모변화를 보면 다음 <표 1>과 같다(인사혁신처 홈페이지: http://www.mpm.go.kr/mpm/info/infoJobs/).

〈표 1〉 채용형태에 따른 채용규모의 변화(2005~2014년도)

구분	합계	공개채용	경력채용 Special Appointment													
			소계	퇴직자재임용	자격증소지자	연구. 근무 경력자	특수 부문등 근무 예정자	1급 임용	특수지 근무 예정자	지방직 → 국가직	외국어 능통자	실업계 등 졸업자	특수 전문 분야	국비 장학생	현지 거주자	국적 취득 자등
2005	3,988	2,584	1,404	5	624	22	2	18	163	55	70	30	412	3		
2006	8,353	4,476	3,877	12	864	1,000		18	885	134	21	33	857	5	48	
2007	7,314	3,890	3,424	8	919	1,451		11	296	206	27	62	441	3		
2008	6,755	3,738	1,017	8	441	194		5	16	104	56	11	182			
2009	6,018	3,894	2,124	19	354	729		9	7	713			348	45		
2010	5,880	2,821	3,059	11	407	45		8	382	1,936	2	1	228	39		
2011	5,710	2,311	3,399	18	620	62		7	183	2,098	63	28	274	46		
2012	4,767	1,974	2,793	19	701	119		6	138	1,361	66	5	268	104	6	
2013	4,610	1,919	2,691	14	684	112		8	3	1,411	48	29	176	206		
2014	8,563	3,985	4,578	48	2,170	935		14	66	627	12	89	369	248		

자료: 인사혁신처. 해당 년도 「통계연보」에서 재구성.

1) 국가공무원은 경력직공무원과 특수경력직공무원으로 구분하며(국가공무원법 제2조 1항), 경력직공무원은 실적과 자격에 따라 임용되고 그 신분이 보장되며 평생 동안(근무기간을 정하여 임용하는 공무원의 경우에는 그 동안을 말한다) 공무원으로 근무할 것이 예정되는 공무원으로(국가공무원법 제2조 2항), 직업공무원제에 근간을 두고 있음을 보여준다. 공무원의 채용은 공개경쟁 채용시험을 원칙으로 하며(국가공무원법 제28조 1항), 경력 등 응시요건을 정하여 제한경쟁으로 채용하는 경력경쟁채용시험을 예외로 둔다(국가공무원법 제28조 2항). 경력경쟁채용시험은 공개경쟁채용시험에 의하여 충원이 곤란한 분야에 대하여 채용하는 제도로서 관련 직위에 우수전문인력 및 유경험자를 채용하기 위한 것으로, 직위분류제적 성격을 지니며 그 법률적 근거는 국가공무원법 제28조, 공무원임용령 제16조 · 제22조, 공무원임용시험령 제26조 · 제30조에 따른다.

2005년부터 연도별 신규임용(일반직)의 추이를 살펴보면 경력채용 규모가 공개채용 보다 확대되기 시작한 시점은 2010년 이후이다. 2014년 경력채용 인원은 기간 내 최대수치인 4,578명을 채용하였으며, 그 중에서 자격증소지자 채용이 2,170명으로 가장 많았다. 아래의 <표 2>는 2009년과 2014년의 채용형태에 따른 5급 이상 채용규모의 변화이다. 이중 2014년도 5급 공무원 경력채용은 177명으로 역시 자격증소지자 채용이 66명으로 가장 많았으며, 연구·근무경력자 47명, 특수전문분야 36명, 지방직→국가직 26명, 퇴직자 재임용 1명, 외국어능통자 1명을 채용하였다.

〈표 2〉 채용형태에 따른 5급 이상 채용규모의 변화(2009년과 2014년)

구분		합계	공개채용	경력채용 Special Appointment													
				소계	퇴직자 재임용	자격증 소지자	연구 근무 경력자	특수 부문 등 근무 예정자	1급 임용	특수지 근무 예정자	지방직 → 국가직	외국어 능통자	실업계 등 졸업자	특수 전문 분야	국비 장학생	현지 거주자	국적 취득 자등
2009	고위공무원	19		19	6	1	2		8		2						
	3급	8		8	2						6						
	4급	43		43	1	14	3				21			4			
	5급	393	268	125		40	4				33			48			
2014	고위공무원	60		60	13		31		14		2						
	3급	13		13	2	2	1				8						
	4급	112		112	8	45	34				22			3			
	5급	459	282	177	1	66	47				26	1		36			

자료: 인사혁신처. 해당 년도 「통계연보」에서 재구성.

위의 <표 2>에서 주목할 부분은 경력채용에서 자격증소지자, 연구·근무경력자 부문의 급격한 확대이다. 공개채용으로 적합하지 않거나 특별한 자격을 요하는 경우에도, 그 자격 자체의 필요성에 대한 인식의 공유가 전제되지 않는다면, '능력조차도 사회적 구조 속에서 정의되고 혜택받는 것이기 때문에 성과의 절대적 귀속이 아닌 차등 배분되어야 한다'고 주장했던 존 롤스의 정의론과 부딪칠 수 있다.

3. 채용제도의 변화가 공정성의 인지에 미치는 영향

개방형 임용제도는 공무원의 무사안일, 복지부동, 전문성 부족 등의 문제를 해소시켜 정부의 생산성을 제고하고, 공직사회의 인적구성을 다양화하여 획일적 사고의 한계를 극복하고자 하는 것이다(박천오, 2003; 최순영・조임곤, 2014에서 재인용).

기존의 '행정고등고시'를 '5급 공개경쟁채용(5급 공채)'시험으로 변경한 2010년의 '채용제도선진화 방안'에 따라, 부처별로 수시 채용하던 특별채용시험(2016년 현재, 경력경쟁채용시험)은 각 부처의 수요를 받아 행정안전부(2016년 현재, 인사혁신처)가 일괄 공고・선발하는 절차를 거치고, 응시자격의 객관성, 면접위원 선정의 공정성 등에 대한 국민적 공감대를 형성할 수 있는 세부방안을 마련하고, 특정 개인이 인사나 채용을 좌우하지 못하도록 하는 장치의 구축과 운영을 예고하였다. '5급 특채'는 2011년부터 도입한 '5급 국가공무원 민간경력자 일괄채용시험'으로 바꾸어 운영되고 있다(최순영・조임곤, 2014).

그런데 '행정고시'에 대한 개편안이 발표되고, 특별채용의 비율을 확대하겠다는 계획과 유사한 시기에 한 장관 딸의 잘못된 채용과정에 대한 비난과 비판이 채용제도변화에 대한 부정적 여론을 확산시켰다. 단순히 특별한 사례에 대한 단기간의 이슈로 보기는 어렵다.

당시 한 여론조사기관이 개편안에 대해 여론조사를 실시한 결과 현행 행정고시 방식을 유지하자는 의견이 51%로 가장 많았고, 외부 전문가를 특채로 뽑더라도 선발 비율을 줄여야 한다는 의견은 23%였다(서울신문, 2010.09.08). 개편안대로 5급 신규인원 50%까지 특별채용을 확대하자는 의견은 13%에 불과했고, 연령별로는 취업을 앞둔 20대의 58%가 현행 행정고시 체제를 유지하는 데 동의하였다.

개방형 임용이 공직의 전문성 향상에 기여하는가라는 서울시 공무원을 대상으로 한 설문조사에서는 51.8%가 부정적 응답을 하였으며, 공직사회의 긍정적 변화를 유도하는가라는 질문에는 59.1%가 부정적으로 응답하였다(윤경준・장현주, 2008: 138; 최순영・조임곤, 2014: 4에서 재인용).

최근의 개방형 임용제도에 대한 인식은 최순영・조임곤(2014)의 연구에서 볼 수 있다. 공무원을 대상으로 한 설문조사결과, 전문성과 효율적 정책수립을 제외하고는 변화와 혁신, 성과주의 실현, 공직문화의 폐쇄성 극복, 제도만족도 모두 보통 미만으로 낮게 평가하고 있음을 보여준다. 특히 임용과정에 정치적 영향이 작용할 수 있다는 인식은 개방형 직위 3.16, 일반공무원 3.55으로 나타나 인식의 격차와 더불어 정실주의의 가능성을 인식하고 있음을 보여준다.

개방형임용제도에 대한 대부분의 접근은 패쇄적 공직사회를 바꾸고 전문성을 강화하는 데 도움이 되는가라는 것이다. 그러나 또 다른 접근은 '국회의원 딸의 특별한 입학' 또는 '장관 딸의 특별한 채용' 사례에서 보듯이, 특정한 능력과 자격, 경력에 대한 판단기준의 결정과 적용에 자의적이거나 정치적인 요인이 전면 배재된 채로 제도를 만들고 운영할 수 있느냐라는 문제에서 출발이 가능하다.

둘째, 국가고시제도가 가지는 사회적 의미에 대한 재해석이 요구된다. 모든 고시제도가 공유하는 가치일 수도 있으나, 사법시험제도의 전환으로 이에 대한 논의는 제외한다. 5급 사무관의 자리는 행정고시에 의하여 임용되었거나, 9급 공무원에서 출발하여 승진한 자리이거나 그 의미는 적지 않다. 사무관이 되면서 비로소 특정 업무 영역에서 책임과 권한이 커질 뿐 아니라, 공공문제해결과정을 통해 국가와 사회에 기여한다는 성취감을 체감한다. 이러한 자리 또는 지위에 대한, 자질과 능력, 그리고 노력에 의하여 성취가능하고 모두에게 개방되어 있는 시험제도의 존재가 가지는 사회적 상징으로써의 의미도 강하다.

개방형 임용제도, 특히 경력채용제도가 이에 상반된다는 의미는 아니다. 그리고 빠른 환경변화에 부응하는 전문성의 수요 또한 분명히 존재한다. 그러나 사회 구성원, 특히 공교육 이외에는 별다른 지원수단과 자원을 가지지 못한 대다수의 서민들이 가지는 공개채용제도의 의미는 남다르다. 지나치게 많은 인적 자원이 장기간의 시험준비에 매달리는 문제를 해결하기 위한 제도의 개선은 필요하다. 행정학으로써는 학문분야의 역할을 다시 재검토하고, 대학은 그 의미와 기능을 재검토할 필요가 있다.

그러나 일정한 자격과 경력을 가진 소수를 대상으로 한 제한경쟁에 의한 채용은 사회 구성원들이 진입장벽으로 느끼거나 보이지 않는 영향력을 의식한다는 면에서 사회적 공정성에 대한 인식에 부정적인 영향을 줄 수 있다. 많은 병리현상과 개선이 필요한 부분에 대한 지적과 비판을 수용하더라도, 공직에 대해 한국 사회의 구성원들이 가지는 내면적 이데아는 '권위'와 '권력'에만 있는 것이 아니라 '근검', '강직', '성실' 등에 기인하는 선비정신과 애민의식에서 출발한다. 그리고 유학에서 주장하는 사회윤리의 실천적 측면이 공직을 통해 구현될 수 있고, 그래야 한다고 믿는다.

채용제도의 변화에 따라 공직에 대한 접근이 제한되고, 그 기준이 누구나의 노력과 능력으로 접근할 수 없는 자원에 근거한다고 사회구성원이 판단하고, 이를 상대적 박탈감으로 연결시킨다면, '다양한 가치와 기준에 대한 구성원의 합의'에 아직은 도달하지 못한 시점일 수도 있다. 공정한 사회와 공직사회의 건강한 변화, 둘 다 포기할 수 없는 가치이며 행정학이 앞으로 고민해야 할 새로운 과제로 본다.

Ⅲ. 맺는말

유기적이고 유연한 조직구조와 공무원의 신속하고 전문적인 대응능력의 강화, 민간과 공공이 소통하는 정책결정구조의 제도화, 모두 우리 사회에 요구되는 과제이다. 이를 위해 많은 조직개편과 제도변화 등이 시도되었다. 개방형 임용의 확대 또한 그 일부이다. 그러나 모든 제도는 제도 자체만으로 그 소망을 완수할 수 없다. 제도와 제도의 관계, 구성원의 인식과 태도, 가치의 담론과 공유 등이 어울러져야 기대해 볼 수 있다. 개방형 임용제도의 확대 또한 필요한 수단임에는 의문의 여지가 없으나, 제도의 완성을 위해 많은 노력이 필요하다. 특히 경력채용제도의 경우 공개채용이 어렵다는 전제 조건을 충족시키려면 엄격한 직무분석과 완성도 높은 직위분류제의 구축이 요구된다. 또한 임용조건과 절차 등이 제한된 소수에게 '공정하지 않게 유리한' 것이 아닌지 꼼꼼한 재검토가 요구된다.

8 PSAT실시와 행정학과 경쟁력 제고방안[1)]

김 진 욱(혜전대학교)

Ⅰ. 서 론

정부는 지식과 정보기술을 기반으로 한 디지털 사회의 도래로 지식중심의 사회를 구현하기 위해 노력해 왔다. 현대 행정이 지식기반사회에서 성장과 발전을 지속함으로써 어떻게 하면 일류 행정을 구현할 수 있는가의 관심은 날로 커지고 있는 현실이다. 기존의 전통적인 관료제와 과거의 지식으로는 급변하는 환경과 다양한 시민들의 욕구에 적절하게 부응하기 어렵게 되었으며, 첨단의 지식기반정보사회에 적합한 지식정부로 탈바꿈이 절실한 상황이 되었다. 미국을 비롯한 선진국들은 기존의 관료적 행정이 고객위주의 효율적 행정으로 재구조화되고 다시 지식 중심의 혁신적인 정부로 재창조되고 있다(Osborn & Gaebler, 1992).

지식정부 구축에 필요한 기존 공무원들의 철저한 교육훈련과 21세기 디지털 정부 환경에 적합한 전문성, 창의성, 다양성을 토대로 한 정책분석 및 정책문제해결능력을 겸비한 유능한 신임공무원의 충원이 반드시 요구된다. 이에 정부는 지식사회에 부응하고 다양한 문제해결능력과 전문지식을 지닌 우수 고급공무원을 채용하기 위하여 기존의 고시제도를 대폭적으로 개편하기에 이르렀고, 그 일환으로 지식정부(knowledge government)의 구현에 적합한 신임공무원 선발과정에 1차 시험으로 PSAT(Public Service Aptitude Test, 공직직격성평가)를 도입한 지도 벌써 10년 이상 경과하였다.

2005년 종합적 사고력 검정 및 수험부담 완화 등을 위해 행정고등고시와 외무고시

1) 본 자료는 학술논문이라기 보다 행정학 전공 수험생들이 PSAT를 준비하기 위해 어떠한 교육내용을 학습하는 것이 합격에 도움을 줄 수 있는지를 전문가들과 토의하기 위한 자료이다. 본 자료에서는 PSAT(피에스에이티 또는 피셋으로 명명되지만, 여기서는 전자로 기술하였다)는 과거 행정안전부, 행정자치부 등이 주관하다가 현 박근혜 정부에서는 인사부문이 행정자치부에서 분리되어 인사혁신처(입법고시는 국회사무처)에서 주관하는 시험을 말한다.

에 전면 도입된 PSAT의 중간평가는 2009년 11월 2일 행정안전부의 연구용역 결과로 나타났다. 당시 공직적격성 평가의 중간점검 결과는 종합적 사고력과 문제해결력 등 평가도구로서 원래 측정하고자 하는 것을 타당하게 측정하고 있고, 과거 1차 시험 과목에 비해 적합한 시험이라고 생각했다. 하지만 시험의 적절성이나 만족도에 대한 응답은 훨씬 기대보다 낮은 것으로 분석되었다.

PSAT는 일반적 상황 하에서 머리 좋은 사람을 뽑는 능력의 IQ테스트도 아니고, 외국에 유학하여 과학기술이나 사회과학을 연구할 수 있는 사람을 뽑는 학문적인 판단능력인 GRE, GMAT의 분석력 테스트도 아니다. 무엇보다 급속도로 변화하는 복잡한 행정환경 속에서의 정책적 이해, 분석 및 평가, 상황판단능력을 테스트하는 채용시험의 한 방법이다. 그럼에도 불구하고 이러한 변화에 맞춰 행정학과에서는 교과과정을 PSAT에 적절히 반영하지 못하고 있다. 이에 본 연구에서는 그 동안 실시해 온 PSAT에 대한 진행현황을 살펴보고 행정학 전공자들에게 PSAT에 적절하게 대응할 수 있는 방안을 구체적으로 제시하려 한다.

Ⅱ. PSAT에 대한 고찰

1. 외국의 고시제도와 비교분석

1) 영국 - 속진 임용제

(1) 내용

공무원이 퇴직 전까지 최소한 고위공무원단 직위에 도달할 것으로 기대될 정도의 발전가능성이 높은 우수인재를 선발하고, 일반 공무원과는 다른 별도의 훈련 및 능력개발과 조기승진기회를 제공하는 제도를 말한다.

(2) 선발

시험응시는 일반 외부응시자와 추천을 받은 재직공무원의 경우가 있는데, 이 둘은 서로 공개경쟁방법에 의하여 선발된다.

① 1차 시험은 예비시험의 성격을 띠며 공무원으로서 필요한 가장 기본적인 자질을 평가한다. 우리나라의 PSAT와 같은 방식이며, 이미 오래전부터 시행되고 있다.

② 2차 시험은 공무원인사위원회에 의해 심사되는데 심사위원은 정부, 학계, 민간의 관계전문가와 관계부처 공무원 등으로 다양하게 구성된다. 또한 시험은 필기 또는 구두시험, 토의, 면접 등 다양한 방법으로 실시된다.

③ 3차 시험은 Final Selection Board에 의한 면접이며, 이의 위원은 정부, 학계, 민간의 관계전문가 중 4~5명으로 구성된다.

(3) 특징

속진 임용제는 연간 3회 시행하며, 수험생에게 많은 기회를 부여하여 인재충원의 폭이 넓지만, 시험관리비용이 많이 든다는 단점이 있다. 이러한 단점을 극복하고자 시험관리 기관을 민영화했다.

2) 프랑스 - 국립 행정학교

(1) 내용

제2차 세계대전 전에는 고급 공무원단 충원이 주로 파리 정치대학 출신으로 이루어져 다른 지역 출신들은 공직 진출에 어려움이 있었고, 또한 부르조아 및 파리지역 출신들로 너무 치중되었다는 비판을 받으면서 이러한 단점을 극복하고 공무원 충원의 민주화를 실현하기 위해 설립되었다.

(2) 선발

크게 내부경쟁시험과 외부경쟁시험으로 이루어진다.

① 제1차 시험은 필기시험으로 논술과 작문으로 평가한다.

② 제2차 시험은 구술시험으로 1차 시험에서 보지 않은 과목의 시험과, 외국어 시험, 면접, 체육, 컴퓨터 등을 평가한다.

③ 최종합격자는 행정학교의 입학과 동시에 수습공무원의 자격을 획득하게 되어 일정한 급여를 받게 된다.

(3) 특징

2년제로 실무실습을 강조하는 프랑스 국립행정학교는 프랑스의 교육제도와 고급공무원단 제도가 연계되어 성공한 것으로 사회 및 환경적 요소를 고려해야 한다. 이 국립행정학교의 교육은 이론보다 실무 위주의 문제해결능력 배양에 중점을 둔다는 섬에서 우리나라 시험과목이 지나치게 이론에 중점을 둔다는 것과 차이점이 있다.

또한 외국인 과정을 통하여 프랑스 학생들이 외국 학생들과 접촉하게 되어 좀 더 넓은 시야를 가진 공무원을 양성할 수 있다는 점과 고급공무원의 선발 및 교육훈련의 일원화, 부처 간 폐쇄주의를 극복하였으며 정치적으로 중립적인 국가공무원의 양성을 이뤄냈다는 면에서 시사점이 크다.

〈표 1〉 영국과 프랑스의 고급공무원 채용제도 비교

	영국 – 속진임용제	프랑스 국립행정학교
내용	공무원이 퇴직 전까지 최소한 고위공무원단 직위에 도달할 것으로 기대될 정도의 발전가능성이 높은 우수인재를 선발하고, 일반 공무원과는 다른 별도의 훈련 및 능력개발과 조기승진기회를 제공하는 제도를 말한다.	제2차 대전 전에는 고급공무원단 충원이 주로 파리정치대학 출신 한정, 타 지역 출신들은 공직 진출이 어려움이 있었고, 또한 부르주아 및 파리지역 출신들로 치중하였다는 비판. 이러한 단점을 극복하고 공무원 충원의 민주화를 실현하기 위해 설립되었다.
선발방법	시험응시는 외부응시자와 추천받은 재직공무원 두 개. 공개경쟁방법에 의하여 선발함 ① 1차는 예비시험 성격, 공무원에게 필요한 가장 기본적 자질을 평가. 우리 PSAT와 같은 방식이며, 오래 전부터 시행되고 있다. ② 2차는 공무원인사위원회 심사, 위원은 정부, 학계, 민간 관계전문가와 관계부처 공무원 등 다양한 구성. 필기, 구두시험, 토의, 면접 등 다양한 방법으로 실시된다. ③ 3차 시험은 Final Selection Board에 의한 면접이며, 위원은 정부, 학계, 민간의 관계전문가 4~5명으로 구성된다.	시험은 크게 내부경쟁시험과 외부경쟁시험으로 구분되어 실시한다. ① 제1차 시험은 필기시험으로 논술과 작문으로 평가한다. ② 제2차 시험은 구술시험으로 1차 시험에서 보지 않은 과목의 시험과, 외국어 시험, 면접, 체육, 컴퓨터 등을 평가한다. ③ 최종합격자는 행정학교의 입학과 동시에 수습공무원의 자격을 획득, 일정한 급여를 수급한다.
특징	영국의 속진 임용제는 연간 3회 시행하며, 수험생에게 많은 기회를 부여하여 인재충원의 폭이 넓다. 시험관리비용이 많이 든다는 단점이 있다. 이러한 단점을 극복하고자 시험관리 기관을 민영화했다.	2년제로 실무실습을 강조, 이론보다 실무위주의 문제해결능력 배양에 중점을 둔다. 외국인 과정을 통해 좀 더 넓은 시야를 가진 공무원을 양성할 수 있다. 고급공무원의 선발 및 교육훈련의 일원화, 부처 간 폐쇄주의를 극복할 수 있다. 정치적 중립국가공무원 양성에 성공하였다.

3) 우리나라와의 차이점

위에서 살펴본 2개국의 공통점은 응시자의 종합적인 사고력과 실무능력을 강조하고 그에 맞추어 선발한다는 것이다. 프랑스는 학교나 인턴을 거쳐 전문성을 가진 공무원을 육성하는 기제를 포함하여 교육과의 연계성을 높였다. 또한 우리나라에서는 형식에 그치고 있는 면접을 외국에서는 필수적으로 실시하며, 면접과 구술이 당락을 결정하는 중요요인으로 작용하고 있다. 이는 응시자의 공직수행능력과 기본적 자질을 평가할 수 있으며, 또한 평가위원과 시험출제위원에 현직 공무원이 포함되어 있어 실무를 가미한 문제출제와 실무에 적합한 인재를 선발 할 수 있다.[2)]

2. 우리나라의 PSAT의 도입과정

1) 초기의 도입과정

PSAT는 2004년부터 외무고시에 시범 실시하기 시작하여 2016년 현재까지 12년 정도의 시간이 경과되었다. 현재 고등고시뿐만 아니라 공기업 공채, 민간 등의 인재채용 시에도 활발하게 활용되고 있으며, 초기의 고시제도에 도입경과는 다음 <표 2>와 같다.

〈표 2〉 PSAT 반영비율과 도입일정

연도	1차 시험 반영비율	적용시험	비고
2004년	PSAT 50%+기본지식 50%(한국사, 헌법)	외무고시	시범실시
2005년	PSAT 50%+기본지식 50%(한국사, 헌법)	모든 고시	기술고시는 헌법 대신 직렬별로 물리학개론·화학개론·생물학개론 선택
2006년	PSAT 75%+기본지식 25%(헌법)	모든 고시	기술고시는 헌법 대신 직렬별로 물리학개론·화학개론·생물학개론 선택
2007년 이후	PSAT 100%	모든 고시	

이 제도의 도입초기에는 한국사 및 헌법과 영어, 그리고 기술고시에서 과학과목들과 함께 PSAT가 일정 비율 조절하면서 반영되었으나, 2007년 이후 PSAT는 세 개영역으로 구분하여 각 고시별로 제1차 시험에 100% 반영하기에 이르렀다. 언어논리영역과 자료해석영역, 상황판단영역이 각각 40문제씩 출제되어 100점 만점 평가시험으로 현재에 이르고 있다.

연도별로 언어논리영역과 자료해석영역 이외 상황판단영역이 가장 늦은 2007년에 도입되었으며, 영어 과목의 경우 검정시험 점수로 대체하고 총점에 포함하지 않음으로서 영어성적으로 인한 당락의 폭을 제한하였다. 즉 시험의 적합성을 높이기 위해 공직적격성 평가에 보다 많은 중점을 둔 것으로 평가된다.

2) http://www.reportworld.co.kr/search/result.

〈표 3〉 연도별 고등고시 1차 시험 시행내용

연도	시험명	시험과목
2004	외무고시	언어논리영역, 자료해석영역, 한국사, 헌법, 영어
2005	행정/외무고시	언어논리영역, 자료해석영역, 한국사, 헌법, 영어
	기술고시	언어논리영역, 자료해석영역, 한국사, 헌법, 영어 물리/화학/생물학개론 중 직렬별 1과목
2006	행정/외무고시	언어논리영역, 자료해석영역, 상황판단영역, 헌법, 영어
	기술고시	언어논리영역, 자료해석영역, 한국사, 헌법, 영어 물리/화학/생물학개론 중 직렬별 1과목
2007	행정/외무[3]/기술	언어논리영역, 자료해석영역, 상황판단영역, 영어

자료: 2004년도 외무고시 및 2005년도 행정/외무/기술고시에서는 언어논리, 자료해석 영역에 상황판단영역을 포함하여 평가하며, 영어 과목은 1차 시험 총점에 포함하지 않고 민간 영어능력 검정시험으로 대체한다. 언어논리영역, 자료해석영역, 상황판단영역 등은 각각 40문항수이며, 수험시간은 각각 80분이고, 배점은 각각 100점씩이다.

2) 최근의 PSAT 운영경향

제도시행 초기에는 5급 공무원 공채와 외교관후보자 시험에서 PSAT 합격 인원은 해당 직렬의 임용예정자의 10배수였다. 하지만 2010년대 이후 점차 줄어들면서 2016년은 7배수를 선발하였다. 즉, 응시자 대비 1차 합격률은 약 6대 1 정도이다. 또한 각 영역 당 100점 만점에 40점 이상, 평균 60점 이상 득점해야 통과하며, 세 개 영역 중 한 영역이라도 40점 미만일 경우 과락이며, 평균이 60점이 되지 않을 경우에도 탈락하게 된다.

7급 지역인재 견습 공무원 선발에서도 PSAT를 시행한다. 전국 각지의 대학교에서 추천받은 약 400여 명의 지원자 중 90여 명을 PSAT와 서류전형(공인 영어성적, 한국사능력검정시험 필수)에서 1차 선발하고, 최종적으로 80여 명을 선발하여 1년간 견습 기간을 거친 후 정식으로 7급 공무원으로 임용한다. 다만 대학교별로 4~6명만 시험을 볼 수 있기 때문에 이 경우에는 굳이 평균 60점의 커트라인을 적용하지는 않는다.

가끔 일반 7, 9급 공채에도 적용될 수 있다는 가능성이 제시되고 있는 현실에서 실

3) 기존의 외무고시는 순혈주의를 개혁하겠다는 방침으로 2013년부터 「외교관후보자시험」으로 대체되었으나, 시험전형 자체가 기존 외무고시와 크게 다른 점이 없다. 다만, 시험에 합격해도 성적이 좋지 못한 사람은 떨어뜨리도록 바뀌었고, 최종적으로 전체 임용인원보다 약간 많은 인원을 선발한다. 예컨대, 2013년의 선발인원은 일반외교 32명, 지역외교 8명, 외교전문 3명이었다. 임용예정 인원은 선발인원의 90% 정도로, 교육 중 성적이 나쁜 사람은 탈락하고 나머지만 외교관으로 임용한다.

제 2016년 초에는 인사혁신처에서 7급 공채 시험에 PSAT 도입을 검토한다는 기사가 나왔다. 한편 공기업 공채에서도 PSAT 활용 가능성이 검토되었지만, 2015년부터 많은 공기업들은 NCS(국가직무수행능력표준)로 시험제도를 개편하였다. 그렇지만 PSAT가 인지 및 적성검사 중에서는 최상위 난이도를 자랑하기 때문에 PSAT를 준비하는 공기업 응시생들도 상당수 있는 것으로 보고되고 있다.

3. 언어논리영역의 학문적 배경

PSAT의 언어논리 영역은 글의 내용 이해, 추론 그리고 종합능력을 검증하기 위한 시험이다. 다양한 소재의 글을 제대로 이해하는지, 내용을 분석적으로 추론할 수 있는지 그리고 관련 내용을 제대로 종합해서 판단하고 적용할 수 있는 소양을 가지고 있는지를 측정하기 위한 영역이다. 따라서 정치, 경제, 역사, 문화, 과학 등 다방면에 대한 배경지식이 풍부할수록 조금 더 빠르고 수월하게 문제에 접근할 수 있다. 기존 출제문제를 분석해 볼 때 논리평가를 요구하는 문제가 많은데 대부분 제시되는 지문들이 독해문제이며, 입법고시는 아주 길고 어려운 철학적 지문을 제시하는 경우도 빈번한 편이다.[4] 다만, 언어자체에 대한 문법적인 지식이나 어휘력 등을 묻고자 하는 것이 아님에 유의해야 한다.

지식정보사회에서 지식의 내용 자체를 많이 기억하는 것보다 상황에 따른 인지력, 분석력, 종합력, 응용력 등의 가치가 점점 더 부각되고 있으므로 신임 고급공무원 후보자가 어떤 상황에서도 균형감각을 잃지 않는 판단력이 요구되며, 따라서 수험생들의 종합적 사고력 및 이해력과 분석을 측정하는 영역이라 할 수 있다.

사이버국가고시센터(http://gosi.kr/)의 자료를 인용하면, "언어논리 영역에서 출제되는 문항의 소재는 특정 분야에 치우치지 않고 인문, 사회과학, 자연과학, 공학 등 다양한 분야에서 발굴하여 지문으로 사용한다. 신문, 잡지, 대학교양과목, 개론서 등 다양한 교과서와 서신, 광고, 홍보, 지시 및 설명, 비공식대화, 토론 등 실용적인 목적의 글을 포함한다. 대학교양 수준의 지문을 사용하는 경우에도 교양수준을 넘는 전문적인 개념이 활용되는 경우에는 수험생이 개념의 의미를 잘 이해할 수 있도록 각주 등을 사용할 수 있다"는 것이다.

한편, MEET(의학전문대학원), DEET(치의학전문대학원), PEET(약학전문대학원)의 언어추론(2012학년도를 기점으로 폐지)과 LEET(법학전문대학원) 언어이해 시험이 문제유형이

4) 나무위키 자료 참조.

나 출제 의도를 고려하면 유사성이 높다. 수능시험 국어영역과 PSAT는 언어능력을 측정한다는 점을 제외하면 사실 그리 연관성이 큰 시험은 아니며, 출제의도와 목적을 고려하기 전에 문제유형부터 수능과는 전혀 다르다. 수능은 언어정보를 얼마나 정확히 이해하느냐에 초점을 두는 반면, PSAT에서 언어논리는 언어정보 자체에 대한 이해보다는 형식논리에 따른 독해력과 사고력을 측정한다는 점에서 차이가 크다. 그럼에도 불구하고 수능을 준비하는 수험생 중 상위권 학생들이 종종 언어논리 영역문제를 잘 푼다고 한다. 간혹 이를 "지적 허영심"이라고 비판하기도 하지만, 실력이 된다면 풀어보는 것도 전반적인 언어능력을 향상시키는 데 유리할 것이다.5)

대입수학능력시험과 PSAT는 성향이 크게 다른 평가시험이기 때문에, 수능에 대한 감을 유지하기 위해서는 수능기출문제와 병행하여 공부하는 것도 나쁘지 않겠지만, 상위권 수험생들은 풀어 볼 예상문제를 쉽게 접하기 어려워 PSAT 지문을 연습하는 것이 수험생활에 긍정적이라는 점 때문에 PSAT 활용도가 높다는 평가이다.

4. 상황판단영역의 학문적 배경

상황판단 문제출제를 위한 영역이 존재하지는 않으나, 가능한 현실적인 상황을 가지고 문항을 구성한다. 우선 관련 학문영역을 살펴보면, 기본적으로 국어, 특히 논술의 경우 중앙인사위원회 발표 자료에 따르면 전 영역(언어논리, 자료해석, 상황판단)에 관련되어 있다. 논리학이라든지 의사결정론, 게임이론처럼 연역적 추론 문제를 다루는 것들도 주요 관련 학문 영역이라고 할 수 있다. 또한 조사방법론이나 통계학처럼 실증적 추론 문제를 다루는 학문영역도 관련되어 있다. 문제에서 다루어지고 있는 주제나 또는 지니고 있으면 문제를 푸는 데 도움이 되는 지식과 관련해서 보면, 행정학, 법학, 정치학, 사회학 등 사회과학 분야의 학문들의 관련성이 두드러진다.

예제나 기출문제의 소재들도 운동경기의 대진표 파악하기에서부터 안락사, 청계천 복원사업, ASEM에서의 협상전략, 주5일 근무제, 공공임대주택, 안락사의 문제, 혼잡통행료, 공기업, 인터넷 등에 이르기까지 매우 다양하다. 소재의 이런 다양성에도 불구하고 한 가지 두드러진 특징이 있다. 소재들의 대부분이 최근에 실제로 사회적 이슈가 되었거나 발생한 시사적인 것들이고, 정부 공무원들이 실제 공무수행 중에 부딪힐 수 있는 문제의 상황들이라는 점이 바로 그것이다.

이런 분석결과가 수험준비에 시사하는 바는 매우 분명하다. 상황판단영역 문제들

---

5) 공직적격성시험을 통과한 합격생의 기고문을 인용하였다.

을 잘 풀기 위해서는 평소 다양한 학문영역에 관심을 가지고 각 영역에서 깊은 지식은 아니더라도 최소한 사용되는 용어나 표현, 주요 개념들, 핵심논쟁과 이에 대한 각 주장들의 논거들만큼은 익숙해져 있어야 한다. 학문 영역 중에서도 거의 모든 문제에 관련되어 있는 논리학과 논술, 정책분석론, 정책학, 의사결정론 정도는 상당히 깊이 있게 이해를 해 두어야 어떠한 상황판단영역의 문제들이 출제되더라도 잘 풀 수 있을 것이다. 그리고 행정학 등 정부의 실제 근무현장에서 일어나는 문제들을 다루는 학문 분야에 대해서도 평소 깊이 있게 기초를 다져 두어야 하며, 각종 언론매체나 전문학술지를 통해 알려지는 정부현장의 이야기들에 관해서도 평소 관심을 갖고 파악해 둘 필요가 있다(김현성 외, 2003: 226).

5. 자료해석영역

자료해석영역은 자료를 수집하고 분석하며 이를 정리하고 이 결과로부터 정보를 추론해낼 수 있는 능력을 측정한다. 자료해석능력은 일반적 학습능력에 속하는 것으로 수치, 도표, 또는 그림으로 되어 있는 자료를 정리할 수 있는 기초통계능력, 수 처리능력, 수학적 추리력 등이 포함되며 수치자료의 정리 및 분석 등의 업무수행에 필수적인 능력이다. 그러나 자료해석영역에서는 전문적인 공식 또는 통계학적 지식을 요구하는 것은 아니다. 특정 분야에서 사용되는 전문용어나 공식, 통계적 지식 등에 대해서는 해설이나 공식내용을 제시함으로써 문제해결에 활용할 수 있도록 하고 있다.

자료해석영역에서 출제될 수 있는 문항의 소재는 분야가 제한되어 있지 않다. 따라서 모든 분야에서 사용되는 자료들이 출제의 대상이 될 수 있다. 이러한 분야는 정치, 행정, 경제, 경영, 국제통상, 심리, 교육학과 같은 사회과학으로부터 물리, 화학, 생물, 천문학과 같은 자연과학의 분야까지 다양한 소재가 사용된다.

자료해석영역에서는 다양한 분야의 통계 및 지표(GDP, 수출입통계, 실업률, 교통사고량 등) 또는 지수(주가지수, 지능지수, 소비자평가지수)를 이용한 문제 역시 출제될 수 있으며, 설문조사 결과(빈도, 백분율, 상관계수)를 이용한 문제 역시 출제될 수 있다. 그러나 지수나 지표 혹은 통계치 그 자체의 정의를 묻는 문제는 출제되지 않는다. 자료해석영역에서 제시되는 자료들은 정부(외국정부)기관에서 발표하는 각종 통계표 및 도표, 국제기구에서 발표하는 통계표 및 도표, 비정부기구(NGO)에서 발표되는 통계표 및 도표, 신문이나 방송에 보도되는 조사 결과 및 도표, 다양한 분야의 논문에서 발표되는 자료 및 도표 등과 같이 다양한 분야에서 출제되고 있다(위계점 · 이원희, 2004).

Ⅲ. PSAT에 대한 영역별 대응전략 분석

언어논리, 상황판단, 자료해석 영역에 대해 어떻게 대응하는 것이 공직적격성시험을 준비하는 수험생들에게 유리할 것인지 분석해 보면 다음과 같다.[6]

1. 언어논리영역

1) 측정능력 유형별 분류

언어논리영역에서 출제되는 소재분야를 특정하지 않는 것은 그 목적에서 언급되어 있듯이 신임 고급공무원 후보자의 종합적인 사고력과 분석력 그리고 이해력을 측정하기 위한 것이므로 특정분야의 교재만으로 학습하는 것은 효과가 없을 것이라는 점을 강조하고 있다. 특정과목별 학습방법을 제시하기 어려운 부분이지만 이해력, 추론력, 분석 및 종합력, 평가력 등에 대한 개괄적인 학습의 방향은 다음과 같다.

(1) 이해력 측정항목

신임 고급공무원의 후보자들의 글의 내용에 대한 이해의 폭과 깊이를 측정하고자 한다. 따라서 신임 고급공무원 후보자들은 다양한 분야에 대한 폭넓은 독서 그리고 대학 교양과정의 충실한 이수를 통해 이해력을 키우는 것이 중요하다.

(2) 추론력 측정항목

주어진 글의 내용을 바탕으로 새로운 정보를 논리적으로 이끌어 내는 능력을 측정하고자 한다. 신임 고급공무원 후보자들이 논리적인 비약 없이 새로운 정보를 충실하게 이끌어 내는 능력을 갖추고 있는지를 검증하기 위한 것이다. 따라서 논리적으로 서술되어 있는 글(논문, 신문사설, 논리적 글쓰기를 위한 일반 교양서적 등)을 가능한 한 많이 읽어서 논리적인 글이 무엇인가에 대한 훈련을 쌓는 것이 도움이 될 수 있다. 또한 교양수준의 논리학 교재를 읽어보는 것이 도움이 될 수 있다. 하지만 '연역추리', '귀납추리', '오류' 등 논리학에서 사용되는 용어 자체를 묻는 문제는 출제되지 않으니 주의할 필요가 있다.

(3) 분석 및 종합력 측정항목

신임 공무원후보자들이 글을 제대로 분석하고 필요한 내용을 제대로 추출할 수 있

---

6) 기출문제는 홈페이지(http://www.gosi.go.kr)에서 제시된다.

는지 그리고 추출된 내용을 토대로 전체 글을 적절히 재구성할 수 있는지를 측정하고자 한다. 따라서 신임 고급공무원 후보자들은 글을 구성하는 진술(문단)들 간의 관계(구조와 연결성 등)를 정확히 파악하는 훈련이 필요하다. 즉 신문사설, 논문 등 논리적으로 서술된 다양한 글을 분석하고 그 구조 및 연결성을 따져보는 훈련을 반복해서 하는 것이 좋은 방법이다. 가능하면 자신의 입장에서 글을 재구성해 보는 훈련을 하는 것도 좋다.

(4) 평가력 측정항목

신임 공무원후보자들이 글의 옳고 그름, 잘되고 잘못됨을 제대로 판단하는지를 측정하고자 한다. 따라서 신임 고급공무원 후보자들이 글에 나타난 주장이 올바른지 또는 해당 주장이 근거가 제대로 제시되었는지를 정확히 판단하는 훈련을 하는 것이 중요하다. 여기서 평가력은 비판적 읽기(critical reading)가 핵심이다. 특정 이슈나 주장에 대한 비판적인 논조의 글을 자주 접하여 어떤 방식으로 상대입장을 비판하고 자신의 주장을 정당화해 가는지를 학습하는 것이 중요하다. 가능하면 비판을 재비판하는 훈련을 하는 것도 도움이 된다. 주제별 집단토론을 하는 것도 자신의 비판의 정당성을 검증하는 데 좋다.

2) 문제 출제유형별 분류

언어논리 영역에서 측정하고자 하는 능력을 기준으로 4가지를 구분하면 다음 <표 4>와 같다.

〈표 4〉 언어논리 영역 문제유형

평가항목	측정 내용	문제 유형
이해력	제시된 글의 주요 부분을 파악하고, 전체적인 내용을 이해할 수 있는 능력을 평가한다. 즉 글 속에 제시된 저자의 주장, 논지 등을 파악하는 능력을 측정한다.	• 저자의 핵심적인 주장
		• 부연설명 및 종합 결론
		• 전체적인 맥락 속에서 파악능력
추론력	제시된 글의 내용을 바탕으로 새로운 정보를 이끌어 낼 수 있는 능력을 평가한다. 즉 글 속에 담겨진 경향, 추세 등을 파악한 후 예상되는 전제, 결론(원인과 결과)을 논리적으로 추정하는 능력을 측정한다.	• 제시문에서 인과관계 분석능력
		• 명시되지 않은 글의 내용상 원인
		• 명시되지 않은 글의 결과
		• 파급효과까지도 식별할 능력

분석/종합력	글을 구성부문(문장, 문단 등)으로 분해하고 그 부분들 간의 관계를 분석하고 재조직하는 능력을 평가한다. 즉 진술들의 구분과 연결을 통해 글의 내용전개, 양상, 논리, 구조 등을 파악해 내는 능력을 측정한다.	• 제시문의 구조파악
		• 외부적인 형상과 내부상태 파악력
		• 전체적인 문장구조와 식별력
		• 특정 사안에 대한 종합적 분석력
평가력	내용(개념 사용)의 통일성과 일관성, 논증의 타당성, 논거의 적절성 등의 기준에 의해 글의 옳고 그름, 잘되고 못됨을 비판적으로 판단하는 능력을 측정한다.	• 제시문의 질적 측면의 식별능력
		• 내용분석 및 정보의 적정평가능력

2. 상황판단영역

1) 측정능력 유형별 분류

상황판단영역에서 측정하고자 하는 능력을 기준으로 구분되는 연역추리력, 문제해결능력, 판단 및 의사결정능력 측정문제들이 갖는 특징은 다음과 같다.

(1) 연역추리

주어진 사실(전제)들에서 논리적으로 정당한 결론을 도출해 낼 수 있는 능력을 측정하는 문제이다. 연역추리력과 판단 및 의사결정 과정과 여러 단계의 인지조작을 거쳐야만 문제를 해결할 수 있다. 모든 업무가 문제해결이나 판단, 의사결정 등으로 구성되어 있으므로 이는 실제 과제를 수행하는 데 기본적인 능력이 있는지를 측정하는 영역이다. 자료해석력이 주로 귀납적 추리력을 측정하는 데 반해 이 영역은 연역추리와 종합추리 능력을 측정한다. 세부유형으로 결론유고, 논리구조, 논리적 인과, 논리적 타당성, 논증, 해석 등이 있다.

(2) 문제해결

문제에 대한 적절한 표상을 형성하고, 목표달성에 도달하게 하는 적절한 조작자를 찾아내는 능력을 측정하는 문제이다. 문제해결의 경우 먼저 가능한 모든 방안을 머리속에서 나열하고 각각의 방안에 대하여 문제해결에 도움이 되는지를 평가하고 최종적으로 문제해결책을 찾아내는 과정으로 구성되어 있다. 세부유형으로 기획력, 여러 가능성 중 합리적 가능성을 묻는 문제, 문제에 대한 올바른 표상을 묻는 문제, 가능한 많은 문제해결 방식의 생성을 묻는 문제 등이 있다.

(3) 판단 및 의사결정

주어진 정보와 이 정보에서 유도된 정보들을 정확하게 판단하고, 그 판단에 근거하여 가장 합리적인 의사결정을 하는 능력을 측정하는 문제이다. 의사결정 과정도 여러 단계의 인지조작을 거쳐야만 문제를 해결할 수 있다. 모든 업무가 문제해결이나 판단·의사결정 등으로 구성되어 있으므로 이는 실제 과제를 수행하는 데 기본적인 능력이 있는지를 측정하는 영역이다. 세부유형으로 판단과정에서 논리적구조의 이해, Game 이론, 판단오류, 합리적 선택과정 등이 있다.

2) 문제출제 유형별 분류

상황판단영역의 문제출제 유형은 크게 상황이해, 상황추리, 상황분석, 상황평가 등으로 구분될 수 있다. 이들 문제유형이 갖는 특징 및 하위 세부유형은 <표 5>에 제시된 바와 같다.

〈표 5〉 상황판단영역 문제유형

<table>
<tr><th>평가항목</th><th>구체적 내용</th><th>문제 유형</th></tr>
<tr><td rowspan="2">상황이해</td><td rowspan="2">주어진 상황에서 가장 적절한 조치를 찾기 위한 선행으로서 상황에 대한 이해능력</td><td>• 상황이해하기</td></tr>
<tr><td>• 상황을 여러 범주로 분류하기</td></tr>
<tr><td rowspan="5">상황추리</td><td rowspan="5">주어진 상황의 전제(가정)에 근거하여 결론을 유도하거나, 반대로 주어진 결론을 토대로 근거를 찾는 능력, 특히 공적인 상황에서 정책문제를 발견하여 정책대안을 선택할 때 대안의 합리적 근거를 제시할 수 있는 능력</td><td>• 논거 개발하기</td></tr>
<tr><td>• 전제(근거)찾기</td></tr>
<tr><td>• 반론 제시하기</td></tr>
<tr><td>• 결론 유도하기</td></tr>
<tr><td>• 유추하기</td></tr>
<tr><td rowspan="5">상황분석</td><td rowspan="5">주어진 상황에서 해결책을 찾기 위하여 가능한 모든 가능성을 나열하고, 재조직화하는 상황분석을 통하여 다양한 대안을 제시하는 능력</td><td>• 분석적 게임</td></tr>
<tr><td>• 순서 배열하기</td></tr>
<tr><td>• 자리 배열하기</td></tr>
<tr><td>• 짝짓기</td></tr>
<tr><td>• 다양한 대인 제시</td></tr>
<tr><td rowspan="2">상황평가</td><td rowspan="2">주어진 상황을 해결하기 위해서 제시된 다양한 대안을 중에서 대안 선택의 기준을 찾고, 그 기준에 의해서 합리적 대안을 선택하는 능력</td><td>• 대안선택의 기준 찾기</td></tr>
<tr><td>• 합리적 대안 선택</td></tr>
</table>

인사혁신처(과거 중앙인사위원회)에서 제시하고 있는 상황판단영역의 평가항목과 측

정내용을 기초로 하여 그동안 출제되었던 문제들의 분석을 통해 좀 더 구체적으로 상황판단영역의 측정내용과 학문적 배경지식을 제시해 본다면 아래 표와 같다.

〈표 6〉 상황판단영역의 평가항목의 구체적 측정내용과 관련 학문적 배경지식

평가항목	평가항목의 구체적 측정 내용	관련 학문적 배경지식
상황이해	① (사회문제 · 정책)상황에 포함되어 있는 문제점 찾기 ② 주어진 (사회문제 · 정책)상황의 이해를 통한 새로운 상황에 적용하기 ③ 문장이해와 상황판단	• 언어논리(국어, 논술학)와 유사하며, 논리학, 정책학, 행정학을 기본으로 함.
상황추리	① 사회문제를 정책목표 · 대안으로 명확하게 설정 ② (사회문제 · 정책)대안모색 시 중요한 변인 추리 ③ (사회문제 · 정책)대안의 인과관계 추리 ④ (사회문제 · 정책)대안의 실행전략 유도 ⑤ 판단추리(퀴즈문제)	• 논리학 • 정책형성론 • 조사방법론 • 의사결정론
상황분석	① (사회문제 · 정책)확실/불확실한 상황 하에 대안분석 ② (사회문제 · 정책)대안 분석결과 예측 ③ (사회문제 · 정책)다양한 분석기법으로 대안분석	• 정책분석론 • 정책결정론 • 조사방법론 • 의사결정론 • 경제학
상황평가	① (사회문제 · 정책)대안의 장단점 평가 ② (사회문제 · 정책)대안의 평가기준 적용 ③ (사회문제 · 정책)대안의 집행결과 평가 ④ (사회문제 · 정책)대안의 평가결과 활용과 관리	• 정책평가론 • 정책분석론

3. 자료해석영역

1) 측정능력 유형별 분류

자료해석영역은 주어진 수치나 통계학적 자료 등 계량적 자료가 의미하는 바가 무엇인지를 정확하게 가려낼 수 있는 수험생의 능력을 측정하는 영역이다. 이 같은 능력을 측정하기 위해서는 특정한 문제출제유형이 단독으로 사용되기보다는 계산 · 이해 · 추론 등의 유형이 복합적으로 사용되는 경우가 많다. 자료해석영역에서 활용될 수 있는 자료해석능력별 출제유형은 다음과 같다.

(1) 단순계산

문제의 요구에 따라 주어진 자료를 단순한 계산을 통해 정답을 도출하는 문제이다. 예를 들어, 자료에서 제시하고 있는 A대학교와 B대학교의 법학과 재학생 수와 재학생

중 사법시험 응시자 수, 재학생 중 사법시험 합격자 수 등을 이용하여 학교 간 법학과 재학생의 응시율과 합격률을 계산하여 재학생 합격률이 높은 학교를 찾아내는 문제이다. 그러나 단순계산에 있어서 단순한 사칙연산만을 측정하는 유형의 출제는 지양하고 있다.

(2) 응용계산

문제의 요구에 따라 주어진 자료를 응용 계산함으로써 정답을 도출하는 문제이다. 문제에 대한 이해를 토대로 필요한 계산공식과 과정을 도출하여 정답을 계산한다. 문제에 주어진 다양한 지표 또는 지수공식을 이용하여 문제해결에 필요한 공식을 판단하고 계산하는 능력을 측정하는 문제를 예로 들 수 있다.

(3) 자료이해 및 해석

자료의 이해는 단순 자료읽기에서부터 복잡한 자료의 재구성 · 계산 등을 통한 자료의 해석을 광범위하게 포함한다. 단순 자료읽기는 계산과 추론 등이 요구되지 않는 단순한 자료읽기 문제이다. 문제에 대한 이해를 토대로 계산이 필요 없이 자료로부터 정답을 도출한다. 예를 들어, 자료에서 제시하고 있는 수치만을 토대로 질문에 대한 정답을 도출하는 것이다. 그러나 난이도가 높은 경우에는 문제의 요구에 따라 주어진 자료를 단순 또는 응용계산하고, 그 결과를 적절히 해석함으로써 정답을 도출하는 문제가 제시될 수 있다. 문제에서 요구하는 계산이나 또는 필요한 계산 공식과 과정을 스스로 도출하여 계산결과를 해석해야만 정답이 도출된다.

(4) 자료추론

문제의 요구에 따라 주어진 자료를 단순 또는 응용계산하고, 그 결과로 새로운 사실이나 미래의 상황을 추론함으로써 정답을 도출하는 문제이다. 문제에서 요구하는 계산공식과 과정을 스스로 도출하여 도출된 결과를 토대로 관련 사실이나 미래에 대한 추론을 통해 정답을 도출한다. 이 때 체계적인 추론이 아닌 단순 추측에 의한 정답 도출이 가능한 문제는 지양하고 있다.

(5) 자료의 분석 및 평가

기존 통계분석의 결과를 직접 정확하게 분석하거나, 기존 분석의 진위를 판단하는 능력을 요구하는 문제이다. 특히, 주어진 기준에 비추어 자료에서 얻어지는 주장이나 결론 자체를 평가할 뿐만 아니라 그러한 주장이나 결론이 도출되는 과정 역시 평가하게 된다.

2) 문제 출제유형별 분류

앞에서 제시된 자료해석능력별 문제분류를 출제유형별로 세분화하여 재분류하면 다음과 같다. <표 6>에 제시된 문제유형들은 각기 하나의 독립적인 문제로 출제될 수도 있으나, 대부분 2개 이상의 문제유형이 복합적으로 적용되어 출제되는 것이 일반적이다.

〈표 6〉 자료해석영역 문제영역

평가항목	구체적 내용	문제 유형
단순계산	제시된 자료를 토대로 단순계산을 통해 정답을 도출	• 자료에서 직접 계산하기
응용계산	제시된 자료를 토대로 필요한 공식의 활용 등의 응용계산을 통해 정답을 도출	• 기초적인 지수/지표의 계산
		• 주어진 공식을 활용한 계산
자료이해 및 해석	제시된 자료에 담겨진 내용을 파악하는 능력 및 복잡한 자료들 중 필요한 자료를 적절히 선별하여 문제해결에 필요한 내용을 재구성 하는 능력	• 단순 자료읽기
		• 자료 중에서 필요한 내용의 추출을 통한 자료해석
		• 자료의 재구성을 통한 이해 및 해석
자료추론	제시된 자료에서 문제해결에 필요한 정보를 추출하고 이들을 통합 또는 재구성함으로써 관련 분야 또는 미래에 대한 추론을 도출하는 능력	• 자료의 통합추론
		• 통계자료의 항목 간 비교를 통한 추론
자료분석 및 평가	통계분석의 결과나 결론을 직접 정확하게 분석하거나, 기존 분석의 진위를 판단하는 능력을 요구하는 문제	• 분석/해석 결과의 정확성 판단
		• 합리적 판단

4. 상황판단과 자료해석 영역에 요구되는 교과분야

기존의 기출문제를 분석한 결과 각 영역별로 기초적 학습을 할 필요가 있는 교과목으로는 다음과 같다. 언어논리영역에서는 국어를 비롯한 다양한 학문분야의 읽기 및 종합적 해독능력에 필요한 교과목을 비롯하여 논리학이 필요하다. 상황판단영역에서는 정책학개론, 정책분석론, 의사결정론, 경제학, 법학개론, 조사방법론, 논리학(추리논증) 등의 학습이 요구되며, 자료해석영역에서는 조사방법론, 기술통계와 추리통계, 경제학, 논리학(논증구조) 등이 필요한 것으로 분석되었다. 또한 PSAT문제를 해결하는 데 기초적으로 필요한 교과목을 열거하면 법학, 심리학, 교육학, 정치학, 사회학, 노동행정, 자연과학의 기초 등의 지문이 활용되고 있었다. 따라서 행정학과 교육과정에 현재 많은 대학에서 교육과정으로 채택하고 있지 않은 논리학, 경제학, 법학개론 등에 대한 교육이 필요하다.

〈표 7〉 영역별 요구되는 교과분야

영역	학습이 요구되는 교과
언어논리	국어, 의사소통(커뮤니케이션)론, 사회과학 및 자연과학 전반, 논리학
상황판단	정책학개론, 정책분석, 의사결정론, 경제학, 법학개론, 조사방법론, 논리학
자료해석	조사방법론, 기술통계와 추리통계, 경제학, 논리학
공 통	논리학, 조사방법론, 통계학, 경제학, 행정학개론

Ⅳ. 신임 고급공무원 후보자들의 PSAT 수험전략[7)]

1. PSAT 수험생 대응방안

PSAT는 단순 문제풀이를 통한 소위 '양치기' 효과는 아주 제한적이다. 즉 PSAT는 능력시험의 일종으로 결국 스스로의 '능력'을 향상시키는 공부로 막연하게 대응해서는 성과가 없다. PSAT 영역별 본질은 정부에서 제시하고 있는 예상문제집 또는 PSAT 설명 자료집의 내용을 여러 번 정독하고, 기출문제를 풀어 본 후 비교 분석해 보면 PSAT에서 요구하는 사고력 또는 감각을 잘 익힐 수 있을 것이다. 실전문제는 이를 기반으로 출제되므로 사이버국가고시센터(http://gosi.kr)로 접속하여 예제와 설명 자료집을 다운받아 읽어보는 것이 필요하다.

PSAT는 많이 공부했다고 높은 점수를 받기는 쉽지 않지만, 조금만 소홀히 해도 점수가 떨어지거나 또는 시험 당일 컨디션이 나빠 점수가 낮을 수도 있다. 또한 PSAT는 문제풀이 감각과 능력이 필요하다. 즉, 오랜 시간 문제를 푼다고 해서 하루아침에 '감각'이 올라가고 '사고력, 추리력, 논리력'이 올라가지는 않는다. 기초적인 이론공부와 올바른 공부법의 형성과 체득이 기초에 속한다. 학습의 시작을 기출문제로 하여 어지간한 문제의 답은 모두 알고 있다고 하더라도, 마무리는 기출문제와 함께 하는 것이 유리하다. 실전 문제와 가장 유사한 문제는 바로 '기출문제'이기 때문이다.

---

7) 이 수험전략에 대한 글은 인터넷 포털사이트를 통해 수집한 자료로 직접 PSAT를 합격한 공직자후보생들이 작성한 의견을 취합하여 작성한 것이다. 따라서 상당히 주관적인 견해가 많다는 점을 미리 밝혀둔다.

PSAT는 특별한 '방법'이 정해져 있는 것이 아니며, 많은 수험생들이 학원수강이 필요한지, 어떤 문제집, 어떤 선생님이 좋은지에 대해 많은 고민한다. 하지만 제일 중요한 것은 주체적 자세를 갖고 대응해야 하며, 학원 수강은 활용수단이지 의존수단 되어서는 수험생활에서 성공하기 쉽지 않을 것이다.

2. 기출문제 접근법

기출문제 분석에서 가장 효율적인 접근방법은 단순히 문제를 풀고 오답을 체크하는 것이 아니다. 평면적으로 기출문제를 보게 되면 사고과정의 오류 및 반복되는 실수 등을 발견하고 해결하기가 어려워 '능률성'과 '효과성'이 낮은 공부에 그치게 된다. 다음 제2단계 풀이법과 제3단계 분석법은 효율적이고 체계적으로 기출문제를 소화하는 연습방법이라 할 수 있다. 참고로 제2단계 풀이법은 아직 기출문제를 다 풀어보지 못한 수험생을 대상으로 하고, 제3단계 분석법은 각 유형을 모아서 체계적으로 분석하고자 하는 수험생들을 위한 분석법이다.

1) 제2단계 풀이법

'연습은 실전처럼, 실전은 연습처럼' 이라는 말과 같이 연습과정에서도 실전과 같은 집중력과 치열함이 필요하다. 그러나 축구경기에서도 기초체력 훈련과 패스 및 슈팅 훈련 등의 체계적 훈련이 따로 필요하듯이 PSAT 역시 문제풀이 과정에서 체계적인 접근이 필요하다.

첫째, PSAT는 40문제를 80분 내외로 풀어야 하는 시험이다. 따라서 한 문제에 평균적으로 2분의 시간이 주어진바, 처음 문제를 풀 때는 (2*문제의 수)만큼의 시간을 정해놓고 실전에 임하는 자세로 재빨리 해결해야 한다. 만약 시간이 부족하다면 실전과 같이 찍어서라도 다 풀어야 한다.

둘째, 한 번 문제를 풀고 난 후에는, 시간을 "무한대"로 놓고 다시금 문제를 찬찬히 풀어보아야 한다. 처음 풀 때 놓쳤던 자료라든지, 시간이 없어 어림으로 도출한 계산의 경우 다시 꼼꼼히 살펴보고, 출제자의 함정과 의도를 분석해 볼 필요가 있다. 이때 중요한 것은 "정답을 보지 않은 상태"에서 스스로 분석을 해야 한다는 것이다. 시간을 무한대로 놓고 풀었을 때의 답과 처음의 답을 비교해 보고, 실수와 문제점 및 자신만의 빠른 접근법을 찾아내는 경우 항상 문제의 여백 또는 노트에 메모하는 습관을 가져야 한다.

2) 제3단계 분석방법

앞서 스스로 문제를 분석해 보는 과정을 거친 후에도 자신 있게 풀지 못한 문제나 틀린 문제는 단순히 머릿속으로 체크하고 넘어가는 데 그치는 것이 아니라 직접 자신의 생각을 다음의 단계를 통해 문제의 여백에 글로 써보는 것이 필요하다. 자신의 풀이과정에 존재하는 오류와 맹점을 발견하고 고칠 수 있는 기회가 될 수 있다.

첫째, 자신이 선택한 답을 고르게 된 과정과 문제를 풀면서 느꼈던 점을 되도록 구체적으로 서술해 본다.

둘째, 정답을 확인한 후 왜 이것이 '정답'이 되는지를 해설 또는 스스로의 분석을 통해 해설자가 된 입장에서 서술해 본다.

셋째, 애매하거나 틀린 부분이 존재하였다면 앞으로 이러한 실수를 줄이기 위한 해결책을 앞서 두 단계를 연계하여 생각해 본 후 메모한다.

특히 약점이 되는 유형의 문제들을 모아서 풀어보며 이 과정이 여러 번 반복된다면, 계속하여 발생하는 실수 또는 사고의 약점을 객관적으로 알아낼 수 있다.

기출문제는 마지막 2주 정도에 거쳐 다시 유형별 접근법과 사고법을 통해 정리할 필요가 있으며, 처음에는 무언가를 스스로 분석하고 멘토링 한다는 것이 어색할 수도 있지만 일단 3단어, 5단어, 한 문장과 같이 점차적으로 접근하면 비교적 좋은 성과를 얻을 수 있다.

3. 각 영역별 학습방법

1) 언어논리영역

언어논리는 글을 빨리 제대로 읽는 훈련, 기출유형을 분석하여 유형별로 스스로 풀이법을 찾아내는 훈련, 그리고 이론적으로 '논리' 관련부문의 보충이 필요하다. 언어논리의 경우 짧은 시간에 글의 핵심을 읽고 판단하는 능력이 60%, 유형에 대한 접근 방법 20%, 그리고 논리학에 대한 기본적인 지식이 나머지 부분을 차지한다. 즉, 각 부분에 대한 개인의 숙련도가 자신의 언어 점수를 결정하게 된다. 따라서 언어논리 준비는 기본적으로 글을 읽어내는 독해력을 하드웨어로 탑재하고 유형별 접근법과 논리학적 지식을 소프트웨어로 익혀야 한다.

글을 빨리 제대로 읽는 훈련을 위해서는 기출지문들을 한 줄로 요약하는 연습을 하는 것이 유리하다. 시중의 문제들은 문제의 질은 물론 '지문의 질'을 담보하기가 쉽지 않다. 따라서 엄선된 기출문제를 읽되 단순히 읽고 푸는 것이 아니라, 개별 지문의 주제(글쓴이가 글을 쓴 이유 및 독자에게 가장 핵심적으로 알리고 싶은 것)를 한 줄로 요약하는 훈련을 꾸준히 하게 되면 실전에서 유리하다.

기출유형 분석은, 기본서로 삼는 문제집에 분류되어 있는 유형별로 역대 출제된 기출문제를 '유형별'로 풀어보는 것이다. 즉 과년도 40문제 전체를 풀고 채점하는 방식이 아니라 첫 번째, 사실판단, 두 번째, 순서 찾기 등등의 순서대로 유형별 접근방안을 취해야 한다. 문제집에는 일부 기출만 나와 있기에 기본적인 내용은 문제집으로 숙지하고 기출은 기출문제집에서 전체를 다 풀어보는 것이 좋다. 강사 또는 문제집에서 말하는 유형별 접근법은 대부분 추상적이다. 따라서 직접 부딪혀 가며 귀납적으로 해당유형의 풀이법을 연구하고 체화하는 과정은 실전에서 가장 힘이 되는 공부방법이다. 전체과정을 이렇게 진행하기가 힘들다면 최소한 '약점'이 되는 유형만큼은 이렇게 준비할 필요가 있다. 물론 PSAT의 나머지 영역에도 필수적으로 선행되어야 할 과정이다.

세 번째로, '논리'관련 이론 보충은 매우 중요하다. 논리와 비판적 사고형성을 위해서는 대학에서의 수업이 매우 중요하며 논리학의 기초이론을 쌓아 PSAT 준비과정에 대응하면 유리하다. 논리관련 이론은 어려운 것 같지만 조금만 훈련해 놓으면 실전에서 관련문제를 빨리 풀 수 있어 다른 유형에 더 많은 시간을 투자할 수 있는 기반이 된다.

2) 자료해석영역

자료해석은 연습과 훈련을 통해 그래프를 빨리 읽고 해석하는 능력이 제일 중요하다. 자료해석은 문제풀이 '감각'을 기르기가 다른 과목에 비해 가장 용이한 편이다. 훈련을 통해 단기간에 감각을 올릴 수 있는 탄력성이 제일 크다는 것이다. 자료해석은 '좋은 컨디션'을 유지한 상태에서 문제연습을 하는 것이 중요하다. 피곤하거나 집중이 안 되는 상태에서는 계산 실수도 잦고, 그래프나 수치가 눈에 잘 들어오지 않기 때문이다.

실전이나 모의고사에서 80분 내에 다 못 푸는 경우가 종종 발생한다. 하지만, PSAT은 결국 상대평가이다. 문제가 어려우면 수험생 다 어려운 것이다. 어려울수록 오히려 더 힘을 내서 끝까지 포기 안 하고 문제를 풀려는 자세가 중요하다. 문제 자체를 빠르게 풀어나가는 스킬을 익힐 필요가 있다. 간단한 예로, 빠르게 계산을 하고, 분수 변환식을 재빨리 구해내고, 지문의 구성을 살펴서 쉬운 보기부터 풀어 정답의 범위를 좁힐 필요가 있다. 시중의 문제집들에 비교적 잘 제시되어 있다. 기본서와 문제집을 구입하여 2~3권에서 제시된 설명과 노하우를 스스로 정리하고, 자기만의 방법으로 정교하게 대응하는 것이 필요하다.

3) 상황판단영역

상황판단은 그 영역의 특성이 아직 모호해서 시중에 제대로 된 문제집이 거의 없다. 기출 문제를 여러 차례 풀고, 시중에 출시된 상황판단 문제집보다는 다른 '퀴즈'에 관한 일반적인 교양서를 보는 것도 좋은 방법이다. 실제 상황판단 문제집은 시중의 교양서에서 많이 문제를 차용한 것이다. 따라서 최근 문제의 질이 높아지고 있지만 모의시험 이외에 휴식삼아 다른 일반적인 논리 및 추리퀴즈와 같은 서적들을 사서 원본 문제를 풀고 해설을 읽어 보는 것이 필요하다. 법조문 관련 문제는 기출문제를 풀어 보아 기출에서 요구하는 '능력'을 스스로 깨닫는 것이 1차적인 과제이며, 최근 법조문 관련 연습문제들도 많이 나와 있어 직접 '훈련'해 보는 것이 필요하다.

Ⅴ. 행정학과의 PSAT에 적응하기 위한 개선방안

앞서 언급한 바와 같이 PSAT는 학문이 아니다. 학문이란 '자연과 사회현상에 대한 탐구를 통해 사물의 이치를 학습하는 것'이지만, PSAT는 행정고시 제1차 시험의 관문성격으로 합격과 불합격만이 존재하는 시험제도이다. 행정학 전공자들이 각종 고시에 많이 응시하므로 행정학과 교과재편을 통한 수험전략이 수반되어야 소기의 성과를 얻을 수 있을 것이다. 강의와 기존 출제경향을 분석해 볼 때 행정학과의 교육과정에 포함해야 할 내용은 다음과 같다.

첫째, 언어논리와 자료해석, 상황판단 영역 모두 논리학에 대한 기초적 지식을 배양할 수 있는 교육과정이 필요하다.

둘째, 자료해석영역에 대한 개선방안으로는 조사방법론과 통계학 학습을 1~2학년에 배치하는 것이 유리하며, 경제학을 교육과정에 편성하여 학습기회를 제공해야 한다.

셋째, 상황판단에 대한 개선방안으로는 행정과 관련된 다양한 법학, 심리학, 교육학, 정치학, 사회학 등의 기초지식을 배양할 수 있는 방안이 요구된다. 특히 기존고시제도에서 민법총칙에 대한 강의가 이루어졌지만, 1차 시험과목의 제외로 인하여 현재 많은 대학에서 법학에 대한 기본강좌를 개설하지 못하고 있다.

넷째, PSAT는 통합학문적 성격을 갖고 있다. 따라서 행정학과에서 PSAT라는 시험과목을 교육과정에 포함하기 어렵다면 명칭을 정량적 분석론(자료해석), 정성적 분석론(상황판단) 등으로 명칭을 마련하여 학습시킬 필요성이 있다.

종합적으로 정리하면 PSAT의 수험준비 방향에 대해 정리하면, "PSAT는 기존의 과목별 평가와는 달리 종합적 사고력을 평가하기 때문에 암기와 지식습득 위주의 단기간의 수험준비 훈련을 통해서는 좋은 점수를 얻을 수 없다. 따라서 평상시에 폭넓은 독서와 토론 등을 통하여 주어진 문제나 상황을 정확히 이해·비판하고, 각종 기관에서 발표하는 통계자료나 관련기사를 심층적으로 분석하고, 사회적 이슈, 사건의 원인, 성격 등에 대한 이해를 바탕으로 대안을 찾아보려는 노력을 하는 등 종합적인 관점에서 수험준비를 해야 한다."

따라서 수험준비 방향을 요약하면, 첫째, 암기와 지식습득 위주의 단기간의 수험준비와 훈련은 지양해야 한다. 둘째, 평상시에 폭넓은 독서와 토론을 생활화할 필요가 있다. 셋째, 각종 통계자료나 관련기사에 대한 심층적 분석 및 대안분석 등을 준비하는 것이 유리하다.

다만, 장기적인 관점에서 인사혁신처(과거 인사행정위원회나 행정자치부)가 제시하는 수험준비 방향이 틀리지 않았지만, 실제 단기간 수험준비에 임하는 수험생으로는 수용하기 힘든 부분이 있다.[8] 예컨대, 폭넓은 독서와 토론은 단기간에 가능하지 않으며, 각종 통계자료에 대한 분석 및 대안모색은 나름대로의 학습 내지는 훈련이 필요하다. 따라서 합격을 위한 수험전략을 제시해 보면 다음과 같다.

첫째, 언어논리영역을 대처하기 위하여 기초 논리학적인 지식, 특히 응용논리나 비판적 추론영역에 대한 지식을 학습할 필요가 있다. 상황판단형 문제에 대비하기 위한 분석적 추론에 대한 학습이 요구되며, 그 외에 다양한 분야에 대한 폭넓은 독서가 바람직하겠지만, 제한된 시간 속에서는 관련 문제풀이 및 가능한 범위까지 자신의 2차 전공서적을 폭넓게 학습하는 것이 좋을 것이다. 2차 시험의 고득점을 위해서도 전공관련 서적의 폭넓은 독서가 필수이다.

둘째, 자료해석 및 상황판단 영역의 준비를 위해서는 기초 통계학적인 지식, 경제 및 정책분석 등 분석기법과 해석 영역 그리고 관리과학 분야에 대한 학습이 바람직할 것이다. 이 분야에 대한 전문지식이 없어도 문제를 해결할 수 있지만, 이와 같은 기초지식이 토대가 되면 문제에 보다 효과적으로 접근할 수 있다. 특히 자료해석 및 상황판단영역은 좋은 문제를 만드는 것이 매우 어려운 일이다. 대개 문제별 유형이 있고 대처방식이 있기 때문에 과년도 기출문제들을 꾸준히 풀어 보는 것이 실제 수험에 큰 도움이 될 것이다. 무엇보다 PSAT는 제한시간이 주어지므로 빠르게 정답을 선택해야 하는 문제가 관건이므로 평소 모의고사를 통한 훈련이 매우 중요하다.

8) PSAT 수험준비생 의견.

PSAT가 나이 어리고 머리 좋은 젊은이가 별다른 준비도 없이 예행연습 삼아 제1차 시험에서 합격한다면 정부가 목표로 했던 언어논리를 통한 정책설명이나 대민관계, 정책분석이나 문제해결, 상황판단 능력 등을 겸비한 엘리트 공무원 충원시험으로 적당하지 않을 수 있다.

제 3 장 교육재설계

1 글로벌행정학과 전공교육 재설계 사례

한 상 일(연세대학교)

Ⅰ. 들어가는 말

연세대학교 원주캠퍼스는 인문예술대학, 과학기술대학, 보건과학대학 그리고 정경대학이 있는 원주시 흥업면 매지리의 매지캠퍼스와 원주의과대학이 있는 원주시 일산동의 일산캠퍼스로 구분된다. 원주캠퍼스 글로벌행정학과가 소속한 매지캠퍼스는 원주시내에서 충주방면으로 약 10km지점에 위치해 있다. 자연의 품안에 안겨 있는 매지캠퍼스는 넓고 고요한 매지호수와 치악산과 백운산의 높은 산세가 아름다운 것으로 유명하다. 글로벌행정학과는 1982년에 행정학과의 이름으로 설립된 이후 현재까지 짧지만 알찬 역사를 창조했으며 최근 행정학과 국제개발학의 융합교육 및 연구를 시도하며 행정학 전공교육을 성공적으로 재설계하고 있다.

연세대학교 글로벌행정학과가 기존 행정학 전공을 재설계한 동기는 학령인구의 감소와 지역의 경쟁력 약화에 따른 지방대학의 위기 그리고 신입생이 2학년 진입과정에서 전공을 선택하는 학부제 체제에서의 학생 선호도 하락에서 찾을 수 있다. 지방에 입지한 대학교의 경우 학령인구가 줄어드는 상황에서 대학정원의 축소와 그로 인한 재정 역량의 약화에 직면하고 있으며, 그에 대응하기 위한 경쟁력의 제고가 반드시 필요하게 되었다. 그리고 대학생들에게 있어서 행정학은 공직진출에 중요한 과목 중 하나로 인식되는 반면, 행정학과는 경력개발에 있어서 상경·법정계열과 비교할 때 유용성이 상대적으로 낮은 전공으로 여겨진다. 이런 인식은 1학년 입학 당시 경제학과, 국제관계학과, 행정학과가 속한 사회과학부라는 광역 학부로 입학하여 2학년 진급 시 전공을 선택하는 광역학부제하에서 행정학과에 대한 낮은 선호도로 이어진다. 결국 학과 소속 학생 수가 감소함에 따라 예산규모가 줄어들고 신임교원 충원의 우선순위가 낮아질 뿐 아니라 과목당 수강생 수도 감소하는 심각한 문제에 직면하게 된다.

글로벌 관점에서 볼 때 대한민국은 이미 글로벌 경제체제에 편입되었고 글로벌 시대의 경쟁력은 국제경험에서 나온다는 데 이견이 없다. 특히 개방경제 체제하에서의 대한민국은 세계와 교류하면서 발전하게 마련이다. 따라서 미국, 일본, 중국 등 주요 국가뿐만 아니라 개발도상국가의 발전에 대한 안목이 미래사회를 대비하는 중요한 자질이 된다. 그런 맥락에서 지금으로부터 5년 전인 2011년 연세대학교 행정학과는 이런 위기 구조에 대응하기 위해 국제개발 트랙을 운영하고 학과명을 글로벌행정학과로 변경하였다. 전공 재설계의 과정에서 학생들에게 "글로벌 관점을 갖고 문제해결능력을 갖춘 공공인재(Public Leaders with Global Perspective)" 양성의 비전을 제시하였다. 저자는 이 글에서 지난 5년간의 교육프로그램 개편의 배경, 내용, 성과, 그리고 향후 과제 등을 상세히 설명하고자 한다.

Ⅱ. 행정학과로서의 30년

1977년 12월 7일 문교부는 수도권으로 집중되는 인구를 억제하기 위하여 서울시내 기존 대학의 정원증가를 불허하는 교육정책을 발표하였다. 그러한 정책의 맥락에서 서울에 있는 대학들은 지방에 분교를 설치하도록 유도하였다. 연세대학교도 같은 재단 기독병원이 자리하고 있던 원주에 의과대학 원주분교를 1977년 12월 28일에 설립하여 보건학과에 다섯 개 전공이 개설되었다. 1982년 의과대학 원주분교가 승격된 원주대학에서 원주의과대학이 분리됨과 동시에 국어국문학과, 법학과 등과 함께 행정학과가 신설되었다.

행정학과가 설립된 1982년부터 행정학개론, 정치학개론, 사회학개론 등의 기초과목뿐만 아니라 행정학 전공심화 강의도 다수 진행되었다. 1980년대부터 2000년대에 이르기까지 새롭고 다양한 행정학 교과과정이 개설되면서 행정학과는 원주캠퍼스의 교육과 연구에서 중요한 역할을 수행하였다. 특히 교육 분야에서 행정고시 합격자를 비롯한 공직자, 행정학과 교수를 포함한 연구인력, 대기업 임직원을 포함한 민간기업 취업자, 비영리조직 팀장 및 본부장을 비롯한 시민사회 운동가, 공중파 방송국 아나운서와 주요 신문사 기자 등을 비롯한 언론인 등 다양한 인력을 배출하였다. 아울러 행정학과 교수들은 많은 연구과제의 책임자와 캠퍼스 내 보직을 수행하면서 연구와 행정에 걸쳐 많은 기여를 하였다.

이처럼 연세대학교 글로벌행정학과는 행정학 교육과 연구를 30년 이상 진행하면서 많은 성과를 도출했다. 이 가운데 현재의 국제개발 분야와의 융복합이 가능했던 단초가 2008년부터 마련된다. 연세대학교 원주캠퍼스는 원주시 신림면에 있는 가나안 농군학교와 협력하여 연세-가나안 세계리더십센터의 운영을 시작하였다. 2008년부터 개발도상국가의 공무원들과 지역사회 지도자들의 교육에 기여하면서 글로벌 거버넌스, 지역공동체 발전, 농업정책, 보건의료정책 등에 대한 교과과정을 운영하였다. 이 프로그램의 연장선상에서 2011년부터 KOICA의 지원으로 지역공동체개발 장기석사과정을 운영하면서 개발도상국가 지역사회 지도자들에 대한 교육프로그램이 활성화되었다. 이 프로그램의 성격상 다양한 국적의 외국인이 캠퍼스로 유입되었고, 결국 캠퍼스 교육·행정의 국제화 수준을 제고에 기여한 무형의 긍정적 효과가 있었다. 그렇게 제고된 국제화 역량의 기반과 국제협력에 대한 긍정적인 전망 속에서 연세대학교 글로벌행정학과의 국제개발협력 교육프로그램의 설계가 진행되었다.

Ⅲ. 연세대학교 글로벌행정학과에 대한 도전과 기회

최근 한국의 지방대학 행정학과는 다양한 도전에 직면하고 있으며 연세대학교 글로벌행정학과도 같은 어려움을 겪고 있다. 학령인구가 감소함에 따라 학생충원의 위기에 직면하고 있으며, 행정학의 유용성에 대한 부정적인 인식은 전공선택 과정에서의 위기를 촉발하고 있다. 그런 반면 캠퍼스 차원에서 진행한 국제개발분야의 특성화와 대한민국 정부의 ODA 확대 정책은 새로운 기회를 제공하였다.

1. 학령인구의 감소

교육부의 예측에 따르면 2018년부터 대입정원과 입학자원의 역전현상이 발생하고, 2020년 이후 대입정원의 입학자원에 대한 초과현상이 가속화될 예정이다. 결국 인구감소의 영향으로 입학자원 감소와 충원위기가 가시화될 것으로 예견된다. 이러한 현상에 대해 교육부는 대학구조개혁을 명목으로 대학평가를 진행하고 그 결과에 따른 정원감축을 유도하고 있으며 지방소재 대학의 경우 이러한 환경변화에 매우 취약하다.

[그림 1] 고교졸업자 대비 대학입학정원 초과인원 추이

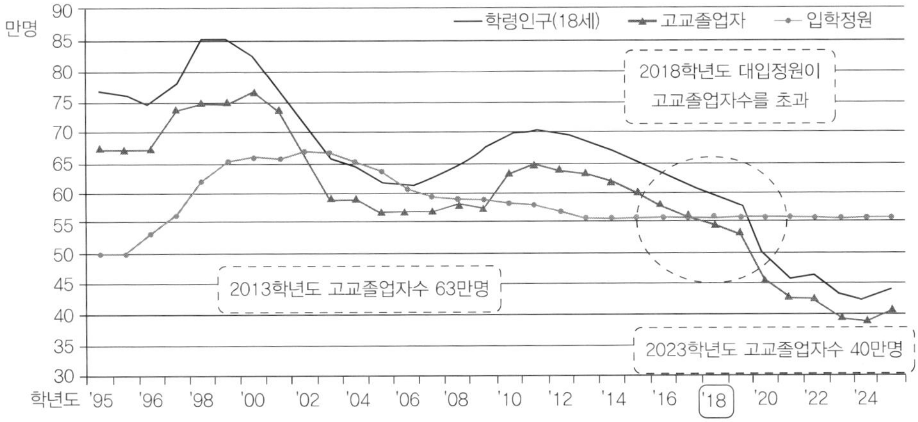

자료: 교육부 대학지원실(2013). 고등교육 종합발전 방안.

교육부의 같은 예측자료에 의하면 수도권 대학의 경우 충원율이 2018년 130%에서 2040년까지 100% 수준을 유지할 것으로 판명되었다. 그러나 연세대학교 원주캠퍼스가 속한 강원권의 2013년 충원율은 이미 60%대로 하락했으며 2040년까지 50% 이하 수준을 유지할 것으로 예견되었다. 이런 상황 속에서 일률적인 정원감축과 특성화를 주요 내용으로 한 대학구조 개혁은 필연적인 현상으로 받아들여진다. 실제로 많은 대학들이 교육부의 대학평가에 의거하여 대입정원 감축을 수용하고 있다. 교육부는 입학정원 감축 또는 이공계로의 정원이동을 직접 유도하는 CK-1사업 또는 PRIME사업 등의 특성화 사업을 추진하고 있으며, 많은 지방대학들은 교육부의 재정지원 확보를 위해 정원을 감축하고 있는 상황이다. 장기적인 관점에서 보면 대부분의 재정자원을 등록금에서 충당하는 지방소재 대학은 학생 수 감소로 인한 재원감소에 직면할 수밖에 없다. 이에 연세대학교 원주캠퍼스 행정학과의 경우에도 대학교의 자체적인 재정지원을 바탕으로 한 특성화가 아닌 필요한 재원을 외부에서 조달하여 인재를 양성하는 방향으로의 교육과정 재설계에 착수하게 되었다.

[그림 2] 지역별 충원율 전망

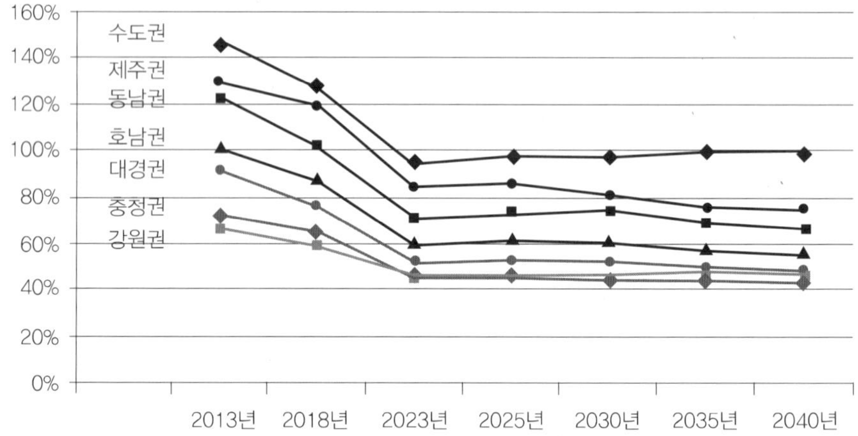

자료: 대학저널(2013). “2018년부터 대입정원과 입학자원 역전.”

2. 지방대학 행정학과의 위기

한국사회는 21세기로 접어든 이후 다양한 사회문제에 직면하고 있다. 특히 저성장과 고령화가 맞물려 나타나면서 계층 간, 세대 간 갈등, 사회적 위험 그리고 미래에 대한 불확실성도 커지고 있다. 그러나 국가 관료제의 역량은 점차 약화되고 있어서 이제는 지역사회가 사회문제 해결의 주역이 될 시점에 도래하였다. 그런 반면 한국에서 지방자치단체와 지역공동체의 역량은 여전히 낮은 수준에 머물고 있다. 불균형 성장전략과 산업화 전략으로 인해 농어촌 지역의 경쟁력이 약화되고 지역공동체도 와해되었다. 그런 과정에서 많은 자원들이 수도권과 대도시 중심으로 집중되고 지방의 인적, 재정자원은 부족한 상태이다. 여전히 중앙정부의 영향력은 강하고 지방의 자율성과 다양성은 약한 상태이며 혁신역량도 부족한 상황이다. 그런 과정에서 지방에 입지한 대학교에 대한 학생들의 선호도는 낮아지고 있다.

이런 상황 속에서 지방대학 행정학 전공의 위기도 함께 도래하고 있다. 그동안 공직진출을 원하는 많은 학생들이 행정학을 전공으로 선택하였다. 그러나 시간이 흐를수록 공무원 충원방식이 다양해지고, 채용규모가 감소했으며, 공채 시험과목에서 행정학 비중이 낮아지면서 경력개발에서 상경·법정계열과 비교할 때 유용성이 낮은 전공으로 여겨지면서 학생 선호도가 낮아지고 있다. 특히 한 기존연구는 이러한 문제를 유발한 원인으로 발전방향의 모호성, 행정현실과 행정학의 괴리, 행정수요와 괴리된 사학의 행정학과 남설, 공무원 양성과의 괴리, 낙후한 교수법 등으로 지적하고 있다(장철영

외, 2012). 이 연구는 지방대학 행정학과의 발전방향에 대해 Delphi 분석을 하였으며 그 결과로 실무형 교과과정 및 인턴십 도입 등을 통한 실용성 있는 학문으로의 전환, 환경변화에 따른 행정수요 변화에 적응하는 교육, 타 학문과의 결합, 취업보장 장치의 강화 등을 제시하였다. 이 연구에서 제시한 방향에 전반적으로 동의하면서 연세대학교 원주캠퍼스 글로벌행정학과에서는 행정학과 국제개발학의 융합특성화, 환경변화에 대응하기 위한 글로벌 실무역량 교육강화, 국내외 인턴십을 강조하여 미래변화에 대응력이 높은 공공인재를 양성하고자 하였다.

3. 연세대학교 원주캠퍼스의 특성화 방향: Health and Development

연세대학교 원주캠퍼스는 2010년 이후 특성화 분야를 Health and Development로 설정하고 해당 분야의 연구와 교육에 많은 투자를 하였다. 2010년 정경대학 소속 연구소이던 지역발전연구소를 교책연구원 빈곤문제국제개발연구원으로 확대 개편하였다. 연구원의 개편과 동시에 많은 교비를 투자하여 연구원의 초기성과제고를 지원했다. 이 연구원은 한국연구재단의 대학중점연구소 사업에 선정되어 글로벌 빈곤과 국제개발협력 분야의 융복합 연구 활성화를 위해 안정된 재정지원을 받고 있다. 빈곤문제국제개발연구원이 발간하는 국·영문 저널 가운데 「지역발전연구」는 한국연구재단 등재학술지로서 지역발전과 국제개발분야에서 높은 명성을 쌓았다. 아울러 캠퍼스 내에 다양한 교양 교과목을 개설하여 학교전체에 빈곤문제와 국제개발의 중요성에 대한 인식을 확산시켰다. 이러한 특성화 방향은 연세대학교 글로벌행정학과가 행정학에 국제개발협력 분야를 가미한 전공재설계에 나서는 데 유리한 요소로 작용하였다. 특히 대학 내 동일 분야 연구, 교육, 사업 기관들의 시너지를 기대할 수 있었다. 무엇보다 대학의 특성화와 전공재설계를 지역과의 연계라는 좁은 카테고리에 두지 않고 글로벌 사회로 나아갈 수 있는 계기를 마련했다는 점이 구성원들에게 큰 비전을 줄 수 있었다. 궁극적으로 대학과 지역이 경쟁력을 갖기 위해서는 활동의 범위를 국제적 수준으로 넓혀야 한다. 그동안 원주지역과 강원도에서 발전시킨 다양한 협동조합과 사회적 경제는 개발도상국가를 포함한 국제사회에서 점차 주목받고 있는 개념이다. 그런 의미에서 원주캠퍼스에 있는 글로벌행정학과가 개발 이슈를 가미하여 전공을 재설계하고 교내 및 지역 기관들과의 협력을 바탕으로 경쟁력 있는 교육서비스를 제공하는 것은 큰 의미가 있다.

4. 세계화와 국제개발협력 분야의 발전

2010년 이후 대한민국 정부는 한국의 발전경험 전수를 중심으로 국제개발협력 사업에 대한 투자를 확대하고 있다. 특히 개발도상국가로서 국제사회의 원조를 수혜했던 대한민국이 개발도상국가와 협력하고 발전을 지원하는 것은 많은 국가의 공감을 얻고 있다. 그리고 2015년 국제연합은 지속가능한 개발목표(sustianable developmental goals: SDGs)를 새롭게 채택하며 사회, 경제, 환경이 통합적으로 발전하는 새로운 발전방향을 제시하였다. SDGs는 환경의 지속가능성뿐만 아니라 포용적인 사회경제적 발전(inclusive socio-economic development)의 개념을 중시한다. 따라서 2015년 이후 국제사회의 개발에 대한 관점과 정책기조에 많은 변화가 있을 것으로 예견된다. 이렇게 새로운 환경변화에 직면한 대한민국은 국제사회에서 어떤 수요를 충족할 수 있으며 어떤 이해관계를 고려해야 하는가에 대한 주체적 해석이 중요해졌다. 결국 빈곤과 불평등의 극복을 위해서 국제개발협력 사업의 효과성을 높이는 데 기여할 전문가 양성을 위한 다양하고 선진적인 교육체계의 형성은 글로벌 공동체의 발전을 위해서도 중요하다. 특히 2014년 외교부의 대통령 업무보고 자료에 따르면 향후 5년간 75,000명의 ODA인력을 양성할 것을 목표로 설정하고 있으나 그러한 인력을 양성할 교육기관의 설립은 충분히 이루어지지 않았고 그 역량도 충분하게 발전하지 못했다. 이런 배경 속에서 개발도상국가와 상생할 수 있는 새로운 협력모형을 창조하는 것이 절실하며 2018년에는 강원도 평창에서 동계올림픽을 유치하게 되었기에 강원도 내에서 본격적으로 글로벌 인재의 양성을 필요로 하는 시점이 되었다.

Ⅳ. 연세대학교 글로벌행정학과로의 교육재설계 과정과 성과

연세대학교 글로벌행정학과는 현재 226명의 학부생이 2~4학년으로 재학 중이며, 12명의 일반대학원 학생과 21명의 특수대학원 학생, 그리고 16명의 KOICA 위탁 장기 석사과정 학생이 재학 중이다. 전임 · 비전임 교원을 망라하여 총 10명의 교수가 재직 중이다. 그 동안의 교육프로그램 재설계 과정은 다음과 같다.

1. 교육재설계의 과정

1) 학위명과 이수요건 변경

연세대학교 정경대학 행정학과는 새로운 환경변화에 대응하고자 2011년 연세대학교 원주캠퍼스 특성화 위원회의 승인을 얻어 국제개발트랙을 신설하고 글로벌행정학과로 명칭을 변경하였다. 이로서 본격적인 국제개발협력 관련 교육이 시작되었다. 국제개발트랙이 개설됨으로써 소정의 과정을 이수한 글로벌행정학과 소속 학생들은 행정학사 학위에 국제개발트랙을 명기할 수 있게 하여 특성화 분야로의 진출을 돕고 있다.

[그림 3] 글로벌행정학과 전공 및 학위구성: 하나의 전공ㆍ두개의 학위

행정학 트랙	• 전공명: 글로벌행정학과 • 학위명: 행정학사 • 공공관리, 정책능력을 갖춘 유능한 공공인재 양성
국제개발학 트랙	• 전공명: 글로벌행정학과(국제개발트랙) • 학위명: 행정학사(국제개발) • 글로벌 관점을 갖춘 공공인재 양성

보다 구체적으로 학위증에 명시되는 기존 소속명칭 '행정학과'는 새로운 소속명칭 '글로벌행정학과'로 변경되었다. 그러나 학위명 '행정학사'는 그대로 유지된다. 행정학사 학위를 취득하기 위해 이수해야 할 전공과목(학정번호 PAD)학점 54학점 가운데 국제개발협력(학정번호 IDC) 교과목 30학점을 취득하고, '조직론', '인사행정론', '재무행정론' 가운데 2과목을 이수하여, 본인이 희망하여 신청한 경우 소속명 '글로벌행정학과(국제개발트랙)'와 학위명 '행정학사(국제개발)'를 학위증에 수여받는다. 이로서 하나의 전공

[그림 4] 연세대학교 글로벌행정학과 국제개발트랙 이수조건

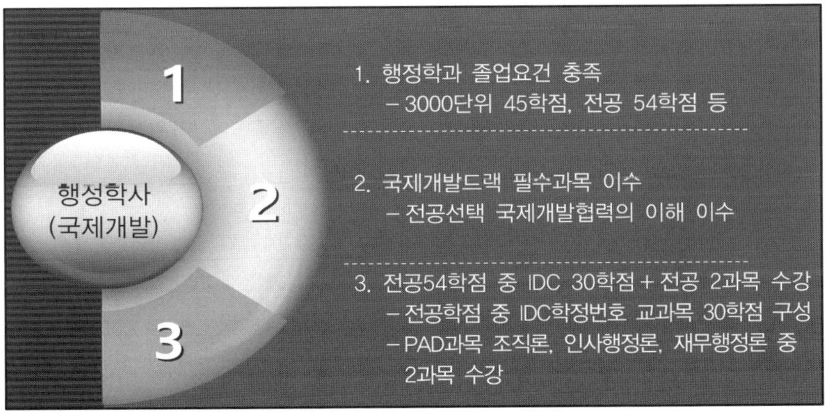

주: PAD는 행정학 학정번호, IDC는 국제개발 학정번호.

에서 두 개의 실질적인 학위부여가 가능하게 된 것이다. 국제개발트랙은 글로벌행정학과 학생들뿐만 아니라 글로벌행정학과에서 부전공과 이중전공을 이수하는 학생들에게도 문호가 개방되어 있다. 부전공의 경우 국제개발협력 교과목 21학점을 이수한 경우, 이중전공의 경우 36학점을 취득한 경우 국제개발트랙을 학위로 취득할 수 있다.

2) 신규교과목의 개설과 국제개발 현장봉사 실습 프로그램 설계

국제개발트랙의 운영을 위해서 기존 행정학 교과목 이외에 별도의 학정번호(IDC: International Development and Cooperation)를 부여받은 교과목을 연간 12과목 가량 개설하고 있다. 국제개발트랙 교과목은 기초 및 심화과목 그리고 분야별 교과목으로 구분할 수 있다. 기초에 속하는 과목은 '국제개발협력의 이해'와 '글로벌거버넌스와 국제협력' 등이 있으며, 심화에 속하는 과목으로 '국제개발프로젝트관리', '국제개발정책의 분석과 평가', '국제개발이슈세미나', '국제행정론' 등이 있다. 분야별 과목으로 '자원개발과 투자', '리더십, NGO, 지역사회', '기후변화, 식량위기, 농업개발', '세계보건문제와 국제개발', '다문화, 젠더, 발전문제', '지속가능개발세미나' 등의 과목이 개설되었다. 이 과목들은 국제개발트랙 개설 직후 학기당 3과목 가량이 개설되었으나 2015년부터는 학기당 6과목, 매년 12과목이 개설되어 36학점 취득에 문제가 없도록 설계되었다.

〈표 1〉 글로벌행정학과 국제개발트랙 교과목 개설

학기	과목명
2013년 2학기	글로벌빈곤과 발전, 국제개발과 사회정책, 국제개발프로젝트 관리, 국제개발정책분석과 평가, 다문화/젠더/발전문제, 국제개발이슈세미나
2014년 1학기	국제개발협력의 이해, 글로벌거버넌스와 국제협력, 국제행정론, 리더십/NGO/지역사회, 기후변화/식량위기/농업개발, 세계보건문제와 국제개발
2014년 2학기	지속가능개발 세미나, 국제개발과 사회정책, 국제개발프로젝트 관리, 국제개발정책분석과 평가, 다문화/젠더/발전문제, 국제개발이슈세미나
2015년 1학기	국제개발협력의 이해, 글로벌거버넌스와 국제협력, 자원개발과 투자, 리더십/NGO/지역사회, 기후변화/식량위기/농업개발, 세계보건문제와 국제개발
2015년 2학기	국제개발프로젝트관리, 지속가능한 발전 세미나, 다문화/젠더/발전문제, 반부패/윤리/거버넌스, 국제개발이슈세미나, 국제개발의 정책분석과평가
2016년 1학기	국제개발협력의 이해, 기후변화/식량위기/농업개발, 글로벌거버넌스와 국제협력, 리더십/NGO/지역사회
2016년 2학기	국제개발프로젝트관리, 도시화와 빈곤문제, 국제행정론, 지역개발과 국제개발, 국제개발이슈세미나

대부분의 교과목은 기존 행정학전공에서 개설되지 않던 과목이다. 따라서 국제개발분야를 전공한 신임교원 1명과 다년간의 개발협력분야 공공기관 실무에 종사한 경험이 있는 특임교수 1명이 신규 임용되었다. 이들에 의해 연간 8~9과목의 국제개발협력 관련 교과목이 제공된다. 그리고 행정학을 전공한 기존 교원들의 경우 기존 과목에 국제개발협력 관련 이론과 사례를 가미하여 국제개발협력 교과목으로의 전환을 시도하였다. '국제개발정책의 분석과 평가', '국제행정론', '자원개발과 투자' 등의 과목은 행정학을 전공한 기존 교수가 강의하고 있다.

이러한 특성화 분야 개설과목의 수와 비율을 <표 2>에 제시하였다. 특성화 분야에 관심을 갖는 학생이 증가하고 신규과목개설에 대한 요청이 증가함에 따라서 국제개발학 관련 과목을 기초, 사업관리, 섹터별 과목으로 구분하여 균형잡히게 개설하였다. 동시에 행정학과목 가운데 중요도가 낮은 과목들은 불가피하게 폐강하였으며 현재는 특성화 과목의 비율이 약 50% 가량에 이르게 되었다.

〈표 2〉 특성화 과목의 수와 비율

학사단위	특성화 과목 수/비율		
	2013	2014	2015
특성화 과목 수	15과목	21과목	21과목
전공과목 중 특성화 과목 비율	38%	47%	48%

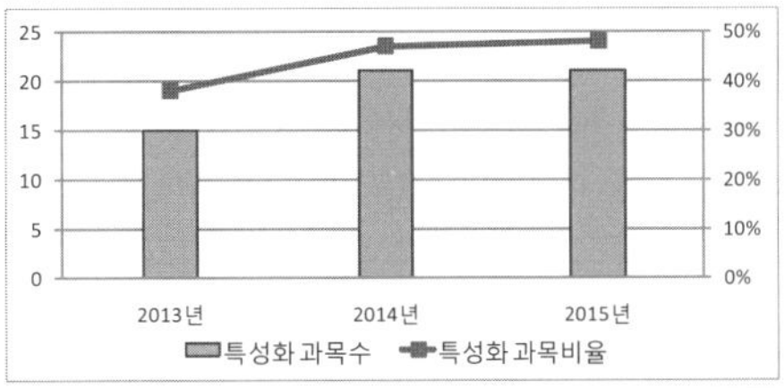

〈표 3〉 글로벌행정학과 특성화(국제개발협력) 과목의 평균 수강생 수

과목 구분	학기별 평균 수강생 수					
	2013-1학기	2013-2학기	2014-1학기	2014-2학기	2015-1학기	2015-2학기
일반 전공 과목	32.7	30.2	33.7	32.9	39	35.2
특성화 과목	40.8	33.2	47	34.7	41.7	41

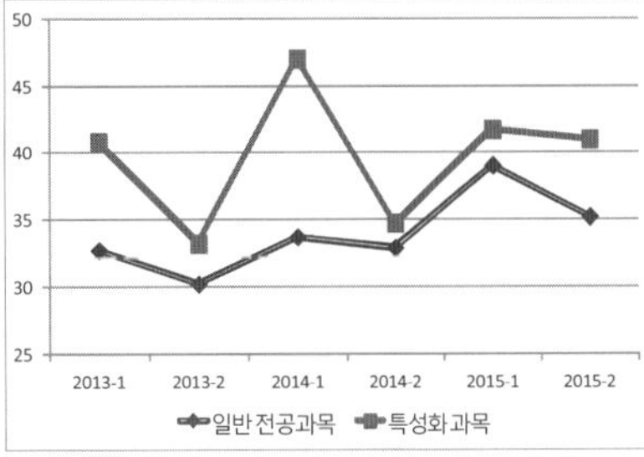

일반 전공과목과 특성화(국제개발협력) 교과목의 평균 수강인원을 <표 3>에 제시하였다. <표 3>은 특성화 분야 교과목의 평균 수강생 수가 일반 교과목에 비해 일관

되게 높고, 이는 모든 전공과목이 선택과목으로 제시되는 상황에서 학생들의 참여도와 만족도가 높음을 보여준다. 이처럼 학생들의 특성화 과목에 대해 낯설어 않고 참여도가 높은 것은 지난 3년간 학과차원에서 스스로 진행한 특성화 방향에 대한 학과 구성원들의 긍정적인 비전과 전망이 널리 확산·공유되어 있음을 보여준다.

그 외에 글로벌행정학과에서 전공을 개편하면서 중시했던 것이 현장에서 실무를

〈표 4〉 연세대학교 글로벌행정학과 해외현장방문 및 봉사활동 현황

학기	국가	참가자	교직원	기간	비고
2011년 2학기	필리핀	9	1	2011.01.27 ~ 02.08	Pampanga지방 New Sanjose초등학교 교육봉사
2012년 1학기	인도네시아	4	1	2012.08.01 ~ 08.12	수까부미 가나안 농군학교
	네팔	4	1	2012.08.03 ~ 08.10	티까풀 병원 지역봉사
	케냐	2	1	2012.07.20 ~ 08.06	룸부아 초등학교 교육봉사
2012년 2학기	필리핀	6	1	2013.01.25 ~ 02.05	Pampanga 지방 Floridablanca 시 교육봉사
	네팔	4	1	2013.01.16 ~ 01.29	티까풀 병원 지역의료봉사
2013년 1학기	네팔	8	1	2013.08.04 ~ 08.21	티까풀 병원 지역의료봉사
2학기	네팔	8	1	2014.02.14 ~ 02.28	티까풀시 및 병원 지역봉사 및 지역현장조사
2014년 1학기	네팔	8	1	2014.08.12 ~ 08.25	티까풀 및 카트만두 지역현장 조사
2014년 2학기	네팔	11	1	2015.01.07 ~ 01.19	카트만두 코이카 사무소, 굿네이버스 사무소, 카트만두 대학, KU직업훈련원, UNICEF, WEF, 다일공동체
2015년 2학기	베트남	19	2	2016.01.06 ~ 01.15	하노이 코이카 사무소, 박장성 직업훈련학교 견학, 꽝치성 사회보장센터 및 꽝남성 초등학교 교육봉사
2016년 1학기	베트남	11	1	2016.06.29 ~ 07.09	하노이 코이카/JICA 사무소, 박장성 직업훈련학교 견학, 랑선 초등학교 교육봉사, 꽝치성 새마을 운동 현장, Hue Friendship Organization 방문

익힐 수 있는 기회를 제공하는 것이다. 그것은 국제개발협력 분야의 인재양성을 위해서 양질의 교육프로그램뿐만 아니라 다양한 현장실습 프로그램을 통해 실무현장에서의 문제를 인식하는 것이 중요하기 때문이다. 따라서 학과차원에서 네팔 서부 티카풀 지역, 베트남 북중부 하노이, 후에, 다낭 지역 등으로의 현장방문 및 봉사프로그램을 마련하였다. 이 프로그램은 주로 KOICA와 KOTRA 현장사무소를 방문하여 현지사업의 목표와 성과를 학습하고 각종 사업지를 방문하여 현장에서의 다양한 활동에 참여하는 방식으로 진행되었다. 이 프로그램을 통해 총 83명의 학생들이 해외 현장에 방문하였다. 아울러 연세대학교 원주캠퍼스에서 진행하는 방글라데시, 인도네시아, 필리핀, 케냐 등으로의 봉사활동 참여도 지원하여 실무에서의 문제해결능력 함양에 도움을 주고 있다.

3) 기타활동: 소모임, 국제개발 기관방문, 특강 시리즈

국제개발 분야에 대한 학생들의 관심을 고조시키고 국제사회의 변화에 대한 인식을 높이기 위해서 연세대학교 글로벌행정학과에서는 국제개발스터디(International Development Study: IDS) 소모임을 구성하였다. 이 소모임을 통해서 다양한 개발협력 관련 도서를 읽고 토론하며, ODA 전문가 자격증 취득을 위한 준비를 유도하였다. 이 가운데 대한민국의 대학생에게 중요한 과제인 영어실력 향상에 기여할 것으로 기대되는 영어 소모임의 활발한 활동이 인상적이었다. 학생들 스스로 다양한 영어실력 향상 프로그램을 설계했으며 이 과정에서 개발도상국가 출신 KOICA 연수생과의 대화가 많은 주목을 받았다. 국제개발분야와 연관된 소모임 활동의 내역이 <표 5>에 제시되었다.

학과차원의 기관방문도 진행하여 KOICA, UN ESCAP, World Bank 한국사무소, 굿네이버스 등을 방문하였다. KOICA 방문은 거의 매학기 이루어지며 실무자의 특강과 지구촌 체험관 방문으로 구성되었다. UN ESCAP은 보고서의 발간행사에 부응하여 새로 출간된 보고서 내용에 대한 설명을 청취하여 국제개발분야 지식축적에도 기여하였다. 굿네이버스 인터내셔널은 네팔 대지진 모금활동과 연계하여 학생들의 모금을 전달하는 과정에서 이루어졌다. 굿네이버스라는 NGO가 발전한 과정에서 어떻게 국제개발사업에 참여하게 되었는지, 그리고 현재 사업은 어떤 방식으로 이루어지며 미래방향은 무엇지에 대한 설명을 청취하였다.

〈표 5〉 국제개발협력 분야 소모임 활동내용

<table>
<tr><th>소모임명</th><th>연도</th><th>활동</th><th>참여학생수</th></tr>
<tr><td rowspan="4">International Development Studies (IDS)</td><td>2013</td><td>주교재 및 부교재 읽고 발표 및 토론
KOICA 연수생 초청 강의 및 토론
연세－SERI EU센터 EU Night 참여</td><td>10</td></tr>
<tr><td>2014</td><td>주교재 및 부교재 읽고 발표 및 토론
KOICA 연수생 초청 강의 및 토론</td><td>8</td></tr>
<tr><td>2015</td><td>주교재 및 부교재 읽고 발표 및 토론
송도국제도시 UN ESCAP, World Bank견학
ODA전문가 자격검정시험(3급) 준비</td><td>16</td></tr>
<tr><td>2016</td><td>국제개발협력분야 취업 컨설팅
환경재단 견학(6.3)
외교부 주최 국제기구 진출 설명회 참가</td><td>6</td></tr>
<tr><td rowspan="3">영어말하기 모임 SoSoSo</td><td>2013</td><td>회원 간 영어 스피킹 활동, KOICA 연수생 초청
개도국 관련 토론회</td><td>10</td></tr>
<tr><td>2014</td><td>회원 간 영어스피킹 및 외국인 교환학생 초청
KOICA 연수생 초청 강의</td><td>30</td></tr>
<tr><td>2015</td><td>영어스피킹 활동을 기반으로 다양한 교내 KOICA 연수생들과의 교류, 영화상영 등 다양한 활동</td><td>20</td></tr>
</table>

〈표 6〉 국제개발분야 국내현장방문 활동내용

연도	방문기관	활동	참여 학생수
2014.9.26	KOICA	KOICA본부 방문하여 특강 청취	38
2015.5.15	유엔 아시아태평양 경제사회이사회(ESCAP) 동북아사무소	ESCAP 및 동북아사무소 사업 소개에 관한 특강	34
2015.5.15	세계은행 한국사무소	세계은행 및 한국사무소 사업 소개에 관한 특강	9
2015.5.30	KOICA	KOICA본부 방문하여 특강 청취	59
2015.6.17	굿네이버스	굿네이버스의 역사, 해외사업 설명 청취	4

다양한 특강 프로그램을 통해서 국제기구 관계자, KOICA 소속 전문가, 국제개발현장실무자, 개발협력 관련 이슈별 전문가를 초청하여 특강을 진행했다. 이러한 일련의 특강은 수업을 통해 접하기 힘든 현장의 업무와 섹터별 지식을 전수받음으로써 현장성과 전문성을 높이는 데 크게 기여하였다.

〈표 7〉 국제개발분야 전문가 초청특강내용

연도	강사	소속	주제
2014	장재윤	KOICA 실장	한국의 국제개발협력 체제 및 정책
	전경무	KOICA WFK 팀장	봉사단 파견과 연수생 초청 사업 사례
	한송이	KOICA 평가실	국제개발평가
	홍은경	KOICA 연구원	국제개발과 환경문제
2015	Joyce Msuya	세계은행(World Bank) 한국사무소장	세계은행, 세계빈곤과 지속가능개발 목표
	Anne Marie Sloth Carlsen	유엔개발계획 서울정책센터 (UNDP Seoul Policy Centre) 센터장	한국의 발전경험 공유를 위한 UNDP의 역할
	전경무	KOICA WFK 팀장	ODA사례: 봉사단 파견과 연수생 초청 사업
	이종수	KOICA 동남아 1팀 팀장	한국원조에 대한 평가 및 개선방향: KOICA 소개 및 참여방안
	김인	KOICA 전략기획이사	글로벌 시민교육
	김승범	KOICA 인도적 지원실장	국제개발 이슈로서의 환경
2016	Manisha Gunasekera	주한 스리랑카대사관 대사	세계화 시대의 스리랑카의 개발 의제: 성취와 도전
	Ousseynou Nakoulima	녹색기후기금 (Green Climate Fund)	기후변화: 새로운 개발 패러다임?
	홍순영	한국 수출입은행 EDCF 기금 업무팀장	2030 지속가능개발을 위한 EDCF 기능 및 역할
	김승범	KOICA 인도적 지원실장	KOICA 소개 및 참여방안
	김순영	KOICA 농업전문관	농림수산과 개발협력

2. 교육재설계의 성과

1) 행정학에 대한 선호도와 만족도 증가

전공을 재설계한 결과로 많은 학생들이 호응하여 단기간 내에 국제개발분야 교과목 수강생 수가 증가했다. 아울러 학부제에서 글로벌행정학과를 선택하는 학생 수가 3배 이상으로 증가하였다. 기존 전공개편 이전 행정학 전공 선택 학생 수가 20명 이하에 머물었으나 2012년에 42명, 2013년에 64명으로 증가했으며 2014년과 2015년에는 70명을 넘어서게 되었다. 학생 수가 증가하면서 학생들의 공동체가 활성화되고 개설과목의 수강생 수가 적정하게 유지되는 긍정적인 효과가 나타났다.

[그림 5] 연세대학교 글로벌행정학과 전공 선택자 증가추세

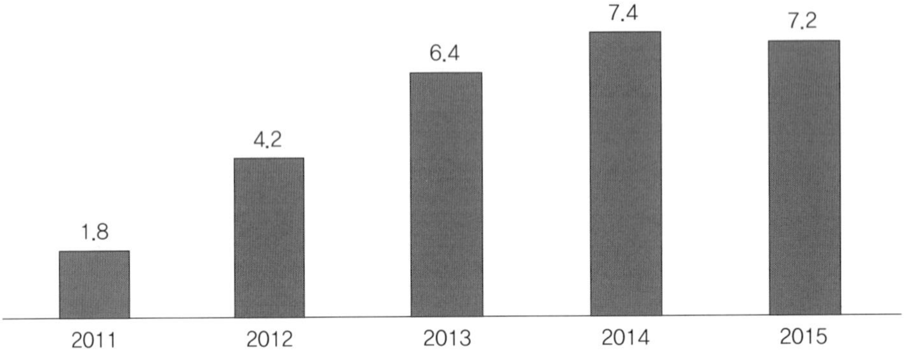

2학년 진급 시 행정학 전공을 선택한 학생 수가 증가했을 뿐만 아니라 학생만족도도도 지속적으로 상승하였다. <표 8>에 나타난 바와 같이 글로벌행정학과 학생의 전반적인 만족도는 소속 단과대학인 정경대학과 원주캠퍼스 전체의 만족도보다 높은 것으로 나타났다. 특히 국제개발트랙이 도입된 지 3년이 경과한 후인 2015년의 만족도 수치는 소속대학과 전체 캠퍼스보다 월등히 높은 것으로 나타났다. 전반적인 만족도뿐만 아니라 학과의 서비스, 교수의 참여도, 과목에 대한 만족도 모두에서 높은 수치를 기록하였다.

〈표 8〉 글로벌행정학과 학생의 전반적 만족도

학사단위	학생의 전반적 만족도		
	2013	2014	2015
글로벌행정학과	3.24	3.13	3.79
정경대학(소속대학)	3.05	2.78	3.10
연세대 원주캠퍼스	3.24	3.18	3.22

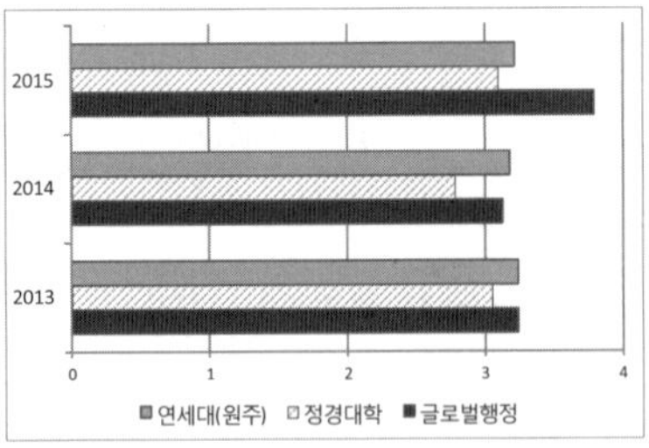

2) 각종 국가재정지원 사업 진행

무엇보다 두드러진 성과는 다양한 국가재정지원사업을 통한 교육과 연구분야에서의 많은 투자에서 나타났다. 2011년부터 학부, 대학원, 특수대학원의 운영을 위해서 KOICA와 한국연구재단으로부터 총 6건, 총 5,980,091,000원의 재정지원을 받았다. 그리고 국제개발분야 연구와 관련하여 빈곤문제국제개발연구원은 대학중점연구소로서

1,680,000,000원의 지원을 받았다. 이 자금은 국제개발 분야 교육과 연구의 활성화에 유용하게 활용되고 있다.

〈표 9〉 연세대학교 글로벌행정학과와 연관된 정부재정지원

(단위: 천원)

분야	사업명	지원기관	지원기간	지원총액	성과달성 실적
학부	KOICA 고등교육연계 과정	KOICA	11년 9월~ 14년 8월	90,000	국제개발트랙 교과목 개설 및 학생의 해외봉사 확대
	국제개발협력 이해 증진사업	KOICA	14년 2월~ 17년 2월	81,532	학부생을 대상으로 글로벌 빈곤에 대한 이해 증진과 현장방문 기회 확대
대학원	BK21플러스	한국 연구재단	13년 9월~ 20년 2월	1,077,000	국제개발과 사회적 경제의 융합교육을 통해 양질의 대학원생 배출
특수 대학원	KOICA 석사학위 연수과정: 세계빈곤극복 농촌개발 리더십 석사과정	KOICA	11년 9월~ 14년 12월	2,057,500	개도국 지역개발 실무자 대상으로 글로벌 빈곤에 대한 이해를 제고하고 농촌개발 리더십 배양
	KOICA 석사학위 연수과정: 지역공동체개발 개도국 지도자 석사과정	KOICA	14년 9월~ 17년 12월	2,674,059	개도국 지역개발 실무자 대상으로 글로벌 빈곤에 대한 이해를 제고하고 농촌개발 리더십 배양
교책 연구원	빈곤퇴치를 위한 융복합연구의 허브구축: 빈곤퇴치를 위한 지속발전 거버넌스 모형의 탐색 1−2단계	한국 연구재단	10년 9월~ 16년 8월	1,680,000	국제개발 관련 다수의 국제/국내 학술논문 출간 및 국제 컨퍼런스와 워크숍 개최

먼저 학부과정의 운영을 위해 KOICA에서 고등교육연계과정 사업과 국제개발협력 이해증진 사업에 선정되어 학부생들을 위한 강의개발과 특강진행 그리고 해외현장방문 활동을 지원할 수 있었다. 이 사업의 지원을 바탕으로 기존 교원의 국제개발협력분야 강의지원이 원활하게 이루어졌고 다양한 전문가의 초청강의를 통해 교육전문성을 제고할 수 있었다. 무엇보다도 방학을 활용하여 네팔과 베트남 등 다양한 국가의 개발

현장으로 학생을 파견하는 활동을 통해 국제개발협력분야에 대한 교수와 학생의 이해도를 높이는 데 기여하였다. 네팔을 방문하여 최빈국의 상황과 과제를 인식할 수 있었고, 베트남을 방문하여 발전과정으로 올라서고 있는 개발도상국가의 도전과 과제에 공감할 수 있었다. 이 모든 과정을 통해서 국제개발협력의 생생한 현실과 지식을 습득할 수 있었다.

그리고 특수대학원에서 개발도상국가 지역사회 지도자를 초청하여 진행하는 장기석사과정 사업에 두 차례 선정되어 학부 및 대학원 교육의 질적 향상에 기여하였다. 2011년 8월부터 농촌개발 빈곤극복 리더십 석사과정을, 2014년 9월부터 농촌공동체개발 리더십 장기석사과정을 운영하면서 아프리카, 아시아, 라틴아메리카 출신 학생들을 교육하였다. 이러한 교육프로그램에서 학부생들과 개발도상국가 출신 학생들의 교류를 증대하였다. 그리고 개발도상국가 학생들이 자신의 국가가 처한 상황과 과제 그리고 나름대로의 대안을 발표하고 공유하는 세션을 통해 학부생들의 개발협력에 대한 이해도를 높일 수 있었다. 개도국 출신 학생들은 학부생들과의 각종 소모임 활동을 통해 잦은 교류의 시간을 갖는다. 활발한 교류와 대화를 통해 학부생들은 개발도상국가에 대한 이해의 수준을 한층 높일 수 있었다.

일반대학원에서는 창조적 국제개발협력을 위한 사회적 경제 연구를 주제로 2013년 이후 BK21플러스 사업에 선정되었고, 2015년에 재선정되었다. 이 사업을 통해서 국제개발협력 분야의 지속가능한 발전을 위해 지역사회의 사회적 기업, 협동조합 등이 형성하는 사회적 경제의 역할을 탐구하고 정책대안을 모색하는 연구와 교육이 가능하게 되었다. 이 주제에 대한 지속적인 연구를 통해서 지역문제 해결을 위해 정부와 시장에 의존하기보다 지역사회의 자발적 노력에 의한 문제해결 가능성을 추구한다는 점에서 대안적이고 창의적인 개발협력의 관점을 모색하게 되었다. 이러한 연구를 바탕으로 최근 중시되는 지역의 시민사회가 중앙정부, 지방정부 등과 연계하고 협력을 강화하는 협력적 거버넌스를 분석하고 실천에 옮기는 인재를 양성할 수 있게 되었다. 이 주제가 특히 중요한 이유는 지역에서 발전된 이슈를 국제무대로 견인했다는 데 있다. 일반적으로 대학은 국제화 역량을 갖고 있게 마련이다. 대학의 국제화 역량을 바탕으로 지역에서 개발된 제품이나 서비스, 사업을 국제무대로 진출시키는 것은 위기에 처한 지역과 지역대학이 상생할 수 있는 중요한 방안이 된다. 그런 의미에서 일반대학원 프로그램의 시도는 원주지역에서의 혁신을 글로벌차원의 혁신으로 연계했다는 의미가 있다.

교책연구원인 빈곤문제국제개발연구원은 항상 연세대학교 원주캠퍼스의 국제개발분야 특성화의 중심에 있었다. 이 연구원이 수행하는 대학중점연구소 연구과제의 주제와 같이 빈곤퇴치를 위한 지속가능한 거버넌스 연구를 위한 저서, 논문의 출판이 이어지고, 각종 학술대회와 포럼, 워크숍이 진행되고 있다. 그런 과정에서 교수와 학생들이 연구와 교육역량을 제고할 수 있었다. 뿐만 아니라 다양한 개발도상국가 지역조사활동에 동참함으로써 개발도상국가의 상황을 익히고 협력모형을 구축하는 데 많은 도움을 받고 있다.

이렇게 학부-특수대학원-일반대학원-교책연구원으로 이어지는 특성화 프로그램의 연계는 상호 시너지 효과를 발휘하고 있다. 학부와 특수대학원 졸업생이 일반대학원으로 입학하고 일반대학원 학생들이 학부와 특수대학원의 국제개발협력 교육을 지원함으로써 대학 내에서 선도적인 특성화를 주도하게 되었다.

3) 공공부문과 국제개발분야를 비롯한 취업처의 다변화

국제개발트랙을 도입하면서 학생이 해외봉사, 인턴십, 해외진로탐방 등의 국제경험을 제공하여 글로벌시대에 경쟁력을 가질 수 있도록 의도했고 실제로 이들은 다양한 분야로 진출하고 있다. <표 10>과 같이 근 3년간 글로벌행정학과 졸업생의 약 40%가 정부와 공기업을 비롯한 공공부문에 취업했고 약 11%는 국제개발협력 분야에 취업하였다. 공공부문으로의 진출 비중이 낮아지기는 했으나 국제개발협력 분야로의 진출은 짧은 기간 내에 괄목할 만한 증가 추세를 나타냈다. 향후 행정학트랙과 국제개발트랙이 구성하는 두 개의 트랙제도가 지속될 경우 이와 같은 공공부문과 국제개발부문으로의 진출이 균형을 이룰 것으로 예상된다.

〈표 10〉 최근 3년간 취업자의 진출경로

취업분야	2013	2014	2015	합계
공공부문	47.8%	35.0%	30.8%	39.3%
국제개발	4.3%	20.0%	7.7%	10.7%
대기업	17.4%	25.0%	15.4%	19.6%
중소기업	21.7%	20.0%	30.8%	23.2%
학교	4.3%	0%	7.7%	3.6%
언론	4.3%	0%	7.7%	3.6%
합계(N)	23	20	13	56

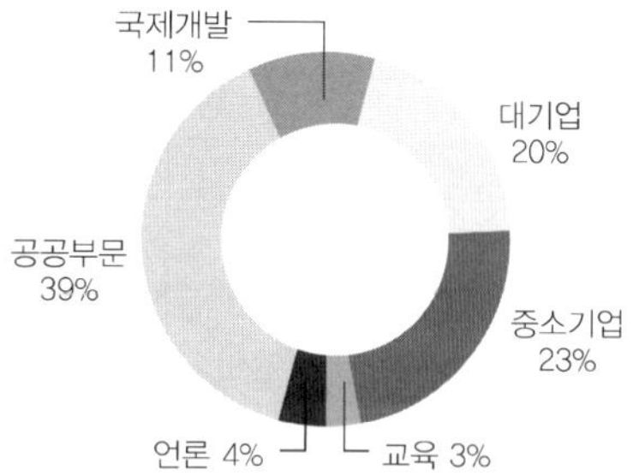

국제개발협력 분야 NGO 취업자가 증가하는 등 취업의 경로가 다양화되었고 2016년에는 국제기구 취업자도 배출하였다. 국제개발협력 실무를 진행하는 국제개발협력

〈표 11〉 국제개발협력 분야와 연계된 주요 취업사례

취업연도	취업분야	성명	취업기관명
2012	국제개발	정○○	한국국제협력단
		고○○	KOICA 에티오피아 홀레타지역 건강증진 및 모자보건개발사업
		심○○	(주)메씨 인터내셔널
		유○○	새마을운동중앙연수회
	공공부문	김○○	인천국제공항공사
		박○○	강원도 원주시청
		방○○	경기지방경찰청
		서○○	근로복지공단
		이○○	해양관리공단
2013	국제개발	김○○	한국국제개발협력센터
	공공부문	정○○	한국사회적기업진흥원
		강○○	인천광역시청
		류○○	국방부
		김○○	경기도 의회
		한○○	강원도 양구 교육지원청
2014	국제개발	장○○	연세대학교 KOICA SP 프로그램 인턴
		김○○	연세대학교 KOICA SP 프로그램 인턴
	공공부문	김○○	강남구의회
		김○○	관악구의회
		최○○	경기도 재난안전본부
		이○○	건강보험심사평가원
	민간기업	이○○	메디아나(강원도)
	대학원	장○○	서울대학교
2015	국제개발	현○○	한국국제개발협력센터
		고○○	한국국제개발협력센터
		김○○	한국국제개발협력센터
		강○○	한국국제개발협력센터
	공공부문	김○○	조달청
		박○○	경기도 교육청
		민○○	경찰청
		이○○	국세청
2016	국제개발	송○○	국제연합인간정주계획(UN-HABITAT)
		좌○○	한국국제개발협력센터
	공공부문	김○○	국민건강보험공단
		권○○	한국조폐공사
	민간기업	문○○	LG이노텍(인도네시아)
		이○○	태광실업(인도네시아)
	언론기관	원○○	MBC 제작본부

센터 취업자가 다수 배출되었고, 국제기구인 국제연합 인간정주계획(United Nations Human Settlements Programme, UN－HABITAT) 취업자가 배출되었다. 아울러 졸업생들이 다양한 KOICA ODA 인턴에 참여하여 경험을 축적하고 있다. 나아가서 국제개발과 관련된 세계 유수의 대학에 합격하여 학업을 이어나가는 졸업생도 배출되었다. 해외 대학원인 스위스 제네바 국제개발대학원과 영국 서섹스 대학원의 IDS 합격자가 배출되었다. 국내에서는 서울대학교 환경대학원과 연세대학교 원주, 신촌캠퍼스 대학원 합격자가 다수 배출되었다. 교육재설계 이후의 국제개발협력 분야 주요 취업실적이 ＜표 11＞에 제시되었다.

Ⅴ. 요약과 향후 과제

1. 요 약

위의 성과를 통해서 이해할 수 있는 바와 같이 연세대학교 원주캠퍼스 글로벌행정학과의 전공재설계는 성공적이었으며 성공의 요인은 다음 세 가지로 요약할 수 있다. 첫째, 다양한 학문적 배경을 갖춘 교수진의 참여로 융합교육을 제공할 수 있었다. 연세대학교 글로벌행정학과의 교수진은 행정학뿐만 아니라 정책학, 정치학, 도시계획학, 발전사회학, 경제학, 농업경제학 등의 다양한 분야의 전공자로 구성되어 있다. 이들의 대부분은 학계에서 활동해 왔으나 개발협력 관련 공공기관(KOICA), 민간기업(KT) 등에서 다년간 경력을 쌓은 교원들은 실무경험과 현장에서의 지식을 전달하는 데 큰 기여를 하였다. 둘째, 주기적인 워크숍을 통해 최신 교과과정을 도입하고 새로운 현장학습 프로그램을 제공함으로써 교육의 독창성과 창의성을 제고할 수 있었다. 교육개발 워크숍을 통해서 미국 컬럼비아대학교와 영국 서섹스대학교 및 런던대학교 등의 최신 교육프로그램을 도입하고자 하였다. 그리고 해외현장방문을 시도한 후에는 반드시 발표회를 거쳐 보완책을 마련하여 현장학습의 완성도를 높이고자 하였다. 셋째, 정부재정지원사업에 적극적으로 응모하여 풍부한 재정지원을 통한 프로그램의 다양성을 제고하였다. KOICA와 한국연구재단으로부터 학부와 대학원 과정을 위한 지속적인 재정지원을 확보하였다. 학부생의 해외파견과 유능한 외국인 대학원생의 유치를 위해서는 다양한 재정지원이 필요하다. 이러한 지원을 통해 학생구성의 다양성을 높였을 뿐만 아니라 교육프로그램의 다양성을 높일 수가 있었다. 마지막으로 교내 기관들의 활발한 상호협력을 통해 연구－교육－현장실습의 연계를 통해 다양한 진로개발을 지원할 수 있었다.

[그림 6] 연세대학교 글로벌행정학과 전공재설계의 성공요인

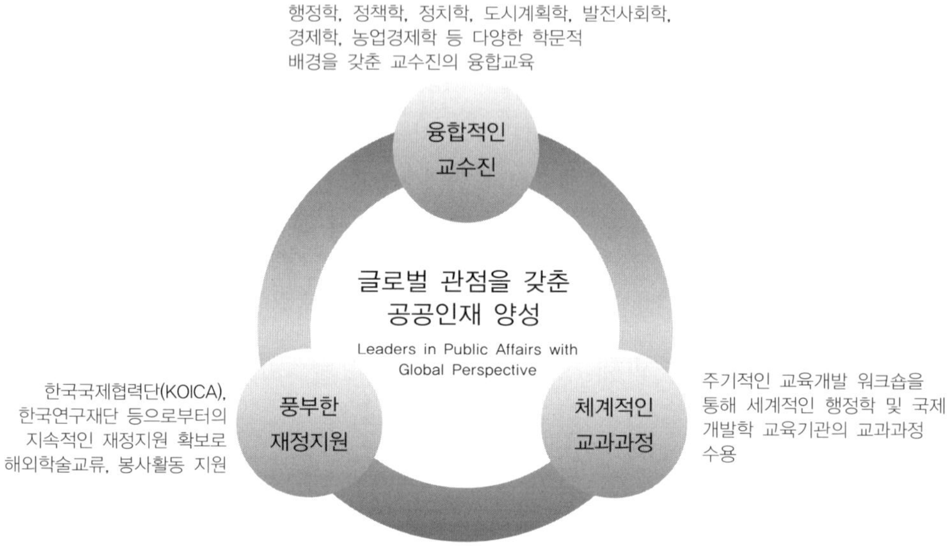

2. 교육프로그램 재설계를 위한 다섯 가지 제안

이러한 성공에도 불구하고 제한된 자원을 바탕으로 학과단위의 교육과정의 성공적인 개편을 이루기 위해서는 많은 과제를 수행해야 한다. 연세대학교 글로벌행정학과가 직면한 도전과 해결과제는 한국의 지방에 소재한 행정학과가 직면한 공통의 문제이기도 하다. 따라서 이에 대한 발전방향은 지방소재 행정학과에 대한 제안의 형식으로 기술하고자 한다.

1) 지역사회와의 연계 강화와 국제사회로의 확장

대학이 전공을 재설계하여 색다른 방향으로의 특성화를 진행하는 것은 1차적으로 지역사회에 기여하는 것을 목적으로 삼는다. 그러나 그 범위는 지역사회에 안주하지 않고 국제사회로 확장하는 것이 바람직하다. 그리고 지역의 독특함을 국제사회로 확장할 때 글로벌경쟁력을 확보할 수 있다. 국내에서는 흔하고 익숙한 분야라 할지라도 글로벌 영역으로 진출할 때 경쟁력 있는 분야가 될 수 있다. 그런 의미에서 현재 연세대학교 글로벌행정학과의 BK21플러스 사업팀이 연구 중인 지역사회의 자생적 노력에 기반을 둔 사회적 경제 발전모형은 세계적인 추세와 부합하며 유럽연합과 OECD 등 많은 국제기구에서 주목하는 개념이다. 이 연구모형은 원주시 지역사회발전과정에서 아이디어를 얻어 시작했으나 사회적 성과, 사회혁신 등의 개념과 연계될 때 글로벌 차원

에서 적실성 높은 교육, 연구 성과를 도출할 것으로 기대된다. 따라서 전공재설계의 영역이 지역과의 연계라는 좁은 범위에 갇혀서는 안 될 것이며 오히려 세계적인 경쟁력을 가질 수 있도록 국제적인 안목을 갖고 진행하는 것이 바람직하다.

2) 수요자중심의 다양한 교과과정과 현장실습 프로그램

그 동안 한국 행정학계에서는 엄밀한 과학성과 인과성의 논리를 발전시킴과 동시에 한국 행정조직의 문화와 구조의 특성을 밝히려는 시도를 진행했다. 그러나 지역에서 많은 정책실무자와 학부생들은 인과성에 기반을 둔 연구 및 실천모형보다는 복잡하고 비합리적이며 현실적인 문제에 대한 이해와 해결방안을 요구한다. 지방에서 분출하는 수요를 충족시키기 위한 문제해결능력을 배양하기 위한 교과과정과 현장실습 과정을 수립하는 것은 중요하다. 그런 맥락에서 연세대학교 글로벌행정학과에서도 국제개발협력분야 실무자가 직면할 수 있는 다양한 문제에 대해서 주체적인 해결방안을 제시할 수 있는 다양한 교육과정을 개발하고 현장으로 한발 더 다가서는 실습프로그램을 개발하고자 한다.

3) 공동체의 시각에 기반을 둔 지역생태계에서의 협력과 학습 강화

학령인구 감소와 고령화가 진행되면서 학생자원이 줄어든 상황에서 대학의 구조개혁은 불가피한 상황이다. 위기에 대응하기 위해서 대학에서는 나름대로 공동체와 생태계의 시각으로 특성화의 군집을 형성해서 질적인 개혁을 진행할 필요가 있다. 유사한 분야에서 전문성을 갖춘 학과의 경우 상호 경쟁보다는 협력을 통해 상호 경쟁력을 높이고 지식의 흐름을 주도할 필요가 있다. 이를 위해 행정학과의 경우에도 과감하게 전공의 벽을 허물고 개방적인 자세를 견지해야 한다. 미래사회에 중요한 주제와 지역주민의 삶의 질을 높이는 데 중요한 이론을 행정학과 연계시켜 이론모형을 개발하고 실천전략을 발전시키는 것이 중요하다. 이 과정에서는 글로벌 대학과의 연계, 국내 소규모 대학 간 연계 등도 폭넓게 고려될 수 있다. 아울러 학과 간 대학 간 자산을 공유하여 창의적인 협력을 통한 소통에 주력하는 것도 중요하다.

4) 장기적 목표와 증거에 기반을 둔 성과관리를 통한 경쟁력 제고

일반적으로 교육부를 비롯한 정부부처가 제공하는 정부재정지원사업의 경우 2~3년의 단기적 관점을 제시하고 평가하여 성과가 높은 대학에 집중 투자하는 방식으로 진행된다. 그러나 대학에서 학생과 교수가 학습하는 과정은 단기간에 마무리될 수 없다. 대학생이 졸업하는 데 최소한 4년의 시간이 걸리며 교수가 국제학술지에 논문을 출판하는데 연구기간을 포함하여 짧게는 3년 길게는 5년 이상이 소요되기도 한다. 따라서 재정지원사업의 성과를 단기적으로 제고하는 것은 매우 어렵다. 고로 정부의 재정지원 사업에 부응하기 위해 단기적 성과를 높이는 것도 중요하지만 보다 장기적인 관점을 갖고 먼 미래의 변화에 대응하기 위한 특성화에 주력하는 것이 바람직할 것이다. 이를 위해 정부는 20년 후, 30년 후의 사회변화를 예측하고 그에 맞는 목표를 대학이 제시할 수 있도록 지원할 필요가 있다. 아울러 성과의 관리는 보다 합리적이고 객관적인 지표에 근거한 증거기반 관리의 방식으로 진행해야 할 것이다. 그런 의미에서 외국 명문대학교에서 진행하는 Institutional Research & Analysis 방식을 고려하여 보다 객관적인 평가를 수행할 것을 고려할 필요가 있다.

5) 무형자산의 관리와 자기주도성에 기반한 자신감 회복

대학과 학과가 보유한 자산에는 유형의 자산뿐만 아니라 신뢰, 명성, 브랜드 등의 무형의 자산도 존재한다. 지방대학의 학생들은 수도권 대학으로 진출하지 못했다는 생각에 스스로 위축되고 노동시장에 진출할 경우에도 일종의 낙인효과에 부당한 영향을 받을 가능성이 높다. 따라서 지역에 특화되고 사회적 요구에 선도적으로 대응하는 방향으로의 교육 프로그램 개편을 통해 졸업 시의 역량을 강화시키고 자신감을 회복할 수 있도록 해야 할 것이다. 그러한 프로그램은 소속대학만이 가진 강좌, 강의방식, 학생관리 방식 등으로 실현될 수 있다. 아울러 대학의 명성과 브랜드 등이 갖는 무형의 자산을 통해 외부 기관에 긍정적인 시그널을 보내고 내부 구성원의 자신감을 회복할 수 있다. 이러한 무형의 자산을 확보하고 개발하기 위해서 차별화된 이미지를 구축하는 것이 중요하다. 고유의 이미지와 학과 내외의 신뢰를 통해 소속한 생태계에서의 명성을 확보하기 위한 노력을 학과프로그램의 개편과 동시에 진행할 필요가 있다.

2 행정학 교육 해외진출 경험과 사례: 카자흐스탄 사례를 중심으로

명 승 환(인하대학교)

Ⅰ. 추진배경 및 현황

1. IT 코리아, 전자정부는 행정한류의 핵심

2015년 현재 "행정도 한류" 韓, 유엔 전자정부평가 3회 연속 1위 — 공공데이터 개방 등 정부3.0 — 등이 해외로부터 호평을 받아 전자정부 수출 등 기대되고 있다.

※ 2014년 행자부(강병규)는 "3회 연속 1위 수상으로 국격 향상은 물론, 세계 최고 전자정부국가로서의 지위를 확고히 하는 계기가 됐다"며 "우리의 우수한 전자정부시스템을 수출할 수 있도록 IT기업의 해외진출을 적극 지원하고 전자정부, 새마을운동 등 선진행정시스템을 전 세계에 널리 알려 K-POP 등 문화한류를 넘어 행정한류가 확산되도록 노력하겠다."고 말했다.

※ 2015년 행자부(정종섭)는 해외로부터 우리나라 전자정부 우수시스템에 대한 컨설팅요청 수요가 증가함에 따라 한국정보화진흥원에 위탁해 추가로 교육과정을 운영하여 올해 말까지 총 200여 명을 배출할 예정이다. 올해 하반기 글로벌 컨설턴트 양성과정은 6월 29일부터 총 3회에 걸쳐 각 3주 과정으로 실시되며, △국제협력의 이해와 컨설팅기법, △전자정부 법·제도, △전자정부 사업관리, △컨설팅 실습 워크숍, △행정부 우수사례강의와 전수방법 등으로 구성된다.

한편 2013년 UN의 반기문 총장이 개도국에 행정한류 전파를 요청했음에도 불구하고 추진체계의 혼란과 유관기관별 개별적 추진으로 사업실적이 미비하여 우려를 낳고 있다. 실제로 세계 공공 정보화 시장은 2014년 200조 규모이고 공공 시장과 연계된 민간 정보화 시장까지 포함하면 약 663조 시장임에도 불구하고, 우리나라는 0.19%(3,763억)에 불과한 실정이다. 또한 국내 IT 총 생산액 중 S/W 분야는 약 7.6%(해외 평균 30.9%)로 국내 수출액 중 비중이 불과 0.8%(H/W는 99.2%)에 머물러 있다.

행정한류 및 전자정부사업은 행자부가 주무부처이나 IT관련 해외진출의 역량이 분산되어 추진동력이 미흡한 실정이다. 예를 들어, 주무부처인 행자부는 정부3.0의 추진과정에서 전자정부를 사업관리 수준으로 대폭 축소하였고, 예산이 거의 없어 사실상 개발도상국의 수요를 충족시키지 못하고 있다. 그리고 국가정보화 주무부처인 미래부는 소프트웨어 융합 및 IT와 유관기술과의 융합관점에서 추진할 수밖에 없고, 행자부의 업무영역인 전자정부 관련 해외진출 사업을 추진하기에는 근본적인 한계가 있다. 한편 ODA 사업을 전담하고 있는 외교부의 KOICA는 주로 개도국의 기초인프라 구축과 복합적 경제 및 사회 인프라 구축에 초점을 두고 있어 행정, 제도, 교육, 소프트웨어, 문화 컨텐츠가 연계된 공공정보화 한류(행정한류) 확산의 구심점이 되기에는 전문성이 부족하고 과제선정 과정과 관리체계가 투명하지 못하다는 지적을 받고 있다.

사실 2013년 러시아 푸틴 대통령의 방한을 계기로 유라시아 시대가 본격적으로 시작되었으며, 부산에서 시베리아, 유럽, 그리고 중앙아시아를 연결하는 신 물류망과 정보통신망은 인류의 역사를 바꿀 수 있는 무한한 가능성을 보여주고 있다. ICT 분야에 있어 선도적인 위치를 차지하고 있는 한국은 러시아와 상호 윈윈 전략을 꾀할 수 있는 역량과 조건을 갖추고 있어, 추후 양국과의 교류를 통한 시너지효과를 거둘 것으로 기대된다.

2. IT 코리아, 전자정부, 글로벌e거버넌스는 행정한류의 핵심

러시아, 중앙아시아 등 CIS국가는 유라시아 프로젝트의 중심국가로서 2015년 박근혜 대통령의 중앙아시아 3개국 순방으로 전략적 가치가 입증되었다. 특히 카자흐스탄은 경제자유구역(알마티 시)에 ICT 경제자유구역이 있어 인천 송도와 가장 유사한 조건을 갖추고 있으며, 나자르바이예프 대통령이 설립한 카자흐스탄 IITU 공대는 인하대 대학원과 복수학위제 대학원 융합과정을 운영 중(글로벌e거버넌스 융합전공)이다. 향후 카자흐스탄 알마티 IITU 공대, 러시아 모스크바국립대, 쌩빼떼부르크 대학 전자정부센터, 이루크츠크 공대 등과 유라시아 네트워크를 구축하여 유라시아 및 중앙아시아(CIS 9개국) 행정한류 수출의 기본체제로 운영할 예정이다. 이 대학원 융합전공은 미래 유라시아 수요국의 사회문화적 맥락을 잘 이해할 수 있는 융복합적 사고를 가진 '열린 사고를 가진 창의적 인재'를 통하여 CIS를 중심으로 대한민국의 우호적인 네트워크를 형성하기 위하여 2013년 9월부터 운영되고 있다.

〈사진 1〉 인하대 KF화상강의-카자흐스탄 생중계 강의

〈사진 2〉 KF e-school 러시아 Irkutsk 현지 출장 마지막 수업

또한 인하대 부설 글로벌e거버넌스 연구소와 대학원 융합전공에서는 2015년 3월부터 3년간 수행되는 한국국제교류재단 주관 KF e-School 2단계 사업에 성균관대 국정관리대학원과 컨소시엄으로 지원해 최종 선정되었으며, 한국의 전자정부와 ICT정책 등을 중심으로 한국을 세계에 알리는 데 크게 기여할 것으로 기대된다.

이 프로그램은 러시아의 1위 모스크바 국립대학(Moscow State University, 250년의 역사를 자랑하는 세계적인 국립대학으로서 노벨 수상자 11명 배출)과 이르쿠츠크 공대(Irkutsk State Technical University, 러시아 IT분야 2위), 카자흐스탄의 국제 IT대학(International Information Technology University, IT분야 1위), K-British 대학(카자흐스탄 사립대 1위)을 대상으로 봄 학기부터 생중계 강의를 시작했다.

글로벌e거버넌스 융합전공은 행정학, 경영학, 언론정보학, 컴퓨터공학 등이 융합된 전공으로서 ICT를 수단으로 사회와 국가미래를 디자인하고 이를 통해 국제사회에 기여하는 것을 교육 목표로 2013년 설립됐다. 대부분의 수업이 영어로 진행되고 있으며, 학생들은 중국, 중앙아시아, 동남아시아, 미국 등 해외유학생으로 한국의 공무원, 연구원 등 정책 및 사업 담당자들이 함께 수업하여 한류수출의 인큐베이터 역할을 하고 있다.

Ⅱ. 카자흐스탄 현황 및 가능성

1. 카자흐스탄 일반 현황

1) 카자흐스탄 개황

[그림 1] 카자흐스탄의 영토와 국기

2) 카자흐스탄의 정치

(1) 구 소비에트 연방 독립 이후 추앙받는 1인 독재(영구집권 보장)

① 1991년 12월 16일 소련으로부터의 독립을 선언하고, 대통령중심제의 민주주의 체제로 정치기반 변화

② 독립 이후 카자흐스탄 현대 정치사의 주된 흐름은 나자르바예프(Nursultan Nazarbayev) 대통령의 통치 기반 강화와 정권의 권위주의 강화 과정으로 요약 가능

③ 최근 2012년 10월 28일 지방의회 보궐선거가 실시되었으며, 11개 지역 총 45개 선거구에서 10명의 주의원, 8명의 시의원, 27명의 구의원 등 총 45명이 선출

[그림 2] 카자흐스탄 정부 조직도

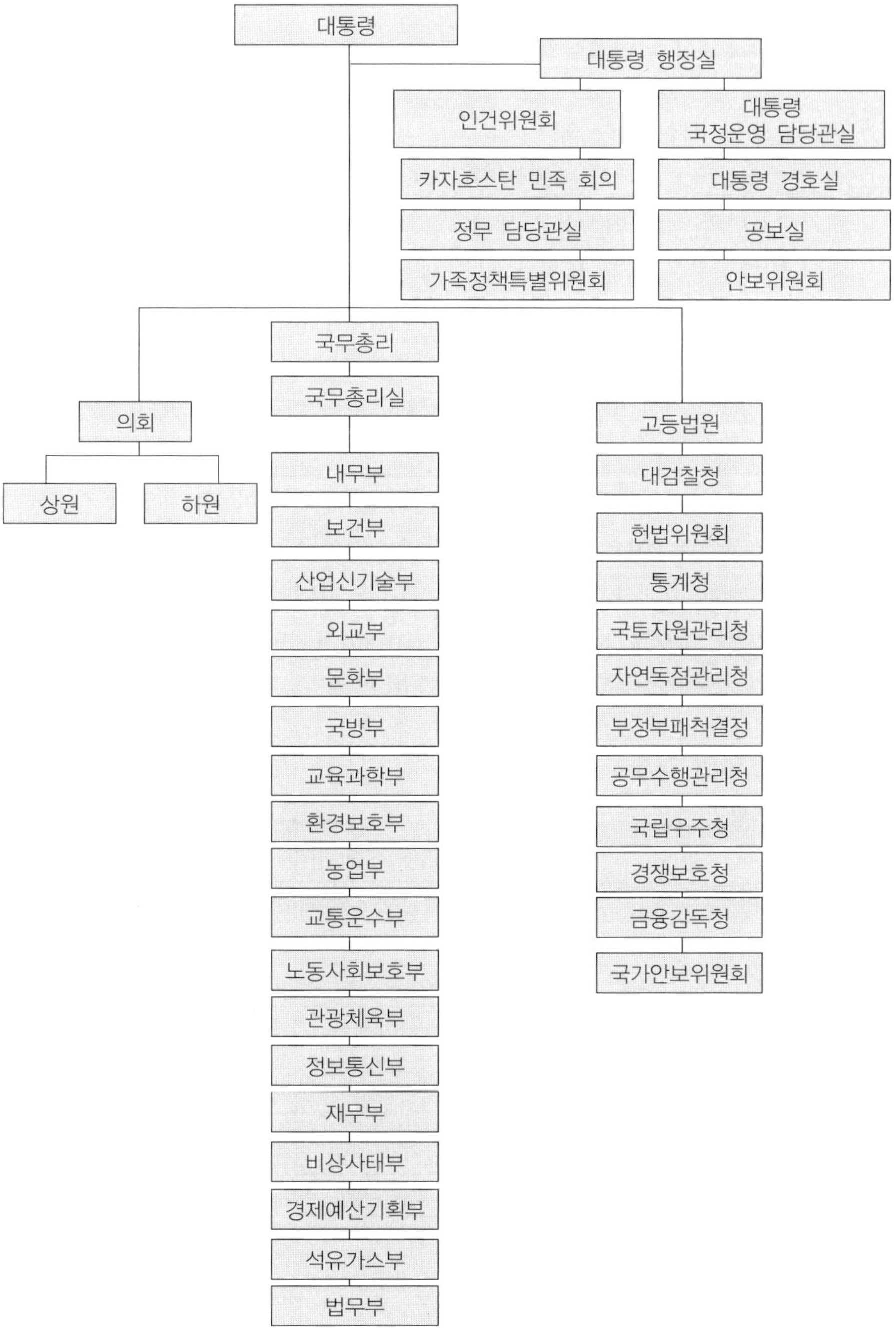

④ 투표율은 70.8%였으며, 집권여당인 누르오탄당 92.3%의 압도적인 지지율로 42명의 의원이 선출
⑤ 나자르바예프의 권위주의적 통치 행태는 계속 유지될 전망

3) 카자흐스탄 최신 동향

① 미 중앙정보국 CIA에서 발표한 The World Factbook에 의하면, 2012년 초 기준 카자흐스탄의 석유 매장량은 세계 12위로써 확인 매장량이 300억 배럴이며, 천연가스 매장량은 세계 15위로 확인 매장량이 2,407 trillion cum임
② 풍부한 자원에 의한 높은 성장률을 보여 왔고, 비록 글로벌 경제위기 때는 경제성장률이 저조하였으나 2010년부터 회복세를 보이기 시작
③ 구소련 중앙아시아 국가 중 최고의 경제규모를 자랑하는 카자흐스탄은 2013년 1분기 기준 4.5%의 경제성장률을 기록
④ 카자흐스탄의 외환보유액은 세계적인 경기침체로 인한 FDI유입액 감소와 은행채무재조정으로 2011년에는 252억 달러, 2012년에는 237억 달러로 감소 추세
⑤ 카자흐스탄 경제예산기획부에 따르면 2014~2018년 GDP 성장률은 6~7.1% 수준에 도달할 것으로 전망되고 있으며, 2014년 1인당 GDP는 $14,000, 2018년에는 $24,000까지 상승할 것으로 예상되고 있음

4) 카자흐스탄의 경제

(1) 경제 현황

〈표 1〉 카자흐스탄 경제 현황

화폐단위	Tenge(KZT)
회계연도	1.1~12.31
산업구조	서비스업 59.6%, 제조업 37.9%, 농업 5.2%(2012)
주요수출품	석유, 금속류, 식료품, 화학제품, 기계류(2012)
주요수입품	기계 · 설비, 금속류, 식료품(2012)
주요부존자원	석유, 천연가스, 석탄, 철광석, 망간, 구리, 주석, 우라늄
경제적 강점	풍부한 부존자원 및 중앙아시아 최대 경제국
경제적 약점	에너지부문에 편중된 산업부문, 취약한 제조업 기반

자료: 2014 세계국가편람(한국수출입은행, 2013).

〈표 2〉 카자흐스탄 경제 지표

경제지표	단위	2010	2011	2012	2013	2014
GDP	억 달러	1,480	1,881	2,027	2,249	2,521
1인당 GDP	달러	9,009	11,278	11,983	13,048	14,343
경제성장률	%	7.0	7.5	5.1	5.0	5.2
산업생산증가율	%	9.2	3.3	1.5	2.1	4.0
국내총투자/GDP	%	26.3	23.0	23.6	23.0	23.2
실업률	%	5.8	5.4	5.3	5.3	5.3
재정수지/GDP	%	1.5	6.0	4.5	4.8	4.1
소비자물가상승률	%	7.1	8.3	5.1	6.3	6.3

① 나자르바예프 대통령은 금년 1. 17(금) 세계 선진국 30위 진입을 목표로 하는 "카자흐스탄의 길 2050 - 공동의 목표, 공동의 이익, 공동의 미래"를 주제로 2014년 연두교서를 발표

② 7대 우선과제로 혁신산업화 트랜드 강화, 농업혁신, 지식경제 기반 조성, 효율적인 도시 · 교통 · 에너지 인프라 개발, 중소기업 발전, 국민 잠재력 개발을 위한 교육 강화 및 보건 지원, 국가기관의 업무 개선을 제시

(2) 애로사항

① 시장의 정보 유통구조가 폐쇄적이고 마켓 데이터가 불충분하고 부정확

② 가치가 높은 고급정보의 경우에는 음성적인 루트와 고위 인맥을 통해 유통되고 있는 것이 사실이며, 이것은 곧 카자흐스탄 내부의 공식적인 의사소통 채널이 취약하다는 것을 의미

(3) 투자 현황

① 카자흐스탄에서의 외국인 우호적인 투자환경은 전 세계적으로 많은 외국인 투자자를 유치하였고, 이들 중 네덜란드의 투자자들은 전체의 25%를 치지하였으며, 2006년에서 2009년에 이르기까지 170억 달러를 투자하였음

② 전문가의 분석에 따르면 중앙아시아에서 이루어진 직접투자의 80% 이상이 카자흐스탄에서 이루어진 것으로 파악되었으며, Wolrd Bank에서 선정한 투자하기 가장 좋은 20개국 중 하나로 카자흐스탄을 선정

③ 초기의 투자는 소비재 분야에 집중되었으나, 2000년대에 이르러서는 분야가 다

[그림 3] 해외국가별 투자비율

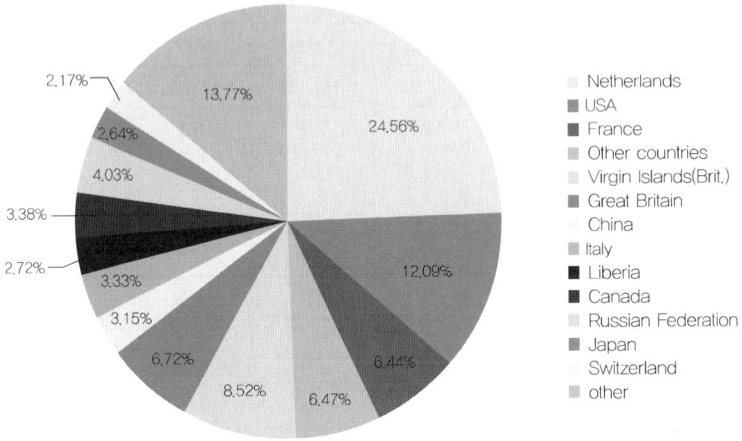

자료: Yearbook of Kazakhstan in 2009.

양화되었으며, 외국인의 투자가 금융과 건설업에도 증가하였음

④ 그러나 멘델레예프 주기율표의 모든 원소를 부유한 광물자원부국이며, 카스피해 3대 유전(카샤칸, 텡기즈, 타라차가낙)을 보유, 세계 5위를 전망

⑤ 고려인 최고 엘리트(2명 상원의원, 고려인병원, 재계 서열 3, 34, 45위)가 있음

Ⅲ. 해외진출을 위한 교육프로그램

1. 글로벌e거버넌스 대학원 융합전공 신설

이러한 미래 유라시아 시대를 대비하기 위하여 인하대에서는 2013년 9월 글로벌e거버넌스 대학원 석·박사 융합전공을 신설하였다. 이 전공은 전공제한이 없으며, 인문계열, 사회계열 및 공학계열 학생의 지원이 가능하도록 설계되었다.

2. 융합전공 신설 배경

미래의 추세는 Green(친환경), Global Standard(국제표준), Sustainability(지속가능성), Convergence(융합) 등 친환경, 융합, 조화가 중심 가치로 등장함으로써 다양한 주체(정부, 시민, 기업) 간의 협력적 파트너십을 근간으로 거버넌스(Governance)를 지향하는 새로운 글로벌 리더십이 필요하다.

특히 우리나라의 정보통신기술과 전자정부(E-Government)의 수준은 UN 평가에서

1위를 차지하고 있으며, 따라서 이러한 선도적 위치를 바탕으로 개발도상국의 정보격차 해소와 우리나라의 선진 행정, 정책, 국제통상, 경영정보, 정보산업공학, 컴퓨터공학 등의 융합모델을 개발하여 21세기 지식정보사회의 융합·소통·전문성을 통섭할 수 있는 글로벌 인재양성을 목표로 한다.

미래는 민주화의 확대, 사회적 욕구의 분출, 글로벌 문화의 개방 등 사회적 다원화를 포용하는 글로벌 감각을 갖춘 인재와 연구능력이 요구된다. 따라서 글로벌e거버넌스를 지향하는 학제 간 융합 전공을 개설하여 한국과 개발도상국의 글로벌 인재를 양성함으로써, 정보격차로 인한 국제사회의 빈곤문제를 근본적으로 해소하고 글로벌 공동체간의 상호이해와 협력적 기반을 구축하여 세계평화와 인류공영의 발전에 기여하고자 한다.

3. 융합전공 주요 내용

[그림 4] 글로벌e거버넌스 개념

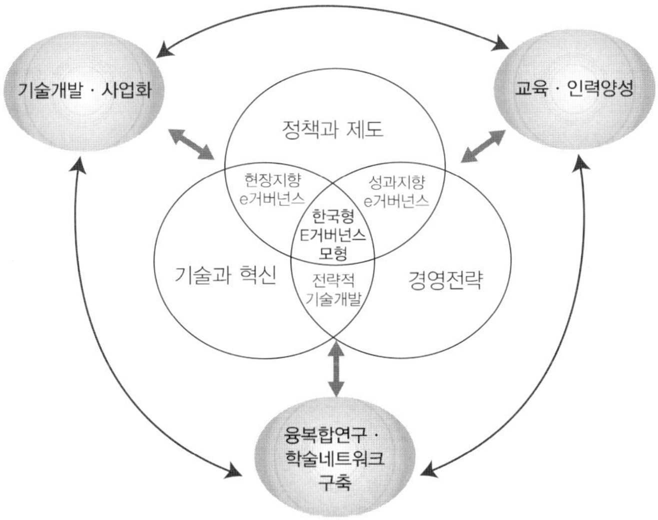

〈표 3〉 글로벌e거버넌스전공 학위명 및 과정

글로벌 e거버넌스전공 학위명 및 과정		
구분	e거버넌스행정학 전공	e거버넌스관리공학 전공
석사	e거버넌스행정학 석사 e－Governance行政學 碩士 Master of e－Governance Public Administration	e거버넌스관리공학 석사 e－Governance管理工學 碩士 Master of e－Governance Management Engineering
박사	e거버넌스행정학 박사 e－Governance行政學 博士 Ph.D.	e거버넌스관리공학 박사 e－Governance管理工學 博士 Ph.D.

전공명	과정	과목명	비고
글로벌e거버넌스행정학/글로벌e거버넌스관리공학	석사/통합	전자거버넌스개론	연구설계방법론은 전공자격시험과목에 포함시키지 않음
		연구설계방법론	
	박사/통합	글로벌e비즈니스 관리	
		IT기반 경영혁신론	
		전략정보설계	

〈표 4〉 커리큘럼

종별	영역	학수 번호	교과목명	학점
석사전공 필수	글로벌 e거버넌스 기초	GLO5001	전자거버넌스개론	3.0
		GLO5002	연구설계방법론	3.0
박사전공 필수	글로벌 e거버넌스 기초	GLO5003	글로벌e비즈니스 관리	3.0
		GLO5004	IT기반경영혁신론	3.0
		GLO5005	전략정보설계	3.0
석사 · 박사 공통 전공선택	공공시민 사회부문	GLO7001	공공조직 성과관리	3.0
		GLO7002	시민참여론	3.0
		GLO7004	글로벌ICT 정책	3.0
		GLO7006	국가재정거버넌스	3.0
		GLO7007	개혁커뮤니케이션	3.0
		GLO7008	이문화간 커뮤니케이션	3.0
		GLO7018	한국전자정부론	3.0
		GLO7019	정책과 거버넌스	3.0
		GLO7022	인터넷사상과 거버넌스	3.0
		GLO7023	N－스크린과 세계정보화	3.0

경영경제 부문	GLO7009	지식경영혁신론	3.0
	GLO7010	소셜미디어 비즈니스	3.0
	GLO7011	지속가능한 e비즈니스 세미나	3.0
	GLO7020	국제협상론	3.0
	GLO7021	e거버넌스 국제협력	3.0
정보공학 부문	GLO7012	인터넷 개론	3.0
	GLO7014	지식재산 데이터베이스	3.0
	GLO7016	e거버넌스 인공지능 개론	3.0
	GLO7017	클라우드 컴퓨팅 및 빅데이터	3.0

제 4 장

지방대학 행정학과의 경쟁력

1

지방대학 행정학과 경쟁력 확보 방안

송 재 복(호원대학교)

Ⅰ. 서 론

최근 지방대학은 신입생의 모집에 어려움을 겪고 있다. 각 대학마다 미달사태가 나타나고 학생정원 충원을 위한 각종의 방안이 모색되고 있다. 이와 관련하여 어느 대학의 경우 교수가 직접 고교를 방문하여 학생모집에 나서고, 학생충원을 위한 출장홍보 교육까지 나서고 있다.

이와 함께 학교 내부적으로는 이러한 신입생 미달사태에 따른 학내 구조조정을 실시하여 학과 간 통폐합이 이루어지고 새로운 전공 설치를 통하여 학과의 생존을 유지하거나 직접 폐과를 단행한다.

이러한 현상은 근본적으로 대학 입학생의 감소, 지속해 온 지방대학신설로 인한 지방대학의 일반적인 추세이다.[1] 물론 같은 지역의 지방대학의 경우에도 학교에 따라 정

1) 2016년 59만 명인 고교입학생이 2017년 52만 명, 2018년에 46만 명으로 감소할 것으로 예상된다. 2016년 대입입시정원이 53만 명이나 5년 후에 46만 명의 80%인 36만 명이 대학을 갈 경우 2,000명 기준의 대학 80곳이 문을 닫아야 하는 상황이 된다.

도의 차이가 있고, 같은 학교 내에서도 계열별, 전공별 차이로 다르게 나타나기도 한다. 특히 본 연구의 대상인 지방대학 행정학과의 경우 최근의 근본적인 취업난과 몰려있는 공무원 선호도로 지원학생 수가 줄어들고 있고 갈수록 신입생의 모집이 어려워지고 있다. 이 결과 행정학과의 정원 조정이나 타과와의 통합 및 심지어 폐과가 속출되고 있다. 그에 따른 행정학과 전공교수의 충원도 거의 이루어지지 않는다.

한국에서 1950년대 초기 시작된 행정학이 이후 지적, 제도적, 기능적, 지식사회학적 측면에서 다양하고 빠르게 성장해 온 것과 비교해 볼 때(정용덕, 2001: 27), 최근의 행정학의 이러한 지적 약화는 행정학 지식과 이론에 새로운 반성을 요구하고 있다.

일부 행정학자들은 이러한 시대적인 흐름을 행정학 교육의 위기라고도 하며(송병주 · 정원식, 2005), 이의 해결을 위한 새로운 교과과정의 설치를 제안하거나 보다 포괄적인 입장에서 행정학의 현실적 유용성을 제안하기도 한다(이종수, 2005).

본 '행정학회발전특별위원회'에서 이와 관련된 논의를 갖는 것도 같은 맥락의 범주라고 생각되며, 특히 지역대학에서 나타나는 행정학의 지적 열세를 어떻게 극복할 것인가의 문제를 다룬다는 것은 현실적이며 처방적인 시도로서 유용하다고 할 수 있다.

본 연구는 학회발전 차원에서 고민해야 하고 점점 강하게 압박해 오는 아젠다로서 지방대학 행정학과 경쟁력의 문제에 초점을 두어 논의하게 된다. 학생 수의 감소 속에서 각 지방대학 행정학과의 축소와 구조조정, 폐과 등의 다양한 처방조치에 대한 문제를 검토하고 향후의 경쟁력 있는 행정학과의 존립방안을 찾기 위함이다.

접근방법은 지방대학이 겪고 있는 현재의 심각한 행정학의 경쟁력 위기를 어떻게 극복할 것인가의 대안 탐색에 초점을 두게 된다. 그러나 본 글에서 제안하는 대안은 지방대학 생존 및 경쟁력 강화를 위해 대학 자체는 물론 행정학회 및 행정관련 교수들의 역할을 고려한 보다 포괄적 대안을 탐색하고 제시하게 된다. 이와 동시에 부수적으로 중앙정부와 지방정부가 해야 할 최소한의 역할에 대해서도 일정부분 언급한다.

본 연구에서 다루는 주제의 시간적 범위는 2005년 이후 지난 10년간이다. 이 기간 동안 나타나는 지방대학 행정학과의 실태와 변화문제를 점검하고 그에 따른 경쟁력 방안을 제시한다.

Ⅱ. 지방대학 행정학과[2] 경쟁력 실태와 변화유형

1. 지방대학 행정학과 경쟁률과 취업률

지방대학 경쟁력에서 경쟁력이란 대학 내의 타 학과에 비교해서 학생지원이나 취업정도에서 서로 대등한 위치에 있거나 상대적으로 우위에 있는 것을 가리킨다. 이러한 맥락에서 경쟁력 저하란 다른 전공학과에 비하여 상대적으로 행정학 전공자의 지원율이나 취업률이 떨어져서 신입생의 유치에 관심을 두어야 하며, 이 결과 학과의 생존에 어려움을 겪는 것을 말한다. 이러한 의미의 행정학과 경쟁력은 그것의 입시경쟁력과 취업경쟁력으로 알 수 있으며, 지표상으로는 지방대학이 보이는 각각의 경쟁률, 취업률로 파악할 수 있다.

1) 지방대학 행정학과 입시경쟁력

지방대학 행정학과별 입시경쟁률을 보면 <표 1>과 같다. <표 1>은 서울 경기지역 이남의 지역별 대학의 입시경쟁률을 나타낸다.[3] 표에서 제시된 바와 같이 대학이 지역별 경쟁률에 차이를 보이며, 특징적인 점은 일부 입시경쟁력이 낮은 대학들의 경우 입시경쟁률 자체를 공표하지 않고 있다는 사실이다. 특히 전북지역의 경우 7개 대학 중 4개 대학이, 광주 · 전남의 경우 12개 대학 중 6개 대학이, 대구 · 경북의 경우 12개 대학 중 5개 대학이 행정학과 입시경쟁률을 제시하지 않고 있다. 이는 행정학과의 충원이 제대로 이루어지지 않았거나 경쟁력에 문제가 있음을 시사한다.

〈표 1〉 지방대학 입시경쟁률*

지역	소속	경쟁률	지역	소속	경쟁률
강원지역 (8개 대학)	학과(3)	3.6. 미기재	충북지역 (8개 대학)	학과(1)	8.7
	학부(4)	2.7 4.4 7.3 신설		학부(5)	5.5 3.5 2.7 7.3

2) 지방대학이란 서울 · 경기지역의 소재대학을 제외한 대학으로 행정학과의 신입생모집에서 어려움이 있는 지방소재의 대학을 가리킨다.

3) 본 자료는 각 대학의 입시경쟁률을 나타내나 대학마다 사정에 의해 공개되지 않거나 달리 제시되기 때문에 정확하다고 볼 수 없다. 교육인적자원부는 2006년부터 각 대학의 자료를 공개할 예정으로 되어 있다.

	세분학과(1)	신설			세분학과(2)	1.86 13.3
대전 · 충남 지역 (13개 대학)	학과(2)	2.3 4.3		전북지역 (7개 대학)	학과(•)	
	학부(9)	6.1 2.5 5.3 2.0 3.6	7.5 미기재 2.9 3.2		학부(5)	미기재(4) 2.6
	세분학과(2)	13.3 11.6			세분학과(2)	4.4 7.5
광주 · 전남 지역 (12개 대학)	학과(2)	미기재(2)		대구 · 경북 지역 (12개 대학)	학과(4)	미기재(2) 3.0 5.3
	학부(5)	2.1 3.0 2.8	3.9 1.0		학부(5)	4.5 10.5 12.4 미기재(2)
	세분학과(5)	2.7 미기재(4)			세분학과(3)	5.2 3.4 미기재(1)
부산 · 울산 · 경남지역 (13개 대학)	학과(1)	7.1		제주지역 (2개 대학)	학과(•)	
	학부(9)	5.2 5.4 5.5 3.2 3.0	7.4 4.4 4.9 미기재		학부(1)	3.2
	세분화(3)	1.6 미기재(2)			세분화(1)	0.7

* 세분학과는 경찰행정학과, 자치행정학과, 소방행정학, 보건행정학과 등의 형태로 존재하는 행정 관련 학과를 가리킨다. 이들 학과는 일반 행정학과로부터 전환되어 존립하거나 일반 행정학과와 병존하는 형태이다.

자료: 중앙교육(2005), 「중앙수험자료집」.

2) 취업경쟁력

각 지방대학 행정학과의 취업경쟁력은 졸업자들의 취업통계를 통해서 알 수 있다. 교육인적자원부는 각 대학이 제공하는 자료를 통하여 연도별 고등교육기관 취업자 통계를 발표하고 있다. 교육인적자원부가 2005년 8월과 2006년 2월 전국 363개 대학 및 139개 일반대학원생 졸업자 약 56만여 명을 대상으로 사회분야 취업률의 정도에 대한 자료 중(조사시점, 2006.4.1.) 상위, 중위, 하위그룹 학과들을 보면 <표 2-1, 2-2, 2-3>과 같다. 이 자료 의하면 사회과학 분야에서 상위, 중위, 하위그룹에 포함된 지방대학 행정학과는 없다. 이는 지방대학 행정학과의 경쟁력이 지역은 물론 다른 사회계열의 전공보다 낮음을 시사한다.

<표 3>은 2016년 최근 자료로서 지방대학 행정학과 경쟁률과 취업률을 나타내고 있다. 지역대학에 따라 경쟁률은 다르나 거의 모든 대학이 최저 5대 1에서 최고 14대 1까지 분포되어 있어 비교적 경쟁률이 높다. 최근 취업난으로 안정적인 공무원에 대한 선호도가 높아 지역의 경쟁력 있는 행정학과로 몰린 결과라 본다. 반면에 취업률은 그렇게 높지 않게 나타나고 있다. <표 3>에서 제시된 지역별 대학 행정학과 평균취업률은 약 44.8%이며, 주간학생의 경우 최저 30%대에서 최고 65% 정도이나 거의 모든 학교가 50% 이하를 보이고 있다. 취업률은 대학경쟁률이 높은 것에 비해 낮으며, 그것의 원인은 공무원시험에 많은 사람이 몰려 시험경쟁이 심화된 결과에 기인한 것으로 판단된다. 그렇다면 이러한 지방대학 행정학과의 경쟁력 저하는 어떠한 요인에서 기인하는가. 이의 원인을 몇 가지로 구분하여 설명하면 다음과 같다.

〈표 2-1〉 A그룹 (학과 취업자 100명 이상)

분야	순위	학부(과)	졸업자	취업률	정규직 취업률	비정 규직 취업률	대기업 취업률	전공 일치도	진학률
사회	1	경동대학교 관광학부	200	94.9	88.8	6.1	10.7	68.3	1
	2	우석대학교 유통통상학부	147	91.3	56.7	34.6	3.9	59.5	8.8
	3	경동대학교 경영학부	123	91.1	81.3	0.9	4.5	82.4	5.7
	4	국민대학교 재무금융전공	132	89.9	65.9	23.3	57.4	74.1	2.3
	5	성균관대학교 경영학전공	209	89.8	85	4.4	53.4	94.6	1
	6	연세대학교 경영대학	245	88.8	87.4	1.4	61.4	90.6	8.6
	7	고려대학교 경영학과	425	88.6	87.6	0.8	65.6	93.4	5.6
	8	중앙대학교(분교) 상경학부	273	86.8	60.7	24.4	12.4	54.3	7.3
	9	이화여자대학교 사회생활학과	112	86.3	34.3	52	–	90.9	8.9
	10	연세대학교 경영학과	315	85.4	84.7	0.3	59	98.4	5.7

〈표 2-2〉 B그룹(학과 취업자 50명 이상~100명 미만)

사회	1	상지대학교 회계정보학과	63	96.7	70.5	23	13.1	76.3	3.2
	2	건양대학교 세무학과	58	96.6	74.1	22.4	–	75.0	–
	3	인제대학교 경영통상학과	51	96.1	84.3	3.9	15.7	87.8	–
	4	나사렛대학교 아동학전공	73	94.4	93.1	1.4	–	95.6	1.4
	5	한국기술교육대학교 산업경영학부	75	94.4	83.3	11.1	12.5	98.5	2.7
	6	국민대학교 조직전략·국제경영전공	53	94.1	66.7	27.5	47.1	70.8	1.9
	7	대전대학교 세무회계정보학전공	64	93.5	54.8	35.5	3.2	60.3	3.1
	8	호서대학교 세무회계학전공	60	93.1	70.7	20.7	12.1	75.9	3.3
	9	건양대학교 전자상거래무역학전공	65	92.2	54.7	37.5	9.4	54.2	1.5
	10	중부대학교 인문사회대학 경영학과	81	91.3	73.8	13.8	–	49.3	–

〈표 2-3〉 C 그룹(학과 취업자 10명 이상~50명 미만)

사회	1	건양대학교 관광경영학전공	48	100.0	80.0	20.0	2.2	68.9	6.3
	2	서경대학교 아동학과	47	100.0	90.9	9.1	–	93.2	6.4
	3	세명대학교 웹비지니스학과	21	100.0	95.2	4.8	–	71.4	–
	4	신라대학교 세무회계학전공	17	100.0	64.7	35.3	11.8	100.0	–
	5	중부대학교 인문사회대학 경제금융학과	17	100.0	87.5	–	–	12.5	–
	6	중앙대학교(분교)가족복지학과	19	100.0	23.1	76.9	–	84.6	31.6
	7	중앙대학교(분교)국제관계학과	12	100.0	77.8	22.2	33.3	11.1	25.0
	8	호서대학교 정보보호전공	10	100.0	–	100.0	–	–	70.0
	9	호서대학교 청소년지도학전공	19	100.0	94.1	5.9	17.6	58.8	10.5
	10	호서대학교 해외개발학전공	49	100.0	43.8	52.1	22.9	25.0	2

자료: 교육인적자원부(2006.9.22). 2006 고등교육기관 졸업자 취업통계조사결과 보도자료.

〈표 3〉 2016년 지역별 · 대학별 행정학과 경쟁률 및 취업률*

지역	대학	학과	경쟁률 (2016년 정원 내)	취업률
강원	강릉원주대	자치행정학과	3.37 : 1	30.2
	강원대	행정학과	6.91 : 1	46.2
	강원대(제2 캠퍼스)	공공행정학과	6 : 1	–
경남	경남대	행정학과	5.13 : 1	37.9
	경상대	행정학과	9.6 : 1	32.7

	창원대	행정학과	8 : 1	41.4
		행정학과(야)	1.96 : 1	76.0
경북	대구대	도시행정학과	4.83 : 1	33.3
		행정학과	5.96 : 1	46.0
	안동대	행정학과	6.44 : 1	40.0
	영남대	행정학과	10.45 : 1	48.3
전북	군산대	행정경제학부	–	–
	원광대	행정언론학부	5.1 : 1	–
	전북대	행정학과	6.18 : 1	27.8
	전주대	행정학과	6.44 : 1	57.7
전남	전남대	행정학과	7.82 : 1	53.1
	호남대	행정학과	3.53 : 1	65.4
	목포대학교	행정학과	7.19 : 1	35.5
충북	건국대학교	행정복지학부	5.52 : 1	–
	서원대학교	행정학과	7.43 : 1	–
	세명대학교	경찰공공학부	5.56 : 1	–
	청주대학교	행정학과	5.41 : 1	39.1
	충북대학교	행정학과	10.41 : 1	44.4
	한국교통대학교	행정학부	–	–
충남	공주대학교	행정학과	13.71 : 1	33.3
	순천향대학교	행정학과	5.92 : 1	51.0
	선문대학교	글로벌행정학과	2.67 : 1	–
	호서대학교	법경찰행정학부	–	–
제주	제주국제대학교	공무원행정학과	2.25 : 1	1
	제주대학교	행정학과(주)	4.06 : 1	–
		행정학과(야)	3.22 : 1	66.7
대전	대전대학교	행정학과	5.98 : 1	–
	목원대학교	행정학과	3.85 : 1	33.3
	배제대학교	행정학과	3.55 : 1	37.9
	충남대학교	행정학과	5.58 : 1	–
	한남대학교	행정학과	–	–
	한밭대학교	행정학과	11.23 : 1	–
대구	경북대학교	행정학부	8.42 : 1	–
	계명대학교	행정학 전공(주)	7.26 : 1	–
		행정학 전공(야)	6 : 1	–

부산	동아대학교	행정학과	7.78:1	48.9
	부경대학교	행정학과	7.54:1	44.6
	부산대학교	행정학과	10.29:1	48.3
세종시	고려대학교 (세종대학교)	정부행정학부	–	–

* 본 자료에서 행정학과는 소방행정학과, 경찰행정학과, 보건행정학과 등을 제외시켰으며, 행정학과가 학부 형태로 된 경우 포함시킨 것이다.
자료: 정부3.0 대입정보포털 학과정보(http://adiga.kr)에서 행정학과 중심의 자료를 재정리.

3) 지방대학 행정학 경쟁률의 저하원인

지방대학 행정학과의 경쟁률이 떨어진 배경을 원인적인 차원에서 제시하면 다음과 같은 요인을 지적할 수 있다.

(1) 진학인원의 감소

우리나라 전체인구의 감소추세(2005년 기준 출산율=1.16명)와 함께 아직도 지방인구의 서울 인근도시로의 이동현상이 꾸준히 나타나고 있다. 이 결과 지방대학은 신입생 모집의 어려움에 봉착하고 있고, 지방대학 행정학과에 대한 지원율도 떨어지고 있는 실정이다(<표 1> 참조).

(2) 취업의 어려움

청년실업이 7%에 이르는 가운데 행정학 전공 졸업자들의 취업률도 낮다. 이러한 추세 속에서 공무원채용시험의 경우 높은 경쟁률을 보이고 있어 지방대학 행정학과 전공자들의 진출을 어렵게 하고 있다. 취업난에 따른 공무원시험 응시자의 경쟁률이 높고, 상대적으로 지방대학 학생들의 합격률이 낮아 공무원 진출을 미리 포기하는 경우도 발생하고 있다.

(3) 비인기 분야로서의 낮은 선호도

최근 정보화로 인한 빠른 생활변화와 현대인들의 웰빙 문화의 상조는 이들의 생활문화를 새롭게 바꾸게 한다. 현대인들은 생활 속에서 복잡하고 까다로운 것보다 쉽고 편안한 것을 선호하는 성향이 높아지고 있다. 이러한 현대인들의 성향변화는 새로운 관심과 수요를 창출시키고 있으며 이 결과 이들의 수요에 부응한 새로운 학문분야가 대두되고 이 분야에 대한 선호도가 높아지는 현상을 보이고 있다.

현대인의 성향변화와 새로운 관심분야의 대두는 젊은 세대들에게도 그대로 반영이 되어 대학 입시생의 대학진학에서도 그러한 현상이 나타난다. 학생들의 선호도가 이공계열을 기피하고 딱딱하거나 복잡한 인문 및 사회과학보다는 좀 더 쉬운 학과나 추세를 반영한 학과를 선호하는 것이다.

일반적으로 행정학 분야는 젊은 세대에게 직업으로서 선호도는 높으나 공무원시험 경쟁율이 높아지고 실제로 전공지식으로서 어렵다고 인식하여 기피한다. 최근의 신입생들의 인식체계는 그들로 하여금 행정학 전공을 선호하게 하지 않게 만드는 요인이 되고 있다.

(4) 학교 간의 서열화

서울과 지방 간 학교의 서열화는 물론 지방대 학내에서의 학교 서열화로 낮은 서열의 지방대학 행정학과 학생모집이 더욱 어려워져 경쟁력이 떨어지고 있다. 이러한 학교 간 계층적 서열화는 하위대학에서 상위대학으로의 학생들의 충원되는 경향을 보이며, 특히 편입제도가 있음으로 해서 지방대학 학생의 서울소재 대학으로의 이동은 물론 지역 내에서의 이동도 이루어져서 경쟁력이 낮은 지방대학 행정학과의 존립을 더욱 어렵게 하고 있다. 이는 아랫돌을 빼서 윗돌을 쌓는 것과 같은 하향적 악순환의 연결고리가 되어 경쟁력이 취약한 지방대학 행정학과의 타과와의 통합, 폐과를 가속화시키는 요인으로 작용한다.

(5) 학부제의 채택

대학전공 간의 학부제의 채택도 행정학과의 경쟁력을 약화시키는 요인의 하나라 할 수 있다. 신입생들이 선호하는 인기 있는 타 학과와 행정학과를 학부제로 묶음으로써 행정학 자체의 상대적인 경쟁력이 약화되는 경우이다. 이미 낮아진 행정학의 경쟁력을 높이거나 생존을 위하여 생존차원에서 학부제를 채택할 수 있으나 학생의 선호도나 학문의 유사성 등을 고려하지 않은 학과 간의 통합은 오히려 학내에서 행정학의 경쟁력을 낮추는 결과를 가져온다.

(6) 교육부의 구조조정 제도

교육부가 재정을 미끼로 대학구조조정을 실시하는 방안으로 산업계 교육활성화 선도대학사업으로서 소위 프라임(PRIME)사업을 추진하고 있다.[4] 교육부가 추진하는 이 사업은 2016년 2,012억 원을 시작으로 3년간(2016~2018) 추진하며, 사회수요 중심으로

4) PRIME: PRogram for Industrial needs－Matched Education. 출처: 교육부, 「산업연계 교육활성화 선도대학 사업(PRIME) 기본계획 확정 공고(보도자료)」, 2015. 12.

학과개편, 정원조정과 같은 구조개혁뿐만 아니라, 대학 전반의 교육과정 개편과 학사제도의 개선을 도모하고 있다. 이 사업에 지정된 대학에 대해서는 연간 300억 원 등 3년간 6,000억 원을 지원하는 초대형 사업이기 때문에 각 대학들은 특히 재정이 열악한 지방대학의 경우 교명도 바꾸고 공대를 강화하며 정체불명의 학과를 만들어서 대응해 가고 있다(중앙일보, 2016.4.18). 이 사업이 공대의 활성화를 꾀하고 대학의 구조조정을 목표로 한다는 점에서 의미가 있을 수 있으나 상대적으로 인문사회분야의 구조조정은 물론 경쟁력이 없는 지방대학 행정학과 폐과의 위기를 가속화시키는 요인으로 작용된다고 할 수 있다.

〈표 4〉 PRIME 사업유형별 주요내용(안)

사업유형	사회수요선도대학(대형)	창조기반선도대학(소형)
유형별 내용	• 사회변화와 산업수요중심으로 대학전반의 학사조직과 정원조정 선도	• 창조경제, 미래유망산업 등 특정 분야중심의 인력양성을 위한 개편
특징	• 진로취업중심의 학과개편과 학생중심의 학사구조 개선 • 현장중심의 교육과정개발 도입과 학생의 진로경력관리 강화	• 신기술직종, 융합전공 등 창조경제와 미래유망산업인재양성 • 창업학과, 사회맞춤형학과 등 선도적 교육모델의 도입
참여 조건	입학정원의 10%(최소 100명 이상) or 200명 이상 이동	입학정원 5%(최소 50명 이상) or 100명 이상 이동
	동일계열 내 이동은 50%만 인정(계열기준은 대교협표준분류체계 대계열)	
지원 규모	• 총 1,500억원(9개교 내외) • 대학별평균 150억원×8교, 최대 300억원×1교	• 총 500억원(10개교 내외) • 대학별 평균 50억원×10교
권역 구분	수도권/비수도권 구분 (최소 수도권 2개교, 비수도권 4개교)	• 5개 권역으로 구분, 균형지원

자료: 교육부.「산업계교육활성화선도대학사업(PRIME) 기본계획 확정 공고(2015.12)」.

2. 지방대학 행정학과의 변화유형

지방대학의 경쟁력이 약화되고 선호도가 낮은 상황 하에서 각 지방대학 행정학들은 어떤 형태로 변화하고 있는가. 행정학과의 신설은 거의 없고 오히려 학과 통합과 폐과의 형태가 나타나고 있다. 이러한 지방대학 행정학과가 보인 변화유형을 분류해 보면 크게 4가지이다.[5]

5) 각 대학의 특수한 사정을 고려하여 여기서는 단지 구체적인 대학의 명시보다 지방대학들의 변화유형을 제시하게 된다.

1) 행정학과의 폐과

행정학과의 신입생 모집이 어려워지자 행정학과를 폐지하는 형태이다. 일부 4년제 행정학과와 특히, 2년제의 전문대학교의 경우 거의 이러한 형태를 취하고 있으며 행정 관련 대학원도 해당된다. 공무원시험의 경쟁력이 강화되는 상황에서 이에 부응하지 못하는 대학의 행정학과라는 인식 때문에 지원학생의 감소로 행정학과를 폐과하는 경우이다.

<표 5>는 교육부에서 제시하는 최근의 폐과된 대학의 행정학과 자료이다. 행정학과의 폐과는 단지 학부차원이 아니라 대학원 과정에서도 나타나고 있어 전문지식분야로서의 행정학과에 대한 인기도가 낮아지고 있음을 알 수 있다.

〈표 5〉 지방대학 행정학과(대학원) 폐과대학

대학	학과	대학	학과
강남대학교 부동산행정대학원(야)	행정학과	인천재능대학교	회계행정/행정관리과정
단국대학교(천안)	행정학과	전북과학대학교	경영행정계열(주, 야)
동국대학교(경주)	행정학과	중원대학교 사회과학대학원	행정학과(야)
동양대학교(본교)	행정경찰학부	창신대학교	공무원양성과
동의대학교	행정학과(야)	충청대학교	행정학부(주, 야)
부산경산대학교	행정학과	평택대학교	행정학 전공(주)
부천대학교	비서행정학과/행정학과	한경대학교 공공정책대학원/산업대	행정관리학과/행정학과
상지대학교	법률행정학과(야)	한국교통대학교(산업대)/경영행정외국어대학원	행정학전공/행정학과
서남대학교(제2캠퍼스)	공무원행정학과	한국교통대학교(산업대)/경영행정외국어 대학원	행정학전공/행정학과
순천행대학교/행정대학원	정책학과	한국국제대학교 경영행정관광대학원	행정학과
세종대학교 정책과학대학원/행정대학원	정책학과/행정학과	한림대학교	행정학부(주)
영산대학교	행정학과	한중대학교	행정학전공
우석대학교	행정학과	호서대학교	행정학과(야)
위덕대학교	공공행정학부		

자료: 교육부(2016). 정부3.0 정보공개(http://www.moe.go.kr) 자료에서 재정리.

2) 행정학과에 타 학과를 개설하여 생존하는 형태

행정학과에 경찰행정학과나 사회복지학과를 개설하여 병존해 가는 형태이다. 이 유형은 행정학과와 함께 최근 인기 있는 학과를 설치하여 행정학 전공을 유지해 나가는 형태이다. 예컨대 행정학과에 복지학 교과과정을 병행하여 운영하는 형태이다. 특징은 행정학과를 유지는 하되 하나의 공통된 교과목을 개설하여 행정학 교수가 행정학은 물론 다른 교과목도 강의하면서 생존해 가는 형태이다. 일반적으로 이러한 형태는 잠정적인 존립방안이 되며 궁극적으로는 다른 학과로 전환해 가기 위한 잠정적인 조치가 된다.

3) 통합학부제로 유지하는 형태

행정학 전공이 타 전공분야와 통합되어 공존, 운영되는 형태이다. 예컨대, 법·경찰 행정학부체제에서 행정학 전공을 유지하는 형태이다. 행정학 전공이 다른 인기 있는 학과와 병존함으로써 전공을 근근이 유지하는 소위, 기생형이다. 다른 학과로 전환되지도 않고 그렇다고 행정학과에 관련 학과를 개설하여 유지하는 것이 아니고 모집된 타 학과의 학생을 대상으로 행정학을 강의하는 형태이다. 이러한 형태도 행정학의 존립 자체가 위태로운 잠정적인 상태이다.

4) 행정학과와 유사한 학과를 개설하는 형태

행정학과와는 별도로 또는 유사한 학과를 만들어 행정학과 교수가 소속을 바꾸거나 참여하는 형태이다. 행정학의 타과로의 전환은 학교별 구체적인 과정은 알 수 없으나 일반적으로 행정학과를 대체하여 경찰행정학과, 소방학과, 국방학과[6] 등을 개설하고 일부 행정학 교과목을 만들어 행정학의 명맥을 유지하는 것이다

Ⅲ. 지방대학 행정학과의 경쟁력 강화 방안

이러한 지방대학 행성학과의 서하된 경쟁력을 강화하기 위한 방인은 무엇일끼. 지방대학에서 행정학의 학문적 기반을 지속적으로 구축하고 행정학의 정체성을 살리는 방안은 어떻게 나가야 하는가. 대학자체, 학회 그리고 정부차원에서 상호간의 역할과 거버넌스 구축 노력이 있어야 할 것으로 판단된다([그림 1] 참조). 행정학과 경쟁력 강

6) 지방전문대학이나 일반대학의 행정학과는 학생모집이 안되어 행정학과를 사회복지학과, 경찰행정학과로 전환했고 일부 대학의 경우 타과와 통합하여 명맥을 유지하거나 학생모집이 가능한 경우에만 행정학과를 존치하고 있다.

화를 위한 각 부문의 구체적인 역할을 제시하면 다음과 같다.

[그림 1] 지방대학 행정학과의 경쟁력 강화를 위한 거버넌스 구축

1. 대학의 역할

1) 실용성 있는 학문으로 전환

현 행정학 교육의 주류는 실무형 교육이라기보다 아직도 실용성이 떨어지는 내용이 지배적이다. 행정학을 공부하여 공무원이 된 사람조차 행정학의 유용성에 회의적인 생각을 가지며, 심지어 민간 분야에서는 무용론까지 주장하는 인식체계가 팽배해 있다. 행정학에 대한 이러한 인식은 지방대학 행정학 전공자들의 취업 및 진로모색의 관점에서 행정학과의 선호도를 낮게 평가하는 요소로 작용한다. 따라서 지방대학 행정학과의 경쟁력을 높이기 위해서는 실용성 있는 행정학으로의 전환이 요구된다. 이의 전환을 위한 구체적인 방안으로는 실무형 교과과정 편성, 인턴십 제도의 도입, 현직 공무원을 활용한 겸임교수제도의 도입 등 3가지 방안을 제시할 수 있다.

(1) 실무형 교과과정의 도입

행정학의 연구대상은 일반적으로 정부영역이라 할 수 있으며 정부영역은 그 범위가 방대하다. 연구영역이 방대하다는 것은 연구과제나 연구내용이 무궁무진하다는 것이다. 그럼에도 행정학 연구가 거시적인 일반론에 치중하고 미시적인 한국행정의 고유성이나 특수성을 연구하는 풍토는 제한적이다. 방대한 정부영역 속에서 한국행정의 고유성을 찾아내려는 이러한 노력의 한계는 곧바로 행정학 개론서에 그대로 투영된다. 행정학 개론서를 보면 제도와 내용소개에 불과하고 상당수 내용이 이론소개에 치중하

고 있다. 한국행정은 강력한 관료제의 전통 성향이 강한데, 행정학 교과서의 내용은 오래전에 민주주의 정치체제를 확립하여 미국행정을 닮아서 그런지 관리(management) 지향적인 내용이 다수이다. 이렇다보니 공무원들은 현장 행정지식과 동떨어진 내용을 가르친다는 불만이다. 학교에서 배우는 학생들은 더욱 내용이 어렵고 흥미를 느끼지 못한다. 행정학을 연구하는 대학교수들조차 어려운 내용이 많다. 가르치는 교수도 어려운데 학생들은 더욱 더 어려울 것이다.

다른 한편으로, 현행 행정학 교과목 내용은 대부분이 이론이나 제도 소개가 많은 부분을 차지하고 있고, 실용적이며 기술적인 분야가 결여되어 있다. 강단에서 강의하는 교수들조차 강의 내용과 현실적인 제도운영 및 처방에서 갭이 있다. 이 결과 특정 분야를 제외하고 행정학의 필요성에 대한 공무원의 인식도는 낮으며, 어느 경우 공무원은 행정학자의 참여나 역할이 중요한데도 불구하고 이들의 참여를 꺼린다. 특히 행정학과 졸업생들의 사회진출과 관련하여 기존의 공직자나 다른 사회직장인이 가진 이러한 회의적 인식은 자녀의 행정학 입학에 대한 선호도를 떨어뜨려 궁극적으로 행정학도의 배출을 줄이게 된다. 따라서 공직자나 일반사회인이 갖는 이러한 인식을 불식시키기 위해서는 행정학의 교과목이 보다 현장 적응적이며, 실용적인 내용으로 대폭적인 전환이 있어야 한다. 이렇게 하기 위해서는 기존 행정학의 교육과정을 이론과정, 실무과정으로 구분하여 실무교육을 더욱 강화시키는 교육이 이루어져야 한다. 여기서 이론과정은 행정학의 기초이론과 인사, 재무, 조직, 정책 등의 핵심이론만을 중심으로 강의하고, 실무과정은 주로 이들 각 분야의 내용을 중심으로 문제해결중심, 현장적응력중심의 실무기술과 기법을 익히는 것을 내용으로 이론에서 논의된 것에 대한 구체적인 방법, 노하우를 습득하게 하는 것이다[7]. 이러한 실무적 기술습득도 크게 2가지 방안으로 구분해 볼 수 있다. 하나는 행정이론 중 특히 실무적인 기술을 요하는 부분에 한정해서 관련 실무기술을 습득하게 하는 방안이다. 다른 하나는 행정실무기술 과목을 별도로 설정하여 집중적으로 실무기술만을 습득하게 하는 방안이다. 전문적인 실무교육을 위해서는 후자가 보다 좋으나 교수법상의 어려움을 고려한다면 전자의 방안을 활용할 수 있다.

(2) 실무교육 자격증 부여

행정학을 실무교육 강화 방향으로 가고 그것의 경쟁력을 높이기 위해서는 자격증

7) 물론 대학원과정에서는 이론 강의 및 학문적인 깊이를 높이는 방안의 연구중심으로 가야 하나 행정대학원이나 정책대학원의 경우에는 실무자들이 많이 입학한다는 점을 고려하여 이러한 실용적인 기술, 기법 위주로 강의하는 것이 필요하다.

제도를 적극 도입할 필요가 있다. 현행 '행정관리사 자격증제도', '정책평가사제도'를 이러한 실무교육과 연계시키는 것과 같다. 행정학과 전공학생들이 이들 자격증과 관련된 실무형의 행정학과 교과목을 이수할 경우 졸업 후에 '행정관리사 자격증 2급 — 정책평가사자격증 2급 — 을 발급해 주는 것이다. 이들 2급 자격증은 민간자격증으로 하고 한국행정학회나 한국정책학회에서 발급하는 것으로 하여 1급의 경우 국가자격시험으로 격상하여 행정자치부가 시행하도록 하고 1급 자격증이 있을 경우 행정관리전문가, 정책평가전문가로서 지방정부기관에서 활용할 수 있도록 하는 것이다. 이렇게 할 경우 행정학의 실용성도 높아지고 자격증제도를 통한 행정학과 학생들의 지망생도 높여 갈 수 있는 장점이 있게 된다. 공무원시험으로 갈 사람은 공무원시험 준비를 하며 그렇지 못하는 행정학 전공자에게 자격증을 부여하여 지방행정기관의 사무처리 및 정책평가에 전문가로서 활용할 수 있도록 해 주는 것이다. 또한 이러한 자격증 소지자가 공무원시험에 응시할 경우 일정점수의 가산점 혜택이 부여되어 행정학 전공의 선호도를 높여 가는 것이 필요하다.

2) 인턴십 제도의 도입

인턴십 제도는 대학과 지방정부 및 공공기관 간의 연계프로그램을 운영하는 것이다. 소위 정·학 연계프로그램을 운영하여 행정과 지방정부가 상호 윈윈하는 방안이다. 이는 행정학이 가진 실용성을 보완하고 현장의 지식을 습득하게 하며 적응력을 높여주는 계기를 학생시절에 제공한다는 점에서 유용하며, 지방정부 및 공공기관에서도 필요한 인력을 활용하는 효과가 있다. 현재 운영되는 행정기관 인턴제는 일자리창출 차원에서 기간제를 활용하고 있으나 이는 임시방편적이며, 행정학 전공과 상관없이 일정한 자격이 있는 사람을 선발하여 운영하는 것으로 미래의 보장이 없다. 이와는 달리 지방행정학과 학생들을 대상으로 이들의 전공을 살리며, 현장에서 학생들의 실무경험을 읽히고, 공직진출에 대한 전공자의 전반적인 지식과 기술을 제공한다는 차원에서 적극 활용할 가치가 있다.

인턴과정의 운영과 관련해서는 자격증과 연계하여 운영하는 것이 좋다. 전술한 자격증을 부여받기 위해서는 재학 중에 인턴과정을 이수하게 하거나 졸업 후에 이수하게 하는 것이다. 사실상 인턴과정이 하나의 훈련과정이고 현장의 전문지식을 확보하는 학습과정이라는 점에서는 재학시절에 이수하는 방안이 바람직하다. 그러나 재학 중에 인턴과정을 이수할 수 없는 사람은 졸업 후에 인턴과정을 이수할 경우에 자격증을 발부해 주는 조건이 될 경우 후자도 가능하게 하여 탄력적 운영이 필요하다. 문제는 이러한 인턴 제도를 도입하기 위해서는 '한국행정학회', '한국정책학회'의 역할이 중요하며, 행정자치부, 지방정부와 지역학회 간의 제도도입을 위한 협의과정이 필요하다. 물론 이 제도의 추진과 관련된 실무적인 업무는 각 대학 행정학 교수들의 진지한 노력이 있어야 한다.[8]

3) 지방대학과 지방정부, 공공기관 간의 협정에 의한 특별채용제도 도입

지방대학과 지방자치단체, 지방소재 공공기관 간의 상호협정을 체결하여 일정 수의 지방대학 행정학과 졸업생들의 채용을 의무화하는 것이다. 현재 광역시도 차원에서 채용시험을 실시하여 필요한 공무원을 선발하여 시군에 배치하나 이와는 달리 일정 수의 비율을 지방대학 행정학 졸업생을 의무적으로 채용하여 활용하는 것이다. 구체적으로 이들 지방대학 행정학과 졸업생들의 의무채용은 일정한 자격여건을 부여하고, 그에 적합한 사람에게 필요한 과목과 현장학습을 이수한 후 테스트를 거쳐서 일정한 수를 채용하도록 하는 방안이다. 특히 전국적으로 10개의 혁신도시가 조성되어 있고[9] 많은 공공기관이 이들 10개 혁신도시로 이전되어 있으므로 이들 기관에서 인력채용 시 일정 비율의 사람은 이러한 방식으로 채용하는 제도를 운영하는 것이다.

4) 현직 행정공무원을 활용하는 겸임교수제 도입

각 대학마다 겸임교수제를 활용할 수 있도록 되어 있음으로 행정학의 실무 기술적 영역을 확대하는 차원에서 일정한 학위나 자격을 가진 현직공무원을 겸임교수로 활용하는 방안이다.

행정이론 분야 중 기획론, 인사부문, 예산편성 등 특정의 행정기술과 전문적 실무 지식을 요하는 분야에 대해서 현직 공무원을 활용하는 것은 학생들의 실제적인 지식 확대는 물론 공무원에 대한 인식을 높여 행정학에 대한 선호도를 높이는 계기가 된다.

5) 취업 보장 장치의 강화

지방대학 행정학과의 경쟁력을 높이기 위해 취업경쟁력을 높이는 것으로 이는 크게 3가지로 나누어 볼 수 있다. 하나는 행정학 전공자에 대한 가산점수제도의 신설이며, 다른 하나는 정부공공기관 시험과목에 행정학 과목을 포함시키는 방안, 마지막으

---

8) 경상대학의 경우 「정치행정현장실습」 과목을 설강하여 현장교육을 유도한 것은 이러한 시도를 한 것으로 고무적이라고 할 수 있다.

9) 전국적으로 조성된 10개 혁신도시는 부산, 대구·광주/전남·울산·강원·충북·전북·경북·경남·제주가 있으며 154개 공공기관이 이전된다.

로 공무원 양성반 운영 등의 적극적인 취업진로 모색이다.

(1) 가산점수제의 활용

각 지방대학에 소재하는 행정학 전공 이수자들에게 9급 공무원시험 시 일정한 점수를 가산해 주는 방안이다. 행정학을 전공하고 전술한 자격증을 가진 사람에게 일정한 점수를 부여하여 행정학 전공자들의 공직진출을 유도하고 그들의 행정학지식을 실질적으로 공직에서 활용하기 위한 것이다. 그러나 방안은 행정학 비전공자의 반발이 있고 특히 공직진출에 강한 선호를 보이는 대학생들에게 행정학과 학생들에게 가산점을 부여하는 것은 이상적이며 실현불가능한 안이 될 수 있다.

유능하고 전문적인 인재발굴을 위해 행정의 특정분야에 이 제도의 도입을 검토해 볼 수 있으며, 행정학 전공자 중에서 1급 국가자격증을 소지한 사람에게 일정한 가산점을 부여하는 것은 현실성이 있다는 점에서 도입해 볼 가치는 있다. 특히 급변하는 시대 속에서 행정학 전공자들의 특정분야에 대한 전문지식과 기술을 활용할 수 있다는 점에서 권장할 만하다. 그러나 이러한 제도 도입에는 국민적 합의가 필요하며 반드시 행정학 관련 인턴과정이나 자격증 취득을 전제조건으로 하는 등 제반조건 이수가 필수인 장치가 전제되어야 한다.

(2) 정부 공공기관시험과목에서 행정학 포함

최근 정부투자기관(농수산물 유통공사, 한국토지공사, 대한상의 등)에서 행정학 전공을 제외시키고 있으나(송병주 · 정원식, 2005), 이의 부활노력은 물론 타 정부기관에서 행정학을 시험과목으로 채택하도록 학회 차원의 노력이 필요하다.

이는 학회 회장단의 역할과도 관련되는 것으로 공무원 및 정부기관의 채용과 관련하여 행정학 과목의 편입을 위해 행정자치부는 물론 국회에 적극적인 로비나 제도적인 관여를 해나가는 것이 필요하다. 또한 앞으로의 사회복지수요의 증가나 지방행정서비스의 수요확대에 따른 자치단체별 지방공무원 수의 증가가 예상되므로, 그에 따른 행정학 관련 분야의 시험과목 반영을 위해 또 다른 노력을 기울일 필요가 있다.

(3) 학내의 공무원 양성반 운영권장

이미 지방대학의 경우 공무원 취업반, 양성반을 편성 · 운영하는 경우도 있다. 일부 학교의 경우 공무원관련 무료 강좌를 개설하여 수강하게 하고 있으며, 취업관련 학원 강좌를 수강할 시 경비 일부를 지원하는 학교도 있다. 현재 공무원시험의 경쟁률이 높아짐에 따라 전술한 바와 같이 많은 지방대학이 다양한 분야의 공무원진출을 위한 공무원 양성 지원제도를 운영하는 것이 필요하다. 이 제도의 운영과 관련하여 다양한 형태가 가능하며 학교의 특성이나 재정적인 형편에 따라 이의 제도수용 여부를 결정하는 것이 바람직하다.

6) 시대반영 분야의 전공영역 확장

지식기반시대, 지식경제시대, 이와 함께 신자유주의 사조에 부응한 새로운 분야나 개념에 대한 행정학적 접근이 이루어져야 한다. 이것은 오늘날의 시대적인 상황에서 강조되는 분야의 개념이나 이론을 행정학에 접목시킴으로써 행정학의 사회적 적응력, 대응력을 높이고 이를 통해 경쟁력을 강화시키는 방법이다. 최근 국가 간의 경쟁은 물론 지방정부 간의 경쟁에 따른 혁신적 리더십론이나 정부와 시민 간의 정책갈등 증폭에 따른 협상전략 및 기법에 대한 관심 등은 이의 예이다.

이와 함께 행정학에 대한 일반적인 관심을 높이고 보다 쉽게 접근하여 흥미를 느낄 수 있도록 새로운 교과목의 확장도 필요하다. 최근 지방정부의 빈번한 축제행사와 관련된 문화예술행정 분야와 같은 것이다. 문화이벤트론, 문화정책론, 문화예술행정론, 문화산업론 등의 분야가 이에 해당한다.

7) 권역대학 간 전공학점 교류제도의 도입

지역대학 행정학과가 서로 경쟁하는 형태로 나타난다는 점에서 그리고 지역 내에서의 학교 간 서열화로 인한 학생들의 이동을 줄이고 각 대학 행정학의 정착을 위해서 지역소재 대학 간의 학점인정제도를 도입하는 것이다. 행정학의 생존과 경쟁력 확보를 위해 지역대학 내의 행정학과 간의 학점 교류를 인정하여 어느 대학에서도 학점이수를 할 수 있도록 하여 학과의 폐지를 방지하고 기존 대학 행정학과 상호간 생존하는 전략이다. 이를 위해서는 권역별 행정학과 교수 간 이해 및 대학 간의 이해가 일치해야 한다.

2. 한국행정학회 등의 역할

행정학과 경쟁력 강화를 위한 노력은 대학 자체 외에도 전문학회의 역할이 요구된다. 전술한 대학의 자구노력과 함께 학회 나름의 대책강구가 요구된다.

행정학 관련 학회, 즉 대표적으로 한국행정학회, 한국정책학회, 한국자치행정학회, 한국거버넌스학회, 한국정부학회, 한국지방행정학회, 한국정책분석학회 등 학회활동이 적극적으로 이루어지는 학회에서는 이러한 지방대학 행정학과의 폐과, 전과 등 나날이 경쟁력이 쇠퇴해 가는 현상에 대한 진지한 고민과 제도적・정책적인 노력을 찾아야 한다. 여기서는 이러한 고민의 몇 가지를 제시해 볼 수 있다.

1) 학회 차원의 대안마련

행정학 관련 학회에서는 지방대학 행정학과 경쟁력 강화를 위한 세미나, 대안연구 등의 방안을 강구하는 노력을 해야 한다. 학회가 행정학의 발전과 전문가의 연구기회 확대, 소규모 연구모임 등의 새로운 영역활동으로 지속적인 발전을 해 나가지만 쇠퇴해 가는 지방대학 행정학과의 문제에 대한 고뇌가 없는 것 같다. 사실 전술한 바와 같이 지방대학 행정학과의 약화 문제는 심각하다. 과거 전문대학교에서 설치, 운영된 행정학과가 요즈음에는 거의 통폐합이 되거나 폐과가 된 상황이며, 일반대학에서의 행정학과 관련 교수충원도 잘 이루어지지 않아 학과 자체가 늙어 가고 있다. 이러한 현상은 공직진출이 어렵다고 판단하는 학교 자체의 인식이나 행정학에 대한 비선호 때문에 앞으로 더욱 심화될 것으로 보인다. 좋은 인재를 양성하고 공직에 진출시키는 일에 지방대학도 일조를 해야 한다는 점에서, 그리고 현재 지방대학 행정학과에서 나타나는 학과의 축소화, 노령화 현상이 심각하다는 점에서 집단지성이 모인 행정학회는 이 문제에 대해 적극적인 관심을 쏟아야 한다. 학회가 행정학 관련 전문가 단체라는 점에서 집단지성을 충분히 활용한다면 지방대학 행정학과가 가진 현재의 위기를 극복하고 생존할 수 있는 해법 도출이 얼마든지 가능할 것이다.

2) 대학지원 기능수행

행정학회 관련 기능이 이제는 단순히 학회 차원의 학술활동을 벗어나서 지방대학 행정학과 경쟁력 회복 또는 지위확보를 위한 노력이 있어야 한다. 지방대학에서 자격증제도를 운영할 경우 학회 차원의 자격증을 발부하거나 어느 경우 대학에게 이러한 자격증 발부를 위한 교과과정 프로그램 운영을 하도록 권유 및 유인하는 적극적인 노력이 있어야 한다. 또한 지방대학 재학생들의 인턴 제도를 도입하고 활성화하기 위한 방안을 지방정부, 중앙정부와의 협력적 방안도 마련해야 한다. 지방대학 행정학과 졸업생들의 인재배출을 위한 방안으로 학회 차원에서 지방정부는 물론 공공기관과의 일정비율 인력채용 의무화를 위한 제도 도입에 노력해야 한다. 물론 행정학과 졸업생의 일반적인 진출을 위해 시험과목에서 행정학이 채택되고 이를 확산해 가는 노력도 필요하다. 이제부터라도 행정학 관련학회에서는 이러한 일련의 지방대학 행정학과 경쟁력을 강화하는 노력들을 적극 추진할 필요가 있다.

3) 학회와 정부 및 공공기관 그리고 대학 간의 거버넌스 구축

지방대학 행정학과 경쟁력 강화를 위해서 학회가 주도적인 입장에서 지방정부, 중앙정부, 공공기관 그리고 대학 간 거버넌스 구조를 구축하여 지방대학 행정학과 활성화에 기여할 수 있도록 하는 노력이 필요하다. 현재 지역에서의 학회활동이나 일반 학회활동은 지방정부, 중앙정부, 기타 대학과의 일시적인 재정지원을 통한 세미나 개최가 주류이다. 이렇게 됨으로써 학회장의 역량에 따라 재정지원을 받거나 그렇지 못하여 학회활동의 정도도 다르게 나타나며 일회성에 그친다. 이제는 이러한 학회운영구조를 탈피하여 특히 지방대학 행정학과의 쇠퇴현상을 극복하는 차원에서 학회가 적극 나서서 지방정부, 중앙정부, 공공기관과 대학 간의 유기적인 협력관계를 구축하거나 네트워크 속에서 활동할 수 있도록 학회운영의 패러다임을 바꿀 필요가 있다. 이렇게 하기 위한 방안으로 행정관련 학회회장의 임기를 1년이 아닌 2년으로 바꾸는 것도 고려해 볼 만하다.

3. 중앙 및 지방정부의 역할

1) 지방정부의 지역대학지원체계 구축

이제는 지방자치단체도 지역소재 대학에 대한 관심은 물론 지역대학의 경쟁력을 높이는 데 노력을 해야 한다. 현재 지방에서는 지속적인 인구 유출 현상이 나타나고 있고 이 결과 대학의 신입생 충원이 어려워지고 있기 때문에 지역 대학의 존립과 지역경제 활성화 차원에서 지방자치단체는 지역대학문제에 관심을 가져야 한다. 최근 일부 지역에서는 신입생 충원을 위하여 수도권으로 대학 이전을 하거나 이전을 모색하는 대학이 속출하고 있는 상황이다. 지역대학은 지역상권의 활성화는 물론 지역발전의 견인차 역할을 한다는 점에서 이제는 지방대학이 처한 어려움을 지방자치단체에서 방관하거나 무관심해서는 안 된다. 지방자치단체는 지역대학의 역할과 기능을 고려하고 지역발전의 인재양성기관이라는 점을 반영하여 학생모집의 어려움으로 떠나는 대학들에 대한 지원체계 및 협력체계를 적극 마련하여 운영해 나가야 한다. 이러한 점에서 지방정부는 해당지역의 대학 살리기에 적극적인 노력이 요구되며 상대적으로 지역대학은 자체의 경쟁력 강화를 위하여 지방자치단체와의 적극적인 산학연계프로그램을 고안하고 운영하는 노력이 있어야 한다.

2) 중앙정부의 지방대학 선순환구조 설계

중앙정부는 지방대학의 경쟁력 강화를 제시하기보다 2018년부터 감소되는 입학생들의 수요에 대비한 대학 자체 인원조정 및 구조조정을 재정유인책과 평가체제를 모색하고 있다. 전술한 프라임사업과 같은 형태가 대표적이다. 이명박 정부 이후 최근 몇 년간 주기적인 대학평가제도를 도입하여 대학의 경쟁력을 높이는 유인적 조치가 이루어져 왔다. 그러나 대학경쟁력을 높이기 위해 정부가 개입할 것인가 아니면 시장논리에 의존할 것인가는 정책가치판단의 문제가 될 수 있으나 우리의 시스템은 교육부가 평가 및 재정적 유인체계를 도입하는 형태이다. 지방대학의 경쟁력을 높이기 위해 정부가 취하는 이러한 조치는 대학의 구조조정을 가져오는 효과는 있을지라도 지방대학의 경쟁력을 높이거나 지방대학이 가진 근본적인 한계를 극복하기는 어렵다. 오히려 정부의 이러한 평가 및 유인체계를 통한 대학 구조조정은 부익부 빈익빈의 현상을 가져오고 지역인재의 유출을 방지하지 못하여 궁극적으로 지방대학의 안정과 지속적인 경쟁력을 저해할 수 있다. 지방대학의 경쟁력은 고졸신입생이 꾸준히 지방대학에 진학하고 대학졸업자가 지역 공공기관에 채용되는 순환적인 체계를 정착시키는 것이 필요하다. 특히 지방대학 졸업자가 지역소재 공공기관이나 기업에 일정비율을 할당하는 의무채용제도를 도입하여 지역인재가 지역을 떠나지 않고 지역발전, 지역성장에 기여할 수 있도록 지방대학의 경쟁력을 강화하기 위한 중앙정부차원의 선순환구조를 구축해 줄 필요가 있다.

Ⅳ. 결 론

지방대학 행정학과의 경쟁력 저하는 일시적인 현상이라기보다 시대에 따른 하나의 흐름이라고 할 수 있다. 따라서 이러한 흐름을 일시적인 미봉책이나 잠정적인 방안으로 넘기는 것은 지방대학 행정학과의 경쟁력 저하를 더욱 심화시켜 행정학과 자체의 존폐를 위태롭게 할 수 있다.

이러한 차원에서 지방대학 행정학과의 경쟁력을 강화하기 위한 각 대학별 노력은 물론 행정학회 차원의 대책마련이 강구되어야 한다. 물론 이러한 노력의 근간은 역시 행정학 교수나 학자들의 역할에서 찾아야 할 것이다. 지방대학 행정학 교수들의 정확한 문제인식을 통해서 무엇이 각 학교별 행정학과의 경쟁력을 높일 수 있는지 방안을 찾아내는 것이 급선무이다. 이와 더불어 학회차원에서는 행정학의 유용성을 높이는 방안, 일반인식의 제고, 행정학 전공자들의 취업활로의 개척과 관련된 제도적·정책적 방안마련에 지속적이며 적극적인 노력을 경주해야 할 것이다.

위기는 기회이다. 위기 순간, 어떤 선택을 하느냐에 따라 위기는 더 큰 위기가 되기도 하고 반대로 새로운 발전의 기회가 된다. 변화하지 않고 혁신하지 않으면 서든데스(sudden death)를 맞게 된다. 지방대학 위기 극복과 생존을 위해서 '창의적 혁신활동'으로 미래발전의 기회를 삼아야 할 때이다.

제 3 편

학회 운영과 개선

1 한국행정학회 편집 및 윤리 규정 개선안 마련의 회고

전 영 평(대구대학교)

Ⅰ. 들어가는 말

이 글은 2008년 한국행정학회 동계학술대회에서 발표하였던 글이다. 2016년 한국행정학회에서는 한국행정학회 창립 60주년을 기념하여 필자에게 2008년과 2009년 당시 발표했던 글을 회고의 시각에서 집필해 줄 것을 요청하였고 필자는 당시를 회고하는 차원에서 이 글을 재정리하여 투고하게 되었음을 밝힌다. 돌아보면 2008년, 2009년 당시에는 표절, 위변조, 비양심적인 학술활동들이 사회적으로 큰 이슈로 부각되던 시기였고, 한국행정학회도 예외는 아니어서 고질적인 비윤리적인 학술활동에 대한 반성과 아울러 이를 체계적이고 합리적으로 시정해야 한다는 요청이 절실한 시기였다. 필자는 당시 한국행정학회로부터 이를 시정하고 향후 윤리적 학술활동을 정착할 수 있는 방안에 대한 연구를 의뢰받았고, 이러한 요구에 대해 다소나마 도움이 될 수 있는 방안과 방향에 대해 모색한 글이 바로 이 글이다.

2008년, 수 년 전부터 학회 내부에서 연구저작물의 표절 및 중복게재, 학회 추천 연구자 저작물의 진정성 여부에 대한 논란이 심화되고 있었다. 학술적 순정성 확보를 위한 이런 논란이 행정학회에서 늦게나마 활성화되었던 것은 한국행정학회는 물론, 행정학 관련 타 학회의 편집 및 윤리 확보에도 큰 영향을 미칠 수 있다는 점에서 매우 중요한 의의를 가지고 있었다. 당시에는 행정학회뿐만 아니라 거의 대부분의 학회에서 학술 저작의 표절, 중복게재 관행이 은밀하게 용인되어 왔으며, 학자 간 연고 및 개인적 부담으로 인하여 이에 대한 공식적인 문제제기를 할 수 없던 상황이었다. 그러나 황우석 교수의 자료조작 사건, 김병준 교육부총리의 사퇴 등 굵직한 학술 부조리 관련 사건이 언론에 보도되면서, 학술연구의 진정성 확보에 대한 사회적 압력이 가중되어 가고 있었다.

이러한 일련의 사건으로 인해 해당 대학은 물론, 교육부, 학술진흥재단 등과 같은 정부기관에서도 연구윤리 확보에 대한 작업에 착수하게 되었다. 그러나 교육부, 학술진흥재단 등은 물론 대학에서도 학술연구의 진정성 및 연구윤리 확보를 위한 강제력 있고 실효성 있는 방책을 만들기에는 한계가 있었는데 이는 교육부와 학술진흥재단, 대학과 같은 기관은 연구 현장에서 일어나는 학문적 부조리를 조사할 수 있는 실행력이 거의 없는 상황이기 때문이었던 것으로 보인다. 그러한 상황에서 학술적 진정성을 확보할 수 있는 가장 현실적인 방안은 전문가 집단인 학회 차원에서 '학술적 자기정화 체제'를 갖추고 이를 운용하는 것으로 판단하였다. 미국 등 선진국의 경우에도 교육부나 학술진흥단체, 대학 등과 같은 기관이 학술적 진정성 확보를 위해 수단적 개입을 하는 경우는 없으며, 해당 학회의 편집위원회 혹은 윤리위원회를 통해서 정화되고 있는 것이 당시의 현실이었다. 다행히 한국학술단체 중에서도 그 규모와 업적에 있어 선두주자로 인정받고 있는 한국행정학회에서 학회 차원의 연구윤리 개선에 관한 공식적인 논의를 하게 된 것은 학회의 위신과 공신력 확보를 위한 좋은 계기가 되었다. 당시 연구자는 이 연구의 목적을 ① 한국행정학회에 투고되는 논문, 발표되는 논문이 창의성과 독자성을 가진 논문이 될 수 있도록 투고, 편집, 윤리에 관한 규정을 보다 명백하고 엄격하게 규정할 수 있는 방안을 모색하고, ② 한국행정학회가 주선하는 일체의 학술적 활동 및 운영이 향후 학술적 순정성을 확보할 수 있는 방안을 제시하는 데 두고자 하였다.

Ⅱ. 학회보 편집 및 연구 윤리 위반 사례 및 양태

학회보 편집윤리는 크게 보면 연구윤리에 포함되는 사안이나, 학회의 조직 상 편집위원회와 연구위원회가 분리되어 있어 이를 두 개 영역으로 구분하여, 각 영역별 윤리위반 사례를 고찰하면 다음과 같다.

1. 편집위원회 관장 사안

〈논문의 경우〉

(1) 표절: 남의 저술의 일부 또는 전부를 도용하여 출판하는 사례
(2) 자기 표절: 자기의 기 발표 저술의 일부 또는 전부를 사용하여 출판하는 사례
(3) 중복 게재: 자기의 기 발표 저술을 재사용하여 출판하는 사례
(4) 중복 투고: 하나의 논문을 두 개 이상의 학술지에 동시에 투고하는 사례

(5) 분석의 가공행위:
① 거의 동일하거나 유사한 주제 및 데이터를 사용하되 분석 방법을 달리하여 출판하는 사례
② 계량 분석 논문의 경우, 동일한 주제를 다루면서 변수를 추가, 변경하거나, 동일한 데이터를 사용하는 사례

(6) 이중 사용:
① 외국 저널에 발표한 논문을 번역 없이 그대로 국내 학술지에 출판하는 사례 (반대의 경우도 가능)
② 외국 저널에 발표한 논문을 한글로 번역하여 국내 학술지에 발표하는 사례

(7) 학위논문의 재가공 행위(학위논문의 요약발표): 석·박사 학위논문을 요약하여 논문으로 발표하는 사례 등

(8) 자료조작 및 분석조작을 통하여 출판한 사례

(9) 타인의 논문을 표절한 후 투고하여 심사하게 하는 행위: 이에 대한 경고와 처벌 필요

2. 연구윤리위원회 사안

(1) 편집위원회의 결정으로 이관된 표절 등 연구 윤리 위반에 대한 심의

(2) 타인의 연구 업적(저서 등)을 자신의 연구업적인 양 위장하여 출판한 사례에 대한 심의

(3) 연구 윤리 위반으로 징계 중인 자를 외부 기관에 우수학자로 추천하는 사례

Ⅲ. 편집 및 연구위원회의 연구윤리 심의 범위

편집 및 연구위원회의 연구윤리 심의의 범위는 다음과 같다.

(1) 연구윤리위반에 대한 서면(메일)상의 고발이 있을 경우, 이에 대하여는 당연히 조사위원회를 구성하여 심의하고 연구윤리 위반 고발자 보호를 위한 조치를 강구하도록 한다.

(2) 서면이 아닌 구두 고발의 경우에도 이에 대한 조사를 실시한다.

(3) 편집위원, 윤리위원에 의해 개별적으로 인지된 연구윤리위반사항도 조사한다.

Ⅳ. 현행 학회 편집 규정의 한계

원래 행정학회에는 논문투고에 관한 규정이 존재하였고, 학술적 부정행위에 대한 규정은 전무하였다. 표절 및 윤리 위반에 대한 사항에 대하여 학회 지도부가 규정을 마련하지 않은 것에 대해서는 다양한 추측이 가능하였다. 2005년 들어 논문표절 등에 대한 사고가 발생하자 한국행정학회에서 표절규정을 제정하고, 윤리위원회를 설치, 윤리헌장을 제정한 바 있다. 표절 등 학술적 부정행위나, 학회장의 조기 사퇴 등이 학회 구성원 간에 심각한 문제로 지적된 바 있으나, 이에 대한 학회 차원의 신속하고도 강력한 조치는 뒤따르지 못한 실정이었다. 이는 학회 지도부의 미온적 자세와 학회 구성원의 연고주의 및 공적 책임감 부족의 결과라고 보아야 할 것이다. 어떤 경우에는 상당수의 학회원에 의한 문제제기와 성명서 발표시도가 있었으나, 당시 학회 지도부의 책임회피로 인하여 무산된 적도 있음이 이를 입증한다.

특히 학술적 부정행위는 신고에 의하면 적발하기 힘든 것이 현실이며, 신고자의 경우 많은 심적 부담이 따르기 때문에 신고를 꺼려하는 경향이 있다. 이에 따라 부정행위의 신고를 무기명으로 할 수 있는 홈페이지 창구를 설치하는 등의 노력이 필요하였다. 또한 학술적 부정행위를 예방하기 위하여 편집규정, 표절규정, 연구윤리규정 등에 분명한 기준과 이에 대한 처벌 가능성을 명시하는 것도 필요하였다. 참고로 당시의 표절규정과 윤리헌장을 제시하면 아래와 같다.

〈표절규정(2008년 당시)〉

제1조(정의) 본 학회는 표절을 고의적으로나 또는 의도하지 않았다고 해도 출처를 명확하게 밝히지 않은 채, 타인의 지적재산을 임의로 사용하는 것으로 정의한다.

제2조(유형) 본 학회는 다음의 두 가지 형태를 표절의 대표적 행위로 규정한다.
① 원저자의 아이디어, 논리, 고유한 용어, 데이터, 분석체계를 출처를 밝히지 않고 임의로 활용하는 경우
② 출처는 밝히지만 인용부호 없이 타인의 저술이나 논문의 상당히 많은 문구와 아이디어 등을 원문 그대로 옮기는 경우

제3조(심사주체) 행정학회보에 이미 게재되었거나, 심사 중에 표절의혹이 제기된 논문에 대한 표절여부의 확정과 제재내용의 확정은 학회 편집위원회가 담당한다.

제4조(제재) 표절이 확인된 저자 및 논문에 대해서 표절의 경중에 따라 다음과 같은 제재를 가한다.
① 행정학회보 5년 이하의 투고 금지
② 인터넷 행정학회보에서 논문삭제
③ 행정학회 홈페이지 및 표절이 확정된 이후 발간되는 첫 행정학회보에 표절사실 공시
④ 표절가담자의 소속기관에 표절사실의 통보

〈한국행정학회 윤리헌장〉

한국행정학회(이하 학회) 윤리헌장은 학회의 임원과 회원이 학회의 목적을 달성하기 위하여 역할을 수행하는 과정에서 준수해야 할 윤리적 원칙과 기준을 정하여 본 학회는 물론 회원 개인의 윤리성을 고양하는 데 목적이 있다.

1. 학회의 회장 차기회장 및 기타 임원은 학회 운영규정 제5장에서 정한 각종 사업과 기타 학회 업무를 수행함에 있어서 공정하고 성실하게 의무를 수행하여야 한다.
2. 학회의 회장 및 차기회장은 학회의 설립목적에 반하고 학회의 정치적 중립성을 훼손하는 제반활동을 하여서는 아니된다.
3. 학회 회원은 학회활동을 통하여 행정학과 한국행정발전에 기여하고 공익 증진에 노력하여야 한다.
4. 학회 회원은 교육 및 연구 활동 그리고 현실 참여에 있어 윤리성과 학자적 양심에 충실하여야 한다.
5. 학회 회원은 타인의 연구나 주장의 일부분을 자신의 연구나 주장인 것처럼 논문이나 저술에 제시하지 아니하며, 타인의 저작권을 존중하여야 한다.
6. 연구관련 심사 및 자문을 하는 회원은 오로지 학문적 양심에 따라 공정하게 심사하여야 하며, 제출자와 제출내용에 대해 필요한 경우 비밀을 유지하여야 한다.
7. 학회 회원은 연구수행과 관련하여 취득한 정보를 이용하여 부당하거나 부적절한 이득을 추구하여서는 아니 된다.

V. 당시의 경과와 향후 과제

1. 당초에 제기했던 문제의식

1) 연구윤리의 범위 획정 문제

학회의 규모와 사회적 영향력이 큰 경우에는, 연구윤리를 연구 활동의 윤리로만 제한할 경우 학회 회장단을 비롯한 임원들이 학회를 운영하는 과정에서 가질 수 있는 비윤리적 행동, 예컨대 연구 이외의 자문 및 평가 과정에서 보일 수 있는 비양심적 행동 등을 규제할 수 있는 효과적인 방법을 모색하기는 어려운 것이 현실이다. 이에 따라 연구윤리를 좁은 의미의 연구 활동의 윤리로 제한하지 않고, 연구자의 윤리를 의미하는 것으로 포괄적 해석을 내릴 필요가 있다는 점을 강조하였다.

2) 연구윤리의 내용

연구윤리는 다음과 같은 4가지 측면으로 접근하고자 하였다: 첫째, 모든 것의 근간이 되는 윤리로 논문과 저서의 집필 과정에서 지켜야 할 규범, 즉 표절 및 중복게재의 금지와 관련되는 윤리, 둘째, 용역과제를 수행하는 과정에서 지켜야 할 윤리로서 연구비 사용의 도덕성, 용역 발주기관과의 밀착 금지 등과 관련된 윤리, 셋째는 자문과 평가 등의 대외활동을 하는 과정에서 지켜야 할 규범으로서, 특히 학회 임원진이 학회를 사적 이익의 도구, 예컨대 정치적 목적 달성의 수단으로 활용하는 것을 방지하는 것과 관련된 윤리, 넷째, 학회를 운영하는 과정에서 지켜야 할 가치로서 학회 운영의 투명성과 공정성, 선거과정에서의 중립성과 정당성 등과 관련된 윤리.

(1) 하계행정학회(2007년 6월 15일)에서 제기되었던 논쟁들

① 표절 및 중복게재의 범위

표절이나 중복게재의 대상이 되는 「기발표 저술」의 범위에 자신의 연구결과를 포함시킬 것인가, 그리고 보고서와 교과서 등을 포함시킬 것인가라는 질문에 대해 (a) 어느 경우이건 출처와 인용부분을 밝히지 않는다면 「지적재산권」을 침해한 것이기 때문에 표절로 봐야 한다는 주장과, (b) 현재의 관행이 있으므로 너무 엄격히 규정하기 힘들다는 주장, 그리고 (c) 원칙대로 엄격히 하되 경과규정이나 유예규정을 두어 잠시 회원들에게 숨 고를 기회를 주자는 주장이 제기되었다.

② 인용의 수준

학문 분야에 따라 표절 및 중복 여부를 판단하는 인용의 수준도 결정해야 할 문제이다. 표절이 되기 위해서는 몇 개의 단어나 몇 개의 문장까지를 허용할 것인가의 문제도 교과서와 연구보고서를 그대로 옮겨 적는 관행이 있는 우리 행정학계에서 시급히 해결해야 할 과제였다. 표절이 되지 않기 위한 인용의 수준은 다음 워크숍 때 다시 논의하기로 하였다.

③ 편집위원회와 윤리위원회의 관계

표절 및 중복게재는 편집위원회가 다루는 것이 원칙이며 편집위원회에서 이관된 연구윤리 위반사항에 대해서만 윤리위원회가 개입할 필요가 있다. 양 위원회의 역할 분담을 논의하기 위해서는 편집위원회의 규정 개정과 윤리위원회의 규정 개정이 동시에 이루어져야 한다는 점이 중요하다.

④ 윤리위원회의 활동 범위

연구자의 연구윤리와 관련하여 윤리위원회가 적극적으로 개입해야 할 필요가 있다. 그러나 학자의 양심과 학문적 순수성을 심하게 훼손할 정도의 연구용역과 자문 활동에 대해서는 윤리위원회의 견제가 필요하지만 그것을 정확히 밝히는 것이 쉽지는 않다는 점을 인식하였다.

황우석 교수의 인간배아복제 사례에서 보듯 연구자는 '연구대상자의 동의 없이 연구결과를 제시해서는 안 된다'라는 내용을 윤리헌장에 적극적으로 포함시켜야 한다는 점을 강조하였다. 이를 위해서는 윤리위원회의 운영규정이 제대로 마련되어야 하며 실효성 있는 윤리지침으로 작용해야 한다.

(2) 정책학회 추계학술대회(2007년 9월 21일)에서 제기되었던 논쟁들

① 자기표절(엄격히 말하면 중복게재)의 판단기준은 무엇인가?

ⓐ 자기표절로 너무 몰지 말자는 주장이 제기되었다. 'ⓐ 기존에 심사과정을 거쳐 출판된 것을 또 한 번의 심사과정을 거쳐 재출판하면 중복게재, ⓑ 내용상 상당부분(1/2 이상) 중복, ⓒ 중복한 것인데 인용하지 않은 것, ⓓ 논문을 책에 수록하는 것은 지식을 확대하는 데 기여하기 때문에 OK, 하지만 반대의 경우는 지식을 확대하는 데 기여하지 않기 때문에 NO, ⓔ 다른 언어로 번역하여 재출간하는 경우는 지식의 확대에 크게 기여하기 때문에 OK'라는 의견이 있었다.

ⓑ 한편, 자기표절은 지식확산의 측면에서 너무 정당화하지만은 말자는 주장도 있었다. 'ⓐ 넓게 보면 학문적 기만행위이며 학자적 양심에 위배되는 행위다, ⓑ

책이 되었건 논문이 되었건 동일한 내용이면 문제가 있다'는 것이 그 내용이었다.

(c) 약간의 절충안이 필요하다는 주장도 있었다. 'ⓐ 학진이나 BK의 경우처럼 referee저널을 책으로 묶는 것은 업적으로 인정만 하지 않으면 지식의 확산에 기여하기 때문에 OK(즉, 둘 가운데 하나의 업적만 사용), ⓑ 한국어→영어는 OK, 그 반대의 경우는 NO(왜냐하면 지식의 확대에 기여하기 때문), ⓒ 결국 editor가 중요하다. 전문 editor를 통해 학술지로서의 품격을 올려야 한다, ⓓ 어떤 것은 구체적으로, 어떤 것은 선언적으로 규정이 필요하다'는 것이 그 내용이었다.

② 표절 및 윤리규정의 엄격성에 대한 논의

(a) 구체적이고 분명하게 할 필요가 있다는 주장이 제기되었다. 'ⓐ 비록 선언적이기는 하지만 그 내용이 구체적이어야 예방효과가 크며, ⓑ 헌장은 선언적이고 포괄적으로 하되, 규정은 세밀하고 정확하게 해야 하고, ⓒ 심사, 편집, 이의신청이 들어왔을 때의 정확한 규정이 필요하며, ⓓ 다른 것은 몰라도 적어도 표절에 대한 것은 정확히 해야 한다'는 것이 그 내용이다.

(b) 너무 구체적일 필요는 없다는 주장도 제기되었다. 'ⓐ 지금 단계에서는 기본 지침만 수용하면 된다, ⓑ 중복 및 표절의 경우에도 출처 및 인용의 범위만 정확히 밝히면 중복이라고 할 수 없다. 업적으로 쓸 것인가 하는 문제는 학계의 practice에 따라야 한다, ⓒ 학문의 자유가 중요하다. 너무 엄격하면 학문의 자유가 훼손될 위험이 있다'는 것이 그 내용이었다.

(c) 양자의 입장이 다 필요하다는 주장도 있었다. 'ⓐ 히포크라테스 선서처럼 연구윤리는 선언문 수준에서 만들고, 심사 및 표절 규정은 자세히 할 필요가 있다, ⓑ 선언서 규정과 편집규정 간의 차별을 두되, 편집규정 역시 지킬 수 있는 수준을 전제로 하는 것이 중요하다'는 것이 그 내용이었다.

(d) 미시적 개정 입장도 있었다. 'ⓐ 설명이 포함된 규정을 만들 것인가, 규정만 나열할 것인가 하는 문제가 선결되어야 한다, ⓑ 규정개정이 어려운 것은 아니다. 외국의 것을 그대로 받아 약간만 수정하자'는 것이 그 내용이었다.

③ 연구윤리규정과 제도의 운영 방안에 대한 논의

이 주제에 대해서는 3가지 논의가 제기되었다.

(a) 분석 자료의 공유가 필요하다는 입장: 'ⓐ 학회 차원에서 자료 및 연구결과의 위변조를 막기 위해 연구에 필요한 자료, 분석방법, 그 결과를 공유할 수 있게

할 필요가 있다, ⓑ data set을 공동으로 관리하는 것은 필요하다. 연구자의 유혹을 방법론적으로 관리할 수 있는 좋은 방안이다'라는 것이 그 내용이었다.

(b) 분석 자료는 연구자가 자율적으로 관리해야 한다는 입장: 'ⓐ 표절의 경우는 눈에 확 띄기 때문에 관리가 쉽지만 자료는 결국 연구자가 스스로 지킬 수밖에 없는 문제라고 본다, ⓑ objectivity는 윤리에 포함될 성질의 것이 아니라고 본다. value가 다르기 때문에 objectivity가 달라질 수 있다, ⓒ data set을 제시하라고 하는 것은 너무 엄격한 조치다. 아무도 지킬 수 없을 것이다'라는 것이 그 내용이었다.

(c) 편집위원회와 윤리위원회의 역할에 맡기자는 입장: 'ⓐ 표절 및 중복게재 등에 대한 것은 편집위원회에서 담당하고, 이의신청이 들어온 사안에 대해서만 윤리위원회에서 다루자, ⓑ 사전 예방을 목적으로 하되, 문제가 생기면 처벌받을 수 있게 운영하는 것이 합리적이다'라는 것이 그 내용이었다.

(d) 기타 논의로, 앞에서 논의한 것 이외에 다음과 같은 의견도 제시되었다.

ⓐ 투고자의 윤리규정과 심사자의 윤리규정을 pop up 창으로 볼 수 있게 하자.

ⓑ 유예기간을 두고 그 기간을 2년으로 하자. (소급기간은?)

ⓒ 양심선언을 하되 처벌하지 않는다는 준칙을 만들면 시행의 효과가 있다.

ⓓ 가장 사악한 것은 형편없는 페이퍼를 생산해 내는 일이다. 이와 같은 것이 가능한 이유는 평가풍토가 잘못되었기 때문이다. 연구의 지향을 양이 아니라 질로 평가할 수 있는 시스템을 학회에서 도입하는 문제에 관심을 둘 필요가 있다.

Ⅵ. 최종 권고 도출(안) 윤리헌장 및 규정에 대한 제정 및 개정(안)

2006년에서 2008년에 걸쳐 간헐적으로 개최된 워크숍과 지속적인 논의 끝에 연구자의 학술윤리에 대한 한국행정학회의 결정은 다음과 같다. 1. 윤리헌장은 개정한다. 2. 윤리위원회 운영규정도 개정한다. 3. 심사규정 내에 심사윤리를 새로 제정한다. 4. 기고규정에 기고윤리를 제정한다. 5. 윤리규정은 제정 및 개정한다.

1. 한국행정학회 윤리헌장(개정)

한국행정학회(이하 학회) 윤리헌장은 학회의 임원과 회원이 학회의 목적을 달성하기 위하여 역할을 수행하는 과정에서 준수해야 할 윤리적 원칙과 기준을 정하여 본 학회는 물론 회원 개인의 윤리성을 고양하는 데 목적이 있다.

1. 학회의 회장, 차기회장 및 기타 임원은 학회 운영규정 제5장에서 정한 각종 사업과 기타 학회 업무를 수행함에 있어서 공정하고 성실하게 의무를 수행하여야 한다.
2. 학회의 회장 및 차기회장은 학회의 설립목적에 반하고 학회의 정치적 중립성을 훼손하는 제반 활동을 하여서는 아니 된다.
3. 학회 회원은 학회활동을 통하여 행정학과 한국행정 발전에 기여하고 공익 증진에 노력하여야 한다.
4. 학회 회원은 교육 및 연구 활동 그리고 현실 참여에 있어 윤리성과 학자적 양심에 충실하여야 한다.
5. 학회 회원은 타인의 연구나 주장의 일부분을 자신의 연구나 주장인 것처럼 논문이나 저술에 제시하지 아니하며, 타인의 저작권을 존중하여야 한다.
   → 수정: '타인의 연구'를 '기존 연구'로
6. 연구관련 심사 및 자문을 하는 회원은 오로지 학문적 양심에 따라 공정하게 심사하여야 하며, 제출자와 제출내용에 대해 필요한 경우 비밀을 유지하여야 한다.
7. 학회 회원은 연구수행과 관련하여 취득한 정보를 이용하여 부당하거나 부적절한 이득을 추구하여서는 아니 된다.
   → 추가: '연구대상자의 동의 없이 연구결과를 제시해서는 안 된다'

2. 한국행정학회 윤리위원회 운영규정(개정)

제1조(목적)

한국행정학회(이하 학회) 윤리위원회 운영규정은 학회의 임원과 회원이 윤리헌장을 위반하여 제소되었을 경우, 필요한 사항을 규정하는 것을 목적으로 한다.

제2조(윤리위원회의 구성)

① 본 운영규정의 목적을 달성하기 위하여 윤리위원회를 설치하여 운영한다.

② 윤리위원회는 위원장을 포함하여 7명으로 구성한다.

③ 윤리위원의 선임은 정회원 5인 이상의 추천을 받은 자 중, 전임회장단회의에서 선출한다.

④ 윤리위원장과 위원의 임기는 2년으로 한다.

⑤ 위원장은 윤리위원의 호선으로 정한다.

⑥ 윤리위원회의 간사는 본 학회의 총무이사로 하며, 간사는 의결권을 가지지 아니

한다.

제3조(윤리위원회의 운영)

① 윤리위원회는 윤리위원회에 제소된 회원의 윤리헌장 위반 여부를 심의하며, 이에 필요한 규칙을 제정할 수 있다.

② 윤리위원회는 제소된 사안에 대해 접수된 날로부터 60일 이내에 심의·의결하여야 하며, 심의절차는 본 학회의 다른 위원회의 심의절차를 준용한다.

③ 제명, 자격정지, 공개사과 등 징계의 종류와 공표는 윤리위원회의 결정에 의한다.
→ 추가: 윤리위원회 의결규정 – 과반수, 2/3, 만장일치 등

제4조(윤리헌장 위반의 제소)

① 윤리위원회에 제소하기 위해서는 정회원 20인 이상의 서명을 받아야 한다.

② 윤리헌장 위반으로 제소된 임원과 회원은 본 학회 윤리위원회에서 행하는 조사에 협조하여야 한다.

제5조(소명 기회와 비밀 보장)

① 윤리헌장 위반으로 윤리위원회에 제소된 자는 확정이 되기 전까지는 윤리헌장을 위반하지 않은 것으로 본다.

② 윤리헌장 위반으로 윤리위원회에 제소된 자에게는 충분한 소명의 기회가 주어져야 한다.

③ 윤리위원은 결정이 내려질 때까지 당사자의 신원을 외부에 공개해서는 아니 된다.

제6조(윤리위원회 운영규정의 개정)

윤리위원회 운영규정의 개정절차는 본 학회 회칙 개정 절차에 준한다.

부 칙

본 윤리위원회 운영규정은 운영이사회의 심의를 거쳐 총회의 의결을 통해 2005년 12월 11일부터 효력을 발생한다.

3. 심사윤리(제정)

1) 편집위원회는 투고된 논문을 저자의 성별, 나이, 소속 기관 또는 저자와의 개인적인 친분에 관계없이 논문의 질적 수준과 투고규정을 근거로 공평하게 취급하여야 한다.

2) 편집위원회는 심사자에게 논문심사를 의뢰하는 과정에서 저자의 익명성을 지켜야 한다.

3) 편집위원회는 투고된 논문의 게재가 결정될 때까지는 심사위원 이외의 사람에게 투고된 논문의 내용을 공개하지 말아야 한다.
4) 모든 심사위원은 편집위원장이 의뢰하는 논문을 심사규정이 정한 기간 내에 성실하게 심사해야 하며 학술발전에 기여할 의무를 가지고 있다.
5) 심사위원은 저자의 인격과 독립성을 존중하며 심사위원의 개인적인 목적을 위하여 저자에게 추가 자료나 해명을 요구하지 않는다.
6) 심사위원은 심사를 의뢰한 논문에 대한 비밀을 보장하고 게재된 학술지가 출판되기 전에는 저자의 동의 없이 논문의 내용을 인용하지 않는다.
7) 심사위원은 심사하는 논문이 표절과 중복게재라고 판단할 경우 지체없이 편집위원회에 그 사실을 통보해야 한다.

4. 기고윤리(제정)

1) 저자가 기고한 논문은 내용이나 기법 상 다른 곳에 발표하지 않은 독창성을 가져야 한다.
2) 저자는 다른 학술지에 투고하여 심사 중인 논문과 동일한 내용을 담은 논문을 이중으로 투고할 수 없다.
3) 저자는 연구 결과를 여러 편의 논문으로 분리하여 발표하는 것을 가급적 삼가야 한다.
4) 모든 자료는 출처를 밝혀야 하며, 개인적인 접촉을 통해서 얻은 자료에 대해 저자는 정보제공자의 동의를 얻었다는 것을 밝혀야 한다.
5) 연구의 과정과 결과에 함께 참여하지 않은 사람은 공저자로 포함하지 않으며, 공저자의 나열순서는 연구의 기여도에 따른다.
   → 연구과정에서 획득하거나 가공한 자료를 보관할 것인가의 문제도 다룰 필요가 있음.

5. 표절규정(혹은 연구윤리규정)(제정 혹은 개정)

1) 연구윤리규정으로 할 경우 표절을 연구부정행위의 한 하위범주로 취급해야 한다.
2) 이때 다른 연구부정행위로 포함되는 것으로 두 가지가 더 있다. 하나는 '연구와 관련된 자료와 연구과정을 허위로 조작하는 것', 다른 하나는 '존재하지 않는 자료나 연구결과를 인위적으로 만들어내는 것'이다.

제1조(정의)

본 학회는 표절을 고의적으로나 또는 의도하지 않았다고 해도 출처를 명확하게 밝히지 않은 채, 타인의 지적재산을 임의로 사용하는 것으로 정의한다.

제2조(유형)

본 학회는 다음의 두 가지 형태를 표절의 대표적 행위로 규정한다.

① 원저자의 아이디어, 논리, 고유한 용어, 데이터, 분석체계를 출처를 밝히지 않고 임의로 활용하는 경우

② 출처는 밝히지만 인용부호 없이 타인의(원저자의-그래야 자기표절도 포함시킬 수 있음) 저술이나 논문의 상당히 많은 문구와 아이디어(자료) 등을 원문 그대로 옮기는 경우

제3조(심사주체)

행정학회보에 이미 게재되었거나(삭제할 것인가를 판단해야 함), 심사 중에 표절의혹이 제기된 논문에 대한 표절여부의 확정과 제재내용의 확정은 학회 편집위원회가 담당한다.

제4조(제재)

표절이 확인된 저자 및 논문에 대해서 표절의 경중에 따라 다음과 같은 제재를 가한다.

① 행정학회보 5년 이하의 투고 금지(및 행정학회 회원 자격 박탈)

② 인터넷 행정학회보에서 논문삭제

③ 행정학회 홈페이지 및 표절이 확정된 이후 발간되는 첫 행정학회보에 표절사실 공시

④ 표절가담자의 소속기관에 표절사실의 통보

제 4 편

미래의 설계

1. 결론과 요약, 종합 토론 / 박홍식

1 결론과 요약, 종합 토론

박 흥 식(미래특별위원회 위원장, 중앙대학교)

Ⅰ. 들어가는 말

이 책은 한국 행정학 연구와 교육, 그리고 한국행정학회(이하 행정학회)의 지난 10년간의 위상과 역할, 변화를 회고하고, 사회 및 시대적 수요에 적절히 대응하고 있는가, 미래 발전을 위한 방향은 무엇인가를 짚어본 것으로, 행정학회 차원에서의 문제 진단이자 미래 발전 방향의 모색이다. 행정학회는 2016년 학회 창립 60주년을 맞이하여 '한국행정학회60주년기념사업위원회'와 '미래특별위원회'를 설치하고, 그간의 한국 행정학 연구 성과의 정리와 한국 행정학 및 학회의 연구와 교육, 미래 역할에 관한 개혁 방향을 탐색하는 두 가지 사업을 기획하였다. 이 책은 미래특별위원회가 지난 1년 가까이 수행하였던 사업의 성과물이다. 미래특별위원회는 사업의 내용을 크게 네 가지 분야로 구분하여 각각에 따른 연구 및 조사 주제의 설정, 집필자 섭외, 추진 일정 등을 기획하였다. 네 가지 분야 중 첫째는 한국 행정학 연구 및 교육의 미래 환경 변화로, 무엇이 변화의 방향과 대안이 될 수 있는가를 주제로 다루었다. 둘째는 정부 업무역량 및 인재 수요와 행정학 지식의 유용성이었다. 정부 업무현장은 공직자들에게 어떤 역량을 요구하고, 어떤 전문성, 자질, 품성을 가진 사람을 필요로 하는가? 한국 행정학은 과연 그러한 현장의 수요에 얼마나 적절히 대응하고 있는가? 그리고 정부 업무 현장의 공직자들은 행정학과에서 가르치는 교육(가치, 이론, 기법 등)의 유용성을 어떻게 평가하고 있는가? 등의 질문을 다루고자 하였다. 이러한 주제나 질문은 정부 실무자들의 생각에 기초하여 답할 수 있는 것이어서, 미래특별위원회 편집팀은 서베이 방법으로 데이터를 수집하여 집필자들의 분석을 지원하였다. 셋째는 대학 행정학과 교육, 교과과정, 취업, 그리고 학회 운영의 문제와 극복 방안이었다. 한국 행정학의 교육과 학회 운영은 어떤 문제를 갖고 있는가? 행정학회는 그동안 동계학술대회 때마다 이러한 문제를 제기하고 이에 대한 답을 얻기 위하여 행정학자들로 하여금 문제점 분석과 대안 제시를 요청하여 왔다. 편집팀은 연구와 조사, 분석에 참여하고 결과를 발표하였던 대표적 학자들을 섭외한 후, 지금까지의 연구와 토론 결과를 체계적으로 검토하고, 심층적으로 분석하여 한국 행정학 교육, 학회가 직면하는 현실적 문제들에 대한 진단과 발전 방향을 제시할 것을 요청하였다. 마지막으로 2016년 10월 12일 '한국행정학회 창립 60주년 기념식'에 좌담회 시간을 마련하여, 다양한 학문분야로부터 한국 행정학 연구와 교육의 미래 설계에 관한 조언을 듣고, 미래특별위원회 사업 결과를 정리한다는 계획을 세웠다. 편집팀은 위의 기획 의도를 바탕으로, 해당 주제별 연구와 집필자를 선정하고 원고를 청탁하였다. 또 원고를 제출받은 후, 6차례에 걸친 재집필 요구와 수정, 편집을 반복하였다. 이 책『한국 행정학의 역할과 미래의 설계 – 회고와 발전 방향의 모색』(이하, 행정학의 역할과 미래)은 그 결과물로, 한국행정학회 구성원들의 연구와 교육에 대한 고민이자 미래의 준비인 셈이다. 다음은 구체적 기획 의도, 노력과 결과의 정리이자 요약이다.

Ⅱ. 한국 행정학의 미래 대비 연구와 교육의 환경, 진단 및 대안의 제시

주제 1. 한국의 미래 행정학 연구, 교육의 환경, 역할과 과제

한국 행정학의 발전과 새로운 10년의 설계, 즉 행정학 연구와 교육의 미래상 제시에 환경의 변화는 가장 중요한 요소이고 그만큼 거대한 담론을 요구한다. 편집팀은 한국 행정학의 미래 환경 변화는 행정학 연구와 교육에 공통 기반적 영향 요인이라고 판단하여, 크게 대학 구조조정과 교육환경, 미래 행정학 교육 두 가지로 구분한 후, 2명의 집필자들을 선정하여 집중적 검토를 요청하였다. 첫 번째의 대학 구조조정과 교육환경에 대하여 하연섭은 '대학의 구조조정, 행정학 연구와 교육의 미래'에서 한국 행정학의 미래 방향을 탐색하면서, 기존의 행정학은 "공급자 중심의 자족적 학문 분야였다"고 진단하고, 이를 "과감하게 수요자 중심의 교육, 핵심역량 중심의 교육"으로 바꾸고, "타학문 분야와의 결합을 통한 열린 행정학"으로 나갈 것을 제시하였다. 김상묵은 두 번째 미래 행정학 교육의 방향과 관련, '행정학 연구와 교육의 미래상 – 공공성 교육과 연구'에서 "공공가치와 공익을 실현하려는 행동지향성 유발"을 위한 교육프로그램의 개발 및 운영을 주장하면서, 미래 행정학 교육의 공공성 및 공공봉사동기 증진을 권고하였다.

주제 2. 정부의 업무 역량에 대한 수요

두 번째 주제는 정부 역량 수요에 대한 것으로 크게 정부는 어떠한 업무 역량을 가진 인재를 원하는가, 어떤 역량을 가질 때 어떤 정부 업무를 효과적, 성공적으로 수행할 수 있는가의 두 가지 질문을 다루었다. 정부는 과장급 승진 후보자들을 대상으로 정책기획(문제규명, 대안에 대한 의사결정), 조직관리(업무 배분, 자원의 동원), 성과관리(목표 수립, 실행관리 및 점검), 의사소통(적극적 경청, 명확한 의사전달), 이해관계조정(이해관계자 요구 파악, 조정과 설득) 등에 대한 역량을 평가한다. 국장급 평가에는 목표관리, 정책수요자의 관리, 전략적 사고, 정보수집 능력, 비판적 사고, 이해력, 분석력, 창의적 사고, 변화 관리, 혁신 관리 등의 역량 등을 측정한다. 중하위 직급 공직자에게 필요한 역량의 종류와 수준은 또 다를 것이다. 성공적 행정학 교육은 정부 행정 업무의 수행을 위한 역량이 무엇인가에 대한 정확한 지식을 요구한다. 행정학 교육은 이러한 지식에 기초할 때 비로소 정부가 원하는 인재를 교육하고 길러낼 수 있는 까닭이다. 최상옥・이정호는 정부가 실제 공직자의 역량을 어떻게 평가하는가에 관한 지표를 개인, 조직, 네트워크, 정부기관 역량으로 구분하여 검토하고 각각의 한계점과 개선방안에 대하여 논의하였다. 또 개인의 역량평가 항목들의 보완과 발전을 과제로 제시하였다.

주제 3. 정부의 인재 수요

또 다른 하나는 인재 수요로, 정부는 어떤 자질과 품성의 인재를 원하는가이다. 이근주(2015)는 2015년 인사혁신처와 한국행정연구원 주최 '바람직한 공무원상 전문가 포럼'에서 바람직한 공무원상이자 자질로 전문성, 판단력, 협상력, 의사소통 능력, 조직헌신도, 애국심, 정치적 중립성, 청렴성, 성실성, 책임성, 봉사성, 창의성, 근무의욕, 업무 수월성, 혁신성, 서비스 지향성, 리더십, 개방성, 품성, 용기를 제시하였다. 최무현(2015)은 역량 모델 탐색, 박정호(2015)는 공직가치 내재화 방안을 각각 제시하였다. 윤견수는 이 책에서 '공무원들의 공직관과 행정학 교육의 미래'를 논의하면서 행정학의 위기는 행정학에 대한 사회적 효용과 학문적 정체성 두 가지로 나눌 경우, "사회적 효용의 위기가 아니라 학문적 정체성의 위기"라고 지적하고, 위기 극복을 위한 대안을 제시하였다. 『행정학의 역할과 미래』 편집팀은 주제 2, 3, 4는 행정학 연구나 교육의 출발점으로, 행정학이 응용학문이라면 적실성 있는 연구나 교육은 정부의 행정 현장에서 필요로 하는 지식이나 인력을 생산하고 공급하는 데 그 역할과 존재의 의미가 있다고 생각하여, ㈜인포서치에 설문조사를 의뢰하여, 집필자들이 이러한 주제들을 논의하는 데 필요한 데이터를 지원하였다. 설문조사는 2016년 3월부터 4월 15일까지 이루어졌고, 윤견수는 이러한 데이터 분석에 기초하여 공무원들은 "청렴이나 도덕성, 성실 혹은 책임감"을 가장 중요하게 생각하고, 다음은 "봉사성과 공정성, 애국심"인 데 비하여 전문성은 상대적으로 덜 중요한 것으로 인식한다는 점을 발견하고, 실용적 차원, 즉 문제해결의 전문성 보다는 태도나 가치 등이 보다 중요함을 강조하였다. 또 행정학 학부 교육에서는 문제해결과 처방적 지식 보다는, 실천적 차원에서의 비판, 분석적 지식과 가치, 규범적인 질문들에 대한 성찰의 학습이 필요함을 지적하였다.

주제 4. 행정학 지식의 유용성과 위상

행정학 교육은 기획, 조직, 인사, 재무, 지방자치, 감사, 공직윤리, 조사방법과 통계, 컴퓨터 등 다양한 분야를 아우르면서, 학생들에게 적법성, 책임성, 공정성, 생산성, 목표 지향성, 능률성, 평등성, 사회적 정의, 투명성, 청렴성, 서비스 정신, 전문성, 정치적 중립성, 성실성, 국가에 대한 충성, 공익 지향성, 창의성, 민주성, 형평성, 효과성, 정직성, 업무 수월성, 개방성, 대응성, 합리성 등의 다양한 가치, 동기부여나 의사결정 등에 관한 이론, AHP, C/B(비용편익 분석), SWOT(상황분석), CV(조건부 가치 측정법), Delphi(델파이), FGI(초점 집단면접) 등의 기법을 가르친다. 『행정학의 역할과 미래』 편집팀은 정부업무 현장의 실무자들은 행정학 교육이 제공하는 이러한 가치, 이론, 기법 등에 관한 지식을 얼마나 유용한 것으로 생각하는가가 행정학 교육의 적실성을 보여주는 하나의 지표라고 판단하였다. 나아가 행정학 분야의 연구 및 교수 담당자들이 이에 관한 구체적인 정보를 가지고 있을 때 행정학 교육은 비로소 정부 현장이 요구하는 교육서비스를 공급할 수 있을 것으로 생각하였다. 엄태호는 이와 관련 행정학의 유용성과 위상을 행정학 위기의 원인으로 진단하였다. ㈜인포서치 설문 데이터의 분석을 기초로, 위기는 "행정학 지식이 수요자의 요구를 고려하지 않고 공급자 위주로 제공"하는 데 따른 것으로 해석하였다. "행정학 교육에 있어서, 교과목이 지나치게 추상적이고 국가적인 정책 문제에 집중되어 있거나 실질적인 행정에 대한 문제의식과 실무에 대한 이해가 결여된 상태에서 공급자 위주의 이론적 내용이 주를 이루고 있다면 수요자 측면에서 제고해 볼 필요가 있을 것이다."라고 말하였다.

Ⅲ. 미래 한국 행정학 교육의 발전과 새로운 10년의 설계

주제 5. 한국 행정학 교육의 발전과 새로운 10년의 설계

행정학 교육의 과제는 교육과 교과과정, 공무원 시험 과목, 취업, 교육 재설계 등으로 나누어 볼 수 있다.

첫째, 대학(행정 및 정책학과)의 교육과 교육과정 개발의 방향이다. 한국행정학회 연말 정기학술대회는 그동안 행정학 교육, 교과과정 분석과 개편 방안을 지속적으로 논의하여 왔다. 이것은 행정학이 사회가 요구하는 역할을 다하지 못하고 있기 때문이라는 인식에 근거한 것이었다. 편집팀은 4년제 대학 행정과 정책학과, 교육중심 대학, 전문대학, 대학원 행정학과/정책학과 교과과정으로 구분하여 교과과정 문제점에 대한 분석과 한계를 검토하고, 개편 방안을 제시하였다.

둘째, 행정학과 학부 및 석사 졸업생의 취업 문제이다. 정부의 공무원 충원 방식, 주요 시험제도, 시험과목, 공기업 취업 등에 관한 심층적 진단에서, 먼저 김영재는 행정학과 대학생의 실태 분석 후 취업방안을 제시하였고, 송석휘는 행정학의 학문적 정체성, 행정학이 당면하고 있는 사회현상에 대한 설명력 저하, 낮은 실천적 대응성이 행정학의 위상을 떨어뜨리고 있다고 보고 채용시험 제도의 개선, 채용 기회의 확대를 대안으로 제시하였다. 박우순은 공무원 충원제도와 행정학과의 대응 전략 논의에서, "단기적으로는 현행 공개채용시험의 타당성, 시험 관리의 객관성 확보방안, 공직수행에 필요한 구체적인 자격과 능력의 검증방법 등"에 대한 연구의 필요, 장기적으로는 행정학과의 정체성 확보, 행정학인증제도의 도입 등을 권고하였다. 황성원은 공무원 시험과목 개편의 미래 방향으로 "국가관 · 헌법관 등 공식가치를 강화하기 위해 헌법이 시험과목으로 들어왔지만, 이는 공직가치의 일부만을 반영"하고 있어 부족하다는 점을 지적하면서 "행정 가치를 포함한 새로운 공직가치 과목의 도입" 필요를 주장하였다.

셋째, 교육 재설계는 연세대 원주캠퍼스의 글로벌 행정학과 국제개발 교과목 개발의 사례, 인하대의 글로벌e거버넌스 융합전공의 설치 사례를 제시하였다. 한상일은 글로벌 행정학과의 설치와 프로그램의 개발은 "학령인구의 감소와 지역의 경쟁력 약화에 따른 지방대학의 위기, 그리고 신입생이 2학년 진입과정에서 전공을 선택하는 학부제 체제에서의 학생 선호도 하락" 등의 문제에 대응하기 위한 것이었다고 주장하면서, 글로벌행정학과가 국제개발트랙 교과목을 개설하고 KOICA와 한국연구재단으로부터 학부와 대학원 과정을 위한 지속적인 재정지원도 확보할 수 있었던 경험을 소개하였다. 또 이러한 방법이 소속대학만이 가진 강좌, 강의방식, 학생관리 방식 등의 개발로 지방에 위치한 대학의 행정학과가 어떻게 위기를 극복할 수 있는가를 보여주는 한 가지 사례가 될 수 있음을 강조하였다. 명승환은 인하대의 글로벌e거버넌스 융합전공 프로그램의 러시아의 모스크바 국립대학, 카자흐스탄의 국제 IT대학, K－British 대학을 대상으로 한 융합전공의 내용 및 행정학 교육 해외진출 사례와 경험을 소개하였다.

넷째, 지방대학과 행정학과의 경쟁력은 행정학 분야의 중요 현안이다. 송재복은 지방대학 행정학과의 축소와 구조조정, 폐과, 취업률 약화, 진학 인원 감소, 학부제의 채택, 비인기 분야라는 인식, 교육부의 구조조정 등은 결코 일시적 현상이 될 수 없는 만큼 이들을 현재 지방대학 행정학과의 위기로 보아야 하고, 행정학회와 중앙 및 지방정부, 대학의 거버넌스 구축과 변화, 창의적 혁신활동을 통한 문제해결의 구체적 방안을 모색하였다.

Ⅳ. 학회 운영의 과제

행정학회의 운영과 관련한 문제는 여러 가지가 있으나 편집팀은 학술지 관리를 학회 운영의 중심 이슈로 판단하고, 심층 논의와 개선 방안을 모색하였다. 전영평은 편집 및 윤리 규정에 관한 집중적 검토를 통하여 "한국행정학회에 투고되는 논문, 발표되는 논문이 창의성과 독자성을 가진 논문이 될 수 있도록 투고, 편집, 윤리에 관한 규정을 보다 명백하고 엄격하게 규정할 수 있는 방안"을 여러 가지로 제시하고 윤리헌정 권고안도 도출하였다.

Ⅴ. 종합토론

유평준 한국행정학회 회장은 '한국행정학회 창립 60주년 기념 토론회(2016.10.12.)'를 가리켜 행정학, 정치학, 경제학, 법학 등 다양한 학문분야의 토론자로 하여금 학회 60주년을 기념하고 미래를 위한 '큰 그림을 논의'하는 자리로 규정하고 발표 및 토론자로 하여금 과거의 회상, 미래의 방향제시를 주문하였다. 정용덕 위원장(한국행정학회60주년기념사업위원회)은 발제문, '한국행정, 행정학, 행정학회－과거, 현재, 미래'에서 한국행정학회는 '미국행정학회보다 17년 늦게 창립'되었다는 점에서, '적어도 시작은 그다지 늦지 않은 출발'이었다고 평가하였다. 또 '학회 회원 수가 그간 기하급수적으로 늘어 지금은 2천 명이 넘고, 행정학회 학술대회 1년 발표논문은 600편이 넘는 규모'로의 빠른 성장에 대하여 언급하였다. 그러나 이러한 양적 성장에도 불구하고 끊임없는 비판과 성찰을 요구받고 있다는 주장을 덧붙이면서, 한국 행정학 발전의 문제를 "적실성과 과학성" 제고에서 찾았다. 적실성과 관련하여서는 한국 행정학이 과연 사회와 시대가 요구하는 연구와 교육을 얼마나 하고 있는가를, 과학성에 대하여는 한국 행정학이 한국의 행정현상을 얼마나 정확하게 설명하고 있는가를 되돌아 볼 것을 주문하였다. 끝으로 한국 행정학은 미래 자신의 역할 및 임무와 관련 그동안의 연구가 일반이론, 지식 성장에 얼마나 기여하였는가, 과제와 역할은 무엇인가, 국가와 행정의 발전에 어떤 역할을 하고 얼마나 도움이 되었는가, 그리고 학회는 이를 위해 무엇을 할 수 있을 것인가를 성찰과 토론의 주제로 제시하였다.

토론에서 옥동석(국가공무원인재개발원장)은 과거 국립공무원훈련원이었을 당시 정부 인력의 훈련, 공직자 양성의 역할을 담당하였고, 행정학회는 이곳에서 발족되었는데, 이는 행정 "실무와 이론, 연구가 함께 가는 모습으로 출발"했다는 것을 의미한다고 설명하였다. 또 공무원 교육의 도전적 과제를 첫째, 공직가치 교육을 통한 지식과 통찰력을 가진 인재의 양성이라고 강조하고, 방법으로 인물소양 중심의 가치 교육, 역사교육, 정치철학, 헌법적 가치, 공직윤리 교육을 제시하였다. 둘째, 인재개발 패러다임의 변화와 연구개발 기능의 강화, 셋째, 기존의 단편적 직무교육을 넘어서는 리더십 역량 교육, 넷째, 강의식 집합 교육이 아닌 참여형 토론식 교육, 주입식 이론 교육에서 사례, 문제해결 능력 배양 교육을 과제로 제시하였다. 임성호(국회입법조사처장)는 지난 60년간의 격동기 동안 한국 행정학의 실용적 차원에서의 사회적 기여를 높게 평가하고 이를 첫째, 국민국가의 성장과 유지를 위한 관료체제의 구축과 발전에 대한 기여, 둘째, 산업화를 위한 제도기반 구축, 경제정책 수립 및 집행, 셋째, 민주화를 위한 제도 마련과 의식 고양, 기타 정보화 정책의 개발, 복지국가 이행을 위한 준비 등으로 나누어 설명하였다. 또 한국 행정학의 앞으로의 과제는 '전환적 선도 역할'로 제시하고, 시대적 변화를 선제적으로 이끌어가고 시대변화에 대한 추동력 제공이 되어야 한다고 주장하였다. 정윤수(한국행정연구원장)는 한국 행정학의 그동안의 연구와 성취를 '질적, 양적 엄청난 성장'으로 요약하고 행정학의 환경변화에 따른 과제를, 첫째, 행정학의 다른 분야와의 융합적 노력과 시각의 도입, 둘째, 연구과제의 장기적, 협력적 수행, 셋째, 지속적 성찰, 그리고 넷째, 특정 주제에 대한 지속적 논의의 담론구조의 정착을 제시하였다.

Ⅵ. 마무리

『한국 행정학의 역할과 미래의 설계－회고와 발전 방향의 모색』은 한국 행정학 연구와 교육의 미래를 위한 행정학자들의 고민이자 준비이고 방향의 제시이다. 피터 드러커(Peter Drucker)는 "미래는 주어지는 것이 아니라 만들어지는 것이다(The future cannot be predicted. The best way to predict the future is to create it)."라고 하였다. 이것은 비단 기업 경영뿐만 아니라 한국 행정학의 미래 연구와 교육의 설계에도 그대로 적용된다. 한국행정학회의 미래 행정학 연구와 교육을 위한 과제는 현재를 점검하여 미래를 만들어 가려는 의지이자 노력이고, 이 책은 학회의 시대적, 사회적 요구와 필요에 대한 답의 모색이다.

참고문헌

제 1 편　한국 행정학의 교육과 연구: 새로운 10년의 설계

제 1 장　연구와 교육 환경의 변화

❶ 대학구조 개혁과 행정학의 과제 / 하연섭

강명구(2008). "직업으로서의 행정학: 한국행정학 50년: 1956－2006에 대한 비판과 성찰." 한국행정학보, 42(1): 435－55.

강문희 · 이선우(2009). "한국행정학 교육의 현황과 과제: 적실성의 탐색." 한국행정학회 2009년 발표논문.

김기환 · 김상묵(2009). "교육중심대학 행정학 교육과정 개발." 한국행정학회 추계학술대회 발표논문.

김준한(2011). "행정학 학부교육을 어떻게 할 것인가?" 박종민 · 윤견수 · 김현준(편), 한국행정학의 방향: 교육, 연구 및 제도, 3－28. 서울: 박영사.

박정수 외(2014). 2014~2018년 국가재정운용계획 교육분야 보고서. 국가재정운용계획 교육분과위원회.

박통희(2011). "한국에서 행정학의 적실성에 대한 비판과 대안." 박종민 · 윤견수 · 김현준(편), 한국행정학의 방향: 교육, 연구 및 제도, 109－143. 서울: 박영사.

안병영 · 하연섭(2015). 5.31 교육개혁 그리고 20년: 한국 교육의 패러다임 변화. 서울: 다산출판사.

우제창 외(2015). "BK21 플러스 사업평가체제 개선 및 사업구조 개편 방안 수립 보고서." 대전: 한국연구재단

윤재풍(2011). "교육제도에 대한 사회자평." 박종민 · 윤견수 · 김현준(편), 한국행정학의 방향: 교육, 연구 및 제도, 251－255. 서울: 박영사.

이병량(2010). "행정학의 위기와 행정학 교육: 한국 행정학 교육의 실용성에 관하여." 행정논총, 48(2): 169－188.

______(2011). “지방대학과 행정학 교육의 위기: 공유된 위기인가? 특수한 위기인가?” 한국행정학회 2011년 동계학술대회 발표논문.
이승종(2011). “행정학 대학원교육을 어떻게 할 것인가?” 박종민 · 윤견수 · 김현준(편), 한국행정학의 방향: 교육, 연구 및 제도, 29－46. 서울: 박영사.
이시균 외(2015). 중장기 인력수급 수정전만 2014－2024. 음성군: 한국고용정부원.
이영철(2011). “행정학과생의 핵심역량강화를 위한 교육방안.” 한국행정학회 2011년 동계학술대회 발표논문.
최중길 · 권동일 외(2012). “WCU－BK21 후속사업 세부 계획 수립 연구.” 대전: 한국연구재단.
하연섭(2010). 정부예산과 재무행정, 서울: 다산출판사.
______(2013). “고등교육 재정정책의 정치경제: 비교제도분석.” 한국정책학회보, 22(2): 1－29.
______ 외(2013). 고등교육 재정지원사업 현황 분석 및 추진계획 수립 연구. 서울: 한국대학교육협의회.
______(2013). “행정학과 행정현실의 정합성.” 김현구(편), 한국 행정학의 한국화론: 보편성과 특수성의 조화. 507－524. 서울: 법문사.
______ 외(2014). 2014년 학부교육 특성화사업 사업설계 연구. 서울: 한국대학교육협의회.
______(2015). “대학 경쟁력 강화를 위한 재정지원의 방향.” 안종석 외 2015~2019 국가재정운용계획 교육분야 보고서. 국가재정운용계획 교육 분과위원회.
______(2015). “미래 사회 대비 교육제도의 변화 방향.” KISTEP 미래포럼 발제 원고.
______ 외(2015). “‘고등교육 재정투자 10개년 기본계획’에 따른 고등교육재정지원계획(2016－2017) 수립 연구.” 서울: 한국교육개발원
______(2016). “고등교육 재정지원.” 안종석 외 2016~2020 국가재정운용계획 교육분야 보고서. 국가재정운용계획 교육 분과위원회.
Anderson, Barry(2013). “*Increasing Mandatory Spending and Fiscal Soundness.*” presented at the NABO International Forum, Seoul, Korea, Oct. 16, 2013.
British Council(2012). *The Shape of Things to Come: Higher Education Global Trends and Emerging Opportunities to 2020.* www.britishcouncil.org/higher－education.
Green, Andy(2013). *Education and State Formation: Europe, East Asia and the USA. 2nd ed., New York*: Palgrave Macmillan.

❷ 공공성 및 공공봉사동기 증진을 위한 교육방안 / 김상묵

김경선 · 정유지(2009). 공학에서 봉사학습 프로그램 운영 전략 모색. 공학교육연구, 12(2): 14－23.
김상묵(2013). 한국인의 공공봉사동기: 세계적 보편성과 한국적 특수성. 서울: 집문당.

김성봉(2004). 미국의 봉사학습이 한국대학교육에 주는 시사점. 한국교육, 31(3): 287-305.
김지영(2005). 교육연극 수업이 초등학교 아동의 사회성과 학습태도에 미치는 효과. 초등교육학연구, 12(1): 47-60.
김통원 · 김혜란(2001). 대학생 봉사학습에 관한 실증적 사례연구. 한국사회복지학, 47: 148-177.
노영희(2015). 문헌정보학 캡스톤디자인 교육과정 운영과 학습만족도 측정연구. 한국도서관 · 정보학회지, 46(3): 89-118.
박가나(2012). 우리나라 봉사학습에 대한 연구 동향 분석. 시민청소년학연구, 3(2): 55-93.
______(2014). 학교중심 봉사학습의 유형 및 내용 분석. 청소년학연구, 21(6): 27-57.
박선향(2010). 청소년의 민주시민교육과 봉사학습에 관한 연구. 청소년학연구, 17(1): 167-186.
배수호 · 김도영(2014). 유학(유학)에서의 공공성 논의: 행정학 맥락에서 이해하기. 한국행정학보, 48(3): 75-98.
백완기(2007). 한국행정과 공공성. 한국사회와 행정연구, 18(2): 1-22.
소영진(2003). 행정학의 위기와 공공성 문제. 정부학연구, 9(1): 5-24.
______(2008). 공공성의 개념적 접근. 윤수재 · 이민호 · 채종헌(편). 새로운 시대의 공공성 연구, 32-63. 서울: 법문사.
신진욱(2007). 공공성과 한국사회. 시민과 세계, 11: 18-39.
원미순 · 박혜숙(2008). 전공연계 봉사-학습(Service-Learning)의 효과에 관한 실험연구. 학교사회복지, 15: 57-76.
유숙영 · 서윤경(2011). 기독교대학의 봉사-학습 (Service-Learning) 프로그램의 운영 및 평가. 기독교교육정보, 31: 185-211.
______(2016). 기독교 대학교육에서 봉사-학습의 도입 및 효과. 기독교교육정보, 48: 121-149
이유선(2012). 공공성과 민주주의의 가능성. 사회와 철학, 24: 51-78.
이은승(2008). 홀리스틱 교육의 관점에서 본 대학생 봉사학습에 대한 인식. 홀리스틱교육연구, 12(2): 85-102.
이태식 · 전영준 · 이동욱 · 장병철(2009). 공학교육평가: 공학대학 캡스톤 디자인(창의적 공학설계) 교육과정 운영실태 및 학습 만족도 조사. 공학교육연구, 12(2): 36-50.
임의영(2003). 공공성의 개념, 위기, 활성화 조건. 정부학연구, 9(1): 23-52.
______(2010). 공공성의 유형화. 한국행정학보, 44(2): 1-21.
______(2015). 공공성의 인간적 토대에 대한 비판적 성찰. 한국행정학회 하계학술대회발표논문집, 2015(단일호), 354-372.
조강모 · 최종호(2001). 집단탐구수업 절차를 기초한 도덕과 봉사 학습 모형의 탐색. 초등도덕교육, 7: 45-73.

조성희(2009). 대학 봉사활동 비교 연구. 교양교육연구, 3(1): 119-144.

조한상(2006). 헌법에 있어서 공공성의 의미. 공법학연구, 7(3): 251-275.

한국교육개발원(2011). 교육통계연보 2011. 서울: 한국교육개발원.

한인영 · 박형원 · 김주현(2005). 전공교육과 연계한 봉사학습의 효과 연구. 한국사회복지학, 57(3): 251-276.

현귀선 · 윤경미 · 김정섭(2009). 동화를 활용한 교육연극이 초등학생의 비판적 사고에 미치는 영향. 사고개발, 5(1): 71-86.

황미영(2009). 참여학습형 법교육 방법으로서 봉사학습 (Service-Learning)의 적용에 관한 연구. 법교육연구, 4(2): 133-161.

Antonsen, Marianne, and Torben Beck Jørgensen(1997). The 'Publicness' of Public Organizations. *Public Administration*, 75(2): 337-357.

Ash, Sarah L., Patti H. Clayton, and Maxine P. Atkinson(2005). Integrating Reflection and Assessment to Capture and Improve Student Learning. *Michigan Journal of Community Service Learning*, 11(2): 49-59.

Bozeman, Barry, and Xuhong Su.(2015). Public Service Motivation Concepts and Theory: A Critique. *Public Administration Review*, 75(5): 700-710.

Brewer, Gene A., and Sally Coleman Selden(1998). Whistle Blowers in the Federal Civil Service: New Evidence of the Public Service Ethic. *Journal of Public Administration Research and Theory*, 8(3): 413-439.

Brewer, Gene A., Sally Coleman Selden, and Rex L. Facer, II.(2000). Individual Conceptions of Public Service Motivation. *Public Administration Review*, 60(3): 254-264.

Campbell, David A., and Kristina T. Lambright(2011). How Valuable are Capstone Projects for Community Organizations? Lessons from a Program Assessment. *Journal of Public Affairs Education*, 17(1): 61-87.

Carrizales, Tony, and Lamar Vernon Bennett(2013). A Public Service Education: A Review of Undergraduate Programs With a Community and Service Focus. *Journal of Public Affairs Education*, 19(2): 309-323.

Christensen, Robert K., Justin M. Stritch, J. Edward Kellough, and Gene A. Brewer(2015). Identifying Student Traits and Motives to Service-Learn: Public Service Orientation Among New College Freshmen. *Journal of Higher Education Outreach and Engagement*, 19(4): 39-62.

Dicke, Lisa, Sara Dowden, and Jodi Torres(2004). Successful Service Learning: A Matter of Ideology. *Journal of Public Affairs Education*, 10(3): 199-208.

Eyler, Janet, and Dwight E. Giles Jr.(1999). *Where's the Learning in Service-Learning?*

Jossey-Bass Higher and Adult Education Series. San Francisco: Jossey-Bass.

Eyler, Janet, Dwight E. Giles, Jr., and John Braxton(1997). The Impact of Service-Learning on College Students. *Michigan Journal of Community Service Learning*, 4(1): 5-15.

Fiebig, Jennifer Nepper(2014). Learning Through Service: Developing an Intergenerational Project to Engage Students. *Educational Gerontology*, 40(9): 676-685.

Fitzgerald, Hiram E., Karen Bruns, Steven T. Sonka, Andrew Furco, and Louis Swanson (2012). The Centrality of Engagement in Higher Education. *Journal of Higher Education Outreach and Engagement*, 16(3): 7-28.

Frumkin, Peter, and JoAnn Jastrzab(2010). *Serving Country and Community: Who Benefits from National Service?* Cambridge: Harvard University Press.

Furco, Andrew(1996). Service-learning: A Balanced Approach to Experiential Education. In Barbara Taylor and Corporation for National Service (Eds.), *Expanding Boundaries: Serving and Learning*, 2-6. Columbia, MD: Cooperative Education Association.

Haque, M. Shamsul(2001). The Diminishing Publicness of Public Service under the Current Mode of Governance. *Public Administration Review*, 61(1): 65-82.

Henderson, Ailsa, Steven D. Brown, and S. Pancer(2012). Political and Social Dimensions of Civic Engagement: The Impact of Compulsory Community Service. *Politics & Policy*, 40(1): 93-130.

Houston, David J.(2006). "Walking the Walk" of Public Service Motivation: Public Employees and Charitable Gifts of Time, Blood, and Money. *Journal of Public Administration Research and Theory*, 16(1): 67-86.

Imperial, Mark T., James L. Perry, and Michael C. Katula(2007). Incorporating Service Learning into Public Affairs Programs: Lessons from the Literature. *Journal of Public Affairs Education*, 13(2): 243-264.

Jacoby, Barbara, and Associates(1996). *Service Learning in Higher Education*. San Francisco: Jossey-Bass.

Kim, Sangmook(2016). Developing an Item Pool and Testing Measurement Invariance for Measuring Public Service Motivation in Korea. Unpublished manuscript.

Kim, Sangmook, and Wouter Vandenabeele(2010). A Strategy for Building Public Service Motivation Research Internationally. *Public Administration Review*, 70(5): 701-709.

Kim, Sangmook, Wouter Vandenabeele, Bradley E. Wright, Lotte B. Andersen, Francesco Paolo Cerase, Robert K. Christensen, Céline Desmarais, Maria Koumenta, Peter Leisink, Bangcheng Liu, Jolanta Palidauskaite, Lene H. Pedersen, James L. Perry, Adrian Ritz, Jeannette Taylor, and Paola De Vivo.(2013). Investigating the Structure and Meaning of

Public Service Motivation across Populations: Developing an International Instrument and Addressing Issues of Measurement Invariance. *Journal of Public Administration Research and Theory* 23(1): 79−102.

Paarlberg, Laurie E., James L. Perry, and Annie Hondeghem(2008). From Theory to Practice: Strategies for Applying Public Service Motivation. In James L. Perry & Annie Hondeghem (Eds.), *Motivation in Public Management: The Call of Public Service*, 268−293. Oxford: Oxford University Press.

Perry, James L., and Annie Hondeghem, (Eds). (2008). *Motivation in Public Management.* Oxford: Oxford University Press.

Perry, James L., Annie Hondeghem, and Lois Recascino Wise(2010). Revisiting the Motivational Bases of Public Service: Twenty years of research and an agenda for the future. *Public Administration Review*, 70(5): 681−690.

Perry, James L., and Lois Recascino Wise(1990). The Motivational Bases of Public Service. *Public Administration Review*, 50(3): 367−373.

Sabia, Debra(2003). Community Service Learning: Bridging Education and Social Practice. *Politics & Policy*, 31(2): 347−370.

Schachter, David R., and Deena Schwartz, D.(2009). The Value of Capstone Projects to Participating Client Organizations. *Journal of Public Affairs Education*, 15(4): 446−461.

Seider, Scott C., Samantha A. Rabinowicz, and Susan C. Gillmor(2011). The Impact of Philosophy and Theology Service−Learning Experiences upon the Public Service Motivation of Participating College Students. *Journal of Higher Education*, 82(5): 597−628.

Simons, Lori, and Beverly Cleary(2006). The influence of service learning on students' personal and social development. *College Teaching*, 54(4): 307−319.

Steinberg, Kathryn S., Robert G. Bringle, and Matthew J. Williams(2010). *Service−learning Research Primer.* Scotts Valley, CA: National Service−Learning Clearinghouse.

Vandenabeele, Wouter(2007). Toward a Public Administration Theory of Public Service Motivation: An Institutional Approach. *Public Management Review*, 9(4): 545−556.

Ward, Kevin D.(2014). Cultivating Public Service Motivation through AmeriCorps Service: A Longitudinal Study. *Public Administration Review*, 74(1): 114−125.

Watkins, Marie, and Linda Braun(2005). *Service−Learning: From Classroom to Community to Career.* Indianapolis: Jist Life.

Yorio, Patrick L., and Feifei Ye.(2012). A Meta−analysis on the Effects of Service−Learning on the Social, Personal, and Cognitive Outcomes of Learning. *Academy of Management*

Learning & Education, 11(1): 9－27.

제 2 장 정부의 행정학에 대한 수요

❶ 역량 수요 / 최상옥 · 이정호

강성철 · 김판석 · 이종수 · 진재구 · 최근열(2014). 새인사행정론. 서울: 대영문화사.
고명철 · 최상옥(2012). 삶의 질(QoL) 연구의 행정학적 함의와 제언. 한국행정학보. 46(4): 103－126.
김 렬(2014). 인사행정론. 서울: 박영사
김병국 · 권오철(1999). 지방자치단체 내부조직역량 평가체계의 구축 및 활용방안. 한국지방행정연구원.
김재진 · 최이규(1999). 기업역량과 전략 및 성과에 관한 적합성 연구. 경영교육연구, 17: 201－222.
김흥회(2011). 협력 거버넌스 모형의 구축과 적용: 경주 방폐장 선정 과정의 분석. 정부학연구, 17(2): 143－182.
박석희(2006). 공공부문의 성과관리와 조직역량: 차단된 시계열설계를 통한 13개 공기업의 실증분석. 한국행정학보, 40(3): 219－244.
배귀희 · 임승후(2010). 공공갈등과 네트워크 거버넌스 구조: 한탄강댐 사례에서의 네트워크 특성과 주요 행위자들의 변화를 중심으로. 행정논총, 48(4): 107－144.
송재환 · 송운석(2016). 참여식 교육과정에서 학습자침묵 지표개발에 관한 연구: 공공조직의 역량개발교육 학습자를 중심으로. 한국조직학회보, 13(2): 93－121.
오헌석(2007). 역량중심 인적자원개발의 비판과 쟁점분석. 경영교육논총. 47: 191－213.
이명석(2010). 협력적 거버넌스와 공공성. 현대사회와 행정, 20(2): 23－53.
이명석 · 배재현 · 양세진(2009). 협력적 거버넌스와 정부의 역할: 사회적 기업의 사례를 중심으로. 한국정책학회보, 18(4): 145－171.
이승종 · 윤두섭(2005). 지방정부의 역량에 관한 개념화 연구. 한국지방자치학회보, 17(3): 5－24.
이장호(1999). 중소전자기업의 전략적 선택, 전략적 의도 및 조직역량이 대미수출성과에 미치는 영향. 중소기업연구, 21(1): 81－103.
이창길(2013). 인적자원행정론. 서울: 법문사.
이홍민 · 김종인(2006). 핵심역량 핵심인재. 서울: 리드출판사.
조남신(1999). 벤처기업의 네트워크 효과, 선점전략, 조직역량 및 성과에 관한 연구: 전략경영연구, 6(1): 1－25.
조철주 · 장명준(2011). 공공정책의 갈등 해소를 위한 협력적 거버넌스 모형 연구. 도시행정학보, 24(2): 23－47.

최미옥 · 임석준(2004). 지방정부역량 연구와 구조화 이론. 한국행정학회 학술대회 발표 논문집, 151－166.

최상옥(2012). 정부의 질 연구: 효과성 제고를 위한 정부역량 개념의 탐색적 고찰. 정부학연구, 18(2): 77－97.

한병훈(2015). 정부역량이 시민들의 삶의 질에 미치는 영향: 사회복지 정부성과의 매개효과를 중심으로. 한국행정학회 하계학술발표 논문집.

한승헌 · 강민아 · 이승윤(2013). 정부역량에 관한 연구동향 분석과 개념 비교. 한국거버넌스학회보, 20(3): 27－55.

호 알프레드 · 임도빈(2012). 정부경쟁력(Governmetn competitiveness)의 개념정립: 시간과 공간의 관점에서. 행정논총, 50(3): 1－34.

Agranoff. R., & McGuire, M.(2003). *Collaborative public management: New strategies for local governments*. Washington, D.C: Georgetown University Press.

Ansell, C., & Gash, A.(2007). Collaborative governance in theory and practice. *Journal of Public Administration Research and Theory*, 28(4): 543－572.

Boyatzis, R. E.(1982). *The competent manager: A model for effective performance*. New York: John Wiley.

Cascioaro, T., & Lobo, M. S.(2008). When competence is irrelevant: The role in inter-personal affect in task－related ties. *Administrative Science Quarterly*, 53: 655－684.

Chung, Y., & Jackson, S. E.(2013). The internal and external networks of knowledge intensive teams: The role of task routineness. *Journal of Management*, 39(2): 442－468.

Corbin, J.(1993). Competencies for electronic information services. *The Public－Access Computer Systems Review*, 4(6): 17－25.

Deci, E. L.(1980). *Intrinsic motivation and personality in E. Staub (ed.), Personality: Basic aspects and current research*. Englewood Cliffs: Prentice Hall.

Donahue, A. K., Seldon, S. C., & Ingraham, P. W.(2000). Measuring government manage-ment capacity: A comparative analysis of city human resources management systems. *Journal of Public Administration Research and Theory*, 10(2): 381－411.

Dubious, D. D.(1993). *Competency－based performance improvement: A strategy for organ-izaitonal change*. MA: HRD Press.

Fletcher, S.(1991). *Designing competence－based training*. London: Kongan Page.

Fukuyama, F.(2005). State building: Governance and world order in the 21st century, 안진환(역), 강한국가의 조건, 황금가지.

Green, P. C.(1999). *Building robust competencies: Linking human resource systems to organizational strategies*. San Francisco, CA: Jossey-Bass.

Heckathorn, D. D.(1996). The dynamics and dilemmas of collective action. *American Sociological Review*, 61(2): 250-277.

Isett, K. R., Mergel, I. A., LeRout, K., Mischen, P. A., & Rethemeyer, R. K.(2011). Networks in public administration scholarship: Understanding where we are and where we need to go. *Journal of Public Administration Research and Theory*, 21(Supp. 1): 157-173.

Klemp, G. O.(1980). *The assessment of occupational competence*. Washington, D.C.: National Institute of Education

Ko, M., & Choi, S.(2015). The effects of community quality fo life on local policy decisions. *Applied Research Quality Life*, 10: 667-687.

Lassey, P.(1998). *Developing a learning organization*. London: Kogan Page.

Lecy, J. D., Mergel, I. A., & Schmitz, H. P.(2014). *Public Management Review*, 16(5): 643-665.

Lee, J., & Choi, Y.(2015). Local charter school policy implementation: Do policy networks matter? *Korean Journal of Policy Studies*, 30(1): 185-206.

McClelland, D. C.(1973). Testing for competence rather than for intelligence. *American Psychologist*, 28(1): 1-14.

McLagan, P. A.(1982). The ASTD training & development competency study: A model building challenge. *Training and Development Journal*, 36(5): 18-24.

Meier, K. J., & O'Toole, L.(2001). Managerial strategies and behavior in networks: A model with evidence from U.S. public education. *Journal of Public Administration Research and Theory*, 11(3): 271-293.

______(2003). Public management and educational performance: The impact of managerial networking. *Public Administration Review*, 63(6): 689-699.

Mintrom, M.(2000). *Policy entrepreneurs and school choice*. Washington, D.C.: Georgetown University Press.

Mintrom, M., & Vergari, S.(1998). Policy networks and innovation diffusion: The case of state education reform. *Journal of Politics*, 60(1): 126-148.

Ostrom, E.(1999). Coping with tragedies of the commons. *Annual Review of Political Science*, 2: 493-535.

______(2011). Background on the institutional analysis and development framework. *Policy Studies Journal*, 39(1): 7-27.

Parry, S. B.(1996). The quest for competencies. *Training*, 33(7): 48-54.

Prahalad, C. K., & Hamel, G.(1990). The core competence of the corporation. *Harvard*

Business Review May–June: 2–15.

Reimann, B. C.(1982). Organizational competence as a predictor of long run survival and growth. *Academcy of Management Journal*, 25(2): 323–334.

Ritter, T. & Gemunden, H. G.(2003). Network competence: Its impact on innovation success and its antecedents. *Journal of Business Research*, 56(9): 745–755.

Rothewell, W. J., & Lindholm, J. E.(1999). Competency identification, modelling and assessment in the USA. *International Journal of Training and Development*, 3(2): 90–105.

Schippmann, J. S.(1999). *Strategic job modeling: Working at the core of integrated human resources*. NJ: Lawrence Erlbaum Associates, Inc.

Selznick, P.(1952). *The organizational weapon*. New York: McGraw–Hill.

Snow, C. C., & Lawrence, G. H.(1980). Strategy, distinctive competence, and organizational performance. *Administrative Science Quarterly*, 25(2): 317–336.

Sparrow, P. R.(1996). Linking competencies to pay: Too good to be true? *People Management*, 2(23): 1–6.

Spencer, L. M., & Spencer, S. M.(1993). *Competency at work: Models for superior performance*. John Wiley and Sons.

Strebler, M. & Bevans, S.(1996). *Competence–based management training*. Report 302. Institute for Employment Studies.

Walter, A., Auer, M., & Ritter, T.(2006). The impact of network capabilities and entrepreneurial orientation on university spin–off performance. *Journal of Business Venturing*, 21(4): 541–567.

❷ 공무원들의 공직관과 행정학 교육의 미래 / 윤견수

강명구(2001). 한국행정학 위기론에 관한 소고. 정부학연구, 7(2): 81–114.

______(2008). 직업으로서의 행정학: '한국행정학50년: 1956–2006'에 대한 비판과 성찰, 한국행정학보, 42(1): 435–455.

강신택(2006). 한국 행정학의 논리. 서울: 박영사.

권해수(2009) 한국 행정학의 학문후속세대 교육의 위기 구조와 대응방안 연구, 한국행정학보, 43(1): 299–320.

김상묵(2013). 한국인의 공공봉사동기: 세계적 보편성과 한국적 특수성. 서울: 집문당.

김성기(2011). 행정학 학부교육과 대학원교육 제도 개선에 대한 논평. 박종민 · 윤견수 · 김현준(편). 한국행정학의 방향–교육, 연구 및 제도. 227–233. 서울: 박영사.

김정렬 · 한인섭(2003). 행정학 위기의 실상과 대책. 한국행정학보. 37(4): 19–38.

김준한(2000). 행정학의 위기－다면적 현상. KAPA@Froum, 90: 10－13.

______(2011). 행정학 학부교육을 어떻게 할 것인가. 박종민 · 윤견수 · 김현준(편). 한국행정학의 방향－교육,연구 및 제도. 3－28. 서울: 박영사.

김현구(2010). 한국 행정학의 발전과 한국화 담론. 한국행정학회동계학술대회.

______(2011). 행정학 학부교육과 대학원교육에 대한 사회자 논평. 박종민 · 윤견수 · 김현준(편). 한국행정학의 방향－교육, 연구 및 제도. 73－76. 서울: 박영사.

김희강(2009). 정책과 사회정의 및 규범이론. 박종민 · 정무권(편). 한국행정연구－도전과 과제. 147－164. 서울: 박영사.

______(2016). 돌봄국가: 복지국가의 새로운 지평. 정부학연구, 22(1): 5－30.

남궁근(2011). 행정학 대학원교육을 위한 제도적 구상. 한국에서 행정학의 적실성에 대한 비판과 대안에 대한 논평. 박종민 · 윤견수 · 김현준(편). 한국행정학의 방향－교육, 연구 및 제도. 197－226. 서울: 박영사.

문명재(2011). 행정학 학부교육과 대학원교육 제도 개선에 대한 논평. 박종민 · 윤견수 · 김현준(편). 한국행정학의 방향－교육, 연구 및 제도. 245－250. 서울: 박영사.

문태현(2005). 적실성의 관점에서 본 행정학 교육의 한국화. KAPA@ Froum, 112: 23－26.

박종민(2006). 한국 행정이론을 위한 비판적 성찰. 한국행정학오십년(1956－2006), 37－59. 한국행정학회.

______(2009a). 행정학은 과학인가 기술인가? 한국행정학보, 43(4): 1－18

______(2009b). 행정학의 연구대상. 박종민 · 정무권(편). 한국행정연구－도전과 과제. 3－26. 서울: 박영사.

______(2012). 미국행정학인가 한국행정학인가. 정부학연구, 18(2): 132－147.

박천오(2011). 한국에서 행정학의 적실성에 대한 비판과 대안에 대한 논평. 박종민 · 윤견수 · 김현준(편). 한국행정학의 방향－교육, 연구 및 제도. 109－143. 서울: 박영사. 144－145.

박천오 · 박시진(2015). 한국 공무원의 공직선택 동기 연구: 직종별 하위직 공무원들의 인식 비교. 한국인사행정학회보, 14(1): 79－104.

박통희(2011). 한국에서 행정학의 적실성에 대한 비판과 대안: 전문성과 고유성을 중심으로. 박종민 · 윤견수 · 김현준(편). 한국행정학의 방향－교육, 연구 및 제도. 109－143. 서울: 박영사.

백완기(2006a). 시대별 국가 과제와 행정학의 대응분석에 대한 좌담회. 한국행정학오십년(1956－2006), 437－440. 한국행정학회.

______(2006b). 한국행정학 50년－문헌검토를 중심으로. 파주: 나남출판.

변종립(2011). 한국 행정학 교육에 바란다. 한국행정학회소식지(봄), 35－36. 한국행정학회.

소영진(2003). 행정학의 위기와 공공성 문제. 정부학연구, 9(1): 5－22.

송희준(2011). 행정학 대학원교육을 어떻게 할 것인가에 대한 논평. 박종민 · 윤견수 · 김현준

(편). 한국행정학의 방향－교육, 연구 및 제도. 59－65. 서울: 박영사.
신무섭(2006). 시대별 국가 과제와 행정학의 대응분석에 대한 좌담회. 한국행정학오십년(1956－2006), 444－447. 한국행정학회.
신희영(2003). 신공공관리론에 대한 비판적 고찰: 비판적 실재론 접근. 정부학연구, 9(1): 81－119.
안병영(2000). 자초한 위기: 위기의 연원은 한국행정의 역사 속에서 찾아야. KAPA@ Froum, 92: 6－14.
______(2006). 시대별 국가 과제와 행정학의 대응분석, 한국행정학오십년(1956－2006), 403－432. 한국행정학회.
염재호(2006). 시대별 국가 과제와 행정학의 대응분석에 대한 좌담회. 한국행정학오십년(1956－2006), 462－463. 한국행정학회.
유민봉(2011). 행정학 학부교육과 대학원교육 제도 개선에 대한 논평. 박종민 · 윤견수 · 김현준(편). 한국행정학의 방향－교육, 연구 및 제도. 240－244. 서울: 박영사.
유재원(2011). 행정학 학부교육을 어떻게 할 것인가에 대한 논평. 박종민 · 윤견수 · 김현준(편). 한국행정학의 방향－교육, 연구 및 제도. 52－58. 서울: 박영사.
유홍림 · 윤견수(1997). 행정학의 실천적 위기와 행정학계의 대응전략. 한국행정학회동계학술대회.
윤견수(2001). 행정학의 비주류와의 산책. 정부학연구, 7(2): 5－8.
______(2009). 인문학적 성찰과 행정학 방법론. 박종민 · 정무권(편). 한국행정연구－도전과 과제. 373－396. 서울: 박영사.
______(2011a). 정부의 질과 관료제의 합리성: 관료제 이념형 구성의 기본단위인 '공직' 개념을 중심으로. 정부학연구, 17(3): 19－48.
______(2011b). 행정학의 영역 찾기: '공직'과 '공직자' 개념의 재발견. 한국행정학보, 45(1): 1－22.
______(2015). 한국 공직문화의 원형: 자리문화. 한국행정학보, 49(4): 1－28.
윤성식(2000). 행정학의 위기?. KAPA@Froum, 92: 14－17.
______(2011). 행정학 대학원교육을 어떻게 할 것인가에 대한 논평. 박종민 · 윤견수 · 김현준(편). 한국행정학의 방향－교육, 연구 및 제도. 66－72. 서울: 박영사.
윤재풍(2011). 행정학 학부교육과 대학원교육 제도 개선에 대한 논평. 박종민 · 윤견수 · 김현준(편). 한국행정학의 방향－교육, 연구 및 제도. 251－255. 서울: 박영사.
이명석(2002). 거버넌스의 개념화: '사회적 조정'으로서의 거버넌스. 한국행정학보, 36(4): 321－338.
이병량(2010). 행정학의 위기와 행정학 교육: 한국 행정학 교육의 실용성에 대하여. 행정논총, 48(2): 169－187.

이승종(2011). 행정학 대학원교육을 어떻게 할 것인가? 박종민 · 윤견수 · 김현준(편). 한국행정학의 방향－교육, 연구 및 제도. 29－55. 서울: 박영사.

이영철(2003). 신공공관리론의 이론적 비판: 원자화된 개인, 강력한 시장, 축소지향형 정부. 정부학연구, 9(1): 51－80.

이종범(2006). 한국행정학오십년 서론. 한국행정학오십년(1956－2006), 13－25. 한국행정학회.

임도빈(2009). 행위론적 접근. 박종민 · 정무권(편). 한국행정연구－도전과 과제. 193－223. 서울: 박영사.

임의영(2003). 공공성의 개념, 위기, 활성화 조건. 정부학연구, 9(1): 23－50.

______(2009). 행정에 관한 규범적 연구. 박종민 · 정무권(편). 한국행정연구－도전과 과제. 119－146. 서울: 박영사.

임 현(2016). 보장국가론의 이해를 위한 소고. 정부학연구, 22(1): 31－50.

전상경(2006). 시대별 국가 과제와 행정학의 대응분석에 대한 좌담회. 한국행정학오십년(1956－2006), 464－465. 한국행정학회.

전영평(2000). 행정학이 위기? KAPA@Froum, 9(2): 32－33.

정남준(2009). 행정학 교육의 유용성 제고를 위한 제언－중앙정부의 관점. 한국행정학회동계학술대회.

정무권(2005). 한국행정학의 정체성 찾기와 한국화 전략. KAPA@Froum, 111: 17－22

정성호(2001). 한국행정학의 근대성. 정부학연구, 7(2): 41－65.

______(2006). 시대별 국가 과제와 행정학의 대응분석에 대한 좌담회. 한국행정학오십년(1956－2006), 462－465. 한국행정학회.

정용덕(2011). 한국 행정학에서 무엇을 어떻게 연구할 것인가? 박종민 · 윤견수 · 김현준(편). 한국행정학의 방향－교육, 연구 및 제도. 79－108. 서울: 박영사.

정정길(2000). 한국행정학의 위기. 한국행정포럼, 91: 6－9.

조성한(2001). 21세기 한국행정학의 역할과 위기극복. KAPA@Froum, 94: 14－16.

______(2011). 행정학 학부교육의 대안적 접근. 한국에서 행정학의 적실성에 대한 비판과 대안에 대한 논평. 박종민 · 윤견수 · 김현준(편). 한국행정학의 방향－교육, 연구 및 제도, 177－196. 서울: 박영사.

최병선(2000). 내가 보는 '행정학의 위기', kapa@포럼, 92: 12－15.

______(2006). 시대별 국가 과제와 행정학의 대응분석에 대한 좌담회. 한국행정학오십년(1956－2006), 450－454. 한국행정학회.

______(2011). 한국에서 행정학의 적실성에 대한 비판과 대안에 대한 논평. 박종민 · 윤견수 · 김현준(편). 한국행정학의 방향－교육, 연구 및 제도, 153－164. 서울: 박영사.

하연섭(2011). 한국에서 행정학의 적실성에 대한 비판과 대안에 대한 논평. 박종민 · 윤견수 · 김현준(편). 한국행정학의 방향－교육, 연구 및 제도, 165－170. 서울: 박영사.

Jun, Jong. S.(1986). *Public Administration: Design and Problem Solving*. New York: Macmillan.
______(2006). *The Social Construction of Public Administration—Interpretive and Critical Perspecties*. New York: State University of New York.
Perry, James L. and Lois Recascino Wise(1990). The Motivational Bases of Public Service. *Public Administration Review*, 50(3): 367—373.

[자료집]
한국행정학회 미래특별위원회(2016). 행정학 교과목 공직관에 대한 공무원 의식조사.
중앙공무원교육원(2015). 5급신임공무원 의식조사.
중앙공무원교육원(2015). 5급승진공무원 의식조사.

제 3 장 행정학의 유용성과 위상

❶ 행정학 지식의 유용성에 관한 연구 / 엄태호

권경득(2006). 한국행정학보게재논문의 연구경향 분석: 연구영역과 연구방법을 중심으로. 한국행정학50년: 1956—2006. 한국행정학회.
권해수(2009). 한국 행정학의 학문후속세대 교육의 위기 구조와 대응방안 연구. 한국행정학보, 43(1): 299—320.
김석태(2000). 행정학과에 대한 사회적 수요. kapa@포럼, 제89호.
김재훈(2008). 행정연구결과의 활용에 관한 실증연구. 한국행정학보, 42(4): 35—67.
김주환(2001). 한국의 행정학 교육수요에 관한 연구. 한국행정학보, 10(3): 1—16.
김태일(2008). 행정학 및 타전공 졸업자의 전공 만족도, 취업 유형 및 직업 만족도 비교. 한국행정학회 하계학술발표논문집: 1—21.
노시평 · 백종섭(1998), 공 · 사부문 행정학 수요실태와 인식분석. 한국행정학보, 32(2): 235—252.
문명재(2009). 연구중심대학 교육과정 개발에 관한 연구: 학생, 교수, 그리고 채용자를 대상으로 한 설문자료를 중심으로. 한국행정학회 추계학술대회 발표논문집, 한국행정학회.
박순애(2007). 행정학 연구분야의 시대적 적실성에 대한 시론적 연구. 한국행정학보, 41(3): 321—344.
박종민(2006). 한국 행정이론을 위한 비판적 성찰. 한국행정학 50년 1956—2006. 한국행정학회.
______(2008). 행정학의 종언인가?: 정체성 위기의 악순환. 한국행정학회 춘계학술발표논문집.
박치성(2008). 응용학문으로서 행정학의 사회적 적실성에 관한 탐색적 연구. 한국행정연구,

17(3): 3－32.
박흥식(2006). 학술연구 발표(1956－2006)의 성향: 내용과 변화의 추이. 한국행정학50년: 1956－2006. 한국행정학회
배일섭(1998). 행정학과 교과과정에 관한 연구. 한국정부학회 학술발표논문집: 17－42.
성금단・문신용(2012). 건강가족복지서비스의 통합적 성과평가 분석: 지자체 직영 건강가정 지원센터를 중심으로. 한국지방자치연구, 14(2): 211－233.
송희준(2008). 공공난제 해결을 위한 행정학지식의 활용방향. 한국행정학보, 42(4): 69－93.
신무섭(1997). 한국행정학보를 통해 본 한국행정학의 연구경향과 과제. 사회과학연구, 23: 87－108.
______(2006). 한국행정학 50년: 회고와 전망에 관한 좌담. 한국행정학 50년 1956－2006.
안문석(1991). 한국 행정학 연구의방향. 한국행정학회 소식. 54.
안병만(1986). 행정학보속에 나타난 한국행정학의 변화. 한국행정학보, 20(2): 359－373.
안병영(2000). 자초한 위기: 위기의 연원은 한국행정학의 역사 속에서 찾아야. kapa@포럼, 제 92호.
______(2006). 한국행정학 50년: 회고와 전망에 관한 좌담, 한국행정학50년: 1956－2006. 한국행정학회.
염재호・김호섭(1992). 한국정책연구의 활용. 한국정책학회보, 1(1): 85－97.
오철호(2007). 정책결정, 지식 활용 그리고 제도. 한국정책학회보, 16(1): 1－22.
유홍림(2000). 행정학 커리큘럼은 달라져야 한다. kapa@포럼. 제91호
윤재풍・김명우(1982). 유럽행정학과 한국행정학; 한국대학 행정학과의 모델 교과과정 개발에 관한 연구. 한국행정학보, 16: 63－88.
이병량(2010). 행정학의 위기와 행정학 교육: 한국 행정학 교육의 실용성에 관하여. 행정논총, 48(2): 169－188.
이원일・허철행(2003). 행정학과 교과과정 개선을 위한 모색. 지방정부연구, 7(3): 243－260.
이종범・김준한・정용덕(1990). 행정학과 교육 프로그램 개발에 관한 연구. 한국행정학보, 24(1): 367－426.
이종수・윤영진 외(2012). 새행정학(6th). 서울: 대영문화사.
정연택・이주실(2008). 사회적 유용성 제고를 위한 행정학 교육에 관한 고찰. 한국행정시학지, 23: 55－75.
정진경・김효진・유근환(2015). Kano 모형과 IPA 분석을 이용한 교육서비스품질에 관한 실증분석. 한국정책연구, 15(3): 59－82.
제갈욱・최근열・김태영(2002). 행정학 교육 실태 및 개선방안. 김태영(편), 행정학교육 워크숍.
제갈욱(2006). 한국대학의 행정학 교육 분석. 한국행정학 50년 1956－2006. 한국행정학회.

조경호(2005). 행정학과 학부 교과과정 분석과 발전 방안 연구. 한국인사행정학회보, 4(2): 143－158.

_____(2010). 행정학 교육 발전방향: 교과과정 개편 논의의 쟁점과 방향을 중심으로. 한국정책연구, 10(2): 345－362.

최영출 · 이지혜(2014). IPA 매트릭스를 활용한 행복도 증진 요인 분석－제주특별자치도를 중심으로. 한국자치행정학보, 28(2): 401－423.

허만형 · 정훈 · 박치성(2011). 국책연구기관 정책연구의 지식활용에 관한 연구: 지식의 현실적합성, 임파워먼트 및 지식활용 수준의 비교분석. 정책분석평가학회보, 21(4): 145－166.

하연섭(2000). 학부제와 행정학 교육의 위기. kapa@포럼, 제91호.

Chevallier, J.(1996). Public administration in statist France. *Public Administration Review*. 56(1): 67－74.

Martilla, J. A., & James, J. C.(1977). Importance－Performance Analysis. *The Journal of Marketing*, 41(1): 77－79.

Matzler, K., Bailom, F., Hinterhuber, H. H., Renzl, B. & Pichler, J.(2004). The Asymmetric Relationship between Attribute－Level Performance and Overall Customer Satisfaction: A Reconsideration of the Importance－Performance Analysis. *Industrial Marketing Management*, 33(4): 271－277.

Ostrom, V.(1989). *The Intellectual Crisis in American Public Administration*. Tuscaloosa: University of Alabama Press.

Pugh, Darrel L.(1989). Professionalism in Public Administration: Problems, Perspectives, and the Role of ASPA. *Public Administration Review*. 49(1): 1－8.

Raadschelders, J. C.(2011). The Future of the Study of Public Administration: Embedding Research Object and Methodology in Epistemology and Ontology. *Public Administration Review*. 71(6): 916－924.

Rutgers, M. R.(1998). Paradigm lost: Crisis as identity of the study of public administration. *International Review of Administrative Sciences*, 64: 553－564.

_____(2010). Theory and scope of public administration: An introduction to the study's epistemology. *Public Administration Review(Foundations of Public Administration Series)*. 1－45.

Simon, H. A.(1947). A Comment on "The Science of Public Administration." *Public Administration Review*. 7: 200－203.

Waldo, D.(1948). *The Administrative State: A Study of the Political Theory of American Public Administration*. New York, NY: Ronald Press.

_____(1968). Scope of the theory of public administration. In J. C. Charlesworth (Ed.),

Theory and practice of public administration: Scope, objectives, and methods. Philadelphia, PA: American Academy of Political and Social Science.

제 2 편 행정학 교육, 교과과정, 졸업생의 취업과 경쟁력

제 1 장 교과과정의 평가와 발전 방향

❶ 행정학 교육과정 개발의 방향 / 황영호

김태일(2008). 행정학 및 타전공 졸업자의 전공 만족도, 취업유형 및 직업만족도 비교. 한국행정학회 하계학술대회 발표논문집.
남궁근(1992). 우리나라 행정학 교육과정에서 컴퓨터 활용: 현황과 방향. 정책분석평가학회보, 2(1): 211-223.
송병주 · 정원식(2000). 행정학과 4년제 대학 교과과정 운영모형: 방향과 대안의 모색 한국행정학회 하계학술대회 발표논문집.
윤재풍 · 김명수(1982). 한국대학행정학과의 모델교과과정개발에 관한 연구. 한국행정학회보, 16: 63-88.
이기주 · 임재현(1996). 대학행정학과 교육과정 현황과 변화추이에 관한 연구, 한국행정학회 창립 40주년 기념 국제학술대회 발표논문집Ⅱ: 223-254.
제갈욱(2002). 행정학에서 방법론 교육의 현실과 과제. 지방행정연구, 16(1): 115-134.
제갈욱 외(2005). 행정학 교육의 과제와 방향: 변화와 지속성. 한국행정학회 춘계학술대회 발표논문.
조경호(2005). 행정학과 학부 교과과정 분석과 발전방안 연구. 한국행정학회 추계학술대회 발표논문.
하연섭(2000). 학부제와 행정학 교육의 위기. KAPA포럼, 91: 14-17.

❷ 4년제 대학 행정학 교육과정 운영모형 / 송병주

경남대학교(2016). 교육과정 개편보고서(미발간보고서).
김주환(2001). 한국의 행정학 교육수요에 관한 연구: 경기도를 중심으로. 한국정책학회보, 10(3).
노시평 · 백종섭(1998). 공 · 사부문 행정학 수요실태와 인식분석. 한국행정학보, 32(2).
박동서(2000). 행정학의 유용성. kapa@포럼, 한국행정학회. (2000.05.)

배일섭(1998). 행정학과 교과과정에 관한 연구. 한국행정논집, 10(4). 787－812.
송병주 · 정원식(2000). 행정학과 4년제대학 교과과정 운영모형. 한국행정학회 하계학술대회 발표논문.
오창규 · 이홍걸 · 김성후(2015). 경영정보관련학과의 교육과정 설계와 운영방안: k대학 e－비즈니스학과 사례를 중심으로. 정보시스템연구, 24(4). 117－138.
윤우곤(1998). 행정과 경영의 비교 연구: 행정과 행정학의 미래. 한국행정학보, 32(4).
이대희(2000). 행정관리사 제도의 신설방안. 한국행정학회 춘계학술대회 발표논문.
이종범 · 김준한 · 정용덕(1990). 행정학과 교육프로그램개발에 관한 연구. 한국행정학보, 24(1). 367－426.
조경호(2005). 행정학과 학부 교과과정 분석과 발전방안연구. 한국인사행정학회보, 4(2).
______(2010). 행정학 교육발전방안: 교과과정 개편 논의의 쟁점과 방향을 중심으로. 한국정책연구, 10(2). 345－362.
조무성(1998). 생활행정학으로서의 한국행정학. 한국행정학회 홈페이지 자료실.
한국대학교육협의회(2011). 대학교육과정 개정의 표준절차에 관한 연구.
한국행정학회, 교육 · 취업위원회(1997). 행정학과는 이러한 인재를 양성합니다.
Denhardt, Robert B. (1999). *The Future of Public Administration.*

국가직무능력표준(http://www.ncs.go.kr/ncs/page.do?sk=P1A1_PG01_001) 2016. 6. 29. 접속
위키백과(https://ko.wikipedia.org/wiki/%EC%9E%90%EA%B2%A9%EC%8B%9C%ED%97%98) 2016. 6. 28. 접속
한국직업능력개발원 민간자격정보서비스(https://www.pqi.or.kr/inf/qul/infQulNanLis.do)
한국행정학회(http://www.kapa21.or.kr/introduce/introduce_administration.htm) 2016. 6. 28. 접속

❸ 4년제 대학 정책학 교과과정 / 홍성만 · 심광호

강근복(1994). 정책분석론. 대영문화사.
______(2016). 정책분석론(제3전정판). 대영문화사.
강근복 외(2016). 정책학. 대영문화사.
곽효문(1998). 정책학원론. 학문사.
공동성(2009). "정책연구와 정책학 교육의 문제점", 2009년 한국정책학회 하계학술대회발표.
권기헌(2007). 정책학의 논리. 박영사.
______(2008). 정책학. 박영사.
______(2010). 정책분석론. 박영사.
______(2014). 정책학강의. 박영사.

______(2014). 정책학의 논리(제2판). 박영사.
______(2016). 정책분석론(중판). 박영사.
______(2016). 정책학강의. 박영사.
김교현(2014). 심리학과 정책학의 접목. 한국행정학회 하계학술대회 발표논문, 393－411.
김동건 외(2009). 철도정책론. 박영사.
김문성(2014). 정책학. 박영사.
김명수(1987). 공공정책평가론. 박영사.
김명수 · 공병천(2016). 정책평가론. 대영문화사.
김병섭 외(2013). 정책수단론. 법문사.
김병진(1989). 정책학개론. 박영사.
김승진(1995). 정책학개론. 박영사.
김영평(1984). "정책연구의 성격과 범위," 한국행정학보, 18(1), 91－102.
______(1988). "서평: 정정길 저, 정책결정론," 한국행정학보, 22(1), 328－330.
______(1991). 불확실성과 정책의 정당성. 고려대학교출판부.
김주환(2002). "정책학의 과거, 현재, 미래," 한국정책학회보, 11(1), 313－318.
김준한(1989). "서평: 노화준 저, 정책분석론," 한국행정학보, 23(1), 425－427.
______(1996). "한국의 정책학 교과서에 대한 평론: 다양성을 찾아서," 한국행정학보, 30(4), 203－210.
김준한 · 강명구(1992). "한국 정책학 교육 실태에 관한 연구," 한국정책학회보, 1, 42－62.
김항규 역(1992). 정책과 가치. 대영문화사.
김형렬(1990). 정책학. 법문사.
남궁근 외 역(1994). 정책분석. 법문사.
______(2013). 정책분석(제5판). 법문사.
남궁근(2012). 정책학(제2판). 법문사.
노화준(1983). 정책평가론. 법문사.
______(1986). 정책평가론(전정판). 법문사.
______(1989). 정책분석론. 박영사.
______(1995). 정책학원론. 박영사.
______(1999). 정책분석론(전정판). 박영사.
______(2006). 정책평가론(제4전정판). 법문사.
______(2010). 정책분석론(제4전정판). 박영사.
______(2012). 정책학원론(제3전정판). 박영사.
______(2016). 정책학원론(중판). 박영사.
류지성(2007). 정책학. 대영문화사.

박기영 · 안국찬(1999). "정책학 교육의 문제점과 발전방향", 한국정책학회 동계학술대회발표 논문집, 329－342.
박성복 · 이종렬(1993). 정책학원론. 대영문화사.
______(2000). 정책학강의. 대영문화사.
박영식 외(2002). 정책사례연구. 대영문화사.
박홍륜(2012). 정책평가론. 대영문화사.
백승기(2001). 정책학원론. 대영문화사.
______(2016). 정책학원론(제4판). 대영문화사.
안해균(1984). 정책학원론. 다산출판사.
양승일(2014). 정책변동론. 박영사.
오석홍 편(1993). 정책학의 주요이론. 경세원.
유　훈(1982). 정책학: 과정과 분석. 법문사.
______(1985). 정책학개론. 법문사.
______(1986). 정책학원론. 법문사.
______(2007). 정책집행론. 대영문화사.
______(2009). 정책변동론. 대영문화사.
______(2015). 정책집행론. 대영문화사.
윤은기(2016). 정책학담론. 박영사.
이달곤 외(2006). 정책사례연구. 대명문화사.
이대희(1991). 정책가치론. 대영문화사.
이윤식(2010). 정책평가론. 대영문화사.
______(2014). 정책평가론(제2판). 대영문화사.
이종범(2005). "한국행정학 연구의 한국화: 이론의 세계화," Kapa@포럼, 112, 11－14.
이종범 · 안문석 · 염재호 · 박통희 외(1994). 딜레마이론. 서울: 나남출판.
이종범 · 김준한 · 정용덕(1990). "행정학과 교육프로그램개발에 관한 연구", 한국행정학보, 24(1), 367－426.
이종렬(2000). "정책학 교과과정의 개선," 한국행정학회 춘계학술대회: 행정개혁 2년 성과와 반성.
이종수 · 이대희 역(1991). 정책형성론. 대영문화사.
이흥재(2014). 문화정책론. 박영사.
임도빈 외(2015). 실패한 정책들. 박영사.
전상경(1997). 정책분석의 정치경제. 박영사.
______(2012). 정책분석의 정치경제(제4판). 박영사.
전석호 외(1997). 정보정책론. 나남출판.

정광호(2008). 바우처연구. 법문사.
정선양(1999). 환경정책론. 박영사.
______(2001). 환경정책론(중판). 박영사.
정정길(1987). "서평: 김명수 저, 공공정책가치론," 한국행정학보, 21(1), 353-355.
______(1987). 정책평가. 전광출판사.
______(1988). 정책결정론. 대명출판사.
______(1992). 정책학원론. 대명출판사.
정회성 · 변병설(2011). 환경정책론. 박영사.
______(2014). 환경정책론(중판). 박영사.
주재현(2008). 정책과정론. 대영문화사.
______(2016). 정책과정론(전정판). 대영문화사.
채경석(2000). 정책집행의 논리와 현실. 대영문화사.
______(2005). 정책학원론. 대왕사.
최병선(1992). "김영평 저, 불확실성과 정책의 정당성." 한국행정학보, 26(2), 761-763.
______(1994). "서평: 이종범 · 안문석 · 염재호 · 박통희 외, 딜레마이론," 한국행정연구, 3(2), 190-194.
______(2006). "정책사례 연구 다시 보기: 사례연구에 대한 오해와 편견," 한국정책학회보, 15(1), 176-195.
최봉기(2004). 정책학. 박영사.
______(2010). 정책학(중판). 박영사.
최영훈 외(2008). 정책평가론. 법문사.
하성규(1991). 주택정책론. 박영사.
______(2010). 주택정책론(제4전정판). 박영사.
______(2015). 주택정책론(중판). 박영사.
한국정책학회(2014). 정책사례연구. 대영문화사.
______(2016). 정책학사례연구. 대영문화사.
한석태(2013). 정책학개론. 대영문화사.
허 범(1976). "정책학 강의를 위한 교괴과정안," 한국행정하보, 10, 123-142.
______(1986). "서평: 유훈 저, 정책학원론," 한국행정학보, 20(2), 483-484.
______(1995). "서평: 노화준 저, 정책학원론," 한국정책학회보, 4(2), 368-372.
홍성만 · 심광호(2009). "한국 정책학교육에 있어서 교과과정의 현황분석과 개선에 관한 연구," 정책분석평가학회보, 19권 2호, 305-335.
홍준형(2008). "행정학 · 정책학 교육의 방향 모색: 서울대학교 행정대학원 정책학과 신설과 교육과정 개편", 한국행정학회 동계학술대회 발표논문.

홍형득(2015). "최근 한국 정책학 연구의 경향과 특징의 네트워크 분석: 10년(2003-2012)간 정책학회보 게재논문을 중심으로", 한국정책학회보, 24(1), 27-51.
______(2016). 과학기술정책론. 대영문화사.
황진수 외(2007). 노인복지정책론. 대영문화사.
Lasswell, H. D.(1971). *A Pre-View of Policy Sciences*. New York. N.Y.: Elsevier.
Manheim, Jarol B. & Richard C. Rich(2006). *Empirical Political Analysis: Research Methods in Political Science (6th ed.)*. White Plains, N.Y.: Longman.

❹ 교육중심대학 행정학 교육과정 개발 / 김기환 · 김상묵

❺ 전문대 행정학과의 교과과정 발전방안 / 박종관

박종관(2009). 전문대학 행정학 교육과정개발, 한국행정학회 추계학술대회 발표자료집.
2015 전문대학학과길라잡이(2015). 한국전문대학교육협의회.
2012-2013 전문대학학과길라잡이(2013). 한국전문대학교육협의회.
중앙고용정보원, 「산업 직업별 고용구조조사」, 2008년.
통계청. 「한국표준산업분류 연계표」, 2009년.
한국직업능력개발원(2009). 직업시장전망, 2008년
한국직업능력개발원(2009). 「미래의 직업세계」, 직업편.
한국직업능력개발원(2009). 「미래의 직업세계」, 학과편.
한국직업능력개발원(2011). 「미래의 직업세계」, 직업편.
한국직업능력개발원(2014). 「미래의 직업세계」, 학과편.
한국직업능력개발원(2014). 「미래의 직업세계」, 직업편.
교육통계서비스(http://cesi.kedi.re.kr/index.jsp).

제 2 장 행정학 교육과 졸업생의 취업

❶ 행정학 교육의 현실과 과제 / 제갈욱 · 김태영

교육부(1995). 학과통합 추진시책 관련 법령정비 계획, 교육부.
김기언 · 정무권(1996). 행정 · 정책대학원의 교육 프로그램 개선방향, 한국행정학보, 30(4): 171-188.
김판석(1995). 미국행정학 교육동향 분석 및 한국 행정학 교육의 정책적 함의: 행정학 개론을 중심으로, 한국행정학보, 29(4): 1507-1533.
류지성 · 제갈욱(1999). Agricultural Negotiation in GATT's Uruguay Round. 사회정책논총, 11(2): 213-231.

서울대학교 행정대학원(1999). 행정학 교육의 변화와 발전방향, 서울대학교행정대학원 개원 40주년 기념논문집.
송병주 · 정원식(2000). 행정학과 4년제 대학 교과과정 운영모형: 방향과 대안의 모색. 한국행정학보 2000 여름, 661－671.
송희준(1995). 행정학 교육의 사회적 적실성: 행정학과 졸업자의 진로와 취업기회. 한국행정학회 학술대회 발표논문집, 355－370.
신양균(1996). 학부제의 현상과 전망. 대학교육. 한국대학교육협의회, 통권 79호.
윤재풍(1987). 한국의 행정학교육－대학 행정학과 학사과정을 중심으로. 한국행정학보 1996, 겨울, 171－188.
이기주 · 임재현(1996). 대학행정학과 교육과정 현황과 변화 추이에 관한 연구. 한국행정학회 학술대회 발표논문집, 10(2): 223－254.
이제봉(2000). 대학교육의 질 관리. 고등교육연구, 11(1), 109－128.
______(2004). 대학교육의 환경변화와 대학정책의 과제. 한독교육학연구, 19(1), 53－75.
장오현(1996). 대학교육개혁 정책의 추진방향. 대학교육개혁 추진 심포지엄 자료. DSP 제96－6－58호. 한국대학교육협의회.
정연택 · 이주실(2008). 사회적 유용성 제고를 위한 행정학 교육에 관한 고찰. 한국행정사학지, 23: 55－75.
제갈욱(2005). 행정학 교육의 과제와 방향: 변화와 지속성. 한국행정학회 2005년 춘계학술대회 발표논문집. 1－16.
______(2006). 한국대학의 행정학 교육 분석. 한국행정학 오십년 논문집, 641－662. 한국행정학회.
______(2015). 교육환경의 변화와 행정학개론. 2015년 한국행정학회 하계공동학술대회 발표논문집.
제갈욱 · 김병규 · 윤기웅 · 제갈돈(2016). 행정전산 사무관리론, 대영문화사.
주경란(1999). 한국 대학교 학부제 현황조사 및 발전 연구. 교육학연구, 37(1): 245－278.
최성락 · 이혜영(2008). 한국행정학 교육의 변화: 행정학 개론서 내용 분석을 중심으로. 한국행정학회 학술대회 발표논문집. 441－464.
한국행정학회(2006). 한국행정학회 2006년 회원명부. 한국행정학보.
______(2011). 한국행정학회 2011년 회원명부. 한국행정학보.
______(2000－2001). kapa@포럼. 89호－93호 각호.
교육통계센터(http://cesi.kedi.re.kr)

❷ 행정학과 대학생 취업에 관한 소고 / 김영재

강황선 · 황성원(2011). "행정학과 졸업자 취업채널과 공무원 임용제도 분석". 2011년 한국행정학회 추계학술대회.
김미란 · 민주홍(2011). "대학졸업생의 노동시장 안착과정과 전공별 차이". 직업능력개발연구, 14(1).
박석희 · 김철희(2013). "공공기관 취업과 직무역량 향상을 위한 행정학 지식체계 모색". 2013년 한국행정학회 동계학술대회.
박영범(2013). "대학생의 실제전공과 희망전공 간 불일치 실태와 과제". KRIVET Issue Brief, 한국직업능력개발원.
안경섭 · 조태준(2013). "공무원 취업과 직무역량 향상을 위한 행정학 지식체계 모색". 2013년 한국행정학회 동계학술대회.
이병량(2011). "지방대학과 행정학 교육의 위기". 2011년 한국행정학회 동계학술대회.
이영철(2011). "행정학과생의 핵심역량강화를 위한 교육방안". 2011년 한국행정학회 동계학술대회.
정종원 · 명성준(2013). "민간기업 취업과 직무역량 향상을 위한 행정학 지식체계 모색". 2013년 한국행정학회 동계학술대회.
황규희(2012). "전공 특성을 고려한 대학취업률지표 개선방향 연구". 한국직업능력개발원.
교육부 보도자료. "2013년 고등교육기관 졸업자 건강보험DB연계 취업통계 조사결과 발표". 2013.08.29.
동아일보. "'사실상 실업률' 10.1% 맞춰 고용대책 다시 짜야", 2014.11.13.
정책브리핑. "대학 구조개혁 평가방안 마련을 위한 2차 공청회 개최", 2014.11.12.
한국경제. "청년 무직자 '니트족' 한국이 독일의 두 배", 2014.11.12.
교육통계서비스 http://kess.kedi.re.kr, 검색일: 2014.11.01.

❸ 대학원 졸업자들의 취업진로 개선, 추진경과 및 과제 / 명승환

❹ 공공기관 채용을 통해서 본 행정학의 위상 / 송석휘

❺ 공무원 충원제도와 행정학과의 대응전략 / 박우순

❻ 공무원 시험과목의 개편 / 황성원

김형성 · 황성원(2016a). 공무원 채용시험제도에 관한 연구: 시험과목을 중심으로. 미래행정포럼 발제자료: 1-32.
______(2016b). 공무원 채용시험제도에 관한 연구: 필기시험과목을 중심으로. 한국인사행정학회보, 15(2).
박준하(2010). 공무원 시험 과목의 변천과 행정학 교육의 발전 방향. 서울행정학회 학술대회 발표논문집, 519－530.
오호영(2006). 공무원 채용시험의 인적자원개발 효과. 노동리뷰, 11: 29－40.
차종석(2005). 국내기업 핵심인재 경영의 현황과 개선방향: 채용전략을 중심으로. 임금연구, 13(1): 4－23.
한승연(2007). 행정 관료의 변화에 대한 역사적 연구: 관료 임용시험제도를 중심으로. 한국행정논집, 19(4): 1009－1052.
황성원(2010). 공무원 충원제도의 변화에 대한 행정학과의 대응. 한국행정포럼, 131호: 9－13.
______(2011). 공무원 공개경쟁 채용시험의 개선방향: 5, 7, 9급 시험과목을 중심으로. 한국행정학회 행정학 교육·취업 현황 및 대안모색, 209－216.
Selden et al.(1999). Reconciling Competing Values in Public Administration: Understanding the Administrative Role Concept. *Administration & Society*, 31: 171－204.

세계일보. 유승민 "헌법 가치 지켜야 제대로 된 보수" 2016. 5. 31.

❼ 공무원 경력채용제도 / 박수경

박정택(1990). 공익의 정치행정론. 서울: 대영문화사.
박천오(2003). 개방형직위제도의 변화와 발전방향. 한국인사행정학회보. 2(1). 53－70.
오석홍(2003). 행정개혁론 제4판. 서울: 박영사.
유정동(1986). 유학원론. 서울: 성균관대학교출판부.
윤경준·장현주(2008). 지방자치단체의 개방형직위 제도의 운영에 대한 평가와 개선방안. 한국조직학회보. 5(3): 127－161.
윤수재(2005). "정부성과평가시스템의 성공적 정착을 위한 BSC 모델의 검토." 한국정책분석평가학회 춘계학술대회 논문집. 한국정책분석평가학회.
최순영·조임곤(2014). 개방형 임용제도에 대한 공무원의 평가. 한국인사행정학회보. 13(1). 1－30.
Barker, E.(1962). *Politics of Aristotle*. New York: Oxford Univ. Press.
Frederickson, G. M.(1996). Comparing the Reinventing Government Movement with the New Public Administration. *PAR*. 56(3).
Stum, D.(1998). Five Ingredients for an Employee Retention Formula. *The Focus*. 75(9).

서울신문, 2010. 9. 8.
인사혁신처 홈페이지(http://www.mpm.go.kr)
행정자치부 홈페이지(www.mogaha.go.kr)

❽ PSAT실시와 행정학과 경쟁력 제고방안 / 김진욱

김태일(2006). 공공정책의 자료해석과 상황판단. 법문사.
김현성 외(2003). PSAT 입문 -유형과 전략-. 법우사.
소재진 · 김항곤 · 강제상(2007). PSAT 상황판단. 법문사.
소재진 · 김항곤 · 김진욱 · 윤병섭 · 정원섭(2007). PSAT상황판단 연습문제. 법문사.
위계점 · 이원희(2004). 상황판단 · 자료해석. 고시연구사.
이승일(2004). PSAT 자료해석영역.
장원태(2004). PSAT 자료해석론. 지식에너지.
중앙인사위원회 상황판단영역 예제집.
행정/외무/기술/입법고시 언어논리 자료해석과 언어논리영역 기출문제(2004-2015년).
吉岡 茂著(2005). パーフェクト資料解釋. 公務員試驗協會.
實務試驗研究會編(2005). よくでる判斷推理. 實務敎育出版.
資格試驗研究會編(2005). よくでる文章理解 資料解釋. 實務敎育出版.

사이버국가고시센터(http://gosi.kr)
http://www.reportworld.co.kr/search/result

제 3 장 교육재설계

❶ 교육재설계 사례 / 한상일

❷ 행정학 교육 해외진출 경험과 사례 / 명승환

제 4 장 지방대학 행정학과의 경쟁력

❶ 지방대학 행정학과 경쟁력 확보 방안 / 송재복

교육부(2015). 산업계 교육활성화 선도대학 사업(PRIME) 기본계획 확정공고.
송병주 · 정원식(2005). 행정학과 4년제 대학 교과과정운영모형: 방향모색과 대안의 모색.
이종수(2005). 행정학과의 사회대응성 제고방안.
중앙교육(2005). 중앙교육수험자료집.
정용덕(2001). 현대국가의 행정학. 서울 법문사.

중앙일보. (2016). 영혼이 없는 대학은 망하게 뇌두라, 2016. 4. 18/28면
교육부 정보 3.0 정보공개(http://www.moe.go.kr.)

정부3.0 대입정보포털 학과정보(http://adiga.kr)
취업관련자료(http://www.yonhapnews.co.kr) 2005. 9. 30.

제 3 편 학회 운영과 개선

❶ 한국행정학회 편집 및 윤리 규정 개선안 마련의 회고 / 전영평

제 4 편 미래의 설계

❶ 결론과 요약, 종합 토론

박정호(2015). 공직가치 교육을 통한 공직가치의 내재화. 인사혁신처/한국행정연구원. 공직가치 재정립을 위한 제2차 전문가 포럼. 제2세션. 69－89.

이근주(2015). 바람직한 공무원상: 어떻게 찾고 어떻게 실천할 것인가. 공직가치 재정립을 위한 전문가 포럼. 제2세션. 바람직한 공무원상이란 무엇인가, 71－88.

최무현(2015). 공직자상 정립을 위한 공직가치 역량 모델링 탐색. 인사혁신처/한국행정연구원. 공직가치 재정립을 위한 제2차 전문가 포럼. 제1세션. 공직가치 재정립 및 내재화 방안. 21－42.

Rosenstein, B.(2014). *Create your future the Peter Drucker way: Developing and applying a forward–focused mindset* (Audible Audio Edition). Columbus, OH: McGraw Hill Education.

[집필진 약력]

한국행정학회 회장 유평준

한국행정학회 미래특별위원회 위원장 박홍식(중앙대학교 공공인재학과 교수)

편집위원 6명 고길곤 서울대학교 행정대학원 부교수
명성준 경상대학교 행정학과 부교수
박시진 광운대학교 행정학과 조교수
우윤석 숭실대학교 행정학부 부교수
이광훈 강원대학교 행정학과 조교수
최유진 강남대학교 행정학과 조교수

필 자 24명 김기환 서울과학기술대학교 행정학과 교수
김상묵 서울과학기술대학교 행정학과 교수
김영재 국제대학교 사회복지과 외래교수
김진욱 혜전대학교 교양과 교수
김태영 서울시립대학교 도시행정학과 교수
명승환 인하대학교 행정학과 교수
박수경 충남대학교 행정학부 교수
박우순 동아대학교 행정학과 교수
박종관 백석대학교 법행정경찰학부 교수
송병주 경남대학교 행정학과 교수
송석휘 서울시립대학교 도시행정학과 교수
송재복 호원대학교 행정학과 교수
심광호 고려대학교 공공행정학부 교수
엄태호 연세대학교 행정학과 교수
윤견수 고려대학교 행정학과 교수
이정호 고려대학교 글로벌일본연구원 연구교수
전영평 대구대학교 도시행정학과 명예교수
제갈욱 순천향대학교 행정학과 교수
최상옥 고려대학교 행정학과 교수
하연섭 연세대학교 행정학과 교수
한상일 연세대학교 글로벌행정학과 교수
홍성만 안양대학교 행정학과 교수
황성원 군산대학교 행정학과 교수
황영호 군산대학교 행정학과 교수

한국 행정학의 역할과 미래의 설계
-회고와 발전 방향의 모색-

2016년 11월 25일 초판 인쇄
2016년 11월 30일 초판 발행

편 저 한국행정학회 미래특별위원회
발행인 배 효 선

발행처 도서출판 法 文 社

주 소 10881 경기도 파주시 회동길 37-29
등 록 1957년 12월 12일 제2-76호(윤)
전 화 031-955-6500~6, 팩스 031-955-6525
e-mail (영업) : bms@bobmunsa.co.kr
(편집) : edit66@bobmunsa.co.kr
홈페이지 http ://www.bobmunsa.co.kr

조 판 광 암 문 화 사

정가 35,000원 ISBN 978-89-18-02456-1